GSAT

온라인 삼성직무적성검사

통합기본서

시대에듀

2026 최신판 시대에듀 All-New 삼성 온라인 GSAT 통합기본서

Always **with you**

사람의 인연은 길에서 우연하게 만나거나 함께 살아가는 것만을 의미하지는 않습니다.
책을 펴내는 출판사와 그 책을 읽는 독자의 만남도 소중한 인연입니다.
시대에듀는 항상 독자의 마음을 헤아리기 위해 노력하고 있습니다. 늘 독자와 함께하겠습니다.

성명 :

수험번호 :

온라인

GSAT
문제풀이 용지

※ 온라인 GSAT 진행 시 사용되는 문제풀이 용지와 동일하게 구성하였습니다.

※ 최종점검 모의고사 학습 시 활용하기 바랍니다.

※ 시험이 끝난 후 정해진 시간 내에 문제풀이 용지를 찍은 사진을 제출하여야 합니다.
반드시 풀이가 적힌 문제풀이 용지를 제출하는 연습을 하기 바랍니다.

시대에듀

온라인 GSAT
문제풀이 용지

삼성 온라인 GSAT		
영역	문항 수	제한시간
수리	20문항	30분
추리	30문항	30분

※ 본 문제풀이 용지는 도서에서 제공되는 최종점검 모의고사와 함께 사용할 수 있도록 총 4회분을 제공하였습니다.

※ 여분의 문제풀이 용지는 시대에듀 홈페이지에서 다운받을 수 있습니다.

〈문제풀이 용지 다운받는 방법〉

▶ 시대에듀 도서 홈페이지 접속(www.sdedu.co.kr/book)

▶ 상단 카테고리 「도서업데이트」 클릭

▶ 「삼성 문제풀이 용지」 검색 후 PDF 다운로드

삼성 온라인 GSAT 수리 문제풀이 용지

성명 :   수험번호 :

①

②

③

④

수리

⑤

삼성 온라인 GSAT 수리 문제풀이 용지

성명 :　　　　　　　　　　　　　수험번호 :

⑥

⑦

⑧

⑨

수리

⑩

삼성 온라인 GSAT 수리 문제풀이 용지

성명 :   수험번호 :

⑪

⑫

⑬

⑭

수리

⑮

삼성 온라인 GSAT 수리 문제풀이 용지

성명 :　　　　　　　　　　　　수험번호 :

⑯

⑰

⑱

⑲

수리

⑳

삼성 온라인 GSAT 추리 문제풀이 용지

성명 :   수험번호 :

①   ②

③   ④

추리

⑤   ⑥

※ 본 문제풀이 용지는 온라인 GSAT 수검용으로 온라인 모의고사 응시 시 활용하기 바랍니다.

삼성 온라인 GSAT 추리 문제풀이 용지

성명 :   수험번호 :

⑦

⑧

⑨

⑩

추리

⑪

⑫

삼성 온라인 GSAT 추리 문제풀이 용지

성명 :

수험번호 :

⑬

⑭

⑮

⑯

⑰

⑱

※ 본 문제풀이 용지는 온라인 GSAT 수검용으로 온라인 모의고사 응시 시 활용하기 바랍니다.

삼성 온라인 GSAT 추리 문제풀이 용지

성명 :   수험번호 :

⑲

⑳

㉑

㉒

추리

㉓

㉔

※ 본 문제풀이 용지는 온라인 GSAT 수검용으로 온라인 모의고사 응시 시 활용하기 바랍니다.

삼성 온라인 GSAT 추리 문제풀이 용지

성명 :   수험번호 :

㉕   ㉖

㉗   ㉘

㉙   ㉚

삼성 온라인 GSAT 수리 문제풀이 용지

성명 :   수험번호 :

①

②

③

④

수리

⑤

삼성 온라인 GSAT 수리 문제풀이 용지

성명 :   수험번호 :

⑥

⑦

⑧

⑨

수리

⑩

삼성 온라인 GSAT 수리 문제풀이 용지

성명 :   수험번호 :

⑪

⑫

⑬

⑭

⑮

삼성 온라인 GSAT 수리 문제풀이 용지

성명 :   수험번호 :

⑯

⑰

⑱

⑲

수리

⑳

삼성 온라인 GSAT 추리 문제풀이 용지

성명 :   수험번호 :

①

②

③

④

추리

⑤

⑥

삼성 온라인 GSAT 추리 문제풀이 용지

성명 :   수험번호 :

⑦

⑧

⑨

⑩

추리

⑪

⑫

성명 :   수험번호 :

⑬

⑭

⑮

⑯

추리

⑰

⑱

삼성 온라인 GSAT 추리 문제풀이 용지

성명 :   수험번호 :

⑲

⑳

㉑

㉒

㉓

㉔

※ 본 문제풀이 용지는 온라인 GSAT 수검용으로 온라인 모의고사 응시 시 활용하기 바랍니다.

삼성 온라인 GSAT 추리 문제풀이 용지

성명 :   수험번호 :

㉕

㉖

㉗

㉘

추리

㉙

㉚

삼성 온라인 GSAT 수리 문제풀이 용지

성명 :   수험번호 :

①

②

③

④

수리

⑤

※ 본 문제풀이 용지는 온라인 GSAT 수검용으로 온라인 모의고사 응시 시 활용하기 바랍니다.

삼성 온라인 GSAT 수리 문제풀이 용지

성명 :   수험번호 :

⑥

⑦

⑧

⑨

수리

⑩

삼성 온라인 GSAT 수리 문제풀이 용지

성명 :   수험번호 :

⑪

⑫

⑬

⑭

수리

⑮

삼성 온라인 GSAT 수리 문제풀이 용지

성명 :   수험번호 :

⑯

⑰

⑱

⑲

수리

⑳

삼성 온라인 GSAT 추리 문제풀이 용지

성명 :   수험번호 :

①

②

③

④

⑤

⑥

※ 본 문제풀이 용지는 온라인 GSAT 수검용으로 온라인 모의고사 응시 시 활용하기 바랍니다.

삼성 온라인 GSAT 추리 문제풀이 용지

성명 :   수험번호 :

⑦

⑧

⑨

⑩

추리

⑪

⑫

삼성 온라인 GSAT 추리 문제풀이 용지

성명 :　　　　　　　　　　수험번호 :

⑬

⑭

⑮

⑯

추리

⑰

⑱

삼성 온라인 GSAT 추리 문제풀이 용지

성명 :   수험번호 :

⑲

⑳

㉑

㉒

추리

㉓

㉔

삼성 온라인 GSAT 추리 문제풀이 용지

성명 :   수험번호 :

㉕

㉖

㉗

㉘

추리

㉙

㉚

www.sdedu.co.kr

삼성 온라인 GSAT 수리 문제풀이 용지

성명 :   수험번호 :

①   ②

③   ④

수리

⑤

※ 본 문제풀이 용지는 온라인 GSAT 수검용으로 온라인 모의고사 응시 시 활용하기 바랍니다.

삼성 온라인 GSAT 수리 문제풀이 용지

성명 :

수험번호 :

⑥

⑦

⑧

⑨

수리

⑩

※ 본 문제풀이 용지는 온라인 GSAT 수검용으로 온라인 모의고사 응시 시 활용하기 바랍니다.

삼성 온라인 GSAT 수리 문제풀이 용지

성명 :   수험번호 :

⑪

⑫

⑬

⑭

수리

⑮

삼성 온라인 GSAT 수리 문제풀이 용지

성명 :   수험번호 :

⑯

⑰

⑱

⑲

수리

⑳

삼성 온라인 GSAT 추리 문제풀이 용지

성명 :   수험번호 :

①

②

③

④

⑤

⑥

추리

삼성 온라인 GSAT 추리 문제풀이 용지

성명 :   수험번호 :

⑦

⑧

⑨

⑩

추리

⑪

⑫

삼성 온라인 GSAT 추리 문제풀이 용지

성명 :   수험번호 :

⑬

⑭

⑮

⑯

추리

⑰

⑱

※ 본 문제풀이 용지는 온라인 GSAT 수검용으로 온라인 모의고사 응시 시 활용하기 바랍니다.

삼성 온라인 GSAT 추리 문제풀이 용지

성명 :   수험번호 :

⑲

⑳

㉑

㉒

추리

㉓

㉔

삼성 온라인 GSAT 추리 문제풀이 용지

성명 :   수험번호 :

㉕

㉖

㉗

㉘

㉙

㉚

※ 본 문제풀이 용지는 온라인 GSAT 수검용으로 온라인 모의고사 응시 시 활용하기 바랍니다.

성명 :

수험번호 :

GSAT
문제풀이 용지

※ 온라인 GSAT 진행 시 사용되는 문제풀이 용지와 동일하게 구성하였습니다.

※ 최종점검 모의고사 학습 시 활용하기 바랍니다.

※ 시험이 끝난 후 정해진 시간 내에 문제풀이 용지를 찍은 사진을 제출하여야 합니다.
반드시 풀이가 적힌 문제풀이 용지를 제출하는 연습을 하기 바랍니다.

시대에듀

머리말 PREFACE

삼성 경영철학의 최우선순위는 '인간존중' 이념이다. 이를 구현하기 위해 삼성은 1995년에 개인의 능력과 무관한 학력, 성별 등의 모든 차별을 배제한 '열린채용'을 실시함으로써 채용문화에 변화의 바람을 일으켰다. 이때 삼성 직무적성검사(SSAT; SamSung Aptitude Test)를 도입, 단편적 지식과 학력 위주의 평가 방식에서 과감히 탈피했다.

20년 동안 채용을 진행하면서, 입사 후 우수 직원들의 업무성과 요인 등을 분석한 결과 직군별 성과요인에 차이가 있었다. 또한 미래 경영환경의 변화와 글로벌 주요 기업들의 사례를 통해 창의적이고 우수한 인재를 효과적으로 확보할 필요성이 생겼다. 이에 삼성은 2015년 하반기 공채부터 시험 위주의 획일적 채용방식을 직군별로 다양화하는 방향으로 채용제도를 개편했다. 이와 더불어 SSAT(국내)와 GSAT(해외)로 혼재되어 사용하던 삼성 직무적성검사의 명칭을 GSAT(Global Samsung Aptitude Test)로 통일시켰다.

실제 삼성 직무적성검사 기출문제를 살펴보면 평소 꾸준히 준비하지 않는 이상 쉽게 통과할 수 없도록 구성되어 있다. 더군다나 입사 경쟁이 날이 갈수록 치열해지는 요즘과 같은 상황에서는 더욱 철저한 준비가 요구된다. '철저한 준비'는 단지 입사를 위해서뿐만 아니라 성공적인 직장생활을 위해서도 필수적이다.

이에 시대에듀는 수험생들이 GSAT에 대한 '철저한 준비'를 할 수 있도록 다음과 같이 교재를 구성하였으며, 이를 통해 단기에 성적을 올릴 수 있는 학습법을 제시하였다.

도서의 특징

❶ 2025~2023년 3개년 기출복원문제를 수록하여 최신 출제경향을 한눈에 파악할 수 있도록 하였다.

❷ 영역별 대표기출유형과 기출응용문제를 수록하여 체계적인 학습이 가능하도록 하였다.

❸ 최종점검 모의고사 4회 및 온라인 모의고사 2회와 함께 문제풀이 용지 및 도서 동형 온라인 실전연습 서비스를 제공하여 실전처럼 연습할 수 있도록 하였다.

❹ 삼성그룹의 인성검사 모의연습과 실제 면접 기출 질문을 통해 한 권으로 채용 전반을 준비할 수 있도록 하였다.

끝으로 본서로 삼성 채용을 준비하는 여러분 모두의 건강과 합격을 진심으로 바란다.

SDC(Sidae Data Center) 씀

삼성그룹 기업분석 INTRODUCE

◇ **경영철학과 목표**

1. 인재와 기술을 바탕으로

- 인재 육성과 기술 우위 확보를 경영 원칙으로 삼는다.
- 인재와 기술의 조화를 통하여 경영 시스템 전반에 시너지 효과를 증대한다.

2. 최고의 제품과 서비스를 창출하여

- 고객에게 최고의 만족을 줄 수 있는 제품과 서비스를 창출한다.
- 동종업계에서 세계 1군의 위치를 유지한다.

3. 인류사회에 공헌한다.

- 인류의 공동 이익과 풍요로운 삶을 위해 기여한다.
- 인류 공동체 일원으로서의 사명을 다한다.

◇ **핵심가치**

인재제일	'기업은 사람이다.'라는 신념을 바탕으로 인재를 소중히 여기고 마음껏 능력을 발휘할 수 있는 기회의 장을 만들어 간다.
최고지향	끊임없는 열정과 도전정신으로 모든 면에서 세계 최고가 되기 위해 최선을 다한다.
변화선도	변화하지 않으면 살아남을 수 없다는 위기의식을 가지고 신속하고 주도적으로 변화와 혁신을 실행한다.
정도경영	곧은 마음과 진실되고 바른 행동으로 명예와 품위를 지키며 모든 일에 있어서 항상 정도를 추구한다.
상생추구	우리는 사회의 일원으로서 더불어 살아간다는 마음을 가지고 지역사회, 국가, 인류의 공동 번영을 위해 노력한다.

◇ **경영원칙**

1

법과 윤리적 기준을 준수한다.

- 개인의 존엄성과 다양성을 존중한다.
- 법과 상도의에 따라 공정하게 경쟁한다.
- 정확한 회계기록을 통해 회계의 투명성을 유지한다.
- 정치에 개입하지 않으며 중립을 유지한다.

2

깨끗한 조직 문화를 유지한다.

- 모든 업무활동에서 공과 사를 엄격히 구분한다.
- 회사와 타인의 지적 재산을 보호하고 존중한다.
- 건전한 조직 분위기를 조성한다.

3

고객, 주주, 종업원을 존중한다.

- 고객만족을 경영활동의 우선적 가치로 삼는다.
- 주주가치 중심의 경영을 추구한다.
- 종업원의 '삶의 질' 향상을 위해 노력한다.

4

환경 · 안전 · 건강을 중시한다.

- 환경친화적 경영을 추구한다.
- 인류의 안전과 건강을 중시한다.

5

기업 시민으로서 사회적 책임을 다한다.

- 기업 시민으로서 지켜야 할 기본적 책무를 성실히 수행한다.
- 사업 파트너와 공존공영의 관계를 구축한다.
- 현지의 사회 · 문화적 특성을 존중하고 공동 경영(상생/협력)을 실천한다.

◇ **전자**

삼성전자	**DX부문**	삼성전자는 뛰어난 인재와 기술을 바탕으로 최고의 제품과 서비스를 창출하여 인류 사회에 공헌하는 것을 궁극적인 목표로 삼고 있다. ❖ 주요 업무 : Consumer Electronics, IT&Mobile Communications, R&D
	DS부문	삼성전자가 반도체 사업에 뛰어들었을 때 모두가 할 수 없다고 말했다. 하지만 반도체인들은 안 된다는 생각을 버리고, "할 수 있다."는 생각으로 끊임없이 연구와 도전으로 반도체 산업을 이끌어가며 새로운 역사를 만들어가고 있다. ❖ 주요 업무 : 반도체 설계 및 생산
삼성디스플레이		삼성디스플레이는 독보적인 기술을 바탕으로 스마트폰, 노트북, 모니터, TV 등에 프리미엄 디스플레이 제품을 공급하고 있다. 세계 최초로 플렉서블 OLED와 폴더블, QD 디스플레이를 양산하는 등 상상 속에만 존재하던 디스플레이를 현실로 만들어가고 있다. ❖ 주요 업무 : 디스플레이 패널 개발, 양산, 판매
삼성SDI		삼성SDI는 에너지 및 소재 전문 글로벌 기업으로 1970년 설립 이후 전기차, IT 기기, ESS에 활용되는 배터리와 반도체, 디스플레이에 필요한 소재를 생산 및 판매하고 있다. ❖ 주요 업무 : 자동차배터리, 소형배터리, ESS 및 전자재료 생산/판매
삼성전기		삼성전기는 Electro(전자)와 Mechanics(기계)를 아우르는 글로벌 리딩 부품 회사로 첨단 IT전자기기, 전장용 핵심 부품을 개발 및 생산하고 있다. ❖ 주요 업무 : IT/산업/전장용 핵심부품 개발/제조업
삼성SDS		삼성SDS는 40년간 클라우드 기반의 플랫폼 및 솔루션, AI, 데이터 분석, 보안 등의 기술 역량을 바탕으로 물류, 금융, 제조 등 다양한 비즈니스 영역에 최적화된 솔루션을 제시하고 고객의 디지털 혁신을 가능하게 한다. ❖ 주요 업무 : AI, 클라우드, 솔루션, 물류 등

◇ 바이오

삼성바이오로직스	삼성바이오로직스는 세계 최대 규모의 바이오의약품 생산 시설을 갖추고, 바이오제약품의 위탁생산, 개발에 이르는 One-Stop End-to-End 서비스를 제공한다. ❖ 주요 업무 : 바이오의약품 위탁생산(CMO) 및 위탁개발(CDO)
삼성바이오에피스	삼성바이오에피스는 혁신적인 과학기술 도입을 통해 보다 빠르고 합리적으로 고품질의 바이오의약품을 공급하고 있으며, 바이오시밀러 제품 9종을 출시하여 글로벌 바이오의약품 업계에서 누구보다 빠르게 성장하고 있다. ❖ 주요 업무 : 바이오의약품 연구 개발 및 상업화

◇ 건설/중공업

삼성중공업	삼성중공업은 글로벌 선사 및 오일 메이저의 니즈에 맞춘 선박과 해양설비를 제공하는 조선/해양산업 전문회사이다. ❖ 주요 업무 : 조선/해양사업(Gas Chain, Commercial Vessels, Offshore&Drilling), 하이테크사업
삼성E&A	삼성E&A는 오일&가스 프로세싱, 정유, 석유화학, 산업, 환경, 바이오, 그린솔루션에 이르기까지 플랜트 전 분야에서 종합 솔루션을 제공하는 EPC 전문기업이다. ❖ 주요 업무 : 플랜트 사업관리, 설계, 조달, 시공, 시운전, O&M
삼성물산 건설부문	삼성물산 건설부문은 건축, 토목, 플랜트, 주택사업 등 분야별 최고 수준의 인재와 기술역량을 보유하고 고객에게 최상의 부가가치를 실현하고 있다. ❖ 주요 업무 : 건축, 토목, 플랜트, 주택 건설사업

삼성그룹 계열사 COMPANIES

◇ 금융

삼성생명	삼성생명은 국내 1위 생명보험사라는 타이틀에 안주하지 않고 생명보험과 손해보험, 금융과 제조, 기술과 서비스까지 서로 다른 영역을 연결하여 사업의 판을 확장하고 있다. ❖ 주요 업무 : 생명보험, 자산운용 등
삼성화재	삼성화재는 국내 및 해외시장에서 개인과 기업 고객 대상으로 화재, 해상, 자동차, 배상책임, 장기손해보험, 개인연금 등 다양한 보험상품과 종합 Risk Solution 서비스를 제공하고 있는 국내 1위 손해보험사이다. ❖ 주요 업무 : 손해보험
삼성카드	삼성카드는 1988년 창립 후 결제, 금융사업에서 고객신뢰를 강화하고, 이를 기반으로 카드업을 넘어 소비생활 전반까지 사업영역을 확장해 모든 생활을 신뢰 하나로 영위할 수 있는 세상을 만들고자 한다. ❖ 주요 업무 : 신용카드업
삼성증권	삼성증권은 투자매매, 투자중개, 투자자문, 투자일임, 신탁 등 5개 영위 사업을 통해 주식중개 및 자산관리, 기업금융과 자산운용 서비스를 제공하는 종합금융투자회사이다. ❖ 주요 업무 : 증권중개, 자산관리, 기업금융, 자금운용 등
삼성자산운용	삼성자산운용은 1998년 설립 이후 현재까지 안정적 자산운용을 통해 약 400조 원의 관리자산을 운용하고 있는 국내 최대 규모의 자산운용사이다. ❖ 주요 업무 : 집합투자업, 투자자문업

◆ 서비스

삼성물산	**상사부문**	상사부문은 삼성의 모기업으로 1938년에 설립되었으며 해외 무역을 통해 대한민국의 경제발전과 함께하며 우수한 인력과 글로벌 네트워크, 풍부한 사업 경험을 발판으로 전 세계에서 다양한 사업을 전개하고 있다. ❖ 주요 업무 : 필수 산업재 트레이딩 및 에너지 분야 오거나이징, 신규 사업 기회 발굴
	리조트부문	리조트부문은 고객에게 행복과 즐거움을 더하고, 새로운 고객 경험 혁신을 통해 세계 속의 서비스 선도 기업으로 끊임없이 도약해 나갈 것이다. ❖ 주요 업무 : 테마파크, 골프클럽, 조경사업
	패션부문	패션부문은 다양한 복종의 브랜드 기획 및 해외 브랜드 수입, 리테일 사업을 전개하며 업계 내 최고의 위상을 확보하고 있다. ❖ 주요 업무 : 패션사업
호텔신라		호텔신라는 1973년에 창립된 한국을 대표하는 서비스 유통 기업이자 호스피탈리티 업계의 리더로서 고객 만족과 기업가치 극대화를 통해 글로벌 명문 서비스 유통기업으로 도약하고 있다. ❖ 주요 업무 : 면세유통, 호텔서비스, 레저사업
제일기획		제일기획은 다양한 '연결'을 통해 새롭고 최적화된 솔루션을 찾아 클라이언트 비즈니스의 실질적 성장을 이루어내는 일과 마케팅을 넘어 비즈니스 솔루션을 제시하는 일을 하는 회사이다. ❖ 주요 업무 : 광고 및 마케팅 전략, 데이터, 디지털, 리테일, 이벤트
에스원		에스원은 1977년 국내 최초의 보안회사로 출범한 이래 지난 50여 년간 고객들의 '안전과 안심'을 지키기 위해 노력했다. ❖ 주요 업무 : 보안시스템 서비스, 건물관리 서비스
삼성서울병원		삼성서울병원은 최고의 의료기술로 중증 고난도 환자를 맞춤 치료하여 최고의 치료 성과를 구현한다. ❖ 주요 업무 : 진료, 연구, 교육
삼성웰스토리		삼성웰스토리는 매일의 일상을 건강하고 행복하게 하는 푸드서비스를 시작으로 식자재유통뿐 아니라 국내를 너머 중국, 베트남으로 글로벌 식음서비스 전문기업을 향해 나아간다. ❖ 주요 업무 : 푸드서비스, 식자재유통, 해외사업
삼성전자판매		삼성전자판매는 삼성스토어, 삼성닷컴을 통해 삼성전자의 생활가전, IT, 모바일 제품을 판매하는 전자 전문 유통이다. ❖ 주요 업무 : 삼성전자 생활가전, IT&Mobile 판매

2025년 하반기 기출분석 ANALYSIS

총평

2025년 하반기 GSAT는 상반기 GSAT와 유형 및 문항 수가 동일했지만, 지난 시험과 다르게 추리보다 수리의 난도가 높았다는 후기가 많았다. 응용수리는 비교적 평이했으나 자료해석에서 온라인 시험임에도 불구하고 까다로운 문제가 꽤 있어 시간이 많이 소요되었다는 의견이 대다수였다. 반면, 일부 참/거짓 문제를 제외한 대부분의 추리 문제는 무난한 수준으로 출제되어 유형별 해결 방법 및 접근 공략을 충분히 연습한 수험생들에게 유리했으리라 판단된다.

◇ 핵심전략

문제당 제한시간이 아닌 영역별 제한시간이 주어지므로 시간 내에 풀 수 있는 문제를 전략적으로 선택하여 정답률을 높이는 것이 효과적이다. 한 문제당 1분 내외로 해결해야 하기 때문에 본인이 자신 있는 유형과 자신 없는 유형을 파악하여 시간을 분배하는 것이 중요하다.

삼성그룹은 온라인으로 GSAT를 진행하기 때문에 시험에 실제 시험과 유사한 환경을 구축하여 연습하는 것이 합격률을 높이는 데 도움이 될 것이다. 시험에 필요한 키트는 따로 배송되지 않으며 온라인 GSAT는 시험환경 설정이 까다로우니 매뉴얼을 꼼꼼히 점검하는 것이 중요하다. 또한 문제풀이 용지는 본인이 인쇄하여 준비해야 하므로 화면만 보고 문제 푸는 법을 연습한다면 실전에서 크게 당황하지 않을 것이다.

◇ 시험진행

구분	유형	문항 수	제한시간
수리	응용수리	2문항	30분
	자료해석	18문항	
쉬는 시간			5분
추리	명제	3문항	30분
	조건추리	11문항	
	도형추리	3문항	
	도식추리	4문항	
	문단나열	2문항	
	논리추론	7문항	

◇ 영역별 출제비중

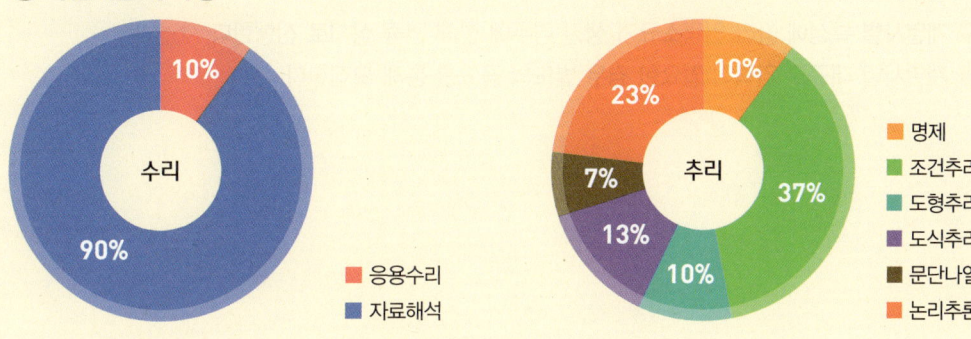

수리
- 10% 응용수리
- 90% 자료해석

추리
- 10% 명제
- 37% 조건추리
- 10% 도형추리
- 13% 도식추리
- 7% 문단나열
- 23% 논리추론

◇ 영역별 출제특징

구분	영역		출제특징
직무 적성 검사	수리	응용수리	• 전년 대비 판매량의 증감률을 구하는 연립방정식 문제 • 5명을 한 줄로 세우는 경우의 수 문제 • 여러 인원 중에 1명씩 고르는 확률 문제
		자료해석	• 연도별 증감율을 추론하여 대소를 비교하는 문제 • 다양한 유형의 그래프를 추론하고 계산하는 세트 문제
	추리	명제	• 삼단논법을 이용하는 문제
		조건추리	• 각 진술의 진실 및 거짓 여부를 확인하여 범인을 찾는 문제 • 주어진 조건을 통하여 좌석을 배치하는 문제 • 주어진 조건을 통하여 물건을 넣는 순서를 추론하는 문제
		도형추리	• 도형의 회전이나 이동하는 규칙을 파악하여 물음표에 들어갈 도형을 추리하는 문제
		도식추리	• 문자의 변화 과정에 숨어있는 규칙을 찾는 문제
		문단나열	• 글의 전체적인 흐름을 파악하고 문단을 순서대로 나열하는 문제
		논리추론	• HBF, HBM 등 반도체 관련 지문에 대한 글을 읽고 참 또는 거짓인 내용을 고르는 문제 • 글의 내용을 바탕으로 〈보기〉를 해석하는 문제 • 글에서 주장하는 내용을 비판 또는 반박하는 문제

신입사원 채용 안내 INFORMATION

◇ **모집시기**

❶ 계열사별 특성에 따라 인력소요가 생길 경우에 한해 연중 상시로 진행한다.

❷ 계열사별 대규모 인력이 필요한 경우 별도의 공고를 통해 모집한다.

◇ **지원방법**

❶ 삼성채용 홈페이지(www.samsungcareers.com)에 접속한 후 로그인하여 상단 카테고리 「채용공고」를 클릭한다.

❷ 계열사별 채용공고에 따라 지원서를 작성하여 접수기간 내에 제출한다.

❸ 이후 해당 계열사의 안내에 따라 전형 절차에 응시한다.

◇ **채용절차**

| 지원서 작성 | 직무적합성평가 | GSAT | 면접전형 | 건강검진 | 최종합격 |

❖ 채용절차는 채용유형, 채용직무, 채용시기 등에 따라 변동될 수 있으므로 반드시 발표되는 채용공고를 확인하기 바랍니다.

온라인 시험 Tip

◇ 온라인 GSAT 패스 팁!

❶ 오답은 감점 처리되므로 확실하게 푼 문제만 답을 체크하고 나머지는 그냥 둔다.

❷ 풀고자 하는 문제 번호를 검색하면 해당 문제로 바로 갈 수 있다. 페이지를 마우스 클릭으로 일일이 넘기지 않아도 된다.

❸ 온라인 시험에서는 풀이를 직접 양면으로 프린트한 문제풀이 용지에 작성하고 정답은 화면에서 체크해야 하므로 문제를 풀고 정답을 바로바로 체크하는 연습이 필요하다.

❹ 풀이가 작성된 문제풀이 용지는 시험 직후 제출해야 하며 부정행위가 없었는지 확인하는 데 사용된다.

◇ 필수 준비물

❶ 타인과 접촉이 없으며 원활한 네트워크 환경이 조성된 응시 장소

❷ 권장 사양에 적합한 PC, 스마트폰 및 주변 기기(웹캠, 마이크, 스피커, 키보드, 마우스)

❸ 신분증(주민등록증, 운전면허증, 여권, 외국인등록증 중 택 1)

◇ 유의사항

❶ 시험시간 최소 20분 전에 접속 완료해야 한다.

❷ 응시 환경 확인 시간 이후 자리 이탈은 금지된다.

❸ 촬영 화면 밖으로 손이나 머리가 나가면 안 된다.

❹ 시험 문제를 메모하거나 촬영하는 행위는 금지된다.

❺ 외부 소음이 나면 시험이 중지될 수 있다.

❻ 거울, 화이트보드, CCTV가 있는 장소에서는 응시가 불가능하다.

◇ 부정행위

❶ 신분증 및 증빙서류를 위 · 변조하여 검사를 치르는 행위

❷ 대리 시험을 의뢰하거나 대리로 검사에 응시하는 행위

❸ 문제를 메모 또는 촬영하는 행위

❹ 문제의 일부 또는 전부를 유출하거나 외부에 배포하는 행위

❺ 타인과 답을 주고받는 행위

주요 대기업 적중 문제 TEST CHECK

수리 ▶ 경우의 수

01 남자 5명과 여자 4명이 함께 있는 모임이 있다. 모임에서 성별마다 대표, 부대표를 한 명씩 선출하려고 할 때, 선출 가능한 경우의 수는 총 몇 가지인가?

① 240가지
② 120가지
③ 80가지
④ 40가지
⑤ 20가지

수리 ▶ 자료계산

18 매년 8월 S전자상가의 에어컨 판매 수량이 다음과 같이 일정한 규칙으로 증가할 때 2025년 8월의 에어컨 판매량은?

〈연도별 8월 에어컨 판매량〉

(단위 : 대)

구분	2018년 8월	2019년 8월	2020년 8월	2021년 8월	2022년 8월
판매량	2	11	20	29	38

① 95대
② 86대
③ 74대
④ 65대
⑤ 56대

추리 ▶ 벤 다이어그램

03

전제1. 환율이 오르면 어떤 사람은 X주식을 매도한다.
전제2. X주식을 매도한 모든 사람은 Y주식을 매수한다.
결론. _____

① 환율이 오르면 모든 사람은 Y주식을 매수한다.
② 환율이 오르면 어떤 사람은 Y주식을 매수한다.
③ 모든 사람이 X주식을 매도하면 환율이 오른다.
④ 모든 사람이 Y주식을 매수하면 환율이 오른다.
⑤ Y주식을 매도한 모든 사람은 X주식을 매수한다.

SK

언어이해 ▶ 나열하기

※ 다음 제시된 문장 또는 문단을 논리적 순서대로 바르게 나열한 것을 고르시오. [16~17]

16

(가) 르네상스와 종교개혁을 거치면서 성립된 근대 계몽주의는 중세를 지배했던 신(神) 중심의 사고에서 벗어나 합리적 사유에 근거한 인간 해방을 추구하였다.
(나) 하지만 이 같은 문명의 이면에는 환경 파괴와 물질만능주의, 인간소외와 같은 근대화의 병폐가 숨어 있었다.
(다) 또한 계몽주의의 합리적 사고는 자연과학의 성립으로 이어졌으며, 우주와 자연에서 신비로운 요소를 걷어낸 과학 기술의 발전은 인류에게 그 어느 때보다 풍요로운 물질적 부를 가져왔다.
(라) 인간의 무지로부터 비롯된 자연에 대한 공포가 종교적 세계관을 낳았지만, 계몽주의는 이성과 합리성을 통해 이를 극복하였다.

① (가) – (나) – (다) – (라)
② (가) – (다) – (나) – (라)
③ (라) – (가) – (다) – (나)
④ (라) – (나) – (다) – (가)
⑤ (라) – (다) – (가) – (나)

창의수리 ▶ 거리 · 속력 · 시간

03 누리와 수연이는 같이 운동을 하기로 했다. 누리는 걸어서, 수연이는 자전거를 타고 운동을 했으며, 운동을 시작한 위치는 같았다. 누리가 15km를 먼저 이동했고, 수연이는 자전거를 이용해서 누리보다 10km/h 빠르게 움직인다. 수연이가 자전거를 타고 40km를 이동해서 누리를 만났다면, 두 사람이 함께 운동한 시간은?

① 1시간
② 1시간 30분
③ 2시간
④ 2시간 30분
⑤ 3시간

수열추리 ▶ 수열

10

| 84 | 80 | 42 | 20 | 21 | ( ) | 10.5 | 1.25 |

① 3
② 4
③ 5
④ 6
⑤ 7

주요 대기업 적중 문제 TEST CHECK

언어이해 ▶ 사실적 독해

10 다음 글의 내용으로 가장 적절한 것은?

> 1896년 『독립신문』 창간을 계기로 여러 가지의 애국가 가사가 신문에 게재되기 시작했는데, 어떤 곡조에 따라 이 가사들을 노래로 불렀는지는 명확하지 않다. 다만 대한제국이 서구식 군악대를 조직해 1902년 '대한제국 애국가'라는 이름의 국가(國歌)를 만들어 나라의 주요 행사에 사용했다는 기록은 남아 있다. 오늘날 우리가 부르는 애국가의 노랫말은 외세의 침략으로 나라가 위기에 처해있던 1907년을 전후하여 조국애와 충성심을 북돋우기 위하여 만들어졌다.
>
> 1935년 해외에서 활동 중이던 안익태는 오늘날 우리가 부르고 있는 국가를 작곡하였다. 대한민국 임시정부는 이 곡을 애국가로 채택해 사용했으나 이는 해외에서만 퍼져나갔을 뿐, 국내에서는 광복 이후 정부수립 무렵까지 애국가 노랫말을 스코틀랜드 민요에 맞춰 부르고 있었다. 그러다가 1948년 대한민국 정부가 수립된 이후 현재의 노랫말과 함께 안익태가 작곡한 곡조의 애국가가 정부의 공식 행사에 사용되고 각급 학교 교과서에도 실리면서 전국적으로 애창되기 시작하였다.
>
> 애국가가 국가로 공식화되면서 1950년대에는 대한뉴스 등을 통해 적극적으로 홍보가 이루어졌다. 그리고 「국기게양 및 애국가 제창 시의 예의에 관한 지시(1966)」 등에 의해 점차 국가의례의 하나로 간주되었다.
>
> 1970년대 초에는 공영장에서 본공연 전에 애국가가 상영되기 시작하였다. 이후 1980년대 중반까지

언어추리 ▶ 배열하기 · 묶기 · 연결하기

16 기말고사를 치르고 난 후 A~E 5명이 다음과 같이 성적에 대해 이야기를 나누었다. 이들 중 1명이 거짓을 말한다고 할 때, 항상 참인 것은?(단, 동점은 없으며 모든 사람은 진실 또는 거짓만 말한다)

> - A : E는 1등이고, D는 C보다 성적이 높아.
> - B : B는 E보다 성적이 낮고, C는 A보다 성적이 높아.
> - C : A는 B보다 성적이 낮아.
> - D : B는 C보다 성적이 높아.
> - E : D는 B보다, A는 C보다 성적이 높아.

① B가 1등이다.　　　　　　　　② A가 2등이다.
③ E가 2등이다.　　　　　　　　④ B는 3등이다.
⑤ D가 3등이다.

창의수리 ▶ 수열

05 일정한 규칙으로 수를 나열할 때, 빈칸에 들어갈 수로 알맞은 것은?

| 174 | 172 | 169 | 168 | 166 | 163 | 162 | 160 | ( ) | 156 |

① 157　　　　　　　　　　　　② 158
③ 159　　　　　　　　　　　　④ 160
⑤ 161

CJ

언어이해 ▶ 주제·제목 찾기

15 다음 글의 제목으로 가장 적절한 것은?

주어진 개념에 포섭시킬 수 없는 대상(의 표상)을 만난 경우, 상상력은 처음에는 기지의 보편에 포섭시킬 수 있도록 다양한 직관을 종합할 것이다. 말하자면 뉴턴의 절대 공간, 역학의 법칙 등의 개념(보편)과 자신이 가지고 있는 특수(빛의 휘어짐)가 일치하는가, 조화로운가를 비교할 것이다. 하지만 일치하는 것이 없으므로, 상상력은 또다시 여행을 떠난다. 즉 새로운 형태의 다양한 종합 활동을 수행해 볼 것이다. 이것은 미지의 세계로 향한 여행이다. 그리고 이 여행에는 주어진 목적지가 없기 때문에 자유롭다.

이런 자유로운 여행을 통해 예들 들어 상대 공간, 상대 시간, 공간의 만곡, 상대성 이론이라는 새로운 개념들을 가능하게 하는 새로운 도식들을 산출한다면, 그 여행은 종결될 것이다. 여기서 우리는 왜 칸트가 상상력의 자유로운 유희라는 표현을 사용하는지 이해할 수 있게 된다. '상상력의 자유로운 유희'란 이렇게 정해진 개념이나 목적이 없는 상황에서 상상력이 그 개념이나 목적을 찾는 과정을 의미한다고 볼 수 있다. 이는 게임이다. 그리고 그 게임에 있어서 반드시 성취해야 할 그 어떤 것이 없다면, 순수한 놀이(유희)가 성립할 수 있을 것이다.

– 칸트, 『판단력비판』

자료해석 ▶ 자료해석

15 다음은 C기업의 신입사원 채용 현황에 대한 자료이다. 이에 대한 설명으로 옳지 않은 것은?

〈신입사원 채용 현황〉

(단위 : 명)

구분	입사지원자 수	합격자 수
남성	680	120
여성	320	80

① 남성 합격자 수는 여성 합격자 수의 1.5배이다.
② 총입사지원자 중 합격률은 20%이다.
③ 여성 입사지원자의 합격률은 25%이다.
④ 합격자 중 남성의 비율은 70% 이상이다.
⑤ 총입사지원자 중 여성 입사지원자의 비율은 30% 이상이다.

창의수리 ▶ 농도

17 농도가 다른 두 소금물 A와 B를 각각 100g씩 섞으면 농도 10%의 소금물이 되고, 소금물 A를 100g, 소금물 B를 300g 섞으면 농도 9%의 소금물이 된다. 소금물 A의 농도는?

① 10%
② 12%
③ 14%
④ 16%
⑤ 18%

도서 200% 활용하기 STRUCTURES

1 3개년 기출복원문제로 출제경향 파악

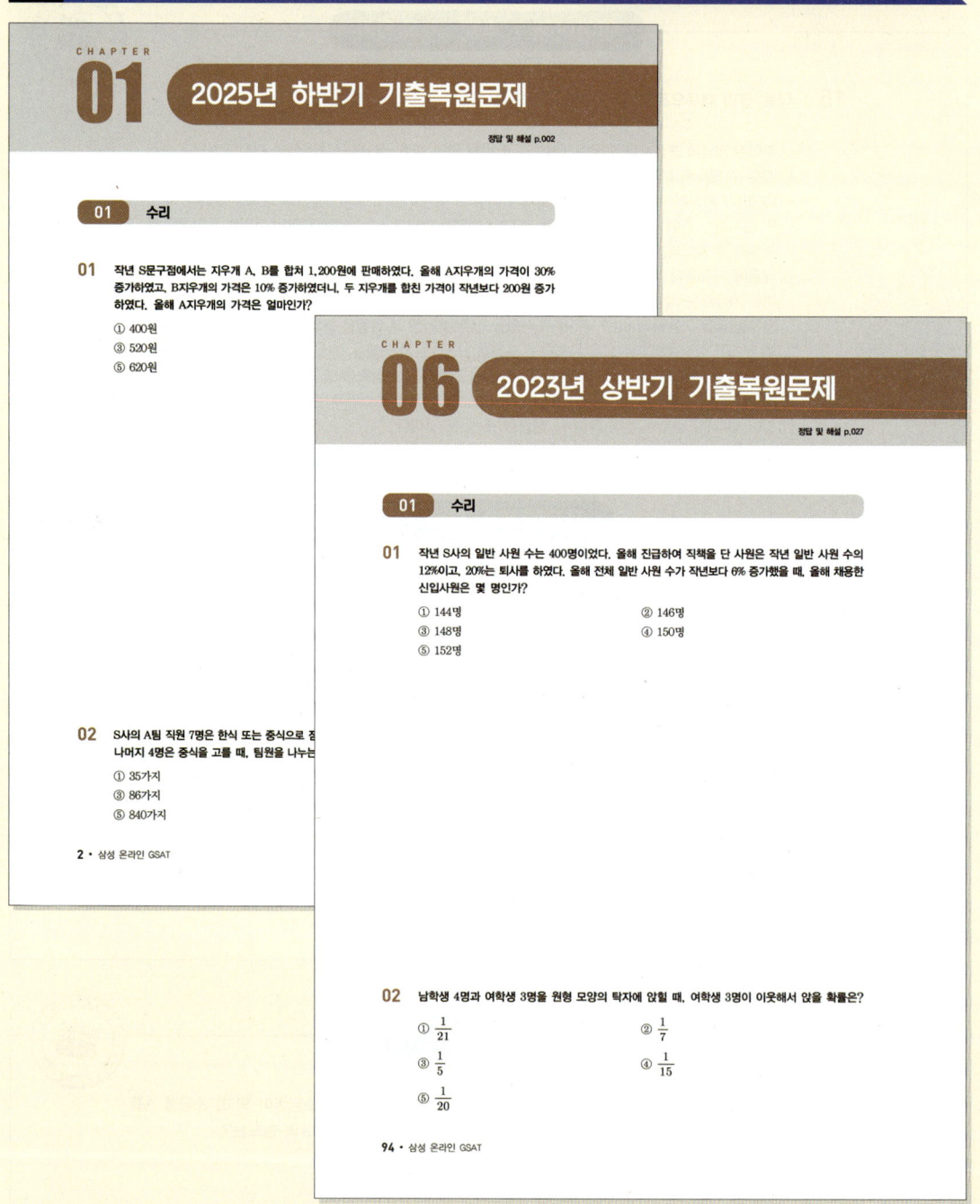

▶ 2025~2023년 3개년 기출복원문제를 수록하여 최근 출제경향을 파악할 수 있도록 하였다.
▶ 기출복원문제를 바탕으로 학습을 시작하기 전에 자신의 실력을 판단할 수 있도록 하였다.

2 이론점검, 대표기출유형, 기출응용문제로 영역별 학습

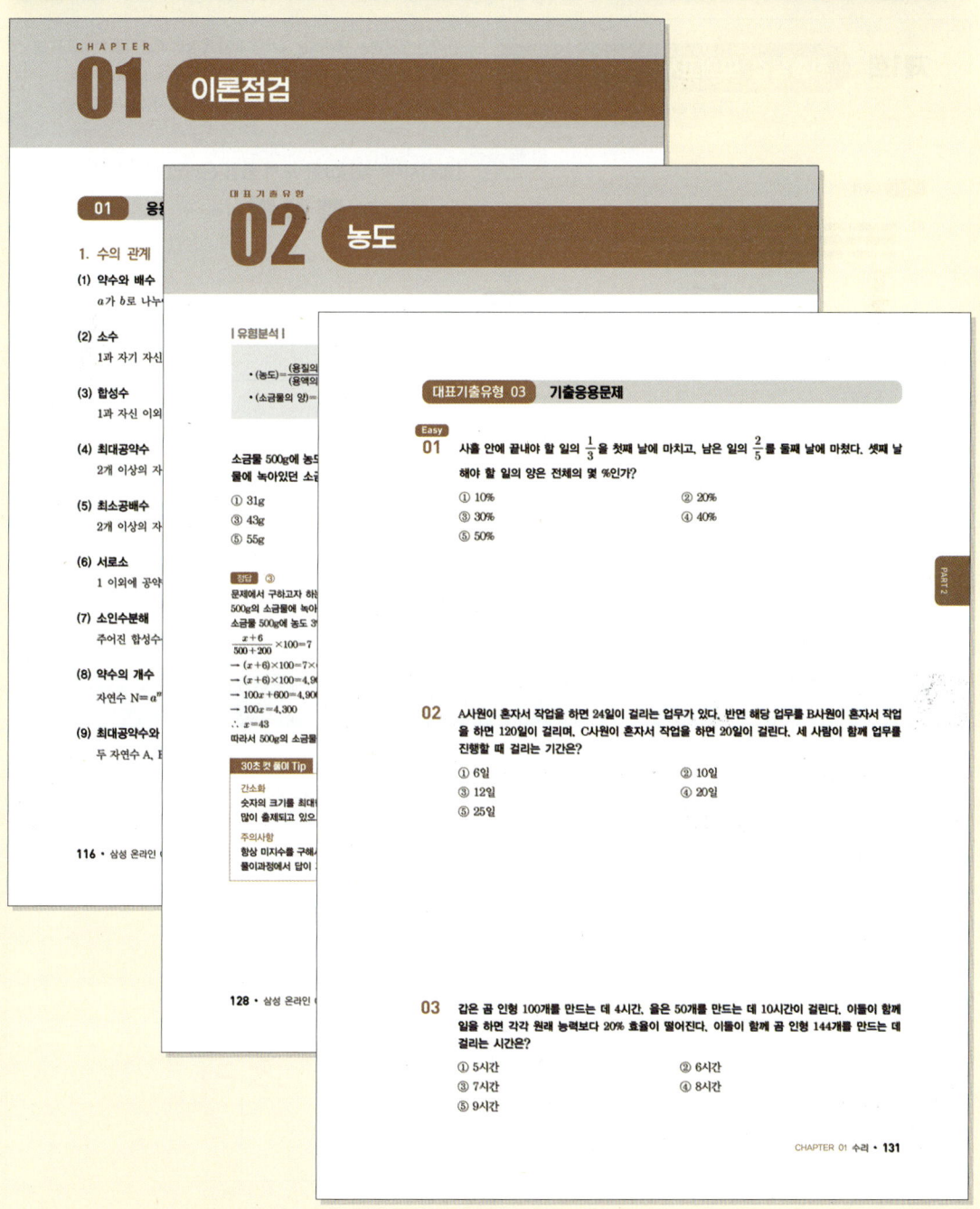

▶ 출제되는 영역에 대한 이론점검, 대표기출유형과 기출응용문제를 수록하였다.

▶ 최근 출제되는 유형을 체계적으로 학습하고 점검할 수 있도록 하였다.

도서 200% 활용하기 STRUCTURES

3 최종점검 모의고사 + 도서 동형 온라인 실전연습 서비스로 반복 학습

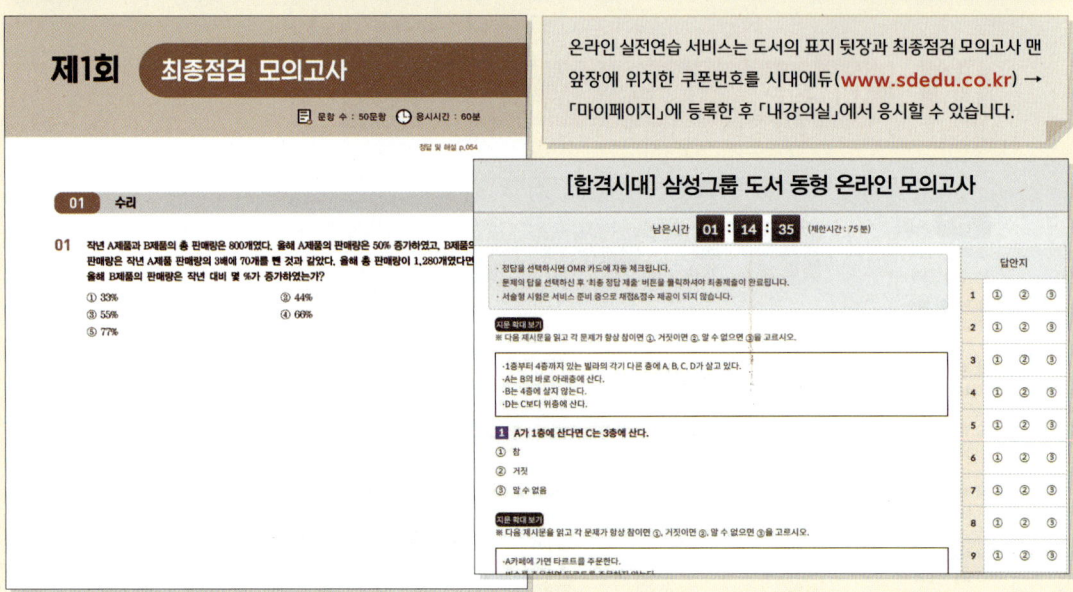

온라인 실전연습 서비스는 도서의 표지 뒷장과 최종점검 모의고사 맨 앞장에 위치한 쿠폰번호를 시대에듀(www.sdedu.co.kr) → 「마이페이지」에 등록한 후 「내강의실」에서 응시할 수 있습니다.

▶ 실제 시험과 유사하게 구성된 최종점검 모의고사 4회분을 통해 마무리를 하도록 하였다.
▶ 이와 동일하게 구성된 온라인 실전연습 서비스로 실전 시험처럼 연습하도록 하였다.

4 온라인 모의고사 + 문제풀이 용지로 실전 연습

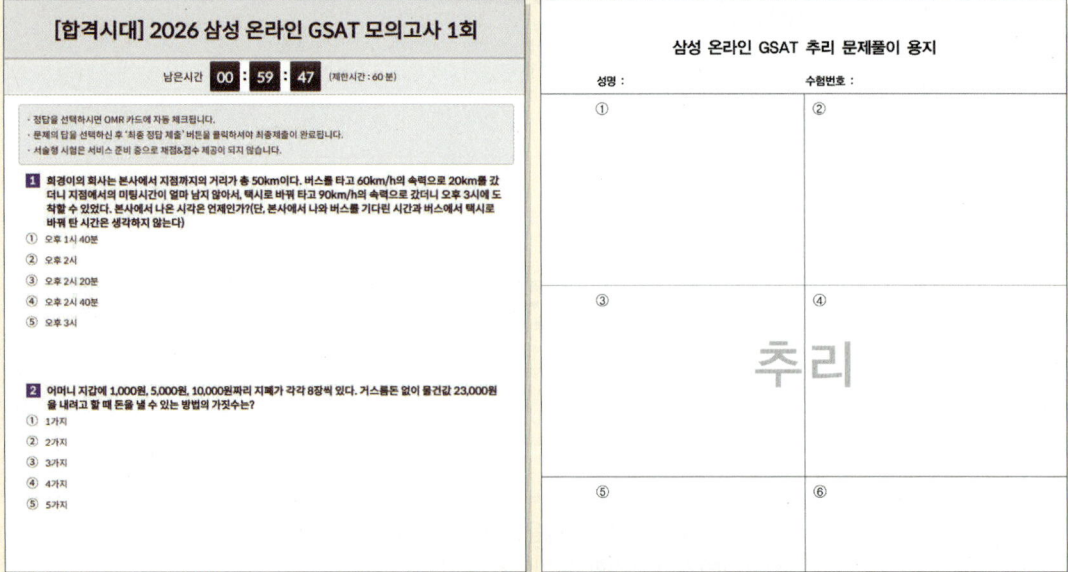

▶ 온라인 모의고사와 문제풀이 용지를 활용하여 실제 시험처럼 연습할 수 있도록 하였다.

5 Easy&Hard로 난이도별 시간 분배 연습

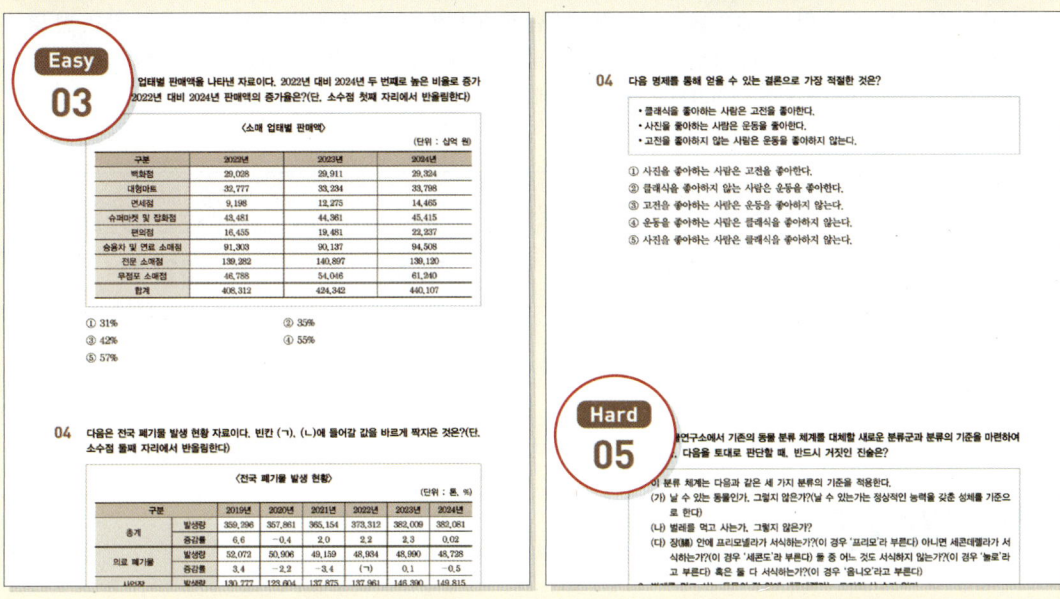

▶ Easy&Hard 표시로 문제별 난이도에 따라 시간을 적절하게 분배하여 풀이하는 연습이 가능하도록 하였다.

6 정답 및 오답분석으로 풀이까지 완벽 마무리

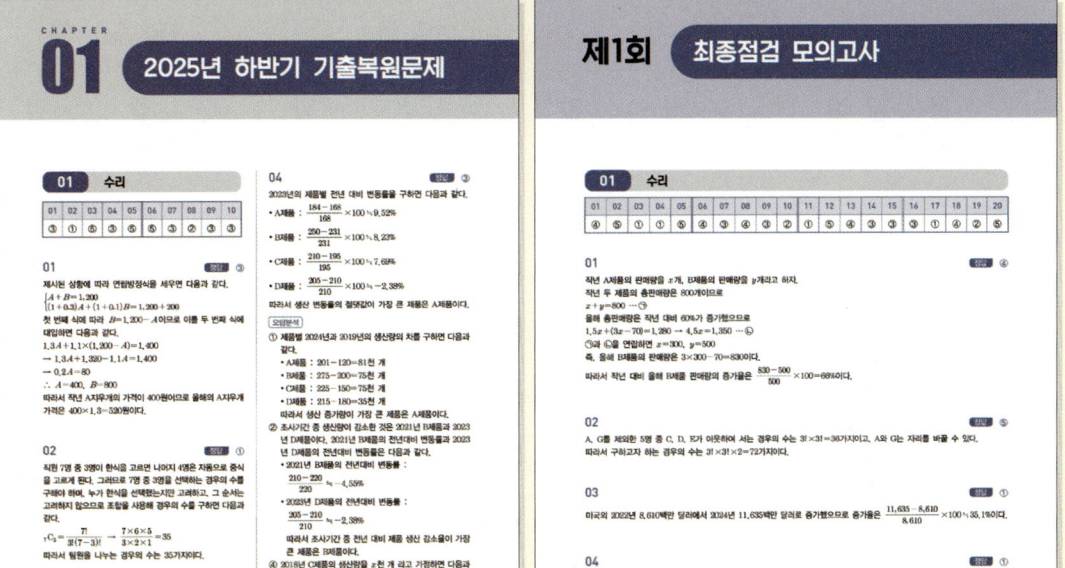

▶ 정답에 대한 상세한 해설과 오답분석을 통해 혼자서도 체계적인 학습이 가능하도록 하였다.

학습플랜 STUDY PLAN

1주 완성 학습플랜

본서에 수록된 전 영역을 단기간에 끝낼 수 있도록 구성한 학습플랜이다. 한 번에 전 영역을 공부하지 않고, 한 영역을 집중적으로 공부할 수 있도록 하였다. 인성검사 및 필기시험에 대한 기초 학습은 되어 있으나, 학습 계획 세우기에 자신이 없거나 미리 시험에 대비하지 못해 단시간에 많은 분량을 봐야 하는 수험생에게 추천한다.

ONE WEEK STUDY PLAN			
Start!	**1일 차** ☐ _____월_____일	**2일 차** ☐ _____월_____일	**3일 차** ☐ _____월_____일
4일 차 ☐ _____월_____일	**5일 차** ☐ _____월_____일	**6일 차** ☐ _____월_____일	**7일 차** ☐ _____월_____일

STUDY CHECK BOX							
구분	1일 차	2일 차	3일 차	4일 차	5일 차	6일 차	7일 차
기출복원문제							
PART 1							
제1회 최종점검 모의고사							
제2회 최종점검 모의고사							
제3회 최종점검 모의고사							
제4회 최종점검 모의고사							
다회독 1회							
다회독 2회							
오답분석							

스터디 체크박스 활용법

1주 완성 학습플랜에서 계획한 학습량을 어느 정도 실천하였는지 표시하여 자신의 학습량을 효율적으로 관리한다.

구분	1일 차	2일 차	3일 차	4일 차	5일 차	6일 차	7일 차
PART 1	수리	✕	✕	완료			

이 책의 차례 CONTENTS

PART 1

3개년 기출복원문제

01   수리

01   작년 S문구점에서는 지우개 A, B를 합쳐 1,200원에 판매하였다. 올해 A지우개의 가격이 30% 증가하였고, B지우개의 가격은 10% 증가하였더니, 두 지우개를 합친 가격이 작년보다 200원 증가하였다. 올해 A지우개의 가격은 얼마인가?

① 400원   ② 480원
③ 520원   ④ 540원
⑤ 620원

02   S사의 A팀 직원 7명은 한식 또는 중식으로 점심을 선택하려고 한다. 7명 중 3명이 한식을 고르고, 나머지 4명은 중식을 고를 때, 팀원을 나누는 경우의 수는?(단, 선택한 메뉴에 따라 팀을 나눈다)

① 35가지   ② 44가지
③ 86가지   ④ 210가지
⑤ 840가지

03 다음은 연도별 A, B도시의 전력 사용량을 나타낸 자료이다. 조사기간 내 A도시와 B도시의 전력 사용량 증가율의 평균을 구하면?(단, 증가율은 백분율로 구한다)

〈연도별 전력 사용량〉

(단위 : MWh)

구분	2021년	2022년	2023년	2024년
A도시	460	540	552	529
B도시	510	675	605	612

① 12.5%
② 14.0%
③ 16.5%
④ 17.0%
⑤ 17.5%

04 다음은 6년간 S기업의 주력제품 생산량을 정리한 자료이다. 이에 대한 설명으로 옳지 않은 것은? (단, 증감률은 소수점 셋째 자리에서 반올림한다)

〈S기업 주력제품 생산량〉

(단위 : 천 개)

구분	A제품	B제품	C제품	D제품
2019년	120	200	150	180
2020년	138	220	165	189
2021년	152	210	181	200
2022년	168	231	195	210
2023년	184	250	210	205
2024년	201	275	225	215

① 2019년 대비 2024년 생산 증가량이 가장 큰 제품은 A제품이다.
② 조사기간 중 전년 대비 제품 생산 감소율이 가장 큰 제품은 B제품이다.
③ 주력제품 중 전년 대비 2023년 생산량 증감률의 절댓값이 가장 큰 제품은 B제품이다.
④ C제품의 2019년 생산량이 전년 대비 20% 증가하였다면, 2018년 C제품의 생산량은 125,000개이다.
⑤ 모든 제품에 대해 2025년 생산량이 2024년보다 10% 많을 것으로 예상한다면, 가장 많이 생산하는 제품과 가장 적게 생산하는 제품의 생산량 차이는 81,400개이다.

05 다음은 태양광 발전기로 전기 사용 시 절감되는 예상 전기료와 태양광 발전기 전체 설치 가구 수 및 대여 설치 가구 수에 대한 자료이다. 이에 대한 설명으로 옳은 것은?(단, 적용되는 전기료는 조사기간 동안 동일하다)

〈태양광 전기 350kWh 사용 시 예상 절감비용〉

(단위 : 원)

1개월 사용량	정상요금	요금발생 전기량	실제요금	절감효과
350kWh	62,900	0kWh	1,130	61,770
400kWh	78,850	50kWh	3,910	74,940
450kWh	106,520	100kWh	7,350	99,170
500kWh	130,260	150kWh	15,090	115,170
600kWh	217,350	250kWh	33,710	183,640
700kWh	298,020	350kWh	62,900	235,120
800kWh	378,690	450kWh	106,520	272,170

(예시) 1개월 사용량이 400kWh일 때, 태양광 발전기로 얻은 전기 350kWh를 사용하고 나머지 50kWh에 대한 전기요금만 부과된다. 따라서 1개월 사용량의 정상요금에서 태양광 전기사용량의 절감효과를 제외한 실제요금만 부과됨

〈태양광 발전기 전체 설치 및 대여 설치 가구 수〉

(단위 : 가구)

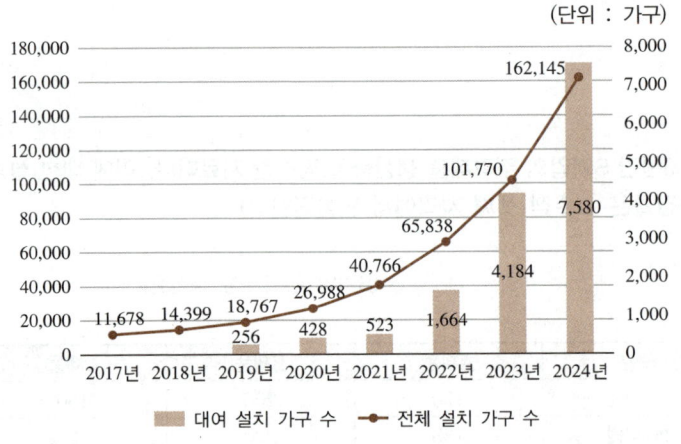

① 2020 ~ 2024년 태양광 발전기 대여 설치 가구의 전년 대비 증가량은 매년 증가하고 있다.

② 2019년부터 전체 태양광 발전기 설치 가구에서 대여 설치하지 않은 가구의 비율은 점차 감소했다.

③ 2022년과 2023년의 전년 대비 태양광 발전기 대여 설치 가구의 증가율 차이는 55%p 미만이다.

④ 2019년 태양광 발전기 대여 설치 가구 수 모두 전기 한 달 사용량이 350kWh이고, 태양광 전기로 모두 사용했을 경우 한 달 전기요금은 총 30만 원 이상이다.

⑤ 태양광 전기 350kWh 사용 시 한 달 전기사용량이 많을수록 정상요금에서 실제요금의 비율은 커진다.

06 다음은 K국의 알코올 관련 질환 사망자 수에 대한 자료이다. 이에 대한 설명으로 옳은 것은?

〈알코올 관련 질환 사망자 수〉

(단위 : 명)

구분	남성		여성		합계	
	사망자 수	인구 10만 명당 사망자 수	사망자 수	인구 10만 명당 사망자 수	사망자 수	인구 10만 명당 사망자 수
2011년	2,542	10.7	156	0.7	2,698	5.9
2012년	2,870	11.9	199	0.8	3,069	6.3
2013년	3,807	15.8	299	1.2	4,106	8.4
2014년	4,400	18.2	340	1.4	4,740	9.8
2015년	4,674	19.2	374	1.5	5,048	10.2
2016년	4,289	17.6	387	1.6	4,676	9.6
2017년	4,107	16.8	383	1.6	4,490	9.3
2018년	4,305	17.5	396	1.6	4,701	9.5
2019년	4,243	17.1	400	1.6	4,643	9.3
2020년	4,010	16.1	420	1.7	4,430	8.9
2021년	4,111	16.5	424	1.7		9.1
2022년	3,996	15.9	497	2.0	4,493	9.0
2023년	4,075	16.2	474	1.9		9.1
2024년	3,955	15.6	521	2.1	4,476	8.9

※ 인구 10만 명당 사망자 수는 소수점 둘째 자리에서 반올림한 값임

① 여성 사망자 수는 매년 증가한다.
② 2021년과 2023년의 전체 사망자 수는 같다.
③ 전체 사망자 수의 전년 대비 증가율은 2012년이 2014년보다 높다.
④ 매년 남성 인구 10만 명당 사망자 수는 여성 인구 10만 명당 사망자 수의 8배 이상이다.
⑤ 남성 인구 10만 명당 사망자 수가 가장 많은 해의 전년 대비 남성 사망자 수 증가율은 5% 이상이다.

※ 다음은 S기업의 6년간 매출액과 전년 대비 변화율을 나타낸 자료이다. 이어지는 질문에 답하시오.
[7~8]

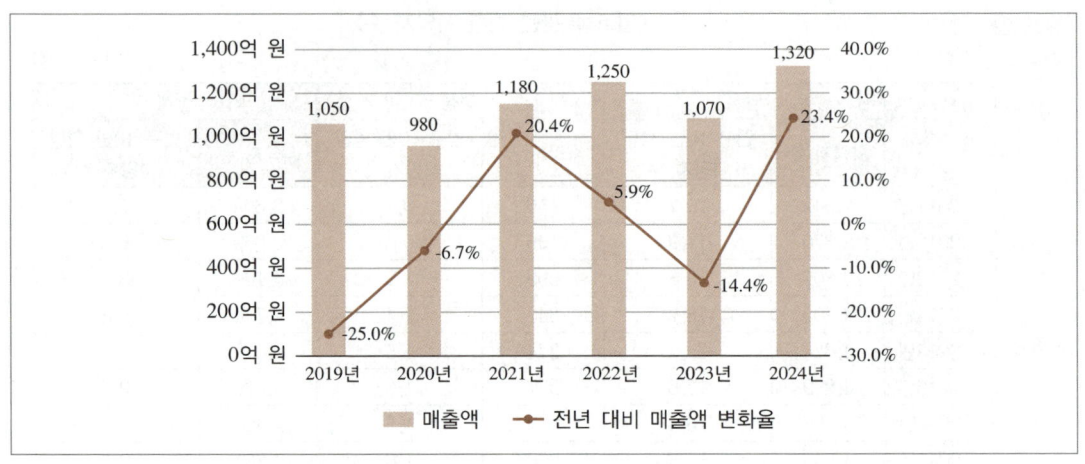

07 다음 중 2018년의 매출액으로 옳은 것은?

① 1,250억 원　　　　　　　　　② 1,350억 원

③ 1,400억 원　　　　　　　　　④ 1,650억 원

⑤ 1,700억 원

08 조사기간 동안 S기업에서 사용한 비용이 항상 매출액의 70%일 때, 2019년 대비 2024년의 순이익의 변화율은?(단, 순이익은 [(매출액)−(비용)]이며, 변화율은 백분율로 구하고, 소수점 둘째 자리에서 반올림한다)

① 21.4%　　　　　　　　　② 25.7%

③ 26.8%　　　　　　　　　④ 31.5%

⑤ 32.6%

09 A, B동아리에 매년 가입하는 회원 수가 다음과 같은 규칙을 보일 때, 두 동아리 회원 수의 합이 최초로 160명이 넘는 연도는?

<A, B동아리의 가입 회원 수>

(단위 : 명)

구분	2024년	2025년	2026년	2027년
A동아리 회원 수	14	23	37	56
B동아리 회원 수	13	17	22	28

① 2028년   ② 2029년
③ 2030년   ④ 2031년
⑤ 2032년

10 A, B자동차의 매년 판매율이 다음과 같은 규칙을 보일 때, B자동차의 전년 대비 판매율이 A자동차의 전년 대비 판매율의 40배 이상 되는 최초 연도는?

<A, B자동차의 판매 증감률>

(단위 : %)

구분	2021년	2022년	2023년	2024년	2025년
A자동차	8.7	7.6	6.5	5.4	4.3
B자동차	1.2	3.6	7.2	12	18

① 2026년   ② 2027년
③ 2028년   ④ 2029년
⑤ 2030년

※ 다음 명제가 모두 참일 때, 빈칸에 들어갈 명제로 가장 적절한 것을 고르시오. **[1~3]**

01

- 전제1. C회로에 전기가 흐르지 않으면, A회로에는 전기가 흐른다.
- 전제2. C회로에 전기가 흐르면, B회로에도 전기가 흐른다.
- 결론. _____

① B회로에 전기가 흐르면, C회로에도 전기가 흐른다.
② B회로에 전기가 흐르면, A회로에는 전기가 흐르지 않는다.
③ A회로에 전기가 흐르면, B회로에는 전기가 흐르지 않는다.
④ B회로에 전기가 흐르지 않으면, A회로에는 전기가 흐른다.
⑤ C회로에 전기가 흐르지 않으면, B회로에는 전기가 흐르지 않는다.

02

- 전제1. A스위치가 꺼지면, B스위치가 켜지거나 C스위치가 꺼진다.
- 전제2. A스위치가 켜지면, D스위치가 꺼진다.
- 결론. _____

① B스위치가 꺼지면, D스위치는 꺼진다.
② D스위치가 꺼지면, C스위치는 켜진다.
③ D스위치가 켜지면, C스위치는 켜진다.
④ B와 C스위치가 모두 켜지면, D스위치는 꺼진다.
⑤ B스위치가 꺼지고, C스위치가 켜지면, D스위치는 꺼진다.

03

- 전제1. A메모리 셀과 B메모리 셀이 충전되면, C메모리 셀은 방전된다.
- 전제2. D메모리 셀이 방전되면, C메모리 셀은 충전된다.
- 결론. _____

① A메모리 셀이 충전되면, D메모리 셀은 충전된다.
② D메모리 셀이 충전되면, C메모리 셀은 방전된다.
③ C메모리 셀이 방전되면, B메모리 셀이나 D메모리 셀이 방전된다.
④ D메모리 셀이 방전되면, A메모리 셀이나 B메모리 셀이 방전된다.
⑤ D메모리 셀이 충전되면, A메모리 셀과 B메모리 셀 모두 충전된다.

04 A ~ F 6명은 모두 S사의 폴더블 스마트폰(플립 또는 폴드)을 가지고 있다. 다음 대화 중 A를 제외한 1명이 항상 거짓을 말하고, 나머지는 항상 참을 말할 때, 거짓을 말한 사람은 누구인가?

- A : 우리 중에 3명은 플립을 사용하고, 3명은 폴드를 사용하고 있어.
- B : 나는 C랑 같이 플립을 사용하고 있어.
- C : F는 폴드를 사용하고 있어.
- D : 나는 E랑 같은 형태의 스마트폰을 사용하고 있어.
- E : A와 B는 다른 형태의 스마트폰을 사용하고 있어.
- F : D는 E랑 다른 형태의 스마트폰을 사용하고 있어.

---

① B   ② C

③ D   ④ E

⑤ F

05 S백화점에는 할인 상품을 판매하는 이벤트홀이 두 군데 있다. 다음 〈조건〉에 따라 일주일 동안 빠짐없이 아동복, 남성복, 여성복 매장이 이벤트홀이 비어 있지 않게 입점한다고 할 때, 항상 거짓인 것은?

> **조건**
> - S백화점 이벤트홀은 월 ~ 토 6일간 운영하며, 한 곳당 1개 매장이 입점할 수 있다.
> - 한 번 입점 시 2일간 유지하며, 다시 입점하기 위해서는 1일 이상의 준비기간이 필요하다.
> - 남성복 매장은 월요일에 입점하지 않는다.
> - 모든 매장은 일주일에 최소 두 번 입점한다.
> - 토요일에 입점하면 월요일까지 유지한다.

① 모든 매장은 동일한 이벤트홀에 연이어 입점할 수 없다.

② 아동복 매장은 남성복 매장과 동일한 입점 일정을 가진다.

③ 어떤 매장이 월요일에 입점하면 다음 입점일은 목요일이다.

④ 금요일 이벤트홀에 아동복 매장이 있었다면, 남성복 매장도 있었다.

⑤ 화요일 이벤트홀에 여성복 매장이 있었다면 아동복 매장은 준비기간이다.

06 A ~ G 7명이 원형 테이블에 다음 〈조건〉과 같이 앉아 있을 때, 직급이 사원인 사람과 대리인 사람이 바르게 연결된 것은?

> **조건**
>
> A ~ G 7명은 모두 사원, 대리, 과장, 차장, 팀장, 부부장, 부장 중 하나의 직급에 해당하며, 이 중 동일한 직급인 직원은 없다.
> • A의 왼쪽에는 부장이, 오른쪽에는 차장이 앉아 있다.
> • E는 사원과 이웃하여 앉지 않았다.
> • B는 부장과 이웃하여 앉아 있다.
> • C의 직급은 차장이다.
> • G는 차장과 과장 사이에 앉아 있다.
> • D는 A와 이웃하여 앉아 있다.
> • 사원은 부장, 대리와 이웃하여 앉아 있다.

	사원	대리
①	A	F
②	B	E
③	B	F
④	D	E
⑤	D	G

07 S사의 직원인 성우, 희성, 지영, 유진, 혜인, 재호가 다음 〈조건〉에 따라 근무한다고 할 때, 반드시 참인 명제는?

> **조건**
>
> • 성우, 희성, 지영, 유진, 혜인, 재호는 각자 다른 곳에서 근무하고 있다.
> • 근무할 수 있는 곳은 감사팀, 대외협력부, 마케팅부, 비서실, 기획팀, 회계부이다.
> • 성우가 비서실에서 근무하면, 희성이는 기획팀에서 근무하지 않는다.
> • 유진이와 재호 중 한 명은 감사팀에서 근무하고, 나머지 한 명은 마케팅부에서 근무한다.
> • 유진이가 감사팀에서 근무하지 않으면, 지영이는 대외협력부에서 근무하지 않는다.
> • 혜인이가 회계부에서 근무하지 않을 때에만 재호는 마케팅부에서 근무한다.
> • 지영이는 대외협력부에서 근무한다.

① 재호는 감사팀에서 근무한다.
② 희성이는 기획팀에서 근무한다.
③ 성우는 비서실에서 근무하지 않는다.
④ 혜인이는 회계팀에서 근무하지 않는다.
⑤ 유진이는 감사팀에서 근무하지 않는다.

※ 다음 도형의 규칙을 보고 물음표에 들어갈 도형으로 알맞은 것을 고르시오. [8~10]

08

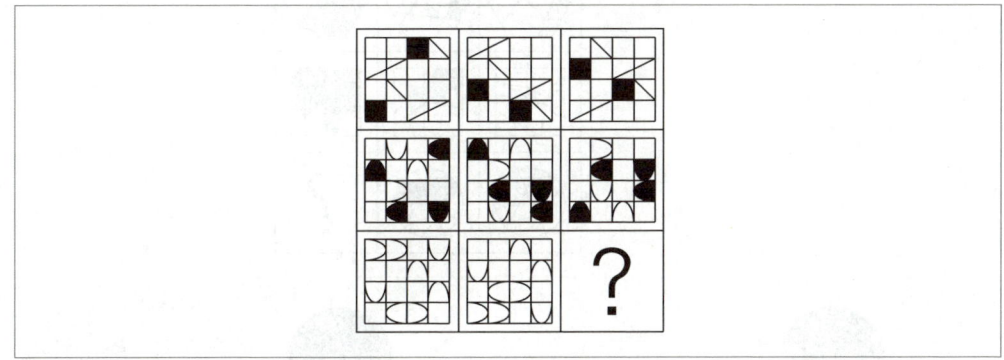

①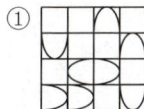

②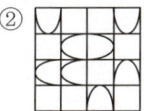

③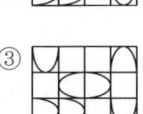

④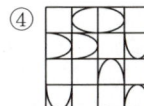

⑤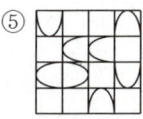

09

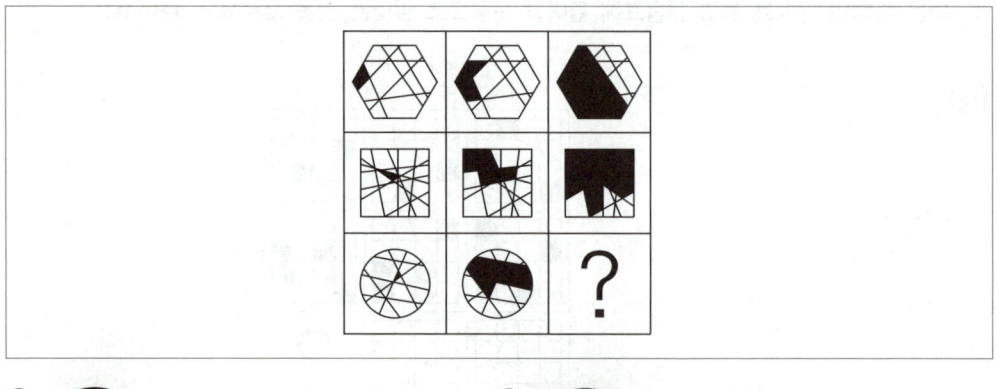

①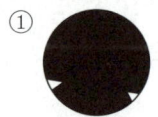

②

③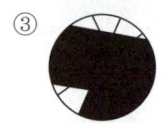

④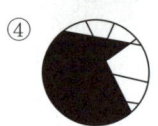

⑤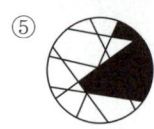

10

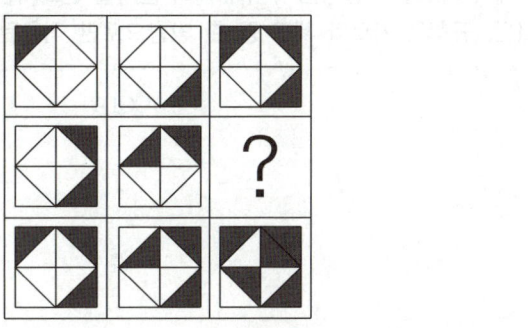

①

②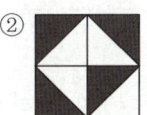

③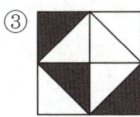

④

⑤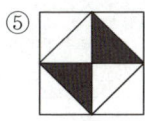

※ 다음 도식에서 기호들은 일정한 규칙에 따라 문자를 변화시킨다. 물음표에 들어갈 문자로 알맞은 것을 고르시오(단, 규칙은 가로와 세로 중 한 방향으로만 적용된다). [11~14]

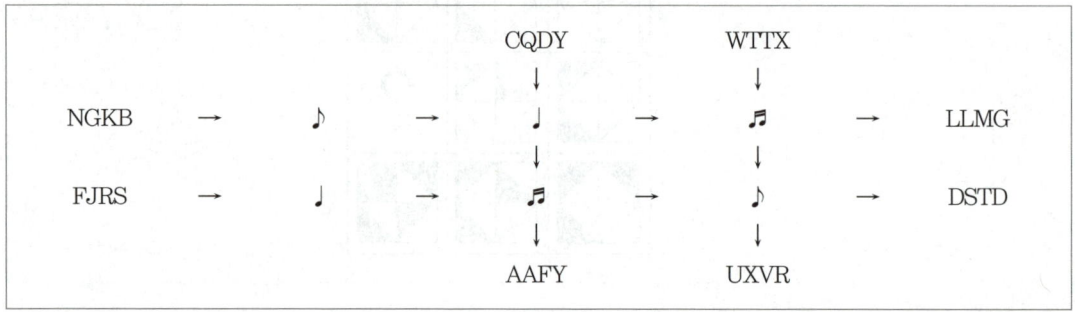

11

ㅂㄹㅈㄱ → ♫ → ♩ → ?

① ㅅㅅㅋㄱ
② ㄹㄹㅋㄱ
③ ㅂㅂㅋㄷ
④ ㅁㅁㅋㄱ
⑤ ㄴㄴㅋㄷ

12

ㅍㅌㅇㅅ → ♪ → ♫ → ?

① ㅊㅌㄷㅋ
② ㅋㅈㅁㅍ
③ ㅋㅁㅈㅂ
④ ㅋㅅㅊㅍ
⑤ ㅋㅁㅊㅌ

13

ㄱㄴㅎㅍ → ♩ → ♪ → ?

① ㄱㄹㅍㅎ
② ㄷㅅㅅㅎ
③ ㄴㅍㅎㄴ
④ ㄱㅍㅎㄱ
⑤ ㄱㅊㅍㅎ

14

ㅣㅋAR → ♫ → ♩ → ♩ → ?

① HHQT
② GGCR
③ RRFT
④ HHCR
⑤ GGBT

※ 다음 문장 또는 문단을 논리적 순서대로 바르게 나열한 것을 고르시오. [15~16]

15

(가) 르네상스와 종교개혁을 거치면서 성립된 근대 계몽주의는 중세를 지배했던 신(神) 중심의 사고에서 벗어나 합리적 사유에 근거한 인간 해방을 추구하였다.

(나) 하지만 이 같은 문명의 이면에는 환경 파괴와 물질만능주의, 인간소외와 같은 근대화의 병폐가 숨어 있었다.

(다) 또한 계몽주의의 합리적 사고는 자연과학의 성립으로 이어졌으며, 우주와 자연에서 신비로운 요소를 걷어낸 과학 기술의 발전은 인류에게 그 어느 때보다 풍요로운 물질적 부를 가져왔다.

(라) 인간의 무지로부터 비롯된 자연에 대한 공포가 종교적 세계관을 낳았지만, 계몽주의는 이성과 합리성을 통해 이를 극복하였다.

① (가) – (다) – (나) – (라) ② (가) – (나) – (다) – (라)
③ (라) – (가) – (다) – (나) ④ (라) – (나) – (다) – (가)
⑤ (라) – (다) – (가) – (나)

16

(가) 그런데 '의사, 변호사, 사장' 등은 그 직업이나 직책에 있는 모든 사람을 가리키는 것이어야 함에도 불구하고, 실제로는 남성을 가리키는 데 주로 사용되고, 여성을 가리킬 때는 '여의사, 여변호사, 여사장' 등이 따로 사용되고 있다. 즉, 여성을 예외적인 경우로 취급함으로써 남녀차별의 가치관을 이 말들에 반영하고 있는 것이다.

(나) 언어에는 사회상의 다양한 측면이 반영되어 있다. 그렇기 때문에 남성과 여성의 차이도 언어에 반영되어 있다. 한편 우리 사회는 꾸준히 양성평등을 향해서 변화하고 있지만, 언어의 변화 속도는 사회의 변화 속도를 따라가지 못한다. 따라서 국어에는 남녀차별의 사회상을 알게 해 주는 증거들이 있다.

(다) 오늘날 남녀의 사회적 위치가 과거와 다르고 지금 이 순간에도 계속 변하고 있다. 여성의 사회적 지위 향상의 결과가 앞으로 언어에 반영되겠지만, 현재 언어에 남아 있는 과거의 흔적은 우리 스스로의 노력으로 지워감으로써 남녀의 '차이'가 더 이상 '차별'이 되지 않도록 노력을 기울여야 하겠다.

(라) 우리말에는 그 자체에 성별을 구분해 주는 문법적 요소가 없다. 따라서 남성을 지칭하는 말과 여성을 지칭하는 말, 통틀어 지칭하는 말이 따로 존재해야 하지만, 국어에는 그런 경우도 있고 그렇지 않은 경우도 있다. 예를 들어 '아버지'와 '어머니'는 서로 대등하게 사용되고, '어린이'도 남녀를 구별하지 않고 가리킬 때 쓰인다.

① (나) – (가) – (라) – (다) ② (나) – (라) – (가) – (다)
③ (다) – (가) – (라) – (나) ④ (다) – (나) – (라) – (가)
⑤ (다) – (라) – (나) – (가)

17 다음 글을 읽고 추론한 내용으로 적절하지 않은 것은?

> ChatGPT를 시작으로 대규모 언어모델(LLM)에 대한 관심이 폭발적으로 증가하고 있다. 이러한 인공지능을 학습시키기 위해서는 방대한 양의 데이터를 빠르게 처리해야 하는데, 여기서 필요한 장치가 바로 HBM(High Bandwidth Memory, 고대역폭 메모리)과 HBF(High Bandwidth Flash, 고대역폭 플래시)이다.
>
> HBM은 데이터를 저장하는 반도체 칩인 DRAM을 수직으로 쌓고, 실리콘 관통 전극(TSV)를 이용해 상하층을 연결한 것이다. 이렇게 하면 데이터의 이동 거리가 매우 짧아지고, 여러 층을 동시에 사용할 수 있기 때문에 많은 데이터를 한 번에 주고받을 수 있다. 즉 HBM은 일반적인 메모리에 비해 대역폭이 넓어 속도가 비약적으로 빠르다. 그러나 현재 HBM은 DRAM의 높은 발열 등 다양한 제약으로 인해 12단 이상으로 쌓기 어렵고, 용량도 36GB 이상의 용량을 확보하기 어려운 상황이다. LLM 특성상 방대한 데이터를 다루어야 하므로 높은 용량의 메모리가 필요하지만, 이른바 '메모리 벽'에 막혀 기술 발전이 정체되고 있다.
>
> 이런 상황에서 주목받는 것이 바로 HBF이다. HBF는 HBM과 똑같이 메모리칩을 수직으로 쌓아 상하층을 연결해 올린 것이지만, DRAM 대신 낸드플래시를 쌓은 것이다. 흔히 USB 저장장치에 사용되는 낸드플래시는 DRAM보다 느리지만, 발열이 적고, 용량 확장성이 우수하기 때문에 HBF는 HBM보다 처리 속도는 느리지만 가용 용량은 수십 배 많을 것으로 예상된다.
>
> 전문가들은 앞으로 HBM과 HBF가 인공지능 기술에서 상호 보완적 역할을 할 것으로 보고 있다. 학습 등 빠른 연산이 필요한 부분은 HBM이 담당하고, 빅데이터의 저장은 HBF가 담당할 것으로 예측된다.
>
> 이처럼 HBM과 HBF는 각각 속도와 용량이라는 서로 다른 강점을 지니고 있다. 앞으로 인공지능이 더 복잡하고 거대한 데이터를 다루게 될수록, 두 기술은 경쟁하기보다는 함께 발전하며 인공지능의 성능을 끌어올리는 핵심 기반이 될 것으로 보인다.

① HBF는 HBM에 비해 상대적으로 발열이 적을 것이다.

② HBM에 있는 TSV는 HBF에도 동일하게 사용될 것이다.

③ HBM과 HBF는 목적에 따라 서로 다르게 사용될 것이다.

④ 메모리 기술의 발전은 인공지능 기술의 성능 향상에 직접적인 영향을 줄 것이다.

⑤ 인공지능 기술이 다루는 데이터가 점차 많아질수록 HBM보다 HBF가 더 효과적일 것이다.

18 다음 글의 주장을 반박하는 내용으로 적절하지 않은 것은?

> 디지털 기술의 발전은 우리의 삶을 편리하게 만들었지만, 동시에 인간의 주의력과 정신적 여유를 빼앗아 가고 있다. 스마트폰 알림, 소셜미디어 피드, 끝없이 이어지는 영상 콘텐츠는 잠시의 틈도 허락하지 않으므로 정신적 피로의 원인이 된다. 우리는 언제 어디서나 연결되어 있지만, 정작 스스로와 마주할 시간은 점점 줄어들고 있다. 이러한 상황 속에서 '디지털 미니멀리즘'이 필요한 이유가 여기에 있다.
>
> 디지털 미니멀리즘은 기술을 완전히 거부하는 것이 아니라, 디지털 기술 사용에 명확한 목적과 기준을 두는 생활 태도이다. 즉, 단순히 시간을 줄이는 것이 아니라 '무엇을 위해' 기술을 사용하는지를 성찰하고, 불필요한 디지털 활동을 과감히 줄이는 것이다. 이는 기술의 효율성을 극대화하면서도 개인의 정신적 주권을 되찾는 실천이다.
>
> 실제로 디지털 기술의 사용은 생산성과 집중력을 떨어뜨릴 뿐 아니라, 인간관계의 질마저 약화시킨다. 얼굴을 마주보며 대화하는 대신 메시지로 감정을 전달하는 데 익숙해지고, SNS의 타인의 삶과 비교하며 불필요한 열등감을 느끼는 일이 잦다. 반면, 디지털 미니멀리즘을 실천하는 사람들은 일정한 시간 동안 스마트폰을 멀리하고, 오직 필요한 기능만 사용하며, 오프라인의 몰입과 사유를 중시하므로 삶의 만족도와 정신적 안정감이 높아진다.
>
> 디지털 기기가 우리의 시간을 지배하도록 내버려 두는 한, 우리는 결코 온전한 자유를 누릴 수 없다. 진정한 자유는 연결로부터의 해방에서 시작된다. 따라서 우리는 기술의 노예가 아닌 주체로 서기 위해, 지금 이 순간부터라도 디지털 미니멀리즘을 실천해야 한다. 그것이야말로 현대 사회에서 인간다운 삶을 되찾는 첫걸음이다.

① 디지털 기술의 제한은 정보의 습득이 늦어지고, 창의적 아이디어의 교류가 위축되는 등 생산성이 위축된다.

② 디지털 기술의 완전한 단절을 위해서는 온라인에서 벗어나 자연 속에서 요가를 즐기는 등 다른 활동이 필요하다.

③ 온라인 상담, 명상 프로그램 등 디지털 기술이 오히려 정신적 안정과 자기 성찰을 돕는 기술적 수단이 될 수 있다.

④ 디지털 피로감이나 주의력 저하의 원인은 기술 그 자체가 아니라 비효율적 사용 방식과 개인의 자기통제 부족에 있다.

⑤ 디지털 미니멀리즘은 사회적 관계망이나 정보 접근 기회가 줄어들어 기본적 사회 참여 수단이 부족해지는 부작용이 발생할 수 있다.

최근 국내 건설업계에서는 3D 프린팅 기술을 건설 분야와 접목하고자 노력하고 있다. 해외 건설사들도 3D 프린팅 기술을 이용한 건축 시장을 선점하기 위한 경쟁이 활발히 이루어지고 있으며 이미 미국 텍사스 지역에서 3D 프린팅 기술을 이용하여 주택 4채를 1주일 만에 완공한 바 있다. 또한 우리나라에서도 인공 조경 벽 등 건설 현장에서 3D 프린팅 건축물을 차차 도입해가고 있다.

왜 건설업계에서는 3D 프린팅 기술을 주목하게 되었을까? 3D 프린팅 건축 방식은 전통 건축 방식과 비교하여 비용을 절감할 수 있고 공사 기간이 단축되는 점을 장점으로 꼽을 수 있다. 특히 공사 기간이 짧은 점은 천재지변으로 인한 이재민 등을 위한 주거시설을 빠르게 준비할 수 있다는 점에서 호평받고 있다. 또한 전통 건축 방식으로는 구현하기 힘든 다양한 디자인을 구현할 수 있는 점과 건축 폐기물 감소 및 CO_2 배출량 감소 등 환경보호 면에서도 긍정적인 평가를 받고 있으며 각 국가 간 이해관계 충돌로 인한 직·간접적 자재 수급난을 해결할 수 있는 점도 긍정적 평가를 받는 요인이다.

어떻게 3D 프린터로 건축물을 세우는 것일까? 먼저 일반적인 3D 프린팅의 과정을 알아야 한다. 일반적인 3D 프린팅은 컴퓨터로 물체를 3D 형태로 모델링한 후 용융성 플라스틱이나 금속 등을 3D 프린터 노즐을 통해 분사하여 아래부터 층별로 겹겹이 쌓는 과정을 거친다.

3D 프린팅 건축 방식도 마찬가지이다. 컴퓨터를 통해 건축물을 모델링 후 모델링한 정보에 따라 콘크리트, 금속, 폴리머 등의 건축자재를 노즐을 통해 분사시켜 층층이 쌓아 올리면서 컴퓨터로 설계한 대로 건축물을 만든다. 기계가 대신 건축물을 만든다는 점에서 사람의 힘으로 한계가 있는 기존 건축방식의 해결은 물론 코로나19 사태로 인한 인건비 상승 및 전문인력 수급난을 해결할 수 있다는 점 또한 호평받고 있다.

하지만 아쉽게도 우리나라에서의 3D 프린팅 건설 사업은 관련 인증 및 안전 규정 미비 등의 제도적 한계와 기술적 한계가 있어 상용화 단계가 이루어지기는 힘들다. 특히 3D 프린터로 구조물을 적층하여 구조물을 쌓아 올리는 데에는 로봇 팔이 필요한데 아직은 5층 이하의 저층 주택 준공이 한계이고 현 대한민국 주택시장은 고층 아파트 등 고층 건물이 주력이므로 3D 프린터 고층 건축물 제작 기술을 개발해야 한다는 주장도 더러 나오고 있다.

① 3D 프린터 건축 기술로 인해 대량의 실업자가 발생할 것이다.
② 이미 해외에서는 3D 프린터를 이용하여 주택을 시공한 바 있다.
③ 3D 프린터 건축 기술은 인력난을 해소할 수 있는 새로운 기술이다.
④ 3D 프린터 건축 기술은 전통 건축 기술과는 달리 환경에 영향을 덜 끼친다.
⑤ 현재 우리나라는 3D 프린터 건축 기술의 제도적 장치 및 기술적 한계를 해결해야만 하는 과제가 있다.

20 다음 글의 내용으로 적절한 것을 〈보기〉에서 모두 고르면?

유럽 최대의 무역항이자 건축 수도인 네덜란드 로테르담에서는 거대한 말발굽, 혹은 연필깎이를 연상시키는 형상의 건축물이 새로운 랜드마크로 각광받고 있다. 길이 120m, 높이 40m에 10만여 m^2 규모로 10년의 건축기간을 거쳐 준공된 주상복합 전통시장 '마켓홀(Market Hall)'이 바로 그것이다.

네덜란드의 건축 그룹 엔베에르데베(MVRDV)가 건물의 전체 설계를 맡은 마켓홀은 터널처럼 파낸 건물 중앙부에는 약 100여 개의 지역 업체가 들어서 있으며, 시장 위를 둘러싸고 있는 건물에는 228가구의 아파트가 자리 잡고 있다. 양쪽 끝은 대형 유리벽을 설치해 자연광을 받을 수 있도록 하였고, 강한 외풍을 막아내기 위해 테니스 라켓 모양으로 디자인한 뒤 유리를 짜 넣어 건물 내외에서 서로를 감상할 수 있도록 하였다.

마켓홀의 내부에 들어서면 거대하고 화려한 외관 못지않은 거대한 실내 벽화가 손님들을 맞이한다. 1만 1,000m²에 달하는 천장벽화 '풍요의 뿔'은 곡식과 과일, 물고기 등 화려한 이미지로 가득한데, 이 벽화를 그린 네덜란드의 예술가 아르노 코넨과 이리스 호스캄은 시장에서 판매되는 먹을거리가 하늘에서 떨어지는 모습을 표현하기 위해 4,500개의 알루미늄 패널을 사용했다. 특히 이 패널은 작은 구멍이 뚫려있어 실내의 소리를 흡수, 소음을 줄여주는 기능적인 면 또한 갖추었다.

이처럼 현대의 건축기술과 미술이 접목되어 탄생한 마켓홀이 지닌 가장 큰 강점은 전통시장의 활성화와 인근 주민과의 상생에 성공했다는 점이다. 마켓홀은 전통시장의 상설화는 물론 1,200대 이상의 차량을 주차할 수 있는 규모의 주차장을 구비해 이용객의 접근을 용이하게 하고, 마켓홀을 찾은 이들이 자연스레 주변 5일장이나 인근 쇼핑거리로 향하게 하여 로테르담의 지역경제를 활성화하는 데 성공했다는 평가를 받고 있다.

보기

ㄱ. 엔베에르데베는 건물 내부에 설치한 4,500개의 알루미늄 패널을 통해 실내의 소리를 흡수하여 소음을 줄일 수 있도록 했다.

ㄴ. 마켓홀은 새로운 랜드마크로 로테르담의 무역 활성화에 크게 기여했다.

ㄷ. 마켓홀의 거대한 천장벽화는 화려한 이미지를 표현한 것은 물론 기능미 또한 갖추었다.

ㄹ. 마켓홀은 이용객들을 유치할 수 있도록 해 로테르담 주민들과의 상생에 성공할 수 있었다.

---

① ㄱ, ㄴ   ② ㄱ, ㄷ

③ ㄴ, ㄷ   ④ ㄴ, ㄹ

⑤ ㄷ, ㄹ

01 수리

01 S사는 작년에 A제품과 B제품을 합쳐 총 3,200개를 생산하였다. 올해는 작년 대비 A제품의 생산량을 25%, B제품의 생산량을 35% 증가시켜 총 4,200개를 생산한다고 할 때, 올해 A, B제품의 생산량 차이는?

① 900개
② 1,000개
③ 1,100개
④ 1,200개
⑤ 1,300개

02 S전자에서는 냉장고 3대, 세탁기 4대, 청소기 2대 중 3대를 신제품 행사에 전시하려고 한다. 이때, 적어도 1대는 냉장고를 전시할 확률은?(단, 모든 가전제품은 서로 다른 모델이다)

① $\dfrac{12}{21}$
② $\dfrac{13}{21}$
③ $\dfrac{14}{21}$
④ $\dfrac{5}{7}$
⑤ $\dfrac{16}{21}$

03 다음은 A ～ C사의 2024년 1분기 매출액 및 전분기 대비 변동률을 나타낸 자료이다. 이에 대한 설명으로 옳은 것은?(단, 모든 계산은 소수점 셋째 자리에서 반올림하고, 단위는 억 원으로 한다)

<2024년 1분기 매출액 및 전분기 대비 매출액 변동률>

구분	1분기 매출액	2분기 변동률	3분기 변동률	4분기 변동률
A사	16억 원	+12%	−11%	−20%
B사	11억 원	−8%	+9%	+8%
C사	9억 원	+6%	−5%	+30%

① 3사의 분기별 매출액 순위는 4분기에 변한다.
② A사의 2분기 매출액은 같은 분기 C사의 1.5배 이상이다.
③ B사의 4분기 매출액은 같은 분기 A사의 매출액을 초과하였다.
④ B사의 4분기 매출액은 1분기 매출액보다 10% 이상 증가하였다.
⑤ 4분기에 감소한 A사 매출액의 절댓값은 4분기에 증가한 C사 매출액의 절댓값보다 작다.

04 다음은 A ～ D사의 연간 매출액에 대한 자료이다. 연간 매출액이 일정한 증감률을 보인다고 할 때, 빈칸에 들어갈 수는?

<A ～ D사의 연간 매출액>

(단위 : 백억 원)

구분		2019년	2020년	2021년	2022년	2023년	2024년
A사	매출액	300	350	400	450	500	550
	순이익	9	10.5	12	13.5	15	16.5
B사	매출액	200	250	200	250	200	250
	순이익	4	7.5	4	7.5	4	7.5
C사	매출액	250	350	300	400	350	450
	순이익	5	10.5	12	20		31.5
D사	매출액	350	300	250	200	150	100
	순이익	7	6	5	4	3	2

※ (순이익)=(매출액)×(이익률)

① 21
② 23
③ 25
④ 27
⑤ 29

05 다음은 5가지 커피 A ~ E에 대한 소비자 선호도 조사를 정리한 자료이다. 조사는 541명의 동일한 소비자를 대상으로 1차와 2차 구매를 통해 이루어졌다. 이에 대한 〈보기〉의 설명 중 옳은 것을 모두 고르면?

〈커피별 소비자 선호도 조사〉

(단위 : 명)

1차 구매	2차 구매					합계
	A	B	C	D	E	
A	93	17	44	7	10	171
B	9	46	11	0	9	75
C	17	11	155	9	12	204
D	6	4	9	15	2	36
E	10	4	12	2	27	55
합계	135	82	231	33	60	541

보기

ㄱ. 대부분의 소비자들이 취향에 맞는 커피를 꾸준히 선택하고 있다.
ㄴ. 1차에서 A를 구매한 소비자가 2차 구매에서 C를 구입하는 경우가 그 반대의 경우보다 더 적다.
ㄷ. 1차, 2차 모두 C를 구입하는 소비자가 제일 많다.

① ㄱ
② ㄷ
③ ㄱ, ㄷ
④ ㄴ, ㄷ
⑤ ㄱ, ㄴ, ㄷ

06 다음은 보건복지부에서 집계한 연도별 주요 암 조발생률 추이이다. 이에 대한 설명으로 옳지 않은 것은?

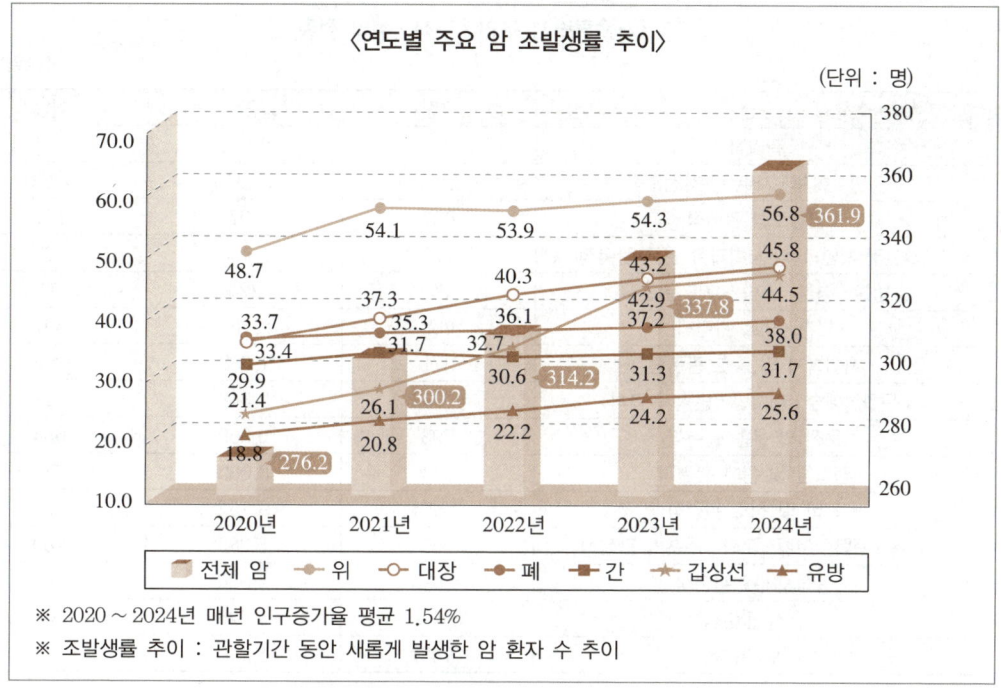

〈연도별 주요 암 조발생률 추이〉

(단위 : 명)

※ 2020 ~ 2024년 매년 인구증가율 평균 1.54%
※ 조발생률 추이 : 관할기간 동안 새롭게 발생한 암 환자 수 추이

① 전년 대비 증가율이 낮아진 암도 있다.
② 매년 가장 많이 증가하고 있는 암은 갑상선암이다.
③ 전체 암의 증가율은 매년 인구증가율 평균보다 높다.
④ 2020년 대비 2024년 암 조발생 증가율이 가장 낮은 암은 간암이다.
⑤ 조발생률이 가장 낮은 암과 가장 높은 암의 차이가 가장 큰 해는 2021년이다.

※ 다음은 서울특별시의 직종별 구인·구직·취업 현황을 나타내는 자료이다. 이어지는 질문에 답하시오.
 [7~8]

<서울특별시 구인·구직·취업 현황>

(단위 : 명)

구분	구인	구직	취업
관리직	993	2,951	614
경영·회계·사무 관련 전문직	6,283	14,350	3,400
금융보험 관련직	637	607	131
교육 및 자연과학·사회과학 연구 관련직	177	1,425	127
법률·경찰·소방·교도 관련직	37	226	59
보건·의료 관련직	688	2,061	497
사회복지 및 종교 관련직	371	1,680	292
문화·예술·디자인·방송 관련직	1,033	3,348	741
운전 및 운송 관련직	793	2,369	634
영업원 및 판매 관련직	2,886	3,083	733
경비 및 청소 관련직	3,574	9,752	1,798
미용·숙박·여행·오락·스포츠 관련직	259	1,283	289
음식서비스 관련직	1,696	2,936	458
건설 관련직	3,659	4,825	656
기계 관련직	742	1,110	345

07 관리직의 구직 대비 구인률과 음식서비스 관련직의 구직 대비 취업률의 차이는?(단, 소수점 첫째 자리에서 반올림한다)

① 6%p
② 9%p
③ 12%p
④ 15%p
⑤ 18%p

08 다음 중 위 자료에 대한 설명으로 옳지 않은 것은?

① 취업자 수가 구인자 수를 초과한 직종도 있다.
② 구인자 수가 구직자 수를 초과한 직종은 한 곳이다.
③ 구직 대비 취업률이 가장 높은 직종은 기계 관련직이다.
④ 영업원 및 판매 관련직의 구직 대비 취업률은 25% 이상이다.
⑤ 구직자가 가장 많이 몰리는 직종은 경영·회계·사무 관련 전문직이다.

09 S사의 A제품과 B제품의 판매량이 각각 다음과 같은 규칙을 보일 때, 2031년 A제품과 B제품 판매량의 합은?

〈A, B제품의 판매량〉

(단위 : 개)

구분	2024년	2025년	2026년	2027년	2028년	2029년	2030년
A제품	1,500	1,750	2,000	2,250	2,500	2,750	3,000
B제품	550	650	770	930	1,150	1,450	1,850

① 3,620개   ② 4,000개

③ 4,620개   ④ 5,000개

⑤ 5,620개

10 S음료 회사가 다음과 같은 규칙으로 2가지의 이온 음료를 각각 생산한다고 할 때, 2022년 이후 처음으로 D음료 생산량이 C음료 생산량의 4배를 넘는 연도는 언제인가?

〈C, D음료의 생산량〉

(단위 : 개)

구분	2018년	2019년	2020년	2021년	2022년
C음료	2,500	3,000	3,500	4,000	4,500
D음료	200	400	800	1,600	3,200

① 2023년   ② 2024년

③ 2025년   ④ 2026년

⑤ 2027년

※ 다음 명제가 모두 참일 때, 빈칸에 들어갈 명제로 가장 적절한 것을 고르시오. **[1~3]**

01

- 전제1. S사의 메신저는 모두 보안 네트워크를 사용한다.
- 전제2. S사의 신입은 모두 S사의 메신저만 사용한다.
- 결론. _____

① S사의 신입이 아니면 보안 네트워크를 사용하지 않는다.
② 메신저가 보안 네트워크를 사용하면 모두 S사의 메신저이다.
③ S사의 신입이 사용하는 메신저는 모두 보안 네트워크를 사용한다.
④ 메신저가 보안 네트워크를 사용하지 않으면 모두 S사의 메신저이다.
⑤ S사의 메신저를 사용하지 않는 직원은 모두 보안 네트워크를 사용한다.

02

- 전제1. S대학의 어떤 신입생은 기숙사에 거주한다.
- 전제2. 기숙사에 거주하는 사람은 모두 도보로 등교한다.
- 결론. _____

① S대학의 어떤 신입생은 도보로 등교한다.
② 도보로 등교하는 사람은 모두 신입생이다.
③ S대학의 신입생이 아니면 도보로 등교하지 않는다.
④ S대학의 기숙사에 거주하는 사람은 모두 신입생이다.
⑤ 어떤 사람이 도보로 등교하면 기숙사에 거주하는 것이다.

03

- 전제1. 회의에 참석하려면 명함이 필요하다.
- 전제2. _____
- 결론. 출장을 나가면 회의에 반드시 참석할 수 있다.

① 명함이 없어도 회의에 참석할 수 있다.
② 회의에 참석하려면 출장을 나가야 한다.
③ 출장을 나가면 반드시 명함을 지참한다.
④ 명함이 있는 사람은 모두 회의에 참석한다.
⑤ 출장을 나가면 회의에 참석하지 못할 수도 있다.

04 다음 명제가 모두 참일 때, 반드시 참인 명제는?

- A가 외근을 나가면 B도 외근을 나간다.
- A가 외근을 나가면 D도 외근을 나간다.
- D가 외근을 나가면 E도 외근을 나간다.
- C가 외근을 나가지 않으면 B도 외근을 나가지 않는다.
- D가 외근을 나가지 않으면 C도 외근을 나가지 않는다.

① B가 외근을 나가면 A도 외근을 나간다.
② D가 외근을 나가면 C도 외근을 나간다.
③ A가 외근을 나가면 E도 외근을 나간다.
④ C가 외근을 나가지 않으면 D도 외근을 나가지 않는다.
⑤ B가 외근을 나가지 않으면 D도 외근을 나가지 않는다.

05 갑 ~ 정 4명이 함께 중식당에서 음식을 주문했는데 각자 주문한 음식이 다르다. 그런데 짜장면을 주문한 사람은 언제나 진실을 말하고 볶음밥을 주문한 사람은 언제나 거짓을 말하며, 짬뽕과 우동을 주문한 사람은 진실과 거짓을 1개씩 말한다. 이들이 다음과 같이 진술했을 때, 주문한 사람과 음식이 일치하는 것은?

- 갑 : 병은 짜장면, 을은 짬뽕을 시켰다.
- 을 : 병은 짬뽕, 정은 우동을 시켰다.
- 병 : 갑은 짜장면, 정은 우동을 시켰다.
- 정 : 을은 짬뽕, 갑은 볶음밥을 주문했다.

① 갑 – 짬뽕
② 을 – 볶음밥
③ 병 – 짜장면
④ 정 – 우동
⑤ 정 – 볶음밥

06 A ~ E 5명은 이번에 새로 출시한 S사의 스마트폰을 구입하려고 한다. 스마트폰 내장 메모리 용량은 128GB, 256GB, 512GB 3가지가 있고, 5명이 다음 〈조건〉과 같이 용량을 선택할 때, A와 B가 고른 스마트폰 내장 메모리 용량의 합은?

> **조건**
> • C는 D보다 큰 용량을 선택하였다.
> • B와 E는 같은 용량을 선택하였다.
> • A와 D는 다른 용량을 선택하였다.
> • 가장 작은 용량을 선택한 사람은 2명이다.

① 384GB   ② 512GB

③ 640GB   ④ 770GB

⑤ 1,024GB

07 S사의 세탁기는 〈조건〉과 같이 A ~ D 4개의 세탁 과정과 X, Y 2개의 건조 과정을 거쳐 작동한다. 다음 중 S사 세탁기의 세탁 및 건조 과정이 순서대로 바르게 나열된 것은?

> **조건**
> • A, B, C, D는 세탁 과정이고, X, Y는 건조 과정이다.
> • 건조 과정은 세탁 과정이 모두 끝난 뒤에 진행한다.
> • A는 세탁의 가장 마지막에 진행하는 마무리 과정이다.
> • C는 B보다 늦게 진행한다.
> • D와 Y사이에는 2개의 과정이 있다.
> • D과정 직후에는 세탁의 마무리 과정을 할 수 없다.

① B - C - D - A - X - Y   ② B - D - C - A - X - Y

③ B - D - C - A - Y - X   ④ D - B - C - A - X - Y

⑤ D - C - B - A - Y - X

※ 다음 도형의 규칙을 보고 물음표에 들어갈 도형으로 알맞은 것을 고르시오. **[8~10]**

08

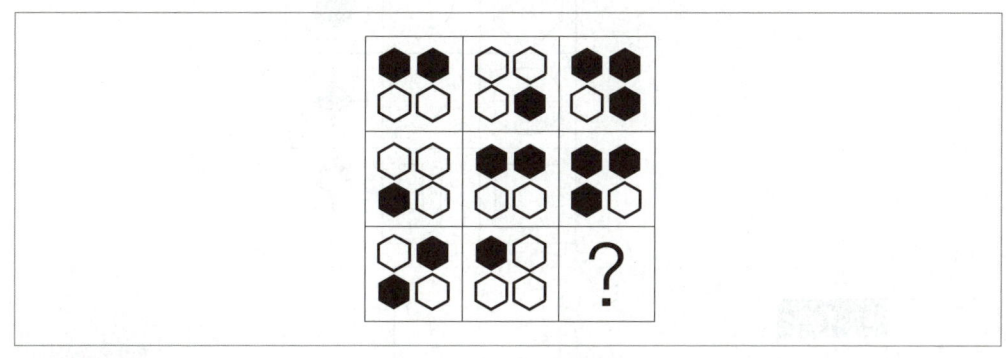

①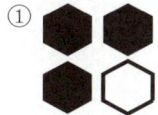

②

③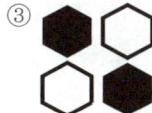

④

⑤

09

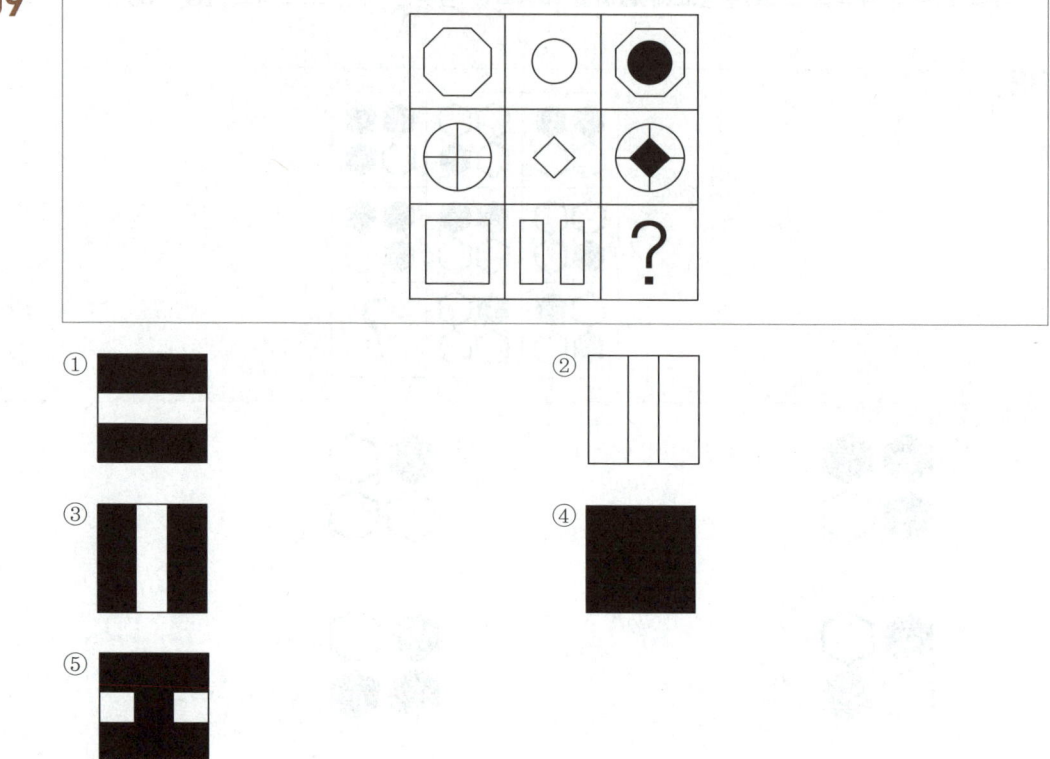

①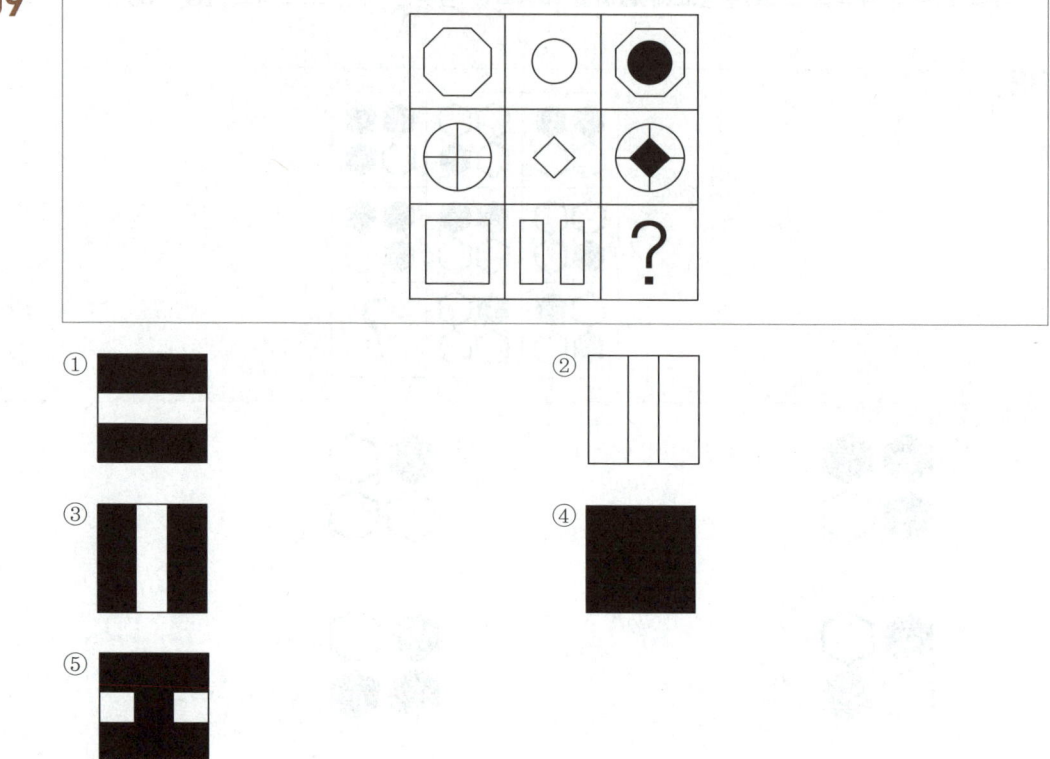

②

③

④

⑤

10

①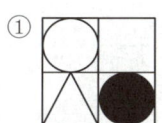

②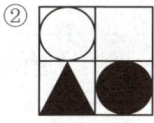

③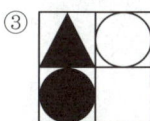

④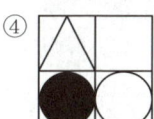

⑤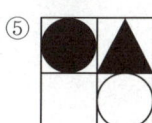

※ 다음 도식에서 기호들은 일정한 규칙에 따라 문자를 변화시킨다. 물음표에 들어갈 문자로 알맞은 것을 고르시오(단, 규칙은 가로와 세로 중 한 방향으로만 적용된다). **[11~14]**

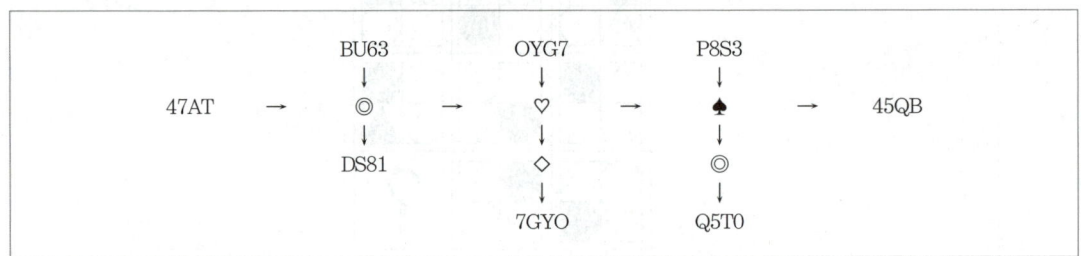

11

$$STOP \rightarrow ◎ \rightarrow ♡ \rightarrow ?$$

① NQUR ② QURN
③ RNQU ④ RUNQ
⑤ URQN

12

$$18AB \rightarrow ♡ \rightarrow ♠ \rightarrow ?$$

① AZ70 ② A7Z0
③ ZA07 ④ Z0A7
⑤ 70AZ

13

$$E5D8 \rightarrow ♠ \rightarrow ◇ \rightarrow ?$$

① CD47 ② D4C7
③ C7D4 ④ D7C4
⑤ DC74

14

$$H476 \rightarrow ◇ \rightarrow ♠ \rightarrow ◎ \rightarrow ?$$

① 83I1 ② 813I
③ 318I ④ 3I81
⑤ I138

15 다음 글의 내용으로 가장 적절한 것은?

2차 전지는 충전과 방전을 반복해 사용할 수 있는 배터리로, 최근 전기차, 스마트폰, 태블릿, 에너지저장장치(ESS) 등 다양한 분야에서 필수적인 역할을 하고 있다. 2차 전지는 양극, 음극, 분리막, 전해질이라는 네 가지 핵심 소재로 구성된다. 대표적인 2차 전지인 리튬이온 배터리의 경우 양극에 있는 리튬이 충전 시 리튬이온이 전해질을 통해 분리막을 지나 음극으로 이동하며, 방전 시는 반대로 리튬이온이 음극에서 양극으로 이동하여 충전과 방전을 반복하게 된다. 따라서 2차 전지를 포함한 배터리의 용량은 주로 양극의 소재(양극재)에 따라 결정되지만, 충전이 가능한 2차 전지의 경우 충전 시 리튬이온을 받아 저장할 수 있는 음극의 소재(음극재)에 따라 배터리의 수명과 충전 효율이 결정되므로 최근 음극재가 2차 전지의 핵심 요소로 더욱 주목받고 있다.

2차 전지에서 음극재는 양극의 리튬이온을 받아 저장하고 방출하는 역할을 담당한다. 음극재를 구조적으로 살펴보면, 집전판 위에 음극활물질, 도전재, 바인더가 함께 쌓여 있는 형태이다. 집전판은 외부 회로와 활물질 사이에서 전자를 전달하는 역할을 하며, 음극활물질은 리튬이온을 저장하는 주체로 작용한다. 도전재는 전기가 잘 흐르도록 돕고, 바인더는 각 재료를 단단하게 고정하는 역할을 한다.

현재 가장 널리 사용되는 음극활물질은 흑연으로, 층상 구조 덕분에 리튬이온이 쉽게 출입할 수 있다. 게다가 가격이 저렴하고 안정적이며, 장기간 사용해도 성능 저하가 크지 않다는 장점이 있다. 반면, 에너지 밀도가 높지 않아 충전 속도를 높이는 데에는 한계가 존재한다.

이러한 한계를 극복하기 위해 최근에는 실리콘 음극재가 주목받고 있다. 흑연은 원자 6개에 1개의 리튬이온을 저장할 수 있지만, 실리콘은 리튬이온과 결합해 원자 5개로 22개의 리튬이온을 저장할 수 있어 흑연에 비해 실질적으로 저장할 수 있는 에너지 밀도가 약 10배가량 높다. 따라서 실리콘 음극재를 사용할수록 더 빠른 충전 속도를 가질 수 있다. 그러나 실리콘은 충전과 방전을 반복할 때 최대 300%까지 부피 팽창이 일어나므로 소재 및 배터리가 쉽게 손상되는 단점이 있어 실리콘 음극재의 상용화에는 아직 기술적 한계가 남아 있다. 이러한 단점을 극복하기 위하여 최근에는 흑연과 실리콘을 혼합해 사용하는 등 다양한 연구가 활발히 이루어지고 있다.

미래 산업의 주요 동력원으로서 2차 전지의 중요성은 더욱 커지고 있으며, 2차 전지의 성능을 좌우하는 핵심 소재인 음극재 기술의 중요성 또한 더욱 부각되고 있다. 배터리의 충전 속도, 수명 등 다양한 성능을 한 단계 끌어올릴 수 있는 음극재 기술의 발전은 앞으로 실리콘 등 신소재의 상용화가 가속화될 것으로 전망된다.

① 2차 전지의 음극에서 리튬이온은 집전판에 저장된다.
② 2차 전지의 용량은 주로 음극재의 종류에 따라 달라진다.
③ 같은 면적이라면 흑연이 실리콘보다 더 많은 리튬이온을 저장한다.
④ 음극재로 실리콘을 주로 사용할 경우 배터리의 변형이 일어날 수 있다.
⑤ 충전과 방전을 빠르게 하기 위해서는 리튬 외에 다른 소재를 사용해야 한다.

16 다음 문단을 논리적 순서대로 바르게 나열한 것을 고르시오.

(가) 반도체 산업은 4차 산업혁명과 함께 더욱 중요한 위치를 차지하고 있다. 인공지능, 사물인터넷, 자율주행차, 5G 통신 등 첨단 기술의 발전에 따라 반도체의 수요와 역할이 지속적으로 확대되고 있다. 앞으로도 반도체는 고성능, 저전력, 소형화 등 다양한 기술적 진보를 이끌며 미래 산업의 핵심 동력으로 자리매김할 전망이다. 이에 따라 반도체 기술의 연구와 개발, 인재 양성의 중요성도 더욱 커지고 있다.

(나) 이러한 반도체는 그 기능에 따라 여러 종류로 나뉘는데, 가장 대표적인 것이 메모리 반도체이다. 메모리 반도체는 데이터를 저장하고 기억하는 역할을 하는 반도체로 컴퓨터, 스마트폰 등 다양한 전자기기에서 정보를 임시로 저장하거나 장기적으로 보관하는 데 사용된다. 대표적인 메모리 반도체는 DRAM, NAND Flash, ROM 등이 있으며 대량 생산에 적합하여 제조 공정이 비교적 단순하다.

(다) 반도체는 도체와 절연체의 중간 성질을 가진 물질로 주로 실리콘, 게르마늄 등이 널리 사용된다. 이러한 물질은 순수한 상태에서는 전기가 거의 흐르지 않지만, 불순물을 첨가하거나 열, 빛, 전압 등의 외부 자극을 가하면 전기 전도도가 크게 변하는데 이러한 성질 덕분에 반도체는 전자제품의 핵심 부품으로 활용되며, 현대 산업과 일상생활에서 필수적인 역할을 한다.

(라) 반면 시스템 반도체는 정보를 저장하는 것이 아니라 연산, 제어, 신호 변환 등 다양한 정보를 처리하는 기능을 담당한다. 시스템 반도체는 비메모리 반도체라고도 불리며, 대표적으로 중앙처리장치(CPU), 그래픽처리장치(GPU) 등이 있다. 이들 반도체는 컴퓨터, 스마트폰, 자동차, 가전제품 등에서 두뇌 역할을 하며, 복잡한 계산과 제어를 실시간으로 수행한다. 시스템 반도체는 메모리 반도체에 비해 설계가 복잡하고 다양한 기능이 집적되어 있어 제조 공정이 복잡하고 정밀도가 높은 특징이 있다.

① (가) – (다) – (나) – (라)　　　　② (나) – (가) – (라) – (다)
③ (나) – (다) – (라) – (가)　　　　④ (다) – (나) – (라) – (가)
⑤ (다) – (라) – (가) – (나)

17 다음 글을 읽고 이어질 문단을 논리적 순서대로 바르게 나열한 것은?

서울에 사는 주부 김모 씨는 세탁기나 청소기 등의 가전기기를 사용하기 전에 집안에 설치된 원격검침을 꼭 확인한다. 하루 중 전기료가 가장 저렴한 시간에 가전기기를 사용해 비용을 조금이라도 줄이고자 함이다.

(가) 이를 활용하여 전력 공급자는 전력 사용 현황을 실시간으로 파악하여 공급량을 탄력적으로 조절할 수 있고, 전력 소비자는 전력 사용 현황을 실시간으로 파악함으로써 이에 맞게 요금이 비싼 시간대를 피하여 사용 시간과 사용량을 조절할 수 있게 되는 것이다.

(나) 비현실적으로 들리는 이 사례들은 이제 우리의 일상이 될 수 있다. 이미 스마트폰을 이용해 외부에서 원격으로 집 안의 가전기기를 조작하고, 사물인터넷을 이용해 어떤 가전기기가 언제 전기를 가장 많이 쓰는지도 스마트폰 하나로 파악할 수 있는 시대이기 때문이다.

(다) 비슷한 사례로 직업상 컴퓨터 사용이 많은 웹디자이너 강모 씨 역시 전기료가 가장 저렴한 심야 시간을 활용해 작업을 하다 보니 어느새 낮과 밤이 바뀌는 지경에 이르렀다.

(라) 이러한 사물인터넷과 스마트그리드가 정착이 되면 미래의 전기 사용 패턴은 지금과 완전히 달라질 것이다. 기존에 발전 – 송전 – 배전 – 판매의 단계로 이루어지던 단방향 전력망이 전력 공급자와 소비자의 양방향 실시간 정보교환이 가능해지는 지능형 전력망으로 변화되기 때문이다.

① (가) – (나) – (다) – (라) ② (가) – (다) – (나) – (라)
③ (나) – (다) – (가) – (라) ④ (다) – (나) – (가) – (라)
⑤ (다) – (나) – (라) – (가)

18 다음 글의 제목으로 가장 적절한 것은?

일반적으로 소비자들은 합리적인 경제 행위를 추구하기 때문에 최소 비용으로 최대 효과를 얻으려 한다는 것이 소비의 기본 원칙이다. 그들은 '보이지 않는 손'이라고 일컬어지는 시장 원리 아래에서 생산자와 만난다. 그러나 이러한 일차적 의미의 합리적 소비가 언제나 유효한 것은 아니다. 생산보다는 소비가 화두가 된 소비 자본주의 시대에 소비는 단순히 필요한 재화, 그리고 경제학적으로 유리한 재화를 구매하는 행위에 머물지 않는다. 최대 효과 자체에 정서적이고 사회 심리학적인 요인이 개입하면서, 이제 소비는 개인이 세계와 만나는 다분히 심리적인 방법이 되어버린 것이다. 곧 인간의 기본적인 생존 욕구를 충족시켜 주는 합리적 소비 수준에 머물지 않고, 자신을 표현하는 상징적 행위가 된 것이다. 이처럼 오늘날의 소비문화는 물질적 소비 차원이 아닌 심리적 소비 형태를 띠게 된다.

소비 자본주의의 화두는 과소비가 아니라 '과시 소비'로 넘어간 것이다. 과시 소비의 중심에는 신분의 논리가 있다. 신분의 논리는 유용성의 논리, 나아가 시장의 논리로 설명되지 않는 것들을 설명해 준다. 혈통으로 이어지던 폐쇄적 계층 사회는 소비 행위에 대해 계급에 근거한 제한을 부여했다. 먼 옛날 부족 사회에서 수장들만이 걸칠 수 있었던 장신구에서부터, 제아무리 권문세가의 정승이라도 아흔아홉 칸을 넘을 수 없던 집이 좋은 예다. 권력을 가진 자는 힘을 통해 자기의 취향을 주위 사람들과 분리시킴으로써 경외감을 강요하고, 그렇게 자기 취향을 과시함으로써 잠재적 경쟁자들을 통제한 것이다.

가시적 신분 제도가 사라진 현대 사회에서도 이러한 신분의 논리는 여전히 유효하다. 이제 개인은 소비를 통해 자신의 물질적 부를 표현함으로써 신분을 과시하려 한다.

① 계층별 소비 규제의 필요성
② 신분사회에서 의복 소비와 계층의 관계
③ 소비가 곧 신분이 되는 과시 소비의 원리
④ 소득을 고려하지 않은 무분별한 과소비의 폐해
⑤ '보이지 않는 손'에 의한 합리적 소비의 필요성

19 다음 중 밑줄 친 ㉠ ~ ㉢에 대한 사례로 적절하지 않은 것은?

> 4차 산업혁명의 주제는 무엇일까? 제조업의 입장에서 4차 산업혁명은 ICT와 제조업의 결합을 의미하며, 여기에서 발생하는 제조업의 변화 양상은 크게 제조업의 서비스화, 제조업의 디지털화, 제조업의 스마트화 등으로 정리할 수 있다.
>
> 먼저 ㉠제조업의 서비스화에서의 핵심은 '아이디어를 구체화하는 시스템'이다. 제조업체는 제품과 서비스를 통합적으로 제공하고, 이를 통해 제품의 부가가치와 경쟁력을 높여 수익을 증대하고자 한다.
>
> 다음으로 ㉡제조업의 디지털화는 '디지털 인프라 혁명'이라고도 하며, 가상과 현실, 사람과 사물이 연결되는 초연결(Hyper-connected) 네트워크 통해 언제 어디서나 접속 가능한 환경을 조성하여 재화를 생산하는 것을 의미한다. 제조업체는 맞춤형 생산이 가능한 3D프린팅, 스마트 공장, 증강현실·가상현실 기반 콘텐츠, 클라우드 기반 정보 시스템 등을 생산과정에 활용한다.
>
> 마지막으로 ㉢제조업의 스마트화는 인공지능(AI), 로봇, 사물인터넷(IoT), 빅데이터, 클라우드, AR, VR, 홀로그램 등 지능 기술의 발달에 따른 '기술적 혁명'을 말한다. 이는 생산성 향상, 생산 공정 최적화 등을 달성하는 데 기여할 것으로 예상된다. 이러한 제조업의 스마트화는 생산인구 감소, 고임금, 자원 고갈(에너지, 인력, 장비, 설비 등) 등에 대비해 노동 생산성과 자원 효율성 제고를 위한 새로운 전략적 대응으로 등장하였다.

① ㉠ - 애플은 하드웨어와 소프트웨어뿐만 아니라 콘텐츠 생산자와 소비자를 연결하는 플랫폼인 애플 스토어 서비스를 구축하였다.

② ㉠ - 롤스로이스는 항공기 엔진과 관련 부품의 판매뿐만 아니라 ICT를 이용한 실시간 모니터링을 통해 엔진의 유지·보수 및 관리가 가능한 엔진 점검 서비스를 제공한다.

③ ㉡ - 포드는 'TechShop' 프로젝트를 통해 2,000여 명의 회원들이 자유롭게 자사의 3D프린터 제작 설비를 활용하여 아이디어를 시제품으로 구체화할 수 있도록 지원했다.

④ ㉡ - GE의 제조 공장에서는 제조 주기의 단축을 위한 기술을 축적하고 있으며, 하나의 공장에서 항공, 에너지, 발전 관련 등 다양한 제품군을 제조하는 설비를 갖추고자 노력하고 있다.

⑤ ㉢ - 지멘스의 제조 공장에서는 제품 개발 및 제조·기획을 관장하는 '가상생산' 시스템과 제품 수명 주기 관리를 통한 '공장생산' 시스템을 통합해 생산 효율성의 극대화를 추구한다.

20 다음 글에 나타난 필자의 주장을 강화할 수 있는 논거로 옳은 것을 〈보기〉에서 모두 고르면?

에너지 빈곤 요인은 상호복합적이기 때문에 에너지 복지 정책도 이에 따라 복합적인 형태로 접근해야 한다. 단순 가격보조 형태의 에너지 복지 대책을 확대하는 것은 낮은 에너지 효율성이라는 에너지 빈곤 요인을 제거하지 못하기 때문에 행정적 부담만 지속적으로 증가할 것이다. 따라서 에너지 빈곤 해소의 가장 중요한 포인트는 에너지 효율성을 높여 에너지 소비량을 줄이는 방향으로 정책을 설계하는 것이며 이를 통해 가격보조 효과가 발생할 수 있도록 유도해야 하는 것이다.

에너지 복지 프로그램은 크게 '공급형', '효율형', '전환형' 세 가지로 유형화할 수 있다. 정부가 주로 활용하고 있는 '공급형'은 긴급 구호형태를 띠는 연료비 보존 및 단전 유예 등을 들 수 있다. 그러나 공급형은 에너지 수요관리를 해야 하는 에너지 정책과 상충하고, 복지 효과 역시 지속적이지 않다는 단점이 있다. 이를 발전시킨 것이 미국의 저소득층 에너지 효율화 집수리 서비스(WAP, Weatherization Assistance Program)와 같은 '효율형' 에너지 복지 대책이다. 이는 에너지 수요를 줄이면서도, 중장기적으로는 요금 절감 효과가 있어 '공급형'에 비해 훨씬 효과가 높은 것으로 평가받고 있다. 또한 저소득층을 에너지 효율화 집수리 사업에 고용하여 일자리 창출 효과도 높일 수 있다. 마지막으로 에너지지원 자체를 재생가능 에너지로 전환해 주는 '전환형' 방법이 있다. 앞의 두 유형보다 복지・환경 효과는 더 높은 데 비해 재원이 많이 소요되고, 법・제도적으로도 보완해야 할 점이 많다는 점에서 시기상조로 보는 시각도 존재한다.

따라서 중단기적으로는 '효율형' 에너지 복지 대책에 집중하되, '전환형' 에너지 복지 프로그램을 병행하는 단계적 접근 전략이 필요하다. 그러나 현재 우리나라의 에너지 복지 정책들은 에너지 비용을 지원하는 단기적이고, 화석 에너지 중심의 기본적인 수준에 머물고 있다. 이에 따라 복지 효과는 지속되지 못하고, 오히려 에너지 사용량이 늘어나 에너지 절감과 같은 환경 보호 효과는 다른 정책에 역행하는 양상을 나타내고 있다. 따라서 한국의 에너지 복지 정책 역시 단계적인 에너지 효율 개선과 에너지 전환을 위한 발전으로 확장할 필요가 있다.

보기

ㄱ. 저소득층에게 에너지 지원은 필수이다.
ㄴ. 현물이나 현금을 지원하는 것은 일시적 미봉책에 불과하다.
ㄷ. 에너지 복지 사업은 고용 창출과 환경 보호를 고려해야 한다.

① ㄱ
② ㄴ
③ ㄱ, ㄴ
④ ㄴ, ㄷ
⑤ ㄱ, ㄴ, ㄷ

2024년 하반기 기출복원문제

정답 및 해설 p.013

01 　수리

01 A ~ D 4명은 빨간색, 파란색, 초록색 깃발 중 1개를 고르려고 한다. 깃발은 1명당 1개씩만 고를 수 있으며, 다른 사람과 같은 색의 깃발도 고를 수 있다. 이때, 빨간색 깃발을 1명만 고를 확률은?

① $\dfrac{11}{60}$ 　　　　　　　　　　② $\dfrac{23}{81}$

③ $\dfrac{32}{81}$ 　　　　　　　　　　④ $\dfrac{45}{121}$

⑤ $\dfrac{67}{121}$

02 S사에서는 크리스마스 행사로 경품 추첨을 진행하려 한다. 작년에는 제주도 숙박권 10명, 여행용 파우치 20명을 추첨하여 경품을 주었으며, 올해는 작년보다 제주도 숙박권은 20%, 여행용 파우치 는 10% 더 준비했다. 올해 경품을 받는 인원은 작년보다 몇 명 더 많은가?(단, 경품은 중복 당첨이 불가능하다)

① 1명 　　　　　　　　　　② 2명

③ 3명 　　　　　　　　　　④ 4명

⑤ 5명

03 A씨는 1년 동안 주거비 등 5가지 영역에서 소비를 한다. A씨가 2023년에 2,500만 원을 지출했고, 2024년에는 2023년보다 10% 더 지출했을 때, 2024년과 2023년의 주거비의 차는?

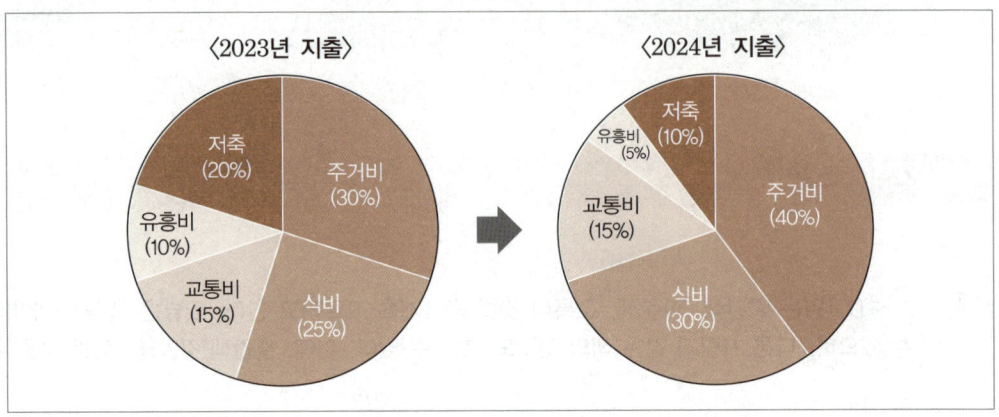

① 65만 원
② 150만 원
③ 220만 원
④ 350만 원
⑤ 410만 원

04 다음은 2024년 1 ~ 6월 S시 관광객 수에 대한 자료이다. 이에 대한 설명으로 옳지 않은 것은?

〈2024년 1 ~ 6월 S시 관광객 수〉

(단위 : 명)

구분	1월	2월	3월	4월	5월	6월
관광객 수	4,500	4,000	1,500	3,500	5,000	800

① 관광객 수가 가장 많은 달은 5월이다.
② 4월의 관광객 수는 전월 대비 2배 이상이다.
③ 6월의 관광객 수는 전월 대비 16% 감소하였다.
④ 1 ~ 6월의 전체 관광객 수는 20,000명 미만이다.
⑤ 관광객 수의 전월 대비 감소폭이 가장 적은 달은 2월이다.

05 다음은 2024년 1 ~ 9월의 1kg당 배추 가격에 대한 자료이다. 이에 대한 설명으로 옳지 않은 것은?

〈2024년 1 ~ 9월 1kg당 배추 가격〉

(단위 : 원)

구분	1분기			2분기			3분기		
	1월	2월	3월	4월	5월	6월	7월	8월	9월
가격	650	800	1,100	1,400	900	700	900	1,400	1,850

① 1kg당 배추 가격이 전월 대비 가장 크게 상승한 때는 8월이다.
② 1kg당 배추 가격이 전월 대비 가장 크게 하락한 때는 5월이다.
③ 분기별 1kg당 배추 가격의 평균이 가장 큰 때는 3분기이다.
④ 9월의 1kg당 배추 가격은 1월 대비 3배 이상이다.
⑤ 1 ~ 9월 1kg당 배추 가격의 중앙값은 900원이다.

06 다음은 전년 동월 대비 특허 심사 건수 및 등록률의 증감 추이를 나타낸 자료이다. 이에 대한 〈보기〉의 설명 중 옳지 않은 것을 모두 고르면?

〈전년 동월 대비 특허 심사 건수 및 등록률 증감 추이〉

(단위 : 건, %)

구분	2024. 01	2024. 02	2024. 03	2024. 04	2024. 05	2024. 06
심사 건수 증감	125	100	130	145	190	325
등록률 증감	1.3	−1.2	−0.5	1.6	3.3	4.2

보기

ㄱ. 2024년 3월에 전년 동월 대비 등록률이 가장 많이 낮아졌다.
ㄴ. 2024년 6월의 심사 건수는 325건이다.
ㄷ. 2024년 5월의 등록률은 3.3%이다.
ㄹ. 2023년 1월 심사 건수가 100건이라면, 2024년 1월 심사 건수는 225건이다.

① ㄱ
② ㄱ, ㄴ
③ ㄷ, ㄹ
④ ㄱ, ㄴ, ㄷ
⑤ ㄴ, ㄷ, ㄹ

※ 다음은 S대학교 재학생 1,000명의 등록금 수납 유형 및 교내 장학금 수혜 인원에 대한 자료이다. 이어지는 질문에 답하시오. [7~8]

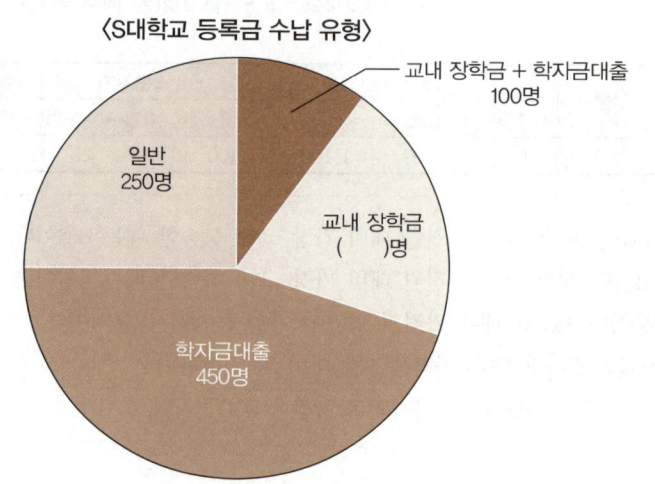

〈S대학교 등록금 수납 유형〉

교내 장학금 + 학자금대출
100명

일반
250명

교내 장학금
(   )명

학자금대출
450명

※ 이중방지지원제도에 따라 교내 장학금 수혜 금액과 학자금대출 신청 금액의 합은 등록금을 초과할 수 없음

〈교내 장학금 유형별 수혜 세부 인원〉

(단위 : 명)

구분	성적 우수	생계 곤란 지원	공모전 입상	기타	합계
민원 건수	30	70	20	180	300

※ 교내 장학금 수령자는 다음 학기의 등록금에서 해당 금액만큼 감면하여 납부함

07 교내 장학금 전체 수혜 인원에서 성적 우수 장학금 수혜 인원이 차지하는 비율은?

① 10%
② 15%
③ 20%
④ 25%
⑤ 30%

08 학자금대출을 신청한 학생 중 50명의 학생이 추가로 교내 장학금 수혜 대상자로 선정되었을 때, 교내 장학금을 수혜받고 동시에 학자금대출을 신청한 학생은 학자금대출을 신청하거나 교내 장학금을 수혜받은 학생의 몇 %인가?

① 50%
② 40%
③ 30%
④ 20%
⑤ 10%

09 어느 바다의 해수면 높이가 다음과 같이 일정한 규칙으로 증가할 때, 2028년의 예상 해수면 높이는?

<연도별 해수면 높이>

(단위 : mm)

구분	2019년	2020년	2021년	2022년	2023년
해수면 높이	73	76	79	82	85

① 94mm

② 100mm

③ 106mm

④ 112mm

⑤ 118mm

10 S사에 매년 입사하는 신입사원 수가 다음과 같은 규칙을 보일 때, 2030년에 입사하는 신입사원 수는?

<S사의 신입사원 수 변화>

(단위 : 명)

구분	2020년	2021년	2022년	2023년	2024년
사원 수	50	80	110	140	170

① 230명

② 260명

③ 290명

④ 320명

⑤ 350명

※ 다음 명제가 모두 참일 때, 빈칸에 들어갈 명제로 가장 적절한 것을 고르시오. [1~3]

01

• 전제1. 날씨가 좋으면 야외 활동을 한다.
• 전제2. 날씨가 좋지 않으면 행복하지 않다.
• 결론. _____

① 날씨가 좋으면 행복한 것이다.

② 야외 활동을 하면 날씨가 좋은 것이다.

③ 야외 활동을 하지 않으면 행복하지 않다.

④ 행복하지 않으면 날씨가 좋지 않은 것이다.

⑤ 날씨가 좋지 않으면 야외 활동을 하지 않는다.

02

• 전제1. 책상을 정리하면 업무 효율이 높아진다.
• 전제2. 지각을 하지 않으면 책상을 정리한다.
• 결론. _____

① 지각을 하지 않으면 업무 효율이 높아지지 않는다.

② 업무 효율이 높아지면 지각을 하지 않은 것이다.

③ 책상을 정리하지 않으면 지각을 한 것이다.

④ 지각을 하지 않으면 업무 효율이 높아진다.

⑤ 지각을 하면 책상을 정리한다.

03

• 전제1. 모든 생명체는 물이 있어야 살 수 있다.
• 전제2. 모든 동물은 생명체이다.
• 결론. _____

① 생명체는 모두 동물이다.

② 동물들은 물이 있어야 살 수 있다.

③ 동물이 아닌 것은 생명체가 아니다.

④ 생명체가 살아갈 수 없으면 물이 없다.

⑤ 물이 있으면 모든 생명체가 살 수 있다.

04 현수, 주현, 지연, 재현, 형호 5명은 명절에 고향에 내려가기 위해 각자 기차표를 예매했다. 모두 서로 다른 열의 좌석을 예매했을 때, 다음을 읽고 바르게 추론한 것은?(단, 앞 열일수록 입구와 가깝다)

- 현수의 좌석은 지연이와 주현이의 좌석보다 입구와 가깝다.
- 재현이의 좌석은 지연이의 좌석보다 앞이고, 형호의 좌석보다는 뒤이다.
- 입구와 형호의 좌석 간 거리는 입구와 현수의 좌석 간 거리보다 멀다.
- 주현이의 좌석이 입구와 가장 멀리 떨어져 있다.

① 현수는 5명 중 가장 뒤쪽 열의 좌석을 예매했다.
② 형호는 현수 바로 뒤의 좌석을 예매했다.
③ 형호는 재현이와 지연 사이의 좌석을 예매했다.
④ 형호는 현수와 재현 사이의 좌석을 예매했다.
⑤ 재현이는 지연 바로 앞의 좌석을 예매했다.

05 S사에 입사한 A ~ E 5명의 신입사원은 각각 2개 항목의 물품을 신청하였다. 5명의 신입사원 중 2명의 진술이 거짓일 때, 다음 중 신청 사원과 신청 물품이 바르게 연결된 것은?

신입사원이 신청한 물품의 항목은 4개이며, 항목별 물품을 신청한 사원의 수는 다음과 같다.
- 필기구 : 2명
- 의자 : 3명
- 복사용지 : 2명
- 사무용 전자제품 : 3명

- A : 나는 필기구를 신청하였고, E는 거짓말을 하고 있다.
- B : 나는 의자를 신청하지 않았고, D는 진실을 말하고 있다.
- C : 나는 의자를 신청하지 않았고, E는 진실을 말하고 있다.
- D : 나는 필기구와 사무용 전자제품을 신청하였다.
- E : 나는 복사용지를 신청하였고, B와 D는 거짓말을 하고 있다.

① A – 복사용지
② B – 사무용 전자제품
③ C – 필기구
④ D – 의자
⑤ E – 필기구

06 S씨는 월요일부터 금요일까지 회사 근처의 식당에서 점심을 먹는다. 회사 근처에는 한식, 일식, 중식 식당 세 곳이 있고, S씨가 다음 〈조건〉에 따라 점심을 먹을 때, 항상 거짓인 것은?

조건

- 월요일부터 금요일까지 점심을 3개의 식당 중 한 곳에서 식사한다.
- 모든 식당을 한 주에 한 번은 반드시 방문한다.
- 일식은 2일 연속하여 먹는다.
- 일식을 먹은 전 날은 반드시 한식을 먹는다.
- 금요일은 한식을 먹는다.

① 중식은 한 주에 두 번 먹는다.
② 목요일은 한식을 먹을 수 없다.
③ 화요일은 중식을 먹을 수 없다.
④ 수요일은 반드시 일식을 먹는다.
⑤ 중식을 먹은 다음 날은 반드시 한식을 먹는다.

07 A ~ E 5명은 카페에서 각각 아메리카노, 카페라테, 콜드브루 중 1잔씩 선택하여 주문하였다. 다음 〈조건〉에 따라 주문할 때, 항상 거짓인 것은?

조건

- 아메리카노, 카페라테, 콜드브루 중 A ~ E가 고르지 않은 음료는 없다.
- A는 카페라테를 고르지 않았다.
- C는 A와 같은 음료를 골랐다.
- E는 B와 같은 음료를 고르고, B는 A와 다른 음료를 골랐다.
- 콜드브루는 총 1잔을 주문하였다.

① D는 콜드브루를 주문하였다.
② B는 아메리카노를 주문하였다.
③ 카페라테는 2잔을 주문하였다.
④ 아메리카노는 2잔을 주문하였다.
⑤ D와 같은 음료를 주문한 사람은 없다.

08

①

②

③

④

⑤

09

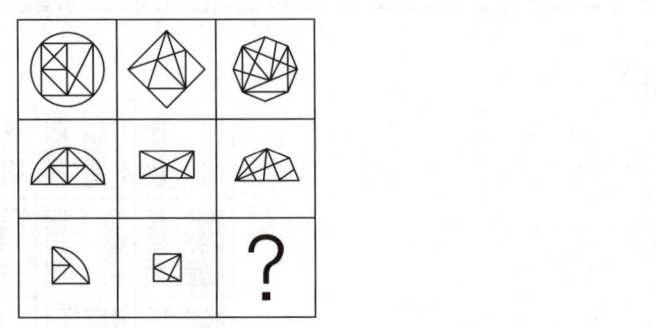

①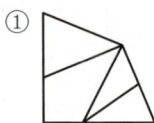

②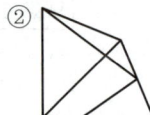

③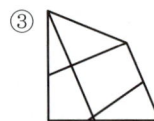

④

⑤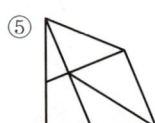

10

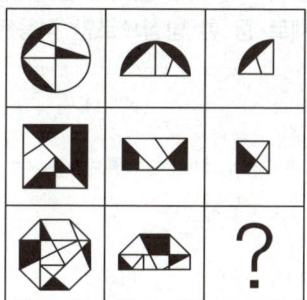

①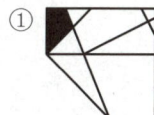

②

③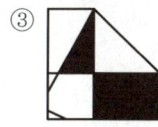

④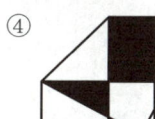

⑤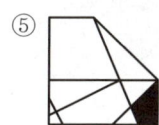

※ 다음 도식에서 기호들은 일정한 규칙에 따라 문자를 변화시킨다. 물음표에 들어갈 문자로 알맞은 것을 고르시오(단, 규칙은 가로와 세로 중 한 방향으로만 적용된다). **[11~14]**

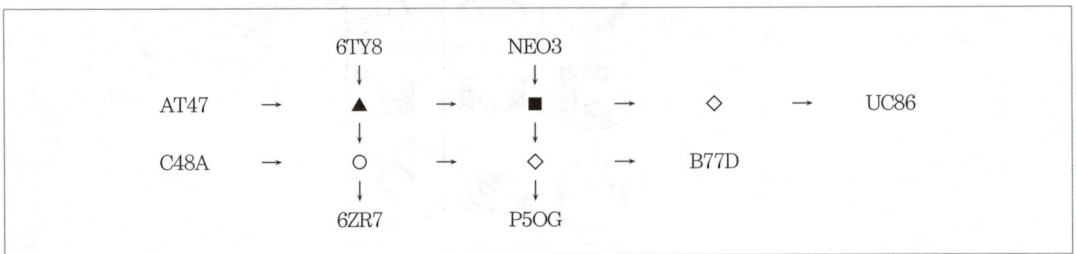

11

OAIS → ○ → ■ → ?

① POIT
② MBGT
③ GRMS
④ MIOS
⑤ GTMB

12

14KV → ▲ → ◇ → ?

① MQ24
② MW35
③ 35VM
④ WM53
⑤ 24VT

13

G4C7 → ■ → ▲ → ?

① 4G7C
② 5I6K
③ 1E8D
④ C7G4
⑤ 5G8E

14

T346 → ○ → ▲ → ■ → ?

① 8R24
② 4R72
③ R216
④ 5Q34
⑤ 724R

15

(가) 이에 대한 대표적인 사례가 S사이다. 그동안 S사는 대주주의 개인회사인 L기획에 일감을 몰아주면서 부당한 이득을 취해왔는데, 이에 대해 A자산운용이 이러한 행위는 주주가치를 훼손하는 것이라며 지적한 것이다. 이에 S사는 L기획과 계약종료를 검토하겠다고 밝혔으며, 이처럼 A자산운용의 요구가 실현되면서 주가는 18.6% 급등하였다. 이 밖에도 C사와 H사 등 자본시장에 영향을 미치고 있다.

(나) 최근 행동주의펀드가 적극적으로 목소리를 내면서 기업들의 주가가 급격히 변동하는 경우가 빈번해지고 있다. 특히 주주제안을 받아들이는 기업의 주가는 급등했지만, 이를 거부하는 기업의 경우 주가가 하락하고 있다. 이에 일각에서는 주주 보호를 위해 상법 개정이 필요하다는 지적이 나오고 있다. 이러한 행동주의펀드는 배당 확대나 이사·감사 선임과 같은 기본적 사안부터 분리 상장, 이사회 정원 변경, 경영진 교체 등 핵심 경영 문제까지 지적하며 개선을 요구하고 있는 추세이다.

(다) 이와 같은 A자산운용의 제안을 수락한 7개의 은행 지주는 올해 들어 주가가 8 ~ 27% 급상승하는 결과를 보였으며, 이와 반대로 해당 제안을 장기적 관점에서 기업가치와 주주가치의 실익이 적다며 거부한 K사의 주가는 동일한 기간 주가가 4.15% 하락하는 모습을 보여, 다가오는 주주총회에서의 행동주의펀드 및 소액주주들과 충돌이 예상되고 있다.

(라) 이처럼 시장의 주목도가 높아진 A자산운용의 영향력은 최근 은행주에도 그 영향이 미쳤는데, K금융·S지주·H금융지주·W금융지주·B금융지주·D금융지주·J금융지주 등 은행지주 7곳에 주주환원 정책 도입을 요구한 것이다. 특히 그중 J금융지주에는 평가 결과 주주환원 정책을 수용할 만한 수준에 미치지 못한다고 판단된다며 배당확대와 사외이사의 추가 선임의 내용을 골자로 한 주주제안을 요구하였다.

① (가) - (나) - (다) - (라)
② (나) - (가) - (라) - (다)
③ (나) - (라) - (다) - (가)
④ (다) - (가) - (나) - (라)
⑤ (다) - (라) - (나) - (가)

16

(가) 이러한 특성으로 인해 HBM은 다양한 분야에서 활용되고 있다. 특히 인공지능과 머신러닝에서는 대량의 데이터를 신속하게 처리해야 하므로, HBM의 높은 대역폭이 필수적이다. 그래픽 처리 장치(GPU)에서도 HBM이 사용되어 복잡한 그래픽 연산을 지원하며, 데이터 센터에서는 에너지 효율성을 높여 운영비용을 줄이는 데 기여하고 있다. 고성능 컴퓨팅 환경에서도 HBM은 빠른 데이터 접근과 처리를 가능하게 하여 성능을 극대화한다.

(나) 하지만 HBM에는 몇 가지 단점도 존재한다. 첫째, 복잡한 제조 과정으로 인해 생산 비용이 높고 수율이 낮다. 둘째, 적층 구조로 인해 내구성이 떨어질 수 있으며, 고장이 발생할 경우 수리가 어렵다. 셋째, 발열 문제로 인해 오버클럭 성능에 제한이 있을 수 있다. 이러한 단점들은 HBM의 상용화에 있어 도전 과제가 된다.

(다) HBM(High Bandwidth Memory)은 고대역폭 메모리로, 여러 개의 D램 칩을 수직으로 쌓아 올려 데이터 전송 속도를 획기적으로 높인 메모리 기술이다. HBM은 기존 메모리 기술에 비해 훨씬 높은 대역폭을 제공하여, 대용량 데이터를 빠르게 처리할 수 있는 능력을 갖추고 있다. 이러한 특성 덕분에 HBM은 인공지능, 머신러닝, 고성능 컴퓨팅(HPC) 등 다양한 분야에서 주목받고 있다.

(라) 이러한 단점을 극복하기 위해서는 제조 기술의 개선이 필요하다. 예를 들어, 생산 공정을 최적화하여 수율을 높이고 비용을 절감하는 방법이 있다. 또한, 새로운 패키징 기술을 개발하여 내구성을 향상시키고 발열 문제를 해결할 수 있는 방안도 모색해야 한다. 지속적인 연구 개발을 통해 HBM의 성능과 신뢰성을 더욱 높일 수 있을 것이다.

(마) HBM의 특징 중 가장 두드러진 점은 3D 스택 구조이다. 이 구조는 여러 개의 메모리 다이를 수직으로 쌓고, 실리콘 관통전극 기술을 통해 이들을 연결함으로써 데이터 전송 경로를 단축시킨다. 이를 통해 HBM은 높은 데이터 전송 속도와 낮은 전력 소비를 실현하며, 공간 효율성 또한 극대화된다. 이러한 특징은 HBM이 대규모 데이터 처리에 적합한 이유 중 하나이다.

① (가) - (나) - (마) - (다) - (라)
② (가) - (마) - (라) - (나) - (다)
③ (다) - (라) - (가) - (마) - (나)
④ (다) - (라) - (나) - (마) - (가)
⑤ (다) - (마) - (가) - (나) - (라)

17 다음 글을 읽고 추론한 내용으로 적절하지 않은 것은?

바이오 하이드로겔은 생체 적합성이 뛰어난 고분자 네트워크로, 많은 양의 물을 담을 수 있는 3차원 구조를 가진 친수성 고분자 물질로 최근에는 의료, 생명공학, 약물 전달 시스템 등 다양한 분야에서 그 중요성이 점점 더 부각되고 있는 물질이다.

바이오 하이드로겔의 주요 특성으로는 높은 함수율, 생체적합성, 기계적 강도, 다공성 구조, 조직 접착력, 생분해성, 그리고 세포친화성이 있다. 높은 함수율을 통해 다량의 수분을 함유할 수 있는 3차원 망상구조를 가지며, 이는 액체와 고체의 중간 형태를 제공한다. 생체적합성이 뛰어나고 유연한 물성을 지닌 하이드로겔은 높은 강도와 내구성을 갖추고 있어 다양한 환경에서 안정적으로 사용될 수 있다. 또한 나노섬유 기반의 다공성 구조는 세포나 약물을 효과적으로 담을 수 있으며, 조직 접착력이 우수하여 생체 내 조직에 장기간 부착할 수 있다. 이러한 특성들은 바이오 하이드로겔이 약물 전달 시스템, 조직 공학, 상처 치유 및 바이오센서 등 다양한 분야에서 중요한 역할을 할 수 있도록 한다.

바이오 하이드로겔은 크게 두 가지로 나눌 수 있다. 첫째는 천연 고분자 기반 하이드로겔로, 여기에는 콜라겐, 알지네이트, 키토산 등이 포함된다. 둘째는 합성 고분자 기반 하이드로겔로, 폴리에틸렌글리콜(PEG)과 폴리비닐알코올(PVA) 같은 물질이 있다. 또한 천연과 합성을 혼합한 하이브리드 하이드로겔도 활발히 연구되고 있다.

바이오 하이드로겔의 응용 분야는 매우 넓다. 조직 공학에서는 세포의 3차원 배양 및 조직 재생을 위한 지지체로 활용되며, 약물 전달 시스템에서는 약물 방출을 제어하는 매트릭스로 사용된다. 또한 상처 치료에서는 습윤 환경을 제공하여 상처 치유를 돕고, 바이오센서에서는 생체 분자의 검출을 위한 플랫폼으로 기능한다.

하지만 바이오 하이드로겔 연구에서 해결해야 할 과제도 있다. 기계적 강도를 높이고 생분해 속도를 정밀하게 조절하며 다기능성을 부여하는 것이 그중 하나다. 또한 대량 생산과 상용화를 위한 제조 공정의 최적화도 중요한 이슈다. 앞으로 바이오 하이드로겔은 개인 맞춤형 의료, 인공 장기 개발, 스마트 약물 전달 시스템 등에서 더욱 활발히 활용될 것으로 기대된다.

바이오 하이드로겔은 생체 재료 분야에서 핵심적인 역할을 할 것으로 예상되며, 지속적인 연구 개발을 통해 의료 및 생명공학 분야의 혁신을 이끌어낼 것으로 보인다. 재생의료 등 차세대 의료기술로서 뛰어난 가능성을 가진 바이오 하이드로겔은 우리의 삶의 다양한 부분에서 활용될 것으로 전망된다.

① 바이오 하이드로겔의 발전은 생명공학에서 많은 혜택을 가져올 것이다.
② 바이오 하이드로겔을 통한 인공 장기는 인체의 거부반응이 적을 것이다.
③ 차후 바이오 하이드로겔의 생분해 속도는 목적에 따라 다르게 적용할 수 있을 것이다.
④ 합성 고분자 기반 하이드로겔은 천연 하이드로겔과 달리 분해가 어려운 특성을 지닌다.
⑤ 바이오 하이드로겔의 망형 구조는 수분이나 약물을 다량으로 함유하기 적합한 구조이다.

18 다음 글을 읽고 추론한 내용으로 가장 적절한 것은?

> 회전 운동을 하는 물체는 외부로부터 돌림힘이 작용하지 않는다면 일정한 빠르기로 회전 운동을 유지하는데, 이를 각운동량 보존 법칙이라 한다. 각운동량은 질량이 m인 작은 알갱이가 회전축으로부터 r만큼 떨어져 속도 v로 운동하고 있을 때 mvr로 표현된다. 그런데 회전하는 물체에 회전 방향으로 힘이 가해지거나 마찰 또는 공기 저항이 작용하게 되면, 회전하는 물체의 각운동량이 변화하여 회전 속도는 빨라지거나 느려지게 된다. 이렇게 회전하는 물체의 각운동량을 변화시키는 힘을 돌림힘이라고 한다.
>
> 그러면 팽이와 같은 물체의 각운동량은 어떻게 표현할까? 아주 작은 균일한 알갱이들로 팽이가 이루어졌다고 볼 때, 이 알갱이 하나하나를 질량 요소라고 한다. 이 질량 요소 각각의 각운동량의 총합이 팽이 전체의 각운동량에 해당한다. 회전 운동에서 물체의 각운동량은 (각속도)×(회전 관성)으로 나타낸다. 여기에서 각속도는 회전 운동에서 물체가 단위 시간당 회전하는 각이다. 질량이 직선 운동에서 물체의 속도를 변화시키기 어려운 정도를 나타내듯이, 회전 관성은 회전 운동에서 각속도를 변화시키기 어려운 정도를 나타낸다. 즉, 회전체의 회전 관성이 클수록 그것의 회전 속도를 변화시키기 어렵다.
>
> 회전체의 회전 관성은 회전체를 구성하는 질량 요소들의 회전 관성의 합과 같은데, 질량 요소들의 회전 관성은 질량 요소가 회전축에서 떨어져 있는 거리와 멀수록 커진다. 그러므로 질량이 같은 두 팽이가 있을 때 홀쭉하고 키가 큰 팽이보다 넓적하고 키가 작은 팽이가 회전 관성이 크다.
>
> 각운동량 보존의 원리는 스포츠에서도 쉽게 확인할 수 있다. 피겨 선수에게 공중 회전수는 중요한데 이를 확보하기 위해서는 공중 회전을 하는 동안 각속도를 크게 해야 한다. 이를 위해 피겨 선수가 공중에서 팔을 몸에 바짝 붙인 상태로 회전하는 것을 볼 수 있다. 피겨 선수의 회전 관성은 몸을 이루는 질량 요소들의 회전 관성의 합과 같다.
>
> 따라서 팔을 몸에 붙이면 팔을 구성하는 질량 요소들이 회전축에 가까워져서 팔을 폈을 때보다 몸 전체의 회전 관성이 줄어들게 된다. 점프 이후에 공중에서 각운동량은 보존되기 때문에 팔을 붙였을 때가 폈을 때보다 각속도가 커지는 것이다. 반대로 착지 직전에는 각속도를 줄여 착지 실수를 없애야 하기 때문에 양팔을 한껏 펼쳐 회전 관성을 크게 만드는 것이 유리하다.

① 정지되어 있는 물체는 회전 관성이 클수록 회전시키기 쉽다.

② 회전하는 팽이는 외부에서 가해지는 돌림힘의 작용 없이 회전을 멈출 수 있다.

③ 지면과의 마찰은 회전하는 팽이의 회전 관성을 작게 만들어 팽이의 각운동량을 줄어들게 한다.

④ 회전하는 하나의 시곗바늘 위의 두 점 중 회전축에 가까이 있는 점이 멀리 있는 점보다 각속도가 작다.

⑤ 무게는 같으나 지름의 크기가 서로 다른 공이 회전할 때 지름의 크기가 더 큰 공의 회전 관성이 더 크다.

19 다음 글에서 언급한 여러 진리론에 대한 비판으로 적절하지 않은 것은?

> 우리는 일상생활이나 학문 활동에서 '진리' 또는 '참'이라는 말을 자주 사용한다. 예를 들어 '그 이론은 진리이다.'라고 말하거나 '그 주장은 참이다.'라고 말한다. 그렇다면 우리는 무엇을 '진리'라고 하는가? 이 문제에 대한 대표적인 이론에는 대응설, 정합설, 실용설이 있다.
>
> 대응설은 어떤 판단이 사실과 일치할 때 그 판단을 진리라고 본다. 감각을 사용하여 확인했을 때 그 말이 사실과 일치하면 참이고, 그렇지 않으면 거짓이라는 것이다. 대응설은 일상생활에서 참과 거짓을 구분할 때 흔히 취하고 있는 관점으로 우리가 판단과 사실의 일치 여부를 알 수 있다고 여긴다. 우리는 특별한 장애가 없는 한 대상을 있는 그대로 정확하게 지각한다고 생각한다. 예를 들어 책상이 네모 모양이라고 할 때 감각을 통해 지각된 '네모 모양'이라는 표상은 책상이 지니고 있는 객관적 성질을 그대로 반영한 것이라고 생각한다. 그래서 '그 책상은 네모이다.'라는 판단이 지각 내용과 일치하면 그 판단은 참이 되고, 그렇지 않으면 거짓이 된다는 것이다.
>
> 정합설은 어떤 판단이 기존의 지식 체계에 부합할 때 그 판단을 진리라고 본다. 진리로 간주하는 지식 체계가 이미 존재하며, 그것에 판단이나 주장이 들어맞으면 참이고 그렇지 않으면 거짓이라는 것이다. 예를 들어 어떤 사람이 '물체의 운동에 대한 그 주장은 뉴턴의 역학의 법칙에 어긋나니까 거짓이다.'라고 말했다면, 그 사람은 뉴턴의 역학의 법칙을 진리로 받아들여 그것을 기준으로 삼아 진위를 판별한 것이다.
>
> 실용설은 어떤 판단이 유용한 결과를 낳을 때 그 판단을 진리라고 본다. 어떤 판단을 실제 행동으로 옮겨 보고 그 결과가 만족스럽거나 유용하다면 그 판단은 참이고 그렇지 않다면 거짓이라는 것이다. 예를 들어 어떤 사람이 '자기 주도적 학습 방법은 창의력을 기른다.'라고 판단하여 그러한 학습 방법을 실제로 적용해 보았다고 하자. 만약 그러한 학습 방법이 실제로 창의력을 기르는 등 만족스러운 결과를 낳았다면 그 판단은 참이 되고, 그렇지 않다면 거짓이 된다.

① 수학이나 논리학에는 경험적으로 확인하기 어렵지만 참인 명제도 있는데, 그 명제가 진리임을 입증하기 힘들다는 문제가 대응설에서는 발생한다.

② 판단의 근거가 될 수 있는 이론 체계가 아직 존재하지 않을 경우에 그 판단의 진위를 판별하기 어렵다는 문제가 정합설에서는 발생한다.

③ 새로운 주장의 진리 여부를 기존의 이론 체계를 기준으로 판단한다면, 기존 이론 체계의 진리 여부는 어떻게 판단할 수 있는지의 문제가 정합설에서는 발생한다.

④ 실용설에서는 감각으로 검증할 수 없는 존재에 대한 관념은 그것의 실체를 확인할 수 없기 때문에 거짓으로 보아야 하는 문제가 발생한다.

⑤ 실제 생활에서의 유용성은 사람이나 상황에 따라 다르기 때문에 어떤 지식의 진리 여부가 사람이나 상황에 따라 달라지는 문제가 실용설에서는 발생한다.

20 다음 글을 통해 추론할 수 있는 사실을 〈보기〉에서 모두 고르면?

도선에 갑자기 전류를 통하게 하거나 전류의 세기를 변화시키면 그 주변에 자기장이 생겨나는데, 이 자기장은 2차적인 전기장을 만들어내고, 이것이 다시 2차적인 자기장을 만든다. 이처럼 전기장이 자기장을 만들고 그 자기장이 다시 전기장을 만드는 과정이 반복되면서 파동으로 퍼져나가는 것이 바로 전자기파이다. 영국의 물리학자인 제임스 맥스웰은 이 파동의 속도가 빛의 속도와 동일하다는 계산을 해 낸 후 "빛 자체도 일종의 전자기파이다."라는 천재적인 결론을 내린다. 소리처럼 물질이 실제로 떨리는 역학적 파동과는 달리, 빛은 전기장과 자기장의 연속적인 변화를 반복하면서 전파해 가는 전자기 파동인 것이다. 이후 과학자들에 의해 전자기파가 매질 없이도 전파된다는 것까지 확인되면서, 햇빛이 텅 빈 우주 공간을 건너올 수 있는 이유를 알게 되었다.

태양에서 오는 것은 열의 입자가 아니라 전자기파이며, 이것이 어떤 물체에 닿았을 때 그 물체를 진동으로 간섭한다. 그리고 이 진동이 물질의 입자들과 상호 작용하여 그 입자들의 운동을 일으키고 결과적으로는 물질의 온도를 높인다. 이러한 과정을 통해서 태양의 빛은 아무런 매개물 없이 우주를 건너와 지구의 물체를 데울 수 있는 것이다.

> **보기**
> ㄱ. 여름철 아스팔트의 온도가 올라가는 것은 태양으로부터 열의 입자가 전달되었기 때문이다.
> ㄴ. 태양이 아니더라도 전자기파를 방출하는 물질은 다른 물체를 데울 수 있다.
> ㄷ. 소리는 역학적 파동이므로 매질이 없다면 먼 거리까지 전파될 수 없다.

① ㄱ

② ㄴ

③ ㄱ, ㄴ

④ ㄱ, ㄷ

⑤ ㄴ, ㄷ

01 수리

01 영업부 직원 5명이 지방으로 1박 2일 출장을 갔다. 이때 1, 2, 3인실 방에 배정되는 경우의 수는?
(단, 각 방은 하나씩 있으며 2, 3인실이 꼭 다 채워질 필요는 없다)

① 50가지 ② 60가지
③ 70가지 ④ 80가지
⑤ 90가지

02 한 학교의 올해 남학생과 여학생 수는 작년에 비해 남학생은 8% 증가, 여학생은 10% 감소했다. 작년의 전체 학생 수는 820명이고, 올해는 작년에 비해 10명이 감소하였다고 할 때, 작년의 여학생 수는?

① 400명 ② 410명
③ 420명 ④ 430명
⑤ 440명

03 다음은 수도권에서의 배, 귤, 사과 판매량에 대한 자료이다. 수도권 중 서울에서 판매된 배의 비율을 a, 경기도에서 판매된 귤의 비율을 b, 인천에서 판매된 사과의 비율을 c라고 할 때, $a+b+c$의 값은?(단, 수도권은 서울, 경기, 인천이다)

〈수도권 배, 귤, 사과 판매량〉

(단위 : 개)

구분	서울	경기	인천
배	800,000	1,500,000	200,000
귤	7,500,000	3,000,000	4,500,000
사과	300,000	450,000	750,000

① 0.9 ② 0.94
③ 0.98 ④ 1.02
⑤ 1.06

04 다음은 2021 ~ 2023년 기업 집중도 현황에 대한 자료이다. 이에 대한 설명으로 옳지 않은 것은?

〈기업 집중도 현황〉

구분	2021년	2022년	2023년	
				전년 대비
상위 10대 기업	25.0%	26.9%	25.6%	▽ 1.3%p
상위 50대 기업	42.2%	44.7%	44.7%	—
상위 100대 기업	48.7%	51.2%	51.0%	▽ 0.2%p
상위 200대 기업	54.5%	56.9%	56.7%	▽ 0.2%p

① 2023년의 상위 10대 기업의 점유율은 전년도에 비해 낮아졌다.

② 2021년 상위 101 ~ 200대 기업이 차지하고 있는 비율은 5% 미만이다.

③ 전년 대비 2023년에는 상위 50대 기업을 제외하고 모두 점유율이 감소했다.

④ 전년 대비 2023년의 상위 100대 기업이 차지하고 있는 점유율은 약간 하락했다.

⑤ 2022 ~ 2023년까지 전년 대비 상위 10대 기업의 등락률과 상위 200대 기업의 등락률은 같은 방향을 보인다.

05 다음은 A ~ D사의 2020년부터 2023년까지 DRAM 판매 수익에 대한 자료이다. 이에 대한 설명으로 옳지 않은 것은?

〈2020 ~ 2023년 DRAM 판매 수익〉

(단위 : 조 원)

구분	2020년	2021년	2022년	2023년
A사	20	18	9	22
B사	10	6	− 2	8
C사	10	7	− 6	− 2
D사	− 2	− 5	− 8	− 4

※ 그해의 판매 수익이 음수라면 적자를 기록한 것임

① A ~ D사의 2022년 전체 판매 수익은 적자를 기록하였다.

② 2021 ~ 2023년 A ~ D사의 전년 대비 수익 증감 추이는 모두 같다.

③ 2022년 A ~ D사의 전년 대비 판매 수익 감소율은 모두 50% 이하다.

④ 2020년 대비 2023년의 판매 수익이 가장 크게 증가한 곳은 A사이다.

⑤ B사와 D사의 2020년 대비 2023년의 판매 수익이 감소한 금액은 같다.

06 다음은 남성과 여성의 희망 자녀수에 대한 자료이다. 이에 대한 설명으로 옳은 것은?

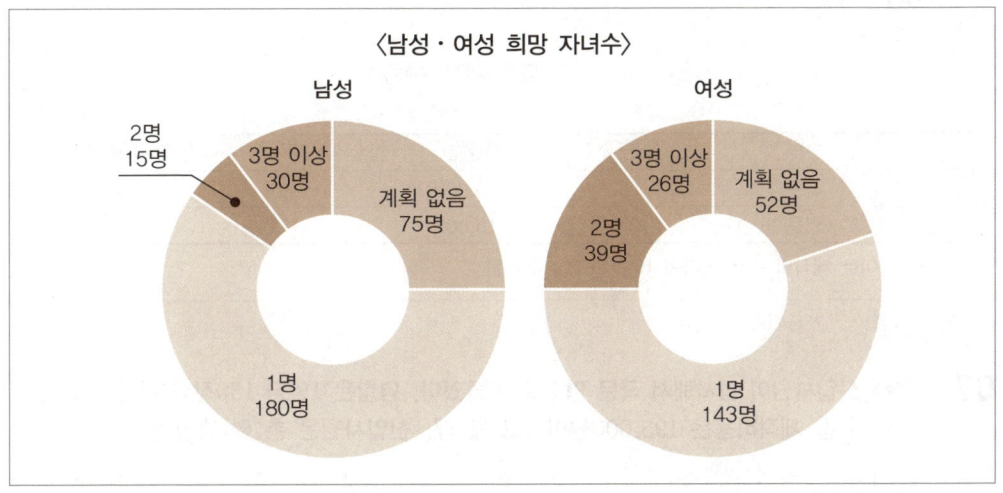

〈남성·여성 희망 자녀수〉

① 남성과 여성의 전체 조사 인원은 600명 이상이다.
② 희망 자녀수가 1명인 여성 인원은 전체 여성 인원의 60%이다.
③ 각 성별의 각 항목을 인원수가 많은 순서대로 나열하면 모든 항목의 순위는 같다.
④ 희망 자녀수가 2명인 여성 인원의 전체 여성 인원에 대한 비율은 응답이 같은 남성 인원의 전체 남성 인원에 대한 비율의 2배이다.
⑤ 자녀 계획이 없는 남성 인원의 전체 남성 인원에 대한 비율은 응답이 같은 여성 인원의 전체 여성 인원에 대한 비율보다 5%p 더 크다.

※ S사는 직원들의 명함을 다음과 같은 명함 제작 기준에 따라 제작한다. 이어지는 질문에 답하시오.
[7~8]

<표>

〈명함 제작 기준〉

(단위 : 원)

구분	100장	추가 50장
국문	10,000	3,000
영문	15,000	5,000

※ 고급 종이로 제작할 경우 정가의 10% 가격이 추가됨

07 올해 신입사원이 입사해서 국문 명함을 만들었다. 명함은 1인당 150장씩 지급하며, 일반 종이로 만들어 총 제작비용은 195,000원이라고 할 때, 신입사원은 총 몇 명인가?

① 12명
② 13명
③ 14명
④ 15명
⑤ 16명

08 이번 신입사원 중 해외영업부서로 배치받은 사원이 있다. 총인원이 8명인 해외영업부 사원들에게는 고급 종이로 영문 명함을 200장씩 만들어 주려고 할 때, 총 제작비용은?

① 158,400원
② 192,500원
③ 210,000원
④ 220,000원
⑤ 247,500원

09 S시에서 운영하는 시립도서관에서 보유하고 있는 책의 수가 매월 다음과 같은 규칙을 보일 때, 2023년 5월에 보유하는 책의 수는?

〈S시 시립도서관 보유 책 현황〉

(단위 : 권)

구분	2022년 6월	2022년 7월	2022년 8월	2022년 9월	2022년 10월
보유 중인 책의 수	500	525	550	575	600

① 700권　　　　　　　　　　　② 725권

③ 750권　　　　　　　　　　　④ 775권

⑤ 800권

10 S베이커리에서 제조되는 초콜릿의 개수가 다음과 같은 규칙을 보일 때, 2023년 11월에 제조되는 초콜릿의 개수는?

〈S베이커리 제조되는 초콜릿 수 변화〉

(단위 : 개)

구분	2023년 1월	2023년 2월	2023년 3월	2023년 4월	2023년 5월	2023년 6월
초콜릿의 개수	10	20	30	50	80	130

① 210개　　　　　　　　　　　② 340개

③ 550개　　　　　　　　　　　④ 890개

⑤ 1,440개

※ 다음 명제가 모두 참일 때, 빈칸에 들어갈 명제로 가장 적절한 것을 고르시오. [1~2]

01

> • 전제1. 하루에 두 끼를 먹는 어떤 사람도 뚱뚱하지 않다.
> • 전제2. 아침을 먹는 모든 사람은 하루에 두 끼를 먹는다.
> • 결론. _____

① 하루에 세 끼를 먹는 사람이 있다.

② 아침을 먹는 모든 사람은 뚱뚱하지 않다.

③ 뚱뚱하지 않은 사람은 하루에 두 끼를 먹는다.

④ 하루에 한 끼를 먹는 사람은 뚱뚱하지 않다.

⑤ 아침을 먹는 어떤 사람은 뚱뚱하다.

02

> • 전제1. 마라톤을 좋아하는 사람은 체력이 좋고, 인내심도 있다.
> • 전제2. 몸무게가 무거운 사람은 체력이 좋다.
> • 전제3. 명랑한 사람은 마라톤을 좋아한다.
> • 결론. _____

① 체력이 좋은 사람은 인내심이 없다.

② 인내심이 없는 사람은 명랑하지 않다.

③ 체력이 좋지 않은 사람은 인내심도 없다.

④ 마라톤을 좋아하는 사람은 몸무게가 가볍다.

⑤ 몸무게가 무겁지 않은 사람은 체력이 좋지 않다.

03 S사의 A대리는 다음과 같이 보고서 작성을 위한 방향을 구상 중이다. 제시된 명제가 모두 참일 때, 공장을 짓는다는 결론을 얻기 위해 빈칸에 필요한 명제는?

- 전제1. 재고가 있다.
- 전제2. 설비투자를 늘리지 않는다면, 재고가 있지 않다.
- 전제3. 건설투자를 늘릴 때에만, 설비투자를 늘린다.
- 전제4. _____

① 설비투자를 늘린다.
② 건설투자를 늘리지 않는다.
③ 건설투자를 늘린다면, 공장을 짓는다.
④ 재고가 있거나 설비투자를 늘리지 않는다.
⑤ 설비투자를 늘리지 않을 때만, 공장을 짓는다.

04 8개의 좌석이 있는 원탁에 수민, 성찬, 진모, 성표, 영래, 현석 6명이 앉아 있다. 앉아 있는 〈조건〉 이 다음과 같다고 할 때, 항상 옳은 것은?

> **조건**
> - 수민이와 현석이는 서로 옆자리이다.
> - 성표의 맞은편에는 진모가, 현석이의 맞은편에는 영래가 앉아 있다.
> - 영래와 수민이는 둘 다 한쪽 옆자리만 비어 있다.
> - 진모의 양 옆자리에는 항상 누군가가 앉아 있다.

① 영래의 오른쪽에는 성표가 앉는다.
② 현석이의 왼쪽에는 항상 진모가 앉는다.
③ 성표는 어떤 경우에도 빈자리 옆이 아니다.
④ 성찬이는 어떤 경우에도 빈자리 옆이 아니다.
⑤ 진모와 수민이는 1명을 사이에 두고 앉는다.

05 S사는 직원 A ~ F 6명 중에서 임의로 선발하여 출장을 보내려고 한다. 다음 〈조건〉에 따라 출장 갈 인원을 결정할 때, A가 출장을 간다면 같이 출장을 가는 최소 인원은 몇 명인가?

> **조건**
> • A가 출장을 가면 B와 C 2명 중 1명은 출장을 가지 않는다.
> • C가 출장을 가면 D와 E 2명 중 적어도 1명은 출장을 가지 않는다.
> • B가 출장을 가지 않으면 F는 출장을 간다.

① 1명
② 2명
③ 3명
④ 4명
⑤ 5명

06 A ~ F는 각각 뉴욕, 파리, 방콕, 시드니, 런던, 베를린 중 한 곳으로 여행을 가고자 한다. 다음 〈조건〉에 따라 여행지를 고를 때, 항상 참인 것은?

> **조건**
> • 여행지는 서로 다른 곳으로 선정한다.
> • A는 뉴욕과 런던 중 한 곳을 고른다.
> • B는 파리와 베를린 중 한 곳을 고른다.
> • D는 방콕과 런던 중 한 곳을 고른다.
> • A가 뉴욕을 고르면 B는 파리를 고른다.
> • B가 베를린을 고르면 E는 뉴욕을 고른다.
> • C는 시드니를 고른다.
> • F는 A ~ E가 선정하지 않은 곳을 고른다.

① A가 뉴욕을 고를 경우, E는 런던을 고른다.
② B가 베를린을 고를 경우, F는 뉴욕을 고른다.
③ D가 런던을 고를 경우, B는 파리를 고른다.
④ E가 뉴욕을 고를 경우, D는 런던을 고른다.
⑤ F는 뉴욕을 고를 수 없다.

07 A ~ E 5명은 S카페에서 마실 것을 주문하고자 한다. 다음 〈조건〉에 따라 메뉴판에 있는 것을 주문했을 때, 항상 참인 것은?

〈S카페 메뉴판〉			
커피류		**음료류**	
• 아메리카노	1,500원	• 핫초코	2,000원
• 에스프레소	1,500원	• 아이스티	2,000원
• 카페라테	2,000원	• 오렌지주스	2,000원
• 모카치노	2,500원	• 에이드	2,500원
• 카푸치노	2,500원	• 생과일주스	3,000원
• 캐러멜 마키아토	3,000원	• 허브티	3,500원
• 바닐라라테	3,500원		
• 아포카토	4,000원		

조건

- A ~ E 5명은 서로 다른 것을 주문하였다.
- A와 B가 주문한 것의 가격은 같다.
- B는 커피를 마실 수 없어 음료류를 주문하였다.
- C는 B보다 가격이 비싼 음료류를 주문하였다.
- D는 S카페에서 가장 비싼 것을 주문하였다.
- E는 오렌지주스 또는 카페라테를 주문하였다.

① A는 최소 가격이 1,500원인 메뉴를 주문하였다.
② B는 허브티를 주문하였다.
③ C는 핫초코를 주문하였다.
④ D는 음료류를 주문하였다.
⑤ 5명이 주문한 금액의 합은 최대 15,500원이다.

※ 다음 도형의 규칙을 보고 물음표에 들어갈 도형으로 알맞은 것을 고르시오. [8~10]

08

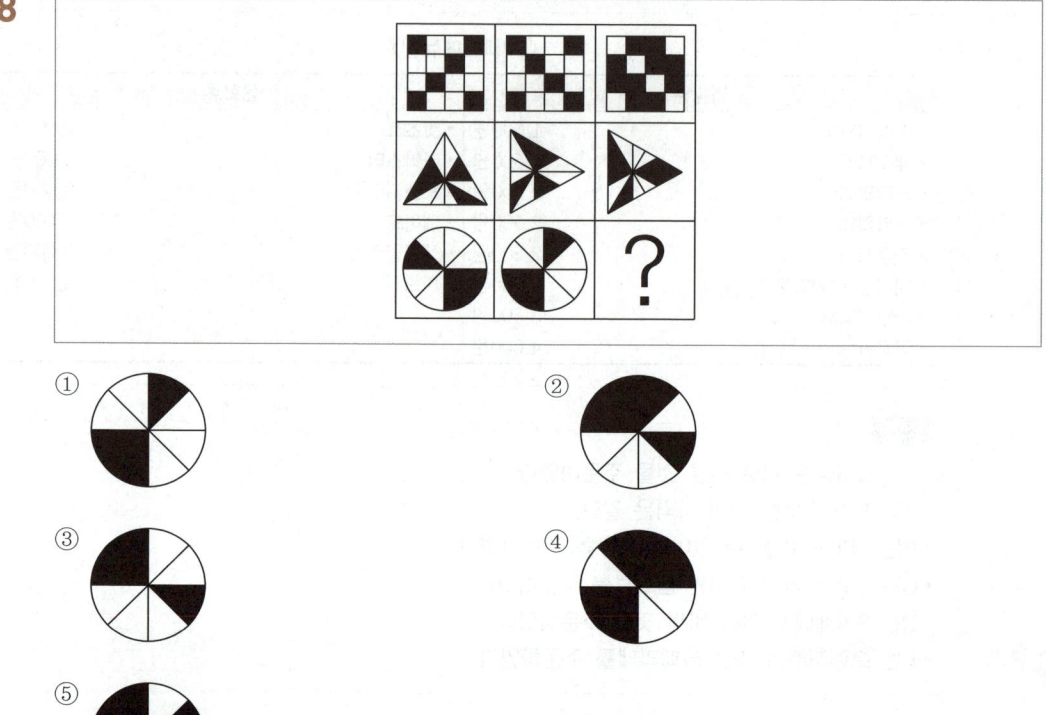

① ② ③ ④ ⑤

09

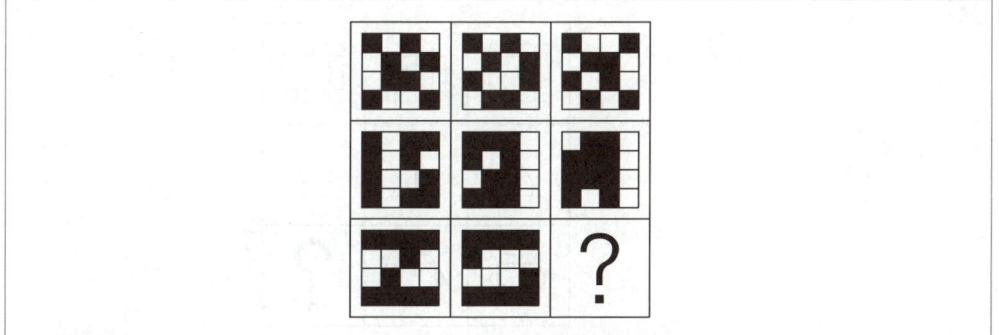

①

②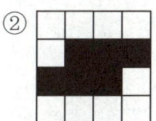

③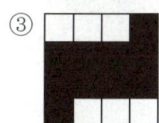

④

⑤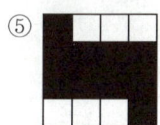

10

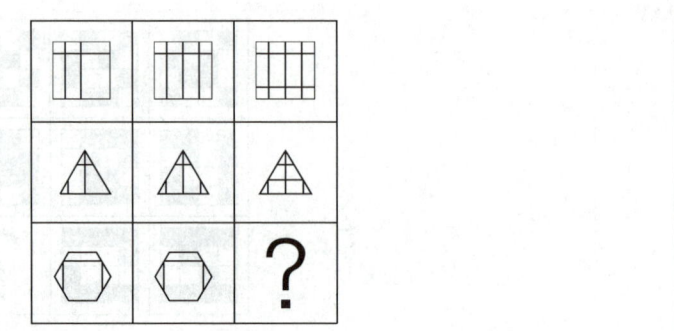

①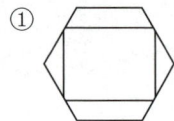

②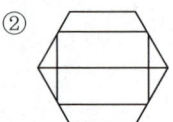

③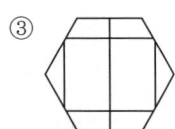

④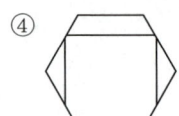

⑤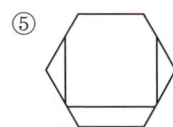

※ 다음 도식에서 기호들은 일정한 규칙에 따라 문자를 변화시킨다. 물음표에 들어갈 문자로 알맞은 것을 고르시오(단, 규칙은 가로와 세로 중 한 방향으로만 적용되며, 모음은 일반모음 10개를 기준으로 한다). [11~14]

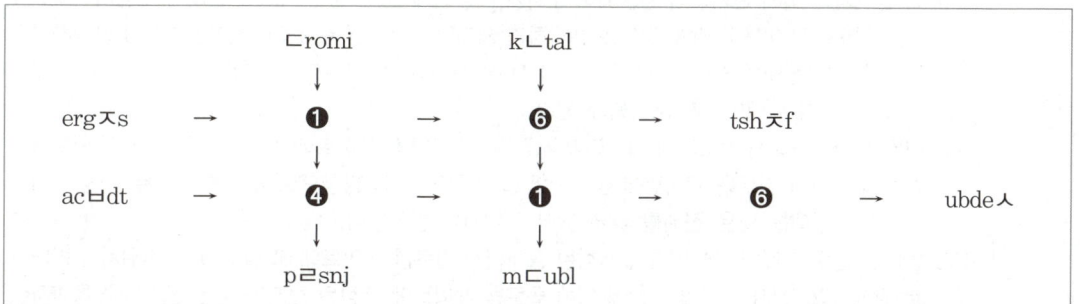

11

ㅏㅓㅋㅛㄷ → ❹ → ❶ → ?

① ㅌㅑㅋㅜㄹ ② ㅌㅣㅛㅋㅕㄱ
③ ㅍㅗㅛㅓㄴ ④ ㅍㅣㅛㄴㅕ
⑤ ㅌㅣㅛㄱㅓ

12

4ㅑㄴdㅛ → ❻ → ❹ → ?

① ㄴㅗㅑd3 ② ㄱㅕㅠd3
③ ㄱㅑㅛd4 ④ ㄴㅜㅓd4
⑤ ㄴㅗㅑd4

13

ㅍㅇapㅓ → ❹ → ? → ❶ → cㄱㅊrㅗ

① ❶ ② ❹
③ ❻ ④ ❶ → ❹
⑤ ❹ → ❻

14

Uㅜㅎㅊㅍ → ❻ → ❹ → ? → Uㅍㅜㅊㅎ

① ❶ ② ❹
③ ❻ ④ ❶ → ❹
⑤ ❹ → ❻

15

(가) 이 전위차에 의해 전기장이 형성되어 전자가 이동하게 된다. 일반적으로 전자가 이동하더라도 얇은 산화물에 이동이 막힐 것으로 생각하기 쉽지만, 이의 경우, 전자 터널링 현상이 발생하여 전자가 얇은 산화물을 통과하게 된다. 이 전자들은 플로팅 게이트로 전자가 모이게 되고, 이러한 과정을 거쳐 데이터가 저장되게 된다.

(나) 어떻게 낸드플래시 메모리에 데이터가 저장될까? 플로팅 게이트에 전자가 없는 상태의 낸드플래시 메모리의 컨트롤 게이트에 높은 전압을 가하면 수직 방향으로 컨트롤 게이트는 높은 전위, 기저 상태는 낮은 전위를 갖게 되어 전위차가 발생한다.

(다) 반대로 플로팅 게이트에 전자가 저장된 상태에서 컨트롤 게이트에 0V를 가하면 전위차가 반대로 발생하고, 전자 터널링 현상에 의해 플로팅 게이트에 저장된 전자가 얇은 산화물을 통과하여 기저상태로 되돌아간다. 이런 과정을 거쳐 데이터가 지워지게 된다.

(라) 낸드플래시 메모리는 MOSFET 구조 위에 얇은 산화물, 플로팅 게이트, 얇은 산화물, 컨트롤 게이트를 순서대로 쌓은 구조이며, 데이터의 입력 및 삭제를 반복하여 사용할 수 있는 비휘발성 메모리의 한 종류이다.

① (나) - (가) - (라) - (다)   ② (나) - (다) - (가) - (라)
③ (나) - (라) - (가) - (다)   ④ (라) - (가) - (다) - (나)
⑤ (라) - (나) - (가) - (다)

16

(가) 이러한 특징은 구엘 공원에 잘 나타나 있는데, 산의 원래 모양을 최대한 유지하기 위해 지면을 받치는 돌기둥을 만드는가 하면, 건축물에 식물을 심어 그 뿌리로 하여금 무너지지 않게 했다.

(나) 스페인을 대표하는 천재 건축가 가우디가 만든 건축물의 대표적인 특징을 꼽자면, 먼저 곡선을 들 수 있다. 그의 여러 건축물 중 곡선미가 가장 잘 나타나는 것은 바로 1984년 유네스코 세계 문화유산으로 지정된 카사 밀라이다.

(다) 또 다른 특징으로는 자연과의 조화로, 그는 건축 역시 사람들이 살아가는 공간이자 자연의 일부라고 생각하여 가능한 자연을 훼손하지 않고 건축하는 것을 원칙으로 삼았다.

(라) 이 건축물의 겉 표면에는 일렁이는 파도를 연상시키는 곡선이 보이는데, 이는 당시 기존 건축 양식과는 거리가 매우 멀어 처음엔 조롱거리가 되었다. 하지만 훗날 비평가들은 그의 창의성을 인정하게 됐고 현대 건축의 출발점으로 지금까지 평가되고 있다.

① (가) - (나) - (라) - (다)   ② (가) - (다) - (나) - (라)
③ (나) - (다) - (가) - (라)   ④ (나) - (라) - (가) - (다)
⑤ (나) - (라) - (다) - (가)

17 다음 글에 대한 내용으로 적절하지 않은 것은?

인체의 면역 시스템은 면역 효과를 보이는 특별한 세포와 물질로 구성되어 있다. 면역 세포와 면역 물질들은 체내로 침입하는 이물질이나 세균 등의 반응으로 발생하는 염증 및 암세포를 억제한다. 대표적인 면역 세포로 항원을 직접 공격할 수 있는 항체를 분비하는 B세포와 이 B세포를 돕거나 종류에 따라 항원을 직접 공격하는 T세포가 있다.

하지만 암세포는 이런 몸의 면역 시스템을 회피할 수 있다. 면역 시스템은 암세포를 인지하고 직접 공격하여 암세포의 확산을 억제하지만, 몇몇 암세포는 이 면역 시스템을 피하여 성장하고 다른 부분으로 전이 및 확산하여 암 발병의 원인이 된다. 면역 항암제는 이러한 암세포의 면역 시스템 회피 작용을 억제하고 면역 세포가 암세포를 효과적으로 공격할 수 있도록 보조한다.

면역 항암제는 면역관문억제제, 치료용 항체, 항암백신 등이 있다. 면역관문억제제는 체내 과도한 면역반응을 억제하기 위한 T세포의 면역관문을 억제하고 T세포의 공격 기능을 활성화하여 암세포를 공격하도록 하는 방식이며, 치료용 항체는 암세포가 스스로 사멸되도록 암세포에 항체를 투여하는 방식이다. 또한 항암백신은 암세포의 특이적인 항원이나 체내 면역반응을 향상하게 시킬 수 있는 항원을 투입하여 체내 면역 시스템을 활성화하는 방법이다.

현재 대표적인 면역 항암제로 CAR(Chimeric Antigen Receptors)-T세포 치료제가 있으며, 림프종 백혈병 치료의 한 방법으로 이용하고 있다. CAR-T세포 치료제는 먼저 환자의 T세포를 추출하여 CAR을 발현하도록 설계된 RNA 바이러스를 주입하여 증식시킨 후 재조합한다. 이후에 증식시킨 T세포를 환자에게 주입하여 환자에게 주입한 T세포가 환자의 체내 암세포를 제거하도록 하는 방법이다. 다시 말하면, 환자의 T세포를 추출하여 T세포의 암세포를 공격하는 기능을 강화 후 재투여하여 환자의 체내 암세포를 더욱 효과적으로 제거할 수 있는 치료제이다. 이는 체내 면역기능을 활용한 새로운 암 치료 방법으로 주목받고 있다.

하지만 CAR-T세포 치료제 투여 시 부작용에 큰 주의를 기울여야 한다. CAR-T세포 치료제를 투여하면 T세포가 면역 활성물질을 과도하게 분비하여 신체 이상 증상이 발현될 가능성이 높으며, 심한 경우 환자에게 치명적인 사이토카인 폭풍을 일으키기도 한다.

① 면역 세포에는 T세포와 B세포가 있다.
② 면역 시스템이 암세포를 억제하기 힘들 때, 암이 발병할 수 있다.
③ 치료용 항체는 면역 세포가 암세포를 직접 공격할 수 있도록 돕는 항암제이다.
④ CAR-T세포 치료제는 T세포의 암세포 공격 기능을 적극 활용한 항암제이다.
⑤ 과다한 면역 활성물질은 도리어 신체에 해를 가할 수 있다.

18 다음 글을 읽고 추론한 내용으로 적절하지 않은 것은?

> 레이저 절단 가공은 절단하고자 하는 소재에 고밀도, 고열원의 레이저를 쏘아 절단 부위를 녹이고 증발시켜 소재를 절단하는 최첨단 기술이다. 레이저 절단 가공은 일반 가공법으로는 작업이 불가능한 절단면 및 복잡하고 정교한 절단 형상을 신속하고 정확하게 절단하여 가공할 수 있고, 절단하고자 하는 소재의 제약도 일반 가공법에 비해 자유롭다. 또한, 재료와 직접 접촉하지 않으므로 절단 소재의 물리적 변형이 적어 깨지기 쉬운 소재도 다루기 쉽고, 다른 열 절단 가공에 비해 열변형의 우려가 적다. 이런 장점으로 반도체 소자가 나날이 작아지고 더욱 정교해지면서 레이저 절단 가공은 반도체 산업에서는 이제 없어서는 안 될 필수적인 과정이 되었다.

① 레이저 절단 가공 작업 중에는 기체가 발생한다.
② 레이저 절단 가공은 절단 부위를 녹이므로 열변형의 우려가 큰 가공법이다.
③ 과거 반도체 소자의 정교함은 현재 반도체 소자에 미치지 못하였을 것이다.
④ 현재 기술력으로는 다른 가공법을 사용하여 반도체 소자를 다루기 힘들 것이다.
⑤ 두께가 얇아 깨지기 쉬운 반도체 웨이퍼는 레이저 절단 가공으로 가공하여야 한다.

19 다음 글의 주장을 반박하는 것으로 적절하지 않은 것은?

> 윤리와 관련하여 가장 광범위하게 받아들여진 사실 가운데 하나는 옳은 것과 그른 것에 대한 광범위한 불일치가 과거부터 현재까지 항상 있었고, 아마도 앞으로도 계속 있을 것이라는 점이다. 가령 육식이 올바른지를 두고 한 문화에 속해 있는 사람들의 판단은 다른 문화에 속해 있는 사람들의 판단과 굉장히 다르다. 그뿐만 아니라 한 문화에 속한 사람들의 판단은 시대마다 아주 다르기도 하다. 심지어 우리는 동일한 문화와 시대 안에서도 하나의 행위에 대해 서로 다른 윤리적 판단을 하는 경우를 볼 수 있다.
> 이러한 사실이 의미하는 바는 사람들의 윤리적 기준이 시간과 장소 그리고 그들이 사는 상황에 따라 달라진다는 것이다. 그러므로 올바른 윤리적 기준은 그것을 적용하는 사람에 따라 상대적이다. 이것이 바로 윤리적 상대주의의 핵심 논지이다. 따라서 우리는 윤리적 상대주의가 참이라는 결론을 내려야 한다.

① 사람들의 윤리적 판단은 그들이 사는 지역에 따라 크게 다르지 않다.
② 윤리적 판단이 다르다고 해서 윤리적 기준도 반드시 달라지는 것은 아니다.
③ 윤리적 상대주의가 옳다고 해서 사람들의 윤리적 판단이 항상 서로 다른 것은 아니다.
④ 인류학자들에 따르면 문화에 따른 판단의 차이에도 불구하고 일부 윤리적 기준은 보편적으로 신봉되고 있다.
⑤ 서로 다른 윤리적 판단이 존재하는 경우에도 그중에 올바른 판단은 하나뿐이며, 그런 올바른 판단을 옳게 만들어 주는 객관적 기준이 존재한다.

20 다음 중 '브레히트'가 〈보기〉의 입장을 가진 '아리스토텔레스'에게 제기할 만한 의문으로 가장 적절한 것은?

오페라는 이른바 수준 있는 사람들이 즐기는 고상한 예술이라고 생각하는 사람들이 많다. 그런데 오페라 앞에 '거지'라든가 '서 푼짜리' 같은 단어를 붙인 '거지 오페라', '서 푼짜리 오페라'라는 것이 있다. 이렇게 어울리지 않는 단어들로 제목을 억지로 조합해 놓은 의도는 무엇일까?

영국 작가 존 게이는 당시 런던 오페라 무대를 점령했던 이탈리아 오페라에 반기를 들고, 1782년에 이와는 완전히 대조적인 성격의 거지 오페라를 만들었다. 그는 이탈리아 오페라가 일반인의 삶과 거리가 먼 신화나 왕, 귀족들의 이야기를 소재로 한데다가 영국 관객들이 이해하지 못하는 이탈리아어로 불린다는 점에 불만을 품었다. 그는 등장인물의 신분을 과감히 낮추고 음악 형식도 당시의 민요와 유행가를 곁들여 사회의 부패상을 통렬하게 풍자하였다. 이렇게 만들어진 거지 오페라는 이탈리아 오페라에 대항하는 서민 오페라로 런던에서 선풍적인 인기를 끌었다.

1928년에 독일의 극작가 브레히트는 작곡가 쿠르트 바일과 손잡고 거지 오페라를 번안한 서 푼짜리 오페라를 만들었다. 그는 형식과 내용 면에서 훨씬 적극적이고 노골적으로 당시 사회를 비판한다. 이 극은 밑바닥 사람들의 삶을 통해 위정자들의 부패와 위선을 그려 계급적 갈등과 사회적 모순을 드러내고 있다. 브레히트는 감정이입과 동일시에 근거를 둔 종래의 연극에 반기를 들고 낯선 기법의 서사극을 만들었다. 등장인물이 극에서 빠져나와 갑자기 해설자의 역할을 하게 함으로써 관객들이 극에 몰입하지 않고 지금 연극을 보고 있다는 사실을 자각하도록 한 것이다.

이처럼 존 게이와 브레히트는 종전의 극과는 다른 형식과 내용의 극을 지향했다. 제목을 서로 어울리지 않는 단어들로 조합하고 새로운 형식을 도입한 이유는 기존의 관점을 뒤집어 보게 하려는 의도였다. 그 이면에는 사회의 부조리를 풍자하고자 하는 의도가 깔려 있었다.

보기

아리스토텔레스는 예술을 통한 관객과 극중 인물과의 감정 교류와 공감을 강조했다. 그는 관객들이 연극을 통해 타인의 경험과 감정, 상황을 받아들이고 나아가 극에 이입하고 몰두함으로써 쌓여 있던 감정을 분출하며 느끼는, 이른바 카타르시스를 경험하게 된다고 주장하였다.

① 극과 거리를 두고 보아야 오히려 카타르시스를 경험할 수 있지 않나요?
② 관객이 몰입하게 되면 사건을 객관적으로 바라보기 어려운 것 아닌가요?
③ 해설자 역할을 하는 인물이 있어야 관객의 몰입을 유도할 수 있지 않나요?
④ 낯선 기법을 쓰면 관객들이 극중 인물과 더 쉽게 공감할 수 있지 않을까요?
⑤ 동일시를 통해야만 풍자하고 있는 사회의 모습을 더 잘 알 수 있지 않을까요?

01 수리

01 다음은 2020 ~ 2022년 S사의 데스크탑 PC와 노트북 판매량이다. 전년 대비 2022년의 판매량 증감률을 바르게 짝지은 것은?

〈2020 ~ 2022년 데스크탑 PC 및 노트북 판매량〉

(단위 : 천 대)

구분	2020년	2021년	2022년
데스크탑 PC	5,500	5,000	4,700
노트북	1,800	2,000	2,400

	데스크탑 PC	노트북
①	6%	20%
②	6%	10%
③	− 6%	20%
④	− 6%	10%
⑤	− 6%	5%

02 A ~ H 8명의 후보 선수 중 4명을 뽑을 때, A, B, C를 포함하여 뽑을 확률은?

① $\frac{1}{14}$ ② $\frac{1}{5}$

③ $\frac{3}{8}$ ④ $\frac{1}{2}$

⑤ $\frac{3}{5}$

03 다음은 S전자 공장에서 만든 부품과 불량품의 수를 기록한 자료이다. 전년 대비 부품 수의 차이와 불량품 수의 차이 사이에 일정한 비례관계가 성립할 때, A와 B에 들어갈 수치를 바르게 나열한 것은?

〈연도별 부품 수와 불량품 수〉

(단위 : 개)

구분	2017년	2018년	2019년	2020년	2021년	2022년
부품 수	120	170	270	420	620	(A)
불량품 수	10	30	70	(B)	210	310

	(A)	(B)
①	800	90
②	830	110
③	850	120
④	870	130
⑤	900	150

04 다음은 어느 도서관에서 일정 기간 동안의 도서 대여 횟수를 작성한 자료이다. 이에 대한 설명으로 옳지 않은 것은?

〈도서 대여 횟수〉

(단위 : 회)

구분	비소설		소설	
	남자	여자	남자	여자
40세 미만	20	10	40	50
40세 이상	30	20	20	30

① 40세 미만보다 40세 이상의 전체 대여 횟수가 더 적다.
② 소설을 대여한 전체 횟수가 비소설을 대여한 전체 횟수보다 많다.
③ 남자가 소설을 대여한 횟수는 여자가 소설을 대여한 횟수의 70% 이하이다.
④ 40세 이상의 전체 대여 횟수에서 소설 대여 횟수가 차지하는 비율은 40% 이상이다.
⑤ 40세 미만의 전체 대여 횟수에서 비소설 대여 횟수가 차지하는 비율은 20%를 넘는다.

05 다음은 주중과 주말 예상 교통상황에 대한 자료이다. 이에 대한 〈보기〉의 설명 중 옳은 것을 모두 고르면?

〈주중 · 주말 예상 교통량〉

(단위 : 만 대)

구분	전국	수도권 → 지방	지방 → 수도권
주중 예상 교통량	40	4	2
주말 예상 교통량	60	5	3

〈대도시 간 예상 최대 소요 시간〉

구분	서울 – 대전	서울 – 부산	서울 – 광주	서울 – 강릉	남양주 – 양양
주중	1시간	4시간	3시간	2시간	1시간
주말	2시간	5시간	4시간	3시간	2시간

보기

ㄱ. 대도시 간 예상 최대 소요 시간은 모든 구간에서 주중이 주말보다 적게 걸린다.
ㄴ. 주중 전국 교통량 중 수도권에서 지방으로 가는 교통량의 비율은 10%이다.
ㄷ. 지방에서 수도권으로 가는 주말 예상 교통량은 주중 예상 교통량의 2배이다.
ㄹ. 서울 – 광주 구간 주중 소요 시간은 서울 – 강릉 구간 주말 소요 시간과 같다.

① ㄱ, ㄴ
② ㄴ, ㄷ
③ ㄷ, ㄹ
④ ㄱ, ㄴ, ㄹ
⑤ ㄴ, ㄷ, ㄹ

06 다음은 자동차 판매현황에 대한 자료이다. 이에 대한 〈보기〉의 설명 중 옳은 것을 모두 고르면?

〈자동차 판매현황〉

(단위 : 천 대)

구분	2020년	2021년	2022년
소형	30	50	40
준중형	200	150	180
중형	400	200	250
대형	200	150	100
SUV	300	400	200

보기

ㄱ. 2020 ~ 2022년 동안 판매량이 지속적으로 감소하는 차종은 2종류이다.

ㄴ. 2021년 대형 자동차 판매량은 전년 대비 30% 미만 감소했다.

ㄷ. 2020 ~ 2022년 동안 SUV 자동차의 총판매량은 대형 자동차 총판매량의 2배이다.

ㄹ. 2021년 대비 2022년에 판매량이 증가한 차종 중 증가율이 가장 높은 차종은 준중형이다.

① ㄱ, ㄷ

② ㄴ, ㄷ

③ ㄴ, ㄹ

④ ㄱ, ㄴ, ㄹ

⑤ ㄱ, ㄷ, ㄹ

※ 다음은 2018 ~ 2022년 연도별 해양사고 발생 현황에 대한 자료이다. 이어지는 질문에 답하시오.
[7~8]

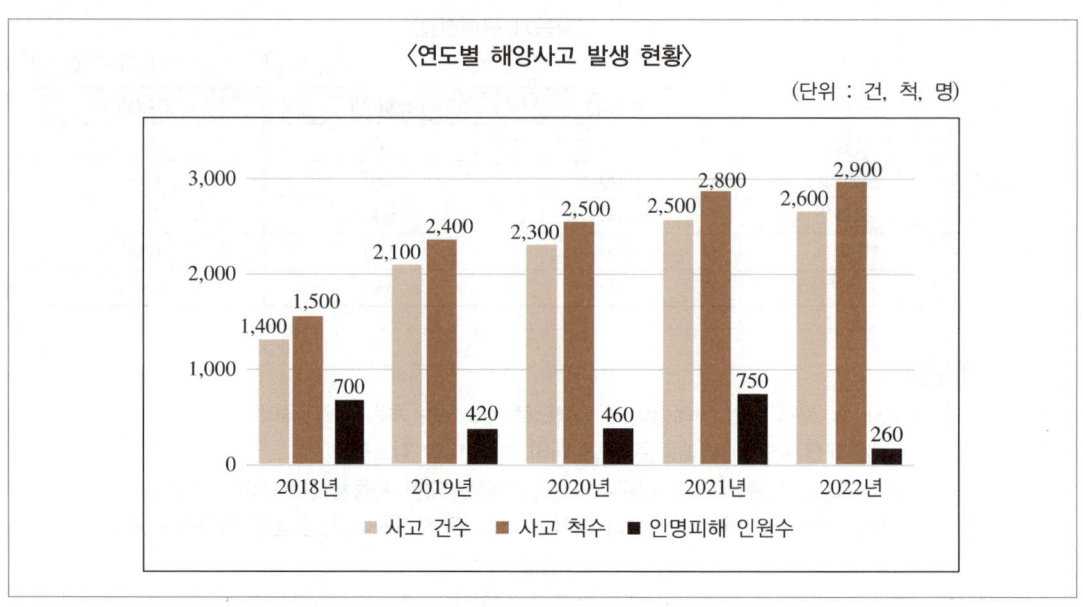

07 다음 중 2018년 대비 2019년 사고 척수의 증가율과 사고 건수의 증가율이 순서대로 나열된 것은?

① 40%, 45%
② 45%, 50%
③ 60%, 50%
④ 60%, 55%
⑤ 60%, 65%

08 다음 중 사고 건수당 인명피해의 인원수가 가장 많은 연도는?

① 2018년
② 2019년
③ 2020년
④ 2021년
⑤ 2022년

09 어떤 공장에서 A제품을 n개 이어 붙이는 데 필요한 시간이 다음과 같은 규칙을 보일 때, 8개 이어 붙이는데 필요한 시간은?

〈A제품 접합 소요 시간〉

(단위 : 분)

구분	1개	2개	3개	4개	5개
소요 시간	1	3	8	19	42

① 315분 ② 330분
③ 345분 ④ 360분
⑤ 375분

10 일정한 수를 다음과 같은 규칙으로 나열할 때, 빈칸에 들어갈 a와 b의 총합이 처음으로 800억 원이 넘는 b의 값은?

(단위 : 억 원)

구분	1	2	3	4	5	6	...
A	50	70	95	125	160	200	(a)
B	150	180	210	240	270	300	(b)

① 330 ② 350
③ 360 ④ 390
⑤ 420

※ 다음 명제가 모두 참일 때, 빈칸에 들어갈 명제로 가장 적절한 것을 고르시오. **[1~3]**

01

- 전제1. 눈을 자주 깜빡이지 않으면 눈이 건조해진다.
- 전제2. 스마트폰을 이용할 때는 눈을 자주 깜빡이지 않는다.
- 결론. _____

① 눈을 자주 깜빡이지 않으면 스마트폰을 이용하는 때이다.
② 눈이 건조해지지 않으면 눈을 자주 깜빡이지 않는다.
③ 눈이 건조해지면 눈을 자주 깜빡이지 않는다.
④ 눈이 건조해지면 눈을 자주 깜빡인 것이다.
⑤ 스마트폰을 이용할 때는 눈이 건조해진다.

02

- 전제1. 밤에 잠을 잘 못자면 낮에 피곤하다.
- 전제2. _____
- 전제3. 업무효율이 떨어지면 성과급을 받지 못한다.
- 결론.   밤에 잠을 잘 못자면 성과급을 받지 못한다.

① 업무효율이 떨어지면 밤에 잠을 잘 못 잔다.
② 낮에 피곤하면 업무효율이 떨어진다.
③ 성과급을 받으면 밤에 잠을 잘 못 잔다.
④ 밤에 잠을 잘 자면 성과급을 받는다.
⑤ 성과급을 받지 못하면 낮에 피곤하다.

03

- 전제1. 모든 금속은 전기가 통한다.
- 전제2. 광택이 있는 물질 중에는 금속이 아닌 것도 있다.
- 결론. _____

① 금속은 모두 광택이 있다.
② 광택이 있는 물질은 모두 금속이다.
③ 전기가 통하는 물질 중 광택이 있는 것은 없다.
④ 전기가 통하지 않으면서 광택이 있는 물질이 있다.
⑤ 전기가 통하지 않으면 광택이 없는 물질이다.

04 A~E가 기말고사를 봤는데, 이 중 2명은 부정행위를 하였다. 부정행위를 한 2명은 거짓을 말하고 부정행위를 하지 않은 3명은 진실을 말할 때, 다음 진술을 보고 부정행위를 한 사람끼리 짝지은 것을 고르면?

> • A : D는 거짓말을 하고 있어.
> • B : A는 부정행위를 하지 않았어.
> • C : B가 부정행위를 했어.
> • D : 나는 부정행위를 하지 않았어.
> • E : C가 거짓말을 하고 있어.

① A, B

② B, C

③ C, D

④ C, E

⑤ D, E

05 S부서는 회식 메뉴를 선정하려고 한다. 다음 〈조건〉에 따라 주문할 메뉴를 선택한다고 할 때, 반드시 주문할 메뉴를 모두 고르면?

> **조건**
> • 삼선짬뽕은 반드시 주문한다.
> • 양장피와 탕수육 중 하나는 반드시 주문하여야 한다.
> • 자장면을 주문하는 경우, 탕수육은 주문하지 않는다.
> • 자장면을 주문하지 않는 경우에만 만두를 주문한다.
> • 양장피를 주문하지 않으면, 팔보채를 주문하지 않는다.
> • 팔보채를 주문하지 않으면, 삼선짬뽕을 주문하지 않는다.

① 삼선짬뽕, 자장면, 양장피

② 삼선짬뽕, 탕수육, 양장피

③ 삼선짬뽕, 팔보채, 양장피

④ 삼선짬뽕, 탕수육, 만두

⑤ 삼선짬뽕, 탕수육, 양장피, 자장면

06 원형 테이블에 번호 순서대로 앉아 있는 다섯 명의 여자 1 ~ 5 사이에 다섯 명의 남자 A ~ E가 한 명씩 앉아야 한다. 다음 〈조건〉에 따라 자리를 배치할 때, 항상 참이 아닌 것은?

> **조건**
> • A는 짝수번호의 여자 옆에 앉아야 하고, 5 옆에는 앉을 수 없다.
> • B는 짝수번호의 여자 옆에 앉을 수 없다.
> • C가 3 옆에 앉으면 D는 1 옆에 앉는다.
> • E는 3 옆에 앉을 수 없다.

① A는 1과 2 사이에 앉을 수 없다.
② D는 4와 5 사이에 앉을 수 없다.
③ C가 2와 3 사이에 앉으면, A는 반드시 3과 4 사이에 앉는다.
④ E가 1과 2 사이에 앉으면, C는 반드시 4와 5 사이에 앉는다.
⑤ E가 4와 5 사이에 앉으면, A는 반드시 2와 3 사이에 앉는다.

07 다음은 〈조건〉에 따라 2에서 10까지의 서로 다른 자연수의 관계를 나타낸 것이다. 이때 A, B, C에 해당하는 수의 합은?

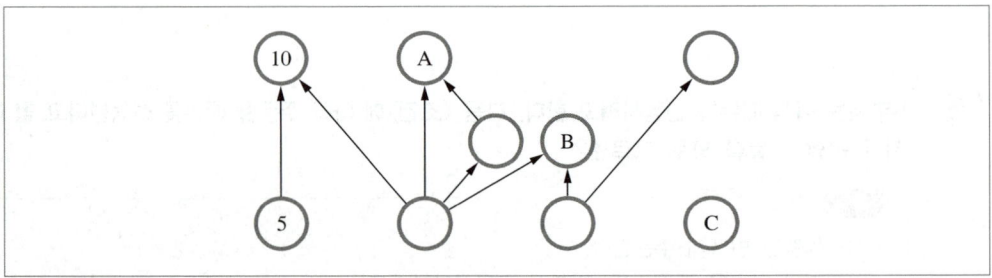

> **조건**
> • 2에서 10까지의 자연수는 ◯ 안에 한 개씩만 사용되고, 사용되지 않는 자연수는 없다.
> • 2에서 10까지의 서로 다른 임의의 자연수 3개를 x, y, z라고 할 때,
>   – x ⟶ y 는 y가 x의 배수임을 나타낸다.
>   – 화살표로 연결되지 않은 z 는 z가 x, y와 약수나 배수 관계가 없음을 나타낸다.

① 20
② 21
③ 22
④ 23
⑤ 24

※ 다음 도형의 규칙을 보고 물음표에 들어갈 도형으로 알맞은 것을 고르시오. [8~10]

08

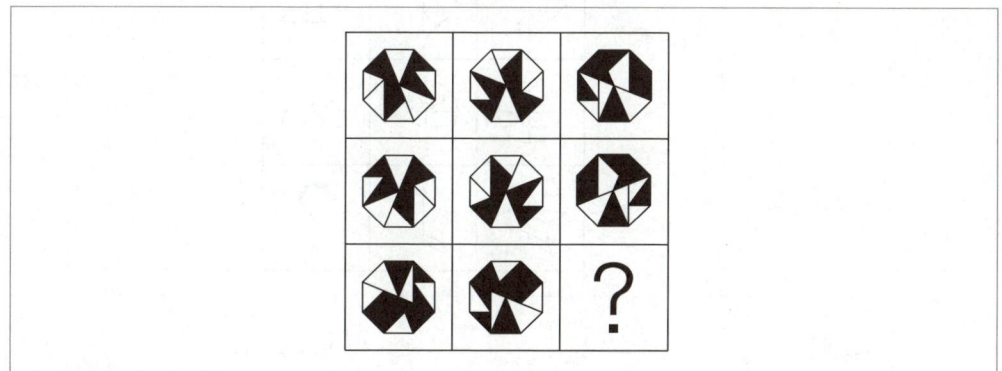

①

②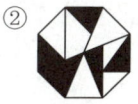

③

④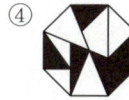

⑤

09

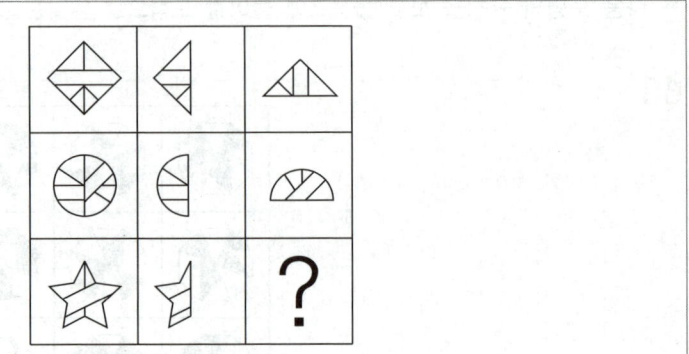

①

②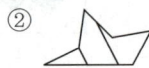

③

④

⑤

10

①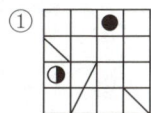

②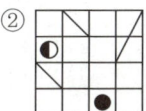

③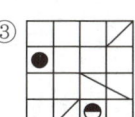

④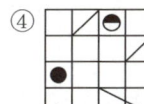

⑤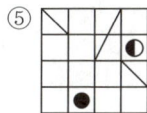

※ 다음 도식에서 기호들은 일정한 규칙에 따라 문자를 변화시킨다. 물음표에 들어갈 문자로 알맞은 것을 고르시오(단, 규칙은 가로와 세로 중 한 방향으로만 적용된다). **[11~14]**

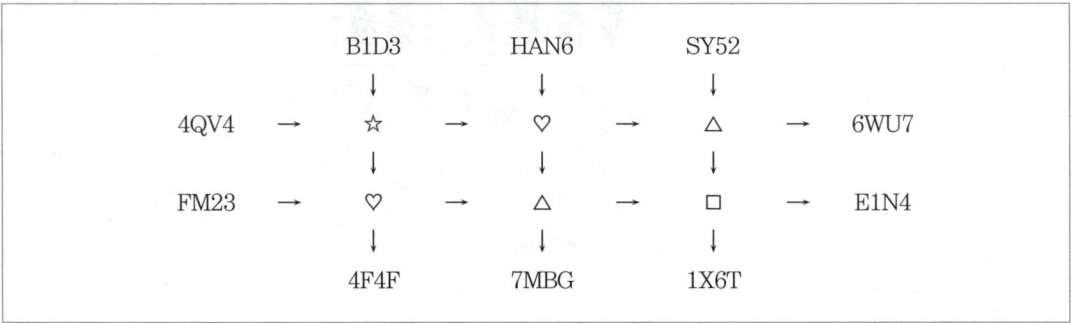

11

$$US24 \rightarrow \square \rightarrow \star \rightarrow ?$$

① 4S2U
② 2US4
③ 4V8V
④ 8V4V
⑤ 48VV

12

$$KB52 \rightarrow \star \rightarrow \heartsuit \rightarrow ?$$

① 37KE
② 37EO
③ E37K
④ EO52
⑤ E37O

13

$? \rightarrow \triangle \rightarrow \heartsuit \rightarrow \triangle \rightarrow 9381$

① 1839   ② 3819

③ 2748   ④ 4827

⑤ 8472

14

$? \rightarrow \square \rightarrow \triangle \rightarrow 96\text{II}$

① 96HJ   ② 9HJ6

③ 87HJ   ④ 8H7J

⑤ J7H8

15

(가) 동아시아의 문명 형성에 가장 큰 영향력을 끼친 책을 꼽을 때, 그중에『논어』가 빠질 수 없다. 『논어』는 공자(B.C 551 ~ 479)가 제자와 정치인 등을 만나서 나눈 이야기를 담고 있다. 공자의 활동기간으로 따져보면『논어』는 지금으로부터 대략 2500년 전에 쓰인 것이다. 지금의 우리는 한나절만에 지구 반대편으로 날아다니고, 여름에 겨울 과일을 먹는 그야말로 공자는 상상할 수도 없는 세상에 살고 있다.

(나) 2500년 전의 공자와 그가 대화한 사람 역시 우리와 마찬가지로 '호모 사피엔스'이기 때문이다. 2500년 전의 사람도 배고프면 먹고, 졸리면 자고, 좋은 일이 있으면 기뻐하고, 나쁜 일이 있으면 화를 내는 오늘날의 사람과 다름없었다. 불의를 보면 공분하고 전쟁보다 평화가 지속되기를 바라고 예술을 보고 들으며 즐거워했는데, 오늘날의 사람도 마찬가지이다.

(다) 물론 2500년의 시간으로 인해 달라진 점도 많고 시대와 문화에 따라 '사람다움이 무엇인가?'에 대한 답은 다를 수 있지만, 사람은 돌도 아니고 개도 아니고 사자도 아니라 여전히 사람일 뿐인 것이다. 즉 현재의 인간이 과거보다 자연의 힘에 두려워하지 않고 자연을 합리적으로 설명할 수는 있지만, 인간적 약점을 극복하고 신적인 존재가 될 수는 없는 그저 인간일 뿐인 것이다.

(라) 『논어』의 일부는 여성과 아동, 이민족에 대한 당시의 편견을 드러내고 있어 이처럼 달라진 시대의 흐름에 따라 폐기될 수밖에 없지만, 이를 제외한 부분은 '오래된 미래'로서 읽을 가치가 있는 것이다.

(마) 이론의 생명 주기가 짧은 학문의 경우, 2500년 전의 책은 역사적 가치가 있을지언정 이론으로서는 폐기 처분이 당연시된다. 그런데 왜 21세기의 우리가 2500년 전의『논어』를 지금까지도 읽고, 또 읽어야 할 책으로 간주하고 있는 것일까?

① (가) – (다) – (나) – (라) – (마)   ② (가) – (라) – (다) – (나) – (마)
③ (가) – (마) – (나) – (다) – (라)   ④ (라) – (다) – (가) – (마) – (나)
⑤ (마) – (가) – (나) – (다) – (라)

16

(가) '인력이 필요해서 노동력을 불렀더니 사람이 왔더라.'라는 말이 있다. 인간을 경제적 요소로만 단순하게 생각했으나, 이에 따른 인권문제, 복지문제, 내국인과 이민자와의 갈등 등이 수반된다는 말이다. 프랑스처럼 우선 급하다고 이민자를 선별하지 않고 받으면 인종 갈등과 이민자의 빈곤화 등 많은 사회비용이 발생한다.

(나) 이제 다문화정책의 패러다임을 전환해야 한다. 한국에 들어온 다문화가족을 적극적으로 지원해야 한다. 다문화 가족과 더불어 살면서 다양성과 개방성을 바탕으로 상생의 발전을 도모해야 한다. 그리고 결혼이민자만 다문화가족으로 볼 것이 아니라 외국인 근로자와 유학생, 북한이탈주민까지 큰 틀에서 함께 보는 것도 필요하다.

(다) 다문화정책의 핵심은 두 가지이다. 첫째, 새로운 사회에 적응하려는 의지가 강해서 언어 배우기, 일자리, 문화 이해에 매우 적극적인 태도를 지닌 좋은 인력을 선별해서 입국하도록 하는 것이다. 둘째, 이민자가 새로운 사회에 잘 정착할 수 있도록 사회통합에 주력해야 하는 것이다. 해외 인구 유입 초기부터 사회 비용을 절약할 수 있는 사람들을 들어오게 하는 것이 중요하기 때문이다.

(라) 또한 이미 들어온 이민자에게는 적극적인 지원을 해야 한다. 언어와 문화, 환경이 모두 낯선 이민자에게는 이민 초기에 세심한 배려가 필요하다. 특히 중요한 것은 다문화 가족이 그들이 가지고 있는 강점을 활용하여 취약 계층이 아닌 주류층으로 설 수 있도록 지원해야 한다. 뿐만 아니라 이민자에 대한 지원 시기를 놓치거나 차별과 편견으로 내국인에게 증오감을 갖게 해서는 안 된다.

① (가) – (다) – (라) – (나) ② (다) – (가) – (라) – (나)
③ (다) – (나) – (라) – (가) ④ (라) – (나) – (다) – (가)
⑤ (라) – (다) – (나) – (가)

17 다음 글의 내용이 참일 때, 항상 거짓인 것은?

> 과거에는 공공 서비스가 경합성과 배제성이 모두 약한 사회 기반 시설 공급을 중심으로 제공되었다. 이런 경우 서비스 제공에 드는 비용은 주로 세금을 비롯한 공적 재원으로 충당을 한다. 하지만 복지와 같은 개인 단위 공공 서비스에 대한 사회적 요구가 증가함에 따라 관련 공공 서비스의 다양화와 양적 확대가 이루어지고 있다. 이로 인해 정부의 관련 조직이 늘어나고 행정 업무의 전문성 및 효율성이 떨어지는 문제점이 나타나기도 한다. 이 경우 정부는 정부 조직의 규모를 확대하지 않으면서 서비스의 전문성을 강화할 수 있는 민간 위탁 제도를 도입할 수 있다. 민간 위탁이란 공익성을 유지하기 위해 서비스의 대상이나 범위에 대한 결정권과 서비스 관리의 책임을 정부가 갖되, 서비스 생산은 민간 업체에게 맡기는 것이다.
>
> 민간 위탁은 주로 다음과 같은 몇 가지 방식으로 운용되고 있다. 가장 일반적인 것은 '경쟁 입찰 방식'이다. 이는 일정한 기준을 충족하는 민간 업체 간 경쟁 입찰을 거쳐 서비스 생산자를 선정, 계약하는 방식이다. 공원과 같은 공공 시설물 관리 서비스가 이에 해당한다. 이 경우 정부가 직접 공공 서비스를 제공할 때보다 서비스의 생산 비용이 절감될 수 있고 정부의 재정 부담도 경감될 수 있다. 다음으로는 '면허 발급 방식'이 있다. 이는 서비스 제공을 위한 기술과 시설이 기준을 충족하는 민간 업체에게 정부가 면허를 발급하는 방식이다. 자동차 운전면허 시험, 산업 폐기물 처리 서비스 등이 이에 해당한다. 이 경우 공공 서비스가 갖춰야 할 최소한의 수준은 유지하면서도 공급을 민간의 자율에 맡겨 공공 서비스의 수요와 공급이 탄력적으로 조절되는 효과를 얻을 수 있다. 또한 '보조금 지급 방식'이 있는데, 이는 민간이 운영하는 종합 복지관과 같이 안정적인 공공 서비스 제공이 필요한 기관에 보조금을 주어 재정적으로 지원하는 것이다.

① 경쟁 입찰 방식은 정부의 재정 부담을 줄여준다.
② 과거 공공 서비스는 주로 공적 재원에 의해 운영됐다.
③ 정부로부터 면허를 받은 민간 업체는 보조금을 지급받을 수 있다.
④ 공공 서비스의 양적 확대에 따라 행정 업무 전문성이 떨어지는 부작용이 나타난다.
⑤ 서비스 생산을 민간 업체에게 맡김으로써 공공 서비스의 전문성을 강화할 수 있다.

18 다음 중 밑줄 친 ㉠ ~ ㉢에 대한 설명으로 적절하지 않은 것은?

> 국내 연구팀이 반도체 집적회로에 일종의 ㉠ '고속도로'를 깔아 신호의 전송 속도를 높이는 신개념 반도체 소재 기술을 개발했다. 탄소 원자를 얇은 막 형태로 합성한 2차원 신소재인 그래핀을 반도체 회로에 깔아 기존 금속 선로보다 많은 양의 전자를 빠르게 운송하는 것이다.
>
> 최근 반도체 내에 많은 소자가 집적되면서 소자 사이의 신호를 전송하는 ㉡ '도로'인 금속 재질의 선로에 저항이 기하급수적으로 증가하는 문제가 발생했다. 이러한 집적화의 한계를 극복하기 위해 연구팀은 금속 재질 대신 그래핀을 신호 전송용 길로 활용했다.
>
> 그래핀은 탄소 원자가 육각형으로 결합한, 두께 0.3나노미터의 얇은 2차원 물질로 전선에 널리 쓰이는 구리보다 전기 전달 능력이 뛰어나며 전자 이동속도도 100배 이상 빨라 이상적인 반도체용 물질로 꼽힌다. 그러나 너무 얇다 보니 전류나 신호를 전달하는 데 방해가 되는 저항이 높고, 전하 농도가 낮아 효율이 떨어진다는 단점이 있었다.
>
> 연구팀은 이런 단점을 해결하고자 그래핀에 불순물을 얇게 덮는 방법을 생각했다. 그래핀 표면에 비정질 탄소를 흡착시켜 일종의 ㉢ '코팅'처럼 둘러싼 것이다. 연구 결과 이 과정에서 신호 전달을 방해하던 저항은 기존 그래핀 선로보다 60% 감소했고, 신호 손실은 약 절반 정도로 줄어들었으며, 전달할 수 있는 전하의 농도는 20배 이상 증가했다. 이를 통해 연구팀은 금속 선로의 수백분의 1 크기로 작으면서도 효율성은 그대로인 고효율, 고속 신호 전송 선로를 완성하였다.

① 연구팀은 ㉡을 ㉠으로 바꾸었다.

② 반도체 내에 많은 소자가 집적될수록 ㉡에 저항이 증가한다.

③ ㉠은 구리보다 전기 전달 능력과 전자 이동속도가 뛰어나다.

④ 연구팀은 전자의 이동속도를 높이기 위해 ㉠에 ㉢을 하였다.

⑤ ㉠은 그래핀, ㉡은 금속 재질, ㉢은 비정질 탄소를 의미한다.

19 다음 글의 주장에 대한 비판으로 적절하지 않은 것은?

> 동물실험이란 교육, 시험, 연구 및 생물학적 제제의 생산 등 과학적 목적을 위해 동물을 대상으로
> 실시하는 실험 또는 그 과학적 절차를 말한다. 전 세계적으로 매년 약 6억 마리의 동물들이 실험에
> 쓰이고 있다고 추정되며, 대부분의 동물들은 실험이 끝난 뒤 안락사를 시킨다.
> 동물실험은 대개 인체실험의 전 단계로 이루어지는데, 검증되지 않은 물질을 바로 사람에게 주입하
> 여 발생하는 위험을 줄일 수 있다는 점에서 필수적인 실험이라고 말할 수 있다. 물론 살아있는 생물
> 을 대상으로 하는 실험이기 때문에 대체(Replacement), 감소(Reduction), 개선(Refinement)으로
> 요약되는 3R 원칙에 입각하여 실험하는 것이 당연하다. 굳이 다른 방법이 있다면 그 방법을 채택할
> 것이며, 희생이 되는 동물의 수를 최대한 줄이고, 필수적인 실험 조건 외에는 자극을 주지 않아야
> 한다.
> 하지만 그럼에도 보다 안전한 결과를 도출해내기 위한 동물실험은 필요악이며, 이러한 필수적인 의
> 약실험조차 금지하려 한다는 것은 기술 발전 속도를 늦춰 약이 필요한 누군가의 고통을 감수하자는
> 이기적인 주장과 같다고 할 수 있다.

① 3R 원칙과 같은 윤리적 강령이 법적인 통제력을 지니지 않은 이상 실제로 얼마나 엄격하게 지켜
   질 것인지는 알 수 없다.
② 화장품 업체들의 동물실험과 같은 사례를 통해, 생명과 큰 연관이 없는 실험은 필요악이라고 주장
   할 수 없다.
③ 아무리 엄격하게 통제된 실험이라고 해도 동물 입장에서 바라본 실험이 비윤리적이며 생명체의
   존엄성을 훼손하는 행위라는 사실을 벗어날 수는 없다.
④ 과거와 달리 현대에서는 인공 조직을 배양하여 실험의 대상으로 삼을 수 있으므로 동물실험 자체
   를 대체하는 것이 가능하다.
⑤ 동물실험에서 안전성을 검증받은 이후 인체에 피해를 준 약물의 사례가 존재한다.

20 다음 글을 토대로 〈보기〉를 바르게 해석한 것은?

반도체 및 디스플레이 제조공정에서 사용되는 방법인 포토리소그래피(Photo-lithography)는 그 이름처럼 사진 인쇄 기술과 비슷하게 빛을 이용하여 복잡한 회로 패턴을 제조하는 공정이다. 포토리소그래피는 디스플레이에서는 TFT(Thin Film Transistor : 박막 트랜지스터) 공정에 사용되는데, 먼저 세정된 기판(Substrate) 위에 TFT 구성에 필요한 증착 물질과 이를 덮을 PR(Photo Resist : 감광액) 코팅을 올리고, 빛과 마스크, 그리고 현상액과 식각 과정으로 PR 코팅과 증착 물질을 원하는 모양대로 깎아 내린 다음, 다시 그 위에 층을 쌓는 것을 반복하여 원하는 형태를 패터닝하는 것이다.

한편 포토리소그래피 공정에 사용되는 PR 물질은 빛의 반응에 따라 포지티브와 네거티브 두 가지 방식으로 분류되는데, 포지티브 방식은 마스크에 의해 빛에 노출된 부분이 현상액에 녹기 쉽게 화학 구조가 변하는 것으로, 노광(Exposure) 과정에서 빛을 받은 부분을 제거한다. 반대로 네거티브 방식은 빛에 노출된 부분이 더욱 단단해지는 것으로 빛을 받지 못한 부분을 현상액으로 제거한다. 이후 원하는 패턴만 남은 PR층은 식각(Etching) 과정을 거쳐 PR이 덮여 있지 않은 부분의 증착 물질을 제거하고, 이후 남은 증착 물질이 원하는 모양으로 패터닝 되면 그 위의 도포되어 있던 PR층을 마저 제거하여 증착 물질만 남도록 하는 것이다.

> **보기**
>
> 창우와 광수는 각각 포토리소그래피 공정을 통해 디스플레이 회로 패턴을 완성시키기로 하였다. 창우는 포지티브 방식을, 광수는 네거티브 방식을 사용하기로 하였는데, 광수는 실수로 포지티브 방식의 PR 코팅을 사용해 공정을 진행했음을 깨달았다.

① 창우의 디스플레이 회로는 증착, PR 코팅, 노광, 현상, 식각까지의 과정을 반복하여 완성되었을 것이다.

② 광수가 포토리소그래피의 매 공정을 검토했을 경우 최소 식각 과정을 확인하면서 자신의 실수를 알아차렸을 것이다.

③ 포토리소그래피 공정 중 현상 과정에서 문제가 발생했다면 창우의 디스플레이 기판에는 PR층과 증착 물질이 남아있지 않을 것이다.

④ 원래 의도대로라면 노광 과정 이후 창우가 사용한 감광액은 용해도가 높아지고, 광수가 사용한 감광액은 용해도가 매우 낮아졌을 것이다.

⑤ 광수가 원래 의도대로 디스플레이 회로를 완성시키기 위해서는 최소한 노광 과정까지는 공정을 되돌릴 필요가 있다.

01 수리

01 작년 S사의 일반 사원 수는 400명이었다. 올해 진급하여 직책을 단 사원은 작년 일반 사원 수의 12%이고, 20%는 퇴사를 하였다. 올해 전체 일반 사원 수가 작년보다 6% 증가했을 때, 올해 채용한 신입사원은 몇 명인가?

① 144명   ② 146명

③ 148명   ④ 150명

⑤ 152명

02 남학생 4명과 여학생 3명을 원형 모양의 탁자에 앉힐 때, 여학생 3명이 이웃해서 앉을 확률은?

① $\dfrac{1}{21}$ ② $\dfrac{1}{7}$

③ $\dfrac{1}{5}$ ④ $\dfrac{1}{15}$

⑤ $\dfrac{1}{20}$

03 다음은 연도별 뺑소니 교통사고 통계 현황에 대한 자료이다. 이에 대한 〈보기〉의 설명 중 옳은 것을 모두 고르면?

〈연도별 뺑소니 교통사고 통계 현황〉

(단위 : 건, 명)

구분	2018년	2019년	2020년	2021년	2022년
사고 건수	15,500	15,280	14,800	15,800	16,400
검거 수	12,493	12,606	12,728	13,667	14,350
사망자 수	1,240	1,528	1,850	1,817	1,558
부상자 수	9,920	9,932	11,840	12,956	13,940

- $[\text{검거율}(\%)] = \dfrac{(\text{검거 수})}{(\text{사고 건수})} \times 100$

- $[\text{사망률}(\%)] = \dfrac{(\text{사망자 수})}{(\text{사고 건수})} \times 100$

- $[\text{부상률}(\%)] = \dfrac{(\text{부상자 수})}{(\text{사고 건수})} \times 100$

보기

ㄱ. 사고 건수는 매년 감소하지만 검거 수는 매년 증가한다.
ㄴ. 2020년의 사망률과 부상률이 2021년의 사망률과 부상률보다 모두 높다.
ㄷ. 2020 ~ 2022년 사망자 수와 부상자 수의 증감추이는 반대이다.
ㄹ. 2019 ~ 2022년 검거율은 매년 높아지고 있다.

① ㄱ, ㄴ
② ㄱ, ㄹ
③ ㄴ, ㄹ
④ ㄷ, ㄹ
⑤ ㄱ, ㄷ, ㄹ

04 S씨는 퇴직 후 네일아트를 전문적으로 하는 뷰티숍을 개점하기 위해서 평소 눈여겨 본 지역의 고객 분포를 알아보기 위해 직접 설문조사를 하였다. 설문조사 결과가 다음과 같을 때, S씨가 이해한 내용으로 옳은 것은?(단, 복수응답과 무응답은 없다)

〈응답자의 연령대별 방문 횟수〉

(단위 : 명)

방문 횟수 \ 연령대	20 ~ 25세	26 ~ 30세	31 ~ 35세	합계
1회	19	12	3	34
2 ~ 3회	27	32	4	63
4 ~ 5회	6	5	2	13
6회 이상	1	2	0	3
합계	53	51	9	113

〈응답자의 직업〉

(단위 : 명)

직업	응답자
학생	49
회사원	43
공무원	2
전문직	7
자영업	9
가정주부	3
합계	113

① 전체 응답자 중 20 ~ 25세 응답자가 차지하는 비율은 50% 이상이다.

② 26 ~ 30세 응답자 중 4회 이상 방문한 응답자 비율은 10% 이상이다.

③ 31 ~ 35세 응답자의 1인당 평균 방문 횟수는 2회 미만이다.

④ 전체 응답자 중 직업이 학생 또는 공무원인 응답자 비율은 50% 이상이다.

⑤ 전체 응답자 중 20 ~ 25세인 전문직 응답자 비율은 5% 미만이다.

05 다음은 세계 로봇 시장과 국내 로봇 시장 규모에 대한 자료이다. 이에 대한 설명으로 옳지 않은 것은?

〈세계 로봇 시장 규모〉

(단위 : 백만 달러)

구분	2018년	2019년	2020년	2021년	2022년
개인 서비스용 로봇 시장	636	13,356	1,704	2,134	2,216
전문 서비스용 로봇 시장	3,569	1,224	3,661	4,040	4,600
제조용 로봇 시장	8,278	3,636	9,507	10,193	11,133
합계	12,483	18,216	14,872	16,367	17,949

〈국내 로봇 시장 규모〉

(단위 : 억 원)

구분	생산			수출			수입		
	2020년	2021년	2022년	2020년	2021년	2022년	2020년	2021년	2022년
개인 서비스용 로봇 시장	2,973	3,247	3,256	1,228	944	726	156	181	232
전문 서비스용 로봇 시장	1,318	1,377	2,629	163	154	320	54	182	213
제조용 로봇 시장	20,910	24,671	25,831	6,324	6,694	6,751	2,635	2,834	4,391
합계	25,201	29,295	31,716	7,715	7,792	7,797	2,845	3,197	4,836

① 2022년 세계 개인 서비스용 로봇 시장 규모는 전년 대비 약 3.8% 정도 성장했다.

② 세계 전문 서비스용 로봇 시장 규모는 2020년 이후 꾸준히 성장하는 추세를 보이고 있으며, 2022년 세계 전문 서비스용 로봇 시장 규모는 전체 세계 로봇 시장 규모의 약 27% 이상을 차지하고 있다.

③ 2022년 세계 제조용 로봇 시장은 전년 대비 약 9.2% 성장한 111억 3,300만 달러로 세계 로봇 시장에서 가장 큰 시장 규모를 차지하고 있다.

④ 2022년의 국내 전문 서비스용 로봇의 생산 규모는 전년 대비 약 91.0% 증가했으며, 2022년의 국내 전체 서비스용 로봇의 생산 규모도 전년 대비 약 27.3% 증가했다.

⑤ 2022년의 국내 개인 서비스용 로봇 수출은 전년 대비 약 23.1% 정도 감소하였고, 2022년의 국내 전체 서비스용 로봇 수출은 전년 대비 약 4.7% 정도 감소했다.

※ 다음은 주요산업국의 연도별 연구개발비 추이에 대한 자료이다. 이어지는 질문에 답하시오. **[6~7]**

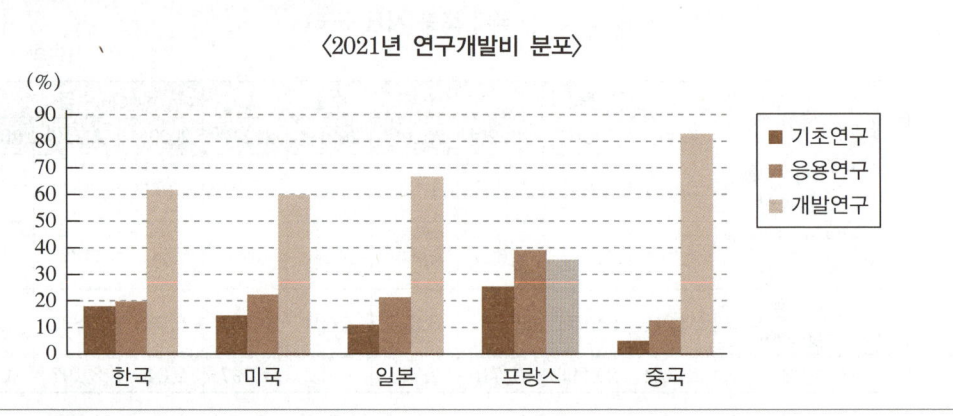

〈주요산업국 연도별 연구개발비 추이〉

(단위 : 백만 달러)

구분	2017년	2018년	2019년	2020년	2021년	2022년
한국	23,587	28,641	33,684	31,304	29,703	37,935
중국	29,898	37,664	48,771	66,430	84,933	-
일본	151,270	148,526	150,791	168,125	169,047	-
독일	69,317	73,737	84,148	97,457	92,552	92,490
영국	39,421	42,693	50,016	47,138	40,291	39,924
미국	325,936	350,923	377,594	403,668	401,576	-

〈2021년 연구개발비 분포〉

06 위 자료에 대한 〈보기〉의 설명 중 옳은 것을 모두 고르면?

> **보기**
> ㄱ. 2021년도 연구개발비가 전년 대비 감소한 곳은 4곳이다.
> ㄴ. 2017년에 비해 2021년 연구개발 증가율이 가장 높은 곳은 중국이고, 가장 낮은 곳은 일본이다.
> ㄷ. 전년 대비 2019년 한국의 연구개발비 증가율은 독일보다 높고, 중국보다 낮다.

① ㄱ
② ㄱ, ㄴ
③ ㄱ, ㄷ
④ ㄴ, ㄷ
⑤ ㄱ, ㄴ, ㄷ

07 2021년 미국의 개발연구비는 한국의 응용연구비의 약 몇 배인가?(단, 소수점 이하는 버림한다)

① 38배
② 39배
③ 40배
④ 41배
⑤ 42배

08 반도체 메모리의 개발 용량이 다음과 같이 규칙적으로 증가할 때, 2007년에 개발한 메모리의 용량은?

〈연도별 반도체 메모리 개발 용량〉

(단위 : MB)

구분	1999년	2000년	2001년	2002년	2003년
메모리 개발 용량	256	512	1,024	2,048	4,096

① 32,768MB ② 52,428MB

③ 58,982MB ④ 65,536MB

⑤ 78,642MB

09 어떤 동굴의 한 석순의 길이를 10년 단위로 측정한 결과가 다음과 같은 규칙으로 자랄 때, 2050년에 측정될 석순의 길이는?

〈연도별 석순 길이〉

(단위 : cm)

구분	1960년	1970년	1980년	1990년	2000년
석순 길이	10	12	13	15	16

① 22cm ② 23cm

③ 24cm ④ 25cm

⑤ 26cm

10 세계 물 위원회에서는 전 세계의 물 문제 해결을 위한 공동 대응을 목적으로 '세계 물 포럼'을 주기적으로 개최하고 있다. 제1회 세계 물 포럼은 1997년 모로코의 마라케시에서 개최되었고 개최연도에 다음과 같은 규칙으로 개최될 때, 제10회 세계 물 포럼이 개최되는 연도는?

〈세계 물 포럼 개최 연도〉

(단위 : 년)

구분	제1회	제2회	제3회	제4회	제5회
연도	1997	2000	2003	2006	2009

① 2022년 ② 2023년

③ 2024년 ④ 2025년

⑤ 2026년

※ 다음 명제가 참일 때, 빈칸에 들어갈 명제로 가장 적절한 것을 고르시오. [1~3]

01

> •전제1. 스테이크를 먹는 사람은 지갑이 없다.
> •전제2. _____
> •결론.   지갑이 있는 사람은 쿠폰을 받는다.

① 스테이크를 먹는 사람은 쿠폰을 받지 않는다.

② 스테이크를 먹지 않는 사람은 쿠폰을 받는다.

③ 쿠폰을 받는 사람은 지갑이 없다.

④ 지갑이 없는 사람은 쿠폰을 받지 않는다.

⑤ 지갑이 없는 사람은 스테이크를 먹지 않는다.

02

> •전제1. 광물은 매우 규칙적인 원자 배열을 가지고 있다.
> •전제2. 다이아몬드는 광물이다.
> •결론. _____

① 다이아몬드는 매우 규칙적인 원자 배열을 가지고 있다.

② 광물이 아니면 규칙적인 원자 배열을 가지고 있지 않다.

③ 다이아몬드가 아니면 광물이 아니다.

④ 광물이 아니면 다이아몬드이다.

⑤ 광물은 다이아몬드이다.

03

> •전제1. 음악을 좋아하는 사람은 상상력이 풍부하다.
> •전제2. 음악을 좋아하지 않는 사람은 노란색을 좋아하지 않는다.
> •결론. _____

① 노란색을 좋아하지 않는 사람은 음악을 좋아한다.

② 음악을 좋아하지 않는 사람은 상상력이 풍부하지 않다.

③ 상상력이 풍부한 사람은 노란색을 좋아하지 않는다.

④ 노란색을 좋아하는 사람은 상상력이 풍부하다.

⑤ 상상력이 풍부하지 않은 사람은 음악을 좋아한다.

04 A~D 네 사람만 참여한 달리기 시합에서 동순위 없이 순위가 완전히 결정되었고, A, B, C는 각자 다음과 같이 진술하였다. 이들의 진술이 자신보다 낮은 순위의 사람에 대한 진술이라면 참이고, 높은 순위의 사람에 대한 진술이라면 거짓이라고 할 때, 항상 참인 것은?

> • A : C는 1위이거나 2위이다.
> • B : D는 3위이거나 4위이다.
> • C : D는 2위이다.

① A는 1위이다.
② B는 2위이다.
③ D는 4위이다.
④ A가 B보다 순위가 높다.
⑤ C가 D보다 순위가 높다.

05 낮 12시경 준표네 집에 도둑이 들었다. 목격자에 의하면 도둑은 1명이다. 이 사건의 용의자로는 A~E 5명이 있고, 다음에는 이들의 진술 내용이 기록되어 있다. 5명 중 오직 2명만이 거짓말을 하고 있으며 거짓말을 하는 2명 중 1명이 범인이라면, 누가 범인인가?

> • A : 나는 사건이 일어난 낮 12시에 학교에 있었어.
> • B : 그날 낮 12시에 나는 A, C와 함께 있었어.
> • C : B는 그날 낮 12시에 A와 부산에 있었어.
> • D : B의 진술은 참이야.
> • E : C는 그날 낮 12시에 나와 단둘이 있었어.

① A
② B
③ C
④ D
⑤ E

06 A ~ D는 취미로 꽃꽂이, 댄스, 축구, 농구 중에 한 가지 활동을 한다. 취미는 서로 겹치지 않으며, 모든 사람은 취미 활동을 한다. 다음 〈조건〉에 따라 항상 참인 것을 고르면?

> **조건**
> • A는 축구와 농구 중에 한 가지 활동을 한다.
> • B는 꽃꽂이와 축구 중에 한 가지 활동을 한다.
> • C의 취미는 꽃꽂이를 하는 것이다.

① B는 축구 활동을, D는 농구 활동을 한다.
② A는 농구 활동을, D는 댄스 활동을 한다.
③ A는 댄스 활동을, B는 축구 활동을 한다.
④ B는 축구 활동을 하지 않으며, D는 댄스 활동을 한다.
⑤ A는 농구 활동을 하지 않으며, D는 댄스 활동을 하지 않는다.

07 S사는 자율출퇴근제를 시행하고 있다. 출근시간은 12시 이전에 자유롭게 할 수 있으며 본인 업무를 마치면 바로 퇴근한다. 다음 1월 28일의 업무에 대한 일지를 고려하였을 때, 항상 참인 것은?

> • 점심시간은 12시부터 1시까지이며, 점심시간에는 업무를 하지 않는다.
> • 업무 1개당 1시간이 소요되며, 출근하자마자 업무를 시작하여 쉬는 시간 없이 근무한다.
> • S사에 근무 중인 K팀의 A ~ D는 1월 28일에 전원 출근했다.
> • A와 B는 오전 10시에 출근했다.
> • B와 D는 오후 3시에 퇴근했다.
> • C는 K팀에서 업무가 가장 적어 가장 늦게 출근하고 가장 빨리 퇴근했다.
> • D는 B보다 업무가 1개 더 많았다.
> • A는 C보다 업무가 3개 더 많았고, K팀에서 가장 늦게 퇴근했다.
> • 이날 K팀은 가장 늦게 출근한 사람과 가장 늦게 퇴근한 사람을 기준으로, 오전 11시에 모두 출근하였으며 오후 4시에 모두 퇴근한 것으로 보고되었다.

① A는 4개의 업무를 하고 퇴근했다.
② B의 업무는 A의 업무보다 많았다.
③ C는 오후 2시에 퇴근했다.
④ A와 B는 K팀에서 가장 빨리 출근했다.
⑤ 업무를 마친 C가 D의 업무 중 1개를 대신 했다면 D와 같이 퇴근할 수 있었다.

08 A ~ F는 경기장에서 배드민턴 시합을 하기로 하였다. 경기장에 도착하는 순서대로 다음과 같은 토너먼트 배치표의 1 ~ 6에 한 사람씩 배치한 후 모두 도착하면 토너먼트 경기를 하기로 하였다. 제시된 〈조건〉에 따라 항상 거짓인 것을 고르면?

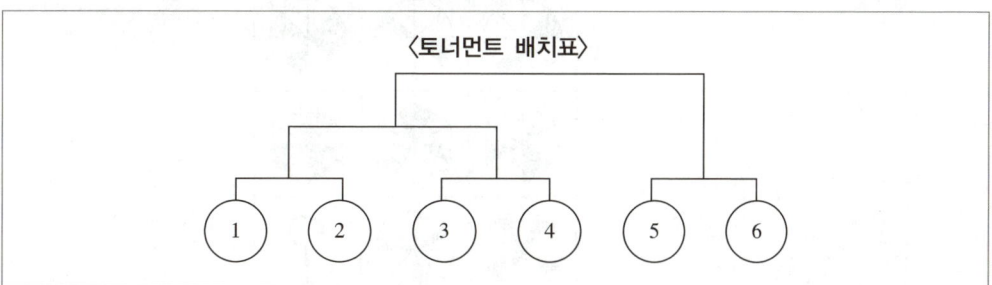

〈토너먼트 배치표〉

조건

- C는 A 바로 뒤에 도착하였다.
- F는 마지막으로 도착하였다.
- E는 D보다 먼저 도착하였다.
- B는 두 번째로 도착하였다.
- D는 C보다 먼저 도착하였다.

① E는 가장 먼저 경기장에 도착하였다.
② B는 최대 3번까지 경기를 하게 된다.
③ A는 최대 2번까지 경기를 하게 된다.
④ C는 다섯 번째로 도착하여 최대 2번까지 경기를 하게 된다.
⑤ D는 첫 번째 경기에서 A와 승부를 겨룬다.

※ 다음 도형의 규칙을 보고 물음표에 들어갈 도형으로 알맞은 것을 고르시오. [9~10]

09

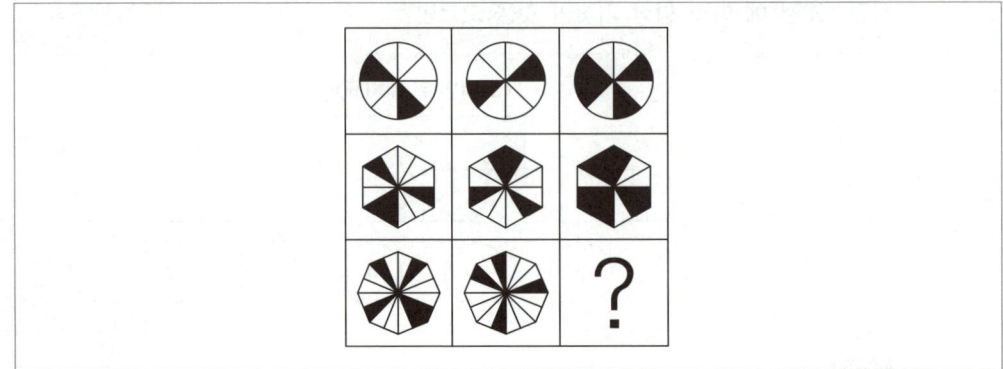

①

②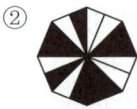

③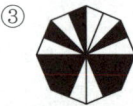

④

⑤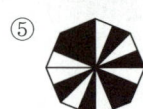

10

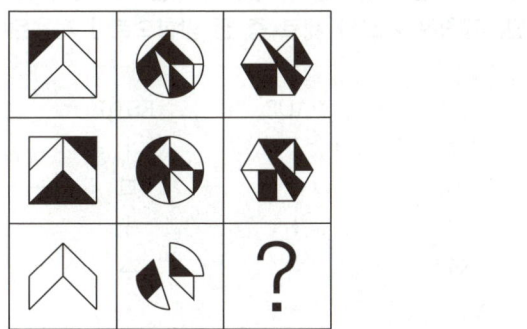

①

②

③

④

⑤

※ 다음 도식에서 기호들은 일정한 규칙에 따라 문자를 변화시킨다. 물음표에 들어갈 문자로 알맞은 것을 고르시오(단, 규칙은 가로와 세로 중 한 방향으로만 적용된다). **[11~14]**

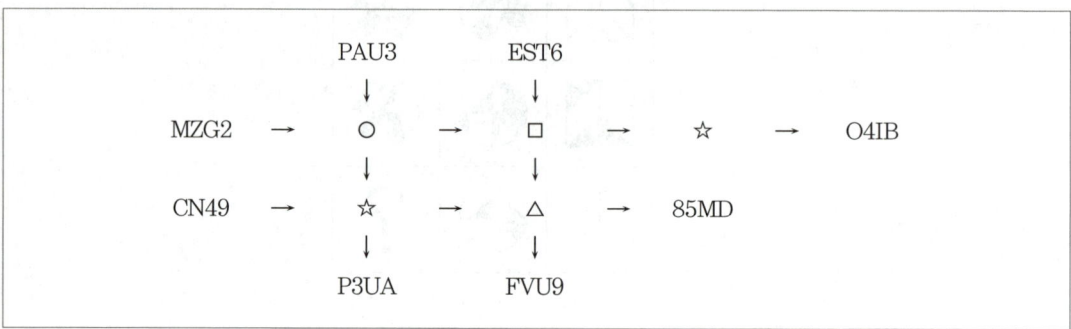

11

| JLMP → ○ → □ → ? |

① NORL

② LNOK

③ RONL

④ MPQM

⑤ ONKK

12

| DRFT → □ → ☆ → ? |

① THVF

② EUGW

③ SGQE

④ VHTF

⑤ DTFR

13

$$8TK1 \rightarrow \triangle \rightarrow \bigcirc \rightarrow ?$$

① 81KT
② 9WL4
③ UJ27
④ KT81
⑤ 0LS9

14

$$F752 \rightarrow \star \rightarrow \square \rightarrow \triangle \rightarrow ?$$

① 348E
② 57F2
③ 974H
④ 388I
⑤ 663E

※ 다음 문단을 논리적 순서대로 바르게 나열한 것을 고르시오. [15~17]

15

(가) 상품의 가격은 기본적으로 수요와 공급의 힘으로 결정된다. 시장에 참여하고 있는 경제 주체들은 자신이 가진 정보를 기초로 하여 수요와 공급을 결정한다.

(나) 이런 경우에는 상품의 가격이 우리의 상식으로는 도저히 이해하기 힘든 수준까지 일시적으로 뛰어오르는 현상이 나타날 가능성이 있다. 이런 현상은 특히 투기의 대상이 되는 자산의 경우 자주 나타나는데, 우리는 이를 '거품 현상'이라고 부른다.

(다) 그러나 현실에서는 사람들이 서로 다른 정보를 갖고 시장에 참여하는 경우가 많다. 어떤 사람은 특정한 정보를 갖고 있는데 거래 상대방은 그 정보를 갖고 있지 못한 경우도 있다.

(라) 일반적으로 거품 현상이란 것은 어떤 상품 – 특히 자산 – 의 가격이 지속해서 급격히 상승하는 현상을 가리킨다. 이와 같은 지속적인 가격 상승이 일어나는 이유는 애초에 발생한 가격 상승이 추가적인 가격 상승의 기대로 이어져 투기 바람이 형성되기 때문이다.

(마) 이들이 똑같은 정보를 함께 갖고 있으며 이 정보가 아주 틀린 것이 아닌 한, 상품의 가격은 어떤 기본적인 수준에서 크게 벗어나지 않을 것이라고 예상할 수 있다.

① (가) – (다) – (나) – (라) – (마)   ② (가) – (마) – (다) – (나) – (라)
③ (라) – (가) – (다) – (나) – (마)   ④ (라) – (다) – (가) – (나) – (마)
⑤ (마) – (가) – (다) – (라) – (나)

16

(가) 오히려 클레나 몬드리안의 작품을 우리 조각보의 멋에 비견되는 것으로 보아야 할 것이다. 조각보는 몬드리안이나 클레의 작품보다 100여 년 이상 앞서 제작된 공간 구성미를 가진 작품이며, 시대적으로 앞설 뿐 아니라 평범한 여성들의 일상에서 시작되었다는 점 그리고 정형화되지 않은 색채감과 구성미로 독특한 예술성을 지닌다는 점에서 차별화된 가치를 지닌다.

(나) 조각보는 일상생활에서 쓰다 남은 자투리 천을 이어서 만든 것으로, 옛 서민들의 절약 정신과 소박한 미의식을 보여준다. 조각보의 색채와 공간구성 면은 공간 분할의 추상화가로 유명한 클레(Paul Klee)나 몬드리안(Peit Mondrian)의 작품과 비견되곤 한다. 그만큼 아름답고 훌륭한 조형미를 지녔다는 의미이기도 하지만 일견 돌이켜 보면 이것은 잘못된 비교이다.

(다) 기하학적 추상을 표방했던 몬드리안의 작품보다 세련된 색상 배치로 각 색상이 가진 느낌을 살렸으며, 동양적 정서가 담긴 '오방색'이라는 원색을 통해 강렬한 추상성을 지닌다. 또한 조각보를 만드는 과정과 그 작업의 내면에 가족의 건강과 행복을 기원하는 마음이 담겨 있어 단순한 오브제이기 이전에 기복신앙적인 부분이 있다. 조각보가 아름답게 느껴지는 이유는 이처럼 일상 속에서 삶과 예술을 함께 담았기 때문일 것이다.

① (가) – (나) – (다)   ② (나) – (가) – (다)
③ (나) – (다) – (가)   ④ (다) – (가) – (나)
⑤ (다) – (나) – (가)

17

(가) 개념사를 역사학의 한 분과로 발전시킨 독일의 역사학자 코젤렉은 '개념은 실재의 지표이자 요소'라고 하였다. 이 말은 실타래처럼 얽혀 있는 개념과 정치·사회적 실재, 개념과 역사적 실재의 관계를 정리하기 위한 중요한 지침으로 작용한다. 그에 의하면 개념은 정치적 사건이나 사회적 변화 등의 실재를 반영하는 거울인 동시에 정치·사회적 사건과 변화의 실제적 요소이다.

(나) 개념은 정치적 사건과 사회적 변화 등에 직접 관련되어 있거나 그것을 기록, 해석하는 다양한 주체들에 의해 사용된다. 이러한 주체들, 즉 '역사 행위자'들이 사용하는 개념은 여러 의미가 포개어진 층을 이룬다. 개념사에서는 사회·역사적 현실과 관련하여 이러한 층들을 파헤치면서 개념이 어떻게 사용되어 왔는가, 이 과정에서 그 의미가 어떻게 변화했는가, 어떤 함의들이 거기에 투영되었는가, 그 개념이 어떠한 방식으로 작동했는가 등에 대해 탐구한다.

(다) 이상에서 보듯이 개념사에서는 개념과 실재를 대조하고 과거와 현재의 개념을 대조함으로써, 그 개념이 대응하는 실재를 정확히 드러내고 있는가, 아니면 실재의 이해를 방해하고 더 나아가 왜곡하는가를 탐구한다. 이를 통해 코젤렉은 과거에 대한 '단 하나의 올바른 묘사'를 주장하는 근대 역사학의 방법을 비판하고, 과거의 역사 행위자가 구성한 역사적 실재와 현재 역사가가 만든 역사적 실재를 의미있게 소통시키고자 했다.

(라) 사람들이 '자유', '민주', '평화' 등과 같은 개념들을 사용할 때, 그 개념이 서로 같은 의미를 갖는 것은 아니다. '자유'의 경우, '구속받지 않는 상태'를 강조하는 개념으로 쓰이는가 하면, '자발성'이나 '적극적인 참여'를 강조하는 개념으로 쓰이기도 한다. 이러한 정의와 해석의 차이로 인해 개념에 대한 논란과 논쟁이 늘 있어 왔다. 바로 이러한 현상에 주목하여 출현한 것이 코젤렉의 '개념사'이다.

(마) 또한 개념사에서는 '무엇을 이야기 하는가.'보다는 '어떤 개념을 사용하면서 그것을 이야기하는가.'에 관심을 갖는다. 개념사에서는 과거의 역사 행위자가 자신이 경험한 '현재'를 서술할 때 사용한 개념과 오늘날의 입장에서 '과거'의 역사 서술을 이해하기 위해 사용한 개념의 차이를 밝힌다. 그리고 과거의 역사를 현재의 역사로 번역하면서 양자가 어떻게 수렴될 수 있는가를 밝히는 절차를 밟는다.

① (가) – (나) – (다) – (라) – (마)
② (라) – (가) – (나) – (마) – (다)
③ (라) – (나) – (가) – (다) – (마)
④ (마) – (나) – (가) – (다) – (라)
⑤ (마) – (라) – (나) – (다) – (가)

18 다음 글을 읽고 추론한 내용으로 가장 적절한 것은?

두뇌 연구는 지금까지 뉴런을 중심으로 진행되어 왔다. 뉴런 연구로 노벨상을 받은 카얄은 뉴런이 '생각의 전화선'이라는 이론을 확립하여 사고와 기억 등 두뇌에서 일어나는 모든 현상을 뉴런의 연결망과 뉴런 간의 전기 신호로 설명했다. 그러나 두뇌에는 뉴런 외에도 신경교 세포가 존재한다. 신경교 세포는 뉴런처럼 그 수가 많지만 전기 신호를 전달하지 못한다. 이 때문에 과학자들은 신경교 세포가 단지 두뇌 유지에 필요한 영양 공급과 두뇌 보호를 위한 전기 절연의 역할만을 가진다고 여겼다.

최근 과학자들은 신경교 세포에서 그 이상의 기능을 발견했다. 신경교 세포 중에도 '성상세포'라 불리는 별 모양의 세포는 자신만의 화학적 신호를 가진다는 것이 밝혀졌다. 성상세포는 뉴런처럼 전기를 이용하지는 않지만, '뉴런송신기'라고 불리는 화학물질을 방출하고 감지한다. 과학자들은 이러한 화학적 신호의 연쇄반응을 통해 신경교 세포가 전체 뉴런을 조정한다고 추론했다.

A연구팀은 신경교 세포가 전체 뉴런을 조정하면서 기억력과 사고력을 향상시킨다고 예상하고서, 이를 확인하기 위해 인간의 신경교 세포를 갓 태어난 생쥐의 두뇌에 주입했다. 쥐가 자라면서 주입된 인간의 신경교 세포도 성장했다. 이 세포들은 쥐의 뉴런들과 완벽하게 결합되어 쥐의 두뇌 전체에 걸쳐 퍼지게 되었다. 심지어 어느 두뇌 영역에서는 쥐의 뉴런의 숫자를 능가하기도 했다. 뉴런과 달리 쥐와 인간의 신경교 세포는 비교적 쉽게 구별된다. 인간의 신경교 세포는 매우 길고 무성한 섬유질을 가지기 때문이다. 쥐에 주입된 인간의 신경교 세포는 그 기능을 그대로 간직한다. 그렇게 성장한 쥐들은 다른 쥐들과 잘 어울렸고, 다른 쥐들의 관심을 끄는 것에 흥미를 보였다. 이 쥐들은 미로를 통과해 치즈를 찾는 테스트에서 더 뛰어났다. 보통의 쥐들은 네다섯 번의 시도 끝에 올바른 길을 배웠지만, 인간의 신경교 세포를 주입받은 쥐들은 두 번 만에 학습했다.

① 인간의 신경교 세포를 쥐에게 주입하면, 쥐의 뉴런은 전기 신호를 전달하지 못할 것이다.
② 인간의 뉴런 세포를 쥐에게 주입하면, 쥐의 두뇌에는 화학적 신호의 연쇄 반응이 더 활발해질 것이다.
③ 인간의 뉴런 세포를 쥐에게 주입하면, 그 뉴런 세포는 쥐의 두뇌 유지에 필요한 영양을 공급할 것이다.
④ 인간의 신경교 세포를 쥐에게 주입하면, 그 신경교 세포는 쥐의 뉴런을 보다 효과적으로 조정할 것이다.
⑤ 인간의 신경교 세포를 쥐에게 주입하면, 그 신경교 세포는 쥐의 신경교 세포의 기능을 갖도록 변화할 것이다.

19 다음 글을 읽고 추론한 내용으로 적절하지 않은 것은?

태양 빛은 흰색으로 보이지만 실제로는 다양한 파장의 가시광선이 혼합되어 나타난 것이다. 프리즘을 통과시키면 흰색 가시광선은 파장에 따라 붉은빛부터 보랏빛까지의 무지갯빛으로 분해된다. 가시광선의 파장 범위는 390 ~ 780nm* 정도인데 보랏빛이 가장 짧고 붉은빛이 가장 길다. 빛의 진동수는 파장과 반비례하므로 진동수는 보랏빛이 가장 크고 붉은빛이 가장 작다. 태양 빛이 대기층에 입사하여 산소나 질소 분자와 같은 공기 입자(직경 0.1 ~ 1nm 정도), 먼지 미립자, 에어로졸**(직경 1 ~ 100,000nm 정도) 등과 부딪치면 여러 방향으로 흩어지는데 이러한 현상을 산란이라 한다.

산란은 입자의 직경과 빛의 파장에 따라 '레일리(Rayleigh) 산란'과 '미(Mie) 산란'으로 구분된다. 레일리 산란은 입자의 직경이 파장의 1/10보다 작을 경우에 일어나는 산란을 말하는데 그 세기는 파장의 네제곱에 반비례한다. 대기의 공기 입자는 직경이 매우 작아 가시광선 중 파장이 짧은 빛을 주로 산란시키며, 파장이 짧을수록 산란의 세기가 강하다. 따라서 맑은 날에는 주로 공기 입자에 의한 레일리 산란이 일어나서 보랏빛이나 파란빛이 강하게 산란되는 반면 붉은빛이나 노란빛은 약하게 산란된다. 산란되는 세기로는 보랏빛이 가장 강하겠지만, 우리 눈은 보랏빛보다 파란빛을 더 잘 감지하기 때문에 하늘은 파랗게 보이는 것이다. 만약 태양 빛이 공기 입자보다 큰 입자에 의해 레일리 산란이 일어나면 공기 입자만으로는 산란이 잘되지 않던 긴 파장의 빛까지 산란되어 하늘의 파란빛은 상대적으로 옅어진다.

미 산란은 입자의 직경이 파장의 1/10보다 큰 경우에 일어나는 산란을 말하는데 주로 에어로졸이나 구름 입자 등에 의해 일어난다. 이때 산란의 세기는 파장이나 입자 크기에 따른 차이가 거의 없다. 구름이 흰색으로 보이는 것은 미 산란으로 설명된다. 구름 입자(직경 20,000nm 정도)처럼 입자의 직경이 가시광선의 파장보다 매우 큰 경우에는 모든 파장의 빛이 고루 산란된다. 이 산란된 빛이 동시에 우리 눈에 들어오면 모든 무지갯빛이 혼합되어 구름이 하얗게 보인다. 이처럼 대기가 없는 달과 달리 지구는 산란 효과에 의해 파란 하늘과 흰 구름을 볼 수 있다.

*nm(나노미터) : 물리학적 계량 단위($1nm = 10^{-9}m$)
**에어로졸 : 대기에 분산된 고체 또는 액체 입자

① 가시광선의 파란빛은 보랏빛보다 진동수가 작다.
② 프리즘으로 분해한 태양 빛을 다시 모으면 흰색이 된다.
③ 파란빛은 가시광선 중에서 레일리 산란의 세기가 가장 크다.
④ 빛의 진동수가 2배가 되면 레일리 산란의 세기는 16배가 된다.
⑤ 달의 하늘에서는 공기 입자에 의한 태양 빛의 산란이 일어나지 않는다.

헤로도토스의 앤드로파기(식인종)나 신화나 전설적 존재들인 반인반양, 켄타우루스, 미노타우로스 등은 아무래도 역사적인 구체성이 크게 결여된 편이다. 반면에 르네상스의 야만인 담론에 등장하는 야만인들은 서구의 전통 야만인관에 의해 각색되었지만, 이전과는 달리 현실적 구체성을 띠고 나타난다. 하지만 이때도 문명의 시각이 작동하여 야만인이 저질 인간으로 인식되는 것은 마찬가지이다. 다만 이런 인식이 서구 중심의 세계체제 형성과 관련을 맺는다는 점이 이전과의 차이점이다. 르네상스 야만인상은 서구인의 문명건설 과업과 관련하여 만들어진 것이다. '신대륙 발견'과 더불어 '문명'과 '야만'의 접촉이 빈번해지자 야만인은 더는 신화적 · 상징적 · 문화적 이해 대상이 아니다. 이제 그는 실제 경험의 대상으로서 서구인의 일상생활에까지 모습을 드러내는 존재이다.

특히 주목해야 할 점은 콜럼버스의 '신대륙 발견' 이후로 야만인 담론은 유럽인이 '발견'한 지역의 원주민들과 집단으로 직접 만나는 실제 체험과 관련되어 있다는 사실이다. 르네상스 이전이라고 해서 이방의 원주민들을 만나지 않았을 리 없겠지만 그때에는 원주민에 관한 정보가 직접 경험에 의한 것이라기보다는 뜬소문에 근거하거나 아니면 순전히 상상의 산물인 경우가 많았다. 반면에 르네상스 시대 야만인은 그냥 원주민이 아니다. 이때 원주민은 식인종이며 바로 이 점 때문에 문명인의 교화를 받거나 정복과 절멸의 대상이 된다. 이 점은 코르테스가 정복한 아스테카 제국인 멕시코를 생각하면 쉽게 이해할 수 있다.

멕시코는 당시 거대한 제국으로서 유럽에서도 유례를 찾아보기 힘들 정도로 인구 25만의 거대한 도시를 건설한 '문명국'이었다. 하지만 멕시코 정벌에 참여한 베르날 디아즈는 나중에 이 경험을 토대로 한 회고록 『뉴 스페인 정복사』에서 멕시코 원주민들을 지독한 식인습관을 가진 것으로 매도한다. 멕시코 원주민들이 식인종으로 규정되고 나면 그들이 아무리 스페인 정복군이 눈이 휘둥그레질 정도로 발달된 문화를 가지고 있어도 소용이 없다. 그들은 집단으로 '식인 야만인'으로 규정됨으로써 정복의 대상이 되고 또 이로 말미암아 세계사의 흐름에 큰 변화가 오게 된다. 거대한 대륙의 주인이 바뀌는 것이다.

① 고대에 형성된 야만인 이미지들은 경험에 의한 것이기보다 허구의 산물이었다.
② 르네상스 이후 서구인의 야만인 담론은 전통적인 야만인관과 단절을 이루었다.
③ 르네상스 이후 야만인은 서구의 세계제패 전략의 관점에서 인식되고 평가되었다.
④ 스페인 정복군에 의한 아스테카 문명의 정복은 서구 야만인 담론을 통해 합리화되었다.
⑤ 콜럼버스 신대륙 발견 이후 야만인은 문명에 의해 교화되거나 정복되어야 할 잔인한 존재로 매도되었다.

PART 2

대표기출유형

CHAPTER 01
수리

합격 CHEAT KEY

GSAT의 수리 영역은 크게 응용수리와 자료해석으로 나눌 수 있다. 응용수리는 주로 수의 관계(약수와 배수, 소수, 합성수, 인수분해, 최대공약수 / 최소공배수 등)를 이용하는 기초적인 계산 문제, 방정식과 부등식을 수립(날짜 / 요일 / 시간, 시간 / 거리 / 속도, 나이 / 수량, 원가 / 정가, 일 / 일률, 농도, 비율 등) 하여 미지수를 계산하는 응용계산 문제, 경우의 수와 확률을 구하는 문제 등이 출제된다. 자료해석은 제시된 표를 이용하여 그래프로 변환하거나 자료를 해석하는 문제, 자료의 추이를 파악하여 빈칸을 찾는 문제 등이 출제된다. 출제 비중은 응용수리 2문제(10%), 자료해석 18문제(90%)가 출제되며, 30분 내에 20문항을 해결해야 한다.

---

01 응용수리

수의 관계에 대해 알고 그것을 응용하여 계산할 수 있는지, 그리고 미지수를 구하기 위해 필요한 계산식을 세울 수 있는지를 평가하는 유형이다. 최근에는 단순하게 계산하는 문제가 아닌 두세 단계의 풀이 과정을 거쳐서 답을 도출하는 문제가 출제되고 있으므로 기초적인 유형을 정확하게 알고, 이를 활용하는 연습을 해야 한다.

┤ 학습 포인트 ├
- 문제풀이 시간 확보가 관건이므로 이 유형에서 점수를 따기 위해서는 다양한 문제를 최대한 많이 풀어보는 수밖에 없다.
- 고등학교 시절을 생각하며 오답노트를 만드는 것도 좋은 방법이 될 수 있다.

02 자료해석

표나 그래프 등 주어진 자료를 보고 필요한 정보를 빠르게 찾아 해석할 수 있는지를 평가하는 유형이다. 자료계산, 자료해석은 다른 기업의 인적성에도 흔히 출제되는 유형이지만, 규칙적인 변화 추이를 파악해서 미래를 예측하고, 자료의 적절한 값을 구하는 문제는 GSAT에서만 출제되는 특이한 유형이므로 익숙해지도록 연습해야 한다.

│ 학습 포인트 │

- 표, 꺾은선 그래프, 막대 그래프, 원 그래프 등 다양한 형태의 자료를 눈에 익힌다. 그래야 실제 시험에서 자료가 제시되었을 때 중점을 두고 파악해야 할 부분이 더욱 선명하게 보일 것이다.
- 자료해석 유형의 문제는 제시되는 정보의 양이 매우 많으므로 시간을 절약하기 위해서는 문제를 읽은 후 바로 자료 분석에 들어가는 것보다는, 선택지를 먼저 읽고 필요한 정보만 추출하여 답을 찾는 것이 좋다.

01 응용수리

1. 수의 관계

(1) 약수와 배수

a가 b로 나누어떨어질 때, a는 b의 배수, b는 a의 약수

(2) 소수

1과 자기 자신만을 약수로 갖는 수. 즉, 약수의 개수가 2개인 수

(3) 합성수

1과 자신 이외의 수를 약수로 갖는 수. 즉, 소수가 아닌 수 또는 약수의 개수가 3개 이상인 수

(4) 최대공약수

2개 이상의 자연수의 공통된 약수 중에서 가장 큰 수

(5) 최소공배수

2개 이상의 자연수의 공통된 배수 중에서 가장 작은 수

(6) 서로소

1 이외에 공약수를 갖지 않는 두 자연수. 즉, 최대공약수가 1인 두 자연수

(7) 소인수분해

주어진 합성수를 소수의 거듭제곱의 형태로 나타내는 것

(8) 약수의 개수

자연수 $N = a^m \times b^n$에 대하여, N의 약수의 개수는 $(m+1) \times (n+1)$개

(9) 최대공약수와 최소공배수의 관계

두 자연수 A, B에 대하여, 최소공배수와 최대공약수를 각각 L, G라고 하면 A×B=L×G가 성립한다.

2. 방정식의 활용

(1) 날짜 · 요일 · 시계

① 날짜 · 요일

㉠ 1일＝24시간＝1,440분＝86,400초

㉡ 날짜 · 요일 관련 문제는 대부분 나머지를 이용해 계산한다.

② 시계

㉠ 시침이 1시간 동안 이동하는 각도 : 30°

㉡ 시침이 1분 동안 이동하는 각도 : 0.5°

㉢ 분침이 1분 동안 이동하는 각도 : 6°

(2) 거리 · 속력 · 시간

① (거리)＝(속력)×(시간)

㉠ 기차가 터널을 통과하거나 다리를 지나가는 경우

• (기차가 움직인 거리)＝(기차의 길이)＋(터널 또는 다리의 길이)

㉡ 두 사람이 반대 방향 또는 같은 방향으로 움직이는 경우

• (두 사람 사이의 거리)＝(두 사람이 움직인 거리의 합 또는 차)

② $(속력)=\dfrac{(거리)}{(시간)}$

㉠ 흐르는 물에서 배를 타는 경우

• (하류로 내려갈 때의 속력)＝(배 자체의 속력)＋(물의 속력)

• (상류로 올라갈 때의 속력)＝(배 자체의 속력)－(물의 속력)

③ $(시간)=\dfrac{(거리)}{(속력)}$

(3) 나이 · 인원 · 개수

구하고자 하는 것을 미지수로 놓고 식을 세운다. 동물의 경우 다리의 개수에 유의해야 한다.

(4) 원가 · 정가

① (정가)＝(원가)＋(이익), (이익)＝(정가)－(원가)

② $(a\,원에서\ b\%\ 할인한\ 가격)=a\times\left(1-\dfrac{b}{100}\right)$

(5) 일률 · 톱니바퀴

① 일률

전체 일의 양을 1로 놓고, 시간 동안 한 일의 양을 미지수로 놓고 식을 세운다.

- $(일률) = \dfrac{(작업량)}{(작업기간)}$

- $(작업기간) = \dfrac{(작업량)}{(일률)}$

- $(작업량) = (일률) \times (작업기간)$

② 톱니바퀴

(톱니 수) × (회전수) = (총 맞물린 톱니 수)

즉, A, B 두 톱니에 대하여, (A의 톱니 수) × (A의 회전수) = (B의 톱니 수) × (B의 회전수)가 성립한다.

(6) 농도

① $(농도) = \dfrac{(용질의 양)}{(용액의 양)} \times 100$

② $(용질의 양) = \dfrac{(농도)}{100} \times (용액의 양)$

(7) 수 I

① 연속하는 세 자연수 : $x-1, \ x, \ x+1$

② 연속하는 세 짝수(홀수) : $x-2, \ x, \ x+2$

(8) 수 II

① 십의 자릿수가 x, 일의 자릿수가 y인 두 자리 자연수 : $10x+y$

　　이 수에 대해, 십의 자리와 일의 자리를 바꾼 수 : $10y+x$

② 백의 자릿수가 x, 십의 자릿수가 y, 일의 자릿수가 z인 세 자리 자연수 : $100x+10y+z$

(9) 증가 · 감소

① x가 $a\%$ 증가 : $\left(1+\dfrac{a}{100}\right)x$

② y가 $b\%$ 감소 : $\left(1-\dfrac{b}{100}\right)y$

3. 경우의 수·확률

(1) 경우의 수

① **경우의 수** : 어떤 사건이 일어날 수 있는 모든 가짓수

② **합의 법칙**

    ㉠ 두 사건 A, B가 동시에 일어나지 않을 때, A가 일어나는 경우의 수를 m, B가 일어나는 경우의 수를 n이라고 하면, 사건 A 또는 B가 일어나는 경우의 수는 $m+n$이다.

    ㉡ '또는', '~이거나'라는 말이 나오면 합의 법칙을 사용한다.

③ **곱의 법칙**

    ㉠ A가 일어나는 경우의 수를 m, B가 일어나는 경우의 수를 n이라고 하면, 사건 A와 B가 동시에 일어나는 경우의 수는 $m \times n$이다.

    ㉡ '그리고', '동시에'라는 말이 나오면 곱의 법칙을 사용한다.

④ **여러 가지 경우의 수**

    ㉠ 동전 n개를 던졌을 때, 경우의 수 : 2^n

    ㉡ 주사위 m개를 던졌을 때, 경우의 수 : 6^m

    ㉢ 동전 n개와 주사위 m개를 던졌을 때, 경우의 수 : $2^n \times 6^m$

    ㉣ n명을 한 줄로 세우는 경우의 수 : $n! = n \times (n-1) \times (n-2) \times \cdots \times 2 \times 1$

    ㉤ n명 중, m명을 뽑아 한 줄로 세우는 경우의 수 : $_n\mathrm{P}_m = n \times (n-1) \times \cdots \times (n-m+1)$

    ㉥ n명을 한 줄로 세울 때, m명을 이웃하여 세우는 경우의 수 : $(n-m+1)! \times m!$

    ㉦ 0이 아닌 서로 다른 한 자리 숫자가 적힌 n장의 카드에서, m장을 뽑아 만들 수 있는 m자리 정수의 개수 : $_n\mathrm{P}_m$

    ㉧ 0을 포함한 서로 다른 한 자리 숫자가 적힌 n장의 카드에서, m장을 뽑아 만들 수 있는 m자리 정수의 개수 : $(n-1) \times {}_{n-1}\mathrm{P}_{m-1}$

    ㉨ n명 중, 자격이 다른 m명을 뽑는 경우의 수 : $_n\mathrm{P}_m$

    ㉩ n명 중, 자격이 같은 m명을 뽑는 경우의 수 : $_n\mathrm{C}_m = \dfrac{_n\mathrm{P}_m}{m!}$

    ㉪ 원형 모양의 탁자에 n명을 앉히는 경우의 수 : $(n-1)!$

⑤ **최단 거리 문제** : A에서 B 사이에 P가 주어져있다면, A와 P의 최단 거리, B와 P의 최단 거리를 각각 구하여 곱한다.

(2) 확률

① (사건 A가 일어날 확률) = $\dfrac{(\text{사건 A가 일어나는 경우의 수})}{(\text{모든 경우의 수})}$

② 여사건의 확률

    ㉠ 사건 A가 일어날 확률이 p일 때, 사건 A가 일어나지 않을 확률은 $(1-p)$이다.

    ㉡ '적어도'라는 말이 나오면 주로 사용한다.

③ 확률의 계산

    ㉠ 확률의 덧셈

        두 사건 A, B가 동시에 일어나지 않을 때, A가 일어날 확률을 p, B가 일어날 확률을 q라고 하면, 사건 A 또는 B가 일어날 확률은 $p+q$이다.

    ㉡ 확률의 곱셈

        A가 일어날 확률을 p, B가 일어날 확률을 q라고 하면, 사건 A와 B가 동시에 일어날 확률은 $p \times q$이다.

④ 여러 가지 확률

    ㉠ 연속하여 뽑을 때, 꺼낸 것을 다시 넣고 뽑는 경우 : 처음과 나중의 모든 경우의 수는 같다.

    ㉡ 연속하여 뽑을 때, 꺼낸 것을 다시 넣지 않고 뽑는 경우 : 나중의 모든 경우의 수는 처음의 모든 경우의 수보다 1만큼 작다.

    ㉢ (도형에서의 확률) = $\dfrac{(\text{해당하는 부분의 넓이})}{(\text{전체 넓이})}$

02 자료해석

(1) 꺾은선(절선)그래프

① 시간적 추이(시계열 변화)를 표시하는 데 적합하다.
　　예 연도별 매출액 추이 변화 등
② 경과 · 비교 · 분포를 비롯하여 상관관계 등을 나타낼 때 사용한다.

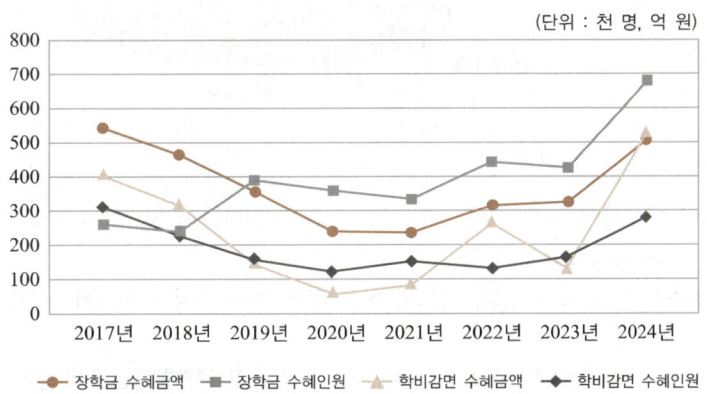

〈중학교 장학금, 학비감면 수혜현황〉

(2) 막대그래프

① 비교하고자 하는 수량을 막대 길이로 표시하고, 그 길이를 비교하여 각 수량 간의 대소 관계를 나타내는 데 적합하다.
　　예 영업소별 매출액, 성적별 인원분포 등
② 가장 간단한 형태로 내역 · 비교 · 경과 · 도수 등을 표시하는 용도로 사용한다.

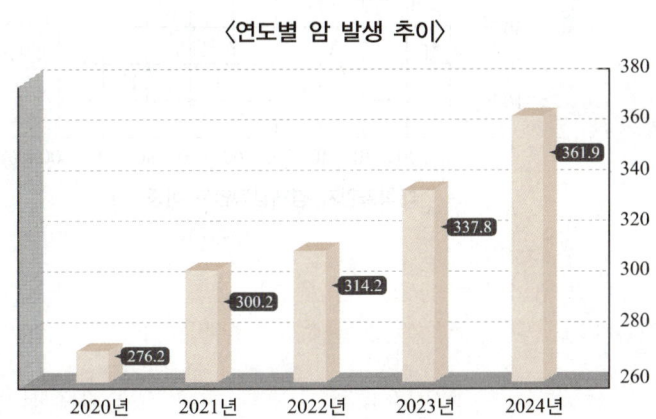

〈연도별 암 발생 추이〉

(3) 원그래프

① 내역이나 내용의 구성비를 분할하여 나타내는 데 적합하다.

㉠ 제품별 매출액 구성비 등

② 원그래프를 정교하게 작성할 때는 수치를 각도로 환산해야 한다.

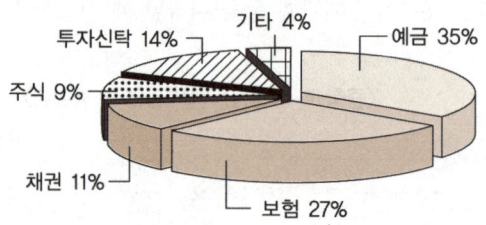

〈C국의 가계 금융자산 구성비〉

(4) 점그래프

① 지역분포를 비롯하여 도시, 지방, 기업, 상품 등의 평가나 위치, 성격을 표시하는 데 적합하다.

㉠ 광고비율과 이익률의 관계 등

② 종축과 횡축에 두 요소를 두고, 보고자 하는 것이 어떤 위치에 있는가를 알고자 할 때 사용한다.

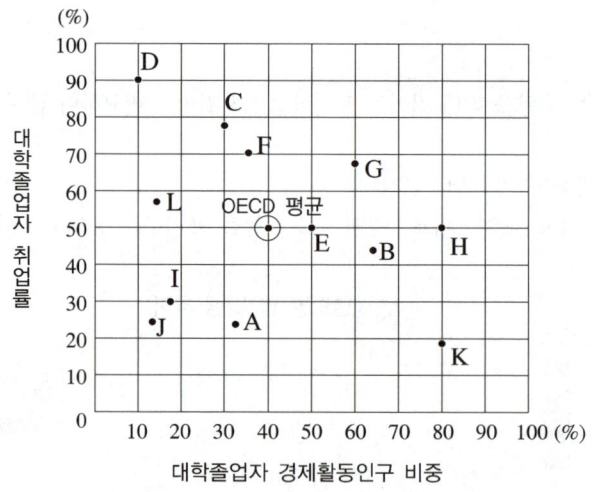

〈OECD 국가의 대학졸업자 취업률 및 경제활동인구 비중〉

(5) 층별그래프

① 합계와 각 부분의 크기를 백분율로 나타내고 시간적 변화를 보는 데 적합하다.

② 합계와 각 부분의 크기를 실수로 나타내고 시간적 변화를 보는 데 적합하다.

　　예 상품별 매출액 추이 등

③ 선의 움직임보다는 선과 선 사이의 크기로써 데이터 변화를 나타내는 그래프이다.

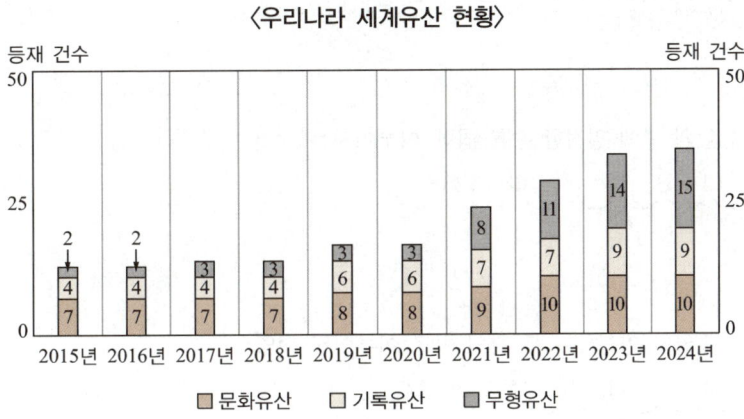

〈우리나라 세계유산 현황〉

(6) 레이더 차트(거미줄그래프)

① 다양한 요소를 비교할 때, 경과를 나타내는 데 적합하다.

　　예 매출액의 계절변동 등

② 비교하는 수량을 직경, 또는 반경으로 나누어 원의 중심에서의 거리에 따라 각 수량의 관계를 나타내는 그래프이다.

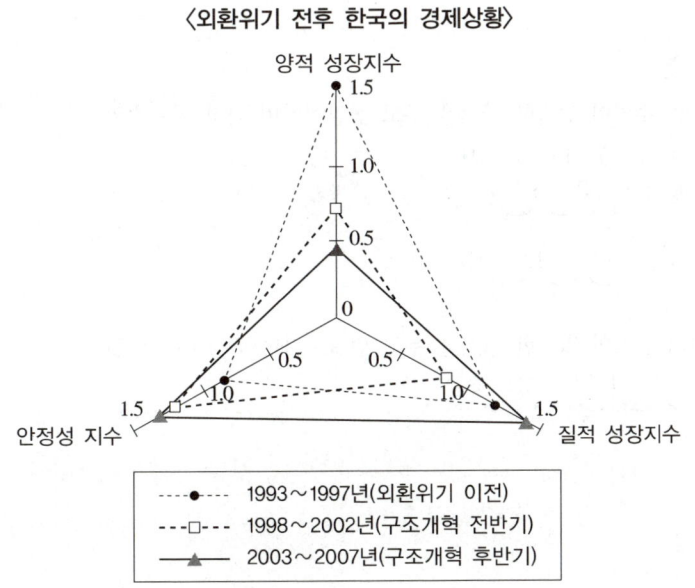

〈외환위기 전후 한국의 경제상황〉

03 자료추론(수추리)

1. 수추리

(1) **등차수열** : 앞의 항에 일정한 수를 더해 이루어지는 수열

(2) **등비수열** : 앞의 항에 일정한 수를 곱해 이루어지는 수열

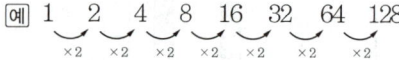

(3) **계차수열** : 수열의 인접하는 두 항의 차로 이루어진 수열

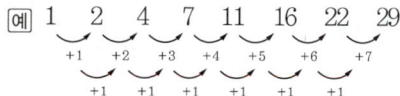

(4) **피보나치수열** : 앞의 두 항의 합이 그 다음 항의 수가 되는 수열

예 1   1 $\underset{1+1}{2}$ $\underset{1+2}{3}$ $\underset{2+3}{5}$ $\underset{3+5}{8}$ $\underset{5+8}{13}$ $\underset{8+13}{21}$

(5) **건너뛰기 수열**
- 두 개 이상의 수열이 일정한 간격을 두고 번갈아가며 나타나는 수열

  예 1   1   3   7   5   13   7   19
  - 홀수 항 : 1   3   5   7
    +2 +2 +2
  - 짝수 항 : 1   7   13   19
    +6 +6 +6

- 두 개 이상의 규칙이 일정한 간격을 두고 번갈아가며 적용되는 수열

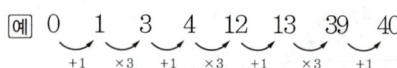

(6) 군수열 : 일정한 규칙성으로 몇 항씩 묶어 나눈 수열

예 •1 1 2 1 2 3 1 2 3 4

⇒ 1 1 2 1 2 3 1 2 3 4

•1 3 4 6 5 11 2 6 8 9 3 12

⇒ 1 3 4 6 5 11 2 6 8 9 3 12

$1+3=4$ $6+5=11$ $2+6=8$ $9+3=12$

•1 3 3 2 4 8 5 6 30 7 2 14

⇒ 1 3 3 2 4 8 5 6 30 7 2 14

$1×3=3$ $2×4=8$ $5×6=30$ $7×2=14$

2. 문자추리

(1) 알파벳, 자음, 한자, 로마자

1	2	3	4	5	6	7	8	9	10	11	12	13	14	15	16	17	18	19	20	21	22	23	24	25	26
A	B	C	D	E	F	G	H	I	J	K	L	M	N	O	P	Q	R	S	T	U	V	W	X	Y	Z
ㄱ	ㄴ	ㄷ	ㄹ	ㅁ	ㅂ	ㅅ	ㅇ	ㅈ	ㅊ	ㅋ	ㅌ	ㅍ	ㅎ												
一	二	三	四	五	六	七	八	九	十																
i	ii	iii	iv	v	vi	vii	viii	ix	x																

(2) 일반모음

1	2	3	4	5	6	7	8	9	10
ㅏ	ㅑ	ㅓ	ㅕ	ㅗ	ㅛ	ㅜ	ㅠ	ㅡ	ㅣ

(3) 일반모음＋이중모음(사전 등재 순서)

1	2	3	4	5	6	7	8	9	10	11	12	13	14	15	16	17	18	19	20	21
ㅏ	ㅐ	ㅑ	ㅒ	ㅓ	ㅔ	ㅕ	ㅖ	ㅗ	ㅘ	ㅙ	ㅚ	ㅛ	ㅜ	ㅝ	ㅞ	ㅟ	ㅠ	ㅡ	ㅢ	ㅣ

01 거리 · 속력 · 시간

| 유형분석 |

- (거리)=(속력)×(시간), (속력)=$\dfrac{(거리)}{(시간)}$, (시간)=$\dfrac{(거리)}{(속력)}$ 공식을 활용한 문제이다.
- 기차와 터널의 길이, 물과 같이 속력이 있는 장소 등 추가적인 거리나 속력 시간에 대한 조건과 결합하여 난이도 높은 문제로 출제된다.

S사원은 회사 근처 카페에서 거래처와 미팅을 갖기로 했다. 처음에는 6km/h로 걸어가다가 약속 시간에 늦을 것 같아서 12km/h로 뛰어서 30분 만에 미팅 장소에 도착했다. 회사에서 카페까지의 거리가 5km일 때, S사원이 뛴 거리는?

① 1km
② 2km
③ 3km
④ 4km
⑤ 4.5km

정답 ④

총 거리와 총 시간이 주어져 있으므로 걸은 거리와 뛴 거리 또는 걸은 시간과 뛴 시간을 미지수로 잡을 수 있다. 미지수를 잡기 전에 문제에서 묻는 것을 정확하게 파악해야 나중에 답을 구할 때 헷갈리지 않는다. 문제에서 S사원이 뛴 거리를 물어보았으므로 거리를 미지수로 놓는다.

S사원이 회사에서 카페까지 걸어간 거리를 x km, 뛴 거리를 y km라고 하면, 회사에서 카페까지의 거리는 5km이므로 걸어간 거리 x km와 뛴 거리 y km를 합하면 5km이다.

$x+y=5$ … ㉠

S사원이 회사에서 카페까지 30분이 걸렸으므로 걸어간 시간$\left(\dfrac{x}{6}\text{ 시간}\right)$과 뛰어간 시간$\left(\dfrac{y}{12}\text{ 시간}\right)$을 합치면 30분이다. 이때 속력은 시간 단위이므로 분으로 바꾸어 계산한다.

$\dfrac{x}{6}\times60+\dfrac{y}{12}\times60=30$

$\rightarrow 2x+y=6$ … ㉡

㉡−㉠을 하면 $x=1$이고, 구한 x의 값을 ㉠에 대입하면 $y=4$이다.

따라서 S사원이 뛴 거리는 4km이다.

30초 컷 풀이 Tip

1. 미지수를 정할 때에는 문제에서 묻는 것을 정확하게 파악해야 한다.
2. 속력과 시간의 단위를 처음에 정리하여 계산하면 계산 실수 없이 풀이할 수 있다.
   - 1시간=60분=3,600초
   - 1km=1,000m=100,000cm

01 비행기가 순항 중일 때에는 860km/h의 속력으로 날아가고, 기상이 악화되면 40km/h의 속력이 줄어든다. 어떤 비행기가 3시간 30분 동안 비행하는 데 15분 동안 기상이 악화되었다면, 날아간 거리는 총 몇 km인가?

① 2,850km   ② 2,900km

③ 2,950km   ④ 3,000km

⑤ 3,050km

Easy

02 왕복 거리가 2km인 곳을 20분 동안 30m/min의 속력으로 간다고 할 때, 1시간 안에 다시 돌아가려면 20분 후에 얼마의 속력으로 가야 하는가?

① 25m/min   ② 30m/min

③ 35m/min   ④ 40m/min

⑤ 45m/min

03 진희가 자전거 뒷좌석에 동생을 태우고 10km/h의 속력으로 회사에 간다. 회사 가는 길에 있는 어린이집에 동생을 내려주고, 아까의 1.4배의 속력으로 회사에 간다. 진희의 집에서 회사까지의 거리는 12km이고 진희가 8시에 집에서 나와 9시에 도착했다면, 진희가 어린이집에서 출발한 시각은 언제인가?

① 8시 25분   ② 8시 30분

③ 8시 35분   ④ 8시 40분

⑤ 8시 45분

| 유형분석 |

- (농도)$=\dfrac{(용질의\ 양)}{(용액의\ 양)}\times100$ 공식을 활용한 문제이다.
- (소금물의 양)=(물의 양)+(소금의 양)이라는 것에 유의하고, 더해지거나 없어진 것을 미지수로 두고 풀이한다.

소금물 500g에 농도가 3%인 소금물 200g을 온전히 섞었더니 소금물의 농도는 7%가 되었다. 500g의 소금물에 녹아있던 소금의 양은?

① 31g

② 37g

③ 43g

④ 49g

⑤ 55g

정답 ③

문제에서 구하고자 하는 500g의 소금물에 녹아있던 소금의 양을 미지수로 놓는다.

500g의 소금물에 녹아있던 소금의 양을 xg이라고 하자.

소금물 500g에 농도 3%인 소금물 200g을 섞었을 때 소금물의 농도가 주어졌으므로 농도를 기준으로 식을 세우면 다음과 같다.

$\dfrac{x+6}{500+200}\times100=7$

→ $(x+6)\times100=7\times(500+200)$

→ $(x+6)\times100=4,900$

→ $100x+600=4,900$

→ $100x=4,300$

∴ $x=43$

따라서 500g의 소금물에 녹아있던 소금의 양은 43g이다.

30초 컷 풀이 Tip

간소화

숫자의 크기를 최대한 간소화해야 한다. 특히, 농도의 경우 분수와 정수가 같이 제시되고, 최근에는 비율을 활용한 문제가 많이 출제되고 있으므로 통분이나 약분을 통해 수를 간소화시켜 계산 실수를 줄일 수 있도록 한다.

주의사항

항상 미지수를 구해서 그 값을 계산하여 풀이해야 하는 것은 아니다. 문제에서 원하는 값은 정확한 미지수를 구하지 않아도 풀이과정에서 답이 제시되는 경우가 있으므로 문제에서 묻는 것을 명확히 해야 한다.

01 농도가 9%인 묽은 염산 100g이 있다. 여기에 물을 섞어서 농도가 6%인 묽은 염산을 만들고자 할 때 필요한 물의 양은?

① 10g　　　　　　　　　　　　　　② 30g

③ 50g　　　　　　　　　　　　　　④ 70g

⑤ 90g

02 농도가 4%인 소금물 300g에 소금 100g을 추가로 넣었을 때, 소금물의 농도는?

① 24%　　　　　　　　　　　　　　② 26%

③ 28%　　　　　　　　　　　　　　④ 30%

⑤ 32%

03 농도 8%의 소금물 500g이 들어있는 컵을 방에 두고 자고 일어나서 보니 물이 증발하여 농도가 10%가 되었다. 증발한 물의 양은 몇 g인가?(단, 물은 시간당 같은 양이 증발하였다)

① 100g　　　　　　　　　　　　　　② 200g

③ 300g　　　　　　　　　　　　　　④ 400g

⑤ 500g

03 일의 양

| 유형분석 |

- 전체 일의 양을 1로 두고 풀이하는 유형이다.
- (일률)=$\dfrac{(작업량)}{(작업기간)}$, (작업기간)=$\dfrac{(작업량)}{(일률)}$, (작업량)=(일률)×(작업기간)

프로젝트를 A대리는 8일이, B사원은 24일이 걸릴 때, 두 사람이 함께 프로젝트를 진행하는 데 걸리는 기간은?

① 6일

② 7일

③ 8일

④ 9일

⑤ 10일

정답 ①

두 사람이 함께 업무를 진행하는 데 걸리는 기간을 x일, 전체 일의 양을 1이라고 하면,

A대리가 하루에 진행하는 업무의 양은 $\dfrac{1}{8}$, B사원이 하루에 진행하는 업무의 양은 $\dfrac{1}{24}$ 이므로 다음과 같은 식이 성립한다.

$\left(\dfrac{1}{8}+\dfrac{1}{24}\right)x=1$

$\rightarrow \dfrac{1}{6}\times x=1$

$\therefore\ x=6$

따라서 두 사람이 함께 프로젝트를 진행하는 데 걸리는 기간은 6일이다.

30초 컷 풀이 Tip

전체의 값을 모르는 상태에서 비율을 묻는 문제의 경우 전체를 1이라고 하면 쉽게 풀이할 수 있다.

예 S가 1개의 빵을 만드는 데 3시간이 걸린다. 1개의 빵을 만드는 일의 양을 1이라고 하면 S는 1시간에 $\dfrac{1}{3}$ 만큼의 빵을 만든다.

Easy

01 사흘 안에 끝내야 할 일의 $\frac{1}{3}$을 첫째 날에 마치고, 남은 일의 $\frac{2}{5}$를 둘째 날에 마쳤다. 셋째 날 해야 할 일의 양은 전체의 몇 %인가?

① 10%　　　　　　　　　　　　② 20%

③ 30%　　　　　　　　　　　　④ 40%

⑤ 50%

02 A사원이 혼자서 작업을 하면 24일이 걸리는 업무가 있다. 반면 해당 업무를 B사원이 혼자서 작업을 하면 120일이 걸리며, C사원이 혼자서 작업을 하면 20일이 걸린다. 세 사람이 함께 업무를 진행할 때 걸리는 기간은?

① 6일　　　　　　　　　　　　② 10일

③ 12일　　　　　　　　　　　　④ 20일

⑤ 25일

03 갑은 곰 인형 100개를 만드는 데 4시간, 을은 50개를 만드는 데 10시간이 걸린다. 이들이 함께 일을 하면 각각 원래 능력보다 20% 효율이 떨어진다. 이들이 함께 곰 인형 144개를 만드는 데 걸리는 시간은?

① 5시간　　　　　　　　　　　　② 6시간

③ 7시간　　　　　　　　　　　　④ 8시간

⑤ 9시간

| 유형분석 |

- 원가, 정가, 할인가, 판매가 등의 개념을 명확히 한다.
  (정가)=(원가)+(이익)
  (이익)=(정가)-(원가)

  a원에서 $b\%$ 할인한 가격$=a\times\left(1-\dfrac{b}{100}\right)$
- 난이도가 어려운 편은 아니지만 비율을 활용한 계산 문제이기 때문에 실수하기 쉽다.

종욱이는 25,000원짜리 피자 두 판과 8,000원짜리 샐러드 세 개를 주문했다. 통신사 멤버십 혜택으로 피자는 15%, 샐러드는 25%를 할인받을 수 있고, 이벤트로 통신사 멤버십 혜택을 적용한 금액의 10%를 추가 할인받았다고 한다. 종욱이가 할인받은 금액은?

① 12,150원
② 13,500원
③ 18,600원
④ 19,550원
⑤ 20,850원

정답 ④

할인받기 전 종욱이가 지불할 금액은 $25,000\times2+8,000\times3=74,000$원이다.
통신사 할인과 이벤트 할인을 적용한 금액은 $(25,000\times2\times0.85+8,000\times3\times0.75)\times0.9=54,450$원이다.
따라서 종욱이가 할인받은 금액은 $74,000-54,450=19,550$원이다.

30초 컷 풀이 Tip

전체 금액을 구하는 것이 아니라 할인된 금액을 구하면 수의 크기도 작아지고, 풀이 과정을 단축시킬 수 있다.
예를 들어 위의 문제에서 피자는 15%, 샐러드는 25%를 할인받았으므로 할인받은 금액은 각각 7,500원, 6,000원이다.
할인받은 금액의 합을 원래 지불했어야 하는 금액에서 빼면 60,500원이고, 이의 10%는 6,050원이므로 종욱이가 할인받은 총금액은 $7,500+6,000+6,050=19,550$원이다.

01   S씨가 이용하는 골프장의 이용료는 시간당 6,000원이고, 할인권으로 구매 시 10시간 이용권을 10%, 20시간 이용권은 20% 할인을 받을 수 있다. S씨는 하루에 1시간씩 주 4회로 2개월 동안 연습을 하려고 한다. S씨가 가장 저렴하게 이용권을 구매할 경우, 총 할인받는 금액은?(단, 한 달은 4주이며, 할인권은 각각 1장씩만 구매할 수 있다)

① 30,000원   ② 40,000원

③ 50,000원   ④ 60,000원

⑤ 70,000원

02   원가의 20%를 추가한 금액을 정가로 하는 제품을 15% 할인해서 50개를 판매한 금액이 127,500원일 때, 이 제품의 원가는?

① 1,500원   ② 2,000원

③ 2,500원   ④ 3,000원

⑤ 3,500원

Hard

03   A와 B가 시장에 가서 각각 2번에 걸쳐 물건을 사는 데 총 32,000원이 들었다. A는 두 번째 구매 시 첫 번째보다 50% 감소한 금액을 냈고, B는 두 번째 구매 시 첫 번째보다 50% 증가한 금액을 냈다. 나중에 서로 비교해보니 B가 A보다 5,000원을 더 소비한 것을 알게 되었다고 할 때, A가 첫 번째로 낸 금액은?

① 7,400원   ② 8,500원

③ 9,000원   ④ 9,700원

⑤ 10,300원

| 유형분석 |

- 출제되는 응용수리 2문제 중 1문제에 속할 가능성이 높은 유형이다.
- 순열(P)과 조합(C)을 활용한 문제이다.

$${}_nP_m = n \times (n-1) \times \cdots \times (n-m+1)$$

$${}_nC_m = \frac{{}_nP_m}{m!} = \frac{n \times (n-1) \times \cdots \times (n-m+1)}{m!}$$

- 벤 다이어그램을 활용한 문제가 출제되기도 한다.

S전자는 토요일에는 2명의 사원이 당직 근무를 서도록 사칙으로 규정하고 있다. S전자의 B팀에는 8명의 사원이 있다. B팀이 앞으로 3주 동안 토요일 당직 근무를 선다고 했을 때, 가능한 모든 경우의 수는?(단, 모든 사원은 당직 근무를 2번 이상 서지 않는다)

① 1,520가지

② 2,520가지

③ 5,040가지

④ 10,080가지

⑤ 15,210가지

정답 ②

8명을 2명씩 3그룹으로 나누는 경우의 수는 ${}_8C_2 \times {}_6C_2 \times {}_4C_2 \times \dfrac{1}{3!} = 28 \times 15 \times 6 \times \dfrac{1}{6} = 420$가지이다.

3개의 그룹을 각각 A, B, C라 하면, 3주 동안 토요일에 근무자를 배치하는 경우의 수는 A, B, C를 일렬로 배열하는 방법의 수와 같다. 3그룹을 일렬로 나열하는 경우의 수는 $3 \times 2 \times 1 = 6$가지이다.

따라서 모든 경우의 수는 $420 \times 6 = 2,520$가지이다.

30초 컷 풀이 Tip

경우의 수의 합의 법칙과 곱의 법칙 등에 대해 명확히 한다.

합의 법칙

㉠ 두 사건 A, B가 동시에 일어나지 않을 때, A가 일어나는 경우의 수를 m, B가 일어나는 경우의 수를 n이라고 하면, 사건 A 또는 B가 일어나는 경우의 수는 $m+n$이다.

㉡ '또는', '~이거나'라는 말이 나오면 합의 법칙을 사용한다.

곱의 법칙

㉠ A가 일어나는 경우의 수를 m, B가 일어나는 경우의 수를 n이라고 하면, 사건A와 B가 동시에 일어나는 경우의 수는 $m \times n$이다.

㉡ '그리고', '동시에'라는 말이 나오면 곱의 법칙을 사용한다.

01 S사 건물 앞에는 의자 6개가 나란히 설치되어 있다. 기획팀 여사원 2명과 남사원 3명이 모두 의자에 앉을 때, 여사원이 이웃하지 않게 앉는 경우의 수는?(단, 두 사원 사이에 빈 의자가 있는 경우는 이웃하지 않는 것으로 한다)

① 120가지   ② 240가지
③ 360가지   ④ 480가지
⑤ 600가지

Easy

02 S대학교 동아리에서 테니스 경기를 토너먼트 방식으로 진행하려고 한다. 총 16명의 참가자들이 참여했을 때, 최종 우승자가 나올 때까지 진행되는 경기의 수는?(단, 동점자는 없다)

① 11번   ② 12번
③ 13번   ④ 14번
⑤ 15번

03 S사의 구내식당에는 국류 5가지, 나물류 4가지, 볶음류 3가지의 메뉴가 있다. 국류, 나물류, 볶음류 중에서 서로 다른 메뉴를 2개 선택하여 각각 하나씩 고르는 경우의 수는?

① 39가지   ② 41가지
③ 43가지   ④ 45가지
⑤ 47가지

06 확률

| 유형분석 |

- 출제되는 응용수리 2문제 중 1문제에 속할 가능성이 높은 유형이다.
- 순열(P)과 조합(C)을 활용한 문제이다.
- 조건부 확률 문제가 출제되기도 한다.

주머니에 1 ~ 10까지의 숫자가 적힌 카드 10장이 들어있다. 주머니에서 카드를 세 번 뽑는다고 할 때, 1, 2, 3이 적힌 카드 중 하나 이상을 뽑을 확률은?(단, 꺼낸 카드는 다시 넣지 않는다)

① $\dfrac{7}{8}$

② $\dfrac{17}{24}$

③ $\dfrac{5}{8}$

④ $\dfrac{7}{24}$

⑤ $\dfrac{5}{24}$

정답 ②

(1, 2, 3이 적힌 카드 중 하나 이상을 뽑을 확률)=1-(세 번 모두 4 ~ 10이 적힌 카드를 뽑을 확률)

- 세 번 모두 4 ~ 10이 적힌 카드를 뽑을 확률 : $\dfrac{7}{10} \times \dfrac{6}{9} \times \dfrac{5}{8} = \dfrac{7}{24}$

따라서 1, 2, 3이 적힌 카드 중 하나 이상을 뽑을 확률은 $1 - \dfrac{7}{24} = \dfrac{17}{24}$ 이다.

30초 컷 풀이 Tip

여사건의 확률
㉠ 사건 A가 일어날 확률이 p일 때, 사건 A가 일어나지 않을 확률은 $(1-p)$이다.
㉡ '적어도'라는 말이 나오면 주로 사용한다.

확률의 덧셈
두 사건 A, B가 동시에 일어나지 않을 때, A가 일어날 확률을 p, B가 일어날 확률을 q라고 하면, 사건 A 또는 B가 일어날 확률은 $p+q$이다.

확률의 곱셈
A가 일어날 확률을 p, B가 일어날 확률을 q라고 하면, 사건 A와 B가 동시에 일어날 확률은 $p \times q$이다.

Hard

01 S부서에는 부장 1명, 과장 1명, 대리 2명, 사원 2명 총 6명이 근무하고 있다. 새로운 프로젝트를 진행하기 위해 S부서를 2개의 팀으로 나누려고 한다. 팀을 나눈 후 인원수는 서로 같으며, 부장과 과장이 같은 팀이 될 확률은 30%라고 한다. 대리 2명의 성별이 서로 다를 때, 부장과 남자 대리가 같은 팀이 될 확률은?

① 41%   ② 41.5%

③ 42%   ④ 42.5%

⑤ 43%

02 A, B 두 사람이 동시에 같은 문제를 풀려고 한다. A가 문제를 풀 확률은 $\dfrac{1}{5}$, B가 문제를 풀 확률은 $\dfrac{1}{4}$일 때, 한 사람만 문제를 풀 확률은?

① $\dfrac{1}{20}$ ② $\dfrac{3}{20}$

③ $\dfrac{7}{20}$ ④ $\dfrac{9}{20}$

⑤ $\dfrac{13}{20}$

03 S고등학교의 학생은 A과목과 B과목 중 한 과목만을 선택하여 수업을 받는다고 한다. A과목과 B과목을 선택한 학생의 비율이 각각 전체의 40%, 60%이고, A과목을 선택한 학생 중 여학생은 30%, B과목을 선택한 학생 중 여학생은 40%이다. 이 학교의 학생 중에서 임의로 뽑은 학생이 여학생일 때, 그 학생이 B과목을 선택한 학생일 확률은?

① $\dfrac{1}{3}$ ② $\dfrac{2}{3}$

③ $\dfrac{1}{4}$ ④ $\dfrac{3}{4}$

⑤ $\dfrac{2}{5}$

07 자료분석

| 유형분석 |

- 자료를 보고 해석하거나 추론한 내용을 고르는 문제가 출제된다.
- 증감 추이, 증감률, 증감폭 등의 간단한 계산이 포함되어 있다.
- %, %p 등의 차이점을 알고 적용할 수 있어야 한다.
  %(퍼센트) : 어떤 양이 전체(100)에 대해서 얼마를 차지하는가를 나타내는 단위
  %p(퍼센트 포인트) : %로 나타낸 수치가 이전 수치와 비교했을 때 증가하거나 감소한 양

다음은 연도별 민간 분야 사이버 침해사고 발생 현황에 대한 자료이다. 이에 대한 〈보기〉의 설명 중 옳지 않은 것을 모두 고르면?

〈민간 분야 사이버 침해사고 발생 현황〉

(단위 : 건)

구분	2021년	2022년	2023년	2024년
홈페이지 변조	650	900	600	390
스팸릴레이	100	90	80	40
기타 해킹	300	150	170	165
단순 침입 시도	250	300	290	175
피싱 경유지	200	430	360	130
전체	1,500	1,870	1,500	900

보기

ㄱ. 단순 침입 시도 분야의 침해사고는 매년 스팸릴레이 분야의 침해사고 건수의 2배 이상이다.
ㄴ. 2021년 대비 2024년 침해사고 건수가 50% 이상 감소한 분야는 2개이다.
ㄷ. 2023년 전체 침해사고 건수 중 홈페이지 변조 분야의 침해사고 건수가 차지하는 비중은 35% 이상이다.
ㄹ. 2022년 대비 2024년은 모든 분야의 침해사고 건수가 감소하였다.

① ㄱ, ㄴ
② ㄱ, ㄹ
③ ㄴ, ㄷ
④ ㄴ, ㄹ
⑤ ㄷ, ㄹ

ㄴ. 2021년 대비 2024년 분야별 침해사고 건수 감소율은 다음과 같다.

- 홈페이지 변조 : $\dfrac{650-390}{650} \times 100 = 40\%$

- 스팸릴레이 : $\dfrac{100-40}{100} \times 100 = 60\%$

- 기타 해킹 : $\dfrac{300-165}{300} \times 100 = 45\%$

- 단순 침입 시도 : $\dfrac{250-175}{250} \times 100 = 30\%$

- 피싱 경유지 : $\dfrac{200-130}{200} \times 100 = 35\%$

따라서 50% 이상 감소한 분야는 '스팸릴레이'한 분야이다.

ㄹ. 기타 해킹 분야의 2024년 침해사고 건수는 2022년 대비 증가했으므로 옳지 않은 설명이다.

오답분석

ㄱ. 제시된 자료를 통해 단순 침입 시도 분야의 침해사고는 매년 스팸릴레이 분야의 침해사고 건수의 2배 이상인 것을 확인할 수 있다.

ㄷ. 2023년 전체 침해사고 건수 중 홈페이지 변조 분야의 침해사고 건수가 차지하는 비중은 $\dfrac{600}{1,500} \times 100 = 40\%$로, 35% 이상이다.

30초 컷 풀이 Tip

간단한 선택지부터 해결하기
계산이 필요 없거나 눈으로만 봐도 풀 수 있는 선택지를 먼저 해결한다.

적절한 것 / 적절하지 않은 것 헷갈리지 않게 표시하기
자료해석은 적절한 것 또는 적절하지 않은 것을 찾는 문제가 출제된다. 문제마다 매번 바뀌므로 이를 확인하는 것은 매우 중요하다. 따라서 선택지에 표시할 때에도 선택지가 적절하지 않은 내용이라서 '×' 표시를 했는지, 적절한 내용이지만 문제가 적절하지 않은 것을 찾는 문제라 '×' 표시를 했는지 헷갈리지 않도록 표시 방법을 정해야 한다.

제시된 자료를 통해 계산할 수 있는 값인지 확인하기
제시된 자료만으로 계산할 수 없는 값을 묻는 선택지인지 먼저 판단해야 한다. 문제를 읽고 바로 계산부터 하면 함정에 빠지기 쉽다.

Hard

01 다음은 헌혈인구 및 개인헌혈 비율에 대한 자료이다. 이에 대한 〈보기〉의 설명 중 옳은 것을 모두 고르면?(단, 변화율은 절댓값으로 비교한다)

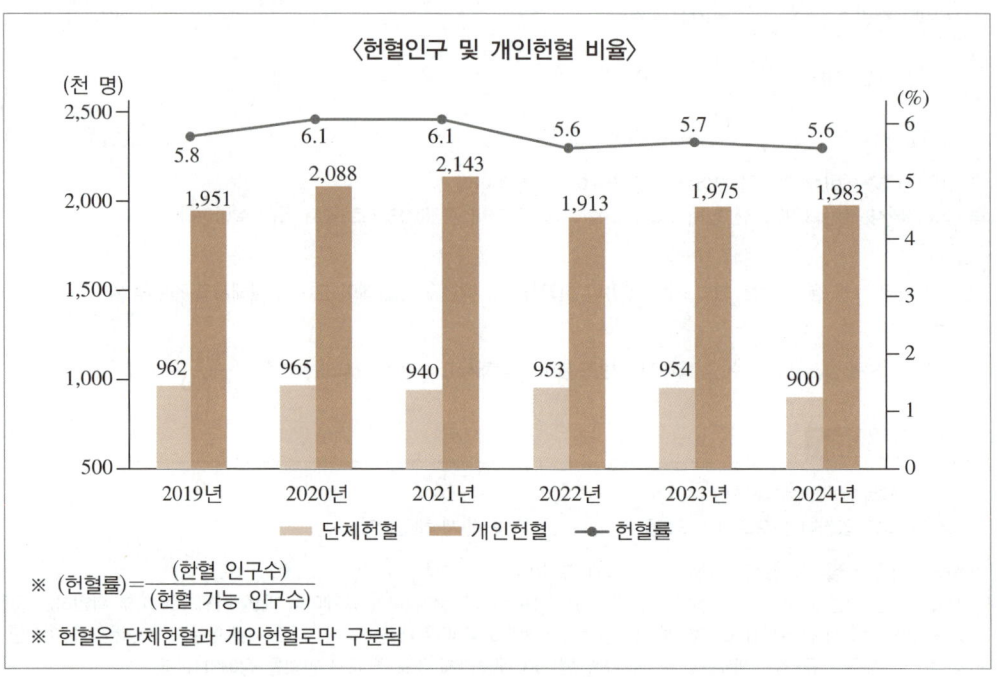

〈헌혈인구 및 개인헌혈 비율〉

※ (헌혈률)= $\dfrac{(헌혈\ 인구수)}{(헌혈\ 가능\ 인구수)}$

※ 헌혈은 단체헌혈과 개인헌혈로만 구분됨

보기

ㄱ. 전체헌혈 중 단체헌혈이 차지하는 비율은 조사기간 중 매년 20%를 초과한다.
ㄴ. 2020년부터 2023년 중 전년 대비 단체헌혈의 증감률의 절댓값이 가장 큰 해는 2021년이다.
ㄷ. 2021년 대비 2022년 개인헌혈의 감소율은 25% 이상이다.
ㄹ. 2022년부터 2024년까지 개인헌혈과 헌혈률은 전년 대비 증감 추이가 동일하다.

① ㄱ, ㄴ   ② ㄱ, ㄹ
③ ㄴ, ㄷ   ④ ㄴ, ㄹ
⑤ ㄷ, ㄹ

02 다음은 분기별 모바일 뱅킹 서비스 이용 실적에 대한 자료이다. 이에 대한 설명으로 옳지 않은 것은?

<모바일 뱅킹 서비스 이용 실적>

(단위 : 천 건, %)

구분	2024년				2025년
	1/4분기	2/4분기	3/4분기	4/4분기	1/4분기
조회 서비스	817	849	886	1,081	1,100
자금 이체 서비스	25	16	13	14	25
합계	842(18.6)	865(2.7)	899(3.9)	1,095(21.8)	1,125(2.7)

※ ( )는 전 분기 대비 증가율임

① 조회 서비스 이용 실적은 매 분기 계속 증가하였다.

② 2024년 2/4분기의 조회 서비스 이용 실적은 전 분기보다 3만 2천 건 증가하였다.

③ 자금 이체 서비스 이용 실적은 2024년 2/4분기에 전 분기 대비 감소하였다가 다시 증가하였다.

④ 모바일 뱅킹 서비스 이용 실적의 전 분기 대비 증가율이 가장 높은 분기는 2024년 4/4분기이다.

⑤ 2025년 1/4분기의 조회 서비스 이용 실적은 자금 이체 서비스 이용 실적의 40배 이상이다.

03 다음은 지방자치단체 여성 공무원 현황에 대한 자료이다. 이에 대한 설명으로 옳지 않은 것은?

<지방자치단체 여성 공무원 현황>

(단위 : 백 명, %)

구분	2019년	2020년	2021년	2022년	2023년	2024년
전체 공무원	2,660	2,725	2,750	2,755	2,780	2,795
여성 공무원	705	750	780	805	820	830
여성 공무원 비율	26.5	27.5	28.4	29.2	29.5	29.7

① 2023년 남성 공무원 수는 1,960백 명이다.

② 2022년 전체 공무원 수는 전년 대비 증가하였다.

③ 2019년 이후 여성 공무원 수는 매년 증가하고 있다.

④ 2024년 여성 공무원 비율은 2019년과 비교했을 때, 3.2%p 증가하였다.

⑤ 2024년 전체 공무원 중 남성 공무원의 비율과 여성 공무원의 비율 차이는 40%p 미만이다.

| 유형분석 |

- 주어진 자료를 통해 문제에서 주어진 특정한 값을 찾고, 자료의 변동량을 구할 수 있는지를 평가하는 유형이다.
- 많은 문제가 출제되지는 않지만, 정확한 계산값을 요구하는 경우가 대부분이므로 실수하지 않는 것이 중요하다. 문제에 제시된 조건과 수치를 꼼꼼히 확인한 뒤 계산해야 한다.

귀하는 S회사의 인사관리 부서에서 근무 중이다. 오늘 회의 시간에 생산부서의 인사평가 자료를 취합하여 보고해야 하는데 자료 취합 중 파일에 오류가 생겨 일부 자료가 훼손되었다. 다음 중 (가) ~ (다)에 들어갈 수가 바르게 연결된 것은?(단, 각 평가는 100점 만점이고, 종합 순위는 각 평가지표 점수의 총합으로 결정한다)

〈인사평가 점수 현황〉

(단위 : 점)

구분	역량	실적	자기계발	성실성	종합순위
A사원	70	(가)	80	70	4
B대리	80	85	(나)	70	1
C과장	(다)	85	70	75	2
D부장	80	80	60	70	3

※ 점수는 5점 단위로 부여함

	(가)	(나)	(다)
①	60	70	55
②	65	65	65
③	65	60	65
④	75	60	65
⑤	75	65	55

(가) ~ (다)에 들어갈 정확한 값을 찾으려 계산하기보다는 자료에서 해결할 수 있는 실마리를 찾아 적절하지 않은 선택지를 제거하는 방식으로 접근하는 것이 좋다.

먼저 종합 순위가 3위인 D부장의 점수는 모두 공개되어 있으므로 총점을 계산해 보면, 80+80+60+70=290점이다.

종합 순위가 4위인 A사원의 총점은 70+(가)+80+70=220+(가)점이며, 3위 점수인 290점보다 낮아야 하므로 (가)에 들어갈 점수는 70점 미만이다. 이에 따라 ④, ⑤는 답에서 제외된다.

종합 순위가 2위인 C과장의 총점은 (다)+85+70+75=230+(다)점이며, 290점보다 높아야 하므로 (다)에 들어갈 점수는 60점을 초과해야 한다. 이에 따라 ①은 답에서 제외된다.

위의 조건에 해당하는 ②, ③에 따라 (가)=65점, (다)=65점을 대입하면, C과장의 총점은 230+65=295점이 된다.

종합 순위가 1위인 B대리의 총점은 80+85+(나)+70=235+(나)점이며, 295점보다 높아야 하므로 (나)에 들어갈 점수는 60점을 초과해야 한다. 이에 따라 ③은 답에서 제외된다.

따라서 (가) ~ (다)에 들어갈 점수가 바르게 연결된 것은 ②이다.

30초 컷 풀이 Tip

자료계산 유형은 일반적으로 표에 숫자 값을 제시하고, 주어진 값을 바탕으로 계산을 하는 문제가 출제된다. 그러므로 문제가 요구하는 것이 무엇인지 정확히 파악하고, 관련 값을 표에서 찾아 문제풀이용지에 써두는 것이 좋다. 기입한 값을 바탕으로 사칙연산을 정확하고 빠르게 수행해야 하며, 증가율, 감소율 등 비율 계산을 요구하는 경우가 많으므로 변동률 계산 공식을 숙지하고 연습하면 빠르게 문제를 해결할 수 있다.

- (백분율)$=\dfrac{(\text{비교하는 양})}{(\text{기준량})}\times100$

- (증감률)$=\dfrac{(\text{비교대상의 값})-(\text{기준값})}{(\text{기준값})}\times100$

- (증감량)=(비교대상 값 A)−(또 다른 비교대상의 값 B)

01 다음은 정부의 스마트워크 유형별 취업인구수 추정치에 대한 자료이다. 빈칸에 들어갈 수로 옳은 것은?

<스마트워크 유형별 취업인구수 추정치>

(단위 : 천 명)

구분		2019년	2020년	2021년	2022년	2023년	2024년
재택근무	공공	39	58	85	116	149	184
	민간	343	480	686	1,029	1,715	2,881
스마트워크센터	공공	1	2	4	6	6	7
	민간	3	37	62	125	125	125
모바일워크	공공	6	9	15	24		63
	민간	600	1,000	1,500	2,100	2,800	3,600

① 36

② 39

③ 42

④ 45

⑤ 48

Hard

02 2025년 상반기 S사 상품기획팀 입사자 수는 2024년 하반기에 비해 20% 감소하였으며, 2025년 상반기 인사팀 입사자 수는 2024년 하반기 마케팅팀 입사자 수의 2배이고, 영업팀 입사자는 2024년 하반기보다 30명이 늘었다. 2025년 상반기 마케팅팀의 입사자 수는 2025년 상반기 인사팀의 입사자 수와 같다. 2025년 상반기 전체 입사자가 2024년 하반기 대비 25% 증가했을 때, 2024년 하반기 대비 2025년 상반기 인사팀 입사자 수의 증감률은?

<S사 입사자 수>

(단위 : 명)

구분	마케팅	영업	상품기획	인사	합계
2024년 하반기 입사자 수	50		100		320

① -15%

② 0%

③ 15%

④ 25%

⑤ 30%

03 다음은 S기업 영업 A ~ D팀의 분기별 매출액과 분기별 매출액에서 각 영업팀의 구성비를 나타낸 자료이다. A~D팀의 연간 매출액이 많은 순서와 1위 팀이 기록한 연간 매출액을 바르게 나열한 것은?

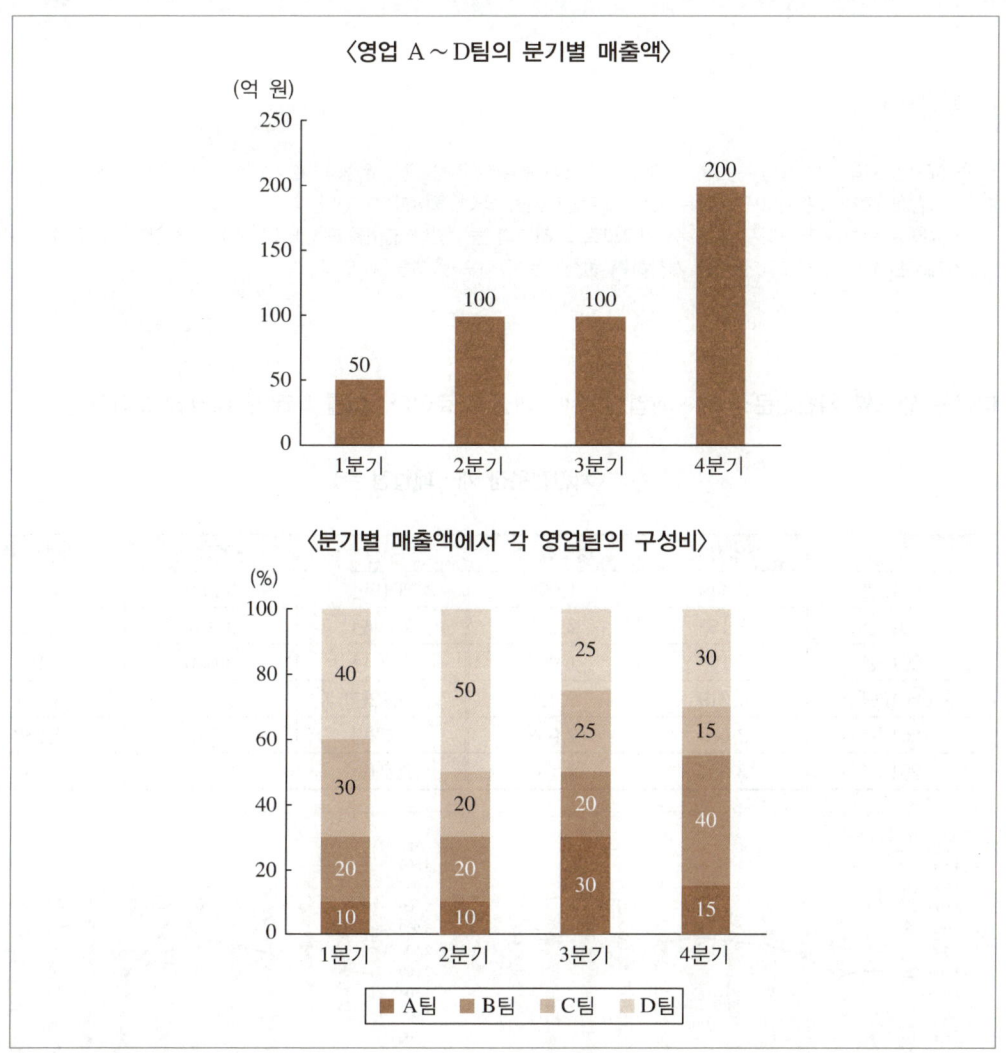

① A-B-C-D, 120억 원 ② B-A-C-D, 120억 원

③ B-A-D-C, 155억 원 ④ D-B-A-C, 120억 원

⑤ D-B-C-A, 155억 원

| 유형분석 |

- 제시된 표나 그래프의 수치를 그래프로 바르게 변환한 것을 묻는 유형이다.
- 복잡한 표가 제시되지 않으므로 수의 크기만을 판단하여 풀이할 수 있다.
- 정확한 수치가 제시되지 않을 수 있으므로 그래프의 높낮이나 넓이를 판단하여 풀이해야 한다.
- 제시된 표나 그래프의 수치를 계산하여 변환하는 유형도 출제될 수 있다.

다음은 연도별 치킨전문점 개·폐업점 수에 대한 자료이다. 이를 바르게 나타낸 그래프는?

〈치킨전문점 개·폐업점 수〉

(단위 : 개)

구분	개업점 수	폐업점 수	구분	개업점 수	폐업점 수
2013년	3,449	1,965	2019년	3,252	2,873
2014년	3,155	2,121	2020년	3,457	2,745
2015년	4,173	1,988	2021년	3,620	2,159
2016년	4,219	2,465	2022년	3,244	3,021
2017년	3,689	2,658	2023년	3,515	2,863
2018년	3,887	2,785	2024년	3,502	2,758

①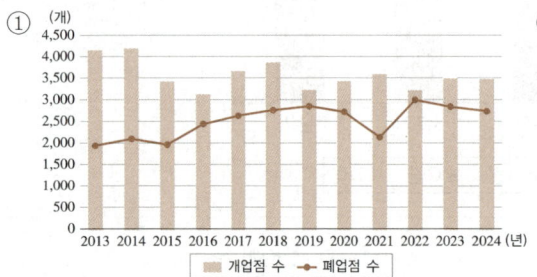

②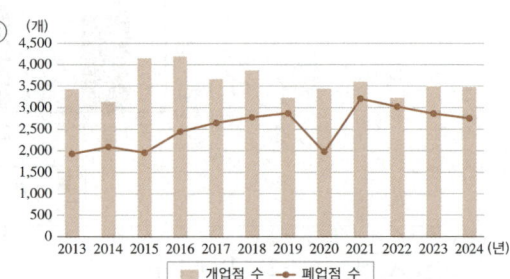

③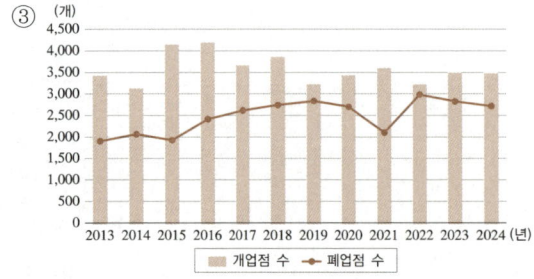

④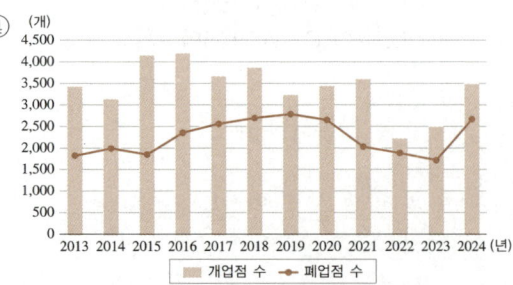

⑤
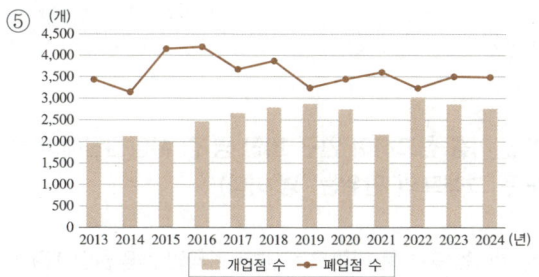

정답 ③

제시된 자료의 개업점 수와 폐업점 수의 증감 추이를 정리하면 다음과 같다.

구분	2013년	2014년	2015년	2016년	2017년	2018년	2019년	2020년	2021년	2022년	2023년	2024년
개업점 수	–	감소	증가	증가	감소	증가	감소	증가	증가	감소	증가	감소
폐업점 수	–	증가	감소	증가	증가	증가	증가	감소	감소	증가	감소	감소

따라서 이와 일치하는 추이를 보이고 있는 그래프는 ③이다.

오답분석

① 2013년, 2014년 개업점 수는 자료보다 높고, 2015년, 2016년 개업점 수는 자료보다 낮다.
② 2020년 폐업점 수는 자료보다 낮고, 2021년 폐업점 수는 자료보다 높다.
④ 2022년, 2023년 개업점 수와 폐업점 수가 자료보다 낮다.
⑤ 2013 ~ 2024년 개업점 수와 폐업점 수가 바뀌었다.

30초 컷 풀이 Tip

1. 수치를 일일이 확인하는 것보다 해당 풀이처럼 증감 추이를 먼저 판단해서 선택지를 1차적으로 거르고 나머지 선택지 중 그래프 모양이 크게 차이 나는 곳의 수치를 확인하면 빠르게 풀이할 수 있다.
2. 막대 그래프가 자료로 제시되는 경우 막대의 가운데 부분을 연결하면 꺾은선 그래프가 된다.

01 다음은 한국인의 주요 사망원인에 대한 자료이다. 이를 참고하여 인구 10만 명 중 사망원인에 따른 인원수를 나타낸 그래프로 옳은 것은?(단, 모든 그래프의 단위는 '명'이다)

한국인 10만 명 중 무려 185명이나 암으로 사망한다는 통계를 바탕으로 암이 한국인 사망원인 1위로 알려진 가운데, 그 밖의 순위에 대한 관심도 뜨겁다. 2위와 3위는 각각 심장과 뇌관련 질환으로 알려졌고, 또한 1위와의 차이는 20명 미만일 정도로 크게 차이를 보이지 않아 한국인 주요 3대 사망원인으로 손꼽아진다. 특히 4위는 자살로 알려져 큰 충격을 더하고 있는데, 우리나라의 경우 20대ㆍ30대 사망원인 1위가 자살이며, 인구 10만 명 당 50명이나 이로 인해 사망한다고 한다. 그 다음으로는 당뇨, 치매, 고혈압의 순서이다.

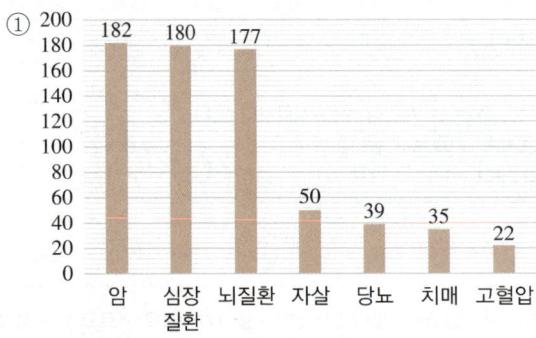

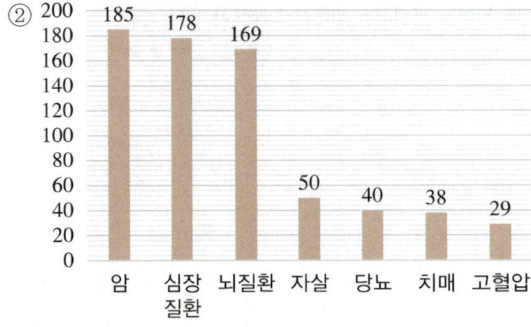

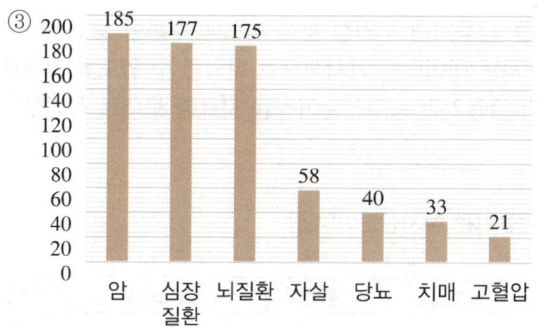

③

	암	심장질환	뇌질환	자살	당뇨	치매	고혈압
	185	177	175	58	40	33	21

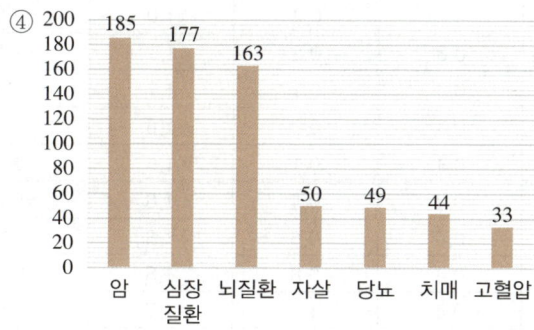

④

	암	심장질환	뇌질환	자살	당뇨	치매	고혈압
	185	177	163	50	49	44	33

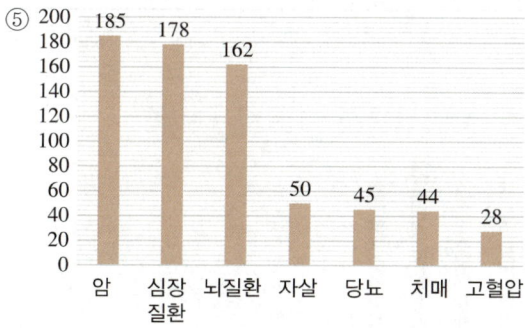

⑤

	암	심장질환	뇌질환	자살	당뇨	치매	고혈압
	185	178	162	50	45	44	28

S기업의 경제연구소에 근무하는 귀하는 금융기관 수익성 분석 파트에 수록할 보고서를 작성하고 있다. 보고서 초안을 검토한 귀하의 상사는 데이터를 가시적으로 파악할 수 있도록 그래프를 첨부하라는 지시를 하였다. 다음 중 귀하가 금융기관 총자산순이익률 자료를 토대로 작성한 그래프로 옳지 않은 것은?

〈금융기관 총자산순이익률〉

(단위 : %)

구분		보험회사	상호금융	증권회사	카드회사	저축은행
2023년	1/4분기	0.8	0.4	0.4	1.1	−4.3
	2/4분기	0.7	0.3	0.4	1.0	−2.3
	3/4분기	0.7	0.3	0.2	1.1	−1.6
	4/4분기	0.6	0.4	0.1	1.7	−2.1
2024년	1/4분기	0.7	0.4	0.0	1.6	−1.7
	2/4분기	0.7	0.4	0.1	1.6	−1.2
	3/4분기	0.7	0.4	0.4	1.6	−0.9
	4/4분기	0.7	0.4	0.6	1.8	0.3
2025년	1/4분기	0.7	0.4	0.8	1.8	0.8
	2/4분기	0.8	0.4	1.1	1.7	1.3
	3/4분기	0.7	0.4	1.0	1.6	1.7

① 보험회사 총자산순이익률(%)

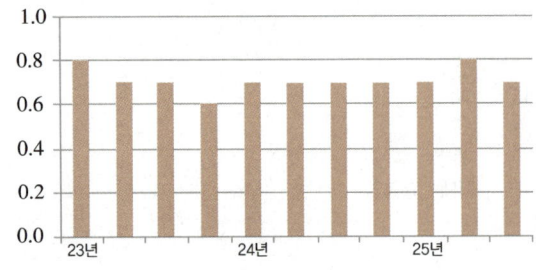

② 상호금융 총자산순이익률(%)

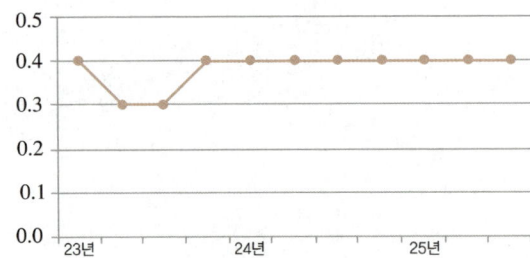

③ 증권회사 총자산순이익률(%)

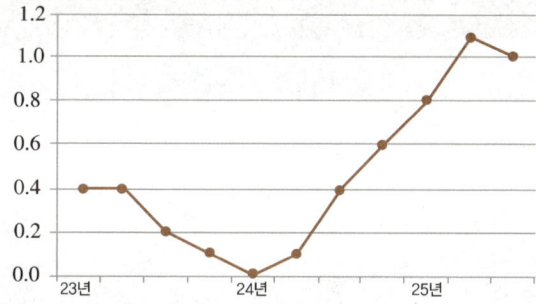

④ 카드회사 총자산순이익률(%)

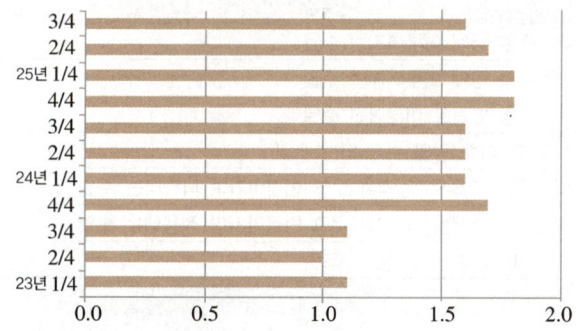

⑤ 저축은행 총자산순이익률(%)

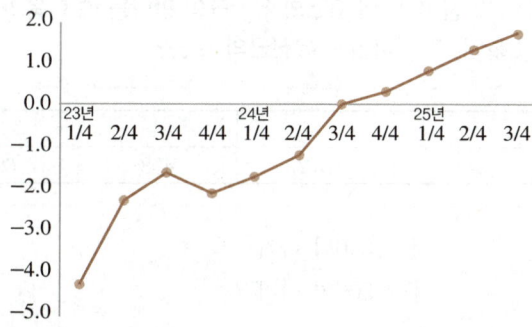

| 유형분석 |

- 제시된 자료의 규칙을 바탕으로 미래의 값을 추론하는 유형이다.
- 등차수열이나 등비수열, log, 지수 등의 수학적인 지식을 묻기도 한다.

주요 수열 종류

구분	설명
등차수열	앞의 항에 일정한 수를 더해 이루어지는 수열
등비수열	앞의 항에 일정한 수를 곱해 이루어지는 수열
계차수열	수열의 인접하는 두 항의 차로 이루어진 수열
피보나치수열	앞의 두 항의 합이 그 다음 항의 수가 되는 수열
건너뛰기 수열	1. 두 개 이상의 수열이 일정한 간격을 두고 번갈아가며 나타나는 수열
	2. 두 개 이상의 규칙이 일정한 간격을 두고 번갈아가며 적용되는 수열
군수열	일정한 규칙성으로 몇 항씩 묶어 나눈 수열

S제약회사에서는 유산균을 배양하는 효소를 개발 중이다. 이 효소와 유산균이 만났을 때 다음과 같이 유산균의 수가 변화하고 있다면, 효소의 양이 12g일 때 남아있는 유산균의 수는?

효소의 양(g)	1	2	3	4	5
유산균의 수(억 마리)	120	246	372	498	624

① 1,212억 마리 ② 1,346억 마리
③ 1,480억 마리 ④ 1,506억 마리
⑤ 1,648억 마리

1. 규칙 파악

   문제에서 효소와 유산균이 만났을 때 유산균의 수가 변화한다고 하였으므로 효소의 양과 유산균의 수의 변화는 관련이 있는 것을 알 수 있다. 효소의 양은 1g씩 늘어나고 있고, 그에 따른 유산균의 수는 계속 증가하고 있다. 수열 문제에 접근할 때 가장 먼저 등차수열이나 등비수열이 아닌지 확인해야 한다. 이 문제에서 유산균의 수는 공차가 126인 등차수열임을 알 수 있다.

2. 계산

   삼성 수추리는 직접 계산해도 될 만큼의 계산력을 요구한다. 물론 식을 세워서 계산하는 방법이 가장 빠르고 정확하지만 공식이 기억나지 않는다면 머뭇거리지 말고 직접 계산을 해야 한다.

   이 문제 역시 효소의 양이 12g일 때 유산균의 수를 물었으므로 공식이 생각나지 않는다면 직접 계산하여 풀이할 수 있다. 하지만 시험 보기 전까지 식을 세워보는 연습을 하여 실전에서 빠르게 풀 수 있도록 다음과 같이 2가지의 풀이 방법을 제시하였다.

   ㉠ 직접 계산하기

효소의 양(g)	5		6		7		8		9		10		11		12
유산균의 수(억 마리)	624	→	750	→	876	→	1,002	→	1,128	→	1,254	→	1,380	→	1,506
		+126		+126		+126		+126		+126		+126		+126	

   ㉡ 식 세워 계산하기

   식을 세우기 전에 미지수를 지정한다. 효소의 양이 ng일 때 유산균의 수를 a_n억 마리라고 하자.

   등차수열의 공식이 $a_n = (첫 항) + (공차) \times (n-1)$임을 활용한다.

   유산균의 수는 매일 126억 마리씩 증가하고 있다. 등차수열 공식에 따라 $a_n = 120 + 126(n-1) = 126n - 6$이다.

   따라서 효소의 양이 12g일 때의 유산균의 수는 $a_{12} = 126 \times 12 - 6 = 1,512 - 6 = 1,506$억 마리이다.

30초 컷 풀이 Tip

자료해석의 수추리는 복잡한 규칙을 묻지 않고, 지나치게 큰 n(미래)의 값을 묻지 않는다. 등차수열이나 등비수열 등이 출제되었을 때, 공식이 생각나지 않는다면 써서 나열하는 것이 문제 풀이 시간을 단축할 수 있는 방법이다.

Easy

01 S사의 공장에는 대수를 늘리면 생산량이 조금씩 증가하는 기계가 있다. 기계의 생산량이 다음과 같은 변화를 보일 때, 기계가 30대 있을 경우 생산할 수 있는 제품의 개수는?

〈기계 대수에 따른 생산 가능 제품 현황〉

기계 수(대)	1	2	3	4	5
제품 개수(개)	5	7	9	11	13

① 59개

② 61개

③ 63개

④ 65개

⑤ 67개

02 S사는 고객에게 인터넷 할인 쿠폰을 50장에서 시작하여 다음과 같이 장수를 늘려 매일 제공할 예정이다. 40일이 되는 날까지 제공되는 인터넷 할인 쿠폰의 장수는?

〈인터넷 할인 쿠폰 제공 현황〉

(단위 : 장)

구분	1일	2일	3일	4일	5일
인터넷 쿠폰 개수	50	55	60	65	70

① 5,800장

② 5,900장

③ 6,000장

④ 6,100장

⑤ 6,200장

03 A물고기는 한 달 만에 성체가 되어 번식을 한다. 다음과 같이 번식을 하고 있다면 12월의 A물고기 수는?

〈A물고기 수 변화〉

(단위 : 마리)

구분	1월	2월	3월	4월	5월
개체 수	1	1	2	3	5

① 72마리　　　　　　　② 86마리
③ 100마리　　　　　　④ 124마리
⑤ 144마리

04 다음은 어떤 용기 안에 세균을 넣을 때 확산되는 세균의 수이다. 다음과 같이 시간당 분열 규칙이 일정하게 유지된다면 8시간이 지난 후 용기 안에 들어있는 세균의 수는?

〈용기 안 세균의 수 변화〉

(단위 : 마리)

구분	1시간	2시간	3시간	4시간	5시간
세균의 수	9	15	33	87	249

① 2,193마리　　　　　　② 4,245마리
③ 6,567마리　　　　　　④ 12,578마리
⑤ 19,689마리

CHAPTER 02

추리

합격 CHEAT KEY

GSAT 추리 영역은 언어추리, 도형추리, 도식추리로 나눌 수 있다. 언어추리에서는 동의·유의·반의·상하 관계 등 다양한 어휘 관계를 묻는 문제와 문장을 나열하는 문단나열 문제 그리고 논리추리 및 추론을 요하는 문제가 출제된다. 또한 도형추리 문제에서는 제시된 도형의 단계적 변화 속에서 변화의 규칙을 찾아내야 하며, 도식추리 문제에서는 문자의 변화 과정에 숨어있는 규칙을 읽어야 한다. 이 영역을 통해 평가하고자 하는 바는 '실제 업무를 행하는 데 필요한 논리적 사고력을 갖추고 있는가', '신속하고 올바른 판단을 내릴 수 있는가', '현재의 과정을 통해 미래를 추론할 수 있는가'이다. 이러한 세 가지 능력을 평가하기 위해 30개 문항을 30분 안에 풀도록 하고 있다.

01 언어추리

언어에 대한 논리력, 사고력, 그리고 추리력을 평가하는 유형으로 추리 영역 30문항 중 약 23문항 정도가 출제된다. 이는 전체의 약 75%를 차지할 정도로 비중이 굉장히 크므로 반드시 고득점을 얻어야 할 부분이다. 언어추리는 크게 명제, 조건추리, 문단나열, 어휘추리, 독해추론으로 구분할 수 있다.

┤ 학습 포인트 ├
- 명제 유형의 삼단논법 문제에서는 대우 명제를, '어떤'을 포함하는 명제 문제에서는 벤 다이어그램을 활용한다.
- 조건추리 유형에서는 제시된 규칙과 조건을 파악한 후 이를 도식화(표, 기호 등으로 정리)하여 문제에 접근해야 한다.
- 문단나열 유형에서는 글의 내용과 흐름을 잘 파악하고 있는지를 평가하는 유형이므로 지시어와 접속어의 쓰임에 대해 정확하게 알아둔다.
- 어휘추리 유형에서는 문장 속 어휘의 쓰임이 아닌 1:1 어휘 관계를 묻는 것이 일반적이므로 어휘의 뜻을 정확하게 알아둔다.
- 독해추론 유형에서는 과학 지문의 비중이 높고, 삼성 제품 관련 지문이 나올 수 있으므로 관련 지문을 빠르게 읽고 이해할 수 있도록 연습한다.

02 도형추리

일련의 도형에 적용된 규칙을 파악할 수 있는지 평가하는 유형으로, 추리 영역 30문항 중 약 3문항 내외가 출제된다. 3×3개의 칸에 8개 도형만 제시되고, 그 안에서 도형이 변하는 규칙을 찾아 비어 있는 자리에 들어갈 도형의 모양을 찾는 문제이다.

---| 학습 포인트 |---

- x축·y축·원점 대칭, 시계 방향·시계 반대 방향 회전, 색 반전 등 도형 변화의 기본 규칙을 숙지하고, 두 가지 규칙이 동시에 적용되었을 때의 모습도 추론할 수 있는 훈련이 필요하다.
- 가로 행 또는 세로 열을 기준으로 도형의 변화를 살핀 후 대각선, 시계 방향·시계 반대 방향, 건너뛰기 등 다양한 가능성을 염두에 두고 규칙을 적용해 본다.
- 규칙을 추론하는 정해진 방법은 없다. 따라서 많은 문제를 풀고 접해보면서 감을 익히는 수밖에 없다.

03 도식추리

문자가 변화하는 과정을 보고 기호의 의미를 파악한 후, 제시된 문자가 어떻게 변화하는지 판단하는 유형이다. 추리 영역 30문항 중 4문항 정도가 출제된다. 도식추리는 하나의 보기에 여러 문제가 딸린 묶음 형태로 출제되므로 주어진 기호를 정확히 파악해야 많은 문제를 정확히 풀 수 있다.

---| 학습 포인트 |---

- 그동안 시험에서는 각 자릿수 ±4까지의 연산, 문자의 이동 등의 규칙이 출제되었다. 따라서 문자에 대응하는 숫자를 숙지하고 있으면 문제 푸는 시간을 단축할 수 있을 것이다.
- 규칙을 추론해야 한다는 사실에 겁부터 먹는 지원자들이 있는데, 사실 규칙의 대부분이 문자의 배열을 서로 바꾸거나 일정한 앞 또는 뒤의 문자로 치환하는 정도이므로 그리 복잡하지 않다. 또한 거치는 과정도 생각보다 많지 않으므로, 기본 논리 구조를 이해하고 연습한다면 실전에서 어렵지 않게 문제를 풀어낼 수 있을 것이다.

01 언어추리

01 어휘추리

1. 유의 관계

두 개 이상의 어휘가 서로 소리는 다르나 의미가 비슷한 경우를 유의 관계라고 하고, 유의 관계에 있는 어휘를 유의어(類義語)라고 한다. 유의 관계의 대부분은 개념적 의미의 동일성을 전제로 한다. 그렇다고 하여 유의 관계를 이루는 단어들을 어느 경우에나 서로 바꾸어 쓸 수 있는 것은 아니다. 따라서 언어 상황에 적합한 말을 찾아 쓰도록 노력하여야 한다.

(1) 원어의 차이

한국어는 크게 고유어, 한자어, 외래어로 구성되어 있다. 따라서 하나의 사물에 대해서 각각 부르는 일이 있을 경우 유의 관계가 발생하게 된다.

(2) 전문성의 차이

같은 사물에 대해서 일반적으로 부르는 이름과 전문적으로 부르는 이름이 다른 경우가 많다. 이런 경우에 전문적으로 부르는 이름과 일반적으로 부르는 이름 사이에 유의 관계가 발생한다.

(3) 내포의 차이

나타내는 의미가 완전히 일치하지는 않으나, 유사한 경우에 유의 관계가 발생한다.

(4) 완곡어법

문화적으로 금기시하는 표현을 둘러서 말하는 것을 완곡어법이라고 하며, 이러한 완곡어법 사용에 따라 유의 관계가 발생한다.

2. 반의 관계

(1) 개요

반의어(反意語)는 둘 이상의 단어에서 의미가 서로 짝을 이루어 대립하는 경우를 말한다.

즉, 반의어는 어휘의 의미가 서로 대립하는 단어를 말하며, 이러한 어휘들의 관계를 반의 관계라고 한다. 한 쌍의 단어가 반의어가 되려면, 두 어휘 사이에 공통적인 의미 요소가 있으면서도 동시에 서로 다른 하나의 의미 요소가 있어야 한다.

반의어는 반드시 한 쌍으로만 존재하는 것이 아니라 다의어(多義語)이면 그에 따라 반의어가 여러 개로 달라질 수 있다. 즉, 하나의 단어에 대하여 여러 개의 반의어가 있을 수 있다.

(2) 반의어의 종류

반의어에는 상보 반의어와 정도 반의어, 관계 반의어, 방향 반의어가 있다.

① **상보 반의어** : 한쪽 말을 부정하면 다른 쪽 말이 되는 반의어이며, 중간항은 존재하지 않는다. '있다' 와 '없다'가 상보적 반의어이며, '있다'와 '없다' 사이의 중간 상태는 존재할 수 없다.

② **정도 반의어** : 한쪽 말을 부정하면 반드시 다른 쪽 말이 되는 것이 아니며, 중간항을 갖는 반의어이다. '크다'와 '작다'가 정도 반의어이며, 크지도 작지도 않은 중간이라는 중간항을 갖는다.

③ **관계 반의어** : 관계 반의어는 상대가 존재해야만 자신이 존재할 수 있는 반의어이다. '부모'와 '자식' 이 관계 반의어의 예이다.

④ **방향 반의어** : 맞선 방향을 전제로 하여 관계나 이동의 측면에서 대립을 이루는 단어 쌍이다. 방향 반의어는 공간적 대립, 인간관계 대립, 이동적 대립 등으로 나누어 볼 수 있다.

3. 상하 관계

상하 관계는 단어의 의미적 계층 구조에서 한쪽이 의미상 다른 쪽을 포함하거나 다른 쪽에 포섭되는 관계를 말한다. 상하 관계를 형성하는 단어들은 상위어(上位語)일수록 일반적이고 포괄적인 의미를 지니며, 하위어(下位語)일수록 개별적이고 한정적인 의미를 지닌다.

따라서 상위어는 하위어를 함의하게 된다. 즉, 하위어가 가지고 있는 의미 특성을 상위어가 자동적으로 가지게 된다.

4. 부분 관계

부분 관계는 한 단어가 다른 단어의 부분이 되는 관계를 말하며, 전체 – 부분 관계라고도 한다. 부분 관계에서 부분을 가리키는 단어를 부분어(部分語), 전체를 가리키는 단어를 전체어(全體語)라고 한다. 예를 들면 '머리, 팔, 몸통, 다리'는 '몸'의 부분어이며, 이러한 부분어들에 의해 이루어진 '몸'은 전체어이다.

1. 연역 추론

이미 알고 있는 판단(전제)을 근거로 새로운 판단(결론)을 유도하는 추론이다. 연역 추론은 진리일 가능성을 따지는 귀납 추론과는 달리, 명제 간의 관계와 논리적 타당성을 따진다. 즉, 연역 추론은 전제들로부터 절대적인 필연성을 가진 결론을 이끌어내는 추론이다.

(1) 직접 추론

한 개의 전제로부터 중간적 매개 없이 새로운 결론을 이끌어내는 추론이며, 대우 명제가 그 대표적인 예이다.

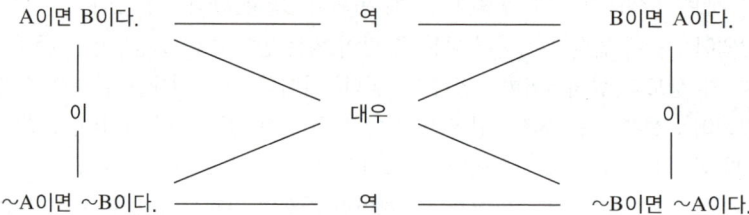

• 한국인은 모두 황인종이다.	(전제)
• 그러므로 황인종이 아닌 사람은 모두 한국인이 아니다.	(결론 1)
• 그러므로 황인종 중에는 한국인이 아닌 사람도 있다.	(결론 2)

(2) 간접 추론

둘 이상의 전제로부터 새로운 결론을 이끌어내는 추론이다. 삼단논법이 가장 대표적인 예이다.

① **정언 삼단논법** : 세 개의 정언명제로 구성된 간접추론 방식이다. 세 개의 명제 가운데 두 개의 명제는 전제이고, 나머지 한 개의 명제는 결론이다. 세 명제의 주어와 술어는 세 개의 서로 다른 개념을 표현한다.

② **가언 삼단논법** : 가언명제로 이루어진 삼단논법을 말한다. 가언명제란 두 개의 정언명제가 '만일 ~ 이라면'이라는 접속사에 의해 결합된 복합명제이다. 여기서 '만일'에 의해 이끌리는 명제를 전건이라고 하고, 그 뒤의 명제를 후건이라고 한다. 가언 삼단논법의 종류로는 혼합가언 삼단논법과 순수가언 삼단논법이 있다.

ⓒ 혼합가언 삼단논법 : 대전제만 가언명제로 구성된 삼단논법이다. 긍정식과 부정식 두 가지가 있
으며, 긍정식은 'A면 B이다. A이다. 그러므로 B이다.'이고, 부정식은 'A면 B이다. B가 아니다.
그러므로 A가 아니다.'이다.

> • 만약 A라면 B이다.
> • B가 아니다.
> • 그러므로 A가 아니다.

ⓒ 순수가언 삼단논법 : 대전제와 소전제 및 결론까지 모두 가언명제들로 구성된 삼단논법이다.

> • 만약 A라면 B이다.
> • 만약 B라면 C이다.
> • 그러므로 만약 A라면 C이다.

③ 선언 삼단논법 : '~이거나 ~이다.'의 형식으로 표현되며 전제 속에 선언 명제를 포함하고 있는 삼단
논법이다.

> • 내일은 비가 오거나 눈이 온다(A 또는 B이다).
> • 내일은 비가 오지 않는다(A가 아니다).
> • 그러므로 내일은 눈이 온다(그러므로 B이다).

④ 딜레마 논법 : 대전제는 두 개의 가언명제로, 소전제는 하나의 선언명제로 이루어진 삼단논법으로,
양도추론이라고도 한다.

> • 만일 네가 거짓말을 하면, 신이 미워할 것이다.   (대전제)
> • 만일 네가 거짓말을 하지 않으면, 사람들이 미워할 것이다.   (대전제)
> • 너는 거짓말을 하거나, 거짓말을 하지 않을 것이다.   (소전제)
> • 그러므로 너는 미움을 받게 될 것이다.   (결론)

2. 귀납 추론

특수한 또는 개별적인 사실로부터 일반적인 결론을 이끌어내는 추론을 말한다. 귀납 추론은 구체적 사실들을 기반으로 하여 결론을 이끌어내기 때문에 필연성을 따지기보다는 개연성과 유관성, 표본성 등을 중시하게 된다. 여기서 개연성이란, 관찰된 어떤 사실이 같은 조건하에서 앞으로도 관찰될 수 있는가 하는 가능성을 말하고, 유관성은 추론에 사용된 자료가 관찰하려는 사실과 관련되어야 하는 것을 일컬으며, 표본성은 추론을 위한 자료의 표본 추출이 공정하게 이루어져야 하는 것을 가리킨다. 이러한 귀납 추론은 일상생활 속에서 많이 사용하고, 우리가 알고 있는 과학적 사실도 이와 같은 방법으로 밝혀졌다.

그러나 전제들이 참이어도 결론이 항상 참인 것은 아니다. 단 하나의 예외로 인하여 결론이 거짓이 될 수 있다.

- 성냥불은 뜨겁다.
- 연탄불도 뜨겁다.
- 그러므로 모든 불은 뜨겁다.

위 예문에서 '성냥불이나 연탄불이 뜨거우므로 모든 불은 뜨겁다.'라는 결론이 나왔는데, 반딧불은 뜨겁지 않으므로 '모든 불이 뜨겁다.'라는 결론은 거짓이 된다.

(1) 완전 귀납 추론

관찰하고자 하는 집합의 전체를 다 검증함으로써 대상의 공통 특질을 밝혀내는 방법이다. 이는 예외 없는 진실을 발견할 수 있다는 장점은 있으나, 집합의 규모가 크고 속성의 변화가 다양할 경우에는 적용하기 어려운 단점이 있다.

例 1부터 10까지의 수를 다 더하여 그 합이 55임을 밝혀내는 방법

(2) 통계적 귀납 추론

통계적 귀납 추론은 관찰하고자 하는 집합의 일부에서 발견한 몇 가지 사실을 열거함으로써 그 공통점을 결론으로 이끌어내려는 방식을 가리킨다. 관찰하려는 집합의 규모가 클 때 그 일부를 표본으로 추출하여 조사하는 방식이 이에 해당하며, 표본 추출의 기준이 얼마나 적합하고 공정한가에 따라 그 결과에 대한 신뢰도가 달라진다는 단점이 있다.

例 여론조사에서 일부의 국민에 대한 설문 내용을 바탕으로, 이를 전체 국민의 여론으로 제시하는 것

(3) 인과적 귀납 추론

관찰하고자 하는 집합의 일부 원소들이 지닌 인과 관계를 인식하여 그 원인이나 결과를 이끌어내려는 방식을 말한다.

① **일치법** : 공통적인 현상을 지닌 몇 가지 사실 중에서 각기 지닌 요소 중 어느 한 가지만 일치한다면 이 요소가 공통 현상의 원인이라고 판단

② **차이법** : 어떤 현상이 나타나는 경우와 나타나지 않은 경우를 놓고 보았을 때, 각 경우의 여러 조건 중 단 하나만이 차이를 보인다면 그 차이를 보이는 조건이 원인이 된다고 판단

　　예 현수와 승재는 둘 다 지능이나 학습 시간, 학습 환경 등이 비슷한데 공부하는 태도에는 약간의 차이가 있다. 따라서 두 사람이 성적이 차이를 보이는 것은 학습 태도의 차이 때문으로 생각된다.

③ **일치 · 차이 병용법** : 몇 개의 공통 현상이 나타나는 경우와 몇 개의 그렇지 않은 경우를 놓고 일치법과 차이법을 병용하여 적용함으로써 그 원인을 판단

　　예 학업 능력 정도가 비슷한 두 아동 집단에 대해 처음에는 같은 분량의 과제를 부여하고 나중에는 각기 다른 분량의 과제를 부여한 결과, 많이 부여한 집단의 성적이 훨씬 높게 나타났다. 이로 보아, 과제를 많이 부여하는 것이 적게 부여하는 것보다 학생의 학업 성적 향상에 도움이 된다고 판단할 수 있다.

④ **공변법** : 관찰하는 어떤 사실의 변화에 따라 현상의 변화가 일어날 때 그 변화의 원인이 무엇인지 판단

　　예 담배를 피우는 양이 각기 다른 사람들의 집단을 조사한 결과, 담배를 많이 피울수록 폐암에 걸릴 확률이 높다는 사실이 발견되었다.

⑤ **잉여법** : 앞의 몇 가지 현상이 뒤의 몇 가지 현상의 원인이며, 선행 현상의 일부분이 후행 현상의 일부분이라면, 선행 현상의 나머지 부분이 후행 현상의 나머지 부분의 원인임을 판단

　　예 어젯밤 일어난 사건의 혐의자는 정은이와 규민이 두 사람인데, 정은이는 알리바이가 성립되어 혐의 사실이 없는 것으로 밝혀졌다. 따라서 그 사건의 범인은 규민이일 가능성이 높다.

3. 유비 추론

두 개의 대상 사이에 일련의 속성이 동일하다는 사실에 근거하여 그것들의 나머지 속성도 동일하리라는 결론을 이끌어내는 추론, 즉 이미 알고 있는 것에서 다른 유사한 점을 찾아내는 추론을 말한다. 그렇기 때문에 유비 추론은 잣대(기준)가 되는 사물이나 현상이 있어야 한다. 유비 추론은 가설을 세우는 데 유용하다. 이미 알고 있는 사례로부터 아직 알지 못하는 것을 생각해 봄으로써 쉽게 가설을 세울 수 있다. 이때 유의할 점은 이미 알고 있는 사례와 이제 알고자 하는 사례가 매우 유사하다는 확신과 증거가 있어야 한다. 그렇지 않은 상태에서 유비 추론에 의해 결론을 이끌어내면, 그것은 개연성이 거의 없고 잘못된 결론이 될 수도 있다.

- 지구에는 공기, 물, 흙, 햇빛이 있다(A는 a, b, c, d의 속성을 가지고 있다).
- 화성에는 공기, 물, 흙, 햇빛이 있다(B는 a, b, c, d의 속성을 가지고 있다).
- 지구에 생물이 살고 있다(A는 e의 속성을 가지고 있다).
- 그러므로 화성에도 생물이 살고 있을 것이다(그러므로 B도 e의 속성을 가지고 있을 것이다).

1. 회전 모양

(1) 180° 회전한 도형은 좌우가 상하가 모두 대칭이 된 모양이 된다.

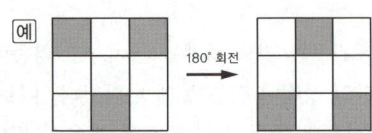

(2) 시계 방향으로 90° 회전한 도형은 시계 반대 방향으로 270° 회전한 도형과 같다.

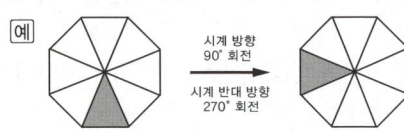

(3) 좌우 반전 → 좌우 반전, 상하 반전 → 상하 반전은 같은 도형이 된다.

(4) 도형을 거울에 비친 모습은 방향에 따라 좌우 또는 상하로 대칭된 모습이 나타난다.

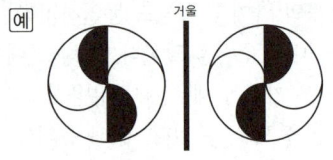

2. 회전 각도

도형의 회전 각도는 도형의 모양으로 유추할 수 있다.

(1) 회전한 모양이 회전하기 전의 모양과 같은 경우

도형	가능한 회전 각도
60°	$\cdots, \; -240°, \; -120°, \; +120°, \; +240°, \; \cdots$
90°	$\cdots, \; -180°, \; -90°, \; +90°, \; +180°, \; \cdots$
108°	$\cdots, \; -144°, \; -72°, \; +72°, \; +144°, \; \cdots$

(2) 회전한 모양이 회전하기 전의 모양과 다른 경우

회전 전 모양	회전 후 모양	회전한 각도

1. 논리구조

논리구조에서는 주로 단락과 문장 간의 관계나 글 전체의 논리적 구조를 정확히 파악했는지, 글의 순서를 바르게 나열하는 유형이 출제되고 있다. 따라서 제시문의 전체적인 흐름을 바탕으로 각 문단의 특징, 단락 간의 역할 등을 논리적으로 구조화할 수 있는 능력을 길러야 한다.

(1) 문장과 문장 간의 관계

① **상세화 관계** : 주지 → 구체적 설명(비교, 대조, 유추, 분류, 분석, 인용, 예시, 비유, 부연, 상술 등)

② **문제(제기)와 해결 관계** : 한 문장이 문제를 제기하고, 다른 문장이 그 해결책을 제시하는 관계(과제 제시 → 해결 방안, 문제 제기 → 해답 제시)

③ **선후 관계** : 한 문장이 먼저 발생한 내용을 담고, 다음 문장이 나중에 발생한 내용을 담고 있는 관계

④ **원인과 결과 관계** : 한 문장이 원인이 되고, 다른 문장이 그 결과가 되는 관계(원인제시 → 결과 제시, 결과 제시 → 원인 제시)

⑤ **주장과 근거 관계** : 한 문장이 필자가 말하고자 하는 바(주지)가 되고, 다른 문장이 그 문장의 증거(근거)가 되는 관계(주장 제시 → 근거 제시, 의견 제안 → 의견 설명)

⑥ **전제와 결론 관계** : 앞 문장에서 조건이나 가정을 제시하고, 뒤 문장에서 이에 따른 결론을 제시하는 관계

(2) 문장의 연결 방식

① **순접** : 원인과 결과, 부연 설명 등의 문장 연결에 쓰임

　예 그래서, 그리고, 그러므로 등

② **역접** : 앞글의 내용을 전면적 또는 부분적으로 부정

　예 그러나, 그렇지만, 그래도, 하지만 등

③ **대등·병렬** : 앞뒤 문장의 대비와 반복에 의한 접속

　예 및, 혹은, 또는, 이에 반하여 등

④ **보충·첨가** : 앞글의 내용을 보다 강조하거나 부족한 부분을 보충하기 위해 다른 말을 덧붙이는 문맥

　예 단, 곧, 즉, 더욱이, 게다가, 왜냐하면 등

⑤ **화제 전환** : 앞글과는 다른 새로운 내용을 이야기하기 위한 문맥

　예 그런데, 그러면, 다음에는, 이제, 각설하고 등

⑥ **비유·예시** : 앞글에 대해 비유적으로 다시 말하거나 구체적인 예를 보임

　예 예를 들면, 예컨대, 마치 등

(3) 원리 접근법

앞뒤 문장의 중심 의미 파악	→	앞뒤 문장의 중심 내용이 어떤 관계인지 파악	→	문장 간의 접속어, 지시어의 의미와 기능	→	문장의 의미와 관계성 파악
각 문장의 의미를 어떤 관계로 연결해서 글을 전개하는지 파악해야 한다.		지문 안의 모든 문장은 서로 논리적 관계성이 있다.		접속어와 지시어를 음미하는 것은 독해의 길잡이 역할을 한다.		문단의 중심 내용을 알기 위한 기본 분석 과정이다.

2. 논리적 이해

(1) 전제의 추론

전제의 추론은 규칙적으로 주어진 내용의 이면에 내포되어 있는 이미 옳다고 인정된 사실을 유추하는 유형이다.

① 먼저 주장이 무엇인지 명확하게 파악해야 한다.

② 주장이 성립하기 위해서 논리적으로 필요한 요건이 무엇인지 생각해 본다.

③ 선택지 중 주장과 논리적으로 인과 관계를 형성할 수 있는 조건을 찾아낸다.

(2) 결론의 추론

주어진 내용을 명확히 이해한 다음, 이를 근거로 이끌어낼 수 있는 올바른 결론이나 관련 사항을 논리적인 관점에서 찾는 문제 유형이다. 이와 같은 문제는 평상시 비판적이고 논리적인 관점으로 글을 읽는 연습을 충분히 해두어야 유리하다고 볼 수 있다.

> **자주 출제되는 유형**
> • 정의가 바르게 된 것
> • 문맥상 삭제해도 되는 부분
> • 빈칸에 들어갈 적절한 것
> • 다음 글에 이어 나올 수 있는 것
> • 글의 내용을 통해 알 수 없는 것
> • 가장 타당한 논증
> • 다음 내용이 들어가기에 가장 적절한 위치

이와 같은 유형의 문제를 풀 때는 먼저 제시문을 읽고, 그 글을 통해 타당성 여부를 검증해 가는 방법을 취하는 것이 좋다. 물론 통독(通讀)을 통해 각 문단에서 다루고 있는 내용이 무엇인지 미리 확인해 두어야만 선택지와 관련된 내용을 이끌어낼 근거가 언급된 부분을 쉽게 찾을 수 있다.

01 삼단논법

| 유형분석 |

- '$p \rightarrow q$, $q \rightarrow r$이면 $p \rightarrow r$이다.' 형식의 삼단논법과 명제의 대우를 활용하여 푸는 유형이다.
- 전제를 추리하거나 결론을 추리하는 유형이 출제된다.
- 'A○ → B×' 또는 '$p \rightarrow \sim q$'와 같이 명제를 단순화하여 정리하면서 풀어야 한다.

다음 명제가 모두 참일 때, 빈칸에 들어갈 명제로 가장 적절한 것은?

- 전제1. 공부를 하지 않으면 시험을 못 본다.
- 전제2. _____
- 결론. 공부를 하지 않으면 성적이 나쁘게 나온다.

① 공부를 한다면 시험을 잘 본다.
② 시험을 잘 본다면 공부를 한 것이다.
③ 성적이 좋다면 공부를 한 것이다.
④ 시험을 잘 본다면 성적이 좋은 것이다.
⑤ 성적이 좋다면 시험을 잘 본 것이다.

정답 ⑤

'공부를 함'을 p, '시험을 잘 봄'을 q, '성적이 좋게 나옴'을 'r'이라 하면 전제1은 $\sim p \rightarrow \sim q$, 결론은 $\sim p \rightarrow \sim r$이다. 따라서 $\sim q \rightarrow \sim r$이 전제2에 들어가야 $\sim p \rightarrow \sim q \rightarrow \sim r$이 되어 $\sim p \rightarrow \sim r$이 성립하며, 참인 명제의 대우도 역시 참이므로 빈칸에 들어갈 명제는 $\sim q \rightarrow \sim r$의 대우인 '성적이 좋다면 시험을 잘 본 것이다.'이다.

30초 컷 풀이 Tip

전제 추리 방법	결론 추리 방법
전제1이 $p \rightarrow q$일 때, 결론이 $p \rightarrow r$이라면 각 명제의 앞부분이 같으므로 뒷부분을 $q \rightarrow r$로 이어준다. 만일 형태가 이와 맞지 않는다면 대우 명제를 이용한다.	대우 명제를 활용하여 전제1과 전제2가 $p \rightarrow q$, $q \rightarrow r$의 형태로 만들어진다면 결론은 $p \rightarrow r$이다.

※ 다음 명제가 모두 참일 때, 빈칸에 들어갈 명제로 가장 적절한 것을 고르시오. [1~3]

01

- 전제1. 전기 수급에 문제가 생기면 많은 사람이 피해를 입는다.
- 전제2. _____
- 결론. 많은 사람이 피해를 입지 않았다면 전기를 낭비하지 않은 것이다.

① 전기를 낭비하면 많은 사람이 피해를 입는다.
② 전기를 낭비하면 전기 수급에 문제가 생긴다.
③ 많은 사람이 피해를 입으면 전기 수급에 문제가 생긴다.
④ 전기 수급에 문제가 없다면 많은 사람이 피해를 입는다.
⑤ 전기 수급에 문제가 생기지 않는다면 전기를 낭비하게 된다.

Easy

02

- 전제1. 회계팀의 팀원은 모두 회계 관련 자격증을 가지고 있다.
- 전제2. _____
- 결론. 돈 계산이 빠르지 않은 사람은 회계팀이 아니다.

① 회계팀이 아닌 사람은 돈 계산이 빠르다.
② 돈 계산이 빠른 사람은 회계 관련 자격증을 가지고 있다.
③ 회계팀이 아닌 사람은 회계 관련 자격증을 가지고 있지 않다.
④ 돈 계산이 빠르지 않은 사람은 회계 관련 자격증을 가지고 있다.
⑤ 돈 계산이 빠르지 않은 사람은 회계 관련 자격증을 가지고 있지 않다.

03

- 전제1. 축산산업이 발전하면 소득이 늘어난다.
- 전제2. 해외 수입이 줄어들면 축산산업이 발전한다.
- 결론. _____

① 해외수입이 줄어들면 소득이 줄어든다.
② 해외수입이 늘어나면 소득이 늘어난다.
③ 축산산업이 발전되면 소득이 줄어든다.
④ 해외수입이 줄어들면 소득이 늘어난다.
⑤ 축산산업이 발전되지 않으면 소득이 늘어난다.

| 유형분석 |

- '어떤', '모든' 등 일부 또는 전체를 나타내는 명제 유형이다.
- 전제를 추리하거나 결론을 추리하는 유형이 출제된다.
- 벤 다이어그램으로 나타내어 접근한다.

다음 명제가 모두 참일 때, 빈칸에 들어갈 명제로 가장 적절한 것은?

- 전제1. 어떤 키가 작은 사람은 농구를 잘한다.
- 전제2. _____
- 결론.　어떤 순발력이 좋은 사람은 농구를 잘한다.

① 어떤 키가 작은 사람은 순발력이 좋다.

② 농구를 잘하는 어떤 사람은 키가 작다.

③ 순발력이 좋은 사람은 모두 키가 작다.

④ 키가 작은 사람은 모두 순발력이 좋다.

⑤ 어떤 키가 작은 사람은 농구를 잘하지 못한다.

정답　④

'키가 작은 사람'을 A, '농구를 잘하는 사람'을 B, '순발력이 좋은 사람'을 C라고 하면, 전제1과 결론은 다음과 같이 벤 다이어그램으로 나타낼 수 있다.

1) 전제1　　　　　　　　　　　　　　　　　　　　　　2) 결론

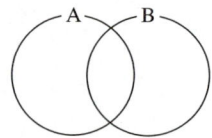　　　　　　　　　　　　　　　　　　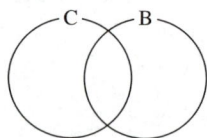

결론이 참이 되기 위해서는 B와 공통되는 부분의 A와 C가 연결되어야 하므로 A를 C에 모두 포함시켜야 한다. 즉, 다음과 같은 벤 다이어그램이 성립할 때 마지막 명제가 참이 될 수 있다.

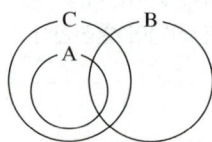

따라서 빈칸에 들어갈 명제는 '키가 작은 사람은 모두 순발력이 좋다.'이다.

① 다음과 같은 경우 성립하지 않는다.

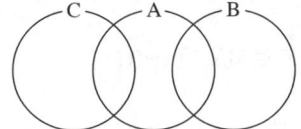

③ 다음과 같은 경우 성립하지 않는다.

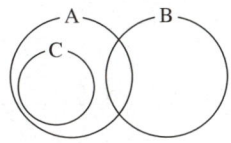

30초 컷 풀이 Tip

다음은 출제 가능성이 높은 명제 유형을 정리한 표이다. 이를 응용한 다양한 유형의 문제가 출제될 수 있으므로 대표적인 유형을 학습해 두어야 한다.

명제 유형		전제1	전제2	결론
유형1	명제	어떤 A는 B이다.	모든 A는 C이다.	어떤 C는 B이다. (=어떤 B는 C이다.)
	벤 다이어그램			
유형2	명제	모든 A는 B이다.	모든 A는 C이다.	어떤 C는 B이다. (=어떤 B는 C이다.)
	벤 다이어그램			

※ 다음 명제가 모두 참일 때, 빈칸에 들어갈 명제로 가장 적절한 것을 고르시오. **[1~3]**

01

- 전제1. 모든 과일은 맛이 있다.
- 전제2. 맛이 있는 어떤 것은 가격이 비싸다.
- 결론. _____

① 맛이 있으면 과일이다.
② 가격이 비싸면 과일이다.
③ 맛이 있는 과일은 가격이 비싸다.
④ 과일은 맛도 있고 가격도 비싸다.
⑤ 과일은 가격이 비쌀 수도 있고, 비싸지 않을 수도 있다.

02

- 전제1. 어떤 경위는 파출소장이다.
- 전제2. _____
- 결론. 30대 중 파출소장이 아닌 사람이 있다.

① 모든 경위는 30대이다.
② 30대는 모두 경위이다.
③ 어떤 경위는 30대이다.
④ 어떤 경위는 30대가 아니다.
⑤ 모든 경위는 파출소장이 아니다.

03

- 전제1. 인형을 좋아하는 어떤 아이는 동물을 좋아한다.
- 전제2. _____
- 결론. 인형을 좋아하는 어떤 아이는 친구를 좋아한다.

① 동물을 좋아하는 아이는 친구를 좋아한다.
② 친구를 좋아하는 아이는 동물을 좋아한다.
③ 친구를 좋아하는 어떤 아이는 동물을 좋아한다.
④ 동물을 좋아하는 어떤 아이는 친구를 좋아한다.
⑤ 동물을 좋아하지 않는 아이는 친구를 좋아하지 않는다.

| 유형분석 |

- 추리영역 중에서도 체감난이도가 상대적으로 높은 유형으로 알려져 있으나, 문제풀이 패턴을 익히면 시간을 절약할 수 있는 문제이다.
- 각 진술 사이의 모순을 찾아 성립하지 않는 경우의 수를 제거하거나, 경우의 수를 나누어 모든 조건이 들어맞는지를 확인해야 한다.

S그룹에 지원한 취업준비생 갑 ~ 무 5명 중 1명이 합격하였으며 취업준비생들은 다음과 같이 이야기하였다. 이들 중 1명이 거짓말을 하였을 때, 합격한 사람은?

- 갑 : 을은 합격하지 않았다.
- 을 : 합격한 사람은 정이다.
- 병 : 내가 합격하였다.
- 정 : 을의 말은 거짓말이다.
- 무 : 나는 합격하지 않았다.

① 갑   ② 을
③ 병   ④ 정
⑤ 무

정답 ③

을과 정은 상반된 이야기를 하고 있으므로 2명 중 1명은 진실, 다른 1명은 거짓을 말하고 있다.
ⅰ) 을이 진실, 정이 거짓인 경우 : 정을 제외한 4명의 말은 모두 참이므로 합격자는 병, 정이 되는데, 합격자는 1명이어야 하므로 모순이다. 그러므로 을은 거짓, 정은 진실을 말한다.
ⅱ) 을이 거짓, 정이 진실인 경우 : 정을 제외한 4명의 말은 모두 참이므로 합격자는 병이다.
따라서 합격자는 병이 된다.

30초 컷 풀이 Tip

ⅰ) 두 명 이상의 발언 중 한쪽이 진실이면 다른 한쪽이 거짓인 경우
  1) A가 진실이고 B가 거짓인 경우, B가 진실이고 A가 거짓인 경우 두 가지로 나눌 수 있다.
  2) 두 가지 경우에서 각 발언의 진위 여부를 판단한다.
  3) 제시된 조건과 비교한다(범인의 숫자가 맞는지, 진실 또는 거짓을 말한 인원수가 조건과 맞는지 등).

ⅱ) 두 명 이상의 발언 중 한쪽이 진실이면 다른 한쪽도 진실인 경우
  1) A와 B가 모두 진실인 경우, A와 B가 모두 거짓인 경우 두 가지로 나눌 수 있다.
  2) 두 가지 경우에서 각 발언의 진위 여부를 판단하여 범인을 찾는다.
  3) 제시된 조건과 비교한다(범인의 숫자가 맞는지, 진실 또는 거짓을 말한 인원수가 조건과 맞는지 등).

01 S사는 다음 달 행사를 위해 담당 역할을 배정하려고 한다. A ~ E 5명 중 1명만 거짓을 말할 때, 바르게 추론한 것은?

> • A : 저는 '홍보'를 담당하고 있고, C는 참을 말하고 있어요.
> • B : 저는 숫자를 다뤄야 하는 '예산'과는 거리가 멀어서, 이 역할은 피해서 배정받았죠.
> • C : 저는 친화력이 좋아서 '섭외'를 배정해 주셨어요.
> • D : 저는 '구매'를 담당하고, C는 '기획'을 담당하고 있어요.
> • E : 저는 '예산'을 담당하고 있어요.

① B는 예산을 담당한다.
② D는 섭외를 담당한다.
③ A는 거짓을 말하고 있다.
④ A는 홍보를 담당하고 있다.
⑤ C는 섭외를 담당하지 않는다.

02 S백화점 명품관에서 도난 사건이 발생했다. CCTV 확인을 통해 그 시각 백화점 명품관에 있던 A ~ F 6명의 용의자가 검거됐다. 이들 중 범인인 2명이 거짓말을 하고 있다고 할 때, 거짓말을 한 사람은?

> • A : F가 성급한 모습으로 나가는 것을 봤어요.
> • B : C가 가방 속에 무언가 넣는 모습을 봤어요.
> • C : 나는 범인이 아닙니다.
> • D : B 혹은 A가 훔치는 것을 봤어요.
> • E : F가 범인인 게 확실해요. CCTV를 자꾸 신경 쓰고 있었거든요.
> • F : 얼핏 봤는데, 제가 본 도둑은 C 아니면 E예요.

① A, C   ② B, C
③ B, F   ④ D, E
⑤ E, F

03 동아리 회비를 담당하고 있는 F팀장은 점심시간 후, 회비가 감쪽같이 사라진 것을 발견했다. 점심시간 동안 사무실에 있었던 사람은 A ~ E 5명이며 이 중 2명은 범인이고, 3명은 범인이 아니다. 범인은 거짓말을 하고, 범인이 아닌 사람은 진실을 말한다고 할 때, 다음 〈조건〉을 토대로 바르게 추론한 것은?

조건

- A는 B, D 중 1명이 범인이라고 주장한다.
- B는 C가 범인이라고 주장한다.
- C는 B가 범인이라고 주장한다.
- D는 A가 범인이라고 주장한다.
- E는 A와 B가 범인이 아니라고 주장한다.

① A는 범인이다.
② B가 범인이다.
③ C와 E가 범인이다.
④ A와 D 중 범인이 있다.
⑤ 범인이 누구인지 제시된 조건만으로는 알 수 없다.

Hard

04 S기업이 해외공사에 사용될 설비를 구축할 업체 두 곳을 선정하려고 한다. 구축해야 할 설비는 중동, 미국, 서부, 유럽에 2개씩 총 8개이며, 경쟁업체는 A ~ C업체이다. 다음 정보가 참 또는 거짓이라고 할 때, 〈보기〉에서 참을 말하는 직원을 모두 고르면?

- A업체는 최소한 3개의 설비를 구축할 예정이다.
- B업체는 중동, 미국, 서부, 유럽에 설비를 하나씩 구축할 예정이다.
- C업체는 중동지역 2개, 유럽지역 2개의 설비를 구축할 예정이다.

보기

- 이사원 : A업체가 참일 경우, B업체는 거짓이 된다.
- 김주임 : B업체가 거짓일 경우, A업체는 참이 된다.
- 장대리 : C업체가 참일 경우, A업체도 참이 된다.

① 이사원   ② 김주임
③ 장대리   ④ 이사원, 김주임
⑤ 김주임, 장대리

배열하기·묶기·연결하기

| 유형분석 |

- 제시된 조건에 따라 한 줄로 세우거나 자리를 배치하는 유형이다.
- 평소 충분한 연습이 되어있지 않으면 풀기 어려운 유형이므로, 최대한 다양한 유형을 접해 보고 패턴을 익히는 것이 좋다.

S전자 마케팅팀에는 A부장, B·C과장, D·E대리, F·G신입사원 총 7명이 근무하고 있다. A부장은 신입사원 입사 기념으로 팀원들을 데리고 영화관에 갔다. 영화를 보기 위해 다음 〈조건〉에 따라 자리에 앉는다고 할 때, 항상 참인 것은?

조건

- 7명은 7자리가 일렬로 붙어 있는 좌석에 앉는다.
- 양 끝자리 옆에는 비상구가 있다.
- D와 F는 인접한 자리에 앉는다.
- A와 B 사이에는 1명이 앉아 있다.
- C와 G 사이에는 1명이 앉아 있다.
- G는 왼쪽 비상구 옆 자리에 앉아 있다.

① E는 D와 B 사이에 앉는다.
② C 양옆에는 A와 B가 앉는다.
③ 가운데 자리에는 항상 B가 앉는다.
④ D는 비상구와 붙어 있는 자리에 앉는다.
⑤ G와 가장 멀리 떨어진 자리에 앉는 사람은 D이다.

여섯 번째 조건에 따라 G는 첫 번째 자리에 앉고, 다섯 번째 조건에 따라 C는 세 번째 자리에 앉는다.
A와 B가 네 번째·여섯 번째 또는 다섯 번째·일곱 번째 자리에 앉으면 D와 F가 나란히 앉을 수 없으므로 A와 B는 두 번째,
네 번째 자리에 앉는다. 그러면 남은 자리는 다섯·여섯·일곱 번째 자리이므로 D와 F는 다섯·여섯 번째 또는 여섯·일곱 번째
자리에 앉게 되고, 나머지 한 자리에 E가 앉는다. 이를 정리하면 다음과 같다.

구분	1	2	3	4	5	6	7
경우 1	G	A	C	B	D	F	E
경우 2	G	A	C	B	F	D	E
경우 3	G	A	C	B	E	D	F
경우 4	G	A	C	B	E	F	D
경우 5	G	B	C	A	D	F	E
경우 6	G	B	C	A	F	D	E
경우 7	G	B	C	A	E	D	F
경우 8	G	B	C	A	E	F	D

따라서 C의 양 옆에는 항상 A와 B가 앉으므로 ②는 항상 참이다.

오답분석
① 경우 3, 경우 4, 경우 7, 경우 8에서만 가능하며, 나머지 경우에는 성립하지 않는다.
③ B는 두 번째 자리에 앉을 수도 있다.
④·⑤ 경우 4와 경우 8에서만 가능하며, 나머지 경우에는 성립하지 않는다.

30초 컷 풀이 Tip

이 유형에서 가장 먼저 해야 할 일은 고정된 조건을 찾는 것이다. 고정된 조건을 찾아 그 부분을 정해놓으면 경우의 수가
훨씬 줄어든다.

01 S회사에 재직 중인 A ~ D 4명은 각각 서로 다른 지역인 인천, 세종, 대전, 강릉에서 근무하고 있다. A ~ D 4명 모두 연수에 참여하기 위해 서울에 있는 본사를 방문한다고 할 때, 다음에 근거하여 바르게 추론한 것은?(단, A ~ D 모두 같은 종류의 교통수단을 이용하고, 이동 시간은 거리가 멀수록 많이 소요되며, 그 외 소요되는 시간은 서로 동일하다)

- 서울과의 거리가 먼 순서대로 나열하면 강릉 – 대전 – 세종 – 인천 순이다.
- D가 서울에 올 때, B보다 더 많은 시간이 소요된다.
- C는 A보다는 많이 B보다는 적게 시간이 소요된다.

① B는 세종에 근무한다.
② C는 대전에 근무한다.
③ D는 강릉에 근무한다.
④ C는 B보다 먼저 출발해야 한다.
⑤ 이동 시간이 긴 순서대로 나열하면 C – D – B – A이다.

02 S사에서는 신입사원이 입사하면 서울 지역 내 5개 지점을 선정하여 순환근무를 하며 업무환경과 분위기를 익히도록 하고 있다. 입사동기인 A ~ E 5명의 순환근무 〈조건〉이 다음과 같을 때, 항상 참인 것은?

> **조건**
> - 각 지점에는 한 번에 1명의 신입사원만 근무할 수 있다.
> - 5개의 지점은 강남, 구로, 마포, 잠실, 종로이며, 모든 지점에 한 번씩 배치된다.
> - 지금은 세 번째 순환근무 기간이고 현재 근무하는 지점은 다음과 같다.
>   [A – 잠실, B – 종로, C – 강남, D – 구로, E – 마포]
> - C와 B는 구로에서 근무한 적이 있다.
> - D의 다음 근무지는 강남이고, 종로에서 가장 마지막에 근무한다.
> - E와 D는 잠실에서 근무한 적이 있다.
> - 마포에서 아직 근무하지 않은 사람은 A와 B이다.
> - B가 현재 근무하는 지점은 E의 첫 순환근무지이고, E가 현재 근무하는 지점은 A의 다음 순환근무지이다.

① E는 아직 구로에서 근무하지 않았다.
② C는 마포에서 아직 근무하지 않았다.
③ 강남에서 가장 먼저 근무한 사람은 D이다.
④ 지금까지 강남에서 근무한 사람은 A, B, E이다.
⑤ 다음 순환근무 기간에 잠실에서 근무하는 사람은 C이다.

03 경제학과, 물리학과, 통계학과, 지리학과 학생인 A ~ D 4명은 검은색, 빨간색, 흰색의 3가지 색 중 최소 1가지 이상의 색을 좋아한다. 다음 〈조건〉에 따라 항상 참이 되는 것은?

조건

- 경제학과 학생은 검은색과 빨간색만 좋아한다.
- 경제학과 학생과 물리학과 학생은 좋아하는 색이 서로 다르다.
- 통계학과 학생은 빨간색만 좋아한다.
- 지리학과 학생은 물리학과 학생과 통계학과 학생이 좋아하는 색만 좋아한다.
- C는 검은색을 좋아하고, B는 빨간색을 좋아하지 않는다.

① A는 통계학과이다.
② B는 물리학과이다.
③ C는 지리학과이다.
④ D는 경제학과이다.
⑤ B와 C는 빨간색을 좋아한다.

04 S전자 마케팅부 직원 A ~ J 10명이 점심식사를 하러 가서, 다음 〈조건〉에 따라 6인용 원형 테이블 2개에 각각 4명, 6명씩 나눠 앉았다. 다음 중 항상 거짓인 것은?

조건

- A와 I는 빈자리 하나만 사이에 두고 앉아 있다.
- C와 D는 1명을 사이에 두고 앉아 있다.
- F의 양 옆 중 오른쪽 자리만 비어 있다.
- E는 C나 D의 옆자리가 아니다.
- H의 바로 옆에 G가 앉아 있다.
- H는 J와 마주보고 앉아 있다.

① D의 옆에 J가 앉아 있다.
② H와 I는 다른 테이블이다.
③ A와 B는 같은 테이블이다.
④ C와 G는 마주보고 앉아 있다.
⑤ A의 양 옆은 모두 빈자리이다.

| 유형분석 |

- 3×3의 칸에 나열된 각 도형 사이의 규칙을 찾아 물음표에 들어갈 알맞은 도형을 찾는 유형이다.
- 이때 규칙은 가로 또는 세로로 적용되며, 회전, 색 반전, 대칭, 겹치는 부분 지우기 / 남기기 / 색 반전 등 다양한 규칙이 적용된다.
- 온라인 GSAT에서는 비교적 간단한 규칙이 출제되고 있다.

다음 도형의 규칙을 보고 물음표에 들어갈 도형으로 알맞은 것을 고르면?

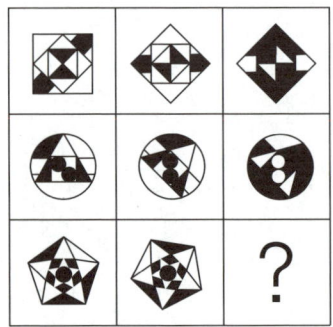

①

②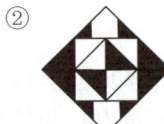

③

④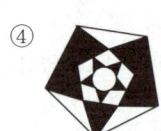

⑤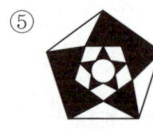

규칙은 가로로 적용된다.

첫 번째 도형을 시계 방향으로 45° 회전한 것이 두 번째 도형, 이를 색 반전한 것이 세 번째 도형이다.

30초 컷 풀이 Tip

1. 규칙 방향 파악

   규칙이 적용되는 방향이 가로인지 세로인지부터 파악한다. 해당 문제처럼 세 도형이 서로 다른 모양일 때에는 쉽게 파악할 수 있지만 아닌 경우도 많다. 모양이 비슷한 경우에는 가로와 세로 모두 확인하여 규칙이 적용된 방향을 유추해야 한다.

2. 규칙 유추

   규칙을 유추하기 쉬운 도형을 기준으로 규칙을 파악한다. 나머지 도형을 통해 유추한 규칙이 맞는지 확인한다.

주요 규칙

규칙		예시
회전	45° 회전	 시계 방향
	60° 회전	 시계 반대 방향
	90° 회전	 시계 반대 방향
	120° 회전	 시계 반대 방향
	180° 회전	
색 반전		
대칭	x축 대칭	
	y축 대칭	

※ 다음 도형의 규칙을 보고 물음표에 들어갈 도형으로 알맞은 것을 고르시오. [1~4]

01

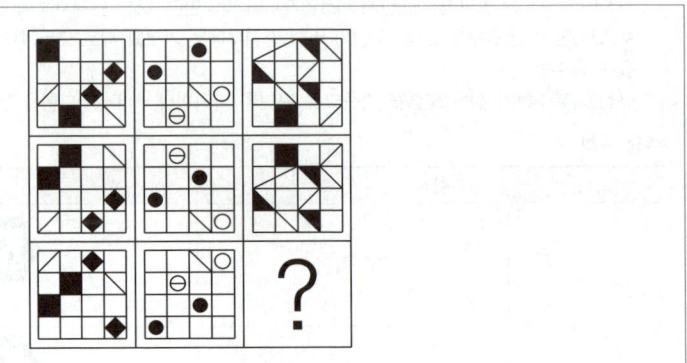

① 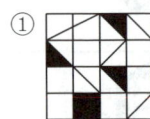　　　　　②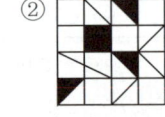

③ 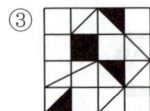　　　　　④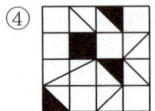

⑤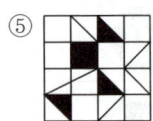

02

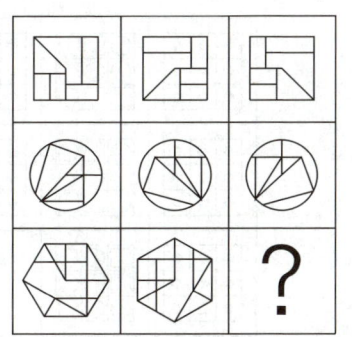

①

②

③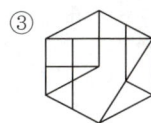

④

⑤

①

②

③

④

⑤

04

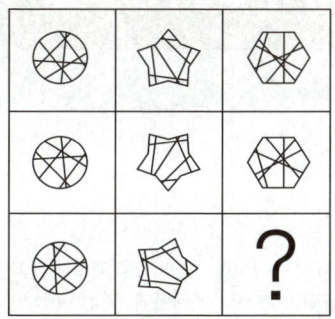

①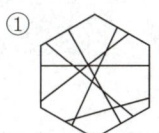

②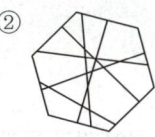

③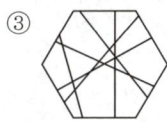

④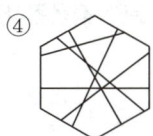

⑤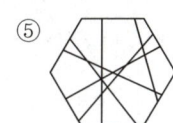

PART 2

06 도식추리

| 유형분석 |

- 문자를 바꾸는 규칙을 파악한 후, 제시된 규칙이 적용되었을 때 물음표에 들어갈 문자로 알맞은 것을 고르는 유형이다.
- 규칙들이 2개 이상 한꺼번에 적용되어 제시되기 때문에 각각의 예시만 봐서는 규칙을 파악하기 어렵다. 공통되는 규칙이 있는 예시를 찾아 서로 비교하여 각 문자열의 위치가 바뀌었는지 / 숫자의 변화가 있었는지 등을 확인하며 규칙을 찾아야 한다.

다음 도식에서 기호들은 일정한 규칙에 따라 문자를 변화시킨다. 물음표에 들어갈 문자로 알맞은 것은?(단, 규칙은 가로와 세로 중 한 방향으로만 적용된다)

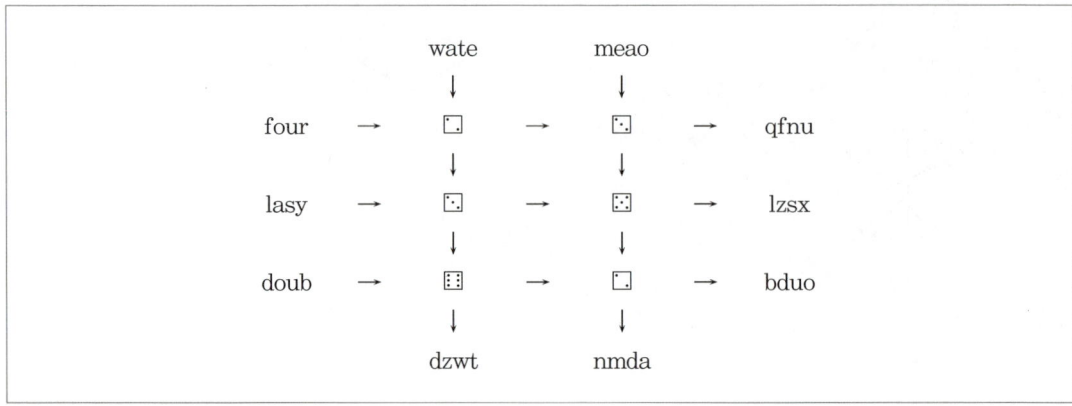

ㄱㅊㄷㅈ → □ → □ → ?

① ㅈㄱㅊㄷ ② ㄴㅈㅊㄷ
③ ㄴㅈㅊㄱ ④ ㅇㄱㅈㄷ
⑤ ㄱㅊㄴㅈ

1. 규칙 파악할 순서 찾기

   ⬚ → ⬚ and ⬚ → ⬚

2. 규칙 파악

1	2	3	4	5	6	7	8	9	10	11	12	13	14	15	16	17	18	19	20	21	22	23	24	25	26
A	B	C	D	E	F	G	H	I	J	K	L	M	N	O	P	Q	R	S	T	U	V	W	X	Y	Z
ㄱ	ㄴ	ㄷ	ㄹ	ㅁ	ㅂ	ㅅ	ㅇ	ㅈ	ㅊ	ㅋ	ㅌ	ㅍ	ㅎ	ㄱ	ㄴ	ㄷ	ㄹ	ㅁ	ㅂ	ㅅ	ㅇ	ㅈ	ㅊ	ㅋ	ㅌ

- ⬚ : 가로 두 번째 도식과 세로 두 번째 도식에서 ⬚ → ⬚ 규칙이 겹치므로 이를 이용하면 ⬚의 규칙이 1234 → 4123임을 알 수 있다.
- ⬚ and ⬚ : ⬚의 규칙을 찾았으므로 가로 첫 번째 도식에서 ⬚의 규칙이 각 자릿수 −1, 0, −1, 0임을 알 수 있다. 같은 방법으로 가로 세 번째 도식에서 ⬚의 규칙이 1234 → 1324임을 알 수 있다.
- ⬚ : ⬚의 규칙을 찾았으므로 가로 두 번째 도식에서 ⬚의 규칙이 각 자릿수 +1, −1, +1, −1임을 알 수 있다.

따라서 정리하면 다음과 같다.

⬚ : 1234 → 4123

⬚ : 각 자릿수 −1, 0, −1, 0

⬚ : 1234 → 1324

⬚ : 각 자릿수 +1, −1, +1, −1

ㄱㅊㄷㅈ → ㅈㄱㅊㄷ → ㅇㄱㅈㄷ
　　　　　　⬚　　　　　　⬚

30초 컷 풀이 Tip

문자 순서 표기
문제를 보고 규칙을 찾기 전에 문제에서 사용한 문자를 순서대로 적어놓아야 빠르게 풀이할 수 있다.

묶음 규칙 이용
규칙을 한 번에 파악할 수 없을 때 두 가지 이상의 규칙을 한 묶음으로 생각하여 접근한다.

예

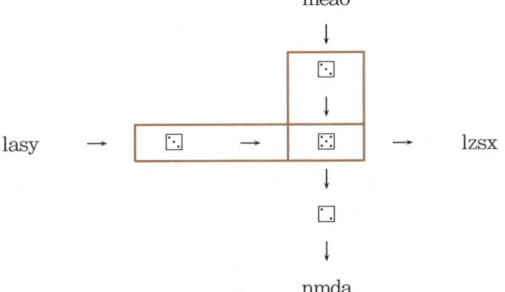

가로 도식에서 ⬚ → ⬚ 규칙을 한 묶음으로 생각하면 last → ⬚ → ⬚ → lzss이므로 ⬚ → ⬚는 각 자릿수 0, −1, 0, −1의 규칙을 갖는다.

세로 도식에서 meao은 ⬚ → ⬚의 규칙이 적용되면 mdan이 되므로 mdan → ⬚ → nmda이다. 따라서 ⬚의 규칙은 1234 → 4123이다.

규칙 정리
유추한 규칙을 알아볼 수 있도록 정리해 둔다.

기출 규칙
GSAT에서 자주 출제되는 규칙은 크게 두 가지이다.

규칙	예시
순서 교체	1234 → 4321
각 자릿수 + 또는 −	+1, −1, +1, −1

※ 다음 도식에서 기호들은 일정한 규칙에 따라 문자를 변화시킨다. 물음표에 들어갈 문자로 알맞은 것을 고르시오(단, 규칙은 가로와 세로 중 한 방향으로만 적용된다). **[1~4]**

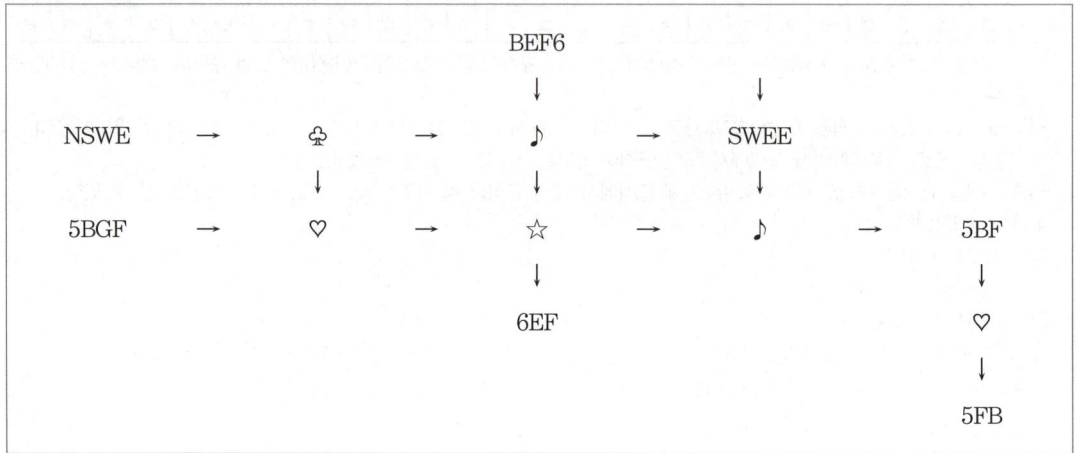

Easy

01

| DRT4 → ♣ → ? |

① DDRT4　　　　　　　　② 4DRT4
③ DRT44　　　　　　　　④ 4TRD
⑤ 4RTD

02

$$WCF7 \rightarrow ♪ \rightarrow ♡ \rightarrow ?$$

① 7FCW   ② 7CFW
③ 7WCF   ④ WCF
⑤ C7F

03

$$PLK6 \rightarrow ☆ \rightarrow ♧ \rightarrow ?$$

① 6PLK   ② 66PLK
③ 6PLK6   ④ PLK66
⑤ 6PLKK

04

$$WRGB \rightarrow ♡ \rightarrow ☆ \rightarrow ♪ \rightarrow ?$$

① WRBG   ② GWRB
③ WRB   ④ GWR
⑤ GWRBB

07 문단나열

| 유형분석 |

- 글의 내용과 흐름을 잘 파악하고 있는지를 평가하는 유형이다.
- 문단 순서 나열에서 가장 중요한 것은 지시어와 접속어이므로 접속어의 쓰임에 대해 정확히 알고 있어야 하며, 지시어가 가리키는 것이 무엇인지 잘 파악해야 한다.

다음 문단을 논리적 순서대로 바르게 나열한 것은?

(가) 본성 대 양육 논쟁은 앞으로 치열하게 전개될 소지가 많다. 하지만 유전과 환경이 인간의 행동에 어느 정도 영향을 미치는가를 따지는 일은 멀리서 들려오는 북소리가 북에 의한 것인지, 아니면 연주자에 의한 것인지를 분석하는 것처럼 부질없는 것인지 모른다. 본성과 양육 다 인간 행동에 필수적인 요인이므로.

(나) 20세기 들어 공산주의와 나치주의의 출현으로 본성 대 양육 논쟁이 극단으로 치달았다. 공산주의의 사회 개조론은 양육을, 나치즘의 생물학적 결정론은 본성을 옹호하는 이데올로기이기 때문이다. 히틀러의 유대인 대량 학살에 충격을 받은 과학자들은 환경 결정론에 손을 들어 줄 수밖에 없었다. 본성과 양육 논쟁에서 양육 쪽이 일방적인 승리를 거두게 된 것이다.

(다) 이러한 추세는 1958년 미국 언어학자 노엄 촘스키에 의해 극적으로 반전되기 시작했다. 촘스키가 치켜든 선천론의 깃발은 진화 심리학자들이 승계했다. 진화 심리학은 사람의 마음을 생물학적 적응의 산물로 간주한다. 1992년 심리학자인 레다 코스미데스와 인류학자인 존 투비 부부가 함께 저술한 『적응하는 마음』이 출간된 것을 계기로 진화 심리학은 하나의 독립된 연구 분야가 됐다. 말하자면 윌리엄 제임스의 본능에 대한 개념이 1세기 만에 새 모습으로 부활한 셈이다.

(라) 더욱이 1990년부터 인간 게놈 프로젝트가 시작됨에 따라 본성과 양육 논쟁에서 저울추가 본성 쪽으로 기울면서 생물학적 결정론이 더욱 강화되었다. 그러나 2001년 유전자 수가 예상보다 적은 3만여 개로 밝혀지면서 본성보다는 양육이 중요하다는 목소리가 커지기 시작했다. 이를 계기로 본성 대 양육 논쟁이 재연되기에 이르렀다.

① (가) - (나) - (다) - (라)
② (가) - (나) - (라) - (다)
③ (가) - (다) - (나) - (라)
④ (나) - (다) - (라) - (가)
⑤ (나) - (라) - (다) - (가)

④

'본성 대 양육 논쟁'이라는 화제를 제기하는 (나) 문단을 도입부로 해야 하며, (다) 문단의 '이러한 추세'가 가리키는 것이 (나) 문단에서 언급한 '양육 쪽이 일방적인 승리를 거두게 된 것'이므로, (나) – (다) 문단 순으로 이어지는 것이 자연스럽다. 또한 (라) 문단의 첫 번째 문장, '더욱이'는 앞 내용과 연결되는 내용을 덧붙여 앞뒤 문장을 이어주는 말이므로 (다) 문단의 뒤에 이어져야 하며, 마지막으로 본성과 양육 논쟁의 가열을 전망하면서 본성과 양육 모두 인간 행동에 필수적인 요인임을 밝히고 있는 (가) 문단 순으로 나열하는 것이 적절하다.

30초 컷 풀이 Tip

먼저 각 문단에 자리한 지시어와 접속어를 살펴본다. 문두에 접속어가 오거나 문단 중간에 지시어가 나오는 경우 글의 첫 번째 문단이 될 수 없다. 따라서 이러한 문단들을 하나씩 소거해 나가다 보면 첫 문단이 될 수 있는 것을 찾을 수 있다. 또한, 선택지를 참고하여 문단의 순서를 생각해 보는 것도 시간을 단축하는 좋은 방법이 될 수 있다.

※ 다음 문장 또는 문단을 논리적 순서대로 바르게 나열한 것을 고르시오. [1~4]

Easy

01

(가) 1970년 이후 적정기술을 기반으로 많은 제품이 개발되어 현지에 보급되어 왔지만, 그 성과에 대해서는 여전히 논란이 있다.

(나) 적정기술은 새로운 기술이 아닌 우리가 알고 있는 여러 기술 중의 하나로, 어떤 지역의 직면한 문제를 해결하는 데 적절하게 사용된 기술이다.

(다) 빈곤 지역의 문제 해결을 위해서는 기술 개발 이외에도 지역 문화에 대한 이해와 현지인의 교육까지도 필요하다.

(라) 이는 기술의 보급만으로는 특정 지역의 빈곤 탈출과 경제적 자립을 이룰 수 없기 때문이다.

① (가) - (나) - (다) - (라) 　　② (가) - (라) - (나) - (다)
③ (나) - (가) - (라) - (다) 　　④ (나) - (다) - (라) - (가)
⑤ (다) - (라) - (나) - (가)

02

(가) 이와 같이 임베디드 금융의 개선을 위해서는 효과적인 보안 시스템과 프라이버시 보호 방안을 도입하여 사용자의 개인정보를 안전하게 관리하는 것이 필요하다. 또한 디지털 기기의 접근성을 개선하고 사용자들이 편리하게 이용할 수 있는 환경을 조성해야 한다.

(나) 임베디드 금융은 기업과 소비자 모두에게 이점을 제공한다. 기업은 제품과 서비스에 금융 기능을 통합함으로써 자사 플랫폼 의존도를 높이고, 수집한 고객의 정보를 통해 매출을 증대시킬 수 있으며, 고객들에게 편리한 금융 서비스를 제공할 수 있다. 소비자의 경우는 모바일 앱을 통해 간편하게 금융 거래를 할 수 있고, 스마트기기 하나만으로 다양한 금융 상품에 접근할 수 있어 편의성과 접근성이 크게 향상된다.

(다) 그러나 임베디드 금융은 개인정보 보호와 안전성에 대한 관리가 필요하다. 사용자의 금융 데이터와 개인정보가 디지털 플랫폼이나 기기에 저장되므로 해킹이나 데이터 유출과 같은 사고가 발생할 수 있다. 이는 사용자의 프라이버시 침해와 금융 거래 안전성에 대한 심각한 위협이 될 수 있다. 또한 모든 사람들이 안정적인 인터넷 연결과 임베디드 금융이 포함된 최신 기기를 보유하고 있지는 않기 때문에 디지털 기기에 익숙하지 않은 사람들은 임베디드 금융 서비스를 제공받는 데 제한을 받을 수 있다.

(라) 임베디드 금융은 비금융 기업이 자신의 플랫폼이나 디지털 기기에 금융 서비스를 탑재하는 것을 뜻한다. S페이나 A페이 같은 결재 서비스부터 대출이나 보험까지 임베디드 금융은 제품과 서비스에 금융 기능을 통합하여 사용자에게 편의성과 접근성을 높여준다.

① (가) - (다) - (라) - (나) 　　② (나) - (가) - (다) - (라)
③ (나) - (라) - (다) - (가) 　　④ (라) - (나) - (다) - (가)
⑤ (라) - (다) - (나) - (가)

03

(가) 환경부 국장은 "급식인원이 하루 50만 명에 이르는 E놀이공원이 음식문화 개선에 앞장서는 것은 큰 의미가 있다."면서, "이번 협약을 계기로 대기업 중심의 범국민적인 음식문화 개선 운동이 빠르게 확산될 것으로 기대한다."고 말했다.

(나) 놀이공원은 환경부와 하루 평균 15,000여 톤에 이르는 과도한 음식물쓰레기 발생으로 연간 20조 원의 경제적인 낭비가 초래되고 있는 상황의 심각성을 인지하고, 상호협력하여 음식물쓰레기 줄이기 방안을 적극 추진하기로 했다.

(다) 이날 체결한 협약에 따라 E놀이공원에서 운영하는 전국 500여 단체급식 사업장과 외식사업장에서는 구매, 조리, 배식 등 단계별로 음식물쓰레기 줄이기 활동을 전개하고, 사업장별 특성에 맞는 감량 활동 및 다양한 홍보 캠페인 실시, 인센티브 제공을 통해 이용 고객들의 적극적인 참여를 유도할 계획이다.

(라) 이에, 환경부 국장과 E놀이공원 사업부장은 지난 26일, 환경부, 환경연구소 및 E놀이공원 관계자 등이 참석한 가운데, 〈음식문화 개선대책〉에 대한 자발적 협약을 체결하였다.

① (나) – (라) – (가) – (다)　　　　　② (나) – (라) – (다) – (가)
③ (라) – (나) – (다) – (가)　　　　　④ (라) – (다) – (가) – (나)
⑤ (라) – (다) – (나) – (가)

04

(가) 19세기 초 헤겔은 시민사회라는 용어를 국가와 구분하여 정교하게 정의하였다. 그가 활동하던 시기에 유럽의 후진국인 프러시아에는 미성숙한 산업 자본주의로 인해 심각한 빈부 격차나 계급 갈등 등의 사회 문제를 해결해야 하는 시대적 과제가 있었다.

(나) 따라서 그는 시민사회가 개인들의 사익을 추구하며 살아가는 생활 영역이자 그 욕구를 사회적 의존 관계 속에서 추구하게 하는 공동체 윤리성의 영역이어야 한다고 생각했다. 특히 시민사회 내에서 사익 조정과 공익 실현에 기여하는 직업 단체와 복지 및 치안 문제를 해결하는 복지 행정 조직의 역할을 설정하여 시민사회를 이상적인 국가로 이끌고자 하였다.

(다) 하지만 이러한 시민사회 내에서도 빈곤과 계급 갈등은 근원적으로 해결될 수 없었다. 결국 그는 국가를 사회 문제 해결과 공적 질서 확립의 최종 주체로 설정하고, 시민사회가 국가에 협력해야 한다고 생각했다.

(라) 헤겔은 공리주의가 사익의 극대화를 통해 국부(國富)를 증대해 줄 수 있으나, 그것이 시민사회 내에서 개인들의 무한한 사익 추구가 일으키는 빈부 격차나 계급 갈등 등의 사회문제를 해결할 수는 없다고 보았다.

① (가) – (나) – (다) – (라)　　　　　② (가) – (다) – (나) – (라)
③ (가) – (라) – (나) – (다)　　　　　④ (나) – (다) – (라) – (가)
⑤ (나) – (라) – (다) – (가)

| 유형분석 |

- 제시문을 바탕으로 추론했을 때 항상 참 또는 거짓인 것을 고르는 유형이다.
- 언어이해 영역의 내용일치와 유사한 면이 있으나 내용일치가 지문에 제시된 내용인지 아닌지만 확인하는 유형이라면, 내용추론은 지문에 직접적으로 제시되지 않은 내용까지 추론하여 답을 도출해야 한다는 점에서 차이가 있다.

다음 글의 내용이 참일 때 항상 거짓인 것은?

루머는 구전과 인터넷을 통해 확산되고, 그 과정에서 여러 사람들의 의견이 더해진다. 루머는 특히 사회적 불안감이 형성되었을 때 빠르게 확산되는데, 이는 사람들이 사회적·개인적 불안감을 해소하기 위한 수단으로 루머에 의지하기 때문이다.

나아가 루머가 확산되는 데는 사회적 동조가 중요한 영향을 미친다. 사회적 동조란 '다수의 의견이나 사회적 규범에 개인의 의견과 행동을 맞추거나 동화시키는 경향'을 뜻한다. 사회적 동조는 루머가 사실로 인식되고 대중적으로 수용되는 과정에서도 큰 영향력을 행사한다.

사회적 동조는 개인이 어떤 정보에 대해 판단하거나 그에 대한 태도를 결정하는 데 정당성을 제공한다. 다수의 의견을 따름으로써 어떤 정보를 믿는 것에 대한 합리적 이유를 갖게 되는 것이다. 실제로 루머에 대한 지지 댓글을 많이 본 사람들은 루머에 대한 반박 댓글을 많이 본 사람들에 비해 루머를 사실로 믿는 경향이 더욱 강한 것으로 나타났다. 또한 사회적 동조가 있는 상태에서는 개인의 성향과 상관없이 루머를 사실이라고 믿는 경우가 많았다.

사회적 동조의 또 다른 역할은 사람들이 자신의 의견을 제시할 때 사회적 분위기를 고려하게 하는 것이다. 소속된 집단으로부터 소외되지 않기 위해서 다수에 의해 지지되는 의견을 따라가는 현상이 발생하기도 한다. 이와 같은 현상은 개인주의 문화권보다는 집단주의 문화권에 있는 사람들에게서 더 잘 나타난다. 집단주의 문화권 사람들은 루머를 믿는 사람들로부터 루머에 대한 정보를 얻고 그것을 근거로 하여 판단하며, 다른 사람들의 의견에 개인의 생각을 일치시키는 경향이 두드러진다.

① 사람들은 루머를 사회적 불안감을 해소하기 위한 수단으로 삼기도 한다.
② 사회적 동조는 개인이 루머를 사실로 받아들이는 결정을 함에 있어 정당성을 제공한다.
③ 집단주의 문화권에서는 개인주의 문화권보다 사회적 동조가 루머의 확산에 미치는 영향이 더 크게 나타난다.
④ 루머에 대한 반박 댓글을 많이 본 사람들이 지지 댓글을 많이 본 사람들보다 루머를 사실로 믿는 경향이 더 약하다.
⑤ 사회적 동조가 있을 때, 충동적인 사람들은 충동적이지 않은 사람들에 비해 루머를 사실로 믿는 경향이 더 강하다.

PART 2

정답 ⑤

제시문에 따르면 사회적 동조가 있는 상태에서는 개인의 성향과 상관없이, 즉 충동적인 것과는 무관하게 루머를 사실이라고 믿는 경우가 많았다고 하였으므로 ⑤는 적절하지 않은 내용이다.

오답분석

① 사람들이 사회적·개인적 불안감을 해소하기 위한 수단으로 루머에 의지한다고 하였으므로 적절한 내용이다.
② 사회적 동조는 개인이 어떤 정보에 대해 판단하거나 그에 대한 태도를 결정하는 데 정당성을 제공한다고 하였으므로 적절한 내용이다.
③ 집단주의 문화권 사람들은 루머를 믿는 사람들로부터 루머에 대한 정보를 얻고 그것을 근거로 하여 판단하며, 다른 사람들의 의견에 개인의 생각을 일치시키는 경향이 두드러진다고 하였으므로 적절한 내용이다.
④ 루머에 대한 지지 댓글을 많이 본 사람들은 루머에 대한 반박 댓글을 많이 본 사람들에 비해 루머를 사실로 믿는 경향이 더욱 강한 것으로 나타났다고 하였다. 따라서 이를 역으로 생각하면 반박 댓글을 많이 본 사람들이 루머를 사실로 믿는 경향이 더 약함을 알 수 있다.

30초 컷 풀이 Tip

주어진 글에 대하여 거짓이 되는 답을 고르는 문제의 경우 제시문에 있는 특정 문장이나 키워드가 되는 단어의 의미를 비트는 경우가 많다. 따라서 정반대의 의미를 지녔거나 지나치게 과장된, 혹은 축소된 의미를 지닌 단어가 문항에 새로 추가되지는 않았는지 비교해 보도록 한다.

※ 다음 글의 내용이 참일 때 항상 거짓인 것을 고르시오. [1~2]

01

'콘크리트'는 건축 재료로 다양하게 사용되고 있다. 일반적으로 콘크리트가 근대 기술의 산물로 알려져 있지만, 콘크리트는 이미 고대 로마 시대에도 사용되었다. 로마 시대의 탁월한 건축미를 보여주는 판테온은 콘크리트 구조물인데, 반구형의 지붕인 돔은 오직 콘크리트로만 이루어져 있다. 로마인들은 콘크리트의 골재 배합을 달리하면서 돔의 상부로 갈수록 두께를 점점 줄여, 지붕을 가볍게 할 수 있었다. 돔 지붕이 지름 45m 남짓의 넓은 원형 내부 공간과 이어지도록 하였고, 지붕의 중앙에는 지름 9m가 넘는 원형의 천창을 내어 빛이 내부 공간을 채울 수 있도록 하였다.

콘크리트는 시멘트에 모래와 자갈 등의 골재를 섞어 물로 반죽한 혼합물이다. 콘크리트에서 결합재 역할을 하는 시멘트가 물과 만나면 점성을 띠는 상태가 되며, 시간이 지남에 따라 수화 반응이 일어나 골재, 물, 시멘트가 결합하면서 굳어진다. 콘크리트의 수화 반응은 상온에서 일어나기 때문에 작업하기가 좋다. 반죽 상태의 콘크리트를 거푸집에 부어 경화시키면 다양한 형태와 크기의 구조물을 만들 수 있다. 콘크리트의 골재는 종류에 따라 강도와 밀도가 다양하므로 골재의 종류와 비율을 조절하여 콘크리트의 강도와 밀도를 다양하게 변화시킬 수 있다. 그리고 골재들 간의 접촉을 높여야 강도가 높아지기 때문에, 서로 다른 크기의 골재를 배합하는 것이 효과적이다.

콘크리트가 철근 콘크리트로 발전함에 따라 건축은 구조적으로 더욱 견고해지고, 형태면에서는 더욱 다양하고 자유로운 표현이 가능해졌다. 일반적으로 콘크리트는 누르는 힘인 압축력에는 쉽게 부서지지 않지만 당기는 힘인 인장력에는 쉽게 부서진다. 압축력이나 인장력에 재료가 부서지지 않고 그 힘에 견딜 수 있는, 단위 면적당 최대의 힘을 각각 압축강도와 인장 강도라 한다. 콘크리트의 압축 강도는 인장 강도보다 10배 이상 높다.

① 수화 반응을 일으키기 위해서 콘크리트는 영하에서 제작한다.
② 고대 로마 시기에는 콘크리트를 이용해 건축물을 짓기도 했다.
③ 콘크리트를 만들기 위해서는 시멘트와 모래, 자갈 등이 필요하다.
④ 콘크리트의 강도를 높이기 위해선 크기가 다른 골재들을 배합한다.
⑤ 일반 콘크리트보다 철근 콘크리트가 더 자유로운 표현이 가능하다.

02 노나카 이쿠지로는 지식에 대한 폴라니의 탐구를 실용적으로 응용하여 지식 경영론을 펼쳤다. 그는 폴라니의 '암묵지'를 신체 감각, 상상 속 이미지, 지적 관심 등과 같이 객관적으로 표현하기 어려운 주관적 지식으로 파악했다. 또한 '명시지'를 문서나 데이터베이스 등에 담긴 지식과 같이 객관적이고 논리적으로 형식화된 지식으로 파악하고, 이것이 암묵지에 비해 상대적으로 지식의 공유 가능성이 높다고 보았다.

암묵지와 명시지의 분류에 기초하여, 노나카는 개인, 집단, 조직 수준에서 이루어지는 지식 변환 과정을 네 가지로 유형화하였다. 암묵지가 전달되어 타자의 암묵지로 변환되는 것은 대면 접촉을 통한 모방과 개인의 숙련 노력에 의해 이루어지는 것으로서 '공동화'라 한다. 암묵지에서 명시지로의 변환은 암묵적 요소 중 일부가 형식화되어 객관화되는 것으로서 '표출화'라 한다. 또 명시지들을 결합하여 새로운 명시지를 형성하는 것은 '연결화'라 하고, 명시지가 숙련 노력에 의해 암묵지로 전환되는 것은 '내면화'라 한다. 노나카는 이러한 변환 과정이 원활하게 일어나 기업의 지적 역량이 강화되도록 기업의 조직 구조도 혁신되어야 한다고 주장하였다.

이러한 주장대로 지식 경영이 실현되기 위해서는 지식 공유 과정에 대한 구성원들의 참여가 전제되어야 한다. 하지만 인간에게 체화된 무형의 지식을 공유하는 것은 쉬운 일이 아니다. 단순한 정보와 유용한 지식을 구분하기도 쉽지 않고, 이를 계량화하여 평가하는 것도 어렵다. 따라서 지식 경영의 성패는 지식의 성격에 대한 정확한 이해에 기초하여 구성원들이 지식 공유와 확산 과정에 자발적으로 참여하도록 하는 방안을 마련하는 것에 달려 있다고 할 수 있다.

① 암묵지와 명시지는 쉽게 구별되지 않는다.
② 명시지는 암묵지에 비해 공유 가능성이 높다.
③ 여러 개의 명시지가 모여 새로운 지식을 만들어낼 수 있다.
④ 표출화를 통해 암묵지를 형식적인 지식으로 변환할 수 있다.
⑤ 내면화 과정을 이용하면 무형의 지식을 쉽게 공유할 수 있다.

03 다음 글의 내용을 추론한 것으로 가장 적절한 것은?

> 인공지능을 면접에 활용하는 것은 바람직하지 않다. 인공지능 앞에서 면접을 보느라 진땀을 흘리는 인간의 모습을 생각하면 너무 안타깝다. 미래에 인공지능이 인간의 고유한 영역까지 대신할 것이라고 사람들은 말하는데, 인공지능이 인간을 대신할 수 있을까? 인간과 인공지능의 관계는 어떠해야 할까?
>
> 인공지능은 인간의 삶을 편리하게 돕는 도구일 뿐이다. 인간이 만든 도구인 인공지능이 인간을 평가할 수 있는지에 대해 생각해 볼 필요가 있다. 도구일 뿐인 기계가 인간을 평가하는 것은 정당하지 않다. 인간이 개발한 인공지능이 인간을 판단한다면 주체와 객체가 뒤바뀌는 상황이 발생할 것이다.
>
> 인공지능이 발전하더라도 인간과 같은 사고는 불가능하다. 인공지능은 겉으로 드러난 인간의 말과 행동을 분석하지만 인간은 말과 행동 이면의 의미까지 고려하여 사고한다. 인공지능은 빅데이터를 바탕으로 결과를 도출해 내는 기계에 불과하므로, 통계적 분석을 할 뿐 타당한 판단을 할 수 없다. 기계가 타당한 판단을 할 것이라는 막연한 기대를 한다면 머지않아 인간이 기계에 예속되는 상황이 벌어질지도 모른다.
>
> 인공지능은 사회적 관계를 맺을 수 없다. 반면 인간은 사회에서 의사소통을 통해 관계를 형성한다. 이 과정에서 축적된 인간의 경험이 바탕이 되어야 타인의 잠재력을 발견할 수 있다.

① 미래에 인공지능이 인간을 대체할 것이다.
② 인공지능이 인간을 평가하는 것은 정당하지 않다.
③ 인공지능은 의사소통을 통해 사회적 관계를 형성한다.
④ 인공지능과 인간의 공통점을 통해 논지를 주장하고 있다.
⑤ 인공지능은 빅데이터를 바탕으로 타당한 판단을 할 수 있다.

04 다음 글의 내용을 바탕으로 추론할 수 없는 것은?

> 과학자들은 알코올이 뇌에 흡수됐을 때에도 유사한 상황이 전개된다고 보고 있다. 알코올이 뇌의 보상중추 안의 신경세포를 자극해 신경전달물질인 도파민을 분출하게 한다는 것. 도파민은 보상을 담당하고 있는 화학 물질이다. 이 '기쁨의 화학 물질'은 술을 마시고 있는 사람의 뇌에 지금 보상을 받고 있다는 신호를 보내 음주 행위를 계속하도록 만든다. 이 신호가 직접 전달되는 곳은 뇌의 보상 중추인 복측 피개영역(VTA; Ventral Tefmental Area)이다. 과학자들은 VTA에 도파민이 도달하면 신경세포 활동이 급격히 증가하면서 활발해지는 것을 발견했다. 그러나 도파민이 '어떤 경로'를 거쳐 VTA에 도달하는지는 아직 밝혀내지 못하고 있었다. 이 경로를 일리노이대 후성유전학 알코올 연구센터에서 밝혀냈다. 연구팀은 쥐 실험을 통해 VTA에 있는 칼륨채널과 같은 기능이 작동하는 것을 알아냈다. 칼륨채널이란 세포막에 있으면서 칼륨이온을 선택적으로 통과시키는 일을 하고 있는 것으로 생각되고 있는 경로를 말한다. 연구 결과에 따르면 뇌에 들어간 알코올 성분이 'KCNK13'이란 명칭이 붙여진 이 채널에 도달해 도파민 분비를 촉진하도록 압박을 가하는 것으로 밝혀졌다. 일리노이 의과대학의 마크 브로디 교수는 "알코올에 의해 강하게 압력을 받은 'KCNK13 채널'이 신경세포들로 하여금 더 많은 도파민을 분비하도록 촉진하는 일을 하고 있었다."며 "이 활동을 차단할 수 있다면 폭음을 막을 수 있을 것"이라고 말했다. 일리노이대 연구팀은 이번 연구를 위해 'KCNK13 채널'의 크기와 활동량을 보통 쥐보다 15% 축소한 쥐를 유전자 복제했다. 그리고 알코올을 제공한 결과 보통의 쥐보다 30%나 더 많은 양의 알코올을 폭음하기 시작했다. 브로디 교수는 "이 동물 실험을 통해 'KCNK13 채널'의 활동량이 작은 쥐일수록 도파민 분비로 인한 더 많은 보상을 획득하기 위해 더 많은 알코올을 원하고 있다는 사실을 확인할 수 있었다."라고 말했다.

① 뇌는 알코올을 보상으로 인식한다.
② VTA에 도파민이 도달하면 음주 행위를 계속할 가능성이 높다.
③ KCNK13 채널이 도파민을 촉진하는 활동을 차단할 수 있는 약을 개발하였다.
④ KCNK13 채널의 크기와 활동량을 15% 축소하면 쥐가 더 많은 알코올을 폭음한다.
⑤ 일리노이대에서 밝혀내기 이전에는 도파민이 VTA에 도달하는 경로를 알지 못했다.

09 반박 / 반론 / 비판

| 유형분석 |

- 글을 읽고 비판적 의견이나 반박을 생각할 수 있는지를 평가하는 유형이다.
- 제시문의 '주장'에 대한 반박을 찾는 것이므로, '근거'에 대한 반박이나 논점에서 벗어난 것을 찾지 않도록 주의해야 한다.

다음 글에 대한 반론으로 가장 적절한 것은?

인공 지능 면접은 더 많이 활용되어야 한다. 인공 지능을 활용한 면접은 인터넷에 접속하여 인공 지능과 문답하는 방식으로 진행되는데, 지원자는 시간과 공간에 구애받지 않고 면접에 참여할 수 있는 편리성이 있어 면접 기회가 확대된다. 또한 회사는 면접에 소요되는 인력을 줄여, 비용 절감 측면에서 경제성이 크다. 실제로 인공 지능을 면접에 활용한 ○○회사는 전년 대비 2억 원 정도의 비용을 절감했다. 그리고 기존 방식의 면접에서는 면접관의 주관이 개입될 가능성이 큰 데 반해, 인공 지능을 활용한 면접에서는 빅데이터를 바탕으로 한 일관된 평가 기준을 적용할 수 있다. 이러한 평가의 객관성 때문에 많은 회사들이 인공 지능 면접을 도입하는 추세이다.

① 면접관의 주관적인 생각이나 견해로는 지원자의 잠재력을 판단하기 어렵다.
② 빅데이터는 사회에서 형성된 정보가 축적된 결과물이므로 왜곡될 가능성이 적다.
③ 인공 지능을 활용한 면접은 기술적으로 완벽하기 때문에 인간적 공감을 떨어뜨린다.
④ 회사의 특수성을 고려해 적합한 인재를 선발하려면 오히려 해당 분야의 경험이 축적된 면접관의 생각이나 견해가 면접 상황에서 중요한 판단 기준이 되어야 한다.
⑤ 회사 관리자 대상의 설문 조사에서 인공 지능을 활용한 면접을 신뢰한다는 비율이 높게 나온 것으로 보아 기존의 면접 방식보다 지원자의 잠재력을 판단하는 데 더 적합하다.

정답 ④

제시문에서는 편리성, 경제성, 객관성 등을 이유로 인공 지능 면접을 지지하고 있다. 따라서 객관성보다 면접관의 생각이나 견해가 회사 상황에 맞는 인재를 선발하는 데 적합하다는 논지로 반박하는 것은 적절하다.

오답분석

①·②·⑤ 제시문의 주장에 반박하는 것이 아니라 주장을 강화하는 근거에 해당한다.

③ 인공 지능 면접에 필요한 기술과 인간적 공감의 관계는 제시문에서 주장한 내용이 아니므로 반박의 근거로도 적절하지 않다.

30초 컷 풀이 Tip

1. 주장, 관점, 의도, 근거 등 문제를 풀기 위한 글의 핵심을 파악한다. 이후 글의 주장 및 근거의 어색한 부분을 찾아 반박할 주장과 근거를 생각해 본다.

2. 제시문이 지나치게 길 경우 선택지를 먼저 파악하여 홀로 글의 주장이 어색하거나 상반된 의견을 제시하고 있는 답은 없는지 확인한다.

3. 반론 유형을 풀기 어렵다면 지문과 일치하는 선택지부터 지워나가는 소거법을 활용한다. 함정도 피하고 쉽게 풀 수 있다.

4. 문제를 풀 때 지나치게 시간에 쫓기거나 집중력이 떨어진 상황이라면 제시문의 처음 문장 혹은 마지막 문장을 읽어 글이 주장하는 바를 빠르게 파악하는 것도 좋은 방법이다. 단, 처음 문장에서 글쓴이의 주장과 반대되는 사례를 먼저 언급하는 경우도 있으므로 이 경우에는 마지막 문장과 비교하여 어느 의견이 글쓴이의 주장에 가까운지 구분하도록 한다.

01 다음 글에 나타난 '라이헨바흐의 논증'을 평가·비판한 것으로 적절하지 않은 것은?

> 귀납은 현대 논리학에서 연역이 아닌 모든 추론, 즉 전제가 결론을 개연적으로 뒷받침하는 모든 추론을 가리킨다. 귀납은 기존의 정보나 관찰 증거 등을 근거로 새로운 사실을 추가하는 지식 확장적 특성을 지닌다. 이 특성으로 인해 귀납은 근대 과학 발전의 방법적 토대가 되었지만, 한편으로 귀납 자체의 논리적 한계를 지적하는 문제들에 부딪히기도 한다.
>
> 먼저 흄은 과거의 경험을 근거로 미래를 예측하는 귀납이 정당한 추론이 되려면 미래의 세계가 과거에 우리가 경험해 온 세계와 동일하다는 자연의 일양성(一樣性), 곧 한결같음이 가정되어야 한다고 보았다. 그런데 자연의 일양성은 선험적으로 알 수 있는 것이 아니라 경험에 기대어야 알 수 있는 것이다. 즉, "귀납이 정당한 추론이다."라는 주장은 "자연은 일양적이다."라는 다른 지식을 전제로 하는데, 그 지식은 다시 귀납에 의해 정당화되어야 하는 경험적 지식이므로 귀납의 정당화는 순환 논리에 빠져 버린다는 것이다. 이것이 귀납의 정당화 문제이다.
>
> 귀납의 정당화 문제로부터 과학의 방법인 귀납을 옹호하기 위해 라이헨바흐는 이 문제에 대해 현실적 구제책을 제시한다. 라이헨바흐는 자연이 일양적일 수도 있고 그렇지 않을 수도 있음을 전제한다. 먼저 자연이 일양적일 경우, 그는 지금까지의 우리의 경험에 따라 귀납이 점성술이나 예언 등의 다른 방법보다 성공적인 방법이라고 판단한다. 자연이 일양적이지 않다면, 어떤 방법도 체계적으로 미래 예측에 계속해서 성공할 수 없다는 논리적 판단을 통해 귀납은 최소한 다른 방법보다 나쁘지 않은 추론이라고 확언한다. 결국 자연이 일양적인지 그렇지 않은지 알 수 없는 상황에서는 귀납을 사용하는 것이 옳은 선택이라는 라이헨바흐의 논증은 귀납의 정당화 문제를 현실적 차원에서 해소하려는 시도로 볼 수 있다.

① 귀납이 지닌 논리적 허점을 완전히 극복한 것은 아니라는 비판의 여지가 있다.

② 귀납을 과학의 방법으로 사용할 수 있음을 지지하려는 목적에서 시도하였다는 데 의미가 있다.

③ 귀납과 다른 방법을 비교하기 위해 경험적 판단과 논리적 판단을 모두 활용한 것이 특징이다.

④ 귀납과 견주어 미래 예측에 더 성공적인 방법이 없다는 판단을 근거로 귀납의 가치를 보여 주고 있다.

⑤ 귀납이 현실적으로 옳은 추론 방법임을 밝히기 위해 자연의 일양성이 선험적 지식임을 증명한 데 의의가 있다.

02 다음 글에 나타난 '벤야민'의 주된 논지에 대한 비판으로 가장 적절한 것은?

오늘날 영화 한 편에 천만 명의 관객이 몰릴 정도로 영화는 우리 시대의 대표적인 예술 장르로 인정 받고 있다. 그런데 영화 초창기인 1930년대에 발터 벤야민(W. Benjamin)이 영화를 비판적으로 조망하고 있어 흥미롭다. 그에 따르면 영화는 전통적인 예술 작품이 지니는 아우라(Aura)를 상실하고 있다는 것이다.

아우라는 비인간화되고 사물화된 의식과 태도를 버리고, 영혼의 시선으로 대상과 교감할 때 경험할 수 있는 아름다운 향기 내지 살아 숨 쉬는 듯 한 생명력과 같은 것이다. 그것은 우리들 가까이 있으면서도 저 멀리 있는데, 대상과 영혼의 교감을 통해 몰입할 때, 그때 어느 한 순간 일회적으로 나타난다. 예술 작품은 심연에 있는 아우라를 불러내는 것이고, 수용자는 그런 예술 작품과의 교감을 통해 아우라를 경험한다. 그런데 사진이나 카메라 등과 같은 기계적·기술적 장치들이 예술의 영역에 침투하면서 예술 작품의 아우라는 파괴되는데, 벤야민은 그 대표적인 예로 영화를 든다.

벤야민은 영화의 가장 중요한 특징으로 관객의 자리에 카메라가 대신 들어선다는 점을 지적하고 있다. 연극의 경우 배우와 관객은 직접적으로 교감하면서, 배우는 자기 자신이 아닌 다른 인물을 연출해 보이고 관중의 호흡에 맞추어 연기를 할 수 있다. 관객은 연극의 주인공을 둘러싸고 있는 아우라를 그 주인공 역할을 하는 배우를 통해 경험할 수 있다. 그러나 영화의 경우 배우와 관객 사이에 카메라가 개입된다. 배우는 카메라 앞에서 연기를 하지만, 카메라라는 기계가 갖는 비인간적 요소로 인해 시선의 교감을 나눌 수 없게 된다. 관객은 스크린에 비친 영상만을 접하기 때문에 배우와 교감할 수 없고, 다만 카메라와 일치감을 느낄 때만 배우와 일치감을 느낄 수 있다. 이로 인해, 관객은 카메라처럼 배우를 시각적으로 시험하고 비평하는 태도를 취한다. 그 결과 배우는 모든 교감의 관계가 차단된 유배지 같은 곳에서 카메라를 앞에 두고 재주를 부리는 것으로 만족해야 한다. 배우를 감싸고 있는 아우라도, 배우가 그려내는 인물의 아우라도 사라질 수밖에 없다.

영화배우의 연기는 하나의 통일된 작업이 아니라 여러 개의 개별적 작업이 합쳐져서 이루어진다. 이는 연기자의 연기를 일련의 조립할 수 있는 에피소드로 쪼개어 놓는 카메라의 특성에서 비롯된다. 카메라에 의해 여러 측면에서 촬영되고 편집된 한 편의 완성된 영화에 담긴 동작의 순간들은 카메라 자체의 그것일 뿐이다. 영화배우는 각 동작의 순간순간에 선별적으로 배치된 여러 소도구 중의 하나에 불과하다. 따라서 카메라에 의해 조립된 영상들에 아우라가 개입할 여지는 없다.

이런 점들을 들어, 벤야민은 전통적인 예술이 피어날 수 있는 유일한 영역으로 간주되어 온 아름다운 가상(假像)의 왕국으로부터 예술과 그 수용층이 멀어지고 있음을 영화가 가장 극명하게 보여 준다고 비판한다. 영화 초창기에 대두된 벤야민의 이러한 비판이 오늘날 문화의 총아로 각광받는 영화에 전면적으로 적용될 수 있을지는 미지수이다.

① 요즘 좋은 영화가 매우 많다. 화려하면서도 눈부신 영상미는 영화만이 갖는 큰 강점이다.

② 벤야민이 살던 시대의 영화배우들은 연기를 못했던 것 같다. 요즘 영화배우들은 연기를 정말 잘한다.

③ 우리나라 영화 규모는 매우 증가했다. 제작비만 하더라도 몇 십억 원이 든다. 그리고 영화관에 몰리는 관객 수도 매우 많다.

④ 요즘 카메라 촬영 기법이 아주 좋아졌다. 배우들의 섬세한 표정은 물론이고 세밀한 행동 하나하나를 그대로 화면으로 옮겨 놓는다.

⑤ 영화를 두고 예술인지 아닌지를 가르는 기준이 하나만 있는 것은 아니다. 사람에 따라 여러 가지가 있을 수 있다. 그리고 시대가 변하면 기준도 변한다.

다음 글에 대한 논리적인 반박으로 가장 적절한 것은?

아마란스는 남아메리카 지방에서 예로부터 잉카인들이 즐겨 먹어 오던, 5천 년의 재배 역사를 지닌 곡물이다. 척박한 안데스 고산지대에서 자라날 수 있는 강한 생명력을 가지고 있으며, 각종 풍부한 영양소로 인해 '신이 내린 곡물'이라는 별명을 얻기도 했다.

아마란스는 곡물로서는 흔치 않은 고단백 식품이라는 점도 주목할 만하다. 성분 전체 중 15 ~ 17%에 달할 정도로 식물성 단백질 성분이 풍부하며, 식이섬유 성분이 다량 함유되어 있다. 반면 쌀, 보리, 밀 등 다른 곡류에 비해 탄수화물이나 나트륨 함량이 낮은 편이며, 체중에 위협이 되는 글루텐 성분 또한 없다. 또한 칼슘·칼륨·인·철분 등의 무기질을 비롯해 다양한 영양성분이 풍부하여 다른 곡물에 부족한 영양소를 보충할 수 있다. 아마란스가 최근 비만 환자들에게 의사들이 적극 추천하는 식품이 된 이유가 여기에 있다.

때문에 아마란스는 향후 우리나라 사람들의 주식인 백미를 대체할 수 있는 식품이 될 수 있다. 백미의 경우 구성성분이 대부분 탄수화물로 이루어져 있는 반면, 유효한 영양소는 적기 때문에 비만의 주범이 되고 있다. 바꾸어 말해, 주식으로 백미 대신 동일한 양의 아마란스를 섭취하는 것은 탄수화물 섭취를 크게 줄일 수 있고, 체중 조절에 훨씬 유리하다. 따라서 국내 비만율을 낮추기 위해 국가 차원에서 정책적으로 뒷받침하여 쌀 대신 아마란스를 대량 재배해야 한다.

① 아마란스도 과량으로 섭취하면 체중이 증가한다.

② 국내에는 아마란스를 이용한 요리가 거의 알려지지 않았다.

③ 아마란스는 우리나라 기후와 맞지 않아 국내 재배가 어렵다.

④ 섭취하는 식품뿐만 아니라 운동 부족도 비만에 지대한 영향을 끼친다.

⑤ 백미를 일일권장량 이상 섭취해도 정상체중이거나 저체중인 사람들이 많다.

다음 글의 주장에 대해 반박하는 내용으로 적절하지 않은 것은?

> 프랑크푸르트학파는 대중문화의 정치적 기능을 중요하게 본다. 20세기 들어 서구 자본주의 사회에서 혁명이 불가능하게 된 이유 가운데 하나는 바로 대중문화가 대중들을 사회의 권위에 순응하게 함으로써 사회를 유지하는 기능을 하고 있기 때문이라는 것이다. 이 순응의 기능은 두 방향으로 진행된다. 한편으로 대중문화는 대중들에게 자극적인 오락거리를 제공함으로써 정신적인 도피를 유도하여 정치에 무관심하도록 만든다는 것이다. 유명한 3S(Sex, Screen, Sports)는 바로 현실도피와 마취를 일으키는 대표적인 도구들이다. 다른 한편으로 대중문화는 자본주의적 가치관과 이데올로기를 은연 중에 대중들이 받아들이게 하는 적극적인 세뇌 작용을 한다. 영화나 드라마, 광고나 대중음악의 내용이 규격화되어 현재의 지배적인 가치관을 지속해서 주입함으로써, 대중은 현재의 문제를 인식하고 더 나은 상태로 생각할 수 있는 부정의 능력을 상실한 일차원적 인간으로 살아가게 된다는 것이다. 프랑크푸르트학파의 대표자 가운데 한 사람인 아도르노(Adorno)는 특별히 「대중음악에 대하여」라는 글에서 대중음악이 어떻게 이러한 기능을 수행하는지 분석했다. 그의 분석에 따르면, 대중음악은 우선 규격화되어 누구나 쉽고 익숙하게 들을 수 있는 특징을 가진다. 그리고 이런 익숙함은 어려움 없는 수동적인 청취를 조장하여, 자본주의 안에서의 지루한 노동의 피난처 구실을 한다. 그리고 나아가 대중 음악의 소비자들이 기존 질서에 심리적으로 적응하게 함으로써 사회적 접착제 역할을 한다.

① 대중문화의 영역은 지배계급이 헤게모니를 얻고자 하는 시도와 이에 대한 반대 움직임이 서로 얽혀 있는 곳으로 보아야 한다.

② 대중문화를 소비하는 대중이 문화 산물을 생산한 사람이 의도하는 그대로 문화 산물을 소비하는 존재에 불과하다는 생각은 현실과 맞지 않는다.

③ 발표되는 음악의 80%가 인기를 얻는 데 실패하고, 80% 이상의 영화가 엄청난 광고에도 불구하고 흥행에 실패한다는 사실은 대중이 단순히 수동적인 존재가 아니라는 것을 단적으로 드러내 보여 주는 예이다.

④ 대중문화는 지배 이데올로기를 강요하는 지배문화로만 구성되는 것도 아니고, 이에 저항하여 자발적으로 발생한 저항문화로만 구성되는 것도 아니다.

⑤ 대중의 평균적 취향에 맞추어 높은 질을 유지하는 것이 어렵다 하더라도 19세기까지의 대중이 즐겼던 문화에 비하면 현대의 대중문화는 훨씬 수준 높고 진보된 것으로 평가할 수 있다.

〈보기〉 해석

| 유형분석 |

- 글을 읽은 뒤 이를 토대로 〈보기〉의 문장을 바르게 해석할 수 있는지 평가하는 유형이다.
- 글을 토대로 〈보기〉의 문장을 해석하는 것이므로 반대로 〈보기〉의 문장을 통해 제시문을 해석하거나 반박하지 않도록 주의한다.

다음 글을 토대로 〈보기〉를 해석한 것으로 가장 적절한 것은?

근대 이후 개인의 권리가 중시되자 법철학은 권리의 근본적 성격을 법적으로 존중되는 의사에 의한 선택의 관점에서 볼 것인가 아니면 법적으로 보호되는 이익의 관점에서 볼 것인가를 놓고 지속적으로 논쟁해 왔다. 의사설의 기본적인 입장은 어떤 사람이 무언가에 대하여 권리를 갖는다는 것은 법률관계 속에서 그 무언가와 관련하여 그 사람의 의사에 의한 선택이 다른 사람의 의사보다 우월한 지위에 있음을 법적으로 인정하는 것이다. 의사설을 지지한 하트는 권리란 그것에 대응하는 의무가 존재한다고 보았다. 그는 의무의 이행 여부를 통제할 권능을 가진 권리자의 선택이 권리의 본질적 요소라고 보았기 때문에 법이 타인의 의무 이행 여부에 대한 권능을 부여하지 않은 경우에는 권리를 가졌다고 말할 수 없다고 주장했다.

의사설은 타인의 의무 이행 여부와 관련된 권능, 곧 합리적 이성을 가진 자가 아니면 권리자가 되지 못하는 난점이 있다. 또한 의사설은 면제권을 갖는 어떤 사람이 면제권을 포기함으로써 타인의 권능 아래에 놓일 권리, 즉 스스로를 노예와 같은 상태로 만들 권리를 인정해야 하는 상황에 직면한다. 하지만 현대에서는 이런 상황이 인정되기가 어렵다.

이익설의 기본적인 입장은 권리란 이익이며, 법이 부과하는 타인의 의무로부터 이익을 얻는 자는 누구나 권리를 갖는다는 것이다. 그래서 타인의 의무 이행에 따른 이익이 없다면 권리가 없다고 본다. 이익설을 주장하는 라즈는 권리와 의무가 동전의 양면처럼 논리적으로 서로 대응하는 관계일 뿐만 아니라 권리가 의무를 정당화하는 관계에 있다고 보았다. 즉, 권리가 의무 존재의 근거가 된다고 보는 입장을 지지한다고 볼 수 있다. 그래서 누군가의 어떤 이익이 타인에게 의무를 부과할 만큼 중요성을 가지는 것일 때 비로소 그 이익은 권리로서 인정된다고 보았다.

이익설의 난점으로는 제3자를 위한 계약을 들 수 있다. 가령 갑이 을과 계약하며 병에게 꽃을 배달해 달라고 했다고 하자. 이익 수혜자는 병이지만 권리자는 계약을 체결한 갑이다. 쉽게 말해 을의 의무 이행에 관한 권능을 가진 사람은 병이 아니라 갑이다. 그래서 이익설은 이익의 수혜자가 아닌 권리자가 있는 경우를 설명하기 어렵다는 비판을 받는다. 또한 이익설은 권리가 실현하려는 이익과 그에 상충하는 이익을 비교해야 할 경우 어느 것이 더 우세한지를 측정하기 쉽지 않다.

> **보기**
>
> S씨는 동물 보호 정책 시행 의무의 헌법 조문화, 동물 정책 기본법 제정 등을 통해 동물 보호 의무가 헌법에 명시되어야 한다고 주장하였다.

① 하트의 주장에 따르면 동물 보호 의무가 헌법에 명시되지 않더라도 동물은 기본적으로 보호받을 권리를 가지고 있다.

② 하트의 주장에 따르면 사람이 동물 보호 의무를 갖는다고 하더라도 동물은 이성적 존재가 아니므로 동물은 권리를 갖지 못한다.

③ 하트의 주장에 따르면 동물 생명의 존엄성이 법적으로 보호됨으로써 동물이 보다 나은 삶을 살 수 있다면 동물은 권리를 가질 수 있다.

④ 라즈의 주장에 따르면 동물의 이익이 사람에게 의무를 부과할 만큼 중요성을 가지지 못하더라도 상충하는 이익보다 우세할 경우 권리로 인정될 수 있다.

⑤ 라즈의 주장에 따르면 사람의 의무 이행에 따른 이익이 있다면 동물이 권리를 가질 수 있지만, 그렇다고 동물의 권리가 사람의 의무를 정당화하는 것은 아니다.

정답 ②

의사설을 지지한 하트는 의무 이행 여부를 통제할 권능을 가진 권리자의 선택을 권리의 본질적 요소로 보았기 때문에 타인의 의무 이행 여부와 관련된 권능, 곧 합리적 이성을 가진 자가 아니면 권리자가 될 수 없다고 보았다. 따라서 하트는 동물 보호 의무와 관련하여 사람이 동물 보호 의무를 갖는다고 하더라도 이성적 존재가 아닌 동물은 권리를 갖지 못한다고 주장할 수 있다.

오답분석

① 의사설을 지지한 하트에 따르면 법이 타인의 의무 이행 여부에 대한 권능을 부여하지 않은 경우에는 권리를 가졌다고 말할 수 없다.

③ 법이 타인의 의무로부터 이익을 얻는 자는 누구나 권리를 갖는다는 이익설의 입장에 따른 주장이므로 의사설을 지지한 하트의 주장으로는 적절하지 않다.

④ 이익설을 주장한 라즈에 따르면 누군가의 이익이 타인에게 의무를 부과할 만큼 중요성을 가질 때 그 이익은 권리로서 인정된다. 또한 이익설은 권리가 실현하려는 이익과 상충하는 이익을 비교해야 할 경우 어느 것이 더 우세한지를 측정하기 어렵다는 단점이 있다.

⑤ 이익설을 주장한 라즈에 따르면 타인의 의무로부터 이익을 얻는 자는 누구나 권리를 가지므로 권리와 의무는 서로 대응하는 관계이며, 권리는 의무를 정당화한다.

01 다음 〈보기〉를 토대로 글을 읽은 사람의 반응으로 가장 적절한 것은?

일그러진 달항아리와 휘어진 대들보. 물론 달항아리와 대들보가 언제나 그랬던 것은 아니다. 사실인
즉, 일그러지지 않은 달항아리와 휘어지지 않은 대들보가 더 많았을 것이다. 하지만 주목해야 할
것은 한국인들은 달항아리가 일그러졌다고 해서 깨뜨려 버리거나, 대들보감이 구부러졌다고 해서
고쳐서 쓰거나 하지는 않았다는 것이다. 나아가 그들은 살짝 일그러진 달항아리나 그럴싸하게 휘어
진 대들보, 입술이 약간 휘어져 삐뚜름 능청거리는 사발이 오히려 멋있다는 생각을 했던 것 같다.
일그러진 달항아리와 휘어진 대들보에서 '형(形)의 어눌함'과 함께 '상(象)의 세련됨'을 볼 수 있다.
즉, '상의 세련됨'을 머금은 '형의 어눌함'을 발견하게 된다. 대체로 평균치를 넘어서는 우아함을 갖
춘 상은 어느 정도 형의 어눌함을 수반한다. 이런 형상을 가리켜 아졸하거나 고졸하다고 하는데,
한국 문화는 이렇게 상의 세련됨과 형의 어눌함이 어우러진 아졸함이나 고졸함의 형상으로 넘쳐난
다. 분청이나 철화, 달항아리 같은 도자기 역시 예상과는 달리 균제적이거나 대칭적이지 않은 경우
가 많다. 이같은 비균제성이나 비대칭성은 무의식(無意識)의 산물이 아니라 '형의 어눌함을 수반하
는 상의 세련됨'을 추구하는 미의식(美意識)의 산물이다. 이러한 미의식은 하늘과 땅과 인간을 하나
의 커다란 유기체로 파악하는 우리 민족이 자신의 삶을 통해 천지인의 조화를 이룩하기 위해 의식적
으로 노력한 결과이다.

보기

'상(象)'은 '형(形)'과 대립하는 개념이다. 감각적으로 쉽게 느낄 수 있는 것을 '형'이라 한다면, 자연
의 원리를 깨달은 사람만이 인식할 수 있는 것을 '상'이라 한다.

① 주성 – 비대칭성의 미는 무의식의 산물이야.
② 예지 – 한옥에서는 '형'의 어눌함을 찾아볼 수 없어.
③ 보람 – 삐뚜름한 대접에서 '상'의 세련됨을 찾을 수 있어.
④ 윤희 – 휘어진 대들보에서는 '상'의 세련됨을 발견할 수 없어.
⑤ 수빈 – 일그러진 달항아리의 아름다움을 느끼지 못한다면 '형'의 어눌함을 발견하지 못했기 때문
이야.

다음 글에서 밑줄 친 결론을 이끌어내기 위해 추리해야 할 전제만을 〈보기〉에서 모두 고르면?

이미지란 우리가 세계에 대해 시각을 통해 얻는 표상을 가리킨다. 상형문자나 그림문자를 통해서 얻은 표상도 여기에 포함된다. 이미지는 세계의 실제 모습을 아주 많이 닮았으며 그러한 모습을 우리 뇌 속에 복제한 결과이다. 그런데 우리의 뇌는 시각적 신호를 받아들일 때 시야에 들어온 세계를 한꺼번에 하나의 전체로 받아들이게 된다. 즉, 대다수의 이미지는 한꺼번에 지각된다. 예를 들어 우리는 새의 전체 모습을 한꺼번에 지각하지 머리, 날개, 꼬리 등을 개별적으로 지각한 후 이를 머릿속에서 조합하는 것이 아니다.

표음문자로 이루어진 글을 읽는 것은 이와는 다른 과정이다. 표음문자로 구성된 문장에 대한 이해는 그 문장의 개별적인 문법적 구성 요소들로 이루어진 특정한 수평적 연속에 의존한다. 문장을 구성하는 개별 단어들, 혹은 각 단어를 구성하는 개별 문자들이 하나로 결합하여 비로소 의미 전체가 이해되는 것이다. 비록 이 과정이 너무도 신속하고 무의식적으로 이루어지기는 하지만 말이다. 알파벳을 구성하는 기호들은 개별적으로는 아무런 의미도 가지지 않으며 어떠한 이미지도 나타내지 않는다. 일련의 단어군은 한꺼번에 파악될 수도 있겠지만, 표음문자의 경우 대부분 언어는 개별 구성 요소들이 하나의 전체로 결합하는 과정을 통해 이해된다.

남성적인 사고는 사고 대상 전체를 구성 요소 부분으로 분해한 후 그들 각각을 개별화시키고 이를 다시 재조합하는 과정으로 진행된다. 그에 비해 여성적인 사고는 분해되지 않은 전체 이미지를 통해서 의미를 이해하는 특징을 지닌다. 그림문자로 구성된 글의 이해는 여성적인 사고 과정을, 표음문자로 구성된 글의 이해는 남성적인 사고 과정을 거친다. 여성은 대체로 여성적 사고를, 남성은 대체로 남성적 사고를 한다는 점을 고려할 때 <u>표음문자 체계의 보편화는 여성의 사회적 권력을 약화하는 결과를 낳게 된다.</u>

보기

㉠ 그림문자를 쓰는 사회에서는 남성의 사회적 권력이 여성의 그것보다 우월하였다.
㉡ 표음문자 체계는 기능적으로 분화된 복잡한 의사소통을 가능하도록 하였다.
㉢ 글을 읽고 이해하는 능력은 사회적 권력에 영향을 미친다.

① ㉠   ② ㉡
③ ㉢   ④ ㉠, ㉡
⑤ ㉡, ㉢

03 다음 글을 읽고 난 후 〈보기〉에서 적절한 반응을 보인 사람을 모두 고르면?

원두커피 한 잔에는 인스턴트커피의 세 배인 150mg의 카페인이 들어있다. 원두커피 판매의 요체인 커피전문점 수는 2025년 현재 10만 개가 훨씬 넘었는데 최근 6년 새 여섯 배 이상 급증한 것이다. 그런데 주목할 점은 같은 기간 동안 우울증과 같은 정신질환과 수면장애로 병원을 찾은 사람 또한 크게 늘었다는 것이다.

몸속에 들어온 커피가 완전히 대사되기까지는 여덟 시간 정도가 걸린다. 많은 사람들이 아침, 점심뿐만 아니라 저녁 식사 후 6시나 7시 전후에도 커피를 마신다. 그런데 카페인은 뇌를 각성시켜 집중력을 높인다. 따라서 많은 사람들이 잠자리에 드는 시간인 오후 10시 이후까지도 뇌는 각성 상태에 있게 된다.

카페인은 우울증이나 공황장애와도 관련이 있다. 우울증을 앓고 있는 청소년은 건강한 청소년보다 커피, 콜라 등 카페인이 많은 음료를 네 배 정도 더 섭취한다는 조사 결과가 발표되었다. 공황장애 환자에게 원두커피 세 잔에 해당하는 450mg의 카페인을 주사했더니 약 60%의 환자로부터 발작 현상이 나타났다. 공황장애 환자는 심장이 빨리 뛰면 극도의 공포감을 느끼기 쉬운데, 이로 인해 발작 현상이 나타난다. 카페인은 심장을 자극하여 심박 수를 증가시킨다. 이러한 사실에 비추어 볼 때, 커피에 들어있는 카페인은 수면장애를 일으키고, 특히 정신질환자의 우울증이나 공황장애를 악화시킨다고 볼 수 있다.

> **보기**
>
> 김사원 : 수면장애로 병원을 찾은 사람들 중에 커피를 마시지 않는 사람도 있다는 사실이 밝혀질 경우, 위 논증의 결론은 강화되지 않겠죠.
> 이대리 : 무(無)카페인 음료를 우울증을 앓고 있는 청소년이 많이 섭취하는 것으로 밝혀질 경우, 위 논증의 결론을 뒷받침하겠네요.
> 안사원 : 발작 현상이 공포감과 무관하다는 사실이 밝혀질 경우, 위 논증의 결론은 강화됩니다.

① 김사원   ② 안사원
③ 김사원, 이대리   ④ 이대리, 안사원
⑤ 김사원, 이대리, 안사원

다음 글을 토대로 〈보기〉를 해석한 것으로 가장 적절한 것은?

바이러스는 생명체와 달리 세포가 아니기 때문에 스스로 생장이 불가능하다. 그래서 바이러스는 살아있는 숙주 세포에 기생하고, 그 안에서 증식함으로써 살아간다. 바이러스의 감염 가능 여부는 숙주 세포 수용체의 특성에 따라 결정되며, 우리 몸은 바이러스가 감염되는 다양한 과정을 통해 지속 감염이 일어나기도 하고 급성감염이 일어나기도 한다. 급성감염은 일반적으로 짧은 기간 안에 일어나는데, 바이러스는 감염된 숙주 세포를 증식 과정에서 죽이고 바이러스가 또 다른 숙주 세포에서 증식하며 질병을 일으킨다. 시간이 흐르면서 체내의 방어 체계에 의해 바이러스를 제거해 나가면 체내에는 더 이상 바이러스가 남아 있지 않게 된다. 반면 지속감염은 급성감염에 비해 상대적으로 오랜 기간 동안 바이러스가 체내에 잔류한다. 지속감염에서는 바이러스가 장기간 숙주 세포를 파괴하지 않으면서도 체내의 방어 체계를 회피하며 생존한다. 지속감염은 바이러스의 발현 양상에 따라 잠복감염과 만성감염, 지연감염으로 나뉜다. 잠복감염은 초기 감염으로 증상이 나타난 후 한동안 증상이 사라졌다가 특정 조건에서 바이러스가 재활성화되어 증상을 다시 동반한다. 이때 같은 바이러스에 의한 것임에도 첫 번째와 두 번째 질병이 다르게 발현되기도 한다. 잠복감염은 질병이 재발하기까지 바이러스가 감염성을 띠지 않고 잠복하게 되는데, 이러한 상태의 바이러스를 프로바이러스라고 부른다. 만성감염은 감염성 바이러스가 숙주로부터 계속 배출되어 항상 검출되고 다른 사람에게 옮길 수 있는 감염 상태이다. 하지만 사람에 따라서 질병이 발현되거나 되지 않기도 하며 때로는 뒤늦게 발현될 수도 있다는 특성이 있다. 지연감염은 초기 감염 후 특별한 증상이 나타나지 않다가, 장기간에 걸쳐 감염성 바이러스의 수가 점진적으로 증가하여 반드시 특정 질병을 유발하는 특성이 있다.

보기

C형 간염 바이러스(HCV)에 감염된 환자의 약 80%는 해당 바이러스를 보유하고도 증세가 나타나지 않아 감염 여부를 인지하지 못하다가 나중에 나타난 증세를 통해 알게 되기도 한다. 감염 환자의 약 20%는 간에 염증이 나타나고 이에 따른 합병증이 나타나기도 한다.

① C형 간염 바이러스에 감염된 사람은 간에 염증이 나타나지 않는다면 바이러스가 검출되지 않을 것이다.
② C형 간염 바이러스에 감염된 사람은 증세가 사라지더라도 특정 조건에서 다시 바이러스가 재활성화될 수 있다.
③ C형 간염 바이러스에 감염된 사람은 일정 연령이 되면 반드시 간 염증과 그에 따른 합병증이 나타날 것이다.
④ C형 간염 바이러스에 감염된 사람은 합병증이 나타나지 않더라도 다른 사람에게 바이러스를 옮길 수 있을 것이다.
⑤ C형 간염 바이러스에 감염되었으나 간에 염증이 나타나지 않은 사람이라면 C형 간염 프로바이러스를 보유하고 있을 것이다.

PART 3

최종점검 모의고사

삼성 온라인 GSAT	
도서 동형 온라인 실전연습 서비스	ATUO-00000-4F113

삼성 온라인 GSAT		
영역	문항 수	제한시간
수리	20문항	30분
추리	30문항	30분

※ 온라인 GSAT 진행 시 사용되는 문제풀이 용지는 도서 앞쪽에 위치한 핸드북 형태로 제공하오니 모의고사와 함께 활용하기
   바랍니다.

01   수리

01 작년 A제품과 B제품의 총 판매량은 800개였다. 올해 A제품의 판매량은 50% 증가하였고, B제품의 판매량은 작년 A제품 판매량의 3배에 70개를 뺀 것과 같았다. 올해 총 판매량이 1,280개였다면, 올해 B제품의 판매량은 작년 대비 몇 %가 증가하였는가?

① 33%
② 44%
③ 55%
④ 66%
⑤ 77%

Easy
02 A ~ G의 7명의 사람이 일렬로 설 때, A와 G는 서로 맨 끝에 서고, C, D, E는 서로 이웃하여 서는 경우의 수는?

① 24가지
② 36가지
③ 48가지
④ 60가지
⑤ 72가지

03 다음은 10대 무역수지 흑자국에 대한 자료이다. 미국의 2022년 대비 2024년의 흑자액 증가율은? (단, 소수점 둘째 자리에서 반올림한다)

〈10대 무역수지 흑자국〉

(단위 : 백만 달러)

순번	2022년		2023년		2024년	
	국가명	금액	국가명	금액	국가명	금액
1	중국	32,457	중국	45,264	중국	47,779
2	홍콩	18,174	홍콩	23,348	홍콩	28,659
3	마샬군도	9,632	미국	9,413	싱가포르	11,890
4	미국	8,610	싱가포르	7,395	미국	11,635
5	멕시코	6,161	멕시코	7,325	베트남	8,466
6	싱가포르	5,745	베트남	6,321	멕시코	7,413
7	라이베리아	4,884	인도	5,760	라이베리아	7,344
8	베트남	4,780	라이베리아	5,401	마샬군도	6,991
9	폴란드	3,913	마샬군도	4,686	브라질	5,484
10	인도	3,872	슬로바키아	4,325	인도	4,793

① 35.1%
② 37.8%
③ 39.9%
④ 41.5%
⑤ 42.3%

04 다음은 매년 해외·국내여행 평균횟수에 대한 연령대별로 50명씩 설문조사한 자료이다. 빈칸에 들어갈 수는 얼마인가?(단, 각 수치는 매년 일정한 규칙으로 변화한다)

〈연령대별 해외·국내여행 평균횟수〉

(단위 : 회)

구분	2019년	2020년	2021년	2022년	2023년	2024년
20대	35.9	35.2	40.7	42.2	38.4	37.0
30대	22.3	21.6	24.8	22.6	20.9	24.1
40대	19.2	24.0	23.7	20.4	24.8	22.9
50대	27.6	28.8	30.0	31.2		33.6
60대 이상	30.4	30.8	28.2	27.3	24.3	29.4

① 32.4
② 33.1
③ 34.2
④ 34.5
⑤ 35.1

다음은 2019년부터 2024년까지의 노인 취업자 수 추이를 나타낸 그래프이다. 이에 대한 설명으로 옳은 것은?

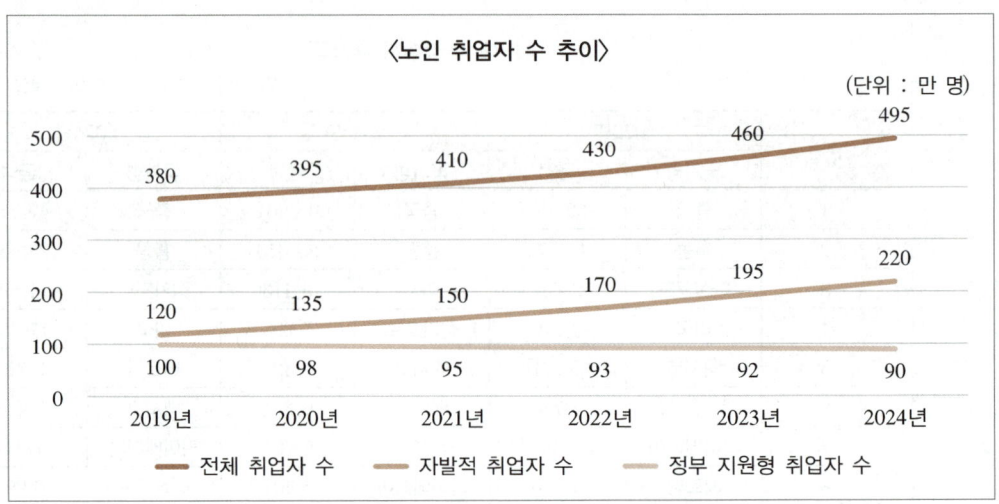

① 정부 지원형 취업자 수는 꾸준히 증가하고 있다.

② 노인 취업자의 증가는 전적으로 정부 일자리 확대에 의한 것이다.

③ 전체 노인 취업자 수는 감소하고 있지만 자발적 취업자는 증가하고 있다.

④ 자발적으로 취업하는 노인의 수는 정부 지원 취업자 수에 비해 점점 줄어들고 있다.

⑤ 자발적 취업자 수는 매년 증가하고 있으며, 이는 정부 지원 일자리 증가와는 별개의 흐름이다.

06 다음은 산업별 경기전망지수를 나타낸 자료이다. 〈조건〉에 근거하여 A ~ D에 들어갈 산업이 바르게 연결된 것은?

〈산업별 경기전망지수〉

(단위 : 점)

구분	2020년	2021년	2022년	2023년	2024년
A	45.8	48.9	52.2	52.5	54.4
B	37.2	39.8	38.7	41.9	46.3
도소매업	38.7	41.4	38.3	41.7	46.2
C	36.1	40.6	44.0	37.1	39.7
D	39.3	41.1	40.2	44.9	48.7

조건

㉠ 2020년부터 2024년까지 보건업의 경기전망지수가 40점 이상인 해는 2개이다.
㉡ 2022년 조선업과 제조업의 경기전망지수는 전년 대비 증가하였다.
㉢ 전년 대비 2021년 해운업의 경기전망지수의 증가율은 5개의 산업 중 가장 낮다.
㉣ 제조업은 매년 5개의 산업 중 경기전망지수가 가장 높다.

	A	B	C	D
①	조선업	보건업	제조업	해운업
②	제조업	조선업	보건업	해운업
③	조선업	제조업	보건업	해운업
④	제조업	보건업	조선업	해운업
⑤	보건업	제조업	조선업	해운업

07 다음은 2019 ~ 2024년 S동 자원봉사 참여 현황에 대한 자료이다. 6년 동안 참여율이 4번째로 높은 해의 전년 대비 참여율의 증가율은?(단, 증가율은 소수점 첫째 자리에서 반올림한다)

〈자원봉사 참여 현황〉

(단위 : 명, %)

구분	2019년	2020년	2021년	2022년	2023년	2024년
총 성인 인구수	35,744	36,786	37,188	37,618	38,038	38,931
자원봉사 참여 성인 인구수	1,621	2,103	2,548	3,294	3,879	4,634
참여율	4.5	5.7	6.9	8.8	10.2	11.9

① 약 17% ② 약 19%
③ 약 21% ④ 약 23%
⑤ 약 25%

08 다음은 S국의 국제유가 도입 현황을 나타낸 자료이다. 원유 도입단가가 3% 상승할 때마다 S국 전체가 100억 달러의 손해를 본다고 할 때, 1월 대비 4월의 손해액은 얼마인가?

〈국제유가 도입 현황〉

(단위 : 달러/배럴, 백만 배럴)

구분	1월	2월	3월	4월	5월	6월	7월	8월
국제유가	41.4	40.5	52.0	49.8	50.2	51.4	51.0	53.4
도입단가	40.0	42.2	44.6	55.0	53.0	52.8	50.5	56.1
도입물량	84.6	82.8	94.9	99.5	94.7	91.0	88.0	92.5

① -250억 달러 ② -500억 달러
③ -750억 달러 ④ -1,250억 달러
⑤ -2,500억 달러

09 S카드사는 신규 카드의 출시를 앞두고 카드 사용 시 고객에게 혜택을 제공하는 제휴 업체를 선정하기 위해 A~E업체에 대해 다음과 같이 평가하였다. 다음 중 A~E업체의 평가 결과에 대한 설명으로 옳은 것은?

〈신규 카드 제휴 후보 업체 평가 결과〉

기준\업체	제공 혜택	혜택 제공 기간 (카드 사용일로부터)	선호도 점수	동일 혜택을 제공하는 카드 수
A마트	배송 요청 시 배송비 면제	12개월	7.5	7
B서점	서적 구매 시 10% 할인	36개월	8.2	11
C통신사	매월 통신요금 10% 할인	24개월	9.1	13
D주유소	주유 금액의 10% 포인트 적립	12개월	4.5	4
E카페	음료 구매 시 15% 할인	24개월	7.6	16

- 선호도 점수 : 기존 이용 고객들이 혜택별 선호도에 따라 부여한 점수의 평균값으로, 높은 점수일수록 선호도가 높음을 의미한다.
- 동일 혜택을 제공하는 카드 수 : S사의 기존 카드를 포함한 국내 카드사의 카드 중 동일한 혜택을 제공하는 카드의 수를 의미하며, 카드 수가 많을수록 시장 내 경쟁이 치열하다.

① 혜택 제공 기간이 가장 긴 업체는 선호도 점수도 가장 높다.
② 동일 혜택을 제공하는 카드 수가 많은 업체일수록 혜택 제공 기간이 길다.
③ 시장 내 경쟁이 가장 치열한 업체와 제휴할 경우 해당 혜택을 2년간 제공한다.
④ 기존 이용 고객들이 가장 선호하는 혜택은 서적 구매 시 적용되는 요금 할인 혜택이다.
⑤ 매월 모든 업체가 부담해야 하는 혜택 비용이 동일하다면, 혜택에 대한 총 부담 비용이 가장 큰 업체는 D주유소이다.

10 다음은 2014년부터 2024년까지 우리나라의 유엔 정규분담률 현황에 대한 자료이다. 이를 읽고 2015년과 2021년 유엔 정규분담률의 전년 대비 증가율을 순서대로 나열한 것은?(단, 소수점 둘째 자리에서 반올림한다)

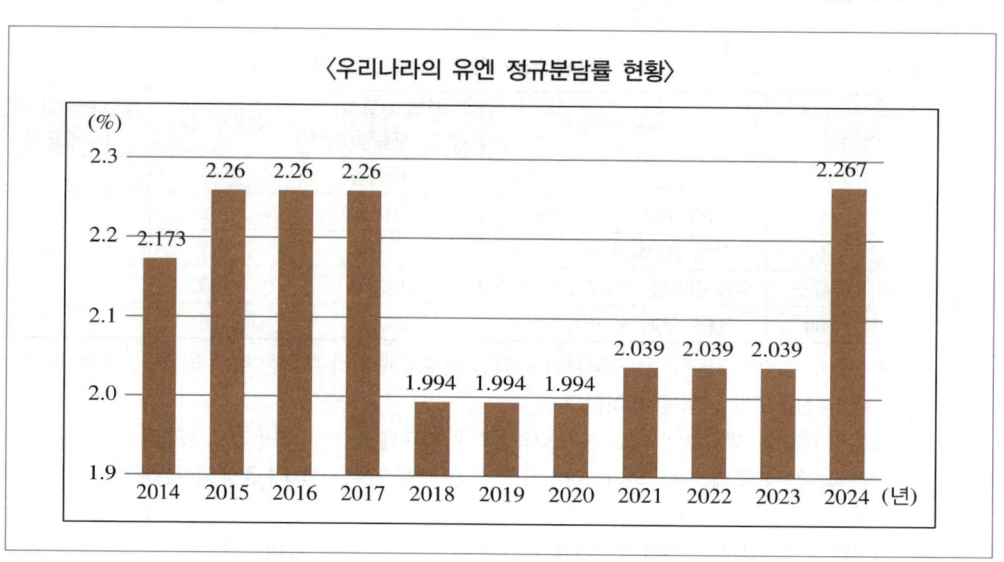

① 4.0%, 2.1%
② 4.0%, 2.3%
③ 4.0%, 2.5%
④ 3.2%, 2.3%
⑤ 3.2%, 2.5%

11 다음은 중학생의 주당 운동시간 현황을 조사한 자료이다. 이에 대한 〈보기〉의 설명 중 옳은 것을 모두 고르면?

〈중학생의 주당 운동시간 현황〉

(단위 : %, 명)

구분		남학생			여학생		
		1학년	2학년	3학년	1학년	2학년	3학년
1시간 미만	비율	10.0	5.7	7.6	18.8	19.2	25.1
	인원수	118	66	87	221	217	281
1시간 이상 ~ 2시간 미만	비율	22.2	20.4	19.7	26.6	31.3	29.3
	인원수	261	235	224	312	353	328
2시간 이상 ~ 3시간 미만	비율	21.8	20.9	24.1	20.7	18.0	21.6
	인원수	256	241	274	243	203	242
3시간 이상 ~ 4시간 미만	비율	34.8	34.0	23.4	30.0	27.3	14.0
	인원수	409	392	266	353	308	157
4시간 이상	비율	11.2	19.0	25.2	3.9	4.2	10.0
	인원수	132	219	287	46	47	112
합계	비율	100.0	100.0	100.0	100.0	100.0	100.0
	인원수	1,176	1,153	1,138	1,175	1,128	1,120

보기

ㄱ. 1시간 미만 운동하는 3학년 남학생 수는 4시간 이상 운동하는 1학년 여학생 수보다 많다.

ㄴ. 동일 학년의 남학생과 여학생을 비교하면, 남학생 중 1시간 미만 운동하는 남학생의 비율이 여학생 중 1시간 미만 운동하는 여학생의 비율보다 각 학년에서 모두 낮다.

ㄷ. 남학생과 여학생 각각 학년이 높아질수록 4시간 이상 운동하는 학생의 비율이 낮아진다.

ㄹ. 모든 학년에서 남학생과 여학생 각각 3시간 이상 ~ 4시간 미만 운동하는 학생의 비율이 4시간 이상 운동하는 학생의 비율보다 높다.

① ㄱ, ㄴ   ② ㄱ, ㄹ
③ ㄴ, ㄷ   ④ ㄷ, ㄹ
⑤ ㄱ, ㄴ, ㄷ

12 다음은 A국 여행자들이 자주 방문하는 공항 주변 S편의점의 월별 매출액을 나타낸 자료이다. 전체 해외 여행자 수와 A국 여행자 수의 2023년도부터 2024년도의 추세를 다음과 같이 나타내었을 때, 이에 대한 설명으로 옳지 않은 것은?

〈S편의점 월별 매출액(만 원)〉

2023년(상)	1월	2월	3월	4월	5월	6월
매출액	1,020	1,350	1,230	1,550	1,602	1,450
2023년(하)	7월	8월	9월	10월	11월	12월
매출액	1,520	950	890	750	730	680
2024년(상)	1월	2월	3월	4월	5월	6월
매출액	650	600	550	530	605	670
2024년(하)	7월	8월	9월	10월	11월	12월
매출액	700	680	630	540	550	480

〈전체 해외 여행자 수 및 A국 여행자 수(명)〉

① 2024년 2~3월 A국 여행자들이 급감하였다.
② S편의점의 매출액은 해외 여행자 수에 영향을 받고 있다.
③ 2023년 7월을 정점으로 A국 여행자들이 줄어드는 추세이다.
④ 전체 해외 여행자 수에서 A국의 영향력이 매우 높은 편이다.
⑤ S편의점의 2023년 1월과 12월의 매출액 차이는 2024년 1월과 12월 매출액 차이의 3배이다.

13 다음은 A ~ D 네 국가의 정부신뢰에 대한 자료이다. 〈조건〉에 근거하여 A ~ D에 해당하는 국가가 바르게 연결된 것은?

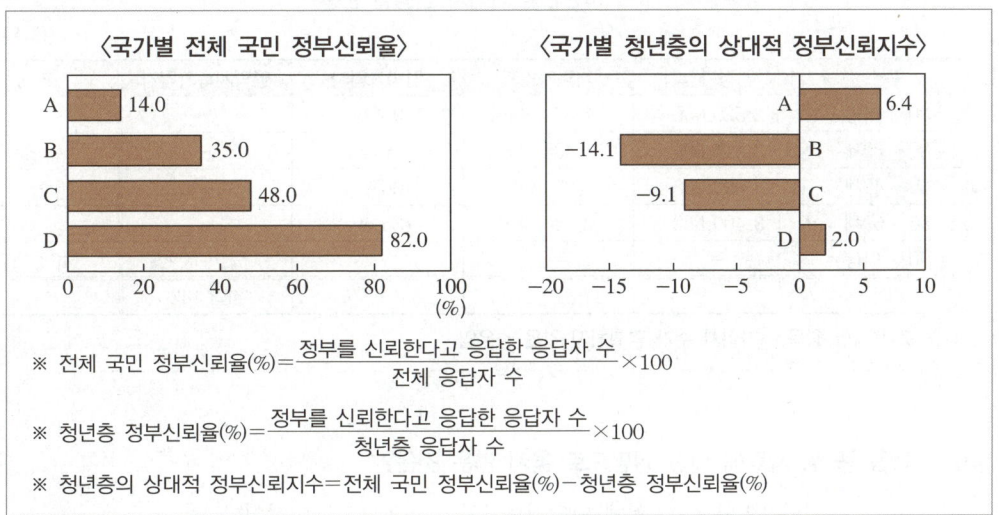

※ 전체 국민 정부신뢰율(%)= $\dfrac{\text{정부를 신뢰한다고 응답한 응답자 수}}{\text{전체 응답자 수}} \times 100$

※ 청년층 정부신뢰율(%)= $\dfrac{\text{정부를 신뢰한다고 응답한 응답자 수}}{\text{청년층 응답자 수}} \times 100$

※ 청년층의 상대적 정부신뢰지수=전체 국민 정부신뢰율(%)－청년층 정부신뢰율(%)

조건

• 청년층 정부신뢰율은 스위스가 그리스의 10배 이상이다.
• 영국과 미국에서는 청년층 정부신뢰율이 전체 국민 정부신뢰율보다 높다.
• 청년층 정부신뢰율은 미국이 스위스보다 30%p 이상 낮다.

	A	B	C	D
①	그리스	영국	미국	스위스
②	스위스	영국	미국	그리스
③	스위스	미국	영국	그리스
④	그리스	미국	영국	스위스
⑤	그리스	스위스	미국	영국

※ 다음은 국민연금 가입자 연령별 현황 자료이다. 이어지는 질문에 답하시오. **[14~15]**

〈국민연금 가입자 연령별 현황〉

(단위 : 명)

구분	사업장가입자	지역가입자	임의가입자	임의계속가입자	합계
30세 미만	2,520,056	1,354,303	9,444	–	–
30 ~ 39세	3,811,399	1,434,786	33,254	–	–
40 ~ 49세	4,093,968	1,874,997	106,191	–	–
50 ~ 59세	3,409,582	2,646,088	185,591	–	–
60세 이상	–	4	–	–	463,147
합계	–	7,310,178	–	463,143	–

※ '–'로 표시한 항목은 가입자 수가 명확하지 않은 경우임

14 다음 중 위 자료에 대한 설명으로 옳지 않은 것은?

① 전체 지역가입자 수는 전체 임의계속가입자 수의 15배 이상이다.

② 60세 이상을 제외한 전체 임의가입자에서 50대 가입자 수는 50% 이상을 차지한다.

③ 임의계속가입자를 제외하고 모든 가입자 집단에서 연령대가 증가할수록 가입자 수가 증가한다.

④ 30세 미만부터 40대까지 연령대별 가입자 수는 지역가입자 수가 임의가입자 수보다 더 많다.

⑤ 임의계속가입자를 제외하고 50대 가입자 수가 많은 순서대로 나열하면 사업장가입자 – 지역가입자 – 임의가입자 순서이다.

15 전체 임의계속가입자 수의 25%가 50대라고 할 때, 50대 임의계속가입자 수는 몇 명인가?(단, 소수점 첫째 자리에서 반올림한다)

① 약 69,471명   ② 약 92,629명

③ 약 115,786명   ④ 약 138,943명

⑤ 약 162,100명

※ 다음은 연도별 방송사 평균 시청률을 조사한 자료이다. 이어지는 질문에 답하시오. [16~17]

〈방송사 평균 시청률〉

(단위 : %)

구분		2020년	2021년	2022년	2023년	2024년
K사	예능	12.4	11.7	11.4	10.8	10.1
	드라마	8.5	9.9	12.0	11.2	15.0
	다큐멘터리	5.1	5.3	5.4	5.2	5.1
	교육	3.2	2.8	3.0	3.4	3.1
S사	예능	7.4	7.8	9.2	11.4	13.1
	드라마	10.2	10.8	11.5	12.4	13.0
	다큐멘터리	2.4	2.8	3.1	2.7	2.6
	교육	2.2	1.8	1.9	2.0	2.1
M사	예능	11.8	11.3	9.4	9.8	10.2
	드라마	9.4	10.5	13.2	12.9	12.0
	다큐멘터리	2.4	2.2	2.3	2.4	2.1
	교육	1.8	2.1	2.0	2.2	2.3

16 다음 중 위 자료에 대한 설명으로 옳지 않은 것은?

① 2021년 ~ 2024년 S사의 예능 평균 시청률은 전년 대비 증가하고 있다.

② 2020년 ~ 2024년 K사의 교육 프로그램 평균 시청률은 매년 4% 미만이다.

③ 2022년 ~ 2024년 S사 드라마의 평균 시청률은 매년 M사 드라마보다 높다.

④ 2021년 ~ 2024년 M사의 예능과 드라마 평균 시청률 증감 추이는 서로 반대이다.

⑤ 2024년 K사, S사, M사 드라마 평균 시청률의 총합에서 M사 드라마가 차지하는 비율은 30%이다.

17 다음 중 위 자료에 대한 설명으로 옳은 것은?

① 2020년부터 2022년까지 매년 예능 평균 시청률 1위는 K사이다.

② 2022년 S사의 예능 평균 시청률은 드라마 평균 시청률의 85%이다.

③ 매년 모든 방송사에서 교육 프로그램의 평균 시청률은 해당 방송사의 다른 장르보다 낮다.

④ K사의 다큐멘터리 평균 시청률은 매년 S사와 M사의 다큐멘터리 평균 시청률을 합한 값보다 높다.

⑤ 2021년까지는 3사 중 S사의 드라마 평균 시청률이 1위였지만, 2022년부터는 M사의 드라마 평균 시청률이 1위이다.

18 다음은 연도별 및 연령대별 흡연율에 대한 자료이다. 이를 나타낸 그래프로 옳지 않은 것은?

〈연도별 · 연령대별 흡연율〉

(단위 : %)

구분	연령대				
	20대	30대	40대	50대	60대 이상
2015년	28.4	24.8	27.4	20.0	16.2
2016년	21.5	31.4	29.9	18.7	18.4
2017년	18.9	27.0	27.2	19.4	17.6
2018년	28.0	30.1	27.9	15.6	2.7
2019년	30.0	27.5	22.4	16.3	9.1
2020년	24.2	25.2	19.3	14.9	18.4
2021년	13.1	25.4	22.5	15.6	16.5
2022년	22.2	16.1	18.2	13.2	15.8
2023년	11.6	25.4	13.4	13.9	13.9
2024년	14.0	22.2	18.8	11.6	9.4

① 40대 · 50대 연도별 흡연율

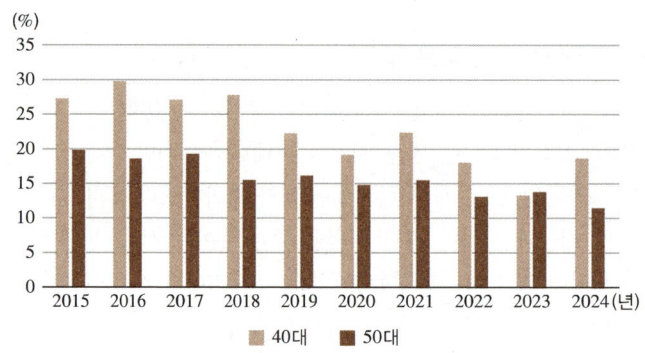

② 2021 ~ 2024년 연령대별 흡연율

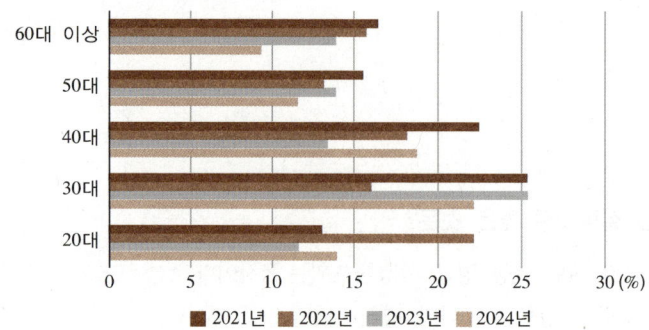

③ 2019 ~ 2024년 60대 이상 연도별 흡연율

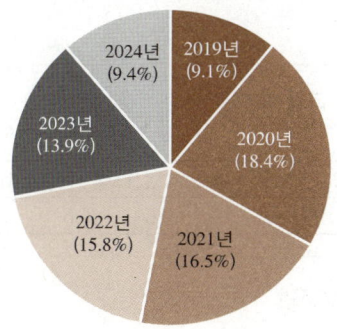

④ 20대·30대 연도별 흡연율

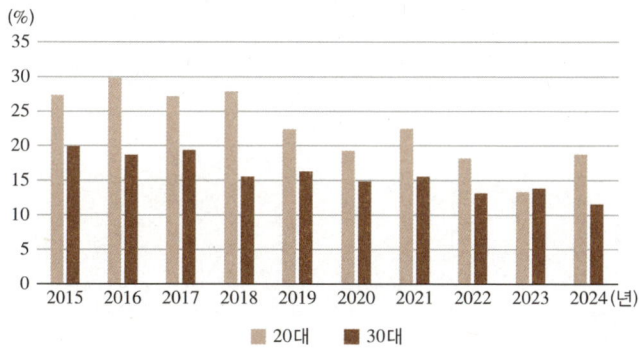

⑤ 2024년 연령대별 흡연율

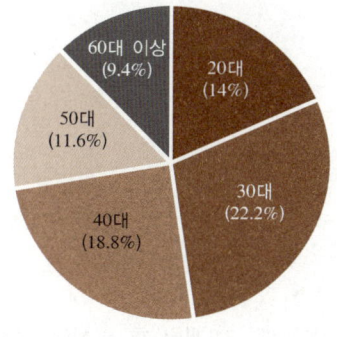

19 S놀이공원의 월별 방문 고객 추이가 다음과 같을 때, 언제 방문 고객이 처음으로 110만 명 미만이 되는가?

〈월별 S놀이공원 방문 고객 추이〉

(단위 : 만 명)

구분	2024년 8월	2024년 9월	2024년 10월	2024년 11월	2024년 12월
방문 고객 수	900	500	300	200	150

① 2025년 2월 ② 2025년 3월

③ 2025년 4월 ④ 2025년 5월

⑤ 2025년 6월

20 어떤 나무에 자라는 버섯의 개체 수 변화가 다음과 같을 때, 12개월 후 버섯의 개체 수는?

〈버섯의 개체 수 변화〉

(단위 : 송이)

기간	현재	1개월 후	2개월 후	3개월 후	4개월 후
버섯의 개체 수	10	20	60	150	310

① 3,020송이 ② 3,860송이

③ 4,750송이 ④ 5,070송이

⑤ 6,510송이

※ 다음 명제가 모두 참일 때, 빈칸에 들어갈 명제로 가장 적절한 것을 고르시오. **[1~3]**

Easy

01

- 전제1. 주장을 못하는 사람은 발표를 못 한다.
- 전제2. _____
- 결론. 발표를 잘하는 사람은 시험을 잘 본다.

① 시험을 못 보는 사람은 주장을 잘한다.

② 시험을 잘 보는 사람은 발표를 잘한다.

③ 주장을 잘하는 사람은 시험을 못 본다.

④ 주장을 잘하는 사람은 시험을 잘 본다.

⑤ 주장을 못하는 사람은 시험을 못 본다.

02

- 전제1. 채소를 좋아하는 사람은 해산물을 싫어한다.
- 전제2. _____
- 결론. 디저트를 좋아하는 사람은 채소를 싫어한다.

① 채소를 싫어하는 사람은 해산물을 좋아한다.

② 채소를 싫어하는 사람은 디저트를 싫어한다.

③ 디저트를 좋아하는 사람은 해산물을 싫어한다.

④ 디저트를 좋아하는 사람은 해산물을 좋아한다.

⑤ 디저트를 싫어하는 사람은 해산물을 싫어한다.

03

- 전제1. 저축을 하지 않으면 이자가 생기지 않는다.
- 전제2. _____
- 전제3. 소비를 줄이지 않으면 저축을 하지 않는다.
- 결론. 소비를 줄이지 않았다는 것은 용돈을 합리적으로 쓰지 않은 것이다.

① 이자가 생기면 저축을 하지 않는다.

② 용돈을 합리적으로 쓰면 이자가 생긴다.

③ 저축을 하지 않으면 소비를 줄이지 않는다.

④ 용돈을 합리적으로 써도 소비를 줄이지 않는다.

⑤ 용돈을 합리적으로 쓰지 않으면 이자가 생기지 않는다.

04 다음 명제를 통해 얻을 수 있는 결론으로 가장 적절한 것은?

> • 클래식을 좋아하는 사람은 고전을 좋아한다.
> • 사진을 좋아하는 사람은 운동을 좋아한다.
> • 고전을 좋아하지 않는 사람은 운동을 좋아하지 않는다.

① 사진을 좋아하는 사람은 고전을 좋아한다.
② 클래식을 좋아하지 않는 사람은 운동을 좋아한다.
③ 고전을 좋아하는 사람은 운동을 좋아하지 않는다.
④ 운동을 좋아하는 사람은 클래식을 좋아하지 않는다.
⑤ 사진을 좋아하는 사람은 클래식을 좋아하지 않는다.

Hard

05 최근 한 동물연구소에서 기존의 동물 분류 체계를 대체할 새로운 분류군과 분류의 기준을 마련하여 발표하였다. 다음을 토대로 판단할 때, 반드시 거짓인 진술은?

> 1. 이 분류 체계는 다음과 같은 세 가지 분류의 기준을 적용한다.
>   (가) 날 수 있는 동물인가, 그렇지 않은가?(날 수 있는가는 정상적인 능력을 갖춘 성체를 기준으로 한다)
>   (나) 벌레를 먹고 사는가, 그렇지 않은가?
>   (다) 장(腸) 안에 프리모넬라가 서식하는가?(이 경우 '프리모'라 부른다) 아니면 세콘데렐라가 서식하는가?(이 경우 '세콘도'라 부른다) 둘 중 어느 것도 서식하지 않는가?(이 경우 '눌로'라고 부른다) 혹은 둘 다 서식하는가?(이 경우 '옴니오'라고 부른다)
> 2. 벌레를 먹고 사는 동물의 장 안에 세콘데렐라는 도저히 살 수가 없다.
> 3. 날 수 있는 동물은 예외 없이 벌레를 먹고 산다. 그러나 그 역은 성립하지 않는다.
> 4. 벌레를 먹지 않는 동물 가운데 눌로에 속하는 것은 없다.

① 날 수 있는 동물 가운데는 세콘도가 없다.
② 동고비새는 날 수 있는 동물이므로 옴니오에 속한다.
③ 벌쥐가 만일 날 수 있는 동물이라면 그것은 프리모이다.
④ 플라나리아는 날지 못하고 벌레를 먹지도 않으므로 세콘도이다.
⑤ 이름 모르는 동물을 관찰해보니 벌레를 먹지 않으므로 옴니오일 수 있다.

06 S사는 국제협력사업 10주년을 맞아 행사에 참여할 부서들을 선정 중이다. 다음 〈조건〉에 따라 참여부서를 선정하고자 할 때, 옳지 않은 것은?

> **조건**
> - 기획지원부를 선정하면 통계개발부는 선정되지 않는다.
> - 해외기술부, 전략기획실, 인재개발부 중에 최소한 두 곳은 반드시 선정된다.
> - 비서실이 선정되면 전략기획실은 선정되지 않는다.
> - 인재개발부가 선정되면 통계개발부도 선정된다.
> - 대외협력부과 비서실 중 한 곳만 선정된다.
> - 비서실은 반드시 참여한다.

① 인재개발부는 선정된다.
② 기획지원부는 선정되지 않는다.
③ 해외기술부와 전략기획실 모두 선정된다.
④ 해외기술부과 통계개발부는 행사에 참여한다.
⑤ 대외협력부와 전략기획실 모두 선정되지 않는다.

07 S기업의 홍보팀에서 근무하고 있는 김대리, 이사원, 박사원, 유사원, 강대리 중 1명은 이번 회사 워크숍에 참석하지 않았다. 이들 중 2명이 거짓말을 한다고 할 때, 다음 중 워크숍에 참석하지 않은 사람은?

> - 강대리 : 나와 김대리는 워크숍에 참석했다. 나는 누가 워크숍에 참석하지 않았는지 알지 못한다.
> - 박사원 : 유사원은 이번 워크숍에 참석하였다. 강대리님의 말은 모두 사실이다.
> - 유사원 : 워크숍 불참자의 불참 사유를 세 사람이 들었다. 이사원은 워크숍에 참석했다.
> - 김대리 : 나와 강대리만 워크숍 불참자의 불참 사유를 들었다. 이사원의 말은 모두 사실이다.
> - 이사원 : 워크숍에 참석하지 않은 사람은 유사원이다. 유사원이 개인 사정으로 인해 워크숍에 참석하지 못한다고 강대리님에게 전했다.

① 강대리 ② 박사원
③ 유사원 ④ 김대리
⑤ 이사원

PART 3

08 A ~ E 5명은 부산에 가기 위해 서울역에서 저녁 7시에 출발하여 대전역과 울산역을 차례로 정차하는 부산행 KTX 열차를 타기로 했다. 이들 중 2명은 서울역에서 승차하였고, 다른 2명은 대전역에서, 나머지 1명은 울산역에서 각각 승차하였다. 〈보기〉의 대화를 바탕으로 항상 참인 것은?(단, 같은 역에서 승차한 경우 서로의 탑승 순서는 알 수 없다)

> **조건**
> • A : 나는 B보다 먼저 탔지만, C보다 먼저 탔는지는 알 수 없어.
> • B : 나는 C보다 늦게 탔어.
> • C : 나는 가장 마지막에 타지 않았어.
> • D : 나는 대전역에서 탔어.
> • E : 나는 내가 몇 번째로 탔는지 알 수 있어.

① A는 대전역에서 승차하였다.
② B는 C와 같은 역에서 승차하였다.
③ C와 D는 같은 역에서 승차하였다.
④ D는 E와 같은 역에서 승차하였다.
⑤ E는 울산역에서 승차하였다.

09 어느 날 밤 11시경 회사 사무실에 도둑이 들었다. CCTV를 확인해 보니 도둑은 1명이며, 수사 결과 용의자는 갑 ~ 무로 좁혀졌다. 이 중 2명은 거짓말을 하고 있으며 그중 1명이 범인일 때, 범인은 누구인가?

> • 갑 : 그날 밤 11시에 저는 을, 무하고 셋이서 함께 있었습니다.
> • 을 : 갑은 그 시간에 무와 함께 타 지점에 출장을 가 있었어요.
> • 병 : 갑의 진술은 참이고, 저도 회사에 있지 않았습니다.
> • 정 : 을은 밤 11시에 저와 단둘이 있었습니다.
> • 무 : 저는 사건이 일어났을 때 집에 있었습니다.

① 갑   ② 을
③ 병   ④ 정
⑤ 무

10 S기업은 직원들의 복리 증진을 위해 다음과 같이 복지제도를 검토하여 도입하고자 한다. 다음 〈조건〉의 명제가 모두 참일 때, 반드시 참인 것은?

> S기업은 다음 중 최대 2개의 복지제도를 도입하고자 한다.
> • 동호회행사비 지원
> • 출퇴근교통비 지원
> • 연차 추가제공
> • 주택마련자금 지원

> **조건**
> • 연차를 추가제공하지 않거나 출퇴근교통비를 지원한다면, 주택마련자금 지원을 도입한다.
> • 동호회행사비 지원을 도입할 때에만 연차 추가제공을 도입한다.
> • 출퇴근교통비 지원을 도입하지 않는다면, 동호회행사비 지원을 도입한다.
> • 출퇴근교통비 지원을 도입하거나 연차 추가제공을 도입하지 않으면, 동호회행사비 지원을 도입하지 않는다.
> • 주택마련자금 지원을 도입한다면 다른 복지제도는 도입할 수 없다.

① 출퇴근교통비 지원이 도입된다.
② 연차 추가제공은 도입되지 않는다.
③ 동호회행사비 지원은 도입되지 않는다.
④ S기업은 1개의 복지제도만 새로 도입한다.
⑤ 출퇴근교통비 지원과 연차 추가제공 중 1가지만 도입된다.

11 A ~ E 5명은 한국사 시험에 함께 응시하였다. 시험 도중 부정행위가 일어났다고 할 때, 다음 〈조건〉을 통해 부정행위를 한 사람을 모두 고르면?

> **조건**
> • 2명이 부정행위를 저질렀다.
> • B와 C는 같이 부정행위를 하거나 같이 부정행위를 하지 않았다.
> • B나 E가 부정행위를 했다면, A도 부정행위를 했다.
> • C가 부정행위를 했다면, D도 부정행위를 했다.
> • E가 부정행위를 하지 않았으면, D도 부정행위를 하지 않았다.

① B, C   ② A, B
③ A, E   ④ C, D
⑤ D, E

12 아름이는 연휴를 맞아 유럽 일주를 할 계획이다. 하지만 시간 관계상 벨기에, 프랑스, 영국, 독일, 오스트리아, 스페인 중 4개 국가만 방문하고자 한다. 다음 〈조건〉에 따라 방문할 국가를 고를 때, 아름이가 방문하지 않을 국가로 알맞은 것은?

> **조건**
> • 스페인은 반드시 방문한다.
> • 프랑스를 방문하면 영국은 방문하지 않는다.
> • 오스트리아를 방문하면 스페인은 방문하지 않는다.
> • 벨기에를 방문하면 영국도 방문한다.
> • 오스트리아, 벨기에, 독일 중 적어도 2개 국가를 방문한다.

① 영국, 프랑스　　　　　　　　　　② 벨기에, 독일
③ 영국, 벨기에　　　　　　　　　　④ 오스트리아, 프랑스
⑤ 독일, 오스트리아

13 A ~ D 4명은 각각 1명의 자녀를 두고 있는 아버지이다. 4명의 아이 중 2명은 아들이고, 2명은 딸이다. 아들의 아버지인 2명만 사실을 말할 때, 다음 중 올바른 결론은?

> **조건**
> • A : B와 C의 아이는 아들이다.
> • B : C의 아이는 딸이다.
> • C : D의 아이는 딸이다.
> • D : A와 C의 아이는 딸이다.

① A의 아이는 아들이다.
② B의 아이는 딸이다.
③ C의 아이는 아들이다.
④ D의 아이는 아들이다.
⑤ A와 D의 아이는 딸이다.

14 다음 〈조건〉에 따라 S사 총무부의 부장, 과장, 대리, 주임, 사원이 농구, 축구, 야구, 테니스, 자전거, 영화 동호회에 참여할 때, 직급과 성별 및 동호회가 바르게 연결되지 않은 것은?(단, 모든 직원은 반드시 동호회 한 곳에 참여한다)

> **조건**
> • 남직원은 3명, 여직원은 2명이다.
> • 모든 동호회의 참여 가능 인원은 팀내 최대 2명이다.
> • 모든 여직원은 자전거 동호회에 참여하지 않았다.
> • 여직원 중 1명은 농구, 축구, 야구, 테니스 동호회 중 하나에 참여하였다.
> • 대리, 주임, 사원은 자전거 동호회 또는 영화 동호회에 참여하지 않았다.
> • 참여 직원이 없는 동호회는 2개이다.
> • 야구, 자전거, 영화 동호회에 참여한 직원은 각각 1명이다
> • 주임은 야구 동호회에 참여하였고 부장은 영화 동호회에 참여하였다.
> • 축구 동호회에 참석한 직원은 남성뿐이다.

	직급	성별	참여 동호회
①	부장	여성	영화
②	과장	남성	자전거
③	대리	남성	축구
④	주임	여성	야구
⑤	사원	남성	테니스

※ 다음 도형의 규칙을 보고 물음표에 들어갈 도형으로 알맞은 것을 고르시오. **[15~17]**

15

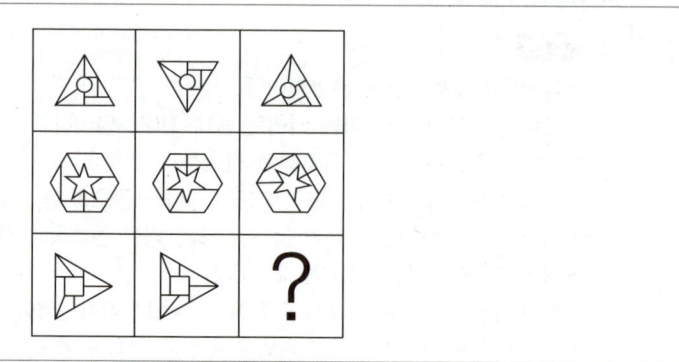

①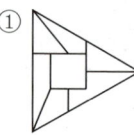

②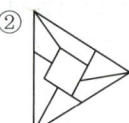

③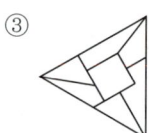

④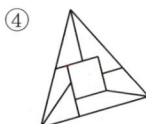

⑤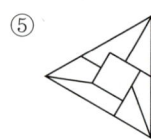

16

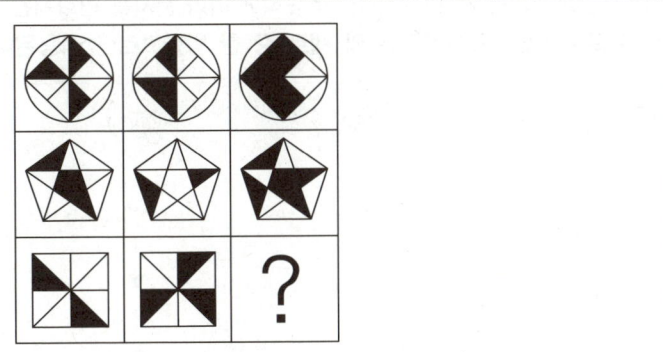

 ①

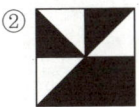 ②

 ③

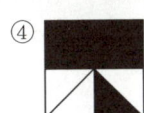 ④

 ⑤

17

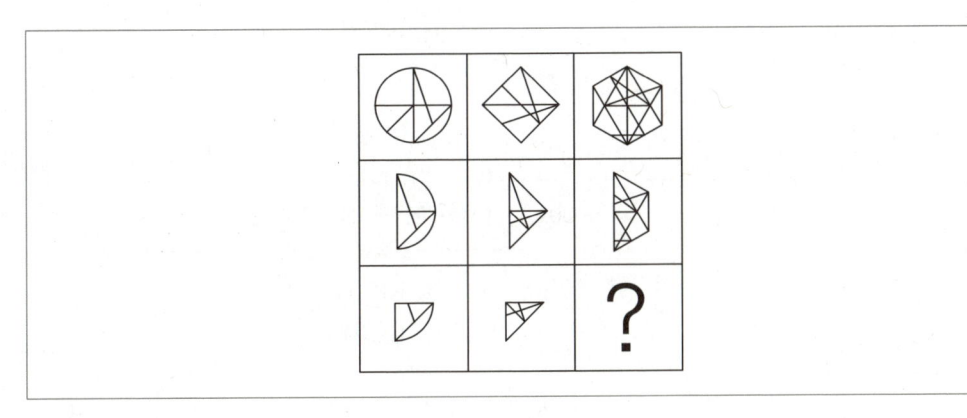

①

②

③

④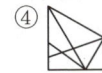

⑤

※ 다음 도식에서 기호들은 일정한 규칙에 따라 문자를 변화시킨다. 물음표에 들어갈 문자로 알맞은 것을 고르시오(단, 규칙은 가로와 세로 중 한 방향으로만 적용된다). **[18~21]**

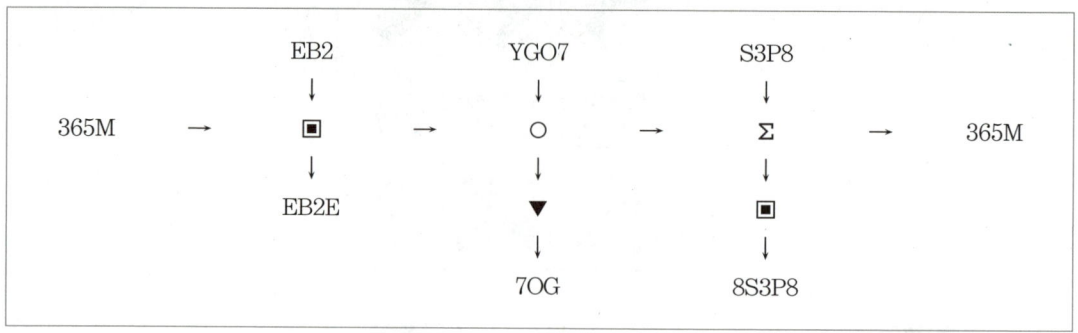

18

87CHO → ▼ → ○ → ?

① CO87H ② 7CHO
③ 87CH ④ HC78
⑤ O87

19

9LEE3 → Σ → ◼ → ?

① 3LEE93 ② 39LEE3
③ 3EEL9 ④ 93EEL
⑤ EEL93

20

KU01 → ○ → ◼ → Σ → ?

① UU01 ② KK01
③ K01U ④ UK10U
⑤ K01UK

21

LIGHT → Σ → ▼ → ○ → ?

① ILTG ② GILT
③ LIGH ④ LIGHL
⑤ TLIGHT

※ 다음 문단을 논리적 순서대로 바르게 나열한 것을 고르시오. [22~23]

22

(가) 국어의 단어들은 어근과 어근이 결합해 만들어지기도 하고 어근과 파생 접사가 결합해 만들어지기도 한다. 어근과 파생 접사가 결합한 단어는 파생 접사가 어근의 앞에 결합한 것도 있고, 파생 접사가 어근의 뒤에 결합한 것도 있다. 어근이 용언 어간이나 체언일 때, 그 뒤에 결합한 파생 접사는 어미나 조사와 혼동될 수도 있다.

(나) 이러한 일반적인 단어 형성과 달리, 용언 어간에 어미가 결합한 형태나, 체언에 조사가 결합한 형태가 시간이 지나면서 새로운 단어가 된 경우도 있다. 먼저 용언의 활용형이 역사적으로 굳어져 새로운 단어가 된 경우가 있다. 부사 '하지만'은 '하다'의 어간에 어미 '-지만'이 결합했던 것이었는데, 시간이 지나면서 굳어져 새로운 단어가 되었다.

(다) 다음으로 체언에 조사가 결합한 형태가 역사적으로 굳어져 새로운 단어가 된 것도 있다. 명사 '아기'에 호격 조사 '아'가 결합했던 형태인 '아가'가 시간이 지나면서 새로운 단어가 되었다.

(라) 그러나 파생 접사는 주로 새로운 단어를 만든다는 점에서 차이가 있다. 이에 비해 어미는 용언 어간과 결합해 용언이 문장 성분이 될 수 있도록 해 주고, 조사는 체언과 결합해 체언이 문장 성분임을 나타내 줄 뿐 새로운 단어를 만들지는 않는다. 이 점에서 어미와 조사는 파생 접사와 분명하게 구별된다.

① (가) - (나) - (다) - (라)　　　② (가) - (나) - (라) - (다)
③ (가) - (라) - (나) - (다)　　　④ (나) - (다) - (라) - (가)
⑤ (나) - (라) - (다) - (가)

Easy

23

(가) 과거에 한 월간 잡지가 여성 모델이 정치인과 사귄다는 기사를 내보냈다가 기자는 손해배상을 하고 잡지도 폐간된 경우가 있었다. 일부는 추측 기사이고 일부는 사실도 있었지만, 사실 이든 허위든 관계없이 남의 명예와 인권을 침해하였기에 그 책임을 진 것이다.

(나) 인권이라는 이름으로 남의 사생활을 침해하는 일은 자기 인권을 내세워 남의 불행을 초래하는 것이므로 보호받을 수 없다. 통상 대중 스타나 유명인들의 사생활은 일부 노출되어 있고, 이러한 공개성 속에서 상품화되므로 비교적 보호 강도가 약하기는 하지만 그들도 인간으로서 인권이 보호되는 것은 마찬가지다.

(다) 우리 사회에서 이제 인권이라는 말은 강물처럼 넘쳐흐른다. 과거에는 인권을 말하면 붙잡혀 가고 감옥에도 가곤 했지만, 이제는 누구나 인권을 스스럼없이 주장한다. 그러나 중요한 점은 인권이라 하더라도 무제한 보장되는 것이 아니라 남의 행복과 공동체의 이익을 침해하지 않는 범위 안에서만 보호된다는 것이다.

(라) 그런데 남의 명예를 훼손하여도 손해배상을 해주면 그로써 충분하고, 자기 잘못을 사죄하는 광고를 신문에 강제로 싣게 할 수는 없다. 헌법재판소는 남의 명예를 훼손한 사람이라 하더라도 강제로 사죄 광고를 싣게 하는 것은 양심에 반하는 가혹한 방법이라 하여 위헌으로 선고했다.

① (가) - (나) - (다) - (라)　　　② (나) - (가) - (다) - (라)
③ (다) - (나) - (가) - (라)　　　④ (다) - (나) - (라) - (가)
⑤ (라) - (다) - (나) - (가)

24 다음 글의 바로 뒤에 이어질 내용으로 가장 적절한 것은?

> 나노선과 나노점을 만들기 위해 하향식과 상향식의 두 가지 방법이 시도되고 있다. 하향식 방법은 원료 물질을 전자빔 등을 이용하여 작게 쪼개는 방법인데, 현재 7나노미터 수준까지 제조가 가능하지만 생산성과 경제적 효율성이 문제가 되고 있다. 이러한 문제점을 해결하기 위해 시도되고 있는 상향식 방법에서는 물질을 작게 쪼개는 대신 원자나 분자의 결합력에 따른 자기 조립 현상을 이용하여 나노 입자를 제조하려 한다.

① 나노 기술은 여러 가지 분야에서 활용되고 있다.
② 하향식 방법의 기술적인 문제만 해결된다면 상향식 방법은 효용성이 없다.
③ 경제적 문제로 인해 미술가가 얻어내려고 상향식 방법보다는 하향식 방법이 선호되고 있다.
④ 나노 기술 구현의 최대 난제는 나노 물질의 인위적 제조이다. 나노 물질은 나노점, 나노선, 나노박막의 형태로 구분된다.
⑤ 상향식 방법은 경제적 측면에서는 하향식에 비해 훨씬 유리하나, 기술적으로 해결해야 할 난점들이 많다는 데 문제가 있다.

25 다음 글을 통해 추론한 내용으로 가장 적절한 것은?

> 스토리슈머는 이야기를 뜻하는 스토리(Story)와 소비자를 뜻하는 컨슈머(Consumer)가 합쳐져 '이야기를 찾는 소비자'를 지칭하는 말이다. 최근 기업들이 경기불황과 치열한 경쟁 속에서 살아남기 위해 색다른 마케팅 방안을 모색하고 있다. 단순히 이벤트나 제품을 설명하는 기존 방식에서 벗어나 소비자들이 서로 공감하는 이야기로 위로받는 심리를 반영해 마케팅에 활용하는 '스토리슈머 마케팅' 사례가 늘고 있다. 이는 소비자의 구매 요인이 기능에서 감성 중심으로 이동함에 따라 이야기를 소재로 하는 마케팅의 중요성이 늘어난 것을 반영한다. 특히 재미와 감성을 자극하는 콘텐츠 위주로 소비자들 사이에서 자연스럽게 스토리가 공유·확산되도록 유도할 수 있다.

① 모든 소비자는 이야기를 통해 위로받고 싶어 한다.
② 스토리슈머 마케팅은 제품의 기능을 더욱 강조한다.
③ 스토리슈머 마케팅은 기존 마케팅보다 비용이 더 든다.
④ 스토리슈머 마케팅은 재미있는 이야기여야만 마케팅 가치를 가진다.
⑤ 스토리슈머 마케팅은 현재 소비자들의 구매 요인을 파악한 마케팅 방안이다.

26 다음 글을 통해 추론할 수 없는 것은?

판구조론의 관점에서 보면, 아이슬란드의 지질학적인 위치는 매우 특수하다. 지구의 표면은 크고 작은 10여 개의 판으로 이루어져 있다. 아이슬란드는 북아메리카판과 유라시아판의 경계선인 대서 양 중앙 해령에 위치해 있다. 대서양의 해저에 있는 대서양 중앙 해령은 북극해에서부터 아프리카의 남쪽 끝까지 긴 산맥의 형태로 뻗어 있다. 대서양 중앙 해령의 일부분이 해수면 위로 노출된 부분인 아이슬란드는 서쪽은 북아메리카판, 동쪽은 유라시아판에 속해 있어 지리적으로는 한 나라이지만, 지질학적으로는 두 개의 서로 다른 판 위에 놓여 있는 것이다.

지구에서 판의 경계가 되는 곳은 여러 곳이 있다. 그러나 아이슬란드는 육지 위에서 두 판이 확장되는 희귀한 지역이다. 아이슬란드가 위치한 판의 경계에서는 새로운 암석이 생성되면서 두 판이 서로 멀어지고 있다. 그래서 아이슬란드에서는 다른 판의 경계에서 거의 볼 수 없는 지질학적 현상이 나타난다. 과학자들의 관찰에 따르면, 아이슬란드의 중심부를 지나는 대서양 중앙 해령의 갈라진 틈이 매년 약 15cm씩 벌어지고 있다.

아이슬란드는 판의 절대 속도를 잴 수 있는 기준점을 가지고 있다는 점에서도 관심의 대상이 되고 있다. 과학자들은 북아메리카판에 대한 유라시아판의 시간에 따른 거리 변화를 추정하여 판의 이동 속도를 측정한다. 그러나 이렇게 알아낸 판의 이동 속도는 이동하는 판 위에서 이동하는 다른 판의 속도를 잰 것이다. 이는 한 판이 정지해 있다고 가정했을 때의 판의 속도, 즉 상대 속도이다. 과학자들은 상대 속도를 구한 것에 만족하지 않고, 판의 절대 속도, 즉 지구의 기준점에 대해서 판이 어떤 속도로 움직이는가도 알고자 했다. 판의 절대 속도를 구하기 위해서는 판의 운동과는 독립적으로 외부에 고정되어 있는 기준점이 필요하다. 과학자들은 지구 내부의 맨틀 깊숙이 위치한 마그마의 근원지인 열점이 거의 움직이지 않는다는 것을 알아내고, 그것을 판의 절대 속도를 구하는 기준점으로 사용하였다. 과학자들은 지금까지 지구상에서 100여 개의 열점을 찾아냈는데, 그 중의 하나가 바로 아이슬란드에 있다.

① 북아메리카판과 유라시아판의 절대 속도는 같을 것이다.
② 아이슬란드에는 판의 절대 속도를 구하는 기준점이 있다.
③ 한 나라의 육지 위에서 두 판이 확장되는 것은 희귀한 일이다.
④ 지구에는 북아메리카판과 유리시아판 이외에도 5개 이상의 판이 더 있다.
⑤ 아이슬란드의 중심부를 지나는 대서양 중앙 해령의 갈라진 틈이 매년 약 15cm씩 벌어지고 있는 것은 아이슬란드가 판의 경계에 위치해 있기 때문이다.

※ 다음 글을 통해 알 수 있는 내용으로 적절하지 않은 것을 고르시오. [27~28]

27

컴퓨터로 작업을 하다가 전원이 꺼져 작업하던 데이터가 사라져 낭패를 본 경험이 한 번쯤은 있을 것이다. 이는 현재 컴퓨터에서 주 메모리로 D램을 사용하기 때문이다. D램은 전기장의 영향을 받으면 극성을 띠게 되는 물질을 사용하는데 극성을 띠면 1, 그렇지 않으면 0이 된다. 그런데 D램에 사용되는 물질의 극성은 지속적으로 전원을 공급해야만 유지된다. 그래서 D램은 읽기나 쓰기 작업을 하지 않아도 전력이 소모되며, 전원이 꺼지면 데이터가 모두 사라진다는 문제점을 안고 있다.

이러한 D램의 문제를 해결할 수 있는 차세대 램 메모리로 가장 주목을 받고 있는 것은 M램이다. M램은 두 장의 자성 물질 사이에 얇은 절연막을 끼워 넣어 접합한 구조로 되어 있다. 절연막은 일반적으로 전류의 흐름을 막는 것이지만 M램에서는 절연막이 매우 얇아 전류가 통과할 수 있다. 그리고 자성 물질은 자석처럼 일정한 자기장 방향을 가지는데, 아래위 자성 물질의 자기장 방향에 따라 저항이 달라진다. 자기장 방향이 반대일 경우 저항이 커져 전류가 약해지지만 자기장 방향이 같을 경우 저항이 약해져 상대적으로 강한 전류가 흐르게 된다. M램은 이 전류의 강도 차이를 감지해 전류가 상대적으로 약할 때 0, 강할 때 1로 읽게 된다. 자성 물질은, 강한 전기 자극을 가하면 자기장 방향이 바뀌는데 이를 이용해 한쪽 자성 물질의 자기장 방향만 바꿈으로써 쓰기 작업도 할 수 있다.

자성 물질의 자기장 방향은 전기 자극을 가해주지 않는 이상 변하지 않기 때문에 M램에서는 D램에서처럼 지속적으로 전원을 공급할 필요가 없다. 그렇기 때문에 D램에 비해 훨씬 적은 양의 전력을 사용하면서도 속도가 빠르며, 전원이 꺼져도 데이터를 잃어버릴 염려가 없다. 이런 장점들로 인해 M램이 일반화되면 컴퓨터뿐만 아니라 스마트폰이나 태블릿 PC와 같은 모바일 기기들의 성능은 크게 향상될 것이다.

그러나 M램이 일반화되기 위해서는 기술적 과제들도 많다. M램은 매우 얇은 막들을 쌓은 구조이기 때문에 이러한 얇은 막들이 원하는 기능을 하도록 제어하는 것은 기존의 반도체 공정으로는 매우 어렵다. 그리고 현재 사용하고 있는 자성 물질을 고도로 집적할 경우 자성 물질의 자기장이 인접한 자성 물질에 영향을 주는 문제도 있다. 이러한 문제를 해결할 수 있는 새로운 재료의 개발과 제조 공정의 개선이 이루어진다면 세계 반도체 시장의 판도도 크게 바뀔 것으로 보인다.

① D램과 M램 모두 0 또는 1로 정보를 기록한다.
② M램은 자성 물질의 자기장이 강할수록 성능이 우수하다.
③ M램에서는 전류의 강도 차이를 감지해 데이터를 읽는다.
④ D램은 전원을 공급해주지 않으면 0의 값을 가지게 된다.
⑤ D램에서는 읽기나 쓰기 작업을 하지 않아도 전력이 소모된다.

사물인터넷이 산업 현장에 적용되고, 디지털 관련 도구가 통합됨에 따라 일관된 전력 시스템의 필요성이 높아지고 있다. 다양한 산업시설 및 업무 현장에서의 예기치 못한 정전이나 낙뢰 등 급격한 전원 환경의 변화는 큰 손실과 피해로 이어질 수 있다. 이제 전원 보호는 데이터센터뿐만 아니라 반도체, 석유, 화학 및 기계 등 모든 분야에서 필수적인 존재가 되었다.

UPS(Uninterruptible Power Supply, 무정전 전원 장치)는 일종의 전원 저장소로, 갑작스럽게 정전이 발생하더라도 전원이 끊기지 않고 계속해서 공급되도록 하는 장치이다. 갑작스러운 전원 환경의 변화로부터 기업의 핵심 인프라인 서버를 보호함으로써 기업의 연속성 유지에 도움을 준다.

UPS를 구매할 때는 용량을 우선적으로 고려해야 한다. 너무 적은 용량의 UPS를 구입하면 용량이 초과되어 제대로 작동조차 하지 않는 상황이 나타날 수 있다. 따라서 설비에 필요한 용량의 1.5배 정도인 UPS를 구입해야 한다.

또한 UPS 사용 시에는 주기적인 점검이 필요하다. 특히 실질적으로 에너지를 저장하고 있는 배터리는 일정 시점마다 교체가 필요하다. 일반적으로 UPS에 사용되는 MF배터리의 수명은 1년 정도로, 납산배터리 특성상 방전 사이클을 돌 때마다 용량이 급감하기 때문이다.

① UPS의 필요성
② UPS의 역할
③ UPS 구매 시 고려사항
④ UPS 배터리 교체 주기
⑤ UPS 배터리 교체 방법

하나의 패러다임 형성은 애초에 불완전하지만 이후 연구의 방향을 제시하고 소수 특정 부분의 성공적인 결과를 약속할 수 있을 뿐이다. 그러나 패러다임의 정착은 연구의 정밀화, 집중화 등을 통하여 자기 지식을 확장해 가며 차츰 폭넓은 이론 체계를 구축한다.

이처럼 과학자들이 패러다임을 기반으로 하여 연구를 진척시키는 것을 미국의 과학사학자인 토마스 쿤은 '정상 과학'이라고 부른다. 기초적인 전제가 확립되었으므로 과학자들은 이 시기에 상당히 심오한 문제의 작은 영역들에 집중함으로써, 그렇지 않았더라면 상상조차 못했을 자연의 어느 부분을 깊이 있게 탐구하게 된다. 그에 따라 각종 실험 장치들도 정밀해지고 다양해지며, 문제를 해결해 가는 특정 기법과 규칙들이 만들어진다.

연구는 이제 혼란으로서의 다양성이 아니라, 이론과 자연 현상을 일치시켜 가는 지식의 확장으로서의 다양성을 이루게 된다.

그러나 정상 과학은 완성된 과학이 아니다. 과학적 사고방식과 관습, 기법 등이 하나의 기반으로 통일돼 있다는 것일 뿐 해결해야 할 과제는 무수하다. 패러다임이란 과학자들 사이의 세계관 통일이지 세계에 대한 해석의 끝은 아니다.

그렇다면 <u>정상 과학의 시기</u>에는 어떤 연구가 어떻게 이루어지는가? 정상 과학의 시기에는 이미 이론의 핵심 부분들은 정립돼 있다. 따라서 과학자들의 연구는 근본적인 새로움을 좇아가지는 않으며, 다만 연구의 세부 내용이 좀 더 깊어지거나 넓어질 뿐이다. 이러한 시기에 과학자들의 열정과 헌신성은 무엇으로 유지될 수 있을까? 연구가 고작 예측된 결과를 좇아갈 뿐이고, 예측된 결과가 나오지 않으면 실패라고 규정되는 상태에서 과학의 발전은 어떻게 이루어지는가?

쿤은 이 물음에 대하여 '수수께끼 풀이'라는 대답을 준비한다. 어떤 현상의 결과가 충분히 예측된다 할지라도 정작 그 예측이 달성되는 세세한 과정은 대개 의문 속에 있게 마련이다. 자연 현상의 전 과정을 우리가 일목요연하게 알고 있는 것은 아니기 때문이다. 이론으로서의 예측 결과와 실제의 현상을 일치시키기 위해서는 여러 복합적인 기기적, 개념적, 수학적인 방법이 필요하다. 이것이 수수께끼 풀이이다.

① 패러다임을 기반으로 하여 연구를 진척하기 때문에 다양한 학설과 이론이 등장한다.

② 예측된 결과만을 좇을 수밖에 없기 때문에 과학자들의 열정과 헌신성은 낮아진다.

③ 기초적인 전제가 확립되었으므로 작은 범주의 영역에 대한 연구에 집중한다.

④ 과학자들 사이의 세계관이 통일된 시기이기 때문에 완성된 과학이라고 부를 수 있다.

⑤ 이 시기는 문제를 해결해가는 과정보다는 기초 이론에 대한 발견이 주가 된다.

30 다음 글의 내용으로 가장 적절한 것은?

> 조선 후기의 대표적인 관료 선발 제도 개혁론인 유형원의 '공거제 구상은 능력주의적, 결과주의적 인재 선발의 약점을 극복하려는 의도와 함께 신분적 세습의 문제점도 의식한 것이었다. 중국에서는 17세기 무렵 관료 선발에서 세습과 같은 봉건적인 요소를 부분적으로 재도입하려는 개혁론이 등장했다. 고염무는 관료제의 상층에는 능력주의적 제도를 유지하되, 지방관인 지현들은 어느 정도의 검증 기간을 거친 이후 그 지위를 평생 유지시켜 주고 세습의 길까지 열어 놓는 방안을 제안했다. 황종희는 지방의 관료가 자체적으로 관리를 초빙해서 시험한 후에 추천하는 '벽소'와 같은 옛 제도를 되살리는 방법으로 과거제를 보완하자고 주장했다.
>
> 이러한 개혁론은 갑작스럽게 등장한 것이 아니었다. 과거제를 시행했던 국가들에서는 수백 년에 걸쳐 과거제를 개선하라는 압력이 있었다. 시험 방식이 가져오는 부작용들은 과거제의 중요한 문제였다. 치열한 경쟁은 학문에 대한 깊이 있는 학습이 아니라 합격만을 목적으로 하는 형식적 학습을 하게 만들었고, 많은 인재들이 수험 생활에 장기간 매달리면서 재능을 낭비하는 현상도 낳았다. 또한 학습 능력 이외의 인성이나 실무 능력을 평가할 수 없다는 이유로 시험의 익명성에 대한 회의도 있었다.
>
> 과거제의 부작용에 대한 인식은 과거제를 통해 임용된 관리들의 활동에 대한 비판적 시각으로 연결되었다. 능력주의적 태도는 시험뿐 아니라 관리의 업무에 대한 평가에도 적용되었다. 세습적이지 않으면서 몇 년의 임기마다 다른 지역으로 이동하는 관리들은 승진을 위해서 빨리 성과를 낼 필요가 있었기에, 지역 사회를 위해 장기적인 전망을 가지고 정책을 추진하기보다 가시적이고 단기적인 결과만을 중시하는 부작용을 가져왔다. 개인적 동기가 공공성과 상충되는 현상이 나타났던 것이다. 공동체 의식의 약화 역시 과거제의 부정적 결과로 인식되었다. 과거제 출신의 관리들이 공동체에 대한 소속감이 낮고 출세 지향적이기 때문에 세습엘리트나 지역에서 천거된 관리에 비해 공동체에 대한 충성심이 약했던 것이다.

① '벽소'는 과거제를 없애고자 등장한 새로운 제도이다.

② 과거제 출신의 관리들은 공동체에 대한 소속감이 낮고 출세 지향적이었다.

③ 과거제는 학습 능력 이외의 인성이나 실무 능력까지 정확하게 평가할 수 있는 제도였다.

④ 과거제를 통해 임용된 관리들은 지역 사회를 위해 장기적인 전망을 가지고 정책을 추진하였다.

⑤ 고염무는 관료제의 상층에는 세습제를 실시하고, 지방관에게는 능력주의적 제도를 실시하자는 방안을 제안했다.

01 수리

Hard

01 정사각형 테이블 모서리에 1명씩 앉아있는 4명에게 커피, 홍차, 녹차 중 1잔씩 제공하려고 한다. 커피와 홍차는 1잔, 녹차는 2잔 제공하였을 때, 마주보는 사람이 같은 종류의 음료를 받지 않는 경우의 수는?

① 3가지 ② 4가지
③ 8가지 ④ 12가지
⑤ 16가지

02 S공장은 어떤 상품을 원가에 23%의 이익을 남겨 판매하였으나, 잘 팔리지 않아 판매가에서 1,300원 할인하여 판매하였다. 이때 얻은 이익이 원가의 10%일 때, 상품의 원가는 얼마인가?

① 10,000원 ② 11,500원
③ 13,000원 ④ 14,500원
⑤ 16,000원

03 다음은 소매 업태별 판매액을 나타낸 자료이다. 2022년 대비 2024년 두 번째로 높은 비율로 증가한 업태의 2022년 대비 2024년 판매액의 증가율은?(단, 소수점 첫째 자리에서 반올림한다)

〈소매 업태별 판매액〉

(단위 : 십억 원)

구분	2022년	2023년	2024년
백화점	29,028	29,911	29,324
대형마트	32,777	33,234	33,798
면세점	9,198	12,275	14,465
슈퍼마켓 및 잡화점	43,481	44,361	45,415
편의점	16,455	19,481	22,237
승용차 및 연료 소매점	91,303	90,137	94,508
전문 소매점	139,282	140,897	139,120
무점포 소매점	46,788	54,046	61,240
합계	408,312	424,342	440,107

① 31%
② 35%
③ 42%
④ 55%
⑤ 57%

04 다음은 전국 폐기물 발생 현황 자료이다. 빈칸 (ㄱ), (ㄴ)에 들어갈 값을 바르게 짝지은 것은?(단, 소수점 둘째 자리에서 반올림한다)

〈전국 폐기물 발생 현황〉

(단위 : 톤, %)

구분		2019년	2020년	2021년	2022년	2023년	2024년
총계	발생량	359,296	357,861	365,154	373,312	382,009	382,081
	증감률	6.6	−0.4	2.0	2.2	2.3	0.02
의료 폐기물	발생량	52,072	50,906	49,159	48,934	48,990	48,728
	증감률	3.4	−2.2	−3.4	(ㄱ)	0.1	−0.5
사업장 배출시설계 폐기물	발생량	130,777	123,604	137,875	137,961	146,390	149,815
	증감률	13.9	(ㄴ)	11.5	0.1	6.1	2.3
건설 폐기물	발생량	176,447	183,351	178,120	186,417	186,629	183,538
	증감률	2.6	3.9	−2.9	4.7	0.1	−1.7

	(ㄱ)	(ㄴ)		(ㄱ)	(ㄴ)
①	−0.5%	−5.5%	②	−0.5%	−4.5%
③	−0.6%	−5.5%	④	−0.6%	−4.5%
⑤	−0.6%	−3.5%			

05 다음은 주요 10개국의 2023년과 2024년 부채 현황을 나타낸 자료이다. 이에 대한 설명으로 옳은 것은?

〈국가별 2023 ~ 2024년 부채 현황〉

(단위 : %)

구분	2023년			2024년		
	GDP 대비 가계부채	GDP 대비 기업부채	GDP 대비 국가부채	GDP 대비 가계부채	GDP 대비 기업부채	GDP 대비 국가부채
한국	92.8	99.8	38.8	96.8	106.8	44.1
영국	82.1	78.8	110.2	85.4	81.2	97.9
홍콩	80.9	105.3	63.1	82.5	94.9	60.2
미국	70.2	73.9	108.2	75.8	72.8	98.8
중국	70.5	152.9	50.8	73.1	150.2	58.1
일본	66.1	101.2	115.9	70.2	119.8	120.2
필리핀	64.0	35.5	37.7	68.1	38.1	42.2
브라질	62.1	46.8	81.2	65.4	45.2	88.8
멕시코	55.8	27.7	33.5	58.7	26.7	37.3
인도	52.3	25.8	30.8	55.5	25.2	28.8

① GDP 대비 가계부채 순위는 2023년과 2024년이 동일하다.
② GDP 대비 국가부채 상위 3개 국가는 2023년과 2024년이 동일하다.
③ 2023년과 2024년의 GDP 대비 기업부채 비율이 100% 이상인 국가는 동일하다.
④ 2023년 대비 2024년에 GDP 대비 기업부채 비율이 증가한 나라의 수와 감소한 나라의 수는 같다.
⑤ 2024년 GDP 대비 국가부채 비율이 50% 미만인 국가는 GDP 대비 기업부채 비율도 50% 미만이다.

06 다음은 국가별 세계시장 점유율에 대한 자료이다. 이에 대한 설명으로 옳지 않은 것은?

〈세계시장 점유율〉

(단위 : 십억 불, %)

구분	중국		일본		미국		독일		한국	
	규모	점유율	규모	점유율	규모	점유율	규모	점유율	규모	점유율
2014년	249	3.9	479	7.4	782	12.1	552	8.5	172	2.7
2015년	266	4.3	403	6.5	729	11.8	572	9.2	150	2.4
2016년	326	5.0	417	6.4	693	10.7	616	9.5	162	2.5
2017년	438	5.8	472	6.2	725	9.6	752	9.9	194	2.6
2018년	593	6.4	566	6.1	815	8.8	910	9.9	254	2.8
2019년	762	7.3	595	5.7	901	8.6	971	9.3	284	2.7
2020년	969	8.0	647	5.3	1,026	8.5	1,108	9.1	325	2.7
2021년	1,220	8.7	714	5.1	1,148	8.2	1,321	9.4	371	2.7
2022년	1,431	8.9	781	4.8	1,287	8.0	1,446	9.0	422	2.6
2023년	1,202	9.6	581	4.6	1,056	8.4	1,120	8.9	364	2.9
2024년	1,578	10.4	770	5.1	1,278	8.4	1,269	8.3	516	3.1

① 2024년 한국의 세계시장 규모는 2014년의 5배이다.

② 세계시장 점유율이 매년 증가한 나라는 중국밖에 없다.

③ 미국의 세계시장 점유율은 2022년까지는 지속적으로 감소하였다.

④ 2014년과 2024년 세계시장 점유율의 차이가 가장 큰 나라는 중국이다.

⑤ 2024년에 한국의 세계시장 점유율이 7위라면, 미국은 적어도 4위 이상이다.

다음은 S중학교 재학생의 주말 평균 공부시간에 대한 자료이다. 이에 대한 설명으로 옳지 않은 것은?

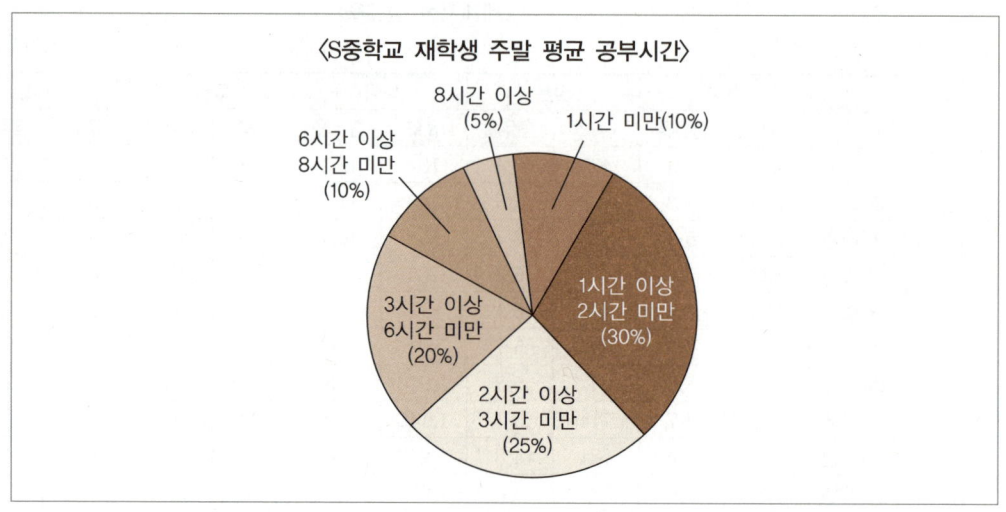

① 주말 평균 공부시간이 8시간 이상인 학생의 비율이 가장 작다.
② 주말 평균 공부시간이 2시간 미만인 학생은 전체의 절반 미만이다.
③ 주말 평균 공부시간이 3시간 이상인 학생은 전체의 절반을 넘는다.
④ 주말 평균 공부시간이 1시간 미만인 학생의 비율과 6시간 이상 8시간 미만인 학생의 비율은 같다.
⑤ 주말 평균 공부시간이 2시간 이상 3시간 미만인 학생의 비율은 8시간 이상인 학생의 비율의 5배
   이다.

08 다음은 유아교육 규모에 대한 자료이다. 이에 대한 〈보기〉의 설명 중 옳지 않은 것을 모두 고르면?

〈유아교육 규모〉

구분	2018년	2019년	2020년	2021년	2022년	2023년	2024년
유치원 수(원)	8,494	8,275	8,290	8,294	8,344	8,373	8,388
학급 수(학급)	20,723	22,409	23,010	23,860	24,567	24,908	25,670
원아 수(명)	545,263	541,603	545,812	541,550	537,822	537,361	538,587
교원 수(명)	28,012	31,033	32,095	33,504	34,601	35,415	36,461
취원율(%)	26.2	31.4	35.3	36.0	38.4	39.7	39.9
교원 1인당 원아 수(명)	19.5	17.5	17.0	16.2	15.5	15.2	14.8

보기

ㄱ. 유치원 원아 수의 변동은 매년 일정한 흐름을 보이지는 않는다.
ㄴ. 교원 1인당 원아 수가 적어지는 것은 원아 수 대비 학급 수가 늘어나기 때문이다.
ㄷ. 취원율은 매년 증가하고 있는 추세이다.
ㄹ. 교원 수가 매년 증가하는 이유는 청년 취업과 관계가 있다.

① ㄱ, ㄴ
② ㄱ, ㄷ
③ ㄴ, ㄹ
④ ㄷ, ㄹ
⑤ ㄱ, ㄷ, ㄹ

09 다음은 국내 이민자의 경제활동인구에 대한 자료이다. 이에 대한 〈보기〉의 설명 중 옳은 것을 모두 고르면?

〈국내 이민자 경제활동인구〉

(단위 : 천 명, %)

구분		이민자			국내인 전체
		외국인		귀화허가자	
		남성	여성		
15세 이상 인구		695.7	529.6	52.7	43,735
	경제활동인구	576.1	292.6	35.6	27,828
	취업자	560.5	273.7	33.8	26,824
	실업자	15.6	18.8	1.8	1,003
	비경제활동인구	119.5	237	17.1	15,907
경제활동 참가율		82.8	55.2	67.6	63.6

> **보기**
>
> ㉠ 15세 이상 국내 인구 중 이민자가 차지하는 비율은 4% 이상이다.
> ㉡ 15세 이상 외국인 중 실업자의 비율이 귀화허가자 중 실업자의 비율보다 낮다.
> ㉢ 외국인 취업자의 수는 귀화허가자 취업자 수의 20배 이상이다.
> ㉣ 외국인 여성의 경제활동 참가율이 국내인 여성의 경제활동 참가율보다 낮다.

① ㉠, ㉡   ② ㉠, ㉢
③ ㉡, ㉢   ④ ㉠, ㉡, ㉢
⑤ ㉡, ㉢, ㉣

10 다음은 2020 ~ 2024년 동안 최종학력별 인구분포 비율에 대한 자료이다. 최종학력이 대학교 이상 인 인구 구성비의 2020년 대비 2024년 증가율과 중학교 이하인 인구 구성비의 2020년 대비 2023년 감소율을 순서대로 바르게 나열한 것은?(단, 증감률은 소수점 둘째 자리에서 반올림한다)

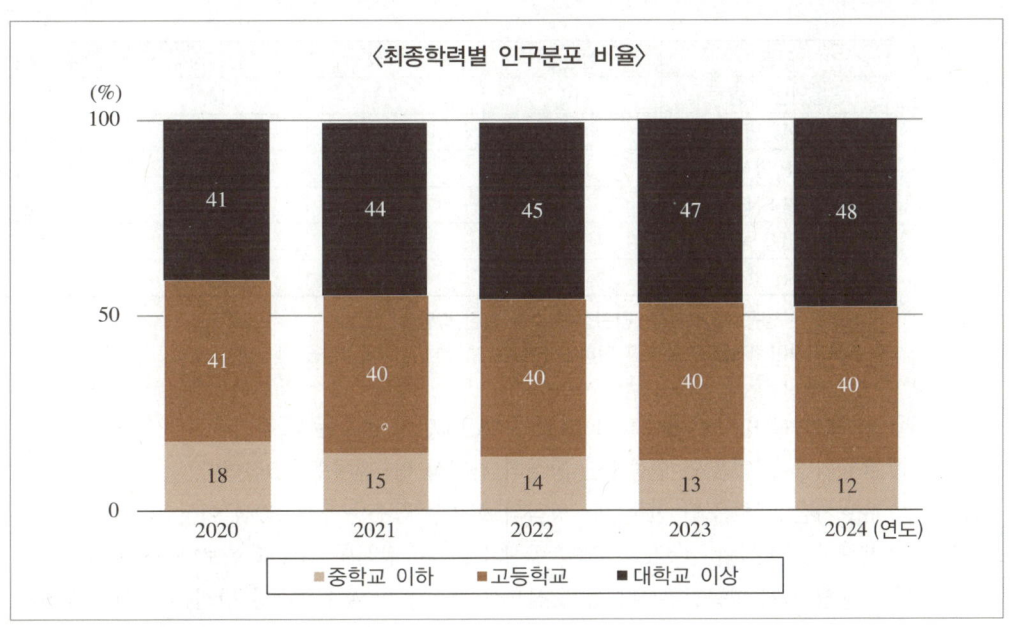

① 15.6%, −22.4%   ② 15.6%, −27.8%

③ 17.1%, −22.4%   ④ 17.1%, −27.8%

⑤ 17.1%, −32.1%

11 다음은 전자인증서 인증수단별 선호도를 조사한 자료이다. 이에 대한 설명으로 옳지 않은 것은?

〈전자인증서 인증수단별 선호도 현황〉

(단위 : 점)

구분	실용성	보안성	간편성	유효기간
공동인증서 방식	16	( )	14	1년
ID/PW 방식	21	10	16	없음
OTP 방식	15	18	14	1년 6개월
이메일 및 SNS 방식	20	8	11	없음
생체인증 방식	20	19	18	없음
I-pin 방식	16	17	15	2년

※ 선호도는 실용성, 보안성, 간편성 점수를 합한 값임
※ 유효기간이 6개월 이상 1년 이하인 방식은 보안성 점수에 3점을 가산함

① 공동인증서 방식의 선호도가 51점일 때, 보안성 점수는 21점이다.
② 유효기간이 '없음'인 인증수단 방식의 간편성 평균점수는 15점이다.
③ 유효기간이 '없음'인 인증수단 방식의 실용성 점수는 모두 20점 이상이다.
④ 생체인증 방식의 선호도는 OTP 방식과 I-pin 방식의 선호도 합보다 38점 낮다.
⑤ 실용성 전체 평균점수보다 높은 실용성 점수를 받은 인증수단 방식은 총 4가지이다.

12 다음은 유명 전자브랜드인 A사와 B사의 2024년 전자제품별 매출액과 순이익을 분석한 자료이다. 이에 대한 설명으로 옳은 것은?

〈2024년 A사와 B사의 전자제품별 매출액·순이익 비교〉

(단위 : 억 원)

구분	A사		B사	
	매출액	순이익	매출액	순이익
TV	1,200	300	800	120
냉장고	55,200	15,456	76,000	19,000
에어컨	88,400	22,100	94,500	24,570
제습기	25,500	7,395	22,000	4,840
공기청정기	42,200	12,660	78,400	19,600

※ (순이익률)$=\dfrac{(순이익)}{(매출액)}\times100$

① A사 공기청정기의 순이익률은 30%이다.
② A사와 B사 전자제품의 매출액 순위는 동일하다.
③ B사 TV의 순이익률과 냉장고의 순이익률 차이는 15%p이다.
④ A사가 B사보다 매출액이 높은 전자제품은 2가지지만, 순이익이 높은 제품은 1가지이다.
⑤ A사와 B사가 에어컨을 각각 200만 대, 210만 대 팔았다면, 에어컨 1대의 단가는 A사가 더 높다.

13 다음은 2021년 4/4분기부터 2025년 2/4분기까지의 국내총생산 및 경제성장률을 조사한 자료이다. 다음 중 (가) ~ (라)에 들어갈 분기를 바르게 짝지은 것은?

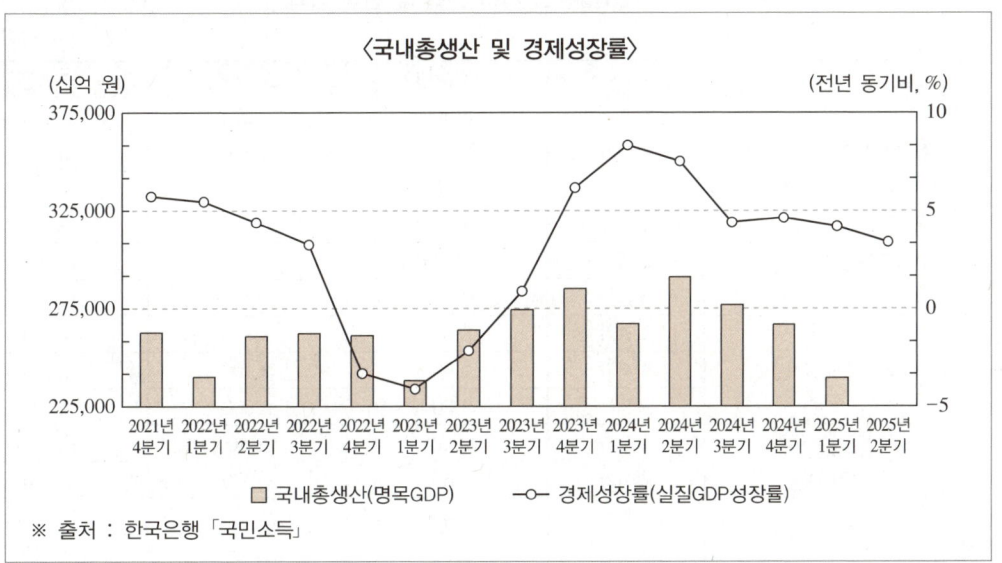

- 경제성장률이 세 번째로 높은 분기는 (가)이고, 가장 낮은 분기는 (나)이다.
- 전 분기 대비 경제성장률 증가율이 가장 높은 분기는 (다)이다.
- 국내총생산은 2024년 2분기에 가장 많았으며, 그다음으로 (라)에 많았다.

	(가)	(나)	(다)	(라)
①	2023년 4분기	2023년 1분기	2023년 4분기	2023년 4분기
②	2023년 4분기	2023년 4분기	2024년 4분기	2023년 4분기
③	2024년 4분기	2023년 4분기	2022년 4분기	2024년 4분기
④	2023년 4분기	2023년 1분기	2023년 4분기	2022년 4분기
⑤	2023년 2분기	2023년 1분기	2022년 4분기	2023년 4분기

※ 다음은 2022 ~ 2024년 정육 및 난류의 가격에 대한 자료이다. 이어지는 질문에 답하시오. [14~15]

〈2022 ~ 2024년 정육 및 난류 가격〉

(단위 : 원)

구분		2022년	2023년	2024년
쇠고기(불고기용 100g)	최고가	5,500	6,200	6,400
	최저가	3,500	3,800	4,000
	평균	4,500	5,200	5,500
쇠고기(등심 100g)	최고가	16,500	17,200	18,800
	최저가	12,000	13,500	14,200
	평균	15,600	15,200	16,400
돼지고기(100g)	최고가	3,500	3,800	4,200
	최저가	1,600	2,100	2,400
	평균	2,500	2,800	3,600
닭고기(1kg)	최고가	11,500	12,400	13,800
	최저가	6,500	6,900	7,700
	평균	7,800	8,400	10,800
계란(15구)	최고가	7,800	8,200	9,200
	최저가	3,600	4,000	4,800
	평균	5,800	6,400	7,200

14 다음 중 위 자료에 대한 설명으로 옳은 것은?

① 계란의 최고가와 최저가의 차이가 가장 큰 연도는 2023년이다.
② 2023년 돼지고기의 전년 대비 최저가 증가율은 30% 미만이다.
③ 2024년 닭고기 1kg의 최저가는 돼지고기 1kg의 최저가보다 높다.
④ 2024년 쇠고기(등심)의 평균 가격은 최고가와 최저가의 평균값보다 낮다.
⑤ 2022년 대비 2024년에 평균 가격이 가장 많이 오른 것은 쇠고기(등심)이다.

15 다음 중 위 자료에 대한 설명으로 옳지 않은 것은?

① 2022년 돼지고기의 최고가는 최저가의 2배보다 높다.
② 2024년 계란의 최저가는 2023년 대비 20% 증가하였다.
③ 2024년 쇠고기(불고기용)의 최저가는 최고가의 60% 미만이다.
④ 쇠고기(불고기용)의 2024년 항목별 전년 대비 증가액은 모두 500원 미만이다.
⑤ 2022년 쇠고기(등심) 1kg의 평균 가격은 닭고기 1kg의 평균 가격의 20배이다.

※ 다음은 20·30대의 직업군별 월간 지출 현황을 조사한 자료이다. 이어지는 질문에 답하시오.
[16~17]

〈직업군별 월간 지출 현황〉

(단위 : %)

구분	일반회사직	자영업	공무직	연구직	기술직	전문직
월평균 소득	380만 원	420만 원	360만 원	350만 원	400만 원	450만 원
월평균 지출	323만 원	346만 원	270만 원	273만 원	290만 원	333만 원
주거	10.0	25.0	5.0	10.0	15.0	15.0
교통	10.0	7.0	5.0	5.5	7.5	13.0
외식·식자재	25.0	28.0	12.5	10.0	7.5	10.0
의류·미용	27.5	7.5	10.5	7.5	5.5	17.5
저축	5.0	12.0	23.0	17.5	20.0	7.5
문화생활	15.0	5.5	12.0	5.0	2.5	7.0
자기계발	2.5	2.5	11.0	30.5	28.0	15.5
경조사	1.0	10.5	15.0	9.0	8.0	12.5
기타	4.0	2.0	6.0	5.0	6.0	2.0

16 다음 중 위 자료에 대한 설명으로 옳지 않은 것은?

① 월평균 소득이 가장 높은 직업군은 월평균 지출도 가장 높다.

② 연구직은 다른 직업군 대비 자기계발에 지출하는 비중이 가장 높다.

③ 자영업자는 월평균 지출의 절반 이상을 주거와 외식·식자재에 사용한다.

④ 월평균 지출에서 저축이 차지하는 비중은 기술직이 일반회사직의 4배이다.

⑤ 일반회사직의 월평균 소득 대비 월평균 지출의 비율은 공무직보다 10%p 높다.

17 다음 중 위 자료에 대한 설명으로 옳은 것은?

① 전문직의 월평균 지출액은 월평균 소득액의 75% 이상이다.

② 일반회사직과 전문직의 월평균 지출 중 가장 많은 비중을 차지하는 항목은 동일하다.

③ 전문직을 제외한 타 직업군의 월평균 지출액 중 교통이 차지하는 비중은 10% 미만이다.

④ 월평균 지출 중 문화생활이 차지하는 비율이 큰 순서대로 나열하면 일반회사직 – 공무직 – 전문직 – 연구직 – 자영업 – 기술직 순서이다.

⑤ 월평균 지출이 가장 높은 직업군과 가장 낮은 직업군의 지출액 차이는 월평균 소득이 가장 높은 직업군과 가장 낮은 직업군의 소득액 차이의 75%이다.

18 다음은 S대학교의 전공별 졸업자 취업률 현황에 대한 자료이다. 이를 바르게 나타낸 그래프는?

〈전공별 졸업자 취업률 현황〉

(단위 : %)

구분	2019년	2020년	2021년	2022년	2023년	2024년
사진·만화	35.7	38.2	34.1	39.2	43.2	41.0
예체능교육	40.1	48.5	45.7	43.1	42.0	45.2
응용미술	28.7	35.1	36.8	39.6	42.0	40.2
공예	44.8	45.1	42.3	40.2	41.4	44.1
무용	38.5	40.6	41.0	35.2	37.8	29.7
조형	22.5	29.4	31.5	35.7	34.5	30.3
연극영화	30.4	33.7	31.6	35.9	34.8	35.6
순수미술	28.6	28.4	30.6	31.4	32.1	32.2
성악	35.5	36.7	35.8	32.2	31.6	26.8
작곡	37.0	35.2	36.4	32.9	31.1	25.1
국악	23.4	27.8	26.7	28.9	30.7	35.1
기악	21.4	23.5	28.4	25.9	26.3	19.0
음악학	26.5	24.1	27.3	28.0	28.9	21.8
기타음악	30.1	34.2	32.7	30.4	29.0	26.5

① 사진·만화, 예체능교육, 무용, 조형, 연극영화 전공 연도별 취업률

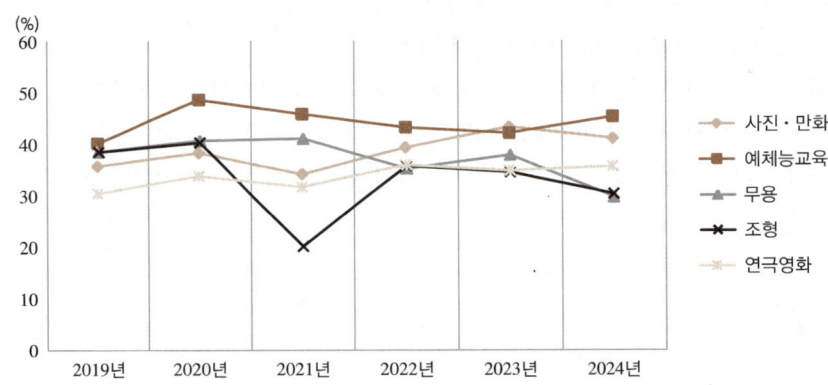

② 순수미술, 성악, 작곡, 국악, 기악, 음악학, 기타음악 전공 2019 ~ 2022년 취업률

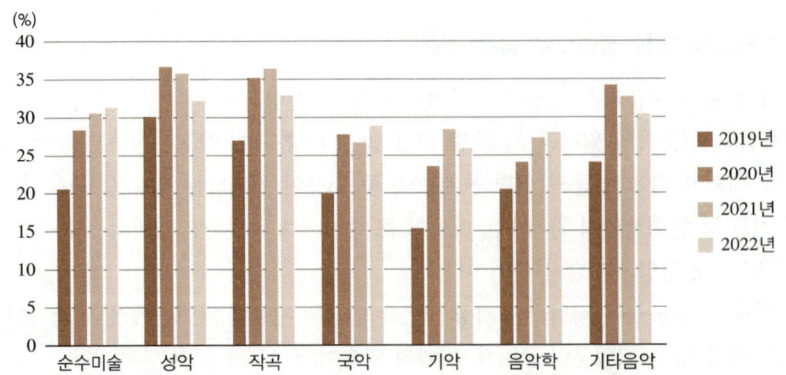

③ 2023 ~ 2024년 전공별 취업률

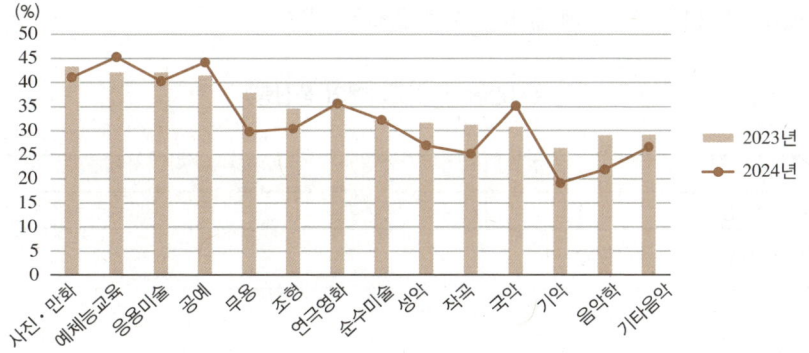

④ 응용미술, 연극영화, 순수미술, 성악, 작곡, 국악, 기악 전공 2019 ~ 2021년 취업률

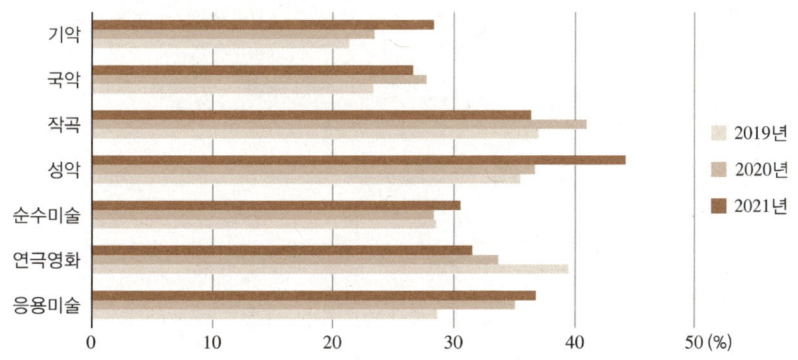

⑤ 공예, 무용, 조형, 성악, 작곡, 국악, 기악 전공 2021 ~ 2024년 취업률 총합

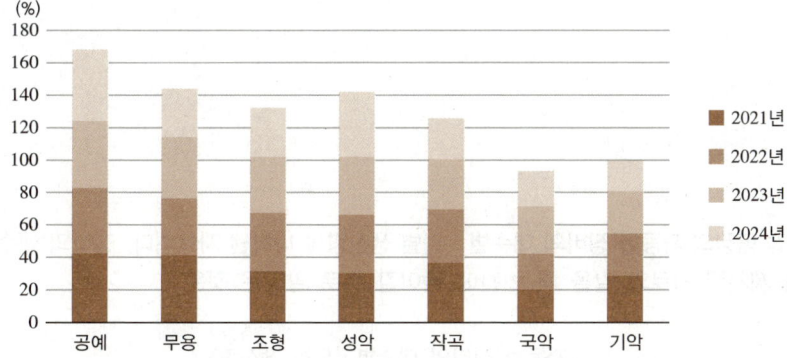

19 다음은 시간에 따른 S기계의 생산량을 나타낸 자료이다. 시간과 S기계 생산량의 관계가 주어진 자료와 같을 때, 빈칸 ㉠, ㉡에 들어갈 수로 알맞은 것은?

〈시간에 따른 S기계의 생산량〉

(단위 : 개)

시간	1	2	3	4
S기계의 생산량	1	7	㉠	㉡

※ (S기계의 생산량)$= a \times (\text{시간})^2 - b$

	㉠	㉡
①	15	30
②	16	31
③	16	32
④	17	31
⑤	17	32

20 다음은 용접 공장의 자동화 장비의 대수별 · 일별 생산량을 나타낸 자료이다. 장비의 대수별 생산량의 관계가 제시된 자료와 같을 때 빈칸에 들어갈 수로 알맞은 것은?

〈자동차 장비의 대수별 · 일별 생산량〉

(단위 : 대, 개)

장비 대수(대)	2	3	4	5
생산량(개)	7	20	67	

※ (생산량)$= a^{(\text{장비 대수})} - (\text{장비 대수})^b + 2$ (단, $b > 0$)

① 140개 　　　　　② 220개

③ 350개 　　　　　④ 430개

⑤ 550개

※ 다음 명제가 모두 참일 때, 빈칸에 들어갈 명제로 가장 적절한 것을 고르시오. [1~3]

01

- 전제1. 모든 음악가는 베토벤을 좋아한다.
- 전제2. 전제 2. 나는 음악가가 아니다.
- 결론. _____
---

① 나는 베토벤을 좋아한다.
② 나는 베토벤을 좋아하지 않는다.
③ 어떤 음악가는 모차르트를 좋아한다.
④ 미술가인 내 어머니는 베토벤을 좋아하지 않는다.
⑤ 내가 베토벤을 좋아하는지 좋아하지 않는지 알 수 없다.

Easy
02

- 전제1. 철학은 학문이다.
- 전제2. 모든 학문은 인간의 삶을 의미 있게 해준다.
- 결론. _____
---

① 철학과 학문은 같다.
② 학문을 하려면 철학을 해야 한다.
③ 철학은 인간의 삶을 의미 있게 해준다.
④ 철학을 하지 않으면 삶은 의미가 없다.
⑤ 철학을 제외한 학문은 인간의 삶을 의미 없게 만든다.

03

- 전제1. 문화부는 출장에 간다.
- 전제2. _____
- 결론. 워크숍을 가지 않으면 출장에 간다.
---

① 문화부가 아니면 워크숍을 간다.
② 워크숍을 가면 문화부가 아니다.
③ 워크숍을 가면 출장에 가지 않는다.
④ 문화부가 아니면 출장에 가지 않는다.
⑤ 출장에 가지 않으면 워크숍을 가지 않는다.

04 다음 명제를 통해 얻을 수 있는 결론으로 가장 적절한 것은?

> • 액션영화를 보면 팝콘을 먹는다.
> • 커피를 마시지 않으면 콜라를 마시지 않는다.
> • 콜라를 마시지 않으면 액션영화를 본다.
> • 팝콘을 먹으면 나쵸를 먹지 않는다.
> • 애니메이션을 보면 커피를 마시지 않는다.

① 콜라를 마시면 나쵸도 먹는다.
② 커피를 마시면 액션영화를 본다.
③ 나쵸를 먹으면 액션영화를 본다.
④ 애니메이션을 보면 팝콘을 먹는다.
⑤ 액션영화를 보면 애니메이션을 본다.

05 S대리는 사내 체육대회의 추첨에서 당첨된 직원들에게 나누어줄 경품을 선정하고 있다. 다음 〈조건〉의 명제가 모두 참일 때, 반드시 참인 것은?

> **조건**
> • S대리는 펜, 노트, 가습기, 머그컵, 태블릿PC, 컵받침 중 세 종류의 경품을 선정한다.
> • 머그컵을 선정하면 노트는 경품에 포함하지 않는다.
> • 노트는 반드시 경품에 포함된다.
> • 태블릿PC를 선정하면, 머그컵을 선정한다.
> • 태블릿PC를 선정하지 않으면, 가습기는 선정되고 컵받침은 선정되지 않는다.

① 펜은 경품으로 선정된다.
② 컵받침은 경품으로 선정된다.
③ 태블릿PC는 경품으로 선정된다.
④ 가습기는 경품으로 선정되지 않는다.
⑤ 머그컵과 가습기 모두 경품으로 선정된다.

06 다음 〈조건〉에 따라 5층 건물에 A ~ E 5명이 살고 있을 때, 반드시 옳지 않은 것은?(단, 지하에는 사람이 살지 않는다)

> **조건**
> • 각 층에는 최대 2명이 살 수 있다.
> • 어느 한 층에는 사람이 살고 있지 않다.
> • 짝수 층에는 1명씩만 살고 있다.
> • A는 짝수 층에 살고, B는 홀수 층에 살고 있다.
> • D는 C 바로 위층에 살고 있다.
> • E는 1층에 살고 있다.
> • D는 5층에 살지 않는다.

① A가 2층에 산다면 B와 같은 층에 사는 사람이 있다.
② B가 5층에 산다면 C는 어떤 층에서 혼자 살고 있다.
③ C가 2층에 산다면 B와 E는 같은 층에서 살 수 있다.
④ D가 4층에 산다면 B와 C는 같은 층에서 살 수 있다.
⑤ E가 1층에 혼자 산다면 B와 D는 같은 층에서 살 수 있다.

PART 3

07 기획팀은 새해 사업계획과 관련해 회의를 하고자 한다. 〈조건〉이 다음과 같을 때, 회의에 참석할 사람은?

> **조건**
> • 기획팀에는 A사원, B사원, C주임, D주임, E대리, F팀장이 있다.
> • 새해 사업계획 관련 회의는 화요일 오전 10시부터 11시 반 사이에 열린다.
> • C주임은 같은 주 월요일부터 수요일까지 대구로 출장을 간다.
> • 담당 업무 관련 연락 유지를 위해 B사원과 D주임 중 1명만 회의에 참석 가능하다.
> • F팀장은 반드시 회의에 참석한다.
> • 새해 사업계획 관련 회의에는 주임 이상만 참여 가능하다.
> • 회의에는 가능한 모든 인원이 참석한다.

① A사원, C주임, E대리
② A사원, E대리, F팀장
③ B사원, C주임, F팀장
④ C주임, E대리, F팀장
⑤ D주임, E대리, F팀장

08 1번부터 5번까지의 학생들이 다음 〈조건〉에 맞게 아래와 같이 배열되어 있는 번호의 의자에 앉아 있을 때, 다음 중 옳은 것은?

- 3명의 학생이 자기의 번호와 일치하지 않는 번호의 의자에 앉아 있다.
- 2명의 학생은 자기의 번호보다 작은 번호의 의자에 앉아 있다.
- 홀수 번호의 학생들은 모두 홀수 번호의 의자에 앉아 있다.

| 1 | 2 | 3 | 4 | 5 |

① 1번 학생은 5번 의자에 앉아 있다.
② 2번 학생은 4번 의자에 앉아 있다.
③ 3번 학생은 3번 의자에 앉아 있다.
④ 4번 학생은 2번 의자에 앉아 있다.
⑤ 5번 학생은 1번 의자에 앉아 있다.

09 경찰관 또는 소방관이 직업인 네 사람 A ~ D가 있다. 〈조건〉이 다음과 같을 때, 항상 참인 것은?

- A, B, C, D 중 같은 직장의 동료가 있다.
- A가 소방관이면 B가 소방관이거나 C가 경찰관이다.
- C가 경찰관이면 D는 소방관이다.
- D는 A의 상관이다.

① A, B의 직업은 다르다.
② A, C의 직업은 다르다.
③ B, C의 직업은 같다.
④ C, D의 직업은 같다.
⑤ B, D의 직업은 다르다.

Hard

10 고용노동부와 산업인력공단이 주관한 서울관광채용박람회의 해외채용관에는 8개의 부스가 마련되어 있다. A호텔, B호텔, C항공사, D항공사, E여행사, F여행사, G면세점, H면세점이 〈조건〉에 따라 8개의 부스에 각각 위치하고 있을 때, 다음 중 항상 참인 것은?

> **조건**
> - 같은 종류의 업체는 같은 라인에 위치할 수 없다.
> - A호텔과 B호텔은 복도를 사이에 두고 마주 보고 있다.
> - G면세점과 H면세점은 복도를 기준으로 양 끝에 위치하고 있다.
> - E여행사 반대편에 위치한 H면세점은 F여행사와 나란히 위치하고 있다.
> - C항공사는 제일 앞번호의 부스에 위치하고 있다.

〈부스 위치〉

1	2	3	4
복도			
5	6	7	8

① A호텔은 면세점 옆에 위치하고 있다.

② B호텔은 여행사 옆에 위치하고 있다.

③ C항공사는 여행사 옆에 위치하고 있다.

④ G면세점은 B호텔과 나란히 위치하고 있다.

⑤ D항공사는 E여행사와 나란히 위치하고 있다.

11 S지점의 직원들은 사무실 자리 배치를 바꾸기로 했다. 다음 〈조건〉에 따라 자리를 바꿨을 때 항상 거짓인 것은?

> **조건**
> • 같은 직급은 옆자리로 배정하지 않는다.
> • 사원 옆자리와 앞자리는 비어있을 수 없다.
> • 지점장은 동쪽을 바라보며 앉고 지점장의 앞자리에는 상무 또는 부장이 앉는다.
> • 지점장을 제외한 직원들은 마주보고 앉는다.
> • S사 직원은 지점장, 사원 2명(김사원, 이사원), 대리 2명(성대리, 한대리), 상무 1명(이상무), 부장 1명(최부장), 과장 2명(김과장, 박과장)이다.

〈사무실 자리 배치표〉

지점장	A	B	성대리	C	D
	E	김사원	F	이사원	G

① A와 D는 빈자리다.
② 지점장 앞자리에 빈자리가 있다.
③ F와 G에 김과장과 박과장이 앉는다.
④ C에 최부장이 앉으면 E에는 이상무가 앉는다.
⑤ B와 C에 이상무와 박과장이 앉으면 F에는 한대리가 앉을 수 있다.

12 해외협력과 A사원, B주임, C대리, D대리, E과장 5명은 해외사업추진을 위해 독일로 출장을 가게 되었다. 이들이 〈조건〉에 따라 항공기 좌석에 앉는다고 할 때, 다음 중 항상 옳은 것은?

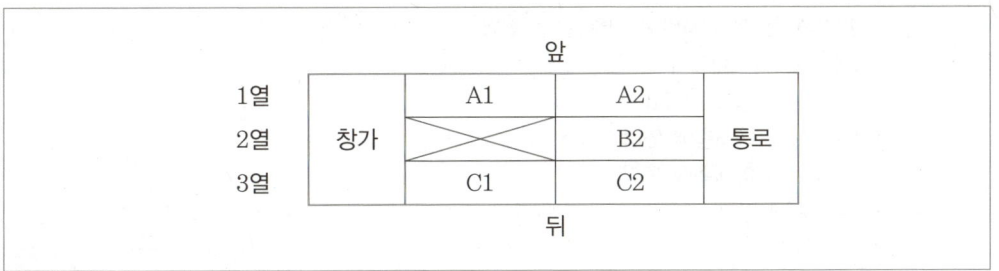

조건
- B1 좌석은 이미 예약되어 있어 해외협력과 직원들이 앉을 수 없다.
- E과장은 통로 쪽에 앉는다.
- A사원과 B주임은 이웃하여 앉을 수 없다.
- 2열에는 대리가 앉는다.
- 이웃하여 앉는다는 것은 앞뒤 혹은 좌우로 인접하여 앉는 것을 의미한다.

① A사원은 항상 창가 쪽에 앉는다.
② 대리끼리는 이웃하여 앉을 수 없다.
③ E과장이 A2에 앉으면 B주임은 C2에 앉는다.
④ C대리가 3열에 앉으면 D대리는 2열에 앉는다.
⑤ B주임이 C1에 앉으면 C대리는 B2에 앉는다.

13 6층 건물에 A~F의 회사가 있다. 다음 〈조건〉을 참고할 때, 항상 옳은 것은?

> 조건
>
> • 한 층에 한 개 회사만이 입주할 수 있다.
> • A와 D는 5층 차이가 난다.
> • D와 E는 인접할 수 없다.
> • B는 C보다 아래층에 있다.
> • A는 B보다 아래층에 있다.
> • C는 4층에 있다.

① B는 3층이다.　　　　　　　　② F는 6층이다.

③ D는 5층이다.　　　　　　　　④ F는 5층이다.

⑤ E는 2층이다.

14 점심식사를 하기 위해 구내식당 배식대 앞에 A~F가 한 줄로 줄을 서 있는데, 순서가 〈조건〉과 같다. 다음 중 항상 옳은 것은?

> 조건
>
> • A는 맨 앞 또는 맨 뒤에 서 있다.
> • B는 맨 앞 또는 맨 뒤에 서지 않는다.
> • D와 F는 앞뒤로 인접해서 서 있다.
> • B와 C는 한 사람을 사이에 두고 서 있다.
> • D는 B보다 앞쪽에 서 있다.

① A가 맨 뒤에 서 있다면 맨 앞에는 D가 서 있다.

② A가 맨 앞에 서 있다면 E는 다섯 번째에 서 있다.

③ F와 B는 앞뒤로 서 있지 않다.

④ C는 맨 뒤에 서지 않는다.

⑤ B는 C보다 앞에 서 있다.

Easy

15

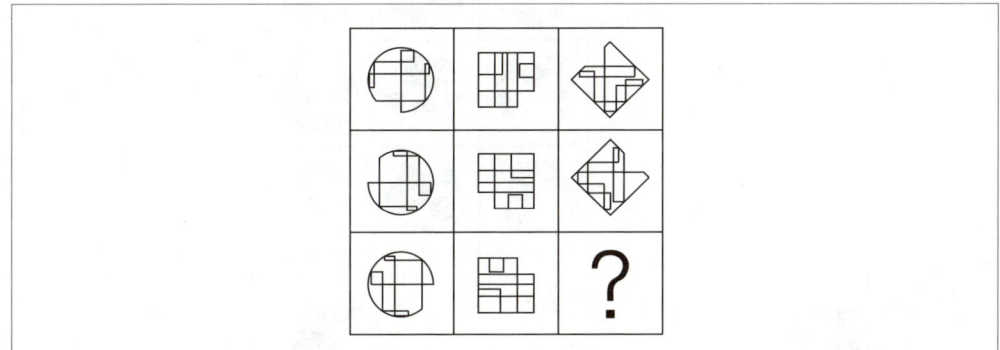

①

②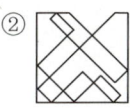

③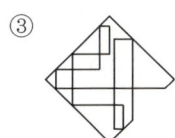

④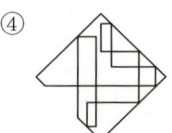

⑤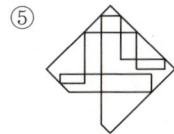

PART 3

16

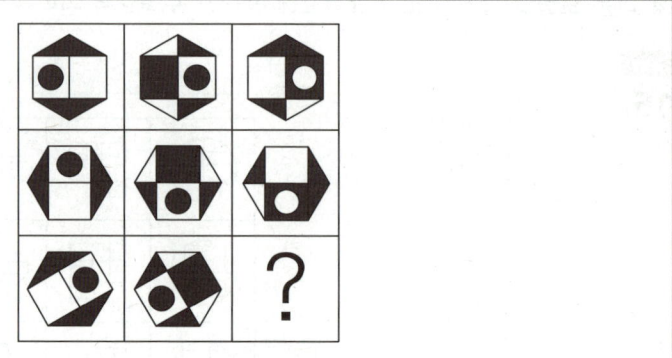

①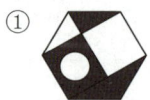

②

③

④

⑤

17

①

②

③

④

⑤

※ 다음 도식에서 기호들은 일정한 규칙에 따라 문자를 변화시킨다. 물음표에 들어갈 문자로 알맞은 것을 고르시오(단, 규칙은 가로와 세로 중 한 방향으로만 적용된다). [18~21]

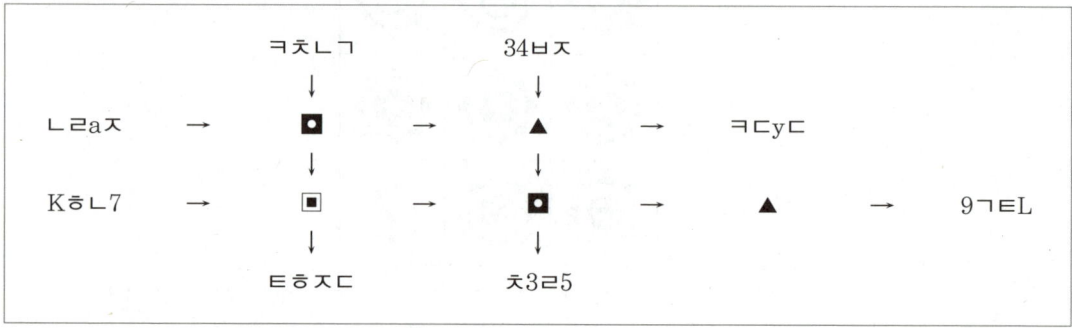

18

ㅇㅍㄱㅎ → ■ → ▲ → ?

① ㄱㅎPㅇ
② ㅋㄱQㅇ
③ ㅋㄴQㅇ
④ ㅋQㅎㅇ
⑤ ㅎㄱPㅇ

19

2ㅂㅌㄷ → ▲ → ◘ → ?

① ㄹㅊㅁ8
② ㄷㅁ4ㅈ
③ ㄹㅁㅊ4
④ ㅁㄹㅊ7
⑤ ㄴㅁㅊ4

20

ㅁㄹbㅍ → ▲ → ◘ → ? → ㅎzㄷㅅ

① ◘
② ■
③ ▲
④ ◘ → ■
⑤ ▲ → ■

Hard
21

ㅈㅊㄴㅎ → ? → ◘ → ■ → ㅊㅇㄱㄴ

① ◘
② ■
③ ▲
④ ◘ → ■
⑤ ▲ → ■

22

(가) 그런데 자연의 일양성은 선험적으로 알 수 있는 것이 아니라 경험에 기대어야 알 수 있는 것이다. 즉, '귀납이 정당한 추론이다.'라는 주장은 '자연은 일양적이다.'라는 다른 지식을 전제로 하는데, 그 지식은 다시 귀납에 의해 정당화되어야 하는 경험 지식이므로 귀납의 정당화는 순환 논리에 빠져 버린다는 것이다. 이것이 귀납의 정당화 문제이다.

(나) 귀납은 논리학에서 연역이 아닌 모든 추론, 즉 전제가 결론을 개연적으로 뒷받침하는 모든 추론을 가리킨다. 귀납은 기존의 정보나 관찰 증거 등을 근거로 새로운 사실을 추가하는 지식 확장적 특성을 지닌다.

(다) 이와 관련하여 흄은 과거의 경험을 근거로 미래를 예측하는 귀납이 정당한 추론이 되려면 미래의 세계가 과거에 우리가 경험해 온 세계와 동일하다는 자연의 일양성, 곧 한결같음이 가정되어야 한다고 보았다.

(라) 이 특성으로 인해 귀납은 근대 과학 발전의 방법적 토대가 되었지만, 한편으로 귀납 자체의 논리 한계를 지적하는 문제들에 부딪히기도 한다.

① (가) – (나) – (다) – (라) 　　② (가) – (다) – (나) – (라)
③ (가) – (라) – (나) – (다) 　　④ (나) – (다) – (라) – (가)
⑤ (나) – (라) – (다) – (가)

23

(가) 최초로 입지를 선정하는 업체는 시장의 어디든 입지할 수 있으나 소비자의 이동 거리를 최소화하기 위하여 시장의 중심에 입지한다.

(나) 최대수요입지론은 산업 입지와 상관없이 비용은 고정되어 있다고 가정한다. 이 이론에서는 경쟁 업체와 가격 변동을 고려하여 수요가 극대화되는 입지를 선정한다.

(다) 그다음 입지를 선정해야 하는 경쟁 업체는 가격 변화에 따라 수요가 변하는 정도가 크지 않은 경우, 시장의 중심에서 멀어질수록 시장을 뺏기게 되므로 경쟁 업체가 있더라도 가능한 중심에 가깝게 입지하려고 한다.

(라) 하지만 가격 변화에 따라 수요가 크게 변하는 경우에는 두 경쟁자는 서로 적절히 떨어져 입지하여 보다 낮은 가격으로 제품을 공급하려고 한다.

① (가) – (나) – (라) – (다) 　　② (가) – (라) – (다) – (나)
③ (나) – (가) – (다) – (라) 　　④ (나) – (가) – (라) – (다)
⑤ (나) – (라) – (다) – (가)

충전과 방전을 통해 반복적으로 사용할 수 있는 충전지는 양극에 사용되는 금속 산화 물질에 따라 납 충전지, 니켈 충전지, 리튬 충전지로 나눌 수 있다. 충전지가 방전될 때 양극 단자와 음극 단자 간에 전압이 발생하는데, 방전이 진행되면서 전압이 감소한다. 이렇게 변화하는 단자 전압의 평균을 공칭 전압이라 한다. 충전지를 크게 만들면 충전 용량과 방전 전류 세기를 증가시킬 수 있으나, 전극의 물질을 바꾸지 않는 한 공칭 전압은 변하지 않는다. 납 충전지의 공칭 전압은 2V, 니켈 충전지는 1.2V, 리튬 충전지는 3.6V이다.

충전지는 최대 용량까지 충전하는 것이 효율적이며 이러한 상태를 만충전이라 한다. 충전지를 최대 용량을 넘어서 충전하거나 방전 하한 전압 이하까지 방전시키면 충전지의 수명이 줄어들기 때문에 충전 양을 측정·관리하는 것이 중요하다. 특히 과충전 시에는 발열로 인해 누액이나 폭발의 위험이 있다. 니켈 충전지의 일종인 니켈카드뮴 충전지는 다른 충전지와 달리 메모리 효과가 있어서 일부만 방전한 후 충전하는 것을 반복하면 충·방전할 수 있는 용량이 줄어든다.

충전에 사용하는 충전기의 전원 전압은 충전지의 공칭 전압보다 높은 전압을 사용하고, 충전지로 유입되는 전류를 저항으로 제한한다. 그러나 충전이 이루어지면서 충전지의 단자 전압이 상승하여 유입되는 전류의 세기가 점점 줄어들게 된다. 그러므로 이를 막기 위해 충전기에는 충전 전류의 세기가 일정하도록 하는 정전류 회로가 사용된다. 또한 정전압 회로를 사용하기도 하는데, 이는 회로에 입력되는 전압이 변해도 출력되는 전압이 일정하도록 해 준다. 리튬 충전지를 충전할 경우, 정전류 회로를 사용하여 충전하다가 만충전 전압에 이르면 정전압 회로로 전환하여 정해진 시간 동안 충전지에 공급하는 전압을 일정하게 유지함으로써 충전지 내부에 리튬 이온이 고르게 분포될 수 있게 한다.

① 니켈 충전지는 납 충전지보다 공칭 전압이 낮으므로 전압을 높이려면 크기를 더 크게 만들면 되겠군.

② 사용하는 리튬 충전지의 용량이 1,000mAh라면 전원 전압이 2V보다 높은 충전기를 사용해야겠군.

③ 니켈카드뮴 충전지를 오래 사용하려면 방전 하한 전압 이하까지 방전시킨 후에 충전하는 것이 좋겠어.

④ 충전지를 충전하는 과정에서 충전지의 온도가 과도하게 상승한다면 폭발의 위험이 있을 수 있으므로 중지하는 것이 좋겠어.

⑤ 리튬 충전지의 공칭 전압은 3.6V이므로 충전 시 3.6V에 이르면 충전기의 정전압 회로가 전압을 일정하게 유지한다.

25

스마트팩토리는 인공지능(AI), 사물인터넷(IoT) 등 다양한 기술이 융합된 자율화 공장으로, 제품 설계와 제조, 유통, 물류 등의 산업 현장에서 생산성 향상에 초점을 맞췄다. 이곳에서는 기계, 로봇, 부품 등의 상호 간 정보 교환을 통해 제조 활동을 하고, 모든 공정 이력이 기록되며, 빅데이터 분석으로 사고나 불량을 예측할 수 있다.

스마트팩토리에서는 컨베이어 생산 활동으로 대표되는 산업 현장의 모듈형 생산이 컨베이어를 대체하고 IoT가 신경망 역할을 한다. 센서와 기기 간 다양한 데이터를 수집하고, 이를 서버에 전송하면 서버는 데이터를 분석해 결과를 도출한다. 서버는 AI 기계학습 기술이 적용돼 빅데이터를 분석하고 생산성 향상을 위한 최적의 방법을 제시한다.

스마트팩토리의 대표 사례로는 고도화된 시뮬레이션 '디지털 트윈'을 들 수 있다. 이는 데이터를 기반으로 가상공간에서 미리 시뮬레이션하는 기술이다. 시뮬레이션을 위해 빅데이터를 수집하고 분석과 예측을 위한 통신·분석 기술에 가상현실(VR), 증강현실(AR)과 같은 기술을 얹는다. 이를 통해 산업 현장에서 작업 프로세스를 미리 시뮬레이션하고, VR·AR로 검증함으로써 실제 시행에 따른 손실을 줄이고, 작업 효율성을 높일 수 있다.

한편 '에지 컴퓨팅'도 스마트팩토리의 주요 기술 중 하나이다. 에지 컴퓨팅은 산업 현장에서 발생하는 방대한 데이터를 클라우드로 한 번에 전송하지 않고, 에지에서 사전 처리한 후 데이터를 선별해서 전송한다. 서버와 에지가 연동해 데이터 분석 및 실시간 제어를 수행하여 산업 현장에서 생산되는 데이터가 기하급수로 늘어도 서버에 부하를 주지 않는다. 현재 클라우드 컴퓨팅이 중앙 데이터 센터와 직접 소통하는 방식이라면 에지 컴퓨팅은 기기 가까이에 위치한 일명 '에지 데이터 센터'와 소통하며, 저장을 중앙 클라우드에 맡기는 형식이다. 이를 통해 데이터 처리 지연 시간을 줄이고 즉각적인 현장 대처를 가능하게 한다.

① 스마트팩토리에서는 AI 기계학습 기술을 통해 생산성을 향상시킬 수 있다.

② 스마트팩토리에서는 작업을 시행하기 전에 앞서 가상의 작업을 시행해볼 수 있다.

③ 스마트팩토리에서는 제품 생산 과정에서 발생할 수 있는 사고를 미리 예측할 수 있다.

④ 스마트팩토리에서는 IoT를 통해 연결된 기계, 로봇 등이 상호 간 정보를 교환할 수 있다.

⑤ 스마트팩토리에서는 발생 데이터를 중앙 데이터 센터로 직접 전송함으로써 데이터 처리 지연 시간을 줄일 수 있다.

녹차와 홍차는 모두 카멜리아 시넨시스(Camellia Sinensis)라는 식물에서 나오는 찻잎으로 만든다. 공정과정에 따라 녹차와 홍차로 나눠지며, 재배지 품종에 따라서도 종류가 달라진다. 이처럼 같은 잎에서 만든 차일지라도 녹차와 홍차가 가지고 있는 특성에는 차이가 있다.

녹차와 홍차는 발효방법에 따라 구분된다. 녹차는 발효과정을 거치지 않은 것이며, 반쯤 발효시킨 것은 우롱차, 완전히 발효시킨 것은 홍차가 된다. 녹차는 찻잎을 따서 바로 솥에 넣거나 증기로 쪄서 만드는 반면, 홍차는 찻잎을 먼저 햇볕이나 그늘에서 시들게 한 후 천천히 발효시켜 만든다. 녹차가 녹색을 유지하는 반면에 홍차가 붉은색을 띠는 것은 녹차와 달리 높은 발효과정을 거치기 때문이다. 이러한 녹차와 홍차에는 긴장감을 풀어주고 마음을 진정시키는 L-테아닌(L-theanine)이라는 아미노산이 들어 있는데, 이는 커피에 들어 있지 않은 성분으로 진정효과와 더불어 가슴 두근거림 등의 카페인(Caffeine) 각성 증상을 완화하는 역할을 한다. 또한 항산화 효과가 강력한 폴리페놀(Polyphenol)이 들어 있어 심장 질환 위험을 줄일 수 있다는 장점도 있다. 한 연구에 따르면, 녹차는 콜레스테롤 수치를 낮춰 심장병과 뇌졸중으로 사망할 위험을 줄이는 것으로 나타났다. 홍차 역시 연구 결과, 하루 두 잔 이상 마실 경우 심장발작 위험을 44% 정도 낮추는 효과를 보였다.

한편, 홍차와 녹차 모두에 폴리페놀 성분이 들어 있지만 그 종류는 다르다. 녹차는 카테킨(Catechins)이 많이 들어 있는 것으로 유명하지만 홍차는 발효과정에서 카테킨의 함량이 어느 정도 감소된다. 이 카테킨에는 EGCG(Epigallocatechin-3-gallate)가 많이 들어 있어 혈중 콜레스테롤 수치를 낮춰 동맥경화 예방을 돕고, 신진대사의 활성화와 지방 배출에 효과적이다.

홍차는 발효과정에서 생성된 테아플라빈(Theaflavins)을 가지고 있는데, 이 역시 혈관 기능을 개선하며, 혈당 수치를 감소시키는 것으로 알려져 있다. 연구에 따르면 홍차에 든 테아플라빈 성분이 인슐린과 유사작용을 보여 당뇨병을 예방하는 효과를 보이는 것으로 나타났다.

만약 카페인에 민감한 경우라면 홍차보다 녹차를 선택하는 것이 좋다. 카페인의 각성효과를 완화시켜주는 L-테아닌이 녹차에 더 많기 때문이다. 녹차에도 카페인이 들어 있지만, 커피와 달리 심신의 안정 효과와 스트레스 해소에 도움을 줄 수 있는 것은 이 때문이다. 또한 녹차의 떫은맛을 내는 카테킨 성분은 카페인을 해독하고 흡수량을 억제하기 때문에 실제 카페인의 섭취량보다 흡수되는 양이 적다.

① 녹차가 떫은맛이 나는 이유는 카테킨이 들어 있기 때문이야.

② 카멜리아 시넨신스의 잎을 천천히 발효시키면 붉은 색을 띠겠구나.

③ 녹차와 홍차에 들어 있는 폴리페놀이 심장 질환 위험을 줄이는 데 도움을 줘.

④ 녹차에 들어 있는 테아플라빈이 혈중 콜레스테롤 수치를 낮추는 역할을 하는구나.

⑤ 녹차를 마셨을 때 가슴이 두근거리는 현상이 커피를 마셨을 때보다 적게 나타나는 이유는 L-테아닌때문이야.

※ 다음 글에 대한 반론으로 가장 적절한 것을 고르시오. [27~28]

27

세계경제포럼의 일자리 미래 보고서는 기술이 발전함에 따라 향후 5년간 500만 개 이상의 일자리가 사라질 것으로 경고했다. 실업률이 증가하면 사회적으로 경제적 취약 계층인 저소득층도 늘어나게 되는데, 지금까지는 '최저소득보장제'가 저소득층을 보호하는 역할을 담당해 왔다.

최저소득보장제는 경제적 취약 계층에게 일정 생계비를 보장해 주는 제도로, 이를 실시할 경우 국가는 가구별 총소득에 따라 지원 가구를 선정하고 동일한 최저생계비를 보장해 준다. 가령 최저생계비를 80만 원까지 보장해 주는 국가라면, 총소득이 50만 원인 가구는 국가로부터 30만 원을 지원받아 80만 원을 보장받는 것이다. 국가에서는 이러한 최저생계비의 재원을 마련하기 위해 일정 소득을 넘어선 어느 지점부터 총소득에 대한 세금을 부과하게 된다. 이때 세금이 부과되는 기준 소득을 '면세점'이라 하는데, 총소득이 면세점을 넘는 경우 총소득 전체에 대해 세금이 부과되어 순소득이 총소득보다 줄어들게 된다.

① 저소득층은 실업률과 양의 상관관계를 보인다.
② 면세점을 기준으로 소득에 대한 세금이 부과된다.
③ 저소득층은 최저소득보장제를 통해 생계유지가 가능하다.
④ 소득이 면세점을 넘게 되면 세금으로 인해 순소득이 기존의 소득보다 줄어들 수 있다.
⑤ 국가에서 최저생계비를 보장할 경우 저소득층은 소득을 올리는 것보다 최저생계비를 보장 받는 것이 더 유리하다고 판단할 수 있다.

Easy

28

대리모는 허용되어서는 안 된다. 최근 자료에 따르면 대리모는 대부분 금전적인 대가가 지불되는 상업적인 대리모의 형태로 이루어지고 있다고 한다. 아이를 출산해 주는 대가로 대리모에게 금전을 지불하는 것은 아이를 상품화하는 것이다. 칸트가 말했듯이, 인간은 수단이 아니라 목적으로 대하여야 한다. 대리모는 결국 아이를 목적이 아닌 수단으로 취급하고 있다는 점에서 인간의 존엄과 가치를 침해한다.

① 경제적 취약 계층이 된 여성들은 대리모를 통해 빈곤을 해결할 수 있다.
② 대리모를 통해 출생하는 아이의 인권은 법적인 제도로써 보호되어야 한다.
③ 대리모의 건강에 문제가 생길 경우 대리모를 보호할 제도적 장치가 부족하다.
④ 최근 조사에 따르면 우리나라의 불임부부는 약 100만 쌍으로 불임 여성은 지속적으로 증가하고 있다.
⑤ 대리모는 아이가 아닌 임신·출산 서비스를 매매의 대상으로 삼고 있으므로 아이의 존엄과 가치를 떨어뜨리지 않는다.

들뢰즈는 대상이 다른 대상들과 관계 맺으며 펼쳐지는 무수한 차이를 긍정하며 세계를 생성의 원리로 설명하고자 하였다. 들뢰즈가 말하는 '차이'란 두 대상을 정태적으로 비교해서 나오는 어떤 것이 아니라, 두 대상이 만나고 섞임으로써 '생성'되는 것이다. 들뢰즈는 대상과 대상이 연결되어 서로를 변화시키는 생성의 과정을 주름 개념으로 설명한다. 새로 산 옷을 입으면, 이 옷은 얼마 지나지 않아 많은 주름이 생긴다. 이 주름은 옷 자체 혹은 외부로부터 받은 힘에 의해 만들어진다. 결국 주름은 대상 자체의 내재적 원인에 의해 혹은 차이를 지닌 대상과의 관계 속에서 끊임없이 생성되는 '흔적'이라 할 수 있다.

들뢰즈가 제안한 '주름' 개념은 현대 건축가들에게 영향을 미쳤으며, 특히 현대 랜드스케이프 건축에 많은 영감을 주었다. 랜드스케이프 건축가들은 대지와 건물, 건물과 건물, 건물의 내부와 외부를 각각의 고정된 의미로 분리하여 바라보려는 전통적인 이분법적 관점을 거부하고 이들을 하나의 주름 잡힌 표면, 즉 서로 관계 맺으며 접고 펼쳐지는 반복적 과정 속에서 생성된 하나의 통합된 공간으로 보고자 하였다. 그동안 건축에서는 대지와 건물이 인간에 의해 그 역할이 일방적으로 규정되는 수동적 존재로 파악되었었는데, 현대 건축에서는 대지와 건물 자체가 새로운 의미를 생성하는 능동적인 존재로 작동한다.

랜드스케이프 건축에서 나타나는 연속된 표면은 대지와 건물의 벽, 천장을 하나의 흐름으로 생성하면서 대지와 건물이 구분되지 않고 하나로 연결되어 통합되기도 하고, 건물 자체가 대지를 완전히 덮어서 대지와 건물이 통합되기도 한다. 그리고 연속된 표면은 주름처럼 접히고 펼쳐지면서 공간을 만들어 내는데, 이러한 공간은 그 성격이 고정되지 않고 우연적인 상황 혹은 주변의 여러 가지 요인의 전개로 인해 재구성될 수 있는 잠재적인 특징을 지니게 된다. 그리고 이러한 공간의 흐름은 연속적으로 구성되어 있어 건물의 안과 밖이 자연스럽게 연결되기 때문에 건물의 내부와 외부의 구분이 모호해지게 된다. 이를 통해 건물 내부에서 외부를 바라보는 시선과 외부에서 내부를 바라보는 응시를 동시에 담아낼 수 있게 되는 것이다.

> **보기**
>
> 동대문디자인플라자(DDP)는 랜드스케이프 건축의 특성이 잘 드러나 있는 건물로, 건물 표면은 주름진 곡선이 연속적으로 이어지고 있는데, 하늘에서 내려다 보면 건물 전체가 대지를 덮고 있는 형상을 띠고 있다. 주름진 곡선에 의해 만들어진 내부의 공간들은 디자인 전시관으로 활용되기도 하지만, 경우에 따라 패션 행사나 다양한 체험 마당 등 다양한 용도로 활용된다. 특히 DDP는 기존에 있던 지하철역이 건물의 지하 광장과 건물의 입구로 이어지도록 만들어졌으며, DDP 외부의 공원과 건물 간의 경계가 없어 공원을 걷다 보면 자연스럽게 건물의 내부로 이어진다.

① 건물 전체가 대지를 덮고 있는 DDP의 형상을 통해 건물 자체가 대지의 의미를 규정하고 있음을 표현하였군.

② 전시관이라는 고정된 성격을 띠고 있는 DDP의 내부 공간은 비슷한 유형의 용도 내에서 활용될 수 있겠군.

③ DDP 건물 표면의 주름진 곡선을 통해 건물의 내부와 외부가 서로 관계를 맺고 있음을 표현하고자 했군.

④ DDP는 지하철역과 연결되어 고객의 편의성을 향상시켰다는 점에서 랜드스케이프 건축의 특성이 잘 드러나는군.

⑤ DDP 외부의 공원에서는 건물 내부를 바라볼 수 있지만, 건물 내부에서는 공원을 바라볼 수 없겠군.

30 다음 글을 토대로 〈보기〉를 해석한 것으로 적절하지 않은 것은?

자기 조절은 목표 달성을 위해 자신의 사고, 감정, 욕구, 행동 등을 바꾸려는 시도인데, 목표를 달성한 경우는 자기 조절의 성공을, 반대의 경우는 자기 조절의 실패를 의미한다. 이에 대한 대표적인 이론으로는 앨버트 밴두라의 '사회 인지 이론'과 로이 바우마이스터의 '자기 통제 힘 이론'이 있다. 밴두라의 사회 인지 이론에서는 인간이 자기 조절 능력을 선천적으로 가지고 있다고 본다. 이런 특징을 가진 인간은 가치 있는 것을 획득하기 위해 행동하거나 두려워하는 것을 피하기 위해 행동한다. 밴두라에 따르면, 자기 조절은 세 가지의 하위 기능인 자기 검열, 자기 판단, 자기 반응의 과정을 통해 작동한다. 자기 검열은 자기 조절의 첫 단계로, 선입견이나 감정을 배제하고 자신이 지향하는 목표와 관련하여 자신이 놓여 있는 상황과 현재 자신의 행동을 감독, 관찰하는 것을 말한다. 자기 판단은 목표 성취와 관련된 개인의 내적 기준인 개인적 표준, 현재 자신이 처한 상황, 그리고 자신이 하게 될 행동 이후 느끼게 될 정서 등을 고려하여 자신이 하고자 하는 행동을 결정하는 것을 말한다. 그리고 자기 반응은 자신이 한 행동 이후에 자신에게 부여하는 정서적 현상을 의미하는데, 자신이 지향하는 목표와 관련된 개인적 표준에 부합하는 행동은 만족감이나 긍지라는 자기 반응을 만들어 내고 그렇지 않은 행동은 죄책감이나 수치심이라는 자기 반응을 만들어 낸다.

한편 바우마이스터의 자기 통제 힘 이론은, 사회 인지 이론의 기본적인 틀을 유지하면서 인간의 심리적 현상에 대해 자연과학적 근거를 찾으려는 경향이 대두되면서 등장하였다. 이 이론에서 말하는 자기 조절은 개인의 목표 성취와 관련된 개인적 표준, 자신의 행동을 관찰하는 모니터링, 개인적 표준에 도달할 수 있게 하는 동기, 자기 조절에 들이는 에너지로 구성된다. 바우마이스터는 그중 에너지의 양이 목표 성취의 여부에 결정적인 영향을 준다고 보기 때문에 자기 조절에서 특히 에너지의 양적인 측면을 중시한다. 바우마이스터에 따르면, 다양한 자기 조절 과업에서 개인은 자신이 가지고 있는 에너지를 사용하는데 그 양은 제한되어 있어서 지속적으로 자기 조절에 성공하기 위해서는 에너지를 효율적으로 사용해야 한다. 그런데 에너지를 많이 사용한다 하더라도 에너지가 완전히 고갈되는 상황은 벌어지지 않는다. 그 이유는 인간이 긴박한 욕구나 예외적인 상황을 대비하여 에너지의 일부를 남겨 두기 때문이다.

> **보기**
>
> A씨는 건강관리를 자기 삶의 가장 중요한 목표로 삼았다. 우선 그녀는 퇴근하는 시간이 규칙적인 자신의 근무 환경을, 그리고 과식을 하고 운동을 하지 않는 자신을 관찰하였다. 그래서 퇴근 후의 시간을 활용하여 일주일에 3번 필라테스를 하고, 균형 잡힌 식단에 따라 식사를 하겠다고 다짐하였다. 한 달 후 L씨는 다짐한 대로 운동을 해서 만족감을 느꼈다. 그러나 균형 잡힌 식단에 따라 식사를 하지는 못했다.

① 밴두라에 따르면 A씨는 선천적인 자기 조절 능력을 통한 자기 검열, 자기 판단, 자기 반응의 자기 조절 과정을 거쳤다.

② 밴두라에 따르면 A씨는 식단 조절에 실패함으로써 죄책감이나 수치심을 느꼈을 것이다.

③ 밴두라에 따르면 A씨는 건강관리를 가치 있는 것으로 생각하고 이를 획득하기 위해 운동을 시작하였다.

④ 바우마이스터에 따르면 A씨는 건강관리라는 개인적 표준에 도달하기 위해 자신의 근무환경과 행동을 모니터링하였다.

⑤ 바우마이스터에 따르면 A씨는 운동하는 데 모든 에너지를 사용하여 에너지가 고갈됨으로써 식단 조절에 실패하였다.

📋 문항 수 : 50문항　🕐 응시시간 : 60분

정답 및 해설 p.078

01　수리

01 A, B, C 세 회사의 올해 신입사원 모집에 지원한 인원은 1,820명이다. 이것은 작년 신입사원 모집과 비교하면 각각 20%, 30%, 40%씩 증가했고, 세 회사의 지원자 증가 수의 비는 1 : 3 : 2라고 할 때, 올해 C회사의 지원자는 몇 명인가?

① 370명　　　　　　　　　　　② 410명
③ 450명　　　　　　　　　　　④ 490명
⑤ 530명

Easy

02 S사에서 파견 근무를 나갈 10명을 뽑아 팀을 구성하려고 한다. 새로운 팀 내에서 팀장 1명과 회계담당 2명을 뽑으려고 할 때, 이 인원을 뽑는 경우의 수는 모두 몇 가지인가?

① 300가지　　　　　　　　　　② 320가지
③ 348가지　　　　　　　　　　④ 360가지
⑤ 396가지

03 다음은 우리나라의 10대 수출 품목이 전체 수출 품목에서 차지하는 비중에 대한 자료이다. 이에 대한 설명으로 옳지 않은 것은?

〈우리나라의 10대 수출 품목과 비중〉

(단위 : %)

순위	2020년 품목	비중	2021년 품목	비중	2022년 품목	비중	2023년 품목	비중	2024년 품목	비중
1	반도체	10.9	선박류	10.2	석유제품	10.2	반도체	10.2	반도체	10.9
2	선박류	10.5	석유제품	9.3	반도체	9.2	석유제품	9.4	석유제품	8.9
3	자동차	7.6	반도체	9.0	자동차	8.6	자동차	8.7	자동차	8.5
4	평판디스플레이	7.0	자동차	8.2	선박류	7.3	선박류	6.6	선박류	7.0
5	석유제품	6.8	평판디스플레이	5.6	평판디스플레이	5.7	평판디스플레이	5.1	무선통신기기	5.2
6	무선통신기기	5.9	무선통신기기	4.9	자동차부품	4.5	무선통신기기	4.9	자동차부품	4.7
7	자동차부품	4.1	자동차부품	4.2	무선통신기기	4.2	자동차부품	4.7	평판디스플레이	4.6
8	합성수지	3.7	철강판	3.8	철강판	3.6	합성수지	3.8	합성수지	3.8
9	철강판	3.6	합성수지	3.5	합성수지	3.6	철강판	3.1	철강판	3.3
10	컴퓨터	2.0	컴퓨터	1.6	전자응용기기	1.6	전자응용기기	1.9	전자응용기기	1.7
계		62.1		60.3		58.5		58.4		58.6

① 컴퓨터는 2021년 이후 합성수지에 밀려 10대 품목에서 제외되었다.

② 상위 3개 품목의 비중이 10대 품목 비중의 절반 이상을 차지한 해는 없다.

③ 전 기간에 걸쳐 10대 수출 품목은 전체 수출 품목의 절반 이상을 차지했다.

④ 10대 품목의 비중 중에서 전 기간에 걸쳐 순위 변동이 가장 적은 품목은 자동차이다.

⑤ 10대 품목의 비중 중에서 반도체의 비중이 가장 큰 해에는 철강판이 두 번째로 적은 비중을 차지했다.

04 다음은 국제 대출금리 동향에 대한 자료이다. 이에 대한 설명으로 옳지 않은 것은?

〈국제 대출금리 동향〉

(단위 : %)

구분		2018년	2019년	2020년	2021년	2022년	2023년	2024년
한국	금리	5.59	5.99	6.55	7.17	5.65	5.51	5.76
	지수	85.34	91.45	100.00	109.47	86.26	84.12	87.94
미국	금리	5.86	6.41	6.34	6.04	5.04	4.69	4.46
	지수	92.43	101.10	100.00	95.27	79.50	73.97	70.35
독일	금리	2.09	2.82	3.87	3.86	0.71	0.44	0.87
	지수	54.01	72.87	100.00	99.74	18.35	11.37	22.48
중국	금리	5.58	6.12	7.47	5.31	5.31	5.81	6.56
	지수	74.70	81.93	100.00	71.08	71.08	77.78	87.82
일본	금리	1.68	1.67	1.88	1.91	1.72	1.60	N.A.
	지수	89.36	88.83	100.00	101.60	91.49	85.11	N.A.

※ N.A(Not Available) : 참고 예상 수치 없음

① 조사 기간 중 가장 높은 금리를 기록한 나라는 중국이다.

② 2018년 대비 2020년의 대출금리 증가율이 가장 높은 나라는 독일이다.

③ 2022년에 전년 대비 지수의 등락폭이 가장 큰 나라와 가장 작은 나라와의 지수 차이는 50%p 이상이다.

④ 독일의 대출금리가 일본보다 떨어지기 시작한 해는 2022년이었으며, 2023년에도 일본의 대출금리를 앞지르지 못했다.

⑤ 2018 ~ 2024년 대출금리의 등락폭이 가장 큰 나라는 독일로, 가장 높았을 때와 가장 낮았을 때의 포인트 차이는 3.5%p 이상이다.

05 다음은 2022 ~ 2024년 한국 출발 항공노선의 이용객 수를 나타낸 자료이다. 이에 대한 〈보기〉의 설명 중 옳은 것을 모두 고르면?

〈연간 한국 출발 항공노선의 이용객 수〉

(단위 : 천 명)

구분	2022년	2023년	2024년	합계
한국 → 제주	128	134	154	416
한국 → 중국	252	235	256	743
한국 → 일본	118	122	102	342
한국 → 싱가폴	88	102	133	323
한국 → 독일	75	81	88	244
한국 → 영국	123	111	108	342
한국 → 스페인	288	270	302	860
한국 → 미국	102	145	153	400
한국 → 캐나다	210	198	222	630
한국 → 브라질	23	21	17	61
합계	1,407	1,419	1,535	4,361

보기

ㄱ. 2022년 대비 2023년 이용객 수가 증가한 항공노선의 수와 감소한 항공노선의 수는 동일하다.
ㄴ. 2022년부터 2024년까지의 총 이용객 수는 아시아행 – 유럽행 – 아메리카행 순서로 많다.
ㄷ. 2022년부터 2024년까지 이용객 수가 적은 하위 2개의 항공노선은 매년 동일하다.

① ㄱ
② ㄴ
③ ㄱ, ㄷ
④ ㄴ, ㄷ
⑤ ㄱ, ㄴ, ㄷ

06 다음은 S사 영업부에서 작년 분기별 영업 실적을 나타낸 자료이다. 작년 전체 실적에서 1 ~ 2분기 와 3 ~ 4분기가 각각 차지하는 비중이 바르게 연결된 것은?(단, 비중은 소수점 둘째 자리에서 반올림한다)

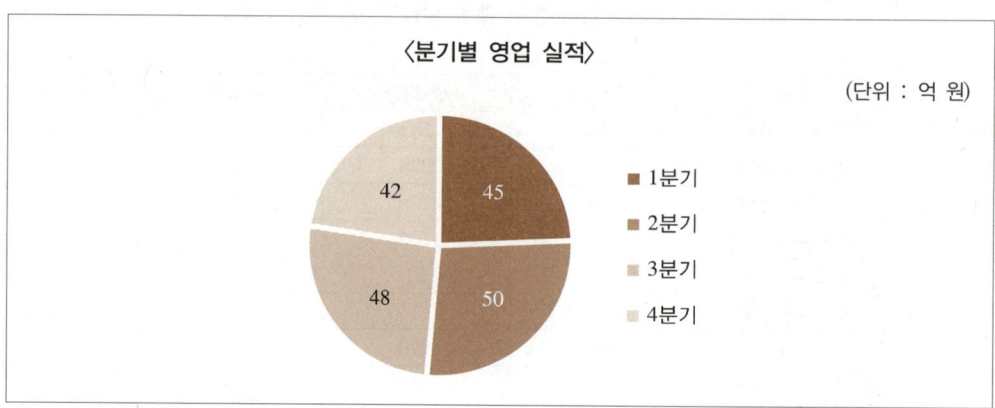

	1 ~ 2분기	3 ~ 4분기
①	48.6%	51.4%
②	50.1%	46.8%
③	51.4%	48.6%
④	54.3%	51.4%
⑤	56.8%	50.1%

07 다음은 1980년 이후 주요 작물의 재배면적의 비중에 대한 자료이다. 1980년에 비해 2020년 전체 경지이용면적이 25% 증가했다고 했을 때, 1980년에 대비 2020년 과실류의 증가한 재배면적은?

〈주요 작물의 재배면적 변화〉

(단위 : %)

구분	식량작물			채소류			과실류		
	전체	미곡	맥류	전체	배추	양파	전체	사과	감귤
1980년	82.9	44.6	30.9	7.8	27.5	1.6	1.8	35.0	10.0
1985년	80.2	48.3	30.2	7.8	15.6	1.7	2.4	41.9	12.2
1990년	71.7	62.2	18.2	13.0	12.7	2.0	3.6	46.5	12.1
1995년	68.7	69.5	14.4	13.0	11.2	2.4	4.2	34.9	14.7
2000년	69.3	74.5	9.6	11.5	13.9	2.5	5.5	36.8	14.3
2005년	61.3	78.5	6.7	14.7	9.9	3.1	7.8	28.7	13.8
2010년	62.7	81.3	5.2	14.1	11.9	4.1	8.1	16.8	15.6
2015년	64.1	79.4	4.9	12.5	11.4	5.2	7.2	17.4	14.2
2016년	63.3	80.9	4.9	12.6	13.0	5.6	7.9	18.4	13.8
2017년	62.6	81.7	4.8	12.0	11.2	6.4	8.0	18.8	13.6
2018년	62.3	81.7	4.9	12.2	12.4	6.8	8.1	19.5	13.6
2019년	60.1	82.0	4.8	11.5	11.8	7.1	8.1	19.7	13.4
2020년	60.1	82.0	3.6	11.3	10.2	9.0	8.6	19.1	13.0

※ 식량작물, 채소류, 과실류 항목의 수치는 전체 경지이용면적 대비 각 작물의 재배면적 비중을 의미함

※ 미곡, 맥류 등 세부품목의 수치는 식량작물, 채소류, 과실류의 재배면적 대비 각 품목의 재배면적 비중을 의미함

① 약 440%

② 약 460%

③ 약 480%

④ 약 500%

⑤ 약 520%

08 다음은 2020년부터 2024년까지 아동 10만 명당 안전사고 사망자 수에 대한 자료이다. 2021년과 2023년 아동 10만 명당 안전사고 사망자 수의 전년 대비 감소율을 순서대로 나열한 것은?(단, 감소율은 소수점 둘째 자리에서 반올림한다)

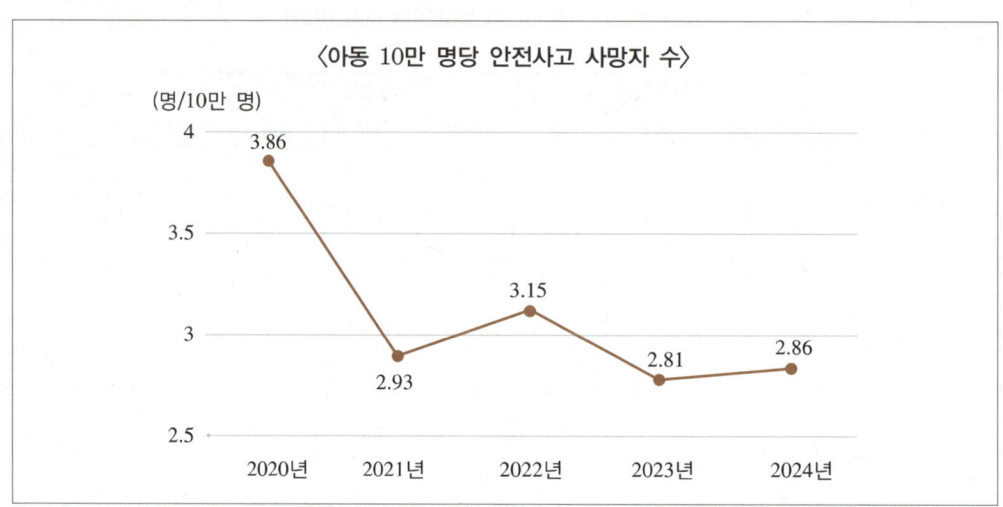

① −19.2%, −10.8%   ② −19.2%, −8.4%

③ −24.1%, −8.4%   ④ −24.1%, −9.1%

⑤ −24.1%, −10.8%

09 다음은 학교 수 현황에 대한 자료이다. 이에 대한 〈보기〉의 설명 중 옳은 것을 모두 고르면?

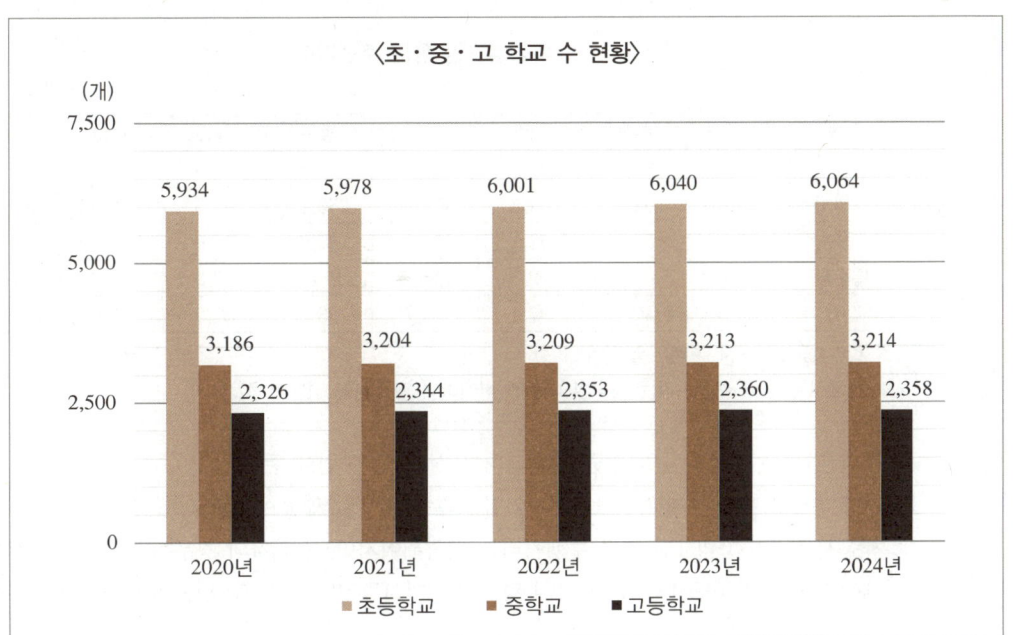

〈초·중·고 학교 수 현황〉

보기

ㄱ. 2021년부터 2024년까지 초등학교 수와 고등학교 수의 전년 대비 증감 추이는 동일하다.
ㄴ. 2020년부터 2024년까지 초등학교 수와 중학교 수의 차이가 가장 큰 해는 2022년이다.
ㄷ. 초·중·고등학교 수의 총합은 2022년 대비 2024년에 증가하였다.

① ㄱ
② ㄷ
③ ㄱ, ㄴ
④ ㄴ, ㄷ
⑤ ㄱ, ㄴ, ㄷ

10 다음은 차종별 1일 평균 주행거리를 정리한 자료이다. 이에 대한 설명으로 옳지 않은 것은?

〈차종별 1일 평균 주행거리〉

(단위 : km/대)

구분	서울	부산	대구	인천	광주	대전	울산	세종
승용차	31.7	34.7	33.7	39.3	34.5	33.5	32.5	38.1
승합차	54.6	61.2	54.8	53.9	53.2	54.5	62.5	58.4
화물차	55.8	55.8	53.1	51.3	57.0	56.6	48.1	52.1
특수차	60.6	196.6	92.5	125.6	114.2	88.9	138.9	39.9
전체	35.3	40.1	37.1	41.7	38.3	37.3	36.0	40.1

※ 항구도시는 '부산, 인천, 울산'임
※ 전체 1일 평균 주행거리는 차종별 대수에 비례하여 가중치를 적용한 것임

① 부산은 모든 차종의 1일 평균 주행거리가 상위 50% 안에 든다.
② 차종별 1일 평균 주행거리가 긴 지역일수록 전체 1일 평균 주행거리도 길다.
③ 세종시는 특수차의 1일 평균 주행거리는 최하위이지만, 승합차의 경우는 상위 40% 안에 든다.
④ 세종과 모든 항구도시의 차종별 1일 평균 주행거리를 비교했을 때, 평균 주행거리가 세종이 가장 긴 차종은 없다.
⑤ 세종을 제외한 도시에서 1일 평균 주행거리의 최댓값과 최솟값의 차이가 승합차의 1일 평균 주행거리보다 긴 지역은 5곳 이상이다.

11 다음은 S기업의 2024년 하반기 신입사원 채용 현황에 대한 자료이다. 이에 대한 설명으로 옳지 않은 것은?

〈신입사원 채용 현황〉

(단위 : 명)

구분	입사지원자 수	합격자 수
남성	680	120
여성	320	80

① 총 입사지원자 중 합격률은 20%이다.
② 여성 입사지원자의 합격률은 25%이다.
③ 합격자 중 남성의 비율은 70% 이상이다.
④ 남성 합격자 수는 여성 합격자 수의 1.5배이다.
⑤ 총 입사지원자 중 여성 입사지원자의 비율은 30% 이상이다.

12 다음은 2025년 6월 I공항의 원인별 지연 및 결항 통계 자료이다. 이에 대한 설명으로 옳은 것은?

〈2025년 6월 I공항 원인별 지연 및 결항 통계〉

(단위 : 편)

구분	기상	A/C 접속	A/C 정비	여객처리 및 승무원관련	복합원인	기타	합계
지연	98	1,510	150	30	2	1,210	3,000
결항	14	4	12	0	0	40	70

① 6월에 I공항을 이용하는 비행기가 지연되었을 확률은 98%이다.

② 기상으로 지연된 항공편 수는 기상으로 결항된 항공편 수의 6배이다.

③ A/C 정비로 인해 결항된 항공편 수는 A/C 정비로 인해 지연된 항공편 수의 10%이다.

④ 기타를 제외하고 항공편 지연과 결항에서 가장 높은 비중을 차지하고 있는 원인이 같다.

⑤ 항공편 지연 중 A/C 정비가 차지하는 비율은 결항 중 기상이 차지하는 비율의 $\frac{1}{4}$ 이다.

Hard

13 다음은 A~D사의 남녀 직원 비율을 나타낸 자료이다. 이에 대한 설명으로 옳지 않은 것은?

〈회사별 남녀 직원 비율〉

(단위 : %)

구분	A사	B사	C사	D사
남직원	60	40	45	38
여직원	40	60	55	62

① A사의 남직원이 B사의 여직원보다 많다.

② B, C, D사의 여직원 수의 합은 남직원 수의 합보다 크다.

③ 여직원 대비 남직원 비율이 가장 높은 회사는 A이며, 가장 낮은 회사는 D이다.

④ A, B, C사 각각의 전체 직원 수가 같다면, A, B사 여직원 수의 합은 C사 여직원 수의 2배 미만이다.

⑤ A, B사의 전체 직원 중 남직원이 차지하는 비율이 55%라면, A사의 전체 직원 수는 B사 전체 직원 수의 3배이다.

※ 다음은 1980년대부터 2020년대까지 연예·방송 관련 직업의 평균 데뷔 나이를 조사한 자료이다. 이 어지는 질문에 답하시오. **[14~15]**

〈연예·방송 관련 직업의 평균 데뷔 나이〉

(단위 : 세)

구분		1980년대	1990년대	2000년대	2010년대	2020년대
가수	남성	26	28	25	22	18
	여성	18	20	19	20	21
배우	남성	20	23	24	26	25
	여성	18	22	25	26	28
모델	남성	25	27	26	25	28
	여성	20	21	20	24	23
아나운서	남성	27	29	28	32	30
	여성	26	25	26	27	26
개그맨	남성	27	28	25	30	31
	여성	24	26	27	25	26

※ 단순평균 평균 데뷔 나이는 해당되는 수치를 모두 합한 값을 수치의 개수로 나눈 나이임

14 다음 중 위 자료에 대한 설명으로 옳지 않은 것은?

① 남성 가수의 평균 데뷔 나이는 1990년대에 가장 높다.
② 배우의 단순평균 평균 데뷔 나이는 매년 높아지고 있다.
③ 2000년대 대비 2020년대의 평균 데뷔 나이 증가율은 여성 모델이 여성 배우보다 낮다.
④ 남성 모델의 평균 데뷔 나이는 25세 이상이고, 여성 모델의 평균 데뷔 나이는 25세 미만이다.
⑤ 남성 개그맨의 평균 데뷔 나이가 가장 낮은 연도는 여성 개그맨의 평균 데뷔 나이가 가장 높다.

15 다음 중 위 자료에 대한 설명으로 옳은 것은?

① 여성 배우의 평균 데뷔 나이가 남성 배우보다 높은 연도는 2000년대뿐이다.
② 1980년대 대비 2020년대의 평균 데뷔 나이 증가율은 남성 모델이 여성 모델보다 높다.
③ 여성 가수의 1980년대부터 2020년대까지의 단순평균 평균 데뷔 나이는 20세 미만이다.
④ 2000년대 남성 평균 데뷔 나이가 가장 높은 직업과 여성 평균 데뷔 나이가 가장 높은 직업은 동일하다.
⑤ 연예·방송 관련 직업군 중 2010년대 ~ 2020년대에 남성 평균 데뷔 나이가 30세 이상인 직업은 아나운서뿐이다.

※ 다음은 2022 ~ 2024년의 영양소 섭취에 대한 자료이다. 이어지는 질문에 답하시오. [16~17]

〈2022 ~ 2024년 영양소 섭취 비율〉

(단위 : %)

구분		2022년			2023년			2024년		
		미달	적정	과잉	미달	적정	과잉	미달	적정	과잉
성별	남성	8.5	75.5	16.0	7.6	76.0	16.4	5.5	77.5	17.0
	여성	25.0	70.0	5.0	36.0	53.0	11.0	44.0	32.0	24.0
연령대별	영유아	11.2	82.0	6.8	12.9	85.0	2.1	3.5	94.0	2.5
	청소년	3.4	76.8	19.8	2.1	76.7	21.2	0.8	64.6	34.6
	성인	15.5	81.0	3.5	20.2	75.0	4.8	24.5	69.5	6.0
	노인	14.5	44.0	41.5	24.1	41.0	34.9	23.2	42.5	34.3

16 다음 중 위 자료에 대한 설명으로 옳지 않은 것은?

① 2024년에 '미달'이라고 응답한 여성의 수는 남성의 8배이다.

② 2024년에 '미달'이라고 응답한 노인의 비율은 2022년의 1.6배이다.

③ 제시된 기간 동안 해가 지날수록 여성의 영양소 섭취 양극화 현상은 심해지고 있다.

④ 제시된 자료는 청소년의 영양소 섭취율이 증가하고 있다는 기사를 뒷받침해줄 수 있다.

⑤ 2023년과 2024년에 '적정'이라고 응답한 영유아와 성인 비율의 전년 대비 증감 추이는 반대이다.

17 다음 중 위 자료에 대한 〈보기〉의 설명 중 옳은 것을 모두 고르면?

> **보기**
>
> ㄱ. 제시된 기간 동안 해가 지날수록 남성의 영양소 섭취 중 '미달'에 해당하는 비율만 감소하고 있다.
>
> ㄴ. 2023년 응답자 수가 300명이고, 그중 남성이 100명이라면 '적정'이라고 응답한 남성과 여성의 인원 차는 20명이다.
>
> ㄷ. 제시된 기간 동안 성인의 '미달'이라고 응답한 비율과 '과잉'이라고 응답한 비율의 차는 증가하고 있다.

① ㄱ   ② ㄱ, ㄴ

③ ㄱ, ㄷ   ④ ㄴ, ㄷ

⑤ ㄱ, ㄴ, ㄷ

18 다음은 전체 스마트폰 평균 스크린 대 바디 비율에 대한 자료이다. 이를 바르게 나타낸 그래프는?

〈전체 스마트폰 평균 스크린 대 바디 비율〉

(단위 : %)

구분	평균	최고 비율
2015년	33.1	52.0
2016년	35.6	56.9
2017년	43.0	55.2
2018년	47.5	60.3
2019년	53.0	67.6
2020년	58.2	72.4
2021년	63.4	78.5
2022년	60.2	78.0
2023년	64.1	83.6
2024년	65.0	82.2

※ 스크린 대 바디 비율은 전체 바디에서 스크린이 차지하는 비율임

①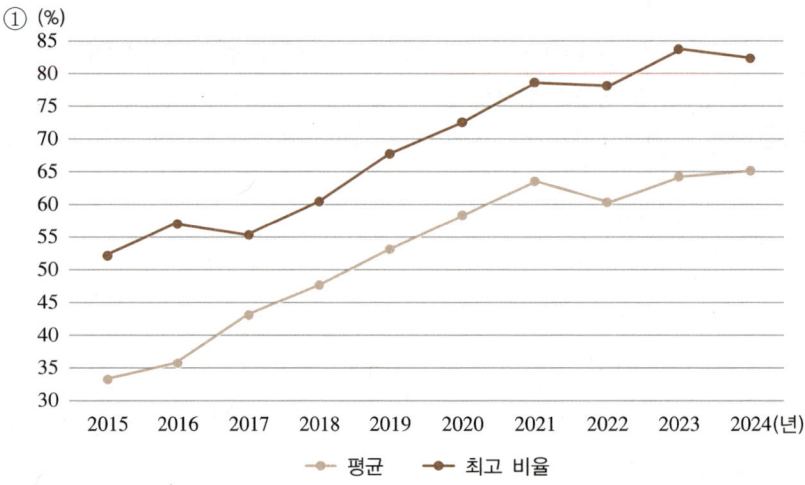

②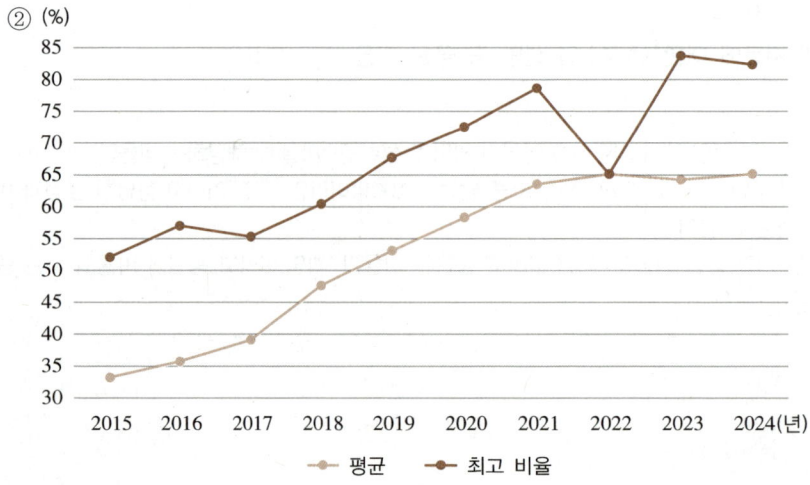

③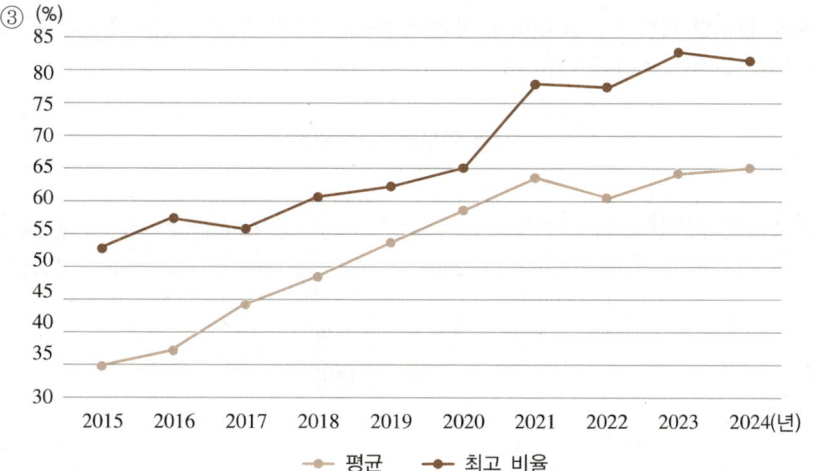

④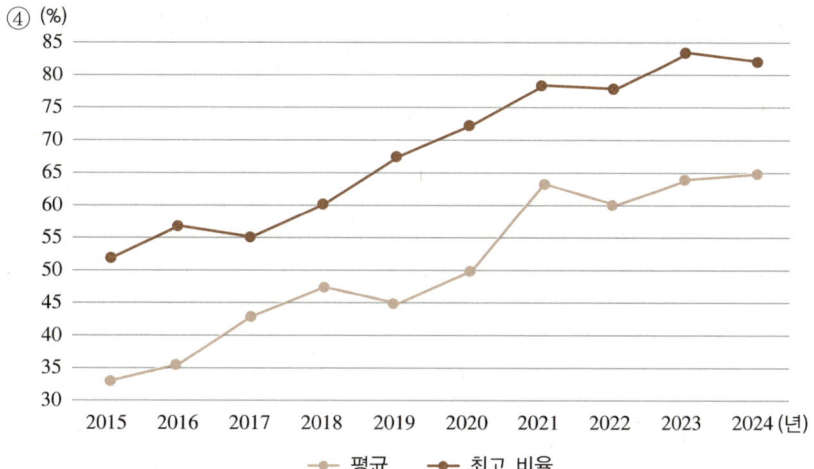

⑤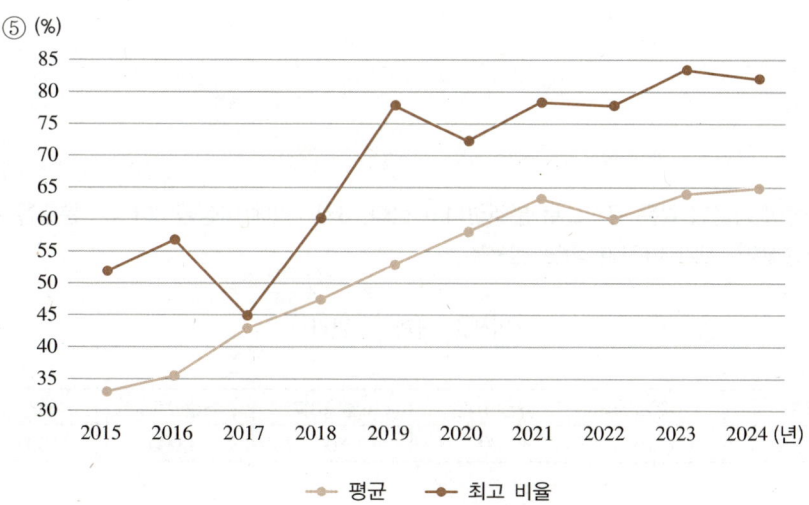

19 다음은 S사의 연도별 채용 인원을 나타낸 것이다. 채용 인원이 다음과 같은 규칙이 있다고 할 때, 2026년도 채용 인원은 몇 명인가?

〈S사의 연도별 채용 인원〉

(단위 : 명)

구분	2015년	2016년	2017년	2018년	2019년	2020년
채용 인원	3	5	9	16	27	43

① 300명　　　　　　　　　　② 279명
③ 250명　　　　　　　　　　④ 233명
⑤ 177명

Hard

20 어떤 미생물이 다음과 같은 규칙으로 분열한다고 한다. 6월 7일에 미생물 3마리가 분열을 시작한다면, 이 미생물이 30억 마리가 되는 날은?

〈미생물 개체 수 변화〉

(단위 : 마리)

구분	6월 7일	6월 10일	6월 13일	6월 16일	6월 19일
개체 수	3	30	300	3,000	30,000

① 7월 1일　　　　　　　　　　② 7월 4일
③ 7월 7일　　　　　　　　　　④ 7월 10일
⑤ 7월 15일

※ 다음 명제가 모두 참일 때, 빈칸에 들어갈 명제로 가장 적절한 것을 고르시오. [1~3]

01

> • 전제1. 펜싱을 잘하는 사람은 검도를 잘한다.
> • 전제2. 야구를 잘하는 사람은 골프를 잘한다.
> • 전제3. 족구를 잘하는 사람은 펜싱을 잘한다.
> • 결론. _____

① 검도를 잘하는 사람은 족구를 잘한다.
② 펜싱을 잘하는 사람은 골프를 잘한다.
③ 족구를 잘하는 사람은 검도를 잘한다.
④ 골프를 잘하는 사람은 야구를 잘하지 못한다.
⑤ 야구를 잘하지 못하는 사람은 검도를 잘한다.

Easy

02

> • 전제1. 마라톤을 좋아하는 사람은 체력이 좋고, 인내심도 있다.
> • 전제2. 몸무게가 무거운 사람은 체력이 좋고, 명랑한 사람은 마라톤을 좋아한다.
> • 결론. _____

① 명랑한 사람은 몸무게가 무겁다.
② 명랑한 사람은 인내심이 있다.
③ 체력이 좋은 사람은 인내심이 없다.
④ 마라톤을 좋아하는 사람은 몸무게가 가볍다.
⑤ 몸무게가 무겁지 않은 사람은 체력이 좋지 않다.

03

> • 전제1. 경찰에 잡히지 않은 사람은 모두 도둑질을 하지 않은 것이다.
> • 전제2. _____
> • 결론. 감옥에 가지 않은 사람은 모두 도둑질을 하지 않은 것이다.

① 도둑질을 한 사람은 모두 감옥에 가지 않는다.
② 감옥에 간 사람은 모두 도둑질을 한 것이다.
③ 도둑질을 한 사람은 모두 경찰에 잡힌다.
④ 경찰에 잡힌 사람은 모두 감옥에 간다.
⑤ 경찰은 도둑질을 하지 않는다.

※ 다음 명제가 모두 참일 때, 반드시 참인 명제를 고르시오. [4~5]

04

> • 현명한 사람은 거짓말을 하지 않는다.
> • 건방진 사람은 남의 말을 듣지 않는다.
> • 거짓말을 하지 않으면 다른 사람의 신뢰를 얻는다.
> • 남의 말을 듣지 않으면 친구가 없다.

① 건방진 사람은 친구가 있다.
② 거짓말을 하지 않으면 현명한 사람이다.
③ 건방지지 않은 사람은 남의 말을 듣는다.
④ 현명한 사람은 다른 사람의 신뢰를 얻는다.
⑤ 다른 사람의 신뢰를 얻으면 거짓말을 하지 않는다.

05

> • S마트에서 사온 초콜릿 과자 3개와 커피 과자 3개를 A, B, C, D, E가 서로 나누어 먹었다.
> • A와 C는 한 종류의 과자만 먹었다.
> • B는 초콜릿 과자 1개만 먹었다.
> • C는 B와 같은 종류의 과자를 먹었다.
> • D와 E 중 1명은 두 종류의 과자를 먹었다.

① A는 초콜릿 과자 2개를 먹었다.
② C는 초콜릿 과자 2개를 먹었다.
③ A가 커피 과자 1개를 먹었다면, D가 두 종류의 과자를 먹었을 것이다.
④ A가 커피 과자 1개를 먹었다면, D와 E 중 1명은 과자를 먹지 못했다.
⑤ A와 D가 같은 과자를 하나씩 먹었다면, E가 두 종류의 과자를 먹었을 것이다.

06 S사 사원 A ~ D 4명은 올해 중국, 일본, 프랑스, 독일 중 각기 다른 지역 한 곳에 해외 파견을 떠나게 되었다. 이들은 영어, 중국어, 일본어, 프랑스어, 독일어 중 1개 이상의 외국어에 능통하다. 다음 〈조건〉을 따를 때, 항상 참인 것은?

조건

- 일본, 독일, 프랑스에 해외 파견을 떠나는 사원은 해당 국가의 언어를 능통하게 한다.
- 중국, 프랑스에 해외 파견을 떠나는 사원은 영어도 능통하게 한다.
- 일본어, 프랑스어, 독일어를 능통하게 하는 사원은 각각 1명이다.
- 사원 4명 중 영어가 능통한 사원은 3명이며, 중국어가 능통한 사원은 2명이다.
- A는 영어와 독일어를 능통하게 한다.
- C가 능통하게 할 수 있는 외국어는 중국어와 일본어뿐이다.
- B가 능통하게 할 수 있는 외국어 중 1개는 C와 겹친다.

---

① A는 3개의 외국어를 능통하게 할 수 있다.
② B는 2개의 외국어를 능통하게 할 수 있다.
③ C는 중국에 파견 근무를 떠난다.
④ D는 어느 국가로 파견 근무를 떠나는지 알 수 없다.
⑤ A와 C가 능통하게 할 수 있는 외국어 중 1개는 동일하다.

Easy

07 S대학은 광수, 소민, 지은, 진구 중에서 국비 장학생을 선발할 예정이다. 이때, 적어도 광수는 장학생으로 선정될 것이다. 왜냐하면 진구가 선정되지 않으면 광수가 선정되기 때문이다. 다음 〈보기〉에서 이와 같은 가정이 성립하기 위해 추가되어야 하는 전제로 옳은 것을 모두 고르면?

보기

ㄱ. 소민이가 선정된다.
ㄴ. 지은이가 선정되면 진구는 선정되지 않는다.
ㄷ. 지은이가 선정된다.
ㄹ. 지은이가 선정되면 소민이가 선정된다.

---

① ㄱ, ㄴ 　　　　　　　　② ㄱ, ㄹ
③ ㄴ, ㄷ 　　　　　　　　④ ㄴ, ㄹ
⑤ ㄷ, ㄹ

08 S사는 조직을 개편함에 따라 기획 1 ~ 8팀의 사무실 위치를 변경하려 한다. 다음 〈조건〉에 따라 변경한다고 할 때, 변경된 사무실 위치에 대한 설명으로 옳은 것은?

창고	입구	계단
1호실		5호실
2호실	복도	6호실
3호실		7호실
4호실		8호실

조건

- 외근이 잦은 1팀과 7팀은 입구와 가장 가깝게 위치한다(단, 입구에서 가장 가까운 쪽은 1호실과 5호실 두 곳이다).
- 2팀과 5팀은 업무 특성상 복도를 끼지 않고 같은 라인에 인접해 나란히 위치한다.
- 3팀은 팀명과 동일한 호실에 위치한다.
- 8팀은 입구에서 가장 먼 쪽에 위치하며, 복도 맞은편에는 2팀이 위치한다(단, 입구에서 가장 먼 쪽은 4호실과 8호실 두 곳이다).
- 4팀은 1팀과 5팀 사이에 위치한다.

① 기획 1팀의 사무실은 창고 뒤에 위치한다.
② 기획 2팀은 입구와 멀리 떨어진 4호실에 위치한다.
③ 기획 3팀은 기획 5팀과 앞뒤로 나란히 위치한다.
④ 기획 4팀과 기획 6팀은 복도를 사이에 두고 마주한다.
⑤ 기획 7팀과 기획 8팀은 계단 쪽의 라인에 위치한다.

09 S사에 근무 중인 직원 A ~ E가 〈조건〉에 따라 이번 주 평일에 당직을 선다고 할 때, 다음 중 반드시 참이 되는 것은?

> **조건**
> • A ~ E는 평일 주 1회 이상 3회 미만의 당직을 서야 한다.
> • B와 D의 당직일은 겹치지 않는다.
> • B와 D의 경우 하루는 혼자 당직을 서고, 다른 하루는 A와 함께 당직을 선다.
> • B와 D는 이틀 연속으로 당직을 선다.
> • A는 월요일과 금요일에 당직을 선다.
> • C는 혼자 당직을 선다.
> • E는 이번 주에 한 번 당직을 섰고, 그 날은 최대 인원수가 근무했다.

① B는 월요일에 당직을 섰다.　　② B는 금요일에 당직을 섰다.
③ C는 수요일에 당직을 섰다.　　④ D는 금요일에 당직을 섰다.
⑤ E는 금요일에 당직을 섰다.

10 A씨는 최근 '빅데이터'에 관심이 생겨 관련 도서를 빌리기 위해 도서관에 갔다. 다음 〈조건〉을 참조했을 때 빌리고자 하는 도서가 있는 곳은?

> **조건**
> • 도서관에는 어린이 문헌 정보실, 가족 문헌 정보실, 제1문헌 정보실, 제2문헌 정보실, 보존서고실, 일반 열람실이 있다.
> • 1층은 어린이 문헌 정보실과 가족 문헌 정보실이다.
> • 제1문헌 정보실은 하나의 층을 모두 사용한다.
> • 제2문헌 정보실은 엘리베이터로 이동할 수 없다.
> • 5층은 보존서고실로 직원들만 이용이 가능하다.
> • 제1문헌 정보실에는 인문, 철학, 역사 분야의 도서가 비치되어 있다.
> • 제2문헌 정보실에는 정보통신, 웹, 네트워크 분야의 도서가 비치되어 있다.
> • 3층은 2층과 연결된 계단을 통해서만 이동할 수 있으며, 나머지 층은 엘리베이터로 이동할 수 있다.
> • 일반 열람실은 보존서고실 바로 아래층에 있다.

① 1층　　　　　　② 2층
③ 3층　　　　　　④ 4층
⑤ 5층

11 S사에 근무 중인 A ~ D는 이번 인사발령을 통해 용인, 인천, 안양, 과천의 4개 지점에서 각각 근무하게 되었다. 다음 〈조건〉을 참고할 때, 반드시 참인 것은?

> **조건**
> • 이미 근무했던 지점에서는 다시 근무할 수 없다.
> • A와 B는 용인 지점에서 근무한 적이 있다.
> • C와 D는 인천 지점에서 근무한 적이 있다.
> • A는 이번 인사발령을 통해 과천 지점에서 근무하게 되었다.

① A는 안양 지점에서 근무한 적이 있다.
② B는 과천 지점에서 근무한 적이 있다.
③ B는 인천 지점에서 근무하게 되었다.
④ C는 용인 지점에서 근무하게 되었다.
⑤ D는 안양 지점에서 근무하게 되었다.

12 S사는 5층짜리 선반에 사무용품을 정리해 두고 있다. 선반의 각 층에는 서로 다른 두 종류의 사무용품이 놓여 있다고 할 때, 다음 〈조건〉을 보고 바르게 추론한 것은?

> **조건**
> • 선반의 가장 아래층에는 인덱스 바인더와 지우개만 놓여 있다.
> • 서류정리함은 보드마카와 스테이플러보다 아래에 놓여 있다.
> • 보드마카와 접착 메모지는 같은 층에 놓여 있다.
> • 2공 펀치는 스테이플러보다는 아래에 놓여있지만, 서류정리함보다는 위에 놓여 있다.
> • 접착 메모지는 스테이플러와 볼펜보다 위에 놓여 있다.
> • 볼펜은 2공 펀치보다 위에 놓여있지만, 스테이플러보다 위에 놓여 있는 것은 아니다.
> • 북엔드는 선반의 두 번째 층에 놓여 있다.
> • 형광펜은 선반의 가운데 층에 놓여 있다.

① 볼펜은 3층 선반에 놓여 있다.
② 서류정리함은 북엔드보다 위에 놓여 있다.
③ 2공 펀치는 북엔드와 같은 층에 놓여 있다.
④ 스테이플러는 보드마카보다 위에 놓여 있다.
⑤ 보드마카와 접착 메모지가 가장 높은 층에 놓여 있다.

13 S사의 가 ~ 바 지사장은 각각 여섯 개의 지사로 발령받았다. 다음 〈조건〉을 보고, A ~ F지사로 발령된 지사장의 순서를 바르게 나열한 것은?

> **조건**
> • 본사 − A − B − C − D − E − F 순서로 일직선에 위치하고 있다.
> • 다 지사장은 마 지사장 바로 옆 지사에 근무하지 않으며, 나 지사장과 나란히 근무한다.
> • 라 지사장은 가 지사장보다 본사에 가깝게 근무한다.
> • 마 지사장은 D지사에 근무한다.
> • 바 지사장이 근무하는 지사보다 본사에 가까운 지사는 1개이다.

① 가 − 바 − 나 − 마 − 라 − 다
② 나 − 다 − 라 − 마 − 가 − 바
③ 다 − 나 − 바 − 마 − 가 − 라
④ 라 − 바 − 가 − 마 − 나 − 다
⑤ 바 − 가 − 나 − 마 − 다 − 라

14 S사에 근무하는 A ~ C 3명은 협력업체를 방문하기 위해 택시를 타고 가고 있다. 다음 〈조건〉을 참고할 때, 다음 중 항상 옳은 것은?

> **조건**
> • 3명의 직급은 각각 과장, 대리, 사원이다.
> • 3명은 각각 검은색, 회색, 갈색 코트를 입었다.
> • 3명은 각각 기획팀, 연구팀, 디자인팀이다.
> • 택시 조수석에는 회색 코트를 입은 과장이 앉아 있다.
> • 갈색 코트를 입은 연구팀 직원은 택시 뒷좌석에 앉아 있다.
> • 3명 중 가장 낮은 직급의 C는 기획팀이다.

① A − 대리, 갈색 코트, 연구팀
② A − 과장, 회색 코트, 디자인팀
③ B − 대리, 갈색 코트, 연구팀
④ B − 과장, 회색 코트, 디자인팀
⑤ C − 사원, 검은색 코트, 기획팀

※ 다음 도형의 규칙을 보고 물음표에 들어갈 도형으로 알맞은 것을 고르시오. [15~17]

15

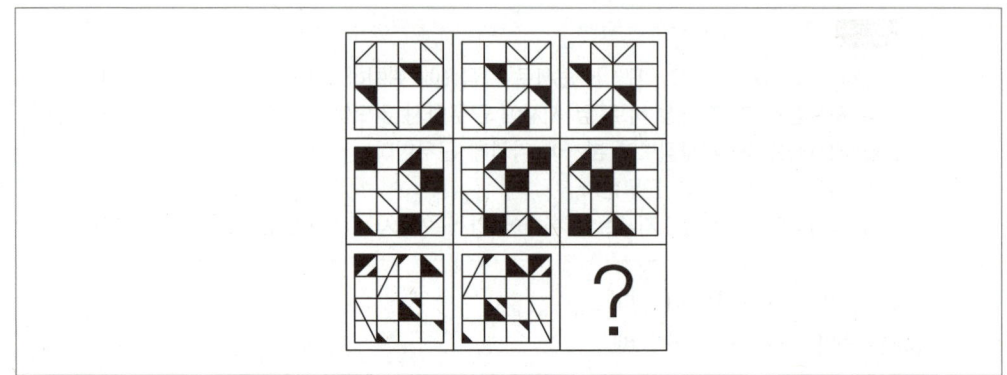

①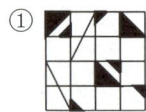

②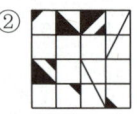

③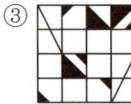

④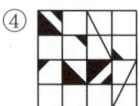

⑤

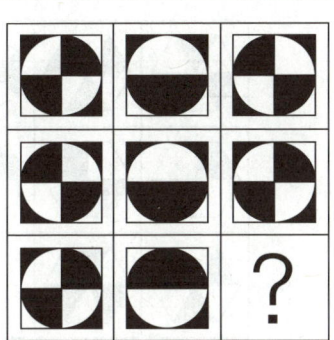

①

②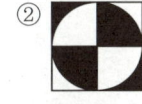

③

④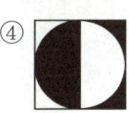

⑤

17

①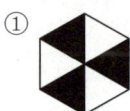

②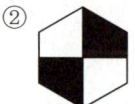

③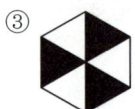

④

⑤

※ 다음 도식에서 기호들은 일정한 규칙에 따라 문자를 변화시킨다. 물음표에 들어갈 문자로 알맞은 것을 고르시오(단, 규칙은 가로와 세로 중 한 방향으로만 적용된다). **[18~21]**

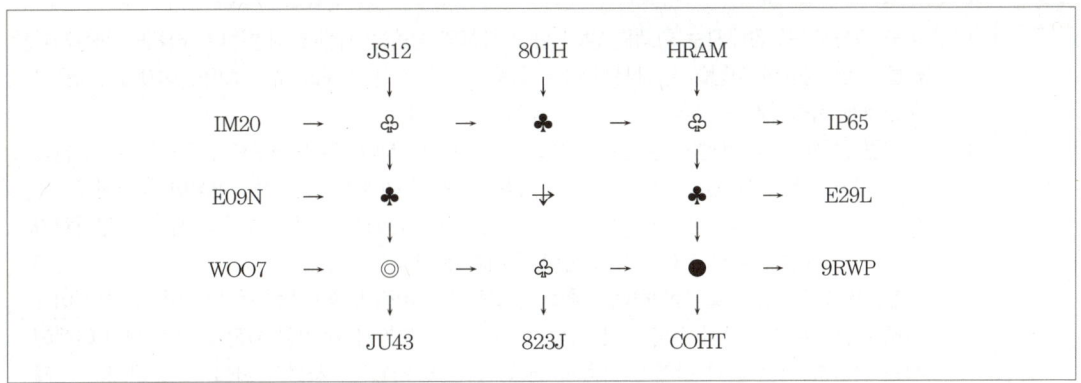

18

S7BS → ◎ → ● → ?

① BSS7
③ SSB7
⑤ 7BSS

② SBS7
④ 7SBS

19

WW4W → ● → ♧ → ?

① WWW4
③ XYZ4
⑤ 4XYZ

② 4WWW
④ XY4Z

20

? → ♧ → ● → TREE

① EETR
③ EDRO
⑤ ORED

② EERT
④ RRDO

21

? → ◎ → ● → ♣ → 53CG

① CH25
③ HC35
⑤ HG35

② CH32
④ HG25

※ 다음 문단을 논리적 순서대로 바르게 나열한 것을 고르시오. [22~23]

22

(가) 상품 생산자, 즉 판매자는 화폐를 얻기 위해 자신의 상품을 시장에 내놓는다. 하지만 생산자가 만들어 낸 상품이 시장에 들어서서 다른 상품이나 화폐와 관계를 맺게 되면, 이제 그 상품은 주인에게 복종하기를 멈추고 자립적인 삶을 살아가게 된다.

(나) 이처럼 상품이나 시장 법칙은 인간에 의해 산출된 것이지만, 이제 거꾸로 상품이나 시장 법칙이 인간을 지배하게 된다. 이때 인간 및 인간들 간의 관계가 소외되는 현상이 나타난다.

(다) 상품은 그것을 만들어 낸 생산자의 분신이지만, 시장 안에서는 상품이 곧 독자적인 인격체가 된다. 즉, 사람이 주체가 아니라 상품이 주체가 된다.

(라) 또한 사람들이 상품들을 생산하여 교환하는 과정에서 시장의 경제 법칙을 만들어 냈지만, 이제 거꾸로 상품들은 인간의 손을 떠나 시장 법칙에 따라 교환된다. 이런 시장 법칙의 지배 아래에서는 사람과 사람 간의 관계가 상품과 상품, 상품과 화폐 등 사물과 사물 간의 관계에 가려 보이지 않게 된다.

① (가) - (다) - (나) - (라) ② (가) - (다) - (라) - (나)
③ (다) - (가) - (라) - (나) ④ (다) - (라) - (가) - (나)
⑤ (다) - (라) - (나) - (가)

23

(가) 점차 우리의 생활에서 집단이 차지하는 비중이 커지고, 사회가 조직화되어 가는 현대 사회에서는 개인의 윤리 못지않게 집단의 윤리, 즉 사회 윤리의 중요성도 커지고 있다.

(나) 따라서 우리는 현대 사회의 특성에 맞는 사회 윤리의 정립을 통해 올바른 사회를 지향하는 노력을 계속해야 할 것이다.

(다) 그러나 이러한 사회 윤리가 단순히 개개인의 도덕성이나 윤리 의식의 강화에 의해서만 이루어지는 것은 아니다.

(라) 물론 그것은 인격을 지니고 있는 개인과는 달리 전체의 이익을 합리적으로 추구하는 사회의 본질적 특성에서 연유하는 것이기도 하다.

(마) 그것은 개개인이 도덕적이라는 것과 그들로 이루어진 사회가 도덕적이라는 것은 별개의 문제이기 때문이다.

① (가) - (나) - (다) - (라) - (마) ② (가) - (나) - (라) - (다) - (마)
③ (가) - (나) - (마) - (라) - (다) ④ (가) - (다) - (나) - (라) - (마)
⑤ (가) - (다) - (마) - (라) - (나)

24 다음 글을 읽고 추론한 내용으로 적절한 것을 〈보기〉에서 모두 고르면?

민주주의 사회에서 정치적 의사 결정은 투표에 의해서 이루어진다. 이 경우 구성원들은 자신의 경제력에 관계없이 똑같은 정도의 결정권을 가지고 참여한다. 즉, 의사 결정 과정에서의 민주적 절차와 형평성을 중시하는 것이다. 그러나 시장적 의사 결정에서는 자신의 경제력에 비례하여 차별적인 결정권을 가지고 참여하며, 철저하게 수요 – 공급의 원칙에 따라 의사 결정이 이루어진다. 경제적인 효율성이 중시되는 것이다.

정치적 의사 결정은 다수결과 강제성을 전제로 하지만, 시장적 의사 결정은 완전 합의와 자발성을 근간으로 한다. 투표를 통한 결정이든 선거에 의해 선출된 사람들의 합의에 의한 결정이든 민주주의 제도하에서 의사 결정은 다수결로 이루어지며, 이 과정에서 반대를 한 소수도 결정이 이루어진 뒤에는 그 결정에 따라야 한다. 그러나 시장적 의사 결정에서는 시장 기구가 제대로 작동하는 한, 거래를 원하는 사람만이 자발적으로 의사 결정에 참여하며 항상 모든 당사자의 완전 합의에 의해서만 거래가 이루어진다.

물론 민주주의와 시장경제가 전적으로 상치되는 것은 아니다. 이 둘은 공통적으로 개인의 자유, 책임, 경쟁, 참여, 법치 등의 가치를 존중하는 자유주의 사상에 바탕을 두고 있기 때문에 병행하여 발전하는 속성도 지니고 있다. 민주주의는 정치권력의 남용을 차단하고 자유로운 분위기를 조성함으로써 시장경제의 성장과 발전에 기여한다. 또한 시장경제는 각자의 능력과 노력에 따라 정당한 보상을 받게 함으로써 민주주의의 발전에 필요한 물적 기반을 제공하며 정치적 안정에도 기여한다.

> **보기**
>
> ㄱ. 정치적 의사 결정에서는 구성원의 경제력과 결정권이 반비례한다.
> ㄴ. 시장적 의사 결정에서는 당사자 간에 완전한 합의가 이루어지지 않는다면 거래도 이루어질 수 없다.
> ㄷ. 정치적 의사 결정 과정에서는 소수의 의견이 무시될 수 있다는 문제점이 있다.

① ㄱ
② ㄴ
③ ㄷ
④ ㄱ, ㄴ
⑤ ㄴ, ㄷ

25 다음 글을 통해 추론할 수 없는 것은?

공유와 경제가 합쳐진 공유경제는 다양한 맥락에서 정의되는 용어이지만, 공유경제라는 개념은 '소유권(Ownership)'보다는 '접근권(Accessibility)'에 기반을 둔 경제모델을 의미한다. 전통경제에서는 생산을 담당하는 기업들이 상품이나 서비스를 생산하기 위해서 원료, 부품, 장비 등을 사거나 인력을 고용했던 것과 달리, 공유경제에서는 기업뿐만 아니라 개인들도 자산이나 제품이 제공하는 서비스에 대한 접근권의 거래를 통해서 자원을 효율적으로 활용하여 가치를 창출할 수 있다. 소유권의 거래에 기반한 기존 자본주의 시장경제와는 다른 새로운 게임의 법칙이 대두한 것이다.

공유경제에서는 온라인 플랫폼이라는 조직화된 가상공간을 통해서 접근권의 거래가 이루어진다. 온라인 플랫폼은 인터넷의 연결성을 기반으로 유휴자산(遊休資産)을 보유하거나 필요로 하는 수많은 소비자와 공급자가 모여서 소통할 수 있는 기반이 된다. 다양한 선호를 가진 이용자들이 거래 상대를 찾는 작업을 사람이 일일이 처리하는 것은 불가능한 일인데, 공유경제 기업들은 고도의 알고리즘을 이용하여 검색, 매칭, 모니터링 등의 거래 과정을 자동화하여 처리한다.

공유경제에서 거래되는 유휴자산의 종류는 자동차나 주택에 국한되지 않는다. 개인이나 기업들이 소유한 물적·금전적·지적 자산에 대한 접근권을 온라인 플랫폼을 통해서 거래할 수만 있다면 거의 모든 자산의 거래가 공유경제의 일환이 될 수 있다. 가구, 가전 등의 내구재, 사무실, 공연장, 운동장 등의 물리적 공간, 전문가나 기술자의 지식, 개인들의 여유 시간이나 여유 자금 등이 모두 접근권 거래의 대상이 될 수 있다.

① 공유경제의 등장에는 인터넷의 발달이 중요한 역할을 하였다.
② 기존의 시장경제는 접근권(Accessibility)보다 소유권(Ownership)에 기반을 두었다.
③ 인터넷 등장 이전에는 이용자와 그에 맞는 거래 상대를 찾는 작업을 일일이 처리할 수 없었다.
④ 공유경제에서는 온라인 플랫폼을 통해 거의 모든 자산에 대한 접근권(Accessibility)을 거래할 수 있다.
⑤ 온라인 플랫폼을 통해 자신이 타던 자동차를 판매하여 소유권을 이전하는 것도 공유경제의 일환이 될 수 있다.

26 다음 글의 내용이 참일 때 항상 거짓인 것은?

낭만주의의 초석이라 할 수 있는 칸트는 인간 정신에 여러 범주들이 내재하기 때문에 이것들이 우리가 세계를 지각하는 방식을 선험적으로 결정한다고 주장한 바 있다. 이 범주들은 공간, 시간, 원인, 결과 등의 개념들이다. 우리는 이 개념들을 '배워서' 아는 것이 아니다. 즉, 경험에 앞서 이미 아는 것이다. 경험에 앞서는 범주를 제시했다는 점에서 혁명적 개념이었고, 경험을 강조한 베이컨 주의에 대한 강력한 반동인 셈이다.

칸트 스스로도 이것을 철학에 있어 '코페르니쿠스적 전환'이라고 보았다. "따라서 우리는 자신의 인식에 부분적으로 책임이 있고, 자기 존재의 부분적 창조자다." 인간이라는 존재는 백지에 쓴 경험의 총합체가 아니며, 그만큼 우리는 권리와 의무를 가진 주체적인 결정권자라는 선언이었다. 세상은 결정론적이지 않고 인간은 사회의 기계적 부품 같은 존재가 아님을 강력히 암시하고 있다.

칸트가 건설한 철학적 관념론은 우리 외부에서 지각되는 대상은 사실 우리 정신의 내용과 연관된 관념일 뿐이라는 것을 명백히 했다. 현실적인 것은 근본적으로 심리적이라는 것이라는 신념으로서, 객관적이고 물질적인 것에서 근본을 찾는 유물론과는 분명한 대척점에 있는 관점이다.

그 밖에도 "공간과 시간은 경험적으로 실재적이지만 초월적으로는 관념적이다.", "만일 우리가 주관을 제거해버리면 공간과 시간도 사라질 것이다. 현상으로서 공간과 시간은 그 자체로서 존재할 수 없고 단지 우리 안에서만 존재할 수 있다."처럼 시간과 공간의 실재성에도 의문을 품었던 칸트의 생각들은 독일 철학의 흐름 속에 이어지다가 후일 아인슈타인에게도 결정적 힌트가 되었다. 그리고 결국 아인슈타인은 상대성이론으로 뉴턴의 세계를 무너뜨린다.

① 칸트의 철학적 관념론은 주관적인 것에 가깝다.
② 칸트와 아인슈타인의 견해는 같다고 볼 수 있다.
③ 낭만주의와 베이컨 주의는 상반된 견해를 가지고 있다.
④ 칸트에 의하면 현실의 공간과 시간은 인간에 의해 존재한다.
⑤ 칸트에 의하면 공간, 시간 등의 개념들은 태어나면서부터 아는 것이다.

※ 다음 글에 대한 반론으로 가장 적절한 것을 고르시오. [27~28]

27

법과 정의의 관계는 법학의 고전적인 과제 가운데 하나이다. 때와 장소에 관계없이 누구에게나 보편적으로 받아들여질 수 있는 정의롭고 도덕적인 법을 떠올리게 되는 것은 자연스러운 일이다. 전통적으로 이런 법을 '자연법'이라 부르며 논의해 왔다. 자연법은 인위적으로 제정되는 것이 아니라 인간의 경험에 앞서 존재하는 본질적인 것으로서 신의 법칙이나 우주의 질서, 또는 인간 본성에 근원을 둔다. 특히 인간의 본성에 깃든 이성, 다시 말해 참과 거짓, 선과 악을 분별할 수 있는 인간만의 자질은 자연법을 발견해 낼 수 있는 수단이 된다.

서구 중세의 신학에서는 자연법을 인간 이성에 새겨진 신의 법이라고 이해하여 종교적 권위를 중시하였다. 이후 근대의 자연법 사상에서는 신학의 의존으로부터 독립하여 자연법을 오직 이성으로써 확인할 수 있다고 보았다. 이런 경향을 열었다고 할 수 있는 그로티우스(1583~1645)는 중세의 전통을 수용하면서도 인간 이성에 따른 자연법의 기초를 확고히 하였다. 그는 이성을 통해 확인되고 인간 본성에 합치하는 법 규범은 자연법이자 신의 의지라고 말하면서, 이 자연법은 신도 변경할 수 없는 본질적인 것이라고 주장하였다. 이성의 올바른 인도를 통해 다다르게 되는 자연법은 국가와 실정법을 초월하는 규범이라고 보았다.

① 자연법은 누구에게나 받아들여질 수 있어야 한다.
② 보통 인간만이 가지고 있는 자질이 자연법이 된다.
③ 그로티우스는 실정법과 자연법을 구별하여 다뤘다.
④ 근대부터 자연법을 신학으로부터 독립적으로 취급했다.
⑤ 자연법은 명확히 확정하기 어렵기 때문에 현실적으로 효력을 갖춘 실정법만을 법으로 인정해야 한다.

28

최근 불안감을 느끼는 현대인들이 점점 많아져 사회 문제가 되고 있다. 경쟁이 심화된 성과 중심의 사회에서 사람들은 직장 내 다른 사람과 자신을 비교하면서 혹시 자신이 뒤처지고 있는 것은 아닌지 불안해한다. 심지어 사람들은 일어나지도 않을 일에 대해 불안감을 느끼기도 한다. 청소년도 예외는 아니다. 성장기에 있는 청소년들은 다양한 고민을 하게 되는데, 이것이 심해져 불안감을 느끼는 원인이 되곤 한다. 특히 학업에 대한 지나친 고민으로 생긴 과도한 불안은 학업에 집중하는 것을 방해하여 학업 수행에 부정적으로 작용한다.

① 청소년기의 지나친 고민은 건강을 해칠 수 있다.
② 친구나 부모와의 상담을 통해 고민을 해결해야 한다.
③ 상대적 평가 방식은 청소년이 불안감을 느끼는 원인이 된다.
④ 현대인의 불안을 제때 해소하지 못한다면 더 큰 사회 문제를 초래할 수 있다.
⑤ 시험 기간에 느끼는 약간의 불안감은 성적이 향상되는 결과를 내는 경우도 있다.

다음 글을 토대로 〈보기〉를 해석한 것으로 가장 적절한 것은?

> 뇌가 받아들인 기억 정보는 그 유형에 따라 각각 다른 장소에 저장된다. 우리가 기억하는 것들은 크게 서술 정보와 비서술 정보로 나뉜다. 서술 정보란 학교 공부, 영화의 줄거리, 장소나 위치, 사람의 얼굴처럼 말로 표현할 수 있는 정보이다. 이 중에서 서술 정보를 처리하는 중요한 기능을 담당하는 것은 뇌의 내측두엽에 있는 해마로 알려져 있다. 교통사고를 당해 해마 부위가 손상된 이후 서술 기억 능력이 손상된 사람의 예가 그 사실을 뒷받침한다. 그렇지만 그는 교통사고 이전의 오래된 기억을 모두 회상해냈다. 해마가 장기 기억을 저장하는 장소는 아닌 것이다.
>
> 서술 정보가 오랫동안 저장되는 곳으로 많은 학자들은 대뇌피질을 들고 있다. 내측두엽으로 들어온 서술 정보는 해마와 그 주변 조직들에서 일시적으로 머무는 동안 쪼개져 신경정보 신호로 바뀌고 어떻게 나뉘어 저장될 것인지가 결정된다. 내측두엽은 대뇌피질의 광범위한 영역과 신경망을 통해 연결되어 이런 기억 정보를 대뇌피질의 여러 부위로 전달한다. 다음 단계에서는 기억과 관련된 유전자가 발현되어 단백질이 만들어지면서 기억 내용이 공고해져 오랫동안 저장된 상태를 유지한다.
>
> 그러면 비서술 정보는 어디에 저장될까? 운동 기술은 대뇌의 선조체나 소뇌에 저장되며, 계속적인 자극에 둔감해지는 '습관화'나 한 번 자극을 받은 뒤 그와 비슷한 자극에 계속 반응하는 '민감화' 기억은 감각이나 운동 체계를 관장하는 신경망에 저장된다고 알려져 있다. 감정이나 공포와 관련된 기억은 편도체에 저장된다.

> **보기**
>
> 얼마 전 교통사고로 뇌가 손상된 김씨는 뇌의 내측두엽 절제 수술을 받았다. 수술을 받고 난 뒤 김씨는 새로 바뀐 휴대폰 번호를 기억하지 못하고 수술 전의 기존 휴대폰 번호만을 기억하는 등 금방 확인한 내용은 몇 분 동안밖에 기억하지 못했다. 그러나 수술 후 배운 김씨의 탁구 실력은 제법 괜찮았다. 비록 언제 어떻게 누가 가르쳐 주었는지 전혀 기억하지는 못했지만……

① 탁구 기술은 비서술 정보이므로 김씨의 대뇌피질에 저장되었을 것이다.

② 김씨는 교통사고로 내측두엽의 해마와 함께 대뇌의 선조체가 모두 손상되었을 것이다.

③ 김씨는 어릴 적 놀이기구를 타면서 느꼈던 공포감이나 감정 등을 기억하지 못할 것이다.

④ 김씨가 수술 후에도 기억하는 수술 전의 기존 휴대폰 번호는 서술 정보에 해당하지 않을 것이다.

⑤ 김씨에게 탁구를 가르쳐 준 사람에 대한 정보는 서술 정보이므로 내측두엽의 해마에 저장될 것이다.

30 다음 글을 토대로 〈보기〉를 해석한 것으로 적절하지 않은 것은?

친구 따라 강남 간다는 속담이 있듯이 다른 사람들의 행동을 따라 하는 것을 심리학에서는 '동조(同調)'라고 한다. OX 퀴즈에서 답을 잘 모를 때 더 많은 사람들이 선택하는 쪽을 따르는 것도 일종의 동조이다.

심리학에서는 동조가 일어나는 이유를 크게 두 가지로 설명한다. 첫째는, 사람들은 자기가 확실히 알지 못하는 일에 대해 남이 하는 대로 따라 하면 적어도 손해를 보지는 않는다고 생각한다는 것이다. 낯선 지역을 여행하던 중에 식사를 할 때 여행객들은 대개 손님들로 북적거리는 식당을 찾게 마련이다. 식당이 북적거린다는 것은 그만큼 그 식당의 음식이 맛있다는 것을 뜻한다고 여기기 때문이다. 둘째는, 어떤 집단이 그 구성원들을 이끌어 나가는 질서나 규범 같은 힘을 가지고 있을 때, 그러한 집단의 압력 때문에 동조 현상이 일어난다는 것이다. 만약 어떤 개인이 그 힘을 인정하지 않는다면 그는 집단에서 배척당하기 쉽다. 이런 사정 때문에 사람들은 집단으로부터 소외되지 않기 위해서 동조를 하게 된다. 여기서 주목할 것은 자신이 믿지 않거나 옳지 않다고 생각하는 문제에 대해서도 동조의 입장을 취하게 된다는 것이다.

상황에 따라서는 위의 두 가지 이유가 함께 작용하는 경우도 있다. 예컨대 선거에서 지지할 후보를 결정하고자 할 때 사람들은 대개 활발하게 거리 유세를 하며 좀 더 많은 지지자들의 호응을 이끌어 내는 후보를 선택하게 된다. 곧 지지자들의 열렬한 태도가 다른 사람들도 그 후보를 지지하도록 이끄는 정보로 작용한 것이다. 이때 지지자 집단의 규모가 클수록 지지를 이끌어내는 데에 효과적으로 작용한다.

동조는 개인의 심리 작용에 영향을 미치는 요인이 무엇이냐에 따라 그 강도가 다르게 나타난다. 가지고 있는 정보가 부족하여 어떤 판단을 내리기 어려운 상황일수록, 자신의 판단에 대한 확신이 들지 않을수록 동조 현상은 강하게 나타난다. 또한 집단의 구성원 수가 많고 그 결속력이 강할 때, 특정 정보를 제공하는 사람의 권위와 그에 대한 신뢰도가 높을 때도 동조 현상은 강하게 나타난다. 그리고 어떤 문제에 대한 집단 구성원들의 만장일치 여부도 동조에 큰 영향을 미치게 되는데, 만약 이때 단 한 명이라도 이탈자가 생기면 동조의 정도는 급격히 약화된다.

보기

18세 소년이 아버지를 살해했다는 혐의를 받고 있는 사건에 대해 최종 판단을 내리기 위해 12명의 배심원이 회의실에 모였다. 배심원들은 만장일치로 빠른 결정을 내리기 위해 손을 들어 투표하기로 했다. 7 ~ 8명이 얼른 손을 들자 머뭇거리던 1 ~ 2명의 사람도 슬그머니 손을 들었고, 1명을 제외한 11명이 유죄라고 판결을 내렸다. 그러자 반대를 한 유일한 배심원을 향해 비난과 질문이 쏟아졌다. 그러나 이 배심원은 "나까지 손을 들면 이 애는 그냥 죽게 될 거 아닙니까?"라고 말하며, 의심스러운 증거를 반박하고 증인의 잘못을 꼬집었다. 마침내 처음에는 유죄라고 생각했던 배심원들도 의견을 바꾸어 나가기 시작했다.

---

① 뒤늦게 손을 든 배심원들은 소년이 살인범이라는 확신이 없었을 것이다.
② 뒤늦게 손을 든 배심원들은 배심원 집단으로부터 소외되지 않기 위해 손을 들었을 것이다.
③ 대다수의 배심원이 손을 들었기 때문에 나머지 배심원들도 뒤늦게 손을 들 수 있었을 것이다.
④ 배심원들의 의견에 동조하지 않은 단 한 명의 배심원으로 인해 동조가 급격히 약화되었을 것이다.
⑤ 결국 배심원들이 의견을 바꾸어 나간 것은 끝까지 손을 들지 않았던 배심원의 권위가 높았기 때문이다.

문항 수 : 50문항   응시시간 : 60분

정답 및 해설 p.091

01 수리

01 S기업은 올해 하반기 공채를 통해 신입사원을 뽑았다. 올해 상반기 퇴직자로 인해, 신입사원을 뽑았음에도 남자 직원은 전년 대비 5% 감소했고, 여자 직원은 전년 대비 10% 증가했다. 올해 S기업의 전체 직원 수는 전년 대비 4명 증가하여, 284명의 직원이 근무하고 있다. 올해의 남자 직원은 몇 명인가?

① 120명
② 132명
③ 152명
④ 156명
⑤ 164명

02 빨간색 공 4개, 흰색 공 6개가 들어있는 주머니에서 한 번에 2개를 꺼낼 때, 적어도 1개는 흰색 공을 꺼낼 확률은?

① $\dfrac{1}{4}$
② $\dfrac{5}{12}$
③ $\dfrac{9}{15}$
④ $\dfrac{13}{15}$
⑤ $\dfrac{14}{15}$

다음은 2020 ~ 2024년 국가공무원 및 지방자치단체공무원 현황에 대한 자료이다. 이에 대한 설명으로 옳지 않은 것은?

〈국가공무원 및 지방자치단체공무원 현황〉

(단위 : 명)

구분	2020년	2021년	2022년	2023년	2024년
국가공무원	621,313	622,424	621,823	634,051	637,654
지방자치단체공무원	280,958	284,273	287,220	289,837	296,193

〈국가공무원 및 지방자치단체공무원 중 여성 비율〉

① 지방자치단체공무원 중 여성 수는 매년 증가하였다.

② 국가공무원 중 남성 수는 2022년이 2021년보다 적다.

③ 매년 국가공무원 중 여성 수는 지방자치단체공무원 중 여성 수보다 많다.

④ 매년 국가공무원 중 여성 수는 지방자치단체공무원 중 여성 수의 3배 이상이다.

⑤ 국가공무원 중 여성 비율과 지방자치단체공무원 중 여성 비율의 차이는 매년 감소한다.

04 다음은 S사의 2024년 분기별 손익 현황에 대한 자료이다. 이에 대한 〈보기〉의 설명 중 옳은 것을 모두 고르면?

〈2024년 분기별 손익 현황〉

(단위 : 억 원)

구분		1분기	2분기	3분기	4분기
손익	매출액	9,332	9,350	8,364	9,192
	영업손실	278	491	1,052	998
	당기순손실	261	515	1,079	1,559

※ $[영업이익률(\%)] = \dfrac{[영업이익(손실)]}{(매출액)} \times 100$

보기

ㄱ. 2024년 3분기의 영업이익이 가장 높다.

ㄴ. 2024년 4분기의 영업이익률은 2024년 1분기보다 감소하였다.

ㄷ. 2024년 2 ~ 4분기 매출액은 직전 분기보다 증가하였다.

ㄹ. 2024년 3분기의 당기순손실은 직전 분기 대비 100% 이상 증가하였다.

① ㄱ, ㄴ
② ㄱ, ㄷ
③ ㄴ, ㄷ
④ ㄴ, ㄹ
⑤ ㄷ, ㄹ

05 다음은 한국과 일본을 찾아오는 외국인 관광객의 국적을 분석한 자료이다. 이에 대한 설명으로 옳지 않은 것은?

〈한국 및 일본의 외국인 관광객 국적별 추이〉

(단위 : 만 명, %)

구분	국적	2019년	2020년	2021년	2022년	2023년	2024년
방한 관광객	중국	101 (74.1)	131 (29.7)	203 (55.0)	314 (54.7)	477 (51.9)	471 (−1.3)
	기타	536 (4.9)	589 (9.9)	662 (12.4)	594 (−10.3)	615 (3.5)	542 (−11.9)
	일본	295 (−1.1)	321 (8.8)	342 (6.5)	263 (−23.1)	217 (−17.5)	174 (−19.8)
	일본 제외	241 (13.4)	268 (11.2)	320 (19.4)	330 (3.1)	398 (20.6)	368 (−7.5)
방일 관광객	중국	83 (72.7)	45 (−45.8)	83 (84.4)	70 (−15.7)	175 (150.0)	424 (142.3)
	기타	553 (29.3)	360 (−34.9)	521 (44.7)	726 (39.3)	913 (25.8)	1,273 (39.4)

※ ( )는 전년 대비 증감률임

① 2019년부터 2023년까지 한국을 방문한 중국인 관광객 수는 꾸준히 증가하였다.

② 2019 ~ 2024년 동안 한국을 방문한 일본인 관광객 수가 가장 많은 해는 2021년이다.

③ 2022년부터 2024년까지 한국을 방문한 중국인 관광객 수는 매년 300만 명 이상이다.

④ 2020년부터 2023년까지 일본을 방문한 중국인 관광객 수는 전년 대비 증감을 반복하고 있다.

⑤ 2019년과 2020년에 일본을 방문한 중국인 관광객 총수는 같은 기간 한국을 방문한 중국인 관광객 총수와 같다.

06 다음은 운전자가 많이 이용하는 노선별 졸음쉼터의 개수 현황을 주차면수에 따라 정리한 자료이다. 다음 〈조건〉에 따라 A, B, C, D에 들어갈 알맞은 수는?

〈졸음쉼터 현황〉

(단위 : 곳)

구분	방향		주차면수			
			10개 미만	10개 이상 20개 미만	20개 이상 30개 미만	30개 이상
경부선	서울	부산	11	8	A	2
	12	12				
영동선	인천	강릉	6	B	0	1
	6					
중앙선	춘천	부산	11	0	0	2
	7	6				
호남선	천안	순천	13	7	0	0
	11	9				
서해안선	서울	목포	16	C	1	D
	11	10				

조건

- A는 경부선 전체 졸음쉼터 개수의 12.5%를 차지한다.
- 다섯 노선의 주차면수가 10개 이상 20개 미만인 졸음쉼터 중에서 B는 30%를 차지한다.
- C는 B보다 5만큼 작고, D보다 2만큼 크다.
- 서해안선에 있는 주차면수가 10개 미만인 졸음쉼터 개수의 6.25%는 D와 같다.

	A	B	C	D
①	1	7	1	2
②	1	7	3	1
③	3	7	1	2
④	3	8	3	1
⑤	3	8	3	2

다음은 지역별 내 · 외국인 거주자 현황에 대한 자료이다. 이에 대한 설명으로 옳은 것은?

〈지역별 내 · 외국인 거주자 현황〉

지역	2022년		2023년		2024년	
	거주자 (만 명)	외국인 비율 (%)	거주자 (만 명)	외국인 비율 (%)	거주자 (만 명)	외국인 비율 (%)
서울	1,822	8.2	2,102	9.2	1,928	9.4
인천	1,350	12.2	1,552	15.9	1,448	16.1
경기	990	14.6	1,122	14.4	1,190	15.7
강원	280	1.8	221	1.2	255	1.0
대전	135	4.5	102	3.1	142	3.5
세종	28	5.2	24	5.3	27	5.7
충청	688	1.2	559	0.5	602	0.7
경상	820	2.8	884	2.1	880	5.0
전라	741	2.1	668	1.9	708	1.7
대구	1,020	9.8	1,011	8.1	1,100	12.0
울산	354	11.2	272	9.4	302	10.9
부산	892	5.2	842	5.4	828	5.8
제주	285	21.5	252	22.2	222	22.4
전체	9,405	(평균) 8.1	9,611	(평균) 8.9	9,632	(평균) 9.8

※ 평균 외국인 비율은 소수점 둘째 자리에서 반올림한 값임
※ 수도권 : 서울, 인천, 경기

① 2024년 대구에 거주하는 외국인 수는 경상에 거주하는 외국인 수의 3배이다.
② 2022년 대비 2023년 거주자 수는 수도권을 제외한 모든 지역에서 감소하였다.
③ 2023년과 2024년의 수도권 각 지역의 외국인 비율은 전년 대비 모두 증가하였다.
④ 2023년과 2024년의 전년 대비 전체 거주자 수는 증가하지만, 평균 외국인 비율은 감소하였다.
⑤ 2024년 외국인 비율이 가장 높은 곳과 가장 낮은 곳의 비율 차이는 2022년 비율 차이보다 2.0%p 높다.

08 다음은 지역별 이혼 건수에 대한 자료이다. 이에 대한 설명으로 옳은 것은?

〈지역별 이혼 건수〉

(단위 : 천 건)

구분	2020년	2021년	2022년	2023년	2024년
서울	26	29	34	33	35
인천	21	24	35	32	37
경기	18	21	22	28	33
대전	12	13	12	11	10
광주	8	9	9	12	8
대구	16	13	14	17	18
부산	18	19	20	19	22
울산	7	8	8	5	7
제주	4	5	7	6	5
합계	130	141	161	163	175

※ 수도권 : 서울, 인천, 경기

① 2020 ~ 2024년 동안 전체 이혼 건수가 가장 적은 해는 2024년이다.
② 2020 ~ 2024년 동안 수도권의 이혼 건수가 가장 많은 해는 2023년이다.
③ 2020 ~ 2024년 동안 전체 이혼 건수 증감 추이와 같은 지역은 한 곳뿐이다.
④ 2022년부터 2024년까지 인천의 총 이혼 건수는 서울의 총 이혼 건수보다 적다.
⑤ 전체 이혼 건수 중 수도권의 이혼 건수가 차지하는 비중은 2020년에 50%, 2024년에 70%이다.

09 다음은 우편 매출액에 대한 자료이다. 이에 대한 설명으로 옳지 않은 것은?

〈우편 매출액〉

(단위 : 백만 원)

구분	2020년	2021년	2022년	2023년	2024년				
					소계	1분기	2분기	3분기	4분기
일반통상	113	105	101	104	102	28	22	25	27
특수통상	52	57	58	56	52	12	15	15	10
소포우편	30	35	37	40	42	10	12	12	8
합계	195	197	196	200	196	50	49	52	45

① 매년 매출액이 가장 높은 분야는 일반통상 분야이다.
② 2024년 소포우편 분야의 2020년 대비 매출액 증가율은 60% 이상이다.
③ 2023년에는 일반통상 분야의 매출액이 전체의 50% 이상을 차지하고 있다.
④ 1년 집계를 기준으로 매년 매출액이 증가하고 있는 분야는 소포우편 분야뿐이다.
⑤ 2024년 1분기 매출액에서 특수통상 분야의 매출액이 차지하는 비중은 20% 이상이다.

10 다음은 S사의 경제 분야 투자규모에 대한 자료이다. 이에 대한 설명으로 옳지 않은 것은?

〈S사의 경제 분야 투자규모〉

(단위 : 억 원, %)

구분	2020년	2021년	2022년	2023년	2024년
경제 분야 투자규모	16	20	15	12	16
총지출 대비 경제 분야 투자규모 비중	6.5	7.5	8.0	7.0	5.0

① 2024년 총지출은 300억 원 이상이다.

② 2021년 경제 분야 투자규모의 전년 대비 증가율은 25%이다.

③ 2020 ~ 2024년 동안 경제 분야에 투자한 금액은 79억 원이다.

④ 2022년과 2023년의 경제 분야 투자규모의 전년 대비 감소율의 차이는 3%p이다.

⑤ 2021 ~ 2024년 동안 경제 분야 투자규모와 총지출 대비 경제 분야 투자규모 비중의 전년 대비 증감 추이는 동일하지 않다.

11 다음은 어느 지역의 주화 공급 현황에 대한 자료이다. 이에 대한 〈보기〉의 설명 중 옳은 것을 모두 고르면?

〈주화 공급 현황〉

구분	액면가				합계
	10원	50원	100원	500원	
공급량(십만 개)	340	215	265	180	1,000
공급기관 수(개)	170	90	150	120	530

※ (평균 주화 공급량)= $\dfrac{\text{(주화 종류별 공급량의 합)}}{\text{(주화 종류 수)}}$

※ (주화 공급액)=(주화 공급량)×(액면가)

보기

ㄱ. 주화 공급량이 주화 종류별로 각각 20십만 개씩 증가한다면, 이 지역의 평균 주화 공급량은 270 십만 개이다.

ㄴ. 주화 종류별 공급기관당 공급량은 10원 주화가 500원 주화보다 적다.

ㄷ. 10원과 500원 주화는 각각 10%씩, 50원과 100원 주화는 각각 20%씩 공급량이 증가한다면, 이 지역의 평균 주화 공급량의 증가율은 15% 미만이다.

ㄹ. 총 주화 공급액 규모가 12% 증가해도 주화 종류별 공급량의 비율은 변하지 않는다.

① ㄱ, ㄴ

② ㄱ, ㄷ

③ ㄷ, ㄹ

④ ㄱ, ㄷ, ㄹ

⑤ ㄴ, ㄷ, ㄹ

12 다음은 연대별로 정리한 유지관리 도로 거리 변천에 대한 자료이다. 이에 대한 설명으로 옳지 않은 것은?(단, 비중은 소수점 둘째 자리에서 반올림한다)

〈연대별 유지관리 도로 거리〉

(단위 : km)

구분	2차로	4차로	6차로	8차로	10차로	비고
1960년대	–	304.7	–	–	–	–
1970년대	761.0	471.8	–	–	–	–
1980년대	667.7	869.5	21.7	–	–	–
1990년대	367.5	1,322.6	194.5	175.7	–	–
2000년대	155.0		450.0	342.0	–	27개 노선
현재	–	3,130.0	508.0	434.0	41.0	29개 노선

〈연대별 유지관리 도로 총거리〉

(단위 : km)

① 현재 유지관리하는 도로 한 노선의 평균거리는 120km 이상이다.
② 차선이 만들어진 순서는 4차로 – 2차로 – 6차로 – 8차로 – 10차로이다.
③ 1960년대부터 유지관리하는 4차로 도로의 거리는 현재까지 계속 증가했다.
④ 현재 유지관리하는 도로의 총거리는 1990년대보다 1,950km 미만으로 길어졌다.
⑤ 1970년대 전체 도로 거리에서 2차로의 비중은 1980년대 전체 도로 거리의 6차로 비중의 40배 이상이다.

13 다음은 의료급여진료비 통계 자료이다. 이에 따라 제시된 상황에 맞는 2025년 외래 의료급여 예상 비용을 구하면?[단, 증감율(%)과 비용은 소수점 첫째 자리에서 반올림한다]

〈의료급여진료비 통계〉

구분		환자 수 (천 명)	청구건수 (천 건)	내원일수 (천 일)	의료급여비용 (억 원)
2019년	입원	424	2,267	37,970	28,576
	외래	1,618	71,804	71,472	24,465
2020년	입원	455	2,439	39,314	30,397
	외래	1,503	71,863	71,418	26,005
2021년	입원	421	2,427	40,078	32,333
	외래	1,550	72,037	71,672	27,534
2022년	입원	462	2,620	41,990	36,145
	외래	1,574	77,751	77,347	31,334
2023년	입원	459	2,785	42,019	38,356
	외래	1,543	77,686	77,258	33,003

〈상황〉

건강보험심사평가원의 A사원은 의료급여진료비에 대해 분석을 하고 있다. 표면적으로 2019년부터 매년 입원 환자 수보다 외래 환자 수가 많고, 청구건수와 내원일수도 외래가 더 많았다. 하지만 의료급여비용은 입원 환자에게 들어가는 비용이 여러 날의 입원비로 인해 더 많았다. 의료급여비용이 2024년에는 2023년의 전년 대비 증가율과 같았고, 입원 및 외래 진료비용이 매년 증가하여 A사원은 올해 예상비용을 2022년부터 2024년까지 전년 대비 평균 증가율로 계산하여 보고하려고 한다.

① 35,840억 원
② 37,425억 원
③ 38,799억 원
④ 39,678억 원
⑤ 40,021억 원

14 다음은 2024년 방송산업 종사자 수를 나타낸 자료이다. 2024년 추세에 언급되지 않은 분야의 인원은 고정되어 있었다고 할 때, 2023년 방송산업 종사자 수는 모두 몇 명인가?

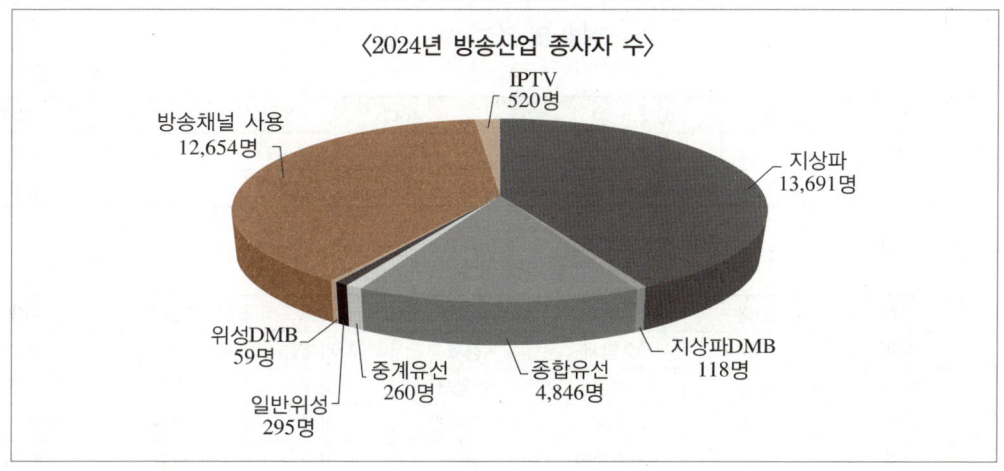

〈2024년 방송산업 종사자 수〉

IPTV 520명
방송채널 사용 12,654명
지상파 13,691명
위성DMB 59명
일반위성 295명
중계유선 260명
종합유선 4,846명
지상파DMB 118명

〈2024년 추세〉

지상파 방송사(지상파DMB 포함) 종사자 수는 전년보다 301명(2.2%)이 증가한 것으로 나타났다. 직종별로 방송직에서는 PD(1.4% 감소)와 아나운서(1.1% 감소), 성우, 작가, 리포터, 제작지원 등의 기타 방송직(5% 감소)이 감소했으나, 카메라, 음향, 조명, 미술, 편집 등의 제작관련직(4.8% 증가)과 기자(0.5% 증가)는 증가했다. 그리고 영업홍보직(13.5% 감소), 기술직(6.1% 감소), 임원(0.7% 감소)은 감소했으나, 연구직(11.7% 증가)과 관리행정직(5.8% 증가)은 증가했다.

① 20,081명
② 24,550명
③ 32,142명
④ 32,443명
⑤ 34,420명

※ 다음은 남성 2,000명, 여성 2,400명을 대상으로 관심도서 현황을 조사한 자료이다. 이어지는 질문에 답하시오. **[15~16]**

〈성별 및 연령대별 조사자 수〉

(단위 : 명)

구분	10대	20대	30대	40대	50대	60대	합계
남성	150	450	540	370	280	210	2,000
여성	360	480	840	360	240	120	2,400

〈연령대별 관심도서 – 남성〉

구분	10대	20대	30대	40대	50대	60대
1위	수험서	수험서	경제	자기계발	경제	종교
2위	만화	여행	수험서	경제	종교	경제
3위	자기계발	경제	자기계발	여행	역사	소설·시
4위	여행	자기계발	만화	만화	만화	역사
5위	소설·시	만화	육아	종교	소설·시	만화

〈연령대별 관심도서 – 여성〉

구분	10대	20대	30대	40대	50대	60대
1위	수험서	수험서	육아	요리	잡지	잡지
2위	여행	요리	요리	자기계발	소설·시	종교
3위	자기계발	육아	자기계발	소설·시	경제	소설·시
4위	요리	여행	소설·시	육아	여행	여행
5위	소설·시	자기계발	여행	여행	종교	경제

※ 단, 남녀 각각 동일한 연령대에는 동일한 순위가 없음

15 다음 중 위 자료에 대한 설명으로 옳은 것은?

① 남성의 60대 조사자 수는 남성 50대 조사자 수의 75%이다.

② 조사자 수가 가장 많은 연령대와 가장 적은 연령대는 남성과 여성에서 동일하다.

③ 20대부터 40대까지 여성의 관심도서 순위 내에만 육아 또는 요리 관련 도서가 포함된다.

④ 20대 남성의 20%가 여행도서에 관심이 있다면, 수험서에 관심 있는 20대 남성은 80명보다 많다.

⑤ 남성과 여성 모두 10대부터 30대까지는 관심도서 순위 내에 수험서 관련 도서가 포함되지만, 그 이후에는 순위 내에 포함되지 않는다.

16 다음 중 위 자료에 대한 설명으로 옳지 않은 것은?

① 전체 조사자 중 60대는 8% 미만이다.

② 20대 이상 남성의 관심도서 3위 내에는 경제 관련 도서가 포함된다.

③ 남성의 전 연령대에서 순위 안에 드는 관심도서는 만화이고, 여성은 여행이다.

④ 남성과 여성 각각 20·30대 조사자 수의 합은 남성과 여성 각각 총 조사자 수의 절반 이상이다.

⑤ 50대 여성의 관심도서 1·2위가 65%이고, 그중 25%가 소설·시에 관심이 있다면, 잡지에 관심 있는 여성은 117명이다.

17 다음은 S사의 등급별 인원 비율 및 1인당 상여금에 대한 자료이다. 마케팅부서의 인원은 20명이고, 영업부서의 인원은 10명일 때, 이에 대한 설명으로 옳지 않은 것은?

〈등급별 인원 비율 및 1인당 상여금〉

(단위 : %, 만 원)

구분	S등급	A등급	B등급	C등급
인원 비율	10	30	40	20
1인당 상여금	500	420	300	200

① 마케팅부서에 지급되는 총 상여금은 6,320만 원이다.

② A등급 1인당 상여금은 B등급 1인당 상여금보다 40% 많다.

③ 영업부서 A등급의 인원은 마케팅부서 B등급의 인원보다 5명 적다.

④ 마케팅부서의 S등급 상여금을 받는 인원과 영업부서의 C등급 상여금을 받는 인원의 수가 같다.

⑤ 영업부서에 지급되는 S등급과 A등급의 상여금의 합은 B등급과 C등급의 상여금의 합보다 적다.

18 다음은 A~D국의 가계 금융자산에 대한 자료이다. 이를 토대로 작성한 그래프로 옳지 않은 것은?

〈각국의 연도별 가계 금융자산 비율〉

(단위 : %)

국가＼연도	2019년	2020년	2021년	2022년	2023년	2024년
A	24	22	21	19	17	16
B	44	45	48	41	40	45
C	39	36	34	29	28	25
D	25	28	26	25	22	21

※ 가계 총자산은 가계 금융자산과 가계 비금융자산으로 이루어지며, 가계 금융자산 비율은 가계 총자산 대비 가계 금융자산이 차지하는 비율임

〈2024년 각국의 가계 금융자산 구성비〉

(단위 : %)

국가＼가계 금융자산	예금	보험	채권	주식	투자신탁	기타
A	62	18	10	7	2	1
B	15	30	10	31	12	2
C	35	27	11	9	14	4
D	56	29	3	6	2	4

① 연도별 B국과 C국 가계 비금융자산 비율

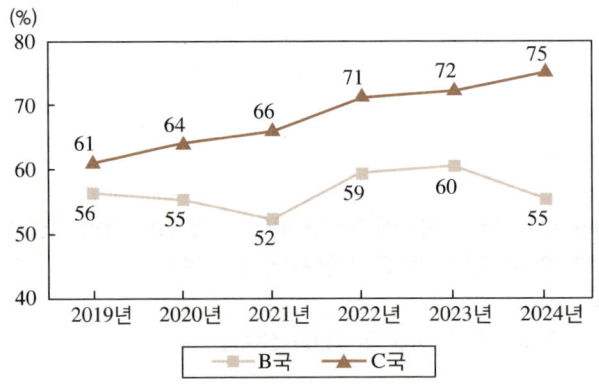

② 2021년 각국의 가계 총자산 구성비

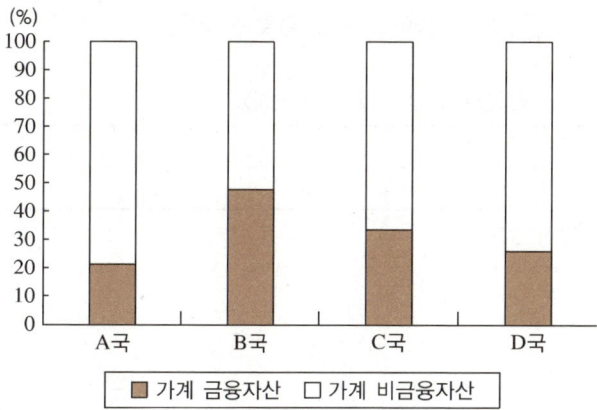

③ 2024년 C국의 가계 금융자산 구성비

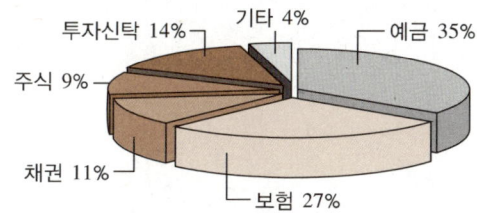

④ 2024년 A국과 D국의 가계 금융자산 대비 보험, 채권, 주식 구성비

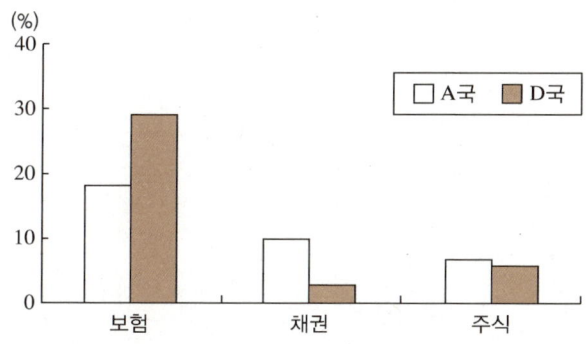

⑤ 2024년 각국의 가계 총자산 대비 예금 구성비

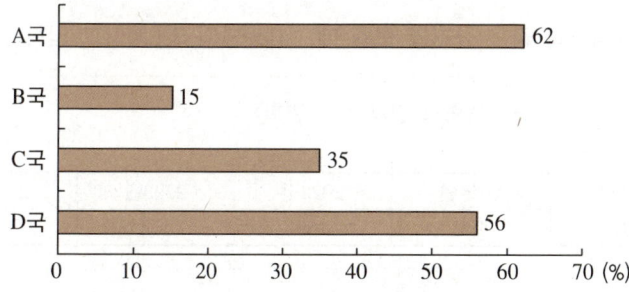

19 다음은 새로 출시된 항균제의 강도별 항균 효과를 나타낸 자료이다. 항균 강도와 항균 효과의 관계가 주어진 자료와 같을 때 빈칸 ㉠, ㉡에 들어갈 수로 알맞은 것은?

〈향균제의 강도별 향균 효과〉

항균 강도	1	2	3	4	5
항균 효과	1	5	㉠	75	㉡

※ (항균 효과)$=a^{(항균\ 강도)}-b\times$(항균 강도) (단, $a>0$)

　　㉠　　　㉡
① 21　　233
② 25　　256
③ 45　　512
④ 40　　162
⑤ 32　　282

20 S초등학교의 입학생 수가 다음과 같은 규칙을 보일 때, 2030년의 S초등학교 입학생 수는?

〈S초등학교 입학생 수 변화〉

(단위 : 명)

구분	2020년	2021년	2022년	2023년	2024년
학생 수	196	182	168	154	140

① 70명　　　　　　　　② 64명
③ 56명　　　　　　　　④ 42명
⑤ 28명

※ 다음 명제가 모두 참일 때, 빈칸에 들어갈 명제로 가장 적절한 것을 고르시오. **[1~3]**

01

> • 전제1. 땅이 산성이면 빨간 꽃이 핀다.
> • 전제2. 땅이 산성이 아니면 하얀 꽃이 핀다.
> • 결론. _____

① 하얀 꽃이 피면 땅이 산성이다.
② 땅이 산성이면 하얀 꽃이 핀다.
③ 빨간 꽃이 피면 땅이 산성이 아니다.
④ 하얀 꽃이 피지 않으면 빨간 꽃이 핀다.
⑤ 하얀 꽃이 피지 않으면 땅이 산성이 아니다.

Easy

02

> • 전제1. 영양소는 체내에서 에너지원 역할을 한다.
> • 전제2. 탄수화물은 영양소이다.
> • 결론. _____

① 탄수화물은 체내에 필요하다.
② 에너지원 역할을 하는 것은 영양소이다.
③ 에너지원 역할을 하는 것은 탄수화물이다.
④ 탄수화물은 체내에서 에너지원 역할을 한다.
⑤ 탄수화물을 제외한 영양소는 에너지원 역할을 하지 않는다.

03

> • 전제1. 비가 오면 한강 물이 불어난다.
> • 전제2. 비가 오지 않으면 보트를 타지 않은 것이다.
> • 전제3. _____
> • 결론.　자전거를 타지 않으면 한강 물이 불어난다.

① 보트를 타면 자전거를 탄다.
② 보트를 타면 비가 오지 않는다.
③ 자전거를 타면 비가 오지 않는다.
④ 자전거를 타지 않으면 보트를 탄다.
⑤ 한강 물이 불어나면 보트를 타지 않은 것이다.

04 다음 명제가 모두 참일 때, 반드시 참인 명제는?

> - 연차를 쓸 수 있으면 제주도 여행을 한다.
> - 배낚시를 하면 회를 좋아한다.
> - 다른 계획이 있으면 배낚시를 하지 않는다.
> - 다른 계획이 없으면 연차를 쓸 수 있다.

① 연차를 쓸 수 있으면 배낚시를 한다.
② 제주도 여행을 하면 다른 계획이 없다.
③ 다른 계획이 있으면 연차를 쓸 수 없다.
④ 배낚시를 하지 않으면 제주도 여행을 하지 않는다.
⑤ 제주도 여행을 하지 않으면 배낚시를 하지 않는다.

Easy

05 A ~ G 7명은 주말 여행지를 고르기 위해 투표를 진행하였다. 다음 〈조건〉과 같이 투표를 진행하였을 때, 투표를 하지 않은 사람을 모두 고르면?

> **조건**
> - D나 G 중 적어도 1명이 투표하지 않으면, F는 투표한다.
> - F가 투표하면, E는 투표하지 않는다.
> - B나 E 중 적어도 1명이 투표하지 않으면, A는 투표하지 않는다.
> - A를 포함하여 투표한 사람은 모두 5명이다.

① B, E   ② B, F
③ C, D   ④ C, F
⑤ F, G

06 S전자의 A대리, B사원, C사원, D사원, E대리 중 1명이 어제 출근하지 않았다. 이들 중 2명만 거짓말을 한다고 할 때, 다음 중 출근하지 않은 사람은 누구인가?(단, 출근을 하였어도, 결근 사유를 듣지 못할 수도 있다)

- A대리 : 나는 출근했고, E대리도 출근했다. 누가 출근하지 않았는지는 알지 못한다.
- B사원 : C사원은 출근하였다. A대리님의 말은 모두 사실이다.
- C사원 : D사원은 출근하지 않았다.
- D사원 : B사원의 말은 모두 사실이다.
- E대리 : 출근하지 않은 사람은 D사원이다. D사원이 개인 사정으로 인해 출석하지 못한다고 A대리님에게 전했다.

① A대리   ② B사원
③ C사원   ④ D사원
⑤ E대리

07 준수, 민정, 영재, 세희, 성은 5명은 항상 진실 또는 거짓만 말한다. 다음 진술을 토대로 추론할 때, 거짓을 말하는 사람을 모두 고르면?

- 준수 : 성은이는 거짓만 말한다.
- 민정 : 영재는 거짓만 말한다.
- 영재 : 세희는 거짓만 말한다.
- 세희 : 준수는 거짓만 말한다.
- 성은 : 민정이와 영재 중 1명만 진실만 말한다.

① 준수, 민정   ② 준수, 영재
③ 민정, 성은   ④ 영재, 세희
⑤ 세희, 성은

08 비상대책위원회 위원장은 A ~ F의원 중 제1차 위원회에서 발언할 위원을 결정하려 한다. 다음 〈조건〉에 따라 발언자를 결정한다고 할 때, 항상 참인 것은?

> **조건**
> • A위원이 발언하면 B위원이 발언하고, C위원이 발언하면 E위원이 발언한다.
> • A위원 또는 B위원은 발언하지 않는다.
> • D위원이 발언하면 F위원이 발언하고, B위원이 발언하면 C위원이 발언한다.
> • D위원이 발언하고 E위원도 발언한다.

① A위원이 발언한다.
② B위원이 발언한다.
③ C위원이 발언한다.
④ F위원이 발언한다.
⑤ 모든 위원이 발언한다.

Hard

09 S사 직원 A ~ F 6명은 연휴 전날 고객이 많을 것을 고려해, 점심을 12시, 1시 두 팀으로 나눠 먹기로 하였다. 다음 중 〈보기〉가 모두 참일 때, 반드시 참인 것은?

> **보기**
> • A는 B보다 늦게 가지는 않는다.
> • A와 C는 같이 먹는다.
> • C와 D는 따로 먹는다.
> • E는 F보다 먼저 먹는다.

① A와 B는 다른 시간에 먹는다.
② B와 C는 같은 시간에 먹는다.
③ D와 F는 같은 시간에 먹는다.
④ 12시와 1시에 식사하는 인원수는 다르다.
⑤ A가 1시에 먹는다면 1시 인원이 더 많다.

10 S회사에서는 자사 온라인 쇼핑몰에서 제품을 구매하는 경우 구매 금액 1만 원당 이벤트에 참여할 수 있는 응모권 1장을 준다. 응모권의 개수가 많을수록 이벤트에 당첨될 확률이 높다고 할 때, 다음 중 참이 아닌 것은?

- A는 S회사의 온라인 쇼핑몰에서 85,000원을 결제하였다.
- A는 B보다 응모권을 2장 더 받았다.
- C는 B보다 응모권을 더 많이 받았으나, A보다는 적게 받았다.
- D는 S회사의 오프라인 매장에서 40,000원을 결제하였다.

① A의 이벤트 당첨 확률이 가장 높다.
② B의 구매 금액은 6만 원 이상 7만 원 미만이다.
③ C의 응모권 개수는 정확히 알 수 없다.
④ D는 이벤트에 응모할 수 없다.
⑤ 구매 금액이 높은 순서는 'A – C – B – D'이다.

Easy

11 S사는 주요시설 및 보안구역의 시설물 안전관리를 위해 적외선 카메라 2대, 열선감지기 2대, 화재경보기 2대를 수도권본부, 강원본부, 경북본부, 금강본부 4곳에 나누어 설치하려고 한다. 다음 〈조건〉을 참고할 때, 반드시 참인 것은?

조건
- 모든 본부에 반드시 하나 이상의 기기를 설치해야 한다.
- 한 본부에 최대 두 대의 기기까지 설치할 수 있다.
- 한 본부에 같은 종류의 기기 2대를 설치할 수는 없다.
- 수도권본부에는 적외선 카메라를 설치하였다.
- 강원본부에는 열선감지기를 설치하지 않았다.
- 경북본부에는 화재경보기를 설치하였다.
- 경북본부와 금강본부 중 한 곳에 적외선 카메라를 설치하였다.

① 수도권본부에는 적외선 카메라만 설치하였다.
② 강원본부에 화재경보기를 설치하였다.
③ 경북본부에 열선감지기를 설치하였다.
④ 금강본부에 화재경보기를 설치하였다.
⑤ 금강본부에 열선감지기를 설치하였다.

12 세미나에 참석한 A사원, B사원, C주임, D주임, E대리는 각자 숙소를 배정받았다. A사원, D주임은 여자이고, B사원, C주임, E대리는 남자이다. 다음 〈조건〉과 같이 숙소가 배정되었을 때, 다음 중 옳지 않은 것은?

> **조건**
> • 숙소는 5층이며 층마다 1명씩 배정한다.
> • E대리의 숙소는 D주임의 숙소보다 위층이다.
> • 1층에는 주임을 배정한다.
> • 1층과 3층에는 남직원을 배정한다.
> • 5층에는 사원을 배정한다.

① 5층에 A사원이 배정되면 4층에 B사원이 배정된다.
② D주임은 2층에 배정된다.
③ 5층에 B사원이 배정되면 4층에 A사원이 배정된다.
④ C주임은 1층에 배정된다.
⑤ 5층에 B사원이 배정되면 3층에 E대리가 배정된다.

13 체육교사 S는 학생들을 키 순서에 따라 한 줄로 세우려고 한다. A ~ F 6명이 다음과 같은 〈조건〉에 따라 줄을 섰을 때, 다음 중 옳지 않은 것은?(단, 같은 키의 학생은 없으며, 키가 작은 학생이 큰 학생보다 앞에 선다)

> **조건**
> • C는 A보다 키가 크고, F보다는 키가 작다.
> • D는 E보다 키가 크지만 E 바로 뒤에 서지는 않는다.
> • B는 D보다 키가 크다.
> • A는 맨 앞에 서지 않는다.
> • F는 D보다 키가 크지만 맨 끝에 서지 않는다.
> • E와 C는 1명을 사이에 두고 선다.

① E는 맨 앞에 선다.
② F는 B 바로 앞에 선다.
③ 키가 제일 큰 학생은 B이다.
④ A와 D는 1명을 사이에 두고 선다.
⑤ C는 6명 중 세 번째로 키가 크다.

영업지원팀 무팀장은 새로 출시한 상품 홍보를 지원하기 위해 월요일부터 목요일까지 매일 남녀 1명씩 두 사람을 홍보팀으로 보내야 한다. 영업지원팀에는 현재 남자 사원 4명(기태, 남호, 동수, 지원)과 여자 사원 4명(고은, 나영, 다래, 리화)이 근무하고 있다. 다음 〈조건〉을 만족할 때, 옳지 않은 것은?

> **조건**
> (가) 매일 다른 사람을 보내야 한다.
> (나) 기태는 화요일과 수요일에 휴가를 간다.
> (다) 동수는 다래의 바로 이전 요일에 보내야 한다.
> (라) 고은은 월요일에는 근무할 수 없다.
> (마) 남호와 나영은 함께 근무할 수 없다.
> (바) 지원은 기태 이전에 근무하지만 화요일은 갈 수 없다.
> (사) 리화는 고은과 나영 이후에 보낸다.

① 고은이 수요일에 근무한다면 기태는 리화와 함께 근무한다.
② 다래가 수요일에 근무한다면 화요일에는 동수와 고은이 근무한다.
③ 리화가 수요일에 근무한다면 남호는 화요일에 근무한다.
④ 고은이 화요일에 근무한다면 지원은 월요일에 근무할 수 없다.
⑤ 지원이 수요일에 근무한다면 다래는 화요일에 근무한다.

15

①

②

③

④

⑤

16

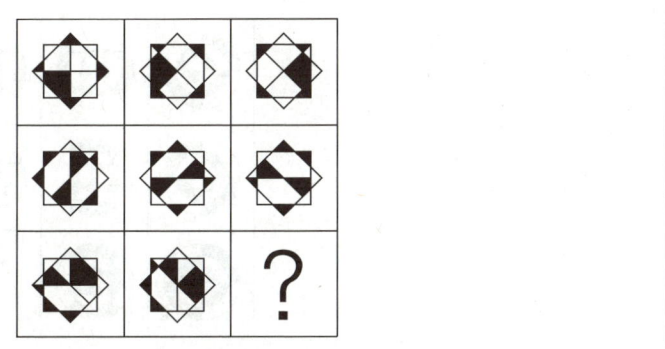

①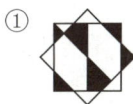

②

③

④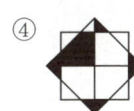

⑤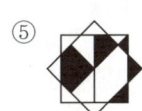

17

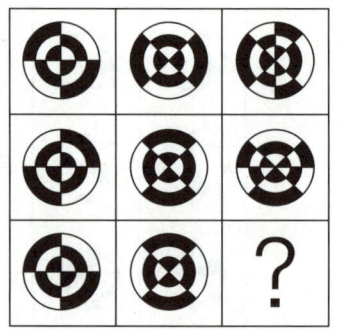

①

②

③

④

⑤

※ 다음 도식에서 기호들은 일정한 규칙에 따라 문자를 변화시킨다. 물음표에 들어갈 문자로 알맞은 것을 고르시오(단, 규칙은 가로와 세로 중 한 방향으로만 적용된다). **[18~21]**

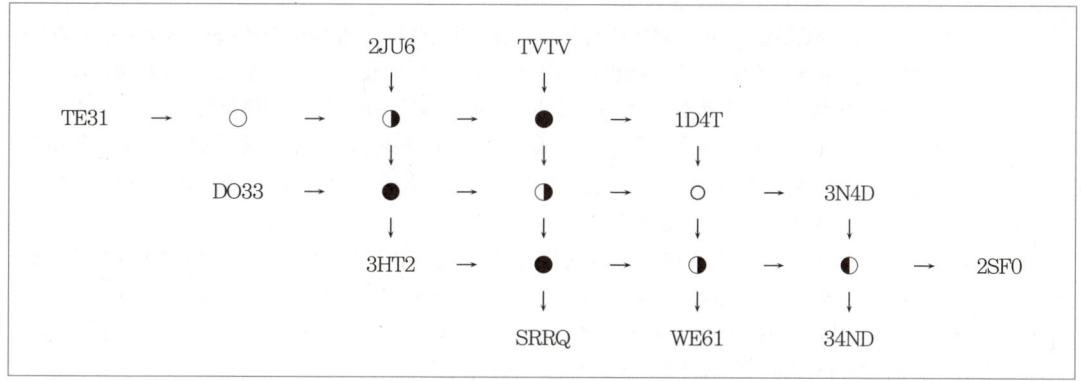

18

BE13 → ◑ → ● → ?

① 1BF3　　　　　② 3F1B
③ 0BF0　　　　　④ 0F0B
⑤ 0C0B

19

RABI → ◐ → ○ → ?

① RBAI　　　　　② RBIA
③ RLCC　　　　　④ RCCL
⑤ RCLC

20

? → ○ → ◐ → BVJH

① BTIE　　　　　② BITE
③ BJVH　　　　　④ BIVE
⑤ BIJE

Hard
21

? → ◑ → ● → IDHE

① DIFE　　　　　② LIFE
③ HIHE　　　　　④ LFIE
⑤ LEIF

※ 다음 문장 또는 문단을 논리적 순서대로 바르게 나열한 것을 고르시오. [22~23]

22

> (가) 신채호는 아(我)를 소아(小我)와 대아(大我)로 구별한다. 그에 따르면 소아는 개별화된 개인적 아이며, 대아는 국가와 사회 차원의 아이다. 소아는 자성(自省)을 갖지만 상속성(相續性)과 보편성(普遍性)을 갖지 못하는 반면, 대아는 자성을 갖고 상속성과 보편성을 가질 수 있다.
> (나) 이러한 상속성과 보편성은 긴밀한 관계를 가지는데 보편성의 확보를 통해 상속성이 실현되며 상속성의 유지를 통해 보편성이 실현된다. 대아가 자성을 자각한 이후, 항성과 변성의 조화를 통해 상속성과 보편성을 실현할 수 있다.
> (다) 만약 대아의 항성이 크고 변성이 작으면 환경에 순응하지 못하여 멸(滅絕)할 것이며, 항성이 작고 변성이 크면 환경에 주체적으로 대응하지 못하여 우월한 비아에게 정복당한다고 하였다.
> (라) 여기서 상속성이란 시간적 차원에서 대아의 생명력이 지속되는 것을 뜻하며 보편성이란 공간적 차원에서 대아의 영향력이 파급되는 것을 뜻한다.

① (가) – (나) – (다) – (라) ② (가) – (나) – (라) – (다)
③ (가) – (다) – (나) – (라) ④ (가) – (라) – (나) – (다)
⑤ (가) – (라) – (다) – (나)

23

> (가) 위기가 있는 만큼 기회도 주어진다. 다만, 그 기회를 잡기 위해 우리에게 가장 필요한 것은 지혜이다. 그리고 그 지혜를 행동으로 옮길 때, 우리는 성공이라는 결과를 얻을 수 있는 것이다.
> (나) 세계적 금융위기는 끝나지 않았고, 동중국해를 둘러싼 중국과 일본의 영토분쟁은 세계 경제에 새로운 위협 요인이 되고 있다. 국가경제도 부동산가격 하락으로 가계부채 문제가 경제에 부담이 될 것이라는 예측이 나온다. 휴일 영업을 둘러싼 대형마트와 재래시장 간의 갈등도 심화되고 있다. 기업의 입장에서나, 개인의 입장에서나 온통 풀기 어려운 문제에 둘러싸인 형국이다.
> (다) 이 위기를 이겨낸 사람이 성공하고, 위기를 이겨낸 기업이 경쟁에서 승리한다. 어려움을 이겨낸 나라가 자신에게 주어진 무대에서 주역이 되었다는 것을 우리는 지난 역사 속에서 배울 수 있다.
> (라) 한마디로 위기(危機)의 시대이다. 위기는 '위험'을 의미하는 위(危)자와 '기회'를 의미하는 기(機)자가 합쳐진 말이다. 위기라는 말에는 위험과 기회라는 이중의 의미가 함께 들어 있다. 위험을 이겨낸 사람이 기회를 잡을 수 있다는 말이다. 위기는 기회의 또 다른 얼굴이다.

① (가) – (라) – (나) – (다) ② (나) – (가) – (다) – (라)
③ (나) – (라) – (다) – (가) ④ (라) – (가) – (다) – (나)
⑤ (라) – (다) – (가) – (나)

24

권리와 의무의 주체가 될 수 있는 자격을 권리 능력이라 한다. 사람은 태어나면서 저절로 권리 능력을 갖게 되고 생존하는 내내 보유한다. 그리하여 사람은 재산에 대한 소유권의 주체가 되며, 다른 사람에 대하여 채권을 누리기도 하고 채무를 지기도 한다. 사람들의 결합체인 단체도 일정한 요건을 갖추면 법으로써 부여되는 권리 능력인 법인격을 취득할 수 있다. 단체 중에는 사람들이 일정한 목적을 갖고 결합한 조직체로서 구성원과 구별되어 독자적 실체로서 존재하며, 운영 기구를 두어 구성원의 가입과 탈퇴에 관계없이 존속하는 단체가 있다. 이를 사단(社團)이라 하며, 사단이 갖춘 이러한 성질을 사단성이라 한다. 사단의 구성원은 사원이라 한다. 사단은 법인(法人)으로 등기되어야 법인격이 생기는데, 법인격을 가진 사단을 사단 법인이라 부른다. 반면에 사단성을 갖추고도 법인으로 등기하지 않은 사단은 '법인이 아닌 사단'이라 한다. 사람과 법인만이 권리 능력을 가지며, 사람의 권리 능력과 법인격은 엄격히 구별된다. 그리하여 사단 법인이 자기 이름으로 진 빚은 사단이 가진 재산으로 갚아야 하는 것이지 사원 개인에게까지 책임이 미치지 않는다.

회사도 사단의 성격을 갖는 법인이다. 회사의 대표적인 유형이라 할 수 있는 주식회사는 주주들로 구성되며 주주들은 보유한 주식의 비율만큼 회사에 대한 지분을 갖는다. 그런데 2001년에 개정된 상법은 한 사람이 전액을 출자하여 일인 주주로 회사를 설립할 수 있도록 하였다. 사단성을 갖추지 못했다고 할 만한 형태의 법인을 인정한 것이다. 또 여러 주주가 있던 회사가 주식의 상속, 매매, 양도 등으로 말미암아 모든 주식이 한 사람의 소유로 되는 경우가 있다. 이런 '일인 주식회사'에서는 일인 주주가 회사의 대표 이사가 되는 사례가 많다. 이처럼 일인 주주가 회사를 대표하는 기관이 되면 경영의 주체가 개인인지 회사인지 모호해진다. 법인인 회사의 운영이 독립된 주체로서의 경영이 아니라 마치 개인 사업자의 영업처럼 보이는 것이다.

① 개인은 사단의 빚을 갚아야 할 의무가 없다.

② 사단성을 갖추면 법인격은 자동으로 생기게 된다.

③ 권리 능력을 갖고 있는 사람은 소유권을 행사할 수 있다.

④ 몇 가지 요건을 갖춘 단체는 법인격을 획득할 수 있다.

⑤ 주식은 소유한 사람이 한 명인 회사는 주주가 회사의 대표 이사가 되기도 한다.

25

소비자가 어떤 상품을 구매하기 위하여 지불할 용의가 있는 금액보다 실제로 지불한 가격이 낮아 얻는 이득을 소비자 잉여라고 하고, 생산자가 어떤 상품을 판매하여 얻은 실제 수입이 그 상품을 판매하여 꼭 얻어야겠다고 생각한 금액보다 많아 얻는 이득을 생산자 잉여라고 한다. 그리고 소비자 잉여와 생산자 잉여의 합을 총잉여라고 한다. 상품이 거래되지 않을 때에 비해 어떤 상품이 시장에서 거래될 때에 소비자 잉여는 소비자에게, 생산자 잉여는 생산자에게 혜택이 될 수 있다. 그런데 시장 가격을 임의의 수준으로 결정할 수 있는 독점적 지위를 가진 생산자는 소비자 잉여를 생산자의 이윤으로 흡수하기 위해 이부가격을 설정하기도 한다.

'이부가격설정'이란 어떤 상품에 대하여 두 차례 가격을 치르도록 하는 방식이다. 즉 소비자로 하여금 특정한 상품을 이용할 수 있는 권리를 구입하게 한 다음, 상품을 이용하는 양에 비례하여 가격을 부담시키는 방식이다. 놀이공원 입장료와 놀이 기구 이용료를 생각해 보자. 독점적 지위에 있는 생산자는 놀이 기구 이용료와 별도로 놀이공원 입장료를 받아 두 차례 가격을 치르도록 할 수 있다. 이때 생산자는 놀이공원을 이용할 수 있는 권리인 입장료를 적절한 수준으로 결정해야 자신의 이익을 극대화할 수 있다. 입장료를 지나치게 높은 수준으로 매기면 다수의 소비자들이 이용을 포기할 것이고, 너무 낮은 수준으로 매기면 수입이 줄어들기 때문이다.

놀이공원 입장료를 결정하기 위해 먼저 생산자는 자신의 이익을 극대화하는 수준에서 놀이 기구 이용료를 결정한다. 놀이 기구를 이용할 소비자가 있다면 이들은 생산자가 정해 놓은 가격 이상을 지불할 용의를 가지고 있는 것이다. 놀이 기구를 이용할 소비자의 소비자 잉여는 지불할 용의가 있는 금액에서 실제로 지불하는 가격을 뺀 차이만큼 발생하게 되는데, 생산자는 소비자 잉여의 일부를 놀이공원의 입장료로 결정하여 소비자 잉여를 자신의 이윤으로 흡수할 수 있게 된다.

① 실제 금액보다 소비자의 지불 용의 금액이 크면 소비자 잉여가 발생한다.
② 총잉여에서 소비자 잉여를 제외하면 생산자 잉여를 구할 수 있다.
③ 독점 시장의 생산자는 시장 가격을 마음대로 정할 수 있다.
④ 놀이공원은 시장에서 독점적 지위를 형성하고 있다.
⑤ 이부가격 설정 시 놀이공원 입장료를 높게 책정할수록 수입이 늘어난다.

다음 글의 내용으로 가장 적절한 것은?

제2차 세계대전 중, 태평양의 한 전투에서 일본군은 미군 흑인 병사들에게 자신들은 유색인과 전쟁할 의도가 없으니 투항하라고 선전하였다. 이 선전물을 본 백인 장교들은 그것이 흑인 병사들에게 미칠 영향을 우려하여 급하게 부대를 철수시켰다. 사회학자인 데이비슨은 이 사례에서 아이디어를 얻어서 대중매체가 수용자에게 미치는 영향과 관련한 '제3자 효과(Third-Person Effect)' 이론을 발표하였다.

이 이론의 핵심은 대중매체의 영향력을 차별적으로 인식한다는 데에 있다. 곧 사람들은 수용자의 의견과 행동에 미치는 대중 매체의 영향력이 자신보다 다른 사람들에게서 더 크게 나타나리라고 믿는 경향이 있다는 것이다. 예를 들어 선거 때 어떤 후보에게서 탈세 의혹이 있다는 신문보도를 보았다고 하자. 그때 사람들은 후보를 선택하는 데 자신보다 다른 독자들이 더 크게 영향을 받을 것이라고 여긴다.

제3자 효과는 대중매체가 전달하는 내용에 따라 다르게 나타난다. 예컨대 대중매체가 건강 캠페인과 같이 사회적으로 바람직한 내용을 전달할 때보다 폭력물이나 음란물처럼 유해한 내용을 전달할 때, 사람들은 자신보다 다른 사람들에게 미치는 영향력을 더욱 크게 인식한다는 것이다. 이러한 인식은 수용자의 구체적인 행동에도 영향을 미쳐, 제3자 효과가 크게 나타나는 사람일수록 내용물의 심의, 검열, 규제와 같은 법적·제도적 조치에 찬성하는 성향을 보인다.

제3자 효과 이론은 사람들이 다수의 의견처럼 보이는 것에 영향 받을 수 있다는 이론과 연결되면서, 여론의 형성 과정을 설명하는 데도 이용되었다. 이 설명에 따르면, 사람들은 자신은 대중매체의 전달 내용에 쉽게 영향 받지 않는다고 생각하면서도 다른 사람들이 영향 받을 것을 고려하여 자신의 태도와 행위를 결정한다. 즉, 다른 사람들에게서 소외되어 고립되는 것을 염려한 나머지, 자신의 의견을 포기하고 다수의 의견이라고 생각하는 것을 따라가게 된다는 것이다.

① 태평양 전쟁 당시 흑인 병사들에게 나타난 제3자 효과는 미군 철수의 원인이 되었다.

② 대중매체의 영향을 크게 받는 사람일수록 대중매체에 대한 법적·제도적 조치에 반대하는 경향이 있다.

③ 사람들이 제3자 효과에 휩싸이는 이유는 대중매체가 다수의 의견을 반영하기 때문이다.

④ 제3자 효과가 나타나는 사람은 일단 한번 대중매체를 타면 어떤 내용이든지 동등한 수준으로 다른 이들에게 영향을 끼친다고 믿는다.

⑤ 사람들은 자신이 타인에 비해 대중매체의 영향을 덜 받는다 생각하면서도 결과적으로 타인과 의견을 같이하는 경향이 있다.

27

고대 중국인들은 인간이 행하지 못하는 불가능한 일은 그들이 신성하다고 생각한 하늘에 의해서 해결 가능하다고 보았다. 그리하여 하늘은 인간에게 자신의 의지를 심어 두려움을 갖고 복종하게 하는 의미뿐만 아니라 인간의 모든 일을 책임지고 맡아서 처리하는 의미로까지 인식되었다. 그 당시에 하늘은 인간에게 행운과 불운을 가져다줄 수 있는 힘이고, 인간의 개별적 또는 공통적 운명을 지배하는 신비하고 절대적인 존재라는 믿음이 형성되었다. 이러한 하늘에 대한 인식은 결과적으로 하늘을 권선징악의 주재자로 보고, 모든 새로운 왕조의 탄생과 정치적 변천까지도 그것에 의해 결정된다는 믿음의 근거로 작용하였다.

① 인간의 길흉화복은 우주적 질서의 일부이다.
② 천체의 움직임이 인간의 생활과 자연을 지배한다.
③ 사람이 받게 되는 재앙과 복의 원인은 모두 자신에게 있다.
④ 하늘은 인륜의 근원이며, 인륜은 하늘의 덕성이 발현된 것이다.
⑤ 뱃사공들은 하늘에 제사를 지냄으로써 자신들의 항해가 무사하길 기원한다.

28

이솝 우화로 잘 알려진 '토끼와 거북이' 이야기는 우리에게 느려도 꾸준히 노력하면 승리한다는 교훈을 준다. 그런데 이 이야기에는 '정의로운 삶'과 관련하여 생각해 볼 문제점이 있다. 거북이는 토끼가 경주 중간에 잠을 자기 때문에 승리할 수 있었다. 토끼의 실수를 거북이가 놓치지 않고 기회로 삼았던 것이다. 겉으로는 꾸준히 노력하면 성공한다고 말하지만, 속으로는 타인의 허점이나 실수를 기회로 삼아야 한다는 것을 말하고 있다고 볼 수 있다. 이런 내용은 우리도 모르는 사이에 '상대의 실수를 놓치지 말고 이용하라.'는 생각을 하게 만들 수 있다. 과연 거북이의 승리를 정의롭다고 말할 수 있을까?

① 절차와 관계없이 결과가 공정하지 않은 경쟁은 정당하지 않다.
② 사소한 실수가 뜻밖의 결과로 이어질 수 있으므로 매사에 조심해야 한다.
③ 주어진 조건이 동일한 환경에서 이루어진 경쟁에서 승리할 때 비로소 정의로운 승리라고 말할 수 있다.
④ 상대를 배려하지 않고 자신에게 유리한 방법으로만 경쟁하여 승리한다면, 그 승리는 정의롭다고 말할 수 없다.
⑤ 절차적 정의에 따라 절차를 제대로 따른다면 어떤 결과가 나오더라도 그 결과는 공정하다고 말할 수 있다.

29 다음 글을 토대로 〈보기〉를 해석한 것으로 가장 적절한 것은?

콘텐츠는 미디어를 필요로 한다. 미디어는 기술의 발현물이다. 텔레비전이라는 미디어는 기술의 산물이지만 여기에는 프로그램 영상물이라는 콘텐츠를 담고 있으며, 책이라는 기술 미디어에는 지식 콘텐츠를 담고 있다. 결국 미디어와 콘텐츠는 분리될 수 없는 결합물이다.

시대가 시대이니만큼 콘텐츠의 중요함은 새삼 강조할 필요가 없어 보인다. 그러나 콘텐츠만 강조하는 것은 의미가 없다. 콘텐츠는 본질적으로 내용일 텐데, 그 내용은 결국 미디어라는 형식이나 도구를 빌어 표현될 수밖에 없기 때문이다. 그러므로 아무리 우수한 콘텐츠를 가지고 있더라도 미디어의 발전이 없다면 콘텐츠는 표현의 한계를 가질 수밖에 없다.

문화도 마찬가지이다. 문화의 내용이나 콘텐츠는 중요하다. 하지만 일반적으로 사람들은 문화를 향유할 때, 콘텐츠를 선택하기에 앞서 미디어를 먼저 결정한다. 전쟁물, 공포물을 감상할까 아니면 멜로나 판타지를 감상할까를 먼저 결정하는 것이 아니라 영화를 볼까 연극을 볼까 아니면 TV를 볼까 하는 선택이 먼저라는 것이다. 그런 다음, 영화를 볼 거면 어떤 영화를 볼까를 결정한다. 어떤 내용이냐도 중요하지만 어떤 형식이냐가 먼저이다.

미디어는 단순한 기술이나 도구가 아니다. 미디어는 콘텐츠를 표현하고 실현하는 최종적인 창구이다. 시대적으로 콘텐츠의 중요성이 강조되고 있지만 이에 못지않게 미디어의 중요성이 부각되어야 할 것이다. 콘텐츠가 아무리 좋아도 이를 문화 예술적으로 완성시켜 줄 미디어 기술이 없으면 콘텐츠는 대중적인 반향을 불러일으킬 수 없고 부가 가치를 창출할 수도 없기 때문이다.

보기

「태극기 휘날리며」라는 대중적인 흥행물은 영화라는 미디어를 통해 메시지를 전달하고 있다. '태극기 휘날리며'는 책으로 읽을 수도 있고, 연극으로 감상할 수도 있다. 하지만 흥행에 성공한 것은 영화였다.

---

① 시대가 발전함에 따라 대중들은 보다 복잡하고 다양한 콘텐츠를 요구하고 있다.

② 문화적 콘텐츠가 훌륭하다면 이를 표현하는 형식은 중요하지 않다.

③ 동일한 콘텐츠더라도 어떤 미디어를 선택하느냐에 따라 대중의 선호가 달라질 수 있다.

④ 미래의 문화 산업에서는 미디어의 발전보다 콘텐츠의 개발이 더 중요하다.

⑤ 콘텐츠의 차이가 미디어를 수용하는 대중의 태도 차이로 나타난다.

다음 글을 토대로 〈보기〉를 해석한 것으로 적절하지 않은 것은?

> 20세기 예술가들은 재료의 가치와 풍요로움을 발견했다. 그들은 기존의 조형 예술의 틀을 포기하고, 아직 발견되지 않고 손상되지 않은 신선함을 지닌 재료들의 무한한 가능성을 탐색하기 시작했다. 그렇게 해서 작품의 밑바탕으로만 여겨졌던 재료는 그 자체가 예술의 목적이자 예술적 창조의 대상이 되었다.
>
> '앵포르멜(Informel)'이라고 불리는 회화에서 우리는 얼룩, 균열, 덩어리, 박편, 물방울 같은 재료들의 승리를 볼 수 있다. 앵포르멜 화가들은 우발적이고 즉흥적인 감정의 동요를 직접적으로 드러내기 위해 재료 그 자체, 즉 캔버스 위에 흩뿌린 물감이나 찢어진 자루, 균열이 생긴 금속에 모든 일을 맡긴다. 그들은 그림이나 조각을 있는 그대로의 모습 또는 우연의 산물로 만들기 위해 일체의 형식적인 것들을 거부하고 있는 것처럼 보인다. 예술가는 그저 원재료를 상기시키는 제목을 자신의 작품에 붙일 따름이다. 몇몇 앵포르멜 화가들은 하나의 작품을 만들기 위해 자갈, 얼룩, 곰팡이, 녹 등의 재료를 선택하고 강조했으며, 의식적이고 인위적인 표현 행위를 최소화하면서 재료의 비정형성에 의미를 부여하고 자신의 스타일을 각인하려 했던 것이다.
>
> 이미 20세기 초에 뒤샹 같은 예술가들이 제안했던 레디메이드 미학도 같은 맥락에서 이해할 수 있다. 예술가는 스스로 존재하는 사물이, 사람들이 미처 발견하지 못한 미를 표현하는 예술 작품이라도 되는 양 테이블 위에 올려놓았다. 이런 식으로 예술가들은 자전거 바퀴, 열에 의해 변형된 컵, 마네킹, 그리고 심지어 변기까지 조각 작품으로 선택했다. 일상의 사물들이 별다른 변형 과정을 거치지 않았지만 예술가에 의해 선택되고 제목이 붙여져서 작품이 되는 순간, 이 사물들은 마치 작가의 손에 의해 창조된 것처럼 미적 가치를 지니게 된다.
>
> 이미 소비 주기가 끝나 쓰레기통에 버려져 있던 상품이나 산업 폐기물이 재료가 되는 경우도 있다. 이런 재료들을 통해 예술가는 자신을 둘러싸고 있는 산업화된 세계에 대한 냉소적이고 비판적인 태도를 드러낸다. 동시에 우리에게 산업화된 세계의 사물들 역시 미적 감동을 전해줄 수 있는 일정한 질서를 가지고 있음을 상기시키기도 한다. 소비주기가 끝나 쓸모없는 물건이 되어 버려진 이 재료들은 아이러니하게도 그 쓸모없음이라는 속성으로 인해 미적 가치가 있는 예술 작품이 되는 것이다. 낡은 자동차의 라디에이터를 압착하고 변형시켜 일그러진 금속의 형태를 제시한 세자르의 작품이 이에 해당한다.

> **보기**
>
> 알베르토 부리의 「자루」는 앵포르멜 계열의 작품으로 알려져 있다. 알베르토 부리는 낡고 거친 삼베 조각, 좀이 슬었거나 찢어진 천, 다락방에 버려진 자루 조각 등의 재료를 되는 대로 오려 붙이고는 그것에 '자루'라는 제목을 붙였다.

① 알베르토 부리는 '자루'를 통해 우발적이고 즉흥적인 감정을 드러내고자 했군.
② 알베르토 부리는 '자루'에 사용된 원재료를 떠올릴 수 있도록 작품의 제목을 지었군.
③ 알베르토 부리는 천, 자루 조각 등의 재료를 강조하기 위해 인위적인 표현 방식을 사용하였군.
④ 알베르토 부리는 낡고 찢어지고 버려진 재료들로부터 예술의 무한한 가능성을 발견하였군.
⑤ 알베르토 부리는 형식적인 틀에서 벗어나 재료의 비정형성에 의미를 부여하고자 하였군.

PART 4
인성검사

PART 4 인성검사

01 개요

GSAT 인성검사는 타기업의 인성검사와 유사하다고 볼 수 있다. 삼성그룹에서 직무를 수행하는 데 필요한 성격, 가치관, 태도를 측정하는 테스트이다.

출제유형
제시된 세 문장에 대해 자신의 성향과 가까운 정도에 따라 '① 전혀 그렇지 않다, ② 그렇지 않다, ③ 조금 그렇지 않다, ④ 조금 그렇다, ⑤ 그렇다, ⑥ 매우 그렇다'를 선택하고, 자신의 성향과 가장 먼 것(멀다)과 가까운 것(가깝다)을 선택하는 문제

※ 계열사별로 시행 여부에 차이가 있을 수 있다.

02 수검요령 및 유의사항

인성검사는 특별한 수검요령이 없다. 다시 말하면 모범답안도 없고, 정답도 없다는 이야기이다. 또한 국어문제처럼 말의 뜻을 풀이하는 것도 아니다. 굳이 수검요령을 말하자면, 진실하고 솔직한 자신의 생각이 모범답안이라고 할 수 있다.

인성검사에서 가장 중요한 것은 첫째, 솔직한 답변이다. 자신이 지금까지 경험을 통해서 축적해 온 생각과 행동을 허구 없이 솔직하게 기재하는 것이다. 예를 들어, "나는 타인의 물건을 훔치고 싶은 충동을 느껴본 적이 있다."라는 질문에 피검사자들은 많은 생각을 하게 된다. 생각해 보라. 유년기에 또는 성인이 되어서 타인의 물건을 훔치는 일을 저지른 적은 없더라도, 훔치고 싶은 충동은 누구나 조금이라도 다 느껴보았을 것이다. 그런데 이 질문에 고민을 하는 사람이 간혹 있다. 이 질문에 "예"라고 대답하면 담당 검사관들이 자신을 사회적으로 문제가 있는 사람으로 여기지는 않을까 하는 생각에 "아니요"라는 답을 기재하게 된다. 이런 솔직하지 않은 답변은 답변의 신뢰와 솔직함을 나타내는 타당성 척도에 좋지 않은 점수를 주게 된다.

둘째, 일관성 있는 답변이다. 인성검사의 수많은 질문 문항 중에는 비슷한 뜻의 질문이 여러 개 숨어 있는 경우가 많이 있다. 그 질문들은 피검사자의 '솔직한 답변'과 '심리적인 상태'를 알아보기 위해 내포되어 있는 문항들이다. 가령 "나는 유년시절 타인의 물건을 훔친 적이 있다."라는 질문에 "예"라고 대답했는데, "나는 유년시절 타인의 물건을 훔쳐보고 싶은 충동을 느껴본 적이 있다."라는 질문에는 "아니요"라는 답을 기재한다면 어떻겠는가? 일관성 없이 '대충 기재하자.'라는 식의 심리적 무성의한 답변이 되거나, 정신적으로 문제가 있는 사람으로 보일 수 있다.

인성검사는 많은 문항 수를 풀어나가기 때문에 피검사자들은 지루함과 따분함을 느낄 수 있고 반복된 의미의 질문으로 의한 인내상실 등이 나타날 수 있다. 인내를 가지고 솔직하게 자신의 생각을 대답하는 것이 무엇보다 중요한 요령이다.

(1) 충분한 휴식으로 불안을 없애고 정서적인 안정을 취한다. 심신이 안정되어야 자신의 마음을 표현할 수 있다.
(2) 생각나는 대로 솔직하게 응답한다. 자신을 너무 과대포장하지도, 너무 비하시키지도 말라. 답변을 꾸며서 하면 앞뒤가 맞지 않게끔 구성돼 있어 불리한 평가를 받게 되므로 솔직하게 답하도록 한다.
(3) 검사문항에 대해 지나치게 골똘히 생각해서는 안 된다. 지나치게 몰두하면 엉뚱한 답변이 나올 수 있으므로 불필요한 생각은 삼간다.

03　인성검사 모의연습

※ 인성검사는 정답이 따로 없는 유형의 검사이므로 결과지를 제공하지 않습니다.

※ 각 문항을 읽고 ① ~ ⑥ 중 본인의 성향과 가까운 정도에 따라 ① 전혀 그렇지 않다, ② 그렇지 않다, ③ 조금 그렇지 않다, ④ 조금 그렇다, ⑤ 그렇다, ⑥ 매우 그렇다 중 하나를 선택하시오. 그리고 세 문항 중 자신의 성향과 가장 먼 것(멀다)과 가까운 것(가깝다)을 하나씩 선택하시오. [1~100]

01

문항	답안 1						답안 2	
	①	②	③	④	⑤	⑥	멀다	가깝다
A. 시련은 있어도 좌절은 없다고 믿는다.	☐	☐	☐	☐	☐	☐	☐	☐
B. 장래를 생각하면 불안을 느낄 때가 많다.	☐	☐	☐	☐	☐	☐	☐	☐
C. 충동적으로 행동하지 않으려고 욕구와 감정을 조절하는 편이다.	☐	☐	☐	☐	☐	☐	☐	☐

02

문항	답안 1						답안 2	
	①	②	③	④	⑤	⑥	멀다	가깝다
A. 여행을 할 때 인적이 뜸한 곳을 선호한다.	☐	☐	☐	☐	☐	☐	☐	☐
B. 자신의 생각과 감정을 잘 표현하지 못한다.	☐	☐	☐	☐	☐	☐	☐	☐
C. 완전한 안전은 헛된 믿음일 뿐이며 삶은 모험의 연속이라고 생각한다.	☐	☐	☐	☐	☐	☐	☐	☐

PART 4

03

문항	답안 1						답안 2	
	①	②	③	④	⑤	⑥	멀다	가깝다
A. 정치적·종교적으로 보수적인 편이다.	☐	☐	☐	☐	☐	☐	☐	☐
B. 철학 등의 본질적인 문제에 무관심하다.	☐	☐	☐	☐	☐	☐	☐	☐
C. 지혜로운 사람이 되려면 늘 변해야 한다고 생각한다.	☐	☐	☐	☐	☐	☐	☐	☐

04

문항	답안 1						답안 2	
	①	②	③	④	⑤	⑥	멀다	가깝다
A. 대인관계에서 깊은 상처를 받은 적이 있다.	☐	☐	☐	☐	☐	☐	☐	☐
B. 타인과 협력할 때 자신의 역할에 충실하게 임한다.	☐	☐	☐	☐	☐	☐	☐	☐
C. 나는 소수의 정예 엘리트 집단에 어울린다고 생각한다.	☐	☐	☐	☐	☐	☐	☐	☐

05

문항	답안 1						답안 2	
	①	②	③	④	⑤	⑥	멀다	가깝다
A. 자신에게 느슨하며 사고가 유연한 편이다.	☐	☐	☐	☐	☐	☐	☐	☐
B. 계획이나 규칙을 잘 지키지 못하는 편이다.	☐	☐	☐	☐	☐	☐	☐	☐
C. 노력하는 사람이 재능을 타고난 사람을 이긴다고 생각한다.	☐	☐	☐	☐	☐	☐	☐	☐

06

문항	답안 1						답안 2	
	①	②	③	④	⑤	⑥	멀다	가깝다
A. 내 장래는 희망적이라고 생각한다.	☐	☐	☐	☐	☐	☐	☐	☐
B. 스트레스를 받을까봐 두려워지곤 한다.	☐	☐	☐	☐	☐	☐	☐	☐
C. 시간이 지나도 괴로움이 쉽사리 사그라지지 않는다.	☐	☐	☐	☐	☐	☐	☐	☐

07

문항	답안 1						답안 2	
	①	②	③	④	⑤	⑥	멀다	가깝다
A. 내향적이고 사교성이 낮은 편이다.	☐	☐	☐	☐	☐	☐	☐	☐
B. 자극은 다다익선(多多益善)이라고 생각한다.	☐	☐	☐	☐	☐	☐	☐	☐
C. 사람들을 좋아해서 스스럼없이 대화하는 편이다.	☐	☐	☐	☐	☐	☐	☐	☐

08

문항	답안 1						답안 2	
	①	②	③	④	⑤	⑥	멀다	가깝다
A. 낯선 환경에 놓이는 것이 불쾌하다.	☐	☐	☐	☐	☐	☐	☐	☐
B. 통일성보다는 다양성이 중요하다고 여긴다.	☐	☐	☐	☐	☐	☐	☐	☐
C. 깊이 이해하려고 애쓰는 것은 과제 완수의 기본이라고 생각한다.	☐	☐	☐	☐	☐	☐	☐	☐

09

문항	답안 1						답안 2	
	①	②	③	④	⑤	⑥	멀다	가깝다
A. 너무 솔직해 남에게 이용당할 때가 많다.	☐	☐	☐	☐	☐	☐	☐	☐
B. 남의 의견에 별로 구애받지 않는 편이다.	☐	☐	☐	☐	☐	☐	☐	☐
C. 자신의 손실을 남에게 절대 전가하려 하지 않는다.	☐	☐	☐	☐	☐	☐	☐	☐

10

문항	답안 1						답안 2	
	①	②	③	④	⑤	⑥	멀다	가깝다
A. 스스로가 한 일에 책임을 지려고 노력한다.	☐	☐	☐	☐	☐	☐	☐	☐
B. 계획적이기보다는 즉흥적으로 사는 편이다.	☐	☐	☐	☐	☐	☐	☐	☐
C. 장해물이나 목표가 없다면 만족감도 없다고 생각한다.	☐	☐	☐	☐	☐	☐	☐	☐

11

문항	답안 1						답안 2	
	①	②	③	④	⑤	⑥	멀다	가깝다
A. 불만보다는 감사를 느낄 때가 많다.	☐	☐	☐	☐	☐	☐	☐	☐
B. 견디다 보면 슬픔도 익숙해질 것이다.	☐	☐	☐	☐	☐	☐	☐	☐
C. '내 삶에는 왜 이렇게 시련이 많을까?'하고 스트레스를 받곤 한다.	☐	☐	☐	☐	☐	☐	☐	☐

12

문항	답안 1						답안 2	
	①	②	③	④	⑤	⑥	멀다	가깝다
A. 나의 성격은 쾌활함과는 거리가 멀다.	☐	☐	☐	☐	☐	☐	☐	☐
B. 말수가 적으며 수줍어하는 성향이 있다.	☐	☐	☐	☐	☐	☐	☐	☐
C. 일부 부모들의 치맛바람을 극성스럽다고 생각하지 않는다.	☐	☐	☐	☐	☐	☐	☐	☐

13

문항	답안 1						답안 2	
	①	②	③	④	⑤	⑥	멀다	가깝다
A. 정치적으로 진보당보다 보수당을 지지한다.	☐	☐	☐	☐	☐	☐	☐	☐
B. 분석적·지성적인 일에 관심이 없는 편이다.	☐	☐	☐	☐	☐	☐	☐	☐
C. 인생의 스승은 부모처럼 고귀한 존재라고 생각한다.	☐	☐	☐	☐	☐	☐	☐	☐

14

문항	답안 1						답안 2	
	①	②	③	④	⑤	⑥	멀다	가깝다
A. 기본적으로 타인을 믿지 못하는 편이다.	☐	☐	☐	☐	☐	☐	☐	☐
B. 인간미가 부족하다는 비판을 받곤 한다.	☐	☐	☐	☐	☐	☐	☐	☐
C. 남의 고통을 목격하면 그 고통이 내게 고스란히 전해지는 것 같다.	☐	☐	☐	☐	☐	☐	☐	☐

15

문항	답안 1						답안 2	
	①	②	③	④	⑤	⑥	멀다	가깝다
A. 규범은 내 행동에 큰 영향을 주지 못한다.	☐	☐	☐	☐	☐	☐	☐	☐
B. 학창 시절에는 시험 기간이 닥쳐서야 공부를 했다.	☐	☐	☐	☐	☐	☐	☐	☐
C. 기회도 그것을 찾으려 노력하는 사람에게 주어진다고 생각한다.	☐	☐	☐	☐	☐	☐	☐	☐

16

문항	답안 1						답안 2	
	①	②	③	④	⑤	⑥	멀다	가깝다
A. 안정감보다는 불안감을 느낄 때가 많다.	☐	☐	☐	☐	☐	☐	☐	☐
B. 여름철 무더위는 나를 몹시 짜증나게 한다.	☐	☐	☐	☐	☐	☐	☐	☐
C. 인생에는 괴로운 일보다 즐거운 일이 많다고 여긴다.	☐	☐	☐	☐	☐	☐	☐	☐

17

문항	답안 1						답안 2	
	①	②	③	④	⑤	⑥	멀다	가깝다
A. 맵고 짠 자극적 음식을 즐기는 편이다.	☐	☐	☐	☐	☐	☐	☐	☐
B. 한겨울의 맹추위에도 실외 활동을 즐긴다.	☐	☐	☐	☐	☐	☐	☐	☐
C. 본질을 깨우치는 것에 집중하는 미니멀 라이프를 선호한다.	☐	☐	☐	☐	☐	☐	☐	☐

18

문항	답안 1						답안 2	
	①	②	③	④	⑤	⑥	멀다	가깝다
A. 변화는 항상 나를 힘들게 한다.	☐	☐	☐	☐	☐	☐	☐	☐
B. 사람은 죽을 때까지 학생이라고 생각한다.	☐	☐	☐	☐	☐	☐	☐	☐
C. 오래된 생각을 버려야 혁신적인 아이디어를 얻을 수 있다고 생각한다.	☐	☐	☐	☐	☐	☐	☐	☐

19

문항	답안 1						답안 2	
	①	②	③	④	⑤	⑥	멀다	가깝다
A. 타산적이라는 비판을 받곤 한다.	☐	☐	☐	☐	☐	☐	☐	☐
B. 남들에게 복종하고 의존하고 싶어지곤 한다.	☐	☐	☐	☐	☐	☐	☐	☐
C. 성악설보다는 성선설이 더 타당하다고 생각한다.	☐	☐	☐	☐	☐	☐	☐	☐

20

문항	답안 1						답안 2	
	①	②	③	④	⑤	⑥	멀다	가깝다
A. 하던 일을 중간에 그만두는 것을 싫어한다.	☐	☐	☐	☐	☐	☐	☐	☐
B. 씀씀이를 단속하려고 영수증을 잘 관리한다.	☐	☐	☐	☐	☐	☐	☐	☐
C. 노력은 배신하지 않는다는 격언을 믿지 않는다.	☐	☐	☐	☐	☐	☐	☐	☐

21

문항	답안 1						답안 2	
	①	②	③	④	⑤	⑥	멀다	가깝다
A. 쉽게 흥분하지 않는 편이다.	☐	☐	☐	☐	☐	☐	☐	☐
B. 짜증날 때도 감정을 잘 조절할 수 있다.	☐	☐	☐	☐	☐	☐	☐	☐
C. 슬픔이 닥칠 때마다 새롭게 느껴져 견디기가 몹시 힘들다.	☐	☐	☐	☐	☐	☐	☐	☐

22

문항	답안 1						답안 2	
	①	②	③	④	⑤	⑥	멀다	가깝다
A. 다소 대인기피증이 있는 것 같다.	☐	☐	☐	☐	☐	☐	☐	☐
B. 느긋이 적게보다는, 급히 많이 먹으려 한다.	☐	☐	☐	☐	☐	☐	☐	☐
C. 팀원들이 장차 리더가 되도록 은밀히 돕는 팀장이 최고의 리더일 것이다.	☐	☐	☐	☐	☐	☐	☐	☐

23

문항	답안 1						답안 2	
	①	②	③	④	⑤	⑥	멀다	가깝다
A. 통찰력은 나의 주요한 특징 중 하나이다.	☐	☐	☐	☐	☐	☐	☐	☐
B. 권위나 전통적 가치에 도전하기를 꺼린다.	☐	☐	☐	☐	☐	☐	☐	☐
C. 혁신적인 생각은 전통을 익히는 데서 비롯된다고 생각한다.	☐	☐	☐	☐	☐	☐	☐	☐

24

문항	답안 1						답안 2	
	①	②	③	④	⑤	⑥	멀다	가깝다
A. 실제의 이익을 따지는 데 빠른 편이다.	☐	☐	☐	☐	☐	☐	☐	☐
B. 독선적 행동으로 남들의 비난을 받곤 한다.	☐	☐	☐	☐	☐	☐	☐	☐
C. 나의 인간관에 가장 큰 영향을 끼친 것은 정직이다.	☐	☐	☐	☐	☐	☐	☐	☐

25

문항	답안 1						답안 2	
	①	②	③	④	⑤	⑥	멀다	가깝다
A. 굳이 양심에 따라 살려고 애쓰지 않는다.	☐	☐	☐	☐	☐	☐	☐	☐
B. 계획성이나 정확성과는 거리가 먼 편이다.	☐	☐	☐	☐	☐	☐	☐	☐
C. 전적으로 믿을 수 있는 것은 계획뿐이라고 여겨 목표와 비전을 잃지 않는다.	☐	☐	☐	☐	☐	☐	☐	☐

26

문항	답안 1						답안 2	
	①	②	③	④	⑤	⑥	멀다	가깝다
A. 자신의 현재 처지에 대해 비교적 만족한다.	☐	☐	☐	☐	☐	☐	☐	☐
B. ‘왜 하필 나에게’라는 생각이 들 때가 많다.	☐	☐	☐	☐	☐	☐	☐	☐
C. 뜨거운 여름날의 불쾌지수에 매우 민감한 편이다.	☐	☐	☐	☐	☐	☐	☐	☐

27

문항	답안 1						답안 2	
	①	②	③	④	⑤	⑥	멀다	가깝다
A. 앞장서는 리더가 최고의 리더일 것이다.	☐	☐	☐	☐	☐	☐	☐	☐
B. 바쁜 삶 속에서 큰 열정을 느끼곤 한다.	☐	☐	☐	☐	☐	☐	☐	☐
C. 대인관계에서 긴장해 매우 조심스러울 때가 많다.	☐	☐	☐	☐	☐	☐	☐	☐

28

문항	답안 1						답안 2	
	①	②	③	④	⑤	⑥	멀다	가깝다
A. 새로운 지식을 습득하는 데 인색하지 않다.	☐	☐	☐	☐	☐	☐	☐	☐
B. 익숙지 않은 환경에서는 매우 의기소침하다.	☐	☐	☐	☐	☐	☐	☐	☐
C. 책이 아닌 것과 책 중에 하나만 살 수 있다면 책을 살 것이다.	☐	☐	☐	☐	☐	☐	☐	☐

29

문항	답안 1						답안 2	
	①	②	③	④	⑤	⑥	멀다	가깝다
A. 타인의 지지는 나에게 큰 힘이 된다.	☐	☐	☐	☐	☐	☐	☐	☐
B. 약삭빠르고 실리적이며 기민한 편이다.	☐	☐	☐	☐	☐	☐	☐	☐
C. 나는 집단이 지나치게 소수 정예화되는 것에 반대한다.	☐	☐	☐	☐	☐	☐	☐	☐

30

문항	답안 1						답안 2	
	①	②	③	④	⑤	⑥	멀다	가깝다
A. 원칙주의자는 반드시 성공할 것이다.	☐	☐	☐	☐	☐	☐	☐	☐
B. 완벽주의자를 보면 고리타분하다고 느낀다.	☐	☐	☐	☐	☐	☐	☐	☐
C. 재능은 타고나는 것이 아니라 노력의 결과라고 생각한다.	☐	☐	☐	☐	☐	☐	☐	☐

31

문항	답안 1						답안 2	
	①	②	③	④	⑤	⑥	멀다	가깝다
A. 화가 나도 타인에게 화풀이를 하지 않는다.	☐	☐	☐	☐	☐	☐	☐	☐
B. 감정을 통제하지 못해 충동적일 때가 많다.	☐	☐	☐	☐	☐	☐	☐	☐
C. 긍정적인 것보다는 부정적인 면이 눈에 먼저 들어오는 편이다.	☐	☐	☐	☐	☐	☐	☐	☐

32

문항	답안 1						답안 2	
	①	②	③	④	⑤	⑥	멀다	가깝다
A. 대인관계가 사무적 · 형식적일 때가 많다.	☐	☐	☐	☐	☐	☐	☐	☐
B. 용장(勇壯) 밑에 약졸 없다는 말에 동감한다.	☐	☐	☐	☐	☐	☐	☐	☐
C. 여행할 때 사람들이 많이 왕래하는 곳을 선호한다.	☐	☐	☐	☐	☐	☐	☐	☐

33

문항	답안 1						답안 2	
	①	②	③	④	⑤	⑥	멀다	가깝다
A. 새로운 변화에서 큰 흥미를 느끼곤 한다.	☐	☐	☐	☐	☐	☐	☐	☐
B. 새로운 관점을 제시하는 비평문을 선호한다.	☐	☐	☐	☐	☐	☐	☐	☐
C. 연장자의 견해는 어떠한 경우에도 존중해야 한다고 생각한다.	☐	☐	☐	☐	☐	☐	☐	☐

34

문항	답안 1						답안 2	
	①	②	③	④	⑤	⑥	멀다	가깝다
A. 이타심과 동정심은 나의 큰 장점이다.	☐	☐	☐	☐	☐	☐	☐	☐
B. 사람을 사귈 때도 손익을 따지는 편이다.	☐	☐	☐	☐	☐	☐	☐	☐
C. 타인을 비판하기 전에 그의 입장에서 생각해 보곤 한다.	☐	☐	☐	☐	☐	☐	☐	☐

35

문항	답안 1						답안 2	
	①	②	③	④	⑤	⑥	멀다	가깝다
A. 친구들이 나의 의견을 신뢰하는 편이다.	☐	☐	☐	☐	☐	☐	☐	☐
B. 계획에 따라 움직이는 것은 따분한 일이다.	☐	☐	☐	☐	☐	☐	☐	☐
C. 성공의 원동력은 거듭된 실패의 극복이라고 생각한다.	☐	☐	☐	☐	☐	☐	☐	☐

36

문항	답안 1						답안 2	
	①	②	③	④	⑤	⑥	멀다	가깝다
A. 나는 정서적으로 매우 안정적인 편이다.	☐	☐	☐	☐	☐	☐	☐	☐
B. 미래의 일을 생각하면 두려워지곤 한다.	☐	☐	☐	☐	☐	☐	☐	☐
C. 감정보다는 이성의 영향을 더 크게 받는 편이다.	☐	☐	☐	☐	☐	☐	☐	☐

37

문항	답안 1						답안 2	
	①	②	③	④	⑤	⑥	멀다	가깝다
A. 남들과 잘 어울리는 편이다.	☐	☐	☐	☐	☐	☐	☐	☐
B. 비난을 받을까봐 주장을 잘 하지 못한다.	☐	☐	☐	☐	☐	☐	☐	☐
C. 뒤에서 묵묵히 팀원을 지원하는 리더가 최고의 리더라고 생각한다.	☐	☐	☐	☐	☐	☐	☐	☐

38

문항	답안 1						답안 2	
	①	②	③	④	⑤	⑥	멀다	가깝다
A. 기지나 위트와는 거리가 먼 편이다.	☐	☐	☐	☐	☐	☐	☐	☐
B. 관례에 따라 행동하는 때가 더 많다.	☐	☐	☐	☐	☐	☐	☐	☐
C. 때로는 연소자의 생각에서도 배울 게 있다고 생각한다.	☐	☐	☐	☐	☐	☐	☐	☐

39

문항	답안 1						답안 2	
	①	②	③	④	⑤	⑥	멀다	가깝다
A. 자기중심적이고 독립적인 편이다.	☐	☐	☐	☐	☐	☐	☐	☐
B. 남들을 배려하고 관대하게 대하는 편이다.	☐	☐	☐	☐	☐	☐	☐	☐
C. 권모술수에 능한 현실주의자가 성공할 가능성이 높다고 생각한다.	☐	☐	☐	☐	☐	☐	☐	☐

40

문항	답안 1						답안 2	
	①	②	③	④	⑤	⑥	멀다	가깝다
A. 성공을 위해 자신을 통제하는 일이 없다.	☐	☐	☐	☐	☐	☐	☐	☐
B. 규칙, 계획, 책임감과는 거리가 먼 편이다.	☐	☐	☐	☐	☐	☐	☐	☐
C. 부족한 점을 부끄러워해야 고칠 수 있다고 생각한다.	☐	☐	☐	☐	☐	☐	☐	☐

41

문항	답안 1						답안 2	
	①	②	③	④	⑤	⑥	멀다	가깝다
A. 현재 자신의 형편에 대해 불만이 많다.	☐	☐	☐	☐	☐	☐	☐	☐
B. 짜증날 때는 감정을 잘 조절하지 못한다.	☐	☐	☐	☐	☐	☐	☐	☐
C. 자신의 감정과 행동을 지극히 잘 통제하는 편이다.	☐	☐	☐	☐	☐	☐	☐	☐

42

문항	답안 1						답안 2	
	①	②	③	④	⑤	⑥	멀다	가깝다
A. 상당히 말이 적고 내성적인 편이다.	☐	☐	☐	☐	☐	☐	☐	☐
B. 대인관계에서 자신감이 있고 적극적이다.	☐	☐	☐	☐	☐	☐	☐	☐
C. 더위나 추위는 나의 실외활동에 영향을 주지 않는다.	☐	☐	☐	☐	☐	☐	☐	☐

43

문항	답안 1						답안 2	
	①	②	③	④	⑤	⑥	멀다	가깝다
A. 불치하문(不恥下問)이라는 말에 동감한다.	☐	☐	☐	☐	☐	☐	☐	☐
B. 실용성과 현실성은 나의 가장 큰 장점이다.	☐	☐	☐	☐	☐	☐	☐	☐
C. 급변하는 사회에 적응하기 위해 신기술을 적극 수용한다.	☐	☐	☐	☐	☐	☐	☐	☐

44

문항	답안 1						답안 2	
	①	②	③	④	⑤	⑥	멀다	가깝다
A. 타인과 교제할 때 손익을 따지지 않는다.	☐	☐	☐	☐	☐	☐	☐	☐
B. 상당히 자기중심적이고 독립적인 편이다.	☐	☐	☐	☐	☐	☐	☐	☐
C. 성별, 인종, 재산 등에 따라 사람을 차별하지 않는다.	☐	☐	☐	☐	☐	☐	☐	☐

45

문항	답안 1						답안 2	
	①	②	③	④	⑤	⑥	멀다	가깝다
A. 타성에 젖지 않게 자신을 조율하곤 한다.	☐	☐	☐	☐	☐	☐	☐	☐
B. 나에게 도덕과 규범은 낡은 잣대일 뿐이다.	☐	☐	☐	☐	☐	☐	☐	☐
C. 문서를 작성할 때 맞춤법에 신경 쓰지 않는 편이다.	☐	☐	☐	☐	☐	☐	☐	☐

46

문항	답안 1						답안 2	
	①	②	③	④	⑤	⑥	멀다	가깝다
A. 자신의 삶에 대해 불만이 별로 없다.	☐	☐	☐	☐	☐	☐	☐	☐
B. 자기 통제와 담대함은 나의 큰 장점이다.	☐	☐	☐	☐	☐	☐	☐	☐
C. 쉽게 낙담해 무기력해지고 위축되는 것은 나의 단점이다.	☐	☐	☐	☐	☐	☐	☐	☐

47

문항	답안 1						답안 2	
	①	②	③	④	⑤	⑥	멀다	가깝다
A. 과묵하고 언행을 삼가는 편이다.	☐	☐	☐	☐	☐	☐	☐	☐
B. 감정 표현을 억제하고 세심한 편이다.	☐	☐	☐	☐	☐	☐	☐	☐
C. '지배, 정열, 대담'은 나를 표현하는 키워드이다.	☐	☐	☐	☐	☐	☐	☐	☐

48

문항	답안 1						답안 2	
	①	②	③	④	⑤	⑥	멀다	가깝다
A. 보편적인 것과 관습에 구애받는 편이다.	☐	☐	☐	☐	☐	☐	☐	☐
B. 예술이나 여행을 거의 즐기지 않는 편이다.	☐	☐	☐	☐	☐	☐	☐	☐
C. 구호는 감수성에 호소해야 효과적이라고 생각한다.	☐	☐	☐	☐	☐	☐	☐	☐

49

문항	답안 1						답안 2	
	①	②	③	④	⑤	⑥	멀다	가깝다
A. 타인에 대한 공감이 부족한 편이다.	☐	☐	☐	☐	☐	☐	☐	☐
B. 남들과 함께 결정하고 일하기를 꺼린다.	☐	☐	☐	☐	☐	☐	☐	☐
C. 조직에서 문제가 발생했을 때 내 잘못을 솔직히 인정한다.	☐	☐	☐	☐	☐	☐	☐	☐

50

문항	답안 1						답안 2	
	①	②	③	④	⑤	⑥	멀다	가깝다
A. 자율적인 행동 기준이 엄격하지 않다.	☐	☐	☐	☐	☐	☐	☐	☐
B. 성공을 위한 자기 통제력이 별로 없다.	☐	☐	☐	☐	☐	☐	☐	☐
C. 협상할 때는 많이 듣고 적게 말하는 신중함이 필요하다.	☐	☐	☐	☐	☐	☐	☐	☐

51

문항	답안 1						답안 2	
	①	②	③	④	⑤	⑥	멀다	가깝다
A. 정서적으로 다소 불안정한 편이다.	☐	☐	☐	☐	☐	☐	☐	☐
B. 나약하고 조급하다는 평가를 받곤 한다.	☐	☐	☐	☐	☐	☐	☐	☐
C. 소신이 있기 때문에 주변의 평가에 쉽게 휘둘리지 않는다.	☐	☐	☐	☐	☐	☐	☐	☐

52

문항	답안 1						답안 2	
	①	②	③	④	⑤	⑥	멀다	가깝다
A. 자기주장을 공격적으로 하곤 한다.	☐	☐	☐	☐	☐	☐	☐	☐
B. 타인을 대할 때 지배성이 강한 편이다.	☐	☐	☐	☐	☐	☐	☐	☐
C. 활동성과 모험 정신이 부족한 것은 나의 큰 단점이다.	☐	☐	☐	☐	☐	☐	☐	☐

PART 4

53

문항	답안 1						답안 2	
	①	②	③	④	⑤	⑥	멀다	가깝다
A. 상상의 세계에 거의 관심이 없다.	☐	☐	☐	☐	☐	☐	☐	☐
B. 일반적·대중적이지 않을수록 더욱 선호한다.	☐	☐	☐	☐	☐	☐	☐	☐
C. 작품이 중요한 것처럼 비평가의 견해도 중요하다고 생각한다.	☐	☐	☐	☐	☐	☐	☐	☐

54

문항	답안 1						답안 2	
	①	②	③	④	⑤	⑥	멀다	가깝다
A. 인간관계에서 이익을 논하는 것이 싫다.	☐	☐	☐	☐	☐	☐	☐	☐
B. 남의 친절과 환대는 나를 크게 고무시킨다.	☐	☐	☐	☐	☐	☐	☐	☐
C. 남에게 솔직하게 말하면 불필요한 비판을 받을 수 있다고 생각한다.	☐	☐	☐	☐	☐	☐	☐	☐

55

문항	답안 1						답안 2	
	①	②	③	④	⑤	⑥	멀다	가깝다
A. 남들은 나를 신뢰하는 편이다.	☐	☐	☐	☐	☐	☐	☐	☐
B. 성공을 위해 자신을 옥죄는 일이 거의 없다.	☐	☐	☐	☐	☐	☐	☐	☐
C. 시험이 아무리 어려워도 스스로 노력하면 반드시 합격할 것이다.	☐	☐	☐	☐	☐	☐	☐	☐

56

문항	답안 1						답안 2	
	①	②	③	④	⑤	⑥	멀다	가깝다
A. 소심하고 불안한 면이 있다.	☐	☐	☐	☐	☐	☐	☐	☐
B. 당황할 때는 몹시 화가 나기도 한다.	☐	☐	☐	☐	☐	☐	☐	☐
C. 반드시 필요한 걱정조차도 하지 않는 경우가 많다.	☐	☐	☐	☐	☐	☐	☐	☐

57

문항	답안 1						답안 2	
	①	②	③	④	⑤	⑥	멀다	가깝다
A. 대인관계에 서투른 편이다.	☐	☐	☐	☐	☐	☐	☐	☐
B. 열정적이고 매우 쾌활한 편이다.	☐	☐	☐	☐	☐	☐	☐	☐
C. 논리를 따져 나의 주장을 내세우는 것이 매우 번거롭다.	☐	☐	☐	☐	☐	☐	☐	☐

58

문항	답안 1						답안 2	
	①	②	③	④	⑤	⑥	멀다	가깝다
A. 새로운 아이디어를 구상하는 데 서툴다.	☐	☐	☐	☐	☐	☐	☐	☐
B. 매우 현실적·실제적·보수적인 편이다.	☐	☐	☐	☐	☐	☐	☐	☐
C. 동양화의 '여백의 미'에서 자유를 크게 느끼곤 한다.	☐	☐	☐	☐	☐	☐	☐	☐

59

문항	답안 1						답안 2	
	①	②	③	④	⑤	⑥	멀다	가깝다
A. 동료의 지지를 얻는 일에 무관심하다.	☐	☐	☐	☐	☐	☐	☐	☐
B. 도움을 구하느니 차라리 혼자 처리하겠다.	☐	☐	☐	☐	☐	☐	☐	☐
C. 어린이날 등 각종 기념일에 타인을 위한 선물을 꼭 준비한다.	☐	☐	☐	☐	☐	☐	☐	☐

60

문항	답안 1						답안 2	
	①	②	③	④	⑤	⑥	멀다	가깝다
A. 단기간에 큰돈을 벌고 싶은 욕심이 많다.	☐	☐	☐	☐	☐	☐	☐	☐
B. 책임이 과중한 일은 맡기가 매우 꺼려진다.	☐	☐	☐	☐	☐	☐	☐	☐
C. 어려운 일도 충분히 해낼 수 있다고 자부한다.	☐	☐	☐	☐	☐	☐	☐	☐

61

문항	답안 1						답안 2	
	①	②	③	④	⑤	⑥	멀다	가깝다
A. 감정에 휘둘리지 않는다.	☐	☐	☐	☐	☐	☐	☐	☐
B. 남들보다 근심이나 걱정이 많은 편이다.	☐	☐	☐	☐	☐	☐	☐	☐
C. 불만을 참지 못해 푸념을 할 때가 많은 편이다.	☐	☐	☐	☐	☐	☐	☐	☐

62

문항	답안 1						답안 2	
	①	②	③	④	⑤	⑥	멀다	가깝다
A. 낙천적·사교적인 편이다.	☐	☐	☐	☐	☐	☐	☐	☐
B. 타인에게 자신의 권위를 내세우곤 한다.	☐	☐	☐	☐	☐	☐	☐	☐
C. 인간관계에서 거리감을 느끼는 경우가 잦은 편이다.	☐	☐	☐	☐	☐	☐	☐	☐

63

문항	답안 1						답안 2	
	①	②	③	④	⑤	⑥	멀다	가깝다
A. 상식적·보편적이지 않을수록 더욱 끌린다.	☐	☐	☐	☐	☐	☐	☐	☐
B. 지성과 감수성이 낮은 것은 나의 단점이다.	☐	☐	☐	☐	☐	☐	☐	☐
C. 작품은 감상자마다 다른 의미로 받아들일 수 있다고 생각한다.	☐	☐	☐	☐	☐	☐	☐	☐

64

문항	답안 1						답안 2	
	①	②	③	④	⑤	⑥	멀다	가깝다
A. 겸손과 정직은 나의 가장 큰 장점이다.	☐	☐	☐	☐	☐	☐	☐	☐
B. 남의 문제를 해결하는 일에 기꺼이 나선다.	☐	☐	☐	☐	☐	☐	☐	☐
C. 타인을 위한 나의 수고와 희생이 불필요하게 느껴질 때가 많다.	☐	☐	☐	☐	☐	☐	☐	☐

65

문항	답안 1						답안 2	
	①	②	③	④	⑤	⑥	멀다	가깝다
A. 스스로가 상당히 유능하다고 생각한다.	☐	☐	☐	☐	☐	☐	☐	☐
B. 일의 완수에 대한 강박증을 느끼지 않는다.	☐	☐	☐	☐	☐	☐	☐	☐
C. 목적 달성을 위해 매우 금욕적인 삶도 감내할 수 있다.	☐	☐	☐	☐	☐	☐	☐	☐

66

문항	답안 1						답안 2	
	①	②	③	④	⑤	⑥	멀다	가깝다
A. 걱정, 분노, 불안 등을 잘 느끼지 않는다.	☐	☐	☐	☐	☐	☐	☐	☐
B. 근심이 있어도 겉으로 잘 드러내지 않는다.	☐	☐	☐	☐	☐	☐	☐	☐
C. 차례를 기다릴 때는 초조함 때문에 속이 타는 것 같다.	☐	☐	☐	☐	☐	☐	☐	☐

67

문항	답안 1						답안 2	
	①	②	③	④	⑤	⑥	멀다	가깝다
A. 대담하고 모험적일 때가 많다.	☐	☐	☐	☐	☐	☐	☐	☐
B. 위험할 때는 결코 함부로 행동하지 않는다.	☐	☐	☐	☐	☐	☐	☐	☐
C. 사람을 만나는 것이 꺼려져 남들과 어울리지 못한다.	☐	☐	☐	☐	☐	☐	☐	☐

68

문항	답안 1						답안 2	
	①	②	③	④	⑤	⑥	멀다	가깝다
A. 창의성과 지성이 부족한 편이다.	☐	☐	☐	☐	☐	☐	☐	☐
B. 새롭고 다양한 예술 활동에 관심이 없다.	☐	☐	☐	☐	☐	☐	☐	☐
C. 개방적일수록 변화에 더 잘 적응한다고 생각한다.	☐	☐	☐	☐	☐	☐	☐	☐

69

문항	답안 1						답안 2	
	①	②	③	④	⑤	⑥	멀다	가깝다
A. 우월감으로 지나치게 자랑할 때가 많다.	☐	☐	☐	☐	☐	☐	☐	☐
B. 타인의 입장과 사정에 관심이 매우 많다.	☐	☐	☐	☐	☐	☐	☐	☐
C. '머리 검은 짐승은 구제하지 말라'는 속담을 믿는다.	☐	☐	☐	☐	☐	☐	☐	☐

70

문항	답안 1						답안 2	
	①	②	③	④	⑤	⑥	멀다	가깝다
A. 이익을 위해서라면 편법도 꺼리지 않는다.	☐	☐	☐	☐	☐	☐	☐	☐
B. 규칙과 의무를 지키는 일은 매우 번거롭다.	☐	☐	☐	☐	☐	☐	☐	☐
C. 일하는 시간, 노는 시간을 구분해 일에 방해가 되지 않게 한다.	☐	☐	☐	☐	☐	☐	☐	☐

71

문항	답안 1						답안 2	
	①	②	③	④	⑤	⑥	멀다	가깝다
A. 며칠 동안 집에만 있어도 우울하지 않다.	☐	☐	☐	☐	☐	☐	☐	☐
B. 죄책감으로 마음이 몹시 불편해지곤 한다.	☐	☐	☐	☐	☐	☐	☐	☐
C. 자신이 무용지물이라고 생각해 좌절할 때가 많다.	☐	☐	☐	☐	☐	☐	☐	☐

72

문항	답안 1						답안 2	
	①	②	③	④	⑤	⑥	멀다	가깝다
A. 매사에 적극적이며 반응이 빠른 편이다.	☐	☐	☐	☐	☐	☐	☐	☐
B. 우월감으로 독단적인 행동을 하곤 한다.	☐	☐	☐	☐	☐	☐	☐	☐
C. 남과 어울릴 때보다 혼자 있을 때 편안함을 크게 느낀다.	☐	☐	☐	☐	☐	☐	☐	☐

73

문항	답안 1						답안 2	
	①	②	③	④	⑤	⑥	멀다	가깝다
A. 참신한 예술 작품에 공감하지 못한다.	☐	☐	☐	☐	☐	☐	☐	☐
B. 통속적 작품도 예술로서 유의미할 것이다.	☐	☐	☐	☐	☐	☐	☐	☐
C. 미묘할수록 상상할 여지가 많아 좋다고 생각한다.	☐	☐	☐	☐	☐	☐	☐	☐

74

문항	답안 1						답안 2	
	①	②	③	④	⑤	⑥	멀다	가깝다
A. 봉사활동을 상당히 선호하는 편이다.	☐	☐	☐	☐	☐	☐	☐	☐
B. 갈등 상황에서 조화를 지향해 수용적이다.	☐	☐	☐	☐	☐	☐	☐	☐
C. 원하는 것이 있을 때만 타인이 나에게 친절하다고 생각한다.	☐	☐	☐	☐	☐	☐	☐	☐

75

문항	답안 1						답안 2	
	①	②	③	④	⑤	⑥	멀다	가깝다
A. 계획을 세운 것은 반드시 지킨다.	☐	☐	☐	☐	☐	☐	☐	☐
B. '될 대로 돼라'라고 생각할 때가 많다.	☐	☐	☐	☐	☐	☐	☐	☐
C. 물건을 살 때 여러 사이트를 검색해 최저가를 꼼꼼히 확인한다.	☐	☐	☐	☐	☐	☐	☐	☐

76

문항	답안 1						답안 2	
	①	②	③	④	⑤	⑥	멀다	가깝다
A. 불안과 스트레스에 매우 민감하다.	☐	☐	☐	☐	☐	☐	☐	☐
B. 수동적이며 타인의 동정을 바라는 편이다.	☐	☐	☐	☐	☐	☐	☐	☐
C. 스트레스를 받는 경우에도 결코 역정을 내지 않는다.	☐	☐	☐	☐	☐	☐	☐	☐

77

문항	답안 1						답안 2	
	①	②	③	④	⑤	⑥	멀다	가깝다
A. 사람들과 사귀는 것을 피하는 편이다.	☐	☐	☐	☐	☐	☐	☐	☐
B. 비난을 받을까봐 자기주장을 삼가는 편이다.	☐	☐	☐	☐	☐	☐	☐	☐
C. 논리 따지기를 좋아하고 주장이 매우 강한 편이다.	☐	☐	☐	☐	☐	☐	☐	☐

78

문항	답안 1						답안 2	
	①	②	③	④	⑤	⑥	멀다	가깝다
A. 참신한 시를 읽으면 기분이 상쾌해진다.	☐	☐	☐	☐	☐	☐	☐	☐
B. 지적인 자극을 찾는 일에 매우 소극적이다.	☐	☐	☐	☐	☐	☐	☐	☐
C. 유행을 타지 않을수록 명작이 되기 쉬울 것이다.	☐	☐	☐	☐	☐	☐	☐	☐

79

문항	답안 1						답안 2	
	①	②	③	④	⑤	⑥	멀다	가깝다
A. 타인보다는 자신의 만족이 더 중요하다.	☐	☐	☐	☐	☐	☐	☐	☐
B. 아랫사람에게는 존댓말을 거의 쓰지 않는다.	☐	☐	☐	☐	☐	☐	☐	☐
C. 대인관계에서 가장 중요한 것 두 가지는 신뢰와 정직일 것이다.	☐	☐	☐	☐	☐	☐	☐	☐

80

문항	답안 1						답안 2	
	①	②	③	④	⑤	⑥	멀다	가깝다
A. 자신의 유능함을 자부한다.	☐	☐	☐	☐	☐	☐	☐	☐
B. 자기를 성찰하는 일에 별로 관심이 없다.	☐	☐	☐	☐	☐	☐	☐	☐
C. 내가 한 일에 대한 책임을 회피하고 싶어지곤 한다.	☐	☐	☐	☐	☐	☐	☐	☐

81

문항	답안 1						답안 2	
	①	②	③	④	⑤	⑥	멀다	가깝다
A. 의지력이 약하고 걱정이 많은 편이다.	☐	☐	☐	☐	☐	☐	☐	☐
B. 자신에 대해 매우 비판적일 때가 많다.	☐	☐	☐	☐	☐	☐	☐	☐
C. 어떠한 경우에도 자신의 욕구를 합리적으로 통제할 수 있다.	☐	☐	☐	☐	☐	☐	☐	☐

82

문항	답안 1						답안 2	
	①	②	③	④	⑤	⑥	멀다	가깝다
A. 매우 활기차고 배짱이 있는 편이다.	☐	☐	☐	☐	☐	☐	☐	☐
B. 항상 상대방이 먼저 인사하기를 기다린다.	☐	☐	☐	☐	☐	☐	☐	☐
C. 위험한 상황에서도 매우 적극적으로 행동하곤 한다.	☐	☐	☐	☐	☐	☐	☐	☐

83

문항	답안 1						답안 2	
	①	②	③	④	⑤	⑥	멀다	가깝다
A. 호기심은 나를 이끄는 원동력이다.	☐	☐	☐	☐	☐	☐	☐	☐
B. 변화를 꿰뚫어 보는 통찰력이 있는 편이다.	☐	☐	☐	☐	☐	☐	☐	☐
C. 변화가 많은 것보다는 단순한 패턴을 선호한다.	☐	☐	☐	☐	☐	☐	☐	☐

84

문항	답안 1						답안 2	
	①	②	③	④	⑤	⑥	멀다	가깝다
A. 사랑과 평등은 내가 추구하는 가치이다.	☐	☐	☐	☐	☐	☐	☐	☐
B. 성희롱, 성차별 등의 이슈에 관심이 많다.	☐	☐	☐	☐	☐	☐	☐	☐
C. 남의 도움을 구하기보다는 혼자서 일을 처리하는 편이다.	☐	☐	☐	☐	☐	☐	☐	☐

85

문항	답안 1						답안 2	
	①	②	③	④	⑤	⑥	멀다	가깝다
A. 오늘 할 일을 결코 다음으로 미루지 않는다.	☐	☐	☐	☐	☐	☐	☐	☐
B. 자기 개발과 관련한 글이나 책에 관심이 없다.	☐	☐	☐	☐	☐	☐	☐	☐
C. 자신의 분야에서 최고 수준을 유지하기 위해 노력한다.	☐	☐	☐	☐	☐	☐	☐	☐

86

문항	답안 1						답안 2	
	①	②	③	④	⑤	⑥	멀다	가깝다
A. 위협에 민감하고 열등감을 자주 느낀다.	☐	☐	☐	☐	☐	☐	☐	☐
B. 환경이 바뀌어도 능률의 차이가 거의 없다.	☐	☐	☐	☐	☐	☐	☐	☐
C. 낙담, 슬픔 등의 감정에 별로 치우치지 않는 편이다.	☐	☐	☐	☐	☐	☐	☐	☐

87

문항	답안 1						답안 2	
	①	②	③	④	⑤	⑥	멀다	가깝다
A. 인간관계에 별로 관심이 없다.	☐	☐	☐	☐	☐	☐	☐	☐
B. 모험 정신과 활동성은 나의 큰 장점이다.	☐	☐	☐	☐	☐	☐	☐	☐
C. 윗사람에게 야단을 맞을 때 더 혼날까봐 변명을 하지 못한다.	☐	☐	☐	☐	☐	☐	☐	☐

88

문항	답안 1						답안 2	
	①	②	③	④	⑤	⑥	멀다	가깝다
A. 지적인 탐구에 몰두하기를 즐기지 못한다.	☐	☐	☐	☐	☐	☐	☐	☐
B. 어떤 문제에 대해 가능한 한 다양하게 접근한다.	☐	☐	☐	☐	☐	☐	☐	☐
C. 어떤 분야의 클래식이 된 데는 다 이유가 있다고 생각한다.	☐	☐	☐	☐	☐	☐	☐	☐

89

문항	답안 1						답안 2	
	①	②	③	④	⑤	⑥	멀다	가깝다
A. 정직하면 손해를 보기 쉽다고 생각한다.	☐	☐	☐	☐	☐	☐	☐	☐
B. SNS, 이메일 등 온라인 예절에 관심이 많다.	☐	☐	☐	☐	☐	☐	☐	☐
C. 타인에게 상처받기 전에 먼저 그에게 상처를 주곤 한다.	☐	☐	☐	☐	☐	☐	☐	☐

90

문항	답안 1						답안 2	
	①	②	③	④	⑤	⑥	멀다	가깝다
A. 과정보다는 결과가 중요하다고 생각한다.	☐	☐	☐	☐	☐	☐	☐	☐
B. 나의 능력에 대한 자부심은 나의 장점이다.	☐	☐	☐	☐	☐	☐	☐	☐
C. 성공의 비결은 유연한 융통성에 있다고 생각한다.	☐	☐	☐	☐	☐	☐	☐	☐

91

문항	답안 1						답안 2	
	①	②	③	④	⑤	⑥	멀다	가깝다
A. 불안, 초조, 긴장 등을 느낄 때가 많다.	☐	☐	☐	☐	☐	☐	☐	☐
B. 자기 확신이 강하고 대체로 평온한 편이다.	☐	☐	☐	☐	☐	☐	☐	☐
C. 열등의식 때문에 스트레스를 받는 경우가 많다.	☐	☐	☐	☐	☐	☐	☐	☐

92

문항	답안 1						답안 2	
	①	②	③	④	⑤	⑥	멀다	가깝다
A. 인맥을 넓히는 일에 관심이 거의 없다.	☐	☐	☐	☐	☐	☐	☐	☐
B. 대인관계에서 두려움을 느끼지 않는 편이다.	☐	☐	☐	☐	☐	☐	☐	☐
C. 논리를 따지길 선호하고 자기주장이 매우 강한 편이다.	☐	☐	☐	☐	☐	☐	☐	☐

93

문항	답안 1						답안 2	
	①	②	③	④	⑤	⑥	멀다	가깝다
A. 호기심은 인간의 지극한 본능이다.	☐	☐	☐	☐	☐	☐	☐	☐
B. 능률, 안전 등에 큰 가치를 두는 편이다.	☐	☐	☐	☐	☐	☐	☐	☐
C. 오케스트라를 구성하는 악기의 수는 많을수록 좋을 것이다.	☐	☐	☐	☐	☐	☐	☐	☐

94

문항	답안 1						답안 2	
	①	②	③	④	⑤	⑥	멀다	가깝다
A. 나의 이익이 타인의 행복보다 중요하다.	☐	☐	☐	☐	☐	☐	☐	☐
B. 남들로부터 상냥하다는 평가를 받곤 한다.	☐	☐	☐	☐	☐	☐	☐	☐
C. 인간의 존엄성은 어떠한 경우에도 최우선의 가치이다.	☐	☐	☐	☐	☐	☐	☐	☐

95

문항	답안 1						답안 2	
	①	②	③	④	⑤	⑥	멀다	가깝다
A. 목적을 위해 현재의 유혹을 잘 참는다.	☐	☐	☐	☐	☐	☐	☐	☐
B. '어떻게든 되겠지'라고 생각할 때가 많다.	☐	☐	☐	☐	☐	☐	☐	☐
C. 책임을 다하려면 자신의 능력에 자부심을 가져야 한다.	☐	☐	☐	☐	☐	☐	☐	☐

96

문항	답안 1						답안 2	
	①	②	③	④	⑤	⑥	멀다	가깝다
A. 감정의 균형을 꾸준히 유지할 수 있다.	☐	☐	☐	☐	☐	☐	☐	☐
B. 일상에서 스트레스를 받는 일이 거의 없다.	☐	☐	☐	☐	☐	☐	☐	☐
C. 별것 아닌 일 때문에 자신감을 잃는 경우가 많은 편이다.	☐	☐	☐	☐	☐	☐	☐	☐

97

문항	답안 1						답안 2	
	①	②	③	④	⑤	⑥	멀다	가깝다
A. 폭넓은 인간관계는 거추장스러울 뿐이다.	☐	☐	☐	☐	☐	☐	☐	☐
B. 타인이 리더 역할을 잘하도록 돕는 편이다.	☐	☐	☐	☐	☐	☐	☐	☐
C. 대인관계에서 자신의 느낌과 생각을 적극적으로 표현한다.	☐	☐	☐	☐	☐	☐	☐	☐

98

문항	답안 1						답안 2	
	①	②	③	④	⑤	⑥	멀다	가깝다
A. 창의적 사고에 능숙하지 못하다.	☐	☐	☐	☐	☐	☐	☐	☐
B. 자신이 남들과 차별화되는 것이 싫다.	☐	☐	☐	☐	☐	☐	☐	☐
C. 구성원의 수가 많을수록 창의적 아이디어 개발에 효율적일 것이다.	☐	☐	☐	☐	☐	☐	☐	☐

99

문항	답안 1						답안 2	
	①	②	③	④	⑤	⑥	멀다	가깝다
A. 정직보다는 이익이 더 중요하다고 여긴다.	☐	☐	☐	☐	☐	☐	☐	☐
B. 상대가 누구이건 항상 높임말을 사용한다.	☐	☐	☐	☐	☐	☐	☐	☐
C. 남의 의도를 부정적으로 해석해 공격적일 때가 많다.	☐	☐	☐	☐	☐	☐	☐	☐

100

문항	답안 1						답안 2	
	①	②	③	④	⑤	⑥	멀다	가깝다
A. 성취감은 나에게 별로 중요하지 않다.	☐	☐	☐	☐	☐	☐	☐	☐
B. 장기적인 청사진을 만드는 일은 버겁다.	☐	☐	☐	☐	☐	☐	☐	☐
C. 사회적 규범을 나름대로 지키면서 살아왔다고 자부한다.	☐	☐	☐	☐	☐	☐	☐	☐

MEMO

PART 5

면접

면접 유형 및 실전 대책

01   면접 주요사항

면접의 사전적 정의는 면접관이 지원자를 직접 만나보고 인품(人品)이나 언행(言行) 따위를 시험하는 일로, 흔히 필기시험 후에 최종적으로 심사하는 방법이다.

최근 주요 기업의 인사담당자들을 대상으로 채용 시 면접이 차지하는 비중을 설문조사했을 때, 50 ~ 80% 이상이라고 답한 사람이 전체 응답자의 80%를 넘었다. 이와 대조적으로 지원자들을 대상으로 취업 시험에서 면접을 준비하는 기간을 물었을 때, 대부분의 응답자가 2 ~ 3일 정도라고 대답했다.

지원자가 일정 수준의 스펙을 갖추기 위해 자격증 시험과 토익을 치르고 이력서와 자기소개서까지 쓰다 보면 면접까지 챙길 여유가 없는 것이 사실이다. 그리고 서류전형과 인적성검사를 통과해야만 면접을 볼 수 있기 때문에 자연스럽게 면접은 취업시험 과정에서 그 비중이 작아질 수밖에 없다. 하지만 아이러니하게도 실제 채용 과정에서 면접이 차지하는 비중은 절대적이라고 해도 과언이 아니다.

기업들은 채용 과정에서 토론 면접, 인성 면접, 프레젠테이션 면접, 역량 면접 등의 다양한 면접을 실시한다. 1차 커트라인이라고 할 수 있는 서류전형을 통과한 지원자들의 스펙이나 능력은 서로 엇비슷하다고 판단되기 때문에 서류상 보이는 자격증이나 토익 성적보다는 지원자의 인성을 파악하기 위해 면접을 더욱 강화하는 것이다. 일부 기업은 의도적으로 압박 면접을 실시하기도 한다. 지원자가 당황할 수 있는 질문을 던져서 그것에 대한 지원자의 반응을 살펴보는 것이다.

면접은 다르게 생각한다면 '나는 누구인가?'에 대한 물음에 해답을 줄 수 있는 가장 현실적이고 미래적인 경험이 될 수 있다. 취업난 속에서 자격증을 취득하고 토익 성적을 올리기 위해 앞만 보고 달려온 지원자들은 자신에 대해서 고민하고 탐구할 수 있는 시간을 평소 쉽게 가질 수 없었을 것이다. 자신을 잘 알고 있어야 자신에 대해서 자신감 있게 말할 수 있다. 대체로 사람들은 자신에게 관대한 편이기 때문에 자신에 대해서 어떤 기대와 환상을 가지고 있는 경우가 많다. 하지만 면접은 제삼자에 의해 개인의 능력을 객관적으로 평가받는 시험이다. 어떤 지원자들은 다른 사람에게 자신을 표현하는 것을 어려워한다. 평소에 잘 사용하지 않는 용어를 내뱉으면서 거창하게 자신을 포장하는 지원자도 많다. 면접에서 가장 기본은 자기 자신을 면접관에게 알기 쉽게 표현하는 것이다.

이러한 표현을 바탕으로 자신이 앞으로 하고자 하는 것과 그에 대한 이유를 설명해야 한다. 최근에는 자신감을 향상시키거나 말하는 능력을 높이는 학원도 많기 때문에 얼마든지 자신의 단점을 극복할 수 있다.

1. 자기소개의 기술

자기소개를 시키는 이유는 면접자가 지원자의 자기소개서를 압축해서 듣고, 지원자의 첫인상을 평가할 시간을 가질 수 있기 때문이다. 면접을 위한 워밍업이라고 할 수 있으며, 첫인상을 결정하는 과정이므로 매우 중요한 순간이다.

(1) 정해진 시간에 자기소개를 마쳐야 한다.

쉬워 보이지만 의외로 지원자들이 정해진 시간을 넘기거나 혹은 빨리 끝내서 면접관에게 지적을 받는 경우가 많다. 본인이 면접을 받는 마지막 지원자가 아닌 이상, 정해진 시간을 지키지 않는 것은 수많은 지원자를 상대하기에 바쁜 면접관과 대기 시간에 지친 다른 지원자들에게 불쾌감을 줄 수 있다.

또한 회사에서 시간관념은 절대적인 것이므로 반드시 자기소개 시간을 지켜야 한다. 말하기는 1분에 200자 원고지 2장 분량의 글을 읽는 만큼의 속도가 가장 적당하다. 이를 A4 용지에 10point 글자 크기로 작성하면 반 장 분량이 된다.

(2) 간단하지만 신선한 문구로 자기소개를 시작하자.

요즈음 많은 지원자가 이 방법을 사용하고 있기 때문에 웬만한 소재의 문구가 아니면 면접관의 관심을 받을 수 없다. 이러한 문구는 시대적으로 유행하는 광고 카피를 패러디하는 경우와 격언 등을 인용하는 경우, 그리고 지원한 회사의 IC나 경영이념, 인재상 등을 사용하는 경우 등이 있다. 지원자는 이러한 여러 문구 중에 자신의 첫인상을 북돋아 줄 수 있는 것을 선택해서 말해야 한다. 자신의 이름을 문구 속에 적절하게 넣어서 말한다면 좀 더 효과적인 자기소개가 될 것이다.

(3) 무엇을 먼저 말할 것인지 고민하자.

면접관이 많이 던지는 질문 중 하나가 지원동기이다. 그래서 성장기를 바로 건너뛰고, 지원한 회사에 들어오기 위해 대학에서 어떻게 준비했는지를 설명하는 자기소개가 대세이다.

(4) 면접관의 호기심을 자극해 관심을 불러일으킬 수 있게 말하라.

면접관에게 질문을 많이 받는 지원자의 합격률이 반드시 높은 것은 아니지만, 질문을 전혀 안 받는 것보다는 좋은 평가를 기대할 수 있다.

지원한 분야와 관련된 수상 경력이나 프로젝트 등을 말하는 것도 좋다. 이는 지원자의 업무 능력과 직접 연결되는 것이므로 효과적인 자기 홍보가 될 수 있다. 일부 지원자들은 자신만의 특별한 경험을 이야기하는데, 이때는 그 경험이 보편적으로 사람들의 공감대를 얻을 수 있는 것인지 다시 생각해봐야 한다.

(5) 마지막 고개를 넘기가 가장 힘들다.

첫 단추도 중요하지만, 마지막 단추도 중요하다. 하지만 왠지 격식을 따지는 인사말은 지나가는 인사말 같고, 다르게 하자니 예의에 어긋나는 것 같은 기분이 든다. 이때는 처음에 했던 자신만의 문구를 다시 한 번 말하는 것도 좋은 방법이다. 자연스러운 끝맺음이 될 수 있도록 적절한 연습이 필요하다.

2. 1분 자기소개 시 주의사항

(1) 자기소개서와 자기소개가 똑같다면 감점일까?

아무리 자기소개서를 외워서 말한다 해도 자기소개가 자기소개서와 완전히 똑같을 수는 없다. 자기소개서의 분량이 더 많고 회사마다 요구하는 필수 항목들이 있기 때문에 굳이 고민할 필요는 없다. 오히려 자기소개서의 내용을 잘 정리한 자기소개가 더 좋은 결과를 만들 수 있다. 하지만 자기소개서와 상반된 내용을 말하는 것은 적절하지 않다. 지원자의 신뢰성이 떨어진다는 것은 곧 불합격을 의미하기 때문이다.

(2) 말하는 자세를 바르게 익혀라.

지원자가 자기소개를 하는 동안 면접관은 지원자의 동작 하나하나를 관찰한다. 그렇기 때문에 바른 자세가 중요하다는 것은 우리가 익히 알고 있다. 하지만 문제는 무의식적으로 나오는 습관 때문에 자세가 흐트러져 나쁜 인상을 줄 수 있다는 것이다. 이러한 습관을 고칠 수 있는 가장 좋은 방법은 캠코더 등으로 자신의 모습을 담는 것이다. 거울을 사용할 경우에는 시선이 자꾸 자기 눈과 마주치기 때문에 집중하기 힘들다. 하지만 촬영된 동영상은 제삼자의 입장에서 자신을 볼 수 있기 때문에 많은 도움이 된다.

(3) 정확한 발음과 억양으로 자신 있게 말하라.

지원자의 모양새가 아무리 뛰어나도, 목소리가 작고 발음이 부정확하면 큰 감점을 받는다. 이러한 모습은 지원자의 좋은 점에까지 악영향을 끼칠 수 있다. 직장을 흔히 사회생활의 시작이라고 말하는 시대적 정서에서 사람들과 의사소통을 하는 데 문제가 있다고 판단되는 지원자는 부적절한 인재로 평가될 수밖에 없다.

3. 대화법

전문가들이 말하는 대화법의 핵심은 '상대방을 배려하면서 이야기하라.'는 것이다. 대화는 나와 다른 사람의 소통이다. 내용에 대한 공감이나 이해가 없다면 대화는 더 진전되지 않는다.

『카네기 인간관계론』이라는 베스트셀러의 작가인 철학자 카네기가 말하는 최상의 대화법은 자신의 경험을 토대로 이야기하는 것이다. 즉, 살아오면서 직접 겪은 경험이 상대방의 관심을 끌 수 있는 가장 좋은 이야깃거리인 것이다. 특히, 어떤 일을 이루기 위해 노력하는 과정에서 겪은 실패나 희망에 대해 진솔하게 얘기한다면 상대방은 어느새 당신의 편에 서서 그 이야기에 동조할 것이다.

독일의 사업가이자, 동기부여 트레이너인 위르겐 힐러의 연설법 중 가장 유명한 것은 '시즐(Sizzle)'을 잡는 것이다. 시즐이란, 새우튀김이나 돈가스가 기름에서 지글지글 튀겨질 때 나는 소리이다. 즉, 자신의 말을 듣고 시즐처럼 반응하는 상대방의 감정에 적절하게 대응하라는 것이다.

말을 시작한 지 10 ~ 15초 안에 상대방의 '시즐'을 알아차려야 한다. 자신의 이야기에 대한 상대방의 첫 반응에 따라 말하기 전략도 달라져야 한다. 첫 이야기의 반응이 미지근하다면 가능한 한 그 이야기를 빨리 마무리하고 새로운 이야깃거리를 생각해내야 한다. 길지 않은 면접 시간 내에 몇 번 오지 않는 대답의 기회를 살리기 위해서 보다 전략적이고 냉철해야 하는 것이다.

4. 차림새

(1) 구두

면접에 어떤 옷을 입어야 할지를 며칠 동안 고민하면서 정작 구두는 면접 보는 날 현관을 나서면서 즉흥적으로 신고 가는 지원자들이 많다. 특히, 남자 지원자들이 이러한 실수를 많이 한다. 구두를 보면 그 사람의 됨됨이를 알 수 있다고 한다. 면접관 역시 이러한 것을 놓치지 않기 때문에 지원자는 자신의 구두에 더욱 신경을 써야 한다. 스타일의 마무리는 발끝에서 이루어지는 것이다. 아무리 멋진 옷을 입고 있어도 구두가 어울리지 않는다면 전체 스타일이 흐트러지기 때문이다.

정장용 구두는 디자인이 깔끔하고, 에나멜 가공처리를 하여 광택이 도는 페이턴트 가죽 소재 제품이 무난하다. 검정 계열 구두는 회색과 감색 정장에, 브라운 계열의 구두는 베이지나 갈색 정장에 어울린다. 참고로 구두는 오전에 사는 것보다 발이 충분히 부은 상태인 저녁에 사는 것이 좋다. 마지막으로 당연한 일이지만 반드시 면접을 보는 전날 구두 뒤축이 닳지는 않았는지 확인하고 구두에 광을 내 둔다.

(2) 양말

양말은 정장과 구두의 색상을 비교해서 골라야 한다. 특히 검정이나 감색의 진한 색상의 바지에 흰 양말을 신는 것은 시대에 뒤처지는 일이다. 일반적으로 양말의 색깔은 바지의 색깔과 같아야 한다. 또한 양말의 길이도 신경 써야 한다. 바지를 입은 경우에 의자에 바르게 앉거나 다리를 꼬아서 앉을 때 다리털이 보여서는 안 된다. 반드시 긴 정장 양말을 신어야 한다.

(3) 정장

지원자는 평소에 정장을 입을 기회가 많지 않기 때문에 면접을 볼 때 본인 스스로도 옷을 어색하게 느끼는 경우가 많다. 옷을 불편하게 느끼기 때문에 자세마저 불안정한 지원자도 볼 수 있다. 그러므로 면접 전에 정장을 입고 생활해 보는 것도 나쁘지는 않다.

일반적으로 면접을 볼 때는 상대방에게 신뢰감을 줄 수 있는 남색 계열의 옷이나 어떤 계절이든 무난하고 깔끔해 보이는 회색 계열의 정장을 많이 입는다. 정장은 유행에 따라서 재킷의 디자인이나 버튼의 개수가 바뀌기 때문에 너무 오래된 옷을 입어서 다른 사람의 옷을 빌려 입고 나온 듯한 인상을 주어서는 안 된다.

(4) 헤어스타일과 메이크업

헤어스타일에 자신이 없다면 미용실에 다녀오는 것도 좋은 방법이다. 또한 자신에게 어울리는 메이크업을 하는 것도 괜찮다. 메이크업은 상대에 대한 예의를 갖추는 것이므로 지나치게 화려한 메이크업이 아니라면 보다 준비된 지원자처럼 보일 수 있다.

5. 첫인상

취업을 위해 성형수술을 받는 사람들에 대한 이야기는 더 이상 뉴스거리가 되지 않는다. 그만큼 많은 사람이 좁은 취업문을 뚫기 위해 이미지 향상에 신경을 쓰고 있다. 이는 면접관에게 좋은 첫인상을 주기 위한 것으로, 지원서에 올리는 증명사진을 이미지 프로그램을 통해 수정하는 이른바 '사이버 성형'이 유행하는 것과 같은 맥락이다. 실제로 외모가 채용 과정에서 영향을 끼치는가에 대한 설문조사에서도 60% 이상의 인사담당자들이 그렇다고 답변했다.

하지만 외모와 첫인상을 절대적인 관계로 이해하는 것은 잘못된 판단이다. 외모가 첫인상에서 많은 부분을 차지하지만, 외모 외에 다른 결점이 발견된다면 그로 인해 장점들이 가려질 수도 있다. 이러한 현상은 아래에서 다시 논하겠다.

첫인상은 말 그대로 한 번밖에 기회가 주어지지 않으며 몇 초 안에 결정된다. 첫인상을 결정짓는 요소 중 시각적인 요소가 80% 이상을 차지한다. 첫눈에 들어오는 생김새나 복장, 표정 등에 의해서 결정되는 것이다. 면접을 시작할 때 자기소개를 시키는 것도 지원자별로 첫인상을 평가하기 위해서이다. 첫인상이 중요한 이유는 만약 첫인상이 부정적으로 인지될 경우, 지원자의 다른 좋은 면까지 거부당하기 때문이다. 이러한 현상을 심리학에서는 초두효과(Primacy Effect)라고 한다. 그래서 한 번 형성된 첫인상은 여간해서 바꾸기 힘들다. 이는 첫인상이 나중에 들어오는 정보까지 영향을 주기 때문이다. 첫인상의 정보가 나중에 들어오는 정보 처리의 지침이 되는 것을 심리학에서는 맥락효과(Context Effect)라고 한다. 따라서 평소에 첫인상을 좋게 만들기 위한 노력을 꾸준히 해야만 하는 것이다.

좋은 첫인상이 반드시 외모에만 집중되는 것은 아니다. 오히려 깔끔한 옷차림과 부드러운 표정 그리고 말과 행동 등에 의해 전반적인 이미지가 만들어진다. 누구나 이러한 것 중에 한두 가지 단점을 가지고 있다. 요즈음은 이미지 컨설팅을 통해서 자신의 단점들을 보완하는 지원자도 있다. 특히, 표정이 밝지 않은 지원자는 평소 웃는 연습을 의식적으로 하여 면접을 받는 동안 계속해서 여유 있는 표정을 짓는 것이 중요하다.

1. 면접의 유형

과거 천편일률적인 일대일 면접과 달리 면접에는 다양한 유형이 도입되어 현재는 "면접은 이렇게 보는 것이다."라고 말할 수 있는 정해진 유형이 없어졌다. 그러나 삼성그룹 면접에서는 현재까지는 집단 면접과 다대일 면접이 진행되고 있으므로 어느 정도 유형을 파악하여 사전에 대비가 가능하다. 면접의 기본인 단독 면접부터, 다대일 면접, 집단 면접의 유형과 그 대책에 대해 알아보자.

(1) 단독 면접

단독 면접이란 응시자와 면접관이 1대1로 마주하는 형식을 말한다. 면접위원 한 사람과 응시자 한 사람이 마주 앉아 자유로운 화제를 가지고 질의응답을 되풀이하는 방식이다. 이 방식은 면접의 가장 기본적인 방법으로 소요시간은 10 ~ 20분 정도가 일반적이다.

① 장점

필기시험 등으로 판단할 수 없는 성품이나 능력을 알아내는 데 가장 적합하다고 평가받아 온 면접방식으로 응시자 한 사람 한 사람에 대해 여러 면에서 비교적 폭넓게 파악할 수 있다. 응시자의 입장에서는 한 사람의 면접관만을 대하는 것이므로 상대방에게 집중할 수 있으며, 긴장감도 다른 면접방식에 비해서는 적은 편이다.

② 단점

면접관의 주관이 강하게 작용해 객관성을 저해할 소지가 있으며, 면접 평가표를 활용한다 하더라도 일면적인 평가에 그칠 가능성을 배제할 수 없다. 또한 시간이 많이 소요되는 것도 단점이다.

> **단독 면접 준비 Point**
>
> 단독 면접에 대비하기 위해서는 평소 1대1로 논리 정연하게 대화를 나눌 수 있는 능력을 기르는 것이 중요하다. 그리고 면접장에서는 면접관을 선배나 선생님 혹은 아버지를 대하는 기분으로 면접에 임하는 것이 부담도 훨씬 적고 실력을 발휘할 수 있는 방법이 될 것이다.

(2) 다대일 면접

다대일 면접은 일반적으로 가장 많이 사용되는 면접방법으로 보통 2 ~ 5명의 면접관이 1명의 응시자에게 질문하는 형태의 면접방법이다. 면접관이 여러 명이므로 다각도에서 질문을 하여 응시자에 대한 정보를 많이 알아낼 수 있다는 점 때문에 선호하는 면접방법이다.

하지만 응시자의 입장에서는 질문도 면접관에 따라 각양각색이고 동료 응시자가 없으므로 숨 돌릴 틈도 없게 느껴진다. 또한 관찰하는 눈도 많아서 조그만 실수라도 지나치는 법이 없기 때문에 정신적 압박과 긴장감이 높은 면접방법이다. 따라서 응시자는 긴장을 풀고 한 시험관이 묻더라도 면접관 전원을 향해 대답한다는 기분으로 또박또박 대답하는 자세가 필요하다.

① 장점

면접관이 집중적인 질문과 다양한 관찰을 통해 응시자가 과연 조직에 필요한 인물인가를 완벽히 검증할 수 있다.

② 단점

면접시간이 보통 10 ~ 30분 정도로 좀 긴 편이고 응시자에게 지나친 긴장감을 조성하는 면접방법이다.

> **다대일 면접 준비 Point**
>
> 질문을 들을 때 시선은 면접위원을 향하고 다른 데로 돌리지 말아야 하며, 대답할 때에도 고개를 숙이거나 입속에서 우물거리는 소극적인 태도는 피하도록 한다. 면접위원과 대등하다는 마음가짐으로 편안한 태도를 유지하면 대답도 자연스러운 상태에서 좀 더 충실히 할 수 있고, 이에 따라 면접위원이 받는 인상도 달라진다.

(3) 집단 면접

집단 면접은 다수의 면접관이 여러 명의 응시자를 한꺼번에 평가하는 방식으로 짧은 시간에 능률적으로 면접을 진행할 수 있다. 각 응시자에 대한 질문내용, 질문횟수, 시간배분이 똑같지는 않으며, 모두에게 같은 질문이 주어지기도 하고, 각각 다른 질문을 받기도 한다.

또한 어떤 응시자가 한 대답에 대한 의견을 묻는 등 그때그때의 분위기나 면접관의 의향에 따라 변수가 많다. 집단 면접은 응시자의 입장에서는 개별 면접에 비해 긴장감은 다소 덜한 반면에 다른 응시자들과의 비교가 확실하게 나타나므로 응시자는 몸가짐이나 표현력·논리성 등이 결여되지 않도록 자신의 생각이나 의견을 솔직하게 발표하여 집단 속에 묻히거나 밀려나지 않도록 주의해야 한다.

① 장점

집단 면접의 장점은 면접관이 응시자 한 사람에 대한 관찰시간이 상대적으로 길고, 비교 평가가 가능하기 때문에 결과적으로 평가의 객관성과 신뢰성을 높일 수 있다는 점이며, 응시자는 동료들과 함께 면접을 받기 때문에 긴장감이 다소 덜하다는 것을 들 수 있다. 또한 동료가 답변하는 것을 들으며, 자신의 답변 방식이나 자세를 조정할 수 있다는 것도 큰 이점이다.

② 단점

응답하는 순서에 따라 응시자마다 유리하고 불리한 점이 있고, 면접위원의 입장에서는 각각의 개인적인 문제를 깊게 다루기가 곤란하다는 것이 단점이다.

> **집단 면접 준비 Point**
>
> 너무 자기 과시를 하지 않는 것이 좋다. 대답은 자신이 말하고 싶은 내용을 간단명료하게 말해야 한다. 내용이 없는 발언을 한다거나 대답을 질질 끄는 태도는 좋지 않다. 또 말하는 중에 내용이 주제에서 벗어나거나 자기중심적으로만 말하는 것도 피해야 한다. 집단 면접에 대비하기 위해서는 평소에 설득력을 지닌 자신의 논리력을 계발하는 데 힘써야 하며, 다른 사람 앞에서 자신의 의견을 조리 있게 개진할 수 있는 발표력을 갖추는 데에도 많은 노력을 기울여야 한다.
> • 실력에는 큰 차이가 없다는 것을 기억하라.
> • 동료 응시자들과 서로 협조하라.
> • 답변하지 않을 때의 자세가 중요하다.
> • 개성 표현은 좋지만 튀는 것은 위험하다.

(4) 집단 토론식 면접

집단 토론식 면접은 집단 면접과 형태는 유사하지만 질의응답이 아니라 응시자들끼리의 토론이 중심이 되는 면접방법으로 최근 들어 급증세를 보이고 있다. 이는 공통의 주제에 대해 다양한 견해들이 개진되고 결론을 도출하는 과정, 즉 토론을 통해 응시자의 다양한 면에 대한 평가가 가능하다는 집단 토론식 면접의 장점이 널리 확산된 데 따른 것으로 보인다. 사실 집단 토론식 면접을 활용하면 주제와 관련된 지식 정도와 이해력, 판단력, 설득력, 협동성은 물론 리더십, 조직 적응력, 적극성과 대인관계 능력 등을 쉽게 파악할 수 있다.

토론식 면접에서는 자신의 의견을 명확히 제시하면서도 상대방의 의견을 경청하는 토론의 기본자세가 필수적이며, 지나친 경쟁심이나 자기 과시욕은 접어두는 것이 좋다. 또한 집단 토론의 목적이 결론을 도출해 나가는 과정에 있다는 것을 감안하여 무리하게 자신의 주장을 관철시키기보다 오히려 토론의 질을 높이는 데 기여하는 것이 좋은 인상을 줄 수 있다는 점을 알아야 한다. 취업 희망자들은 토론식 면접이 급속도로 확산되는 추세임을 감안해 특히 철저한 준비를 해야 한다. 평소에 신문의 사설이나 매스컴 등의 토론 프로그램을 주의 깊게 보면서 논리 전개방식을 비롯한 토론 과정을 익히도록 하고, 친구들과 함께 간단한 주제를 놓고 토론을 진행해 볼 필요가 있다. 또한 사회·시사문제에 대해 자기 나름대로의 관점을 정립해두는 것도 꼭 필요하다.

(5) PT 면접

PT 면접, 즉 프레젠테이션 면접은 최근 들어 집단 토론 면접과 더불어 그 활용도가 점차 커지고 있다. PT 면접은 기업마다 특성이 다르고 인재상이 다른 만큼 인성 면접만으로는 알 수 없는 지원자의 문제해결 능력, 전문성, 창의성, 기본 실무능력, 논리성 등을 관찰하는 데 중점을 두는 면접으로, 지원자 간의 변별력이 높아 대부분의 기업에서 적용하고 있으며, 확산되는 추세이다.

면접 시간은 기업별로 차이가 있지만, 전문지식, 시사성 관련 주제를 제시한 다음, 보통 20 ~ 50분 정도 준비하여 5분가량 발표할 시간을 준다. 면접관과 지원자의 단순한 질의응답식이 아닌, 주제에 대해 일정 시간 동안 지원자의 발언과 발표하는 모습 등을 관찰하게 된다. 정확한 답이나 지식보다는 논리적 사고와 의사표현력이 더 중시되기 때문에 자신의 생각을 어떻게 설명하느냐가 매우 중요하다.

PT 면접에서 같은 주제라도 직무별로 평가요소가 달리 나타난다. 예를 들어, 영업직은 설득력과 의사소통 능력에 중점을 둘 수 있겠고, 관리직은 신뢰성과 창의성 등을 더 중요하게 평가한다.

PT 면접 준비 Point

- 면접관의 관심과 주의를 집중시키고, 발표 태도에 유의한다.
- 모의 면접이나 거울 면접을 통해 미리 점검한다.
- PT 내용은 세 가지 정도로 정리해서 말한다.
- PT 내용에는 자신의 생각이 담겨 있어야 한다.
- 중간에 자문자답 방식을 활용한다.
- 평소 지원하는 업계의 동향이나 직무에 대한 전문지식을 쌓아둔다.
- 부적절한 용어 사용이나 무리한 주장 등은 하지 않는다.

(6) 합숙 면접

합숙 면접은 대체로 1박 2일이나 2박 3일 동안 해당 기업의 연수원이나 수련원 등에서 이루어지는 면접으로, 평가 항목으로는 PT 면접, 토론 면접, 인성 면접 등을 기본으로 새벽등산, 레크리에이션, 게임 등 다양한 형태로 진행된다. 경쟁자들과 함께 생활하고 협동해야 하는 만큼 스트레스도 많이 받는 경우가 허다하다.

모든 지원자를 하루 동안 평가하게 되므로 지원자 1명을 평가하는 데 걸리는 시간은 짧게는 5분에서 길게는 1시간 이상 정도인데, 이 시간으로는 지원자를 제대로 평가하기에는 한계가 있다. 합숙 면접은 24시간 이상을 지원자와 면접관이 함께 생활하면서 다양한 프로그램을 통해 지원자의 역량을 폭넓게 평가할 수 있기 때문에 기업에서는 합숙 면접을 선호한다. 대체로 은행, 증권 등 금융권에서 합숙 면접을 통해 지원자의 의도되고 꾸며진 모습 외에 창의력, 의사소통 능력, 협동심, 책임감, 리더십 등 다양한 모습을 평가하였지만, 최근에는 기업에서도 많이 실시되고 있다.

합숙 면접에서 좋은 점수를 얻기 위해서는 무엇보다 팀워크를 중시하는 모습을 보여야 한다. 합숙 면접은 일반 면접과는 달리 개인보다는 그룹별로 과제가 주어지고 해결해야 하므로 조원 또는 동료와 얼마나 잘 어울리느냐가 중요한 평가기준이 된다. 장시간에 걸쳐 평가하기 때문에 힘든 부분도 있지만, 지원자들이 지쳐 있거나 당황하고 있는 사이에도 면접관들은 지원자들의 조직 적응력, 적극성, 사회성, 친화력 등을 꼼꼼하게 체크하기 때문에 잠시도 긴장을 늦춰서는 안 된다.

2. 면접의 실전 대책

(1) 면접 대비사항

① 지원 회사에 대한 사전지식을 충분히 준비한다.

필기시험에서 합격 또는 서류전형에서의 합격통지가 온 후 면접시험 날짜가 정해지는 것이 보통이다. 이때 수험자는 면접시험을 대비해 사전에 자기가 지원한 계열사 또는 부서에 대해 폭넓은 지식을 준비할 필요가 있다.

> **지원 회사에 대해 알아두어야 할 사항**
>
> - 회사의 연혁
> - 회장 또는 사장의 이름, 출신학교, 관심사
> - 회장 또는 사장이 요구하는 신입사원의 인재상
> - 회사의 사훈, 사시, 경영이념, 창업정신
> - 회사의 대표적 상품, 특색
> - 업종별 계열회사의 수
> - 해외지사의 수와 그 위치
> - 신 개발품에 대한 기획 여부
> - 자기가 생각하는 회사의 장단점
> - 회사의 잠재적 능력개발에 대한 제언

② 충분한 수면을 취한다.

충분한 수면으로 안정감을 유지하고 첫 출발의 상쾌한 마음가짐을 갖는다.

③ 얼굴을 생기 있게 한다.

첫인상은 면접에 있어서 가장 결정적인 당락요인이다. 면접관에게 좋은 인상을 줄 수 있도록 화장하는 것도 필요하다. 면접관들이 가장 좋아하는 인상은 얼굴에 생기가 있고 눈동자가 살아 있는 사람, 즉 기가 살아 있는 사람이다.

④ 아침에 인터넷 뉴스를 읽고 간다.

그날의 뉴스가 질문 대상에 오를 수가 있다. 특히 경제면, 정치면, 문화면 등을 유의해서 볼 필요가 있다.

출발 전 확인할 사항

이력서, 자기소개서, 지갑, 신분증(주민등록증), 손수건, 휴지, 볼펜, 메모지 등을 준비하자.

(2) 면접 시 옷차림

면접에서 옷차림은 간결하고 단정한 느낌을 주는 것이 가장 중요하다. 색상과 디자인 면에서 지나치게 화려한 색상이나, 노출이 심한 디자인은 자칫 면접관의 눈살을 찌푸리게 할 수 있다. 단정한 차림을 유지하면서 자신만의 독특한 멋을 연출하는 것, 지원하는 회사의 분위기를 파악했다는 센스를 보여주는 것 또한 코디네이션의 포인트이다.

복장 점검

• 구두는 잘 닦여 있는가?
• 옷은 깨끗이 다려져 있으며 스커트 길이는 적당한가?
• 손톱은 길지 않고 깨끗한가?
• 머리는 흐트러짐 없이 단정한가?

(3) 면접 요령

① 첫인상을 중요시한다.

상대에게 인상을 좋게 주지 않으면 어떠한 얘기를 해도 이쪽의 기분이 충분히 전달되지 않을 수 있다. 예를 들어, '저 친구는 표정이 없고 무엇을 생각하고 있는지 전혀 알 길이 없다.'처럼 생각되면 최악의 상태이다. 우선 청결한 복장, 바른 자세로 침착하게 들어가야 한다. 건강하고 신선한 이미지를 주어야 하기 때문이다.

② 좋은 표정을 짓는다.

얘기를 할 때의 표정은 중요한 사항의 하나다. 거울 앞에서 웃는 연습을 해본다. 웃는 얼굴은 상대를 편안하게 하고, 특히 면접 등 긴박한 분위기에서는 천금의 값이 있다 할 것이다. 그렇다고 하여 항상 웃고만 있어서는 안 된다. 자기의 할 얘기를 진정으로 전하고 싶을 때는 진지한 얼굴로 상대의 눈을 바라보며 얘기한다. 면접을 볼 때 눈을 감고 있으면 마이너스 이미지를 주게 된다.

③ **결론부터 이야기한다.**

자기의 의사나 생각을 상대에게 정확하게 전달하기 위해서 먼저 무엇을 말하고자 하는가를 명확히 결정해 두어야 한다. 대답을 할 경우에는 결론을 먼저 이야기하고 나서 그에 따른 설명과 이유를 덧붙이면 논지(論旨)가 명확해지고 이야기가 깔끔하게 정리된다.

한 가지 사실을 이야기하거나 설명하는 데는 3분이면 충분하다. 복잡한 이야기라도 어느 정도의 길이로 요약해서 이야기하면 상대도 이해하기 쉽고 자기도 정리할 수 있다. 긴 이야기는 오히려 상대를 불쾌하게 할 수가 있다.

④ **질문의 요지를 파악한다.**

면접 때의 이야기는 간결성만으로는 부족하다. 상대의 질문이나 이야기에 대해 적절하고 필요한 대답을 하지 않으면 대화는 끊어지고 자기의 생각도 제대로 표현하지 못하여 면접자로 하여금 수험생의 인품이나 사고방식 등을 명확히 파악할 수 없게 한다. 무엇을 묻고 있는지, 무슨 이야기를 하고 있는지 그 요점을 정확히 알아내야 한다.

면접에서 고득점을 받을 수 있는 성공요령

1. 자기 자신을 겸허하게 판단하라.
2. 지원한 회사에 대해 100% 이해하라.
3. 실전과 같은 연습으로 감각을 익히라.
4. 단답형 답변보다는 구체적으로 이야기를 풀어나가라.
5. 거짓말을 하지 말아라.
6. 면접하는 동안 대화의 흐름을 유지하라.
7. 친밀감과 신뢰를 구축하라.
8. 상대방의 말을 성실하게 들으라.
9. 근로조건에 대한 이야기를 풀어나갈 준비를 하라.
10. 끝까지 긴장을 풀지 말아라.

삼성그룹 실제 면접

삼성그룹은 '창의·열정·소통의 가치창조인(열정과 몰입으로 미래에 도전하는 인재, 학습과 창의로 세상을 변화시키는 인재, 열린 마음으로 소통하고 협업하는 인재)'을 인재상으로 내세우며, 이에 적합한 인재를 채용하기 위하여 면접전형을 시행하고 있다.

2019년 이전에는 '인성검사 – 직무면접 – 창의성 면접 – 임원면접' 순서로 시행되었지만, 2020년부터 코로나19로 인해 화상으로 진행되었으며 직무역량 면접은 프레젠테이션(PT) 방식에서 질의응답 형식으로 대체되었다. 현재 삼성그룹 면접은 전 계열사 공통으로 '약식 GSAT – 인성검사 – 직무 / 임원 면접' 순서로 시행되고 있다. 기존의 창의성 면접을 진행하지 않는 대신 수리와 추리 2영역을 평가하는 약식 GSAT를 30분간 실시한다.

1. 약식 GSAT

구분	문항 수	제한시간
수리	10문항	30분
추리	15문항	

2. 직무 면접

구분	문항 수	제한시간
면접관	3명	30분 내외
지원자	1명	

기출질문
- 1분 자기소개
- 해당 직무 지원동기
- 직무와 관련한 자신의 역량
- 전공관련 용어
- 마지막으로 하고 싶은 말
- ESG 경영의 중요성

3. 임원 면접

구분	문항 수	제한시간
면접관	3명	30분 내외
지원자	1명	

기출질문

- 본인이 잘할 수 있는 일을 말해 보시오.
- 다른 회사에 합격한다면 어떻게 하겠는가?
- 인사 담당자에게 마지막으로 하고 싶은 말이 무엇인지 말해 보시오.
- 퇴사한 이유와 공백기 동안에 한 일을 말해 보시오.
- 팀으로 프로젝트를 진행하는데 한 사람의 퍼포먼스가 낮아 진행에 어려움을 있을 경우 어떻게 하겠는가?
- 퇴근시간 후에도 상사가 퇴근하지 않으면서 그대로 자리를 지키는 경우에 대해서 어떻게 생각하는가?
- 친구를 사귈 때 가장 우선시 하는 것은 무엇인지 말해 보시오.
- 가장 도전적으로 임했던 경험이 무엇인지 말해 보시오.
- 가족과 직장 중 무엇을 우선시 할 것인지 말해 보시오.
- 졸업은 언제 하였는가?
- 졸업하고 취업 준비는 어떻게 하고 있는지 말해 보시오.
- 경쟁력을 쌓기 위해 어떤 것들을 준비했는지 말해 보시오.
- 학점이 낮은데 이유가 무엇인가?
- 면접 준비는 어떻게 했는지 말해 보시오.
- 다른 지원자와 차별되는 자신만의 강점이 무엇인가?
- 살면서 가장 치열하게, 미친 듯이 몰두하거나 노력했던 경험을 말해 보시오.
- 자신이 리더이고, 모든 것을 책임지는 자리에 있다. 본인은 A프로젝트가 맞다고 생각하고 다른 모든 팀원은 B프로젝트가 맞다고 생각할 때 어떻게 할 것인가?
- 마지막으로 하고 싶은 말은 무엇인가?
- 자신의 약점은 무엇이며, 그것을 극복하기 위해 어떤 노력을 했는가?
- 삼성을 제외하고 좋은 회사와 나쁜 회사의 예를 들어 말하시오.
- 우리 사회가 정의롭다고 생각하는가?
- 존경하는 인물은 누구인가?
- 삼성전자의 사회공헌활동에 대해 알고 있는가?
- 삼성전자의 경제적 이슈에 대해 말하시오.
- 삼성화재 지점 관리자에게 가장 필요한 역량은 무엇이라 생각하는가?
- 가장 열심히 했던 학교 활동은 무엇인가?
- 다른 직무로 배정된다면 어떻게 하겠는가?
- 기업의 사회적 역할에 대해 말하시오.
- 자기소개
- 대외활동 경험
- 직무 수행에 있어서 자신의 강점은 무엇인가?
- 지원동기
- 출신 학교 및 학과를 지원한 이유는 무엇인가?
- (대학 재학 중 이수한 비전공 과목을 보고) 해당 과목을 이수한 이유는 무엇인가?
- (인턴경험이 있는 지원자에게) 인턴 기간 동안 무엇을 배웠는가?
- 회사에 어떤 식으로 기여할 수 있는가?
- 목 놓아 울어본 적이 있는가?

- 선의의 거짓말을 해본 적이 있는가?
- 학점이 낮은 이유가 무엇인가?
- 자신의 성격에 대해 말해 보시오.
- 지원한 부서와 다른 부서로 배치될 경우 어떻게 하겠는가?
- 상사가 본인이 싫어하는 업무를 지속적으로 지시한다면 어떻게 하겠는가?
- (해병대 출신 지원자에게) 해병대에 지원한 이유는 무엇인가?
- 친구들은 본인에 대해 어떻게 이야기하는가?
- 좌우명이 있는가? 있다면 그것이 좌우명인 이유는 무엇인가?
- 대학생활을 열심히 한 것 같은데 그 이유가 무엇인가?
- 회사에 대한 가치관
- 과외 경험이 없는데 잘 할 수 있는가?
- 전역을 아직 못 했는데 이후 일정에 다 참여할 수 있겠는가?
- 자동차 회사를 가도 될 것 같은데 왜 삼성SDI 면접에 오게 되었나?
- Backlash를 줄이는 방법에 대해 설명해 보시오.
- 전공에 대해서 말해 보시오.
- 취미가 노래 부르기인데 정말 노래를 잘 하는가?
- 가족 구성원이 어떻게 되는가?
- 동생과 싸우지는 않는가?
- 학점이 낮은데 왜 그런가?
- 학교를 8년 다녔는데 왜 이렇게 오래 다녔는가?
- 영어 점수가 토익은 괜찮은데 오픽이 낮다. 우리 회사는 영어를 많이 쓰는데 어떻게 할 것인가?
- 우리 회사에 대해 아는 것을 말해 보시오.
- 우리 회사에서 하고 싶은 일은 무엇인가?
- 프로젝트를 진행 중 의견충돌 시 어떻게 대처할 것인가?
- 지원한 직무와 관련해서 준비해온 것을 말해 보시오.
- 지원자가 현재 부족한 점은 무엇이고 어떻게 채워나갈 것인가?
- 회사와 관련하여 관심 있는 기술이 있으면 설명해 보시오.
- 우리 회사가 지원자를 뽑아야 하는 이유를 말해 보시오.
- 간단히 1분간 자기소개를 해 보시오.
- 성격의 장단점을 말해 보시오.
- 자격증 등 취업을 위해 준비한 사항이 있다면 말해 보시오.
- 입사하게 되면 일하고 싶은 분야는 어디인지 말해 보시오.
- 여행하면서 가장 인상 깊었던 곳은?
- 입사 희망 동기를 말해 보시오.
- 교환학생으로 다른 학교를 가서 어떤 수업을 들었는지 말해 보시오.
- 본인이 최근에 이룬 버킷리스트는 무엇이고 가장 하고 싶은 버킷리스트는 무엇인가?
- 좋아하는 삼성 브랜드는 무엇인가?
- 스트레스는 어떻게 푸는가?
- 회사에서 나이 많은 어른들과 함께 일해야 하는데 잘할 수 있겠는가?
- 다른 회사에 지원 하였다면 어떤 직무로 지원하였는가?
- 일탈을 해본 적이 있는가?
- 인생에서 실패한 경험이 있는가?
- 회사에서는 실패의 연속일텐데 잘 할 수 있겠는가?
- 이름이 유명한 사람과 동일해서 좋은 점과 나쁜 점이 있었을 것 같은데 무엇이 있었는지 말해 보시오.
- 봉사활동은 어떻게 시작하게 된 건지 말해 보시오.
- 스마트폰에 관심이 많은데 어떻게 관심을 가지게 된 건지 말해 보시오.

4. PT 면접

- 실리콘
- 포토고정
- 집적도
- 자율주행차의 경쟁력에 대해 설명하시오.
- 공진주파수와 임피던스의 개념에 대해 설명하시오.
- 보의 처짐을 고려했을 때 유리한 단면형상을 설계하시오.
- Object Orientation Programming에 대해 설명하시오.
- DRAM과 NAND의 구조원리와 미세공정한계에 대해 설명하시오.
- 공정(8대공정 및 관심있는 공정)에 대해 설명하시오.
- LCD, 광학소재, 광학필름의 활용 방법을 다양하게 제시하시오.
- 특정 제품의 마케팅 방안에 대해 설명하시오.
- 갤럭시 S8과 관련한 이슈
- 반도체의 개념과 원리
- 다이오드
- MOSFET
- 알고리즘
- NAND FLASH 메모리와 관련된 이슈
- 공정에 대한 기본적인 지식, 공정과 연관된 factor, 현재 공정 수준으로 문제점을 해결할 수 있는 방안
- 현재 반도체 기술의 방향, 문제점 및 해결방안
- TV 두께를 얇게 하는 방안

5. 창의성 면접

- 창의적인 생각을 평소에 하고 사는가?
- 창의성을 발휘해 본 작품이 있는가?
- 감성마케팅
- 폐수 재이용에 대한 자신의 견해를 말하시오.
- 기업의 사회적 책임
- 본인이 작성한 글과 주제에 대한 질문 및 응용, 그리고 발전 방향에 대한 질문
- 본인의 경험 중 가장 창의적이었던 것에 대해 말해 보시오.
- 존경하는 인물이 있는가?
- 트렌드 기술에 대해 설명
- 공유 경제 서비스에 대한 문제와 솔루션 제시(제시어 : 책임, 공유, 스마트폰 등)

MEMO

앞선 정보 제공! 도서 업데이트

언제, 왜 업데이트될까?

도서의 학습 효율을 높이기 위해 자료를 추가로 제공할 때!
공기업 · 대기업 필기시험에 변동사항 발생 시 정보 공유를 위해!
공기업 · 대기업 채용 및 시험 관련 중요 이슈가 생겼을 때!

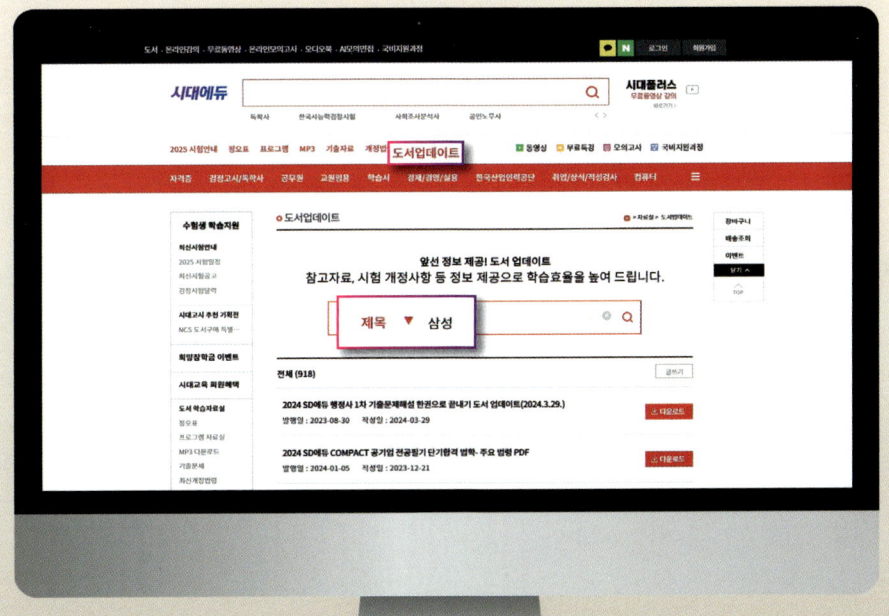

01 시대에듀 도서
www.sdedu.co.kr/book
홈페이지 접속

02 상단 카테고리
「도서업데이트」
클릭

03 해당
기업명으로
검색

참고자료, 시험 개정사항 등 정보 제공으로 학습효율을 높여 드립니다.

시대에듀

대기업 인적성검사 시리즈

신뢰와 책임의 마음으로 수험생 여러분에게 다가갑니다.

대기업 인적성 "기본서" 시리즈

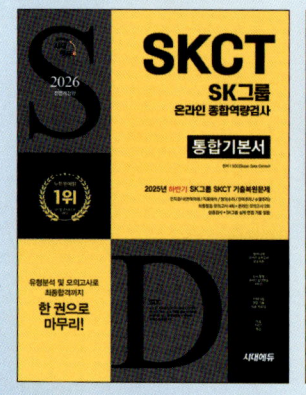
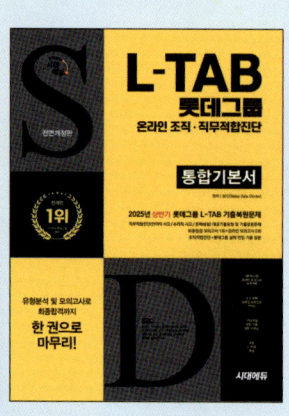

대기업 취업 기초부터 합격까지! 취업의 문을 여는

Master Key!

※도서의 이미지 및 구성은 변동될 수 있습니다.

2026
전면개정판

S
D

누적 판매량
1위
대기업 인적성검사
시리즈

GSAT
온라인 삼성직무적성검사

통합기본서

편저 | SDC(Sidae Data Center)

정답 및 해설

유형분석 및 모의고사로
최종합격까지

한 권으로
마무리!

SDC
SDC는 시대에듀 데이터 센터의 약자로
약 30만 개의 NCS·적성 문제 데이터를
바탕으로 최신 출제경향을 반영하여
문제를 출제합니다.

시대에듀

PART 1

3개년 기출복원문제

끝까지 책임진다! 시대에듀!

QR코드를 통해 도서 출간 이후 발견된 오류나 개정법령, 변경된 시험 정보, 최신 기출문제, 도서 업데이트 자료 등이 있는지 확인해 보세요! **시대에듀 합격 스마트 앱**을 통해서도 알려 드리고 있으니 구글 플레이나 앱 스토어 에서 다운받아 사용하세요. 또한, 파본 도서인 경우에는 구입하신 곳에서 교환해 드립니다.

01 수리

01	02	03	04	05	06	07	08	09	10
③	①	⑤	③	⑤	⑤	③	②	③	③

01 　　　　　　정답　③

A지우개의 가격을 A원, B지우개의 가격을 B원이라고 하자. 제시된 상황에 따라 연립방정식을 세우면 다음과 같다.

$A+B=1,200 \cdots$ ㉠

$(1+0.3)A+(1+0.1)B=1,200+200 \cdots$ ㉡

㉠과 ㉡을 연립하면 다음과 같다.

$1.3A+1.1\times(1,200-A)=1,400$

$\rightarrow 1.3A+1,320-1.1A=1,400$

$\rightarrow 0.2A=80$

$\therefore A=400, \ B=800$

따라서 작년 A지우개의 가격이 400원이므로 올해의 A지우개 가격은 $400\times1.3=520$원이다.

02 　　　　　　정답　①

직원 7명 중 3명이 한식을 고르면 나머지 4명은 자동으로 중식을 고르게 된다. 그러므로 7명 중 3명을 선택하는 경우의 수를 구해야 하며, 누가 한식을 선택했는지만 고려하고, 그 순서는 고려하지 않으므로 조합을 사용해 경우의 수를 구하면 다음과 같다.

$_7C_3 = \dfrac{7!}{3!(7-3)!} \rightarrow \dfrac{7\times6\times5}{3\times2\times1}=35$

따라서 팀원을 나누는 경우의 수는 35가지이다.

03 　　　　　　정답　⑤

조사기간 내의 도시별 증가율을 구해야 하므로 A도시와 B도시의 2021년 대비 2024년의 증가율을 구하면 다음과 같다.

- A도시 : $\dfrac{529-460}{460}\times100=15\%$

- B도시 : $\dfrac{612-510}{510}\times100=20\%$

따라서 두 도시 증가율의 평균을 구하면 $\dfrac{15+20}{2}=17.5\%$이다.

04 　　　　　　정답　③

2023년의 제품별 전년 대비 증감률을 구하면 다음과 같다.

- A제품 : $\dfrac{184-168}{168}\times100 ≒ 9.52\%$

- B제품 : $\dfrac{250-231}{231}\times100 ≒ 8.23\%$

- C제품 : $\dfrac{210-195}{195}\times100 ≒ 7.69\%$

- D제품 : $\dfrac{205-210}{210}\times100 ≒ -2.38\%$

따라서 생산량 증감률의 절댓값이 가장 큰 제품은 A제품이다.

오답분석

① 제품별 2024년과 2019년의 생산량의 차이는 다음과 같다.
- A제품 : $201-120=81$천 개
- B제품 : $275-200=75$천 개
- C제품 : $225-150=75$천 개
- D제품 : $215-180=35$천 개

따라서 생산 증가량이 가장 큰 제품은 A제품이다.

② 조사기간 중 생산량이 감소한 것은 2021년 B제품과 2023년 D제품이다. 2021년 B제품의 전년 대비 감소율과 2023년 D제품의 전년 대비 감소율은 다음과 같다.
- 2021년 B제품의 전년대비 감소율

  : $\dfrac{210-220}{220} ≒ -4.55\%$
- 2023년 D제품의 전년 대비 감소율

  : $\dfrac{205-210}{210} ≒ -2.38\%$

  따라서 조사기간 중 전년 대비 제품 생산량의 감소율이 가장 큰 제품은 B제품이다.

④ 2018년 C제품의 생산량을 x천 개라고 가정하면 다음과 같은 식이 성립한다.

$(1+0.2)x=150$

$\therefore x=\dfrac{150}{1.2}=125$

따라서 2018년 C제품의 생산량은 125,000개이다.

⑤ 모든 제품이 동일하게 10%씩 증가하므로 가장 많이 생산하는 제품은 B제품, 가장 적게 생산하는 제품은 A제품이며, 두 제품의 2025년 예상 생산량을 구하면 다음과 같다.
- A제품 : $201\times(1+0.1)=221.1$천 개
- B제품 : $275\times(1+0.1)=302.5$천 개

따라서 두 제품의 생산량 차이는 $302.5-221.1=81.4$천 개, 즉 81,400개이다.

05

정답 ⑤

태양광 전기 350kWh 사용 시 한 달 전기사용량에 따른 정상요금에서 실제요금의 비율은 전기사용량이 많아질수록 커진다.

- 350kWh : $\frac{1,130}{62,900} \times 100 ≒ 1.8\%$

- 400kWh : $\frac{3,910}{78,850} \times 100 ≒ 5.0\%$

- 450kWh : $\frac{7,350}{106,520} \times 100 ≒ 6.9\%$

- 500kWh : $\frac{15,090}{130,260} \times 100 ≒ 11.6\%$

- 600kWh : $\frac{33,710}{217,350} \times 100 ≒ 15.5\%$

- 700kWh : $\frac{62,900}{298,020} \times 100 ≒ 21.1\%$

- 800kWh : $\frac{106,520}{378,690} \times 100 ≒ 28.1\%$

오답분석

① 2020 ~ 2024년까지 태양광 발전기 대여 설치 가구의 전년 대비 증가량은 다음과 같다.

(단위 : 가구)

구분	증가량	구분	증가량
2019년	256-0=256	2022년	1,664-523 =1,141
2020년	428-256=172	2023년	4,184-1,664 =2,520
2021년	523-428=95	2024년	7,580-4,184 =3,396

따라서 2020년과 2021년의 태양광 발전기 대여 설치 가구의 증가량은 전년 대비 감소하였다.

② 2019년부터 전체 태양광 발전기 설치 가구 중 대여 설치 가구의 비율은 다음과 같고, 대여 설치하지 않은 가구의 비율이 점차 감소한다는 것은 대여 설치한 가구의 비율이 증가한다는 것과 같다. 이를 표로 정리하면 다음과 같다.

구분	비율(%)	구분	비율(%)
2019년	$\frac{256}{18,767} \times 100$ ≒ 1.4	2022년	$\frac{1,664}{65,838} \times 100$ ≒ 2.5
2020년	$\frac{428}{26,988} \times 100$ ≒ 1.6	2023년	$\frac{4,184}{101,770} \times 100$ ≒ 4.1
2021년	$\frac{523}{40,766} \times 100$ ≒ 1.3	2024년	$\frac{7,580}{162,145} \times 100$ ≒ 4.7

따라서 2021년은 전체 설치 가구 중 대여 설치 가구의 비율이 전년보다 낮아졌으므로 대여 설치하지 않은 가구의 비율은 높아졌음을 알 수 있다.

③ 2022년과 2023년 태양광 발전기 대여 설치 가구의 전년 대비 증가율은 각각 $\frac{1,664-523}{523} \times 100 ≒ 218.2\%$, $\frac{4,184-1,664}{1,664} \times 100 ≒ 151.4\%$이다. 따라서 두 증가율의 차이는 218.2-151.4=66.8%p이므로 55% 이상이다.

④ 2019년 태양광 발전기를 대여하여 설치한 가구는 256가구이며, 태양광 전기 사용량과 한 달 전기 사용량이 350kWh로 동일할 경우 이 가구들의 전기요금은 총 256×1,130= 289,280원으로 30만 원 미만이다.

06

정답 ⑤

남성 인구 10만 명당 사망자 수가 가장 많은 해는 2015년이다. 따라서 2014년 대비 2015년 남성 사망자 수의 증가율은 $\frac{4,674-4,400}{4,400} \times 100 ≒ 6.23\%$이다.

오답분석

① 제시된 자료를 보면 2017년과 2023년 여성 사망자 수는 전년보다 감소했다.

② • 2021년 전체 사망자 수 : 4,111+424=4,535명
 • 2023년 전체 사망자 수 : 4,075+474=4,549명
 따라서 2021년과 2023년의 전체 사망자 수는 다르다.

③ • 전년 대비 2012년 전체 사망자 수의 증가율
 : $\frac{3,069-2,698}{2,698} \times 100 ≒ 13.75\%$
 • 전년 대비 2014년 전체 사망자 수의 증가율
 : $\frac{4,740-4,106}{4,106} \times 100 ≒ 15.44\%$
 따라서 전체 사망자 수의 전년 대비 증가율은 2014년이 더 높다.

④ 2022년, 2024년 남성 인구 10만 명당 사망자 수는 각각 15.9명, 15.6명이고 여성인구 10만 명당 사망자 수는 각각 2.0명, 2.1명이다. 따라서 15.9<2×8=16, 15.6< 2.1×8=16.8이므로 옳지 않은 설명이다.

07

정답 ③

2019년의 매출액이 1,050억 원이고, 이는 전년 대비 25%가 감소한 것이다. 2018년의 매출액을 x억 원이라 할 때, 다음과 같은 식이 성립한다.

$x \times (1-0.25) = 1,050$

→ $0.75x = 1,050$

∴ $x = 1,400$

따라서 2018년의 매출액은 1,400억 원이다.

08

정답 ②

조사기간 동안 S기업에서 사용한 비용이 항상 매출액의 70%이므로 2019년과 2024년의 순이익을 계산하면 다음과 같다.
- 2019년 : $1,050 \times (1-0.7) = 315$억 원
- 2024년 : $1,320 \times (1-0.7) = 396$억 원

그러므로 2019년 대비 2024년의 순이익 변화율은 다음과 같다.

$$\frac{396-315}{315} \times 100 ≒ 25.71\%$$

따라서 2019년 대비 2024년의 순이익 변화율은 25.7%이다.

09

정답 ③

A동아리와 B동아리의 회원 수의 총합은 각각 다음과 같은 변화를 보인다.
- 2025년 : $40-27=13$
- 2026년 : $59-40=19$
- 2027년 : $84-59=25$

이때, 전년 대비 회원 수 총합의 차이 간 관계를 보면 13을 첫 항으로 하고 공차가 6인 등차수열임을 알 수 있다. 그러므로 연도별 회원 수의 총합을 구하면 다음과 같다.

2024년		2025년		2026년		2027년	
27	→	40	→	59	→	84	→
	+13		+19		+25		+31

2028년		2029년		2030년
115	→	152	→	195
	+37		+43	

따라서 두 동아리 회원 수의 합이 최초로 160명을 넘는 연도는 2030년이다.

10

정답 ③

A자동차의 전년 대비 판매율은 -1.1%p씩 변화하고, B자동차의 전년 대비 판매율은 다음과 같은 변화를 보인다.

2021년	→	2022년	→	2023년	→	2024년	→	2025년
	+2.4		+3.6		+4.8		+6	

그러므로 B자동차의 전년 대비 판매율의 변화량은 2.4를 첫 항으로 하고 공차가 $+1.2$인 등차수열이다. 이를 이용하여 계산하면 다음과 같다.

2021년		2022년		2023년		2024년	
1.2	→	3.6	→	7.2	→	12	→
	+2.4		+3.6		+4.8		+6

2025년		2026년		2027년		2028년
18	→	25.2	→	33.6	→	43.2
	+7.2		+8.4		+9.6	

따라서 2028년에 B자동차의 전년 대비 판매율은 42.3%, A자동차의 판매율은 1%이므로 40배 이상 차이 난다.

02 추리

01	02	03	04	05	06	07	08	09	10
④	⑤	④	③	②	③	④	③	①	⑤
11	12	13	14	15	16	17	18	19	20
②	⑤	④	④	③	②	⑤	②	①	⑤

01

정답 ④

제시된 명제를 논리식으로 정리하면 다음과 같다.
- 전제1. $\sim C \rightarrow A$
- 전제2. $C \rightarrow B$

모든 전제가 항상 참이므로 전제1의 대우인 $\sim A \rightarrow C$도 항상 참이다. $\sim A \rightarrow C \rightarrow B$가 성립하므로 $\sim A \rightarrow B$는 항상 참이고, 그 대우인 $\sim B \rightarrow A$도 항상 참이다.

따라서 빈칸에 들어갈 명제는 'B회로에 전기가 흐르지 않으면, A회로에는 전기가 흐른다.'이다.

오답분석

① $B \rightarrow C$는 전제2의 역으로 항상 참이 아니다.
② $B \rightarrow \sim A$는 $\sim A \rightarrow B$의 역으로 항상 참이 아니다.
③ $A \rightarrow \sim B$는 $\sim B \rightarrow A$의 역으로 항상 참이 아니다.
⑤ $\sim C \rightarrow \sim B$는 전제2의 이로 항상 참이 아니다.

02

정답 ⑤

제시된 명제를 논리식으로 정리하면 다음과 같다.
- 전제1. $\sim A \rightarrow B \vee \sim C$
- 전제2. $A \rightarrow \sim D$

모든 전제가 항상 참이므로 전제2의 대우인 $D \rightarrow \sim A$도 항상 참이다. $D \rightarrow \sim A \rightarrow B \vee \sim C$가 성립하므로 $D \rightarrow B \vee \sim C$는 항상 참이고, 그 대우인 $\sim B \wedge C \rightarrow \sim D$도 항상 참이다.

따라서 빈칸에 들어갈 명제는 'B스위치가 꺼지고, C스위치가 켜지면, D스위치는 꺼진다.'이다.

오답분석

① $B \rightarrow \sim D$는 C스위치가 켜졌을 때만 참이므로 항상 참이 아니다.
② $\sim D \rightarrow C$는 제시된 명제를 통해서 항상 참을 도출해낼 수 없다.
③ $D \rightarrow C$는 제시된 명제를 통해서 항상 참을 도출해낼 수 없다.
④ $B \wedge C \rightarrow \sim D$는 $\sim B \wedge C \rightarrow \sim D$에 어긋나므로 항상 거짓이다.

03

정답 ④

제시된 명제를 논리식으로 정리하면 다음과 같다.
- 전제1. $A \land B \to \sim C$
- 전제2. $\sim D \to C$

모든 전제가 항상 참이므로 전제2의 대우인 $\sim C \to D$도 항상 참이다. $A \land B \to \sim C \to D$가 성립하므로 $A \land B \to D$는 항상 참이고, 그 대우인 $\sim D \to \sim A \lor \sim B$도 항상 참이다.
따라서 빈칸에 들어갈 명제는 'D메모리 셀이 방전되면, A메모리 셀이나 B메모리 셀이 방전된다.'이다.

오답분석

① $A \to D$는 B메모리 셀이 방전 되었을 때, 거짓이므로 항상 참이 아니다.
② $D \to \sim C$는 전제2의 이로 항상 참이 아니다.
③ $C \to B \lor D$는 제시된 명제를 통해서 항상 참을 도출해낼 수 없다.
⑤ $D \to A \land B$는 $A \land B \to D$의 역으로 항상 참이 아니다.

04

정답 ③

D와 F의 주장이 서로 모순이므로 둘 중 1명이 거짓을 말하고 있다.
- D의 주장이 참인 경우
  F의 주장이 거짓이므로 D와 E는 같은 형태의 스마트폰을 사용하고, 나머지 주장은 모두 참이 된다. 먼저 C의 주장에 따라 F는 폴드를 사용하고, B의 주장에 따라 B, C는 플립을 사용하며, E의 주장에 따라 A는 폴드를 사용한다. 이 경우 A, F는 폴드를 사용하고, B, C는 플립을 사용하므로 항상 참인 A의 주장에 따라 D와 E는 같은 형태의 스마트폰을 사용할 수 없어 모순이 된다.
- F의 주장이 참인 경우
  D의 주장이 거짓이므로 D와 E는 다른 형태의 스마트폰을 사용하고, 나머지 주장은 모두 참이 된다. 이 경우, 위와 같이 A, F는 폴드를 사용하고, B, C는 플립을 사용하며, D와 E는 서로 다른 형태의 스마트폰을 사용하므로 A의 주장이 모순되지 않는다.

따라서 거짓을 말한 사람은 D이다.

05

정답 ②

세 번째와 네 번째 조건에 따라 남성복 매장이 월요일에 입점하지 않고, 일주일에 최소 두 번 입점하려면, 화요일, 금요일에 입점하고, 목요일에는 준비기간을 가져야 한다. 만약 아동복 매장이 남성복 매장과 동일한 일정으로 이벤트홀에 입점한다면, 동일한 준비기간을 가지게 되고, 이 경우에는 2개의 이벤트홀 중 한 곳이 비게 된다.
조건을 통해 가능한 이벤트홀 상황을 정리하면 다음과 같다.

요일 입점 매장	월	화	수	목	금	토
남성복						
여성복 또는 아동복						
아동복 또는 여성복						

따라서 항상 거짓인 것은 ②이다.

오답분석

① 2곳의 이벤트홀을 A홀과 B홀이라고 할 때, 만약 어떤 매장이 A홀에 입점했다면, 하루 뒤 다른 매장이 B홀에 입점하게 되고, 2일 뒤에 또 다른 매장이 A홀에 입점하므로 동일한 이벤트홀에 연이어 입점하는 것은 불가능하다.
③ 모든 매장은 입점 후 3일 뒤에 다시 입점하므로 어떤 매장이 월요일에 입점하면 다음 입점일은 목요일이다.
④ 남성복 매장이 이벤트홀에 있는 요일은 화, 수, 금, 토이므로 금요일 이벤트홀에 아동복 매장에 있었다면, 남성복 매장도 있었다.
⑤ 화요일에는 남성복 매장이 이벤트홀에 있으므로 여성복 매장이 있었다면 아동복 매장은 준비기간이다.

06

정답 ③

제시된 조건을 토대로 정리하면 다음과 같다. 원형 테이블은 회전시켜도 좌석 배치는 동일하므로, 좌석을 1번 ~ 7번으로 번호를 붙이고, A가 1번 좌석에 앉았다고 가정하여 배치하면 다음과 같다.

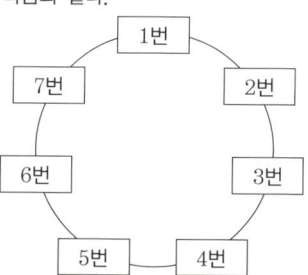

첫 번째 조건에 따라 2번에는 부장이, 7번에는 차장이 앉게 된다.
세 번째 조건에 따라 부장과 이웃한 자리 중 비어있는 3번 자리에 B가 앉게 된다.
네 번째 조건에 따라 7번에 앉은 사람은 C가 된다.
다섯 번째 조건에 따라 5번에 과장이 앉게 되고, 과장과 차장 사이인 6번에 G가 앉게 된다.
여섯 번째 조건에 따라 A와 이웃한 자리 중 직원 명이 정해지지 않은 2번, 부장 자리는 D가 앉게 된다.
마지막 조건에 따라, 4번 자리에는 대리, 3번 자리에는 사원이 앉는 것을 알 수 있다. 3번 자리에 앉는 사람은 사원 직급인 B인 것을 알 수 있다.
두 번째 조건에 따라 E는 사원과 이웃하지 않았고 직원 명이 정해지지 않은 5번, 과장 자리에 해당되는 것을 알 수 있다.
이를 정리하면 다음과 같은 좌석 배치가 되며, F는 이 중 유일하게 빈자리인 4번, 대리 자리에 해당된다.

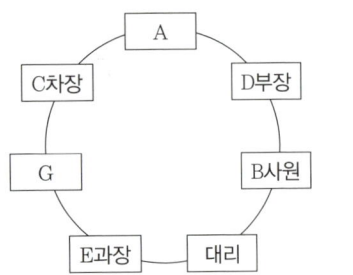

따라서 B가 사원, F가 대리임을 알 수 있다.

07
정답 ④

일곱 번째 조건에 따라 지영이는 대외협력부에서 근무하고, 다섯 번째 조건의 대우에 따라 유진이는 감사팀에서 근무한다. 그러므로 재호는 마케팅부에서 근무하며, 여섯 번째 조건에 따라 혜인이는 회계부에서 근무를 할 수 없다. 세 번째 조건에 의해 성우가 비서실에서 근무하면, 희성이는 회계부에서 근무하고, 혜인이는 기획팀에서 근무하게 되며, 세 번째 조건의 대우에 따라 희성이가 기획팀에서 근무하면, 성우는 회계부에서 근무하고, 혜인이는 비서실에서 근무하게 된다. 이를 정리하면 다음과 같다.

감사팀	대외 협력부	마케팅부	비서실	기획팀	회계부
유진	지영	재호	성우 혜인	혜인 희성	희성 성우

따라서 반드시 참인 명제는 '혜인이는 회계팀에서 근무하지 않는다.'이다.

[오답분석]
① 재호는 마케팅부에서 근무한다.
② 희성이는 회계부에서 근무할 수도 있다.
③ 성우는 비서실에서 근무할 수도 있다.
⑤ 유진이는 감사팀에서 근무한다.

08
정답 ③

규칙은 가로로 적용된다.
위쪽으로 한 칸씩 움직였을 때 나오는 도형이 세 번째 도형이다.

09
정답 ①

규칙은 가로로 적용된다.
첫 번째 도형의 검정색 부분과 꼭지점이 맞닿은 부분이 검정색으로 변한 것이 두 번째 도형이고, 두 번째 도형에서 세 번째 도형도 같은 규칙이 적용된다.

10
정답 ⑤

규칙은 세로로 적용된다.
첫 번째 도형과 두 번째 도형을 합친 것이 세 번째 도형이다.

[11~14]
- ♪ : 두 번째와 마지막 문자 자리 바꾸기
- ♫ : 각 자릿수에서 −2, −2, +2, +0
- ♩ : 두 번째 문자를 첫 번째와 같은 문자로 바꾸기

11
정답 ②

ㅂㄹㅈㄱ → ㄹㄴㅋㄱ → ㄹㄹㅋㄱ
　　　　♫　　　　　　♩

12
정답 ⑤

ㅍㅌㅇㅅ → ㅍㅅㅇㅌ → ㅋㅁㅊㅌ
　　　　♪　　　　　　♫

13
정답 ④

ㄱㄴㅎㅍ → ㄱㄱㅎㅍ → ㄱㅍㅎㄱ
　　　　♩　　　　　♪

14
정답 ②

IㅋAR → GㅈCR → GGCR → GGCR
　　　♫　　　　　♩　　　　♩

15
정답 ③

제시문은 종교 해방을 위해 나타난 계몽주의의 발현 배경과 계몽주의가 추구한 방향에 대해 설명하고 그 결과 나타난 긍정적 요소와 부정적 요소를 설명하는 글이다. 따라서 (라) 인간의 종교와 이를 극복하게 한 계몽주의 – (가) 계몽주의의 추구 방향 – (다) 계몽주의의 결과로 나타난 효과 – (나) 계몽주의의 결과로 나타난 역효과 순으로 나열하는 것이 적절하다.

16
정답 ②

제시문은 사회의 변화 속도를 따라가지 못하는 언어의 변화 속도에 대해 문제를 제기하며 구체적 예시와 함께 이를 시정할 것을 촉구하고 있다. 따라서 (나) 사회의 변화 속도를 따라가지 못하고 있는 언어의 실정 – (라) 성별을 구분하는 문법적 요소가 없는 우리말 – (가) 성별을 구분하여 사용하는 단어들의 예시 – (다) 언어의 남녀 차별에 대한 시정노력 촉구의 순으로 나열하는 것이 적절하다.

17

정답 ⑤

네 번째 문단에서 전문가들은 연산은 HBM이 담당하고, 빅데이터의 저장은 HBF가 담당할 것으로 예상하고 있다. 따라서 인공지능 기술이 다루는 데이터가 많아진다고 해도 빠른 연산도 중요하므로 어느 기술이 효과적이기 보다는 상호 보완적 역할을 할 것이다.

오답분석

① 세 번째 문단에서 낸드플래시는 DRAM보다 발열이 적다고 하였으므로 HBF가 HBM에 비해 발열이 적을 것으로 추론할 수 있다.
② 세 번째 문단에서 HBF는 HBM과 똑같이 메모리칩을 수직으로 쌓아 상하층을 연결해 올린 것이라고 하였으므로 동일하게 TSV가 사용될 것임을 추론할 수 있다.
③ 네 번째 문단에서 빠른 연산이 필요한 부분은 HBM이 담당하고, 빅데이터의 저장은 HBF가 담당할 것으로 예측된다고 하였으므로 적절한 추론이다.
④ 마지막 문단에서 두 기술(HBM, HBF)은 경쟁하기보다는 함께 발전하며 인공지능의 성능을 끌어올리는 핵심 기반이 될 것으로 보인다고 하였으므로 적절한 추론이다.

18

정답 ②

제시문은 기술을 거부하는 것이 아닌 목적 있는 사용을 강조하는 '디지털 미니멀리즘'에 대한 내용으로 디지털 기술의 의식적이고 절제된 사용을 강조하는 글이다. 그러므로 제시문에 대한 반박으로는 디지털 기술 사용을 줄이는 것으로 인해 발생하는 부정적 효과나, 디지털 기술 사용의 긍정적 효과를 제시하는 것이 적절하다. 따라서 디지털 기술의 단절을 위해 필요한 세부사항을 제시하는 ②는 제시문에 대한 반박으로 적절하지 않다.

19

정답 ①

네 번째 문단에서 '사람의 힘으로 한계가 있는 기존 건축방식의 해결' 및 '전문인력 수급난을 해결할 수 있다는 점 또한 호평받고 있다.'고 하였다. 따라서 대량의 실업자가 발생할지 여부는 제시문에서 언급되지 않았으므로 적절하지 않다.

오답분석

② 첫 번째 문단에서 미국 텍사스 지역에서 3D 프린터 건축 기술을 이용한 주택이 완공되었음을 알 수 있다.
③ 네 번째 문단에서 코로나19 사태로 인한 인력 수급난을 해소할 수 있음을 알 수 있다.
④ 두 번째 문단에서 전통 건축 기술에 비해 3D 프린터 건축 기술은 건축 폐기물 및 CO_2 배출량 감소 등 환경오염이 적음을 알 수 있다.
⑤ 다섯 번째 문단에서 우리나라의 3D 프린터 건축 기술은 아직 제도적 한계와 기술적 한계가 있음을 알 수 있다.

20

정답 ⑤

ㄷ. 마켓홀의 천장벽화인 '풍요의 뿔'은 시장에서 판매되는 먹을거리가 하늘에서 떨어지는 모습을 표현하기 위해 4,500개의 알루미늄 패널을 사용했으며, 이 패널은 실내의 소리를 흡수, 소음을 줄여주는 기능 또한 갖추고 있다.
ㄹ. 마켓홀은 전통시장의 상설화와 동시에 1,200대 이상의 차량을 주차할 수 있는 규모의 주차장을 구비해 그들이 자연스레 로테르담의 다른 상권에 찾아갈 수 있도록 도왔다.

오답분석

ㄱ. 마켓홀 내부에 4,500개의 알루미늄 패널을 설치한 것은 네덜란드의 예술가 아르노 코넨과 이리스 호스캄이다.
ㄴ. 마켓홀이 로테르담의 무역 활성화에 기여했다는 내용은 제시문에서 찾아볼 수 없다.

01 수리

01	02	03	04	05	06	07	08	09	10
④	⑤	②	①	③	②	⑤	④	⑤	③

01

정답 ④

작년 A제품의 생산량을 a개, B제품의 생산량을 b개라고 하면, 다음과 같은 식이 성립한다.

$a+b=3,200 \cdots \bigcirc$

올해 A제품의 생산량을 25%, B제품의 생산량을 35% 증가시켜 총 4,200개를 생산하면, 다음과 같은 식이 성립한다.

$(a \times 1.25)+(b \times 1.35)=4,200 \cdots \bigcirc$

$\bigcirc$과 $\bigcirc$을 연립하여 $\bigcirc-\bigcirc$을 정리하면 다음과 같다.

$1.25a+1.35b=4,200 \cdots \bigcirc$

$1.25a+1.25b=4,000 \cdots \bigcirc \times 1.25$

$\rightarrow 0.1b=200$

$\therefore a=1,200, \ b=2,000$

작년 A제품의 생산량이 1,200개, B제품의 생산량이 2,000개이므로 올해 A제품의 생산량은 $1.25 \times 1,200=1,500$개, B제품의 생산량은 $1.35 \times 2,000=2,700$개이다.

따라서 올해 A, B제품의 생산량 차이는 $2,700-1,500=1,200$개이다.

02

정답 ⑤

• 전체 가전제품의 개수 : $3+4+2=9$대
• 전시할 3대의 가전제품이 모두 세탁기와 청소기일 확률

$: \dfrac{{}_6C_3}{{}_9C_3}=\dfrac{5}{21}$

따라서 적어도 1대의 냉장고를 전시할 확률은 $1-\dfrac{5}{21}=\dfrac{16}{21}$이다.

03

정답 ②

제시된 자료를 바탕으로 분기별 매출액을 구하면 다음과 같다.

(단위 : 억 원)

구분	1분기 매출액	2분기 매출액	3분기 매출액	4분기 매출액
A사	16	$16 \times (1+0.12)=17.92$	$17.92 \times (1-0.11) \fallingdotseq 15.95$	$15.95 \times (1-0.2) \fallingdotseq 12.76$
B사	11	$11 \times (1-0.08) \fallingdotseq 10.12$	$10.12 \times (1+0.09) \fallingdotseq 11.03$	$11.03 \times (1+0.08) \fallingdotseq 11.91$
C사	9	$9 \times (1+0.06)=9.54$	$9.54 \times (1-0.05) \fallingdotseq 9.06$	$9.06 \times (1+0.3) \fallingdotseq 11.78$

A사의 2분기 매출액은 17.92억 원이고, C사의 2분기 매출액은 9.54억 원이다.

따라서 $17.92 \div 9.54 \fallingdotseq 1.88$배이므로 1.5배 이상이다.

오답분석

① A ~ C사의 매출액 순위는 모든 분기에서 A사가 1등, B사가 2등, C사가 3등으로 변하지 않는다.
③ B사의 4분기 매출액은 11.91억 원이고, A사의 4분기 매출액은 12.76억 원으로 B사의 매출액은 A사의 매출액을 초과하지 않았다.
④ B사의 1분기 매출액보다 10% 이상 증가하려면 $11 \times 1.1=12.1$억 원 이상이어야 한다. 그러나 4분기 매출액은 11.91억 원이므로 10% 미만 증가하였다.
⑤ 4분기에 감소한 A사 매출액의 절댓값은 $|12.76-15.95|=3.19$억 원, 4분기에 증가한 C사 매출액의 절댓값은 $|11.78-9.06|=2.72$억 원으로 A사의 절댓값이 C사보다 크다.

04

정답 ①

C사의 이익률이 2%, 3%, 4%, …, 즉 1%p씩 증가하고 있다.
따라서 빈칸에 들어갈 수는 $350 \times 0.06=21$이다.

05

정답 ③

ㄱ. 2차 구매 시 1차와 동일한 제품을 구매하는 사람들이 다른 어떤 제품을 구매하는 사람들보다 높은 수치를 보이고 있다.
ㄷ. 1차에서 C를 구매한 사람들은 204명으로 가장 많았고, 2차에서 C를 구매한 사람들은 231명으로 가장 많았다.

오답분석

ㄴ. 1차에서 A를 구매한 뒤 2차에서 C를 구매한 사람들은 44명, 반대로 1차에서 C를 구매한 뒤 2차에서 A를 구매한 사람들은 17명이므로 전자의 경우가 더 많다.

06 　　　정답 ②

2021년에는 위암이 가장 많이 증가했다.

오답분석

① 간암의 경우 2022년에는 전년 대비 증가율이 마이너스(－)를 보이고 있다.
③ 매년 인구증가율 평균이 1.54%인데, 전체 암의 증가율은 전년 대비 가장 적게 상승한 2022년에도 약 4% 이상 증가했다.
④ 다른 암에 비해서 간암의 경우 29.9명에서 31.7명으로 1.8명 늘어났으므로 간암의 증가율이 가장 낮다.
⑤ 가장 낮은 암은 유방암이고 가장 높은 암은 위암이므로 이 격차가 가장 큰 해를 찾으면 된다. 따라서 2021년의 위암은 54.1명이고 유방암은 20.8명이므로 그 차는 33.3명으로 가장 큰 폭을 보이고 있다.

07 　　　정답 ⑤

관리직의 구직 대비 구인률과 음식서비스 관련직의 구직 대비 취업률을 구하면 다음과 같다.

- 관리직의 구직 대비 구인률 : $\dfrac{993}{2,951} \times 100 = 34\%$

- 음식서비스 관련직의 구직 대비 취업률 : $\dfrac{458}{2,936} \times 100$ $= 16\%$

따라서 둘의 차이는 $34 - 16 = 18\%p$이다.

08 　　　정답 ④

영업원 및 판매 관련직의 구직 대비 취업률을 구하면 다음과 같다.

$\dfrac{733}{3,083} \times 100 = 24\%$

따라서 25% 이하이므로 옳지 않은 설명이다.

오답분석

① 법률·경찰·소방·교도 관련직과 미용·숙박·여행·오락·스포츠 관련직은 취업자 수가 구인자 수를 초과하였다.
② 구인자 수가 구직자 수를 초과한 직종은 금융보험 관련직 하나이다.
③ 기계 관련직은 구직자의 1/3 정도가 취업했는데, 다른 직업들은 취업자가 구직자의 1/3에 미치지 못하므로 옳은 설명이다.
⑤ 구직자가 가장 많이 몰린 직종은 14,350명이 몰린 경영·회계·사무 관련 전문직이다.

09 　　　정답 ⑤

A제품과 B제품의 판매량 증가 규칙은 다음과 같다.

- A제품 : 매년 250개씩 증가한다.

2024년	2025년	2026년	2027년
1,500 →	1,750 →	2,000 →	2,250 →
+250	+250	+250	+250

2028년	2029년	2030년	2031년
2,500 →	2,750 →	3,000 →	3,250
+250	+250	+250	+250

따라서 2031년 A제품의 판매량은 3,250개이다.

- B제품 : 매년 계차의 공차가 20개씩 증가한다.

2024년	2025년	2026년	2027년
550 →	650 →	770 →	930 →
+100 →	+120 →	+160 →	+220
+20	+40	+60	

2028년	2029년	2030년	2031년
1,150 →	1,450 →	1,850 →	2,370
→ +300 →	+400 →	+520	
+80	+100	+120	

따라서 2031년 B제품의 판매량은 2,370개이다.
그러므로 2031년 A, B제품의 판매량의 합은 $3,250 + 2,370 = 5,620$개이다.

10 　　　정답 ③

C음료의 생산량은 1년마다 500개씩 증가하였으므로 계산하면 다음과 같다.
- 2023년 : $4,500 + 500 = 5,000$개
- 2024년 : $5,000 + 500 = 5,500$개
- 2025년 : $5,500 + 500 = 6,000$개

D음료의 생산량은 1년마다 2배씩 증가하였으므로 계산하면 다음과 같다.
- 2023년 : $3,200 \times 2 = 6,400$개
- 2024년 : $6,400 \times 2 = 12,800$개
- 2025년 : $12,800 \times 2 = 25,600$개

따라서 2022년 이후 처음으로 D음료의 생산량이 C음료의 생산량의 4배를 넘기는 해는 2025년이다.

02 추리

01	02	03	04	05	06	07	08	09	10
③	①	③	③	④	③	③	①	③	②
11	12	13	14	15	16	17	18	19	20
④	⑤	③	①	④	④	⑤	③	④	④

01

정답 ③

전제2에 따라 S사의 신입이 사용하는 메신저가 모두 S사의 메신저고, 전제1에 따라 S사의 메신저는 모두 보안 네트워크를 사용한다. 따라서 빈칸에 들어갈 명제는 'S사의 신입이 사용하는 메신저는 모두 보안 네트워크를 사용한다.'이다.

오답분석

① 'S사의 신입이 아니면'이라는 조건은 전제에서 언급되지 않은 범위까지 포함하는 것이다. 또한 S사의 신입이 아닌 사람이 어떤 메신저를 사용하는지, 또는 보안 네트워크를 사용하는지 언급하지 않는다. 따라서 제시된 명제에서 도출되는 결론이 아니다.

② 전제1(S사의 메신저 → 보안 네트워크 사용)의 역에 해당하는 것으로 참인 명제의 역이 항상 참이 아닌 '역의 오류'에 해당한다. 따라서 제시된 명제에서 도출되는 결론이 아니다.

④ 보안 네트워크를 사용하지 않는 메신저에 대한 정보가 전제에 없고, 오히려 전제1에 따라 S사의 메신저는 모두 보안 네트워크를 사용하므로 제시된 명제에서 도출되는 결론이 아니다.

⑤ S사의 메신저를 사용하지 않는 사람이 어떤 메신저를 사용하는지, 그리고 그 메신저가 보안 네트워크를 사용하는지에 대한 정보는 전제에 없으므로 제시된 명제에서 도출되는 결론이 아니다.

02

정답 ①

전제2에 따라 기숙사에 거주하는 사람은 모두 도보로 등교하므로 전제1에 따라 빈칸에 들어갈 명제는 'S대학의 어떤 신입생은 모두 도보로 등교한다.'이다.

오답분석

② 도보로 등교하는 학생 중 기숙사에 거주하는 사람은 모두 도보로 등교하지만, 도보로 등교한다고 모두 기숙사에 살고 있는 신입생인 것은 아니므로 제시된 명제에서 도출되는 결론이 아니다.

③ 신입생이 아닌 경우에 대한 명제가 없으므로 제시된 명제에서 도출되는 결론이 아니다.

④ 기숙사의 거주자가 모두 신입생으로 구성되어 있다는 명제가 없으므로 제시된 명제에서 도출되는 결론이 아니다.

⑤ 전제2의 역에 해당하는 것으로 전제2가 참이어도 그 역이 항상 참은 아니다. 따라서 제시된 명제에서 도출되는 결론이 아니다.

03

정답 ③

전제1의 경우 '회의 참석 → 명함 필요'이며, 결론은 '출장을 나감 → 회의 참석 가능'이므로 명함과 출장을 연결시켜 줄 전제가 필요하다. 따라서 빈칸에 들어갈 명제는 '출장을 나가면 반드시 명함을 지참한다.'이다.

오답분석

① 전제1과 모순되는 내용이다.

② 회의 참석의 필요 조건이 전제1과 다른 내용이므로 결론을 도출하는 명제가 될 수 없다.

④ 전제1에 따라 회의에 참석한 사람은 모두 명함이 있지만, 명함이 있는 모든 사람이 회의에 참여하는 것은 아니므로 결론을 도출하는 명제가 될 수 없다.

⑤ 결론과 반대되는 내용으로 결론을 도출하는 명제가 될 수 없다.

04

정답 ③

a는 'A가 외근을 나감', b는 'B가 외근을 나감', c는 'C가 외근을 나감', d는 'D가 외근을 나감', e는 'E가 외근을 나감'이라고 할 때, 네 번째 조건과 다섯 번째 조건의 대우인 $b \rightarrow c$, $c \rightarrow d$에 따라 $a \rightarrow b \rightarrow c \rightarrow d \rightarrow e$가 성립한다. 따라서 항상 참인 것은 'A가 외근을 나가면 E도 외근을 나간다.'이다.

05

정답 ④

먼저, 갑이나 병이 짜장면을 시켰다면 진실만 말해야 하는데, 다른 사람이 짜장면을 먹었다고 말할 경우 거짓을 말한 것이 되므로 모순이 된다. 따라서 짜장면을 시킨 사람은 을 또는 정이다.

ⅰ) 을이 짜장면을 주문한 경우
병은 짬뽕, 정은 우동을 시키고 남은 갑이 볶음밥을 시킨다. 이 경우 갑이 한 말은 모두 거짓이고, 병과 정은 진실과 거짓을 1개씩 말하므로 모든 조건이 충족된다.

ⅱ) 정이 짜장면을 주문한 경우
을은 짬뽕, 갑은 볶음밥, 병은 우동을 시킨다. 이 경우 갑은 진실과 거짓을 함께 말하고, 을과 병은 거짓만 말한 것이 되므로 모순이 된다. 따라서 정은 짜장면을 주문하지 않았다.

따라서 갑은 볶음밥을, 을은 짜장면을, 병은 짬뽕을, 정은 우동을 주문했다.

06

정답 ③

첫 번째 조건에 따라 D가 C보다 작은 용량을 선택했으므로 D는 128GB나 256GB 용량을 선택하였다.

ⅰ) D가 128GB를 선택한 경우

첫 번째 조건과 세 번째 조건에 따라 A와 C는 D와 같은 용량을 고를 수 없다. 또한 두 번째 조건에 따라 B와 E는 같은 용량을 선택하는데, B와 E가 128GB를 선택하면 128GB를 선택한 사람이 3명이고, 128GB를 선택하지 않으면 D만 128GB를 선택하게 되어 모두 네 번째 조건에 부합하지 않으므로 모순이다.

ⅱ) D가 256GB를 선택한 경우

첫 번째 조건에 따라 D보다 큰 용량을 선택한 C는 512GB를 선택하고, 세 번째 조건에 따라 A는 128GB나 512GB를 선택한다. 만약 A가 128GB를 선택한 경우 B와 E가 무엇을 선택해도 네 번째 조건에 부합하지 않으므로 A는 512GB를 선택하고, 나머지 B와 E가 128GB를 선택하게 된다.

따라서 A는 512GB, B는 128GB를 선택하므로 A와 B가 선택한 스마트폰 용량의 합은 512+128=640GB이다.

07

정답 ③

세 번째 조건에 따라 세탁의 가장 마지막 과정은 A과정이다. 또한 다섯 번째 조건에 따라 D과정과 Y과정 사이에 2개의 과정이 있으므로 건조 과정의 순서에 따라 경우가 달라진다.

ⅰ) X과정을 Y과정보다 먼저 진행할 경우

Y과정은 건조의 마지막 과정이며, Y과정 앞에 A과정과 X과정이 있으므로 A과정 직전에는 D과정을 진행하게 된다. 그러나 이 경우 세탁의 마무리 과정인 A과정 직전에 D과정을 진행하므로 여섯 번째 조건에 부합하지 않는다.

ⅱ) Y과정을 X과정보다 먼저 진행할 경우

Y과정은 건조의 첫 번째 과정이며, D과정은 세탁의 두 번째 과정이 된다. 이 경우 네 번째 조건에 따라 B과정이 C과정보다 더 먼저 시작되므로 세탁 과정은 B−D−C−A이다.

따라서 올바른 세탁 및 건조 과정은 B−D−C−A−Y−X이다.

08

정답 ①

규칙은 가로로 적용된다.
첫 번째 도형과 두 번째 도형을 합치면 세 번째 도형이 된다.

09

정답 ③

규칙은 가로로 적용된다.
첫 번째 도형과 두 번째 도형을 합친 후, 겹치는 부분을 색칠한 도형이 세 번째 도형이다.

10

정답 ②

규칙은 세로로 적용된다.
두 번째 도형을 시계 방향으로 안의 도형을 한 칸씩 이동하면 세 번째 도형이 된다.

[11~14]

- ◎ : 각 자릿수 +2, −2, +2, −2
- ♡ : 1234 → 2143
- ♠ : 각 자릿수 −1
- ◇ : 1234 → 3412

11

정답 ④

STOP   →   URQN   →   RUNQ
    ◎   ♡

12

정답 ⑤

18AB   →   81BA   →   70AZ
    ♡   ♠

13

정답 ③

E5D8   →   D4C7   →   C7D4
    ♠   ◇

14

정답 ①

H476 → 76H4 → 65G3 → 83I1
   ◇   ♠   ◎

15

정답 ④

제시문에 따르면 음극재로 사용하는 실리콘은 충·방전 시 최대 300%까지 부피 팽창이 일어나 소재 및 배터리가 쉽게 손상되는 단점이 있다고 하였으므로 적절한 내용이다.

오답분석

① 2차 전지의 양극에서 이동한 리튬이온은 음극재의 음극활물질에 저장되며, 집전판은 외부 회로와 활물질 사이에서 전자를 전달하는 역할을 한다.

② 2차 전지의 용량은 주로 양극재에 따라 달라진다.

③ 흑연은 원자 6개에 1개의 리튬이온을 저장하지만 실리콘은 원자 5개에 22개의 리튬이온을 저장하므로 같은 면적일 때 흑연보다 실리콘이 더 많은 리튬이온을 저장한다.

⑤ 제시문에서 리튬이온 배터리 이외의 다른 소재의 2차 전지에 대한 비교가 없으므로 적절하지 않은 내용이다.

16

정답 ④

'이러한'으로 시작하는 (나) 문단과 '반면'으로 시작하는 (라) 문단의 경우 앞부분에 내용이 있어야 하므로 글의 첫 번째 문단으로 적합하지 않다. 나머지 (다) 문단과 (가) 문단 중 (다) 문단이 반도체의 정의와 특징을 설명하고, (가) 문단은 반도체의 미래 전망에 대해 서술하고 있으므로 (다) 문단이 가장 처음에 와야 하고, (가) 문단은 글의 결론으로 가장 마지막에 나열되어야 한다. (나) 문단과 (라) 문단 중 (나) 문단에서 반도체의 기능에 따른 종류 2가지와 메모리 반도체에 대해 설명하고, (라) 문단에서 '반면'이라는 접속부사를 사용하여 앞선 (나) 문단의 내용에 대비되는 시스템 반도체에 대해 설명하고 있으므로 (나) 문단이 (라) 문단보다 먼저 와야 한다. 따라서 (다) – (나) – (라) – (가) 순으로 나열하는 것이 적절하다.

17

정답 ⑤

먼저 하나의 사례를 제시하면서 글의 서두가 전개되고 있으므로 이와 비슷한 사례를 제시하고 있는 (다)가 이어지는 것이 적절하다. 이어서 (다) 사례의 내용이 비현실적이라고 언급하고 있는 (나)가 오는 것이 자연스러우며, 다음으로 (나)에서 언급한 사물인터넷과 관련된 설명의 (라)로 이어지는 것이 적절하다. 마지막으로 (가)는 (라)에서 언급한 지능형 전력망을 활용함으로써 얻게 되는 효과를 설명하는 내용이므로 (다) – (나) – (라) – (가) 순으로 나열하는 것이 적절하다.

18

정답 ③

제시문에서는 현대 사회의 소비 패턴이 '보이지 않는 손' 아래의 합리적 소비에서 벗어나 과시 소비가 중심이 되었으며, 그 이면에는 소비를 통해 자신의 물질적 부를 표현함으로써 신분을 과시하려는 욕구가 있다고 설명하고 있다. 따라서 글의 제목으로 가장 적절한 것은 ③이다.

19

정답 ④

기술을 통한 제조 주기의 단축과 하나의 공장에서 다양한 제품군을 생산하는 것은 '기술적 혁명'을 통한 생산성 향상, 생산 공정 최적화 등과 관련이 있다. 따라서 GE의 제조 공장은 ⓒ '제조업의 스마트화 사례'에 해당한다.

20

정답 ④

필자는 현재 에너지 비용을 지원하는 단기적인 복지 정책은 효과가 지속되지 않고, 오히려 에너지 사용량이 늘어나 에너지 절감과 같은 환경 효과를 볼 수 없으므로 '효율형'과 '전환형'의 복합적인 에너지 복지 정책을 추진해야 한다고 주장한다. 따라서 에너지 비용을 지원하는 정책의 효과가 지속되지 않는다는 데에는 ㄴ이, 일자리 창출 효과의 '효율형' 정책과 환경 보호 효과의 '전환형' 정책을 복합적으로 추진해야 한다는 데에는 ㄷ이 각각 필자의 논거로 사용될 수 있다.

01 수리

01	02	03	04	05	06	07	08	09	10
③	④	④	③	④	④	①	④	②	⑤

01 정답 ③

먼저 전체 경우의 수를 구하면 A ~ D 4명이 3가지 색의 깃발 중 1개씩 중복되게 고를 수 있으므로 $3^4=81$이다.
다음으로 빨간색 깃발을 1명만 선택하는 경우의 수를 구하면 먼저 1명이 빨간색 깃발을 고르고, 나머지 3명이 다른 2가지 색의 깃발을 고르므로 $4 \times 2^3=32$이다.
따라서 모든 경우의 수에서 빨간색 깃발을 1명만 선택하는 확률은 $\frac{32}{81}$ 이다.

02 정답 ④

작년보다 제주도 숙박권은 20%, 여행용 파우치는 10%를 더 준비했다고 했으므로 제주도 숙박권은 $10 \times 0.2=2$명, 여행용 파우치는 $20 \times 0.1=2$명이 경품을 더 받는다.
따라서 작년보다 총 4명이 경품을 더 받을 수 있다.

03 정답 ④

2023년 A씨의 주거비는 전체 지출 2,500만 원의 30%이므로 2,500만$\times 0.3=750$만 원이다. 또한 2024년 A씨의 전체 지출은 2023년보다 10% 증가했으므로 2,500만$\times 1.1=2,750$만 원이고, 2024년의 주거비는 전체 지출의 40%이므로 2,750만$\times 0.4=1,100$만 원이다.
따라서 2024년과 2023년의 주거비의 차는 $1,100-750=350$만 원이다.

04 정답 ③

6월의 관광객 수는 전월 대비 $\frac{5,000-800}{5,000} \times 100=84\%$ 감소하였다.

오답분석

① 5월의 관광객 수는 5,000명으로 관광객 수가 가장 많다.
② $3,500>1,500 \times 2$이므로 4월의 관광객 수는 3월 관광객 수의 2배 이상이다.
④ 1 ~ 6월의 전체 관광객 수는 $4,500+4,000+1,500+3,500+5,000+800=19,300$명으로 20,000명 미만이다.
⑤ 2월의 전월 대비 관광객 수는 $4,500-4,000=500$명 감소하여 전월 대비 관광객 수가 가장 적게 감소하였다.

05 정답 ④

1월의 1kg당 배추 가격은 650원이고, 9월의 1kg당 배추 가격은 1,850원이다. 따라서 $650 \times 3=1,950>1,850$원이므로 9월의 배추 가격은 1월 대비 3배 미만이다.

오답분석

①·② 2 ~ 9월 1kg당 배추 가격의 전월 대비 증감폭은 다음과 같다.

(단위 : 원)

구분	2월	3월	4월	5월
가격	$800-650$ $=150$	$1,100-$ $800=300$	$1,400-$ $1,100=300$	$900-1,400$ $=-500$
구분	6월	7월	8월	9월
가격	$700-900$ $=-200$	$900-700$ $=200$	$1,400-$ $900=500$	$1,850-$ $1,400=450$

따라서 1kg당 배추 가격이 전월 대비 가장 크게 상승한 때는 8월이고, 가장 크게 하락한 때는 5월이다.
③ 1분기의 3개월 동안 1kg당 배추 가격의 합은 $650+800+1,100=2,550$원, 2분기의 3개월 동안 1kg당 배추 가격의 합은 $1,400+900+700=3,000$원, 3분기의 3개월 동안 1kg당 배추 가격의 합은 $900+1,400+1,850=4,150$원이다. 그러므로 평균 1kg당 배추 가격은 3분기가 가장 크다.
⑤ 변량의 개수는 9개로 홀수 개이므로 5번째로 큰 값이 중앙값이다. 그러므로 월별 1kg당 배추 가격을 값이 큰 순서대로 나열할 때, 5번째로 큰 값은 900원이기 때문에 중앙값은 900원이다.

06

정답 ④

ㄱ. 2024년 2월에 가장 많이 낮아졌다.

ㄴ. 제시된 수치는 전년 동월, 즉 2023년 6월보다 325건 높아졌다는 뜻이므로, 실제 심사건수는 알 수 없다.

ㄷ. 2023년 5월에 비해 3.3% 증가했다는 뜻이므로, 실제 등록률은 알 수 없다.

오답분석

ㄹ. 전년 동월 대비 125건이 증가했으므로, $100+125=225$건이다.

07

정답 ①

교내 장학금 전체 수혜 인원은 유형별 수혜 인원의 합인 $30+70+20+180=300$명이다.

따라서 성적 우수 장학금 수혜 인원은 교내 장학금 수혜 인원의 $\frac{30}{300}\times100=10\%$이다.

08

정답 ④

학자금대출만 신청한 학생이 추가로 교내 장학금을 수혜받는다면 교내 장학금을 수혜받고 동시에 학자금대출을 신청한 학생 수는 $100+50=150$명이 된다.

따라서 학자금대출을 신청하거나 교내 장학금을 수혜받은 학생 수는 변하지 않으므로 구하고자 하는 비율은 $\frac{150}{750}\times100=20\%$이다.

09

정답 ②

해수면은 매년 3mm씩 증가하고 있다.

2028년의 예상 해수면의 높이를 구하는 식은 다음과 같다.

$85+(3\times5)=100$mm

따라서 2028년 예상 해수면의 높이는 100mm이다.

10

정답 ⑤

S사에 매년 입사하는 신입사원 수는 매년 30명씩 증가하고 있으므로 2020년으로부터 n년 후 입사하는 신입사원 수를 a_n명이라 하면, $a_n=(50+30n)$명이다.

따라서 2030년은 2020년으로부터 10년 후이므로, 2030년 S사의 신입사원 수는 $50+(30\times10)=350$명이다.

---

02 추리

01	02	03	04	05	06	07	08	09	10
③	④	②	④	②	①	②	②	③	④
11	12	13	14	15	16	17	18	19	20
⑤	④	①	②	②	⑤	④	⑤	④	⑤

01

정답 ③

'날씨가 좋다.'를 A, '야외 활동을 한다.'를 B, '행복하다.'를 C라고 하면 전제1은 A → B, 전제2는 ~A → ~C이다. 전제2의 대우는 C → A이므로 C → A → B가 성립하여 결론은 C → B나 ~B → ~C이다. 따라서 빈칸에 들어갈 명제는 '야외 활동을 하지 않으면 행복하지 않다.'이다.

02

정답 ④

'책상을 정리한다.'를 A, '업무 효율이 높아진다.'를 B, '지각을 한다.'를 C라고 하면 전제1은 A → B, 전제2는 ~C → A이므로 ~C → A → B가 성립하여 결론은 ~C → B나 ~B → C이다. 따라서 빈칸에 들어갈 명제는 '지각을 하지 않으면 업무 효율이 높아진다.'이다.

03

정답 ②

'생명체'를 A, '물이 있어야 살 수 있다.'를 B, '동물'을 C라고 하면 전제1은 A → B, 전제2는 C → A이므로 C → A → B가 성립하여 결론은 C → B이다. 따라서 빈칸에 들어갈 명제는 '동물들은 물이 있어야 살 수 있다.'이다.

04

정답 ④

제시된 조건에 따라 좌석을 입구와 가까운 순서대로 나열하면 '현수 – 형호 – 재현 – 지연 – 주현'이므로 형호는 현수와 재현 사이의 좌석을 예매했음을 알 수 있다. 그러나 제시된 조건만으로 정확한 좌석의 위치를 알 수 없으므로 서로의 좌석이 바로 뒤 또는 바로 앞의 좌석인지는 추론할 수 없다.

05

정답 ②

A ~ E의 진술에 따르면 B와 D의 진술은 반드시 동시에 진실 또는 거짓이 되어야 하며, B와 E의 진술은 동시에 진실이나 거짓이 될 수 없다.

ⅰ) B와 D의 진술이 거짓인 경우

참이어야 하는 A와 C의 진술이 서로 모순되므로 성립하지 않는다. 그러므로 B와 D는 모두 진실이다.

ii) B와 D의 진술이 참인 경우

A, C, E 중에서 1명의 진술은 참, 2명의 진술은 거짓인데, 만약 E가 진실이면 C도 진실이 되어 거짓을 말하는 사람이 1명이 되므로 성립하지 않는다. 그러므로 C와 E는 거짓을 말하고, A는 진실을 말한다.

A ~ E의 진술에 따라 정리하면 다음과 같다.

구분	필기구	의자	복사용지	사무용 전자제품
신청 사원	A, D	C		D

의자를 신청한 사원의 수는 3명이므로 필기구와 사무용 전자제품 2개의 항목을 신청한 D와 의자를 신청하지 않은 B를 제외한 A, E가 의자를 신청했음을 알 수 있다. 또한, 복사용지를 신청했다는 E의 진술이 거짓이므로 E가 신청한 나머지 항목은 사무용 전자제품이 된다.

이와 함께 남은 항목의 개수에 따라 신청 사원을 배치하면 다음과 같다.

구분	필기구	의자	복사용지	사무용 전자제품
신청 사원	A, D	A, C, E	B, C	B, D, E

따라서 신청 사원과 신청 물품이 바르게 연결된 것은 ②이다.

06 정답 ①

네 번째 조건에 따라 일식을 먹은 전날은 반드시 한식을 먹으므로 일식은 월요일에 먹을 수 없다. 또한 다섯 번째 조건에 따라 일식은 금요일에도 먹을 수 없으므로 세 번째 조건과 더불어 일식을 화요일, 수요일에 먹거나, 수요일, 목요일에 먹게 된다.

i) 일식을 화요일, 수요일에 먹은 경우

월요일과 금요일에 한식을 먹으므로 남은 목요일은 중식을 먹게 된다.

ii) 일식을 수요일, 목요일에 먹은 경우

화요일과 금요일에 한식을 먹으므로 남은 월요일은 중식을 먹게 된다.

제시된 조건에 따른 경우를 정리하면 다음과 같다.

구분	월요일	화요일	수요일	목요일	금요일
경우 1	한식	일식	일식	중식	한식
경우 2	중식	한식	일식	일식	한식

따라서 중식은 월요일이나 목요일 중 한 번만 먹으므로 항상 거짓인 것은 '중식은 한 주에 두 번 먹는다.'이다.

07 정답 ②

세 번째 조건과 네 번째 조건에 따라 A, C가 같은 음료를 선택하며, B, E가 같은 음료를 선택한다. 또한 두 그룹은 서로 다른 음료를 선택하게 된다. 그러므로 첫 번째 조건과 다섯 번째 조건에 따라 아메리카노 2잔, 카페라테 2잔, 콜드브루 1잔을 주문하게 되고, 같은 음료를 선택한 사람이 없는 D가 콜드브루를

주문하게 된다. 또한 두 번째 조건에 따라 A, C는 카페라테를 고르지 않으므로 A와 C는 아메리카노를 주문하고, 나머지 B, E가 카페라테를 주문하게 된다. 따라서 항상 거짓인 것은 ②이다.

08 정답 ②

규칙은 세로로 적용된다.

첫 번째와 두 번째 도형을 겹쳐서 중복된 면을 흰색으로 변경한 것이 세 번째 도형이 된다.

09 정답 ③

규칙은 세로로 적용된다.

첫 번째 도형을 45° 방향 대각선으로 자른 후 윗부분을 시계 방향으로 45° 회전하면 두 번째 도형이 되고, 두 번째 도형을 수직으로 자른 오른쪽 부분이 세 번째 도형이다.

10 정답 ④

규칙은 가로로 적용된다.

첫 번째 도형을 시계 방향으로 90° 회전시키고 수평으로 자른 윗부분이 두 번째 도형이고, 두 번째 도형을 수직으로 자른 후 오른쪽 부분을 y축 대칭시키면 세 번째 도형이다.

[11~14]

- ▲ : 1234 → 4321
- ◇ : 각 자릿수 +1, +2, +1, +2
- ■ : 1234 → 3412
- ○ : 각 자릿수 −2, +1, −2, +1

11 정답 ⑤

OAIS	→	MBGT	→	GTMB
	○		■	

12 정답 ④

14KV	→	VK41	→	WM53
	▲		◇	

13 정답 ①

G4C7	→	C7G4	→	4G7C
	■		▲	

14
정답 ②

T346 → R427 → 724R → 4R72
　　　　　○　　　　▲　　　　■

15
정답 ②

첫 번째 문단은 최근 행동주의펀드가 기업의 주가에 영향을 미치고 있다는 내용을 필두로 행동주의펀드가 어떻게 기업에 그 영향을 미치는지에 대해 서술하는 (나) 문단이 와야하고, 다음에는 이에 대한 대표적인 사례를 서술하는 (가) 문단이 이어지는 것이 적절하다. 다음 (다) 문단의 내용을 살펴보면 일부 은행에서는 A자산운용의 제안을 수락했고, 특정 은행에서는 이를 거부했다는 내용을 언급하고 있으므로 해당 제안에 대한 구체적인 내용을 다루고 있는 (라) 문단이 먼저 이어지는 것이 더 자연스럽다. 따라서 (나) – (가) – (라) – (다) 순으로 나열하는 것이 적절하다.

16
정답 ⑤

제시문은 HBM에 대한 소개와 함께, 특징 및 장점을 설명하고, 단점 및 개선 방안을 설명하는 글이므로 글의 첫 번째 문단은 HBM에 대한 간략한 소개를 하는 (다) 문단이 적절하다. 다음으로는 HBM의 특성을 설명하는 (마) 문단이 이어져야 하며, (가) 문단의 처음 부분이 '이러한 특성으로 인해'로 시작하여 HBM의 특성에 이어지는 문단이므로 (가) 문단이 이어져야 한다. 남은 (나) 문단과 (라) 문단 중 (나) 문단이 (가) 문단의 내용과 달리 HBM의 단점에 대해 설명하고, (라) 문단이 단점을 극복하기 위한 방법에 대해 설명하고 있으므로 (나) 문단 이후에 (라) 문단이 이어져야 한다. 따라서 (다) – (마) – (가) – (나) – (라) 순으로 나열하는 것이 적절하다.

17
정답 ④

바이오 하이드로겔은 천연 고분자 기반 하이드로겔과 합성 고분자 기반 하이드로겔로 나눌 수 있고, 이를 혼합한 하이브리드형도 있다. 그러나 두 번째 문단에 따르면 이러한 바이오 하이드로겔은 모두 높은 함수율, 생체적합성, 기계적 강도, 다공성 구조, 조직접착력, 생분해성, 세포친화성을 가진다. 따라서 합성 고분자 기반 하이드로겔 또한 천연 고분자 기반 하이드로겔과 마찬가지로 생분해성을 가지므로 분해가 쉬운 특성을 지닌다.

오답분석

①·② 높은 생체적합성 및 세포친화성으로 인해 바이오 하이드로겔은 인체의 다양한 부분에서 적은 거부반응으로 사용될 것이다. 따라서 하이드로겔의 발전은 의학, 생명공학 등에서 많은 혜택을 기대할 수 있을 것이다.
③ 다섯 번째 문단에서 밝히는 바이오 하이드로겔의 연구과제는 기계적 강도를 높이는 것과 생분해 속도를 정밀하게 조절하는 것이다. 따라서 차후 연구가 진행되면 바이오 하이드로겔의 생분해 속도를 목적에 따라 정밀하게 조정할 수 있을 것이다.
⑤ 바이오 하이드로겔은 3차원 구조를 가진 친수성 고분자 물질이므로 높은 함수율을 가진다. 따라서 수분이나 약물을 다량으로 함유하기 적합한 구조임을 알 수 있다.

18
정답 ⑤

제시문에 따르면 질량 요소들의 회전 관성은 질량 요소가 회전축에서 떨어져 있는 거리와 멀수록 커진다. 따라서 지름의 크기가 큰 공의 질량 요소가 상대적으로 회전축에서 더 멀리 떨어져 있기 때문에 회전 관성 역시 더 크다는 것을 추론할 수 있다.

19
정답 ④

감각으로 검증할 수 없는 존재에 대한 관념은 그것의 실체를 확인할 수 없기 때문에 거짓으로 보아야 하는 문제가 발생하는 진리론은 대응설이다.

20
정답 ⑤

ㄴ. 두 번째 문단에 따르면 전자기파가 어떤 물체에 닿아 진동으로 간섭함으로써 결과적으로 물질의 온도를 높이므로 전자기파를 방출하는 물질이라면 다른 물체를 데울 수 있음을 추론할 수 있다.
ㄷ. 첫 번째 문단에 따르면 소리처럼 물질이 실제로 떨리는 역학적 파동과 달리 전자기파는 매질 없이도 전파되므로 소리는 매질이 있어야만 전파될 수 있음을 추론할 수 있다.

오답분석

ㄱ. 두 번째 문단에 따르면 태양에서 오는 것은 열의 입자가 아닌 전자기파이며, 전자기파가 진동으로 간섭함으로써 물질의 온도를 높이는 것이므로 적절하지 않은 추론이다.

01 수리

01	02	03	04	05	06	07	08	09	10
②	③	④	②	③	⑤	④	④	④	⑤

01 　　　　　　　　　　정답 ②

3인실, 2인실, 1인실로 배정되는 인원을 정리하면 다음과 같다.

• $(3, 2, 0)$: $_5C_3 \times _2C_2 = 10$가지
• $(3, 1, 1)$: $_5C_3 \times _2C_1 \times _1C_1 = 20$가지
• $(2, 2, 1)$: $_5C_2 \times _3C_2 \times _1C_1 = 30$가지

∴ $10 + 20 + 30 = 60$가지

따라서 방에 배정되는 경우의 수는 총 60가지이다.

02 　　　　　　　　　　정답 ③

작년 남학생 수와 여학생 수를 각각 a, b명이라 하면 다음과 같다.

• 작년 전체 학생 수 : $a + b = 820 \cdots \bigcirc$
• 올해 전체 학생 수 : $1.08a + 0.9b = 810 \cdots \bigcirc$

㉠과 ㉡을 연립하면 다음과 같다.

∴ $a = 400$, $b = 420$

따라서 작년 여학생의 수는 420명이다.

03 　　　　　　　　　　정답 ④

수도권에서 각 과일의 판매량은 다음과 같다.

• 배 : $800,000 + 1,500,000 + 200,000 = 2,500,000$개
• 귤 : $7,500,000 + 3,000,000 + 4,500,000 = 15,000,000$개
• 사과 : $300,000 + 450,000 + 750,000 = 1,500,000$개

∴ $a = \dfrac{800,000}{2,500,000} = 0.32$, $b = \dfrac{3,000,000}{15,000,000} = 0.2$,

$c = \dfrac{750,000}{1,500,000} = 0.5$

따라서 $a + b + c = 1.02$이다.

04 　　　　　　　　　　정답 ②

2021년 상위 100대 기업까지 48.7%이고, 200대 기업까지 54.5%이다. 따라서 101 ~ 200대 기업이 차지하고 있는 비율은 $54.5 - 48.7 = 5.8$%이다.

[오답분석]

① · ③ 자료를 통해 쉽게 확인할 수 있다.
④ 자료를 통해 0.2%p 감소했음을 알 수 있다.
⑤ 등락률이 상승과 하락의 경향을 보이므로 옳은 설명이다.

05 　　　　　　　　　　정답 ③

2022년 전년 대비 A ~ D사의 판매 수익 감소율을 구하면 다음과 같다.

• A사 : $\dfrac{18 - 9}{18} \times 100 = 50$%

• B사 : $\dfrac{6 - (-2)}{6} \times 100 ≒ 133$%

• C사 : $\dfrac{7 - (-6)}{7} \times 100 ≒ 186$%

• D사 : $\dfrac{-5 - (-8)}{-5} \times 100 = -60$%이지만, 전년 대비 감소

하였으므로 감소율은 60%이다.

따라서 2022년의 판매 수익은 A ~ D사 모두 전년 대비 50% 이상 감소하였다.

[오답분석]

① 2022년 판매 수익 총합은 $9 + (-2) + (-6) + (-8) = -7$조 원으로 적자를 기록하였다.
② 2021 ~ 2023년의 전년 대비 판매 수익 증감 추이는 A ~ D사 모두 '감소 – 감소 – 증가'이다.
④ 2020년 대비 2023년의 판매 수익은 A사만 증가하였고, 나머지는 모두 감소하였다.
⑤ B사와 D사의 2020년 대비 2023년의 판매 수익은 각각 $10 - 8 = 2$조 원, $-2 - (-4) = 2$조 원으로 두 곳 모두 2조 원 감소하였다.

06

정답 ⑤

남성의 전체 인원은 $75+180+15+30=300$명이고, 여성의 전체 인원은 $52+143+39+26=260$명이다. 따라서 전체 남성 인원엔 대한 자녀 계획이 없는 남성 인원의 비율은 남성이 $\frac{75}{300}\times100=25\%$, 전체 여성 인원에 대한 자녀 계획이 없는 여성 인원의 비율은 $\frac{52}{260}\times100=20\%$로 남성이 여성보다 $25-20=5\%p$ 더 크다.

오답분석
① 전체 조사 인원은 $300+260=560$명으로 600명 미만이다.
② 전체 여성 인원에 대한 희망 자녀수가 1명인 여성 인원의 비율은 $\frac{143}{260}\times100=55\%$이다.
③ 남성의 각 항목을 인원수가 많은 순서대로 나열하면 '1명 – 계획 없음 – 3명 이상 – 2명'이고, 여성의 각 항목을 인원수가 많은 순서대로 나열하면 '1명 – 계획 없음 – 2명 – 3명 이상'이므로 남성과 여성의 항목별 순위는 서로 다르다.
④ 전체 여성 인원에 대한 희망 자녀수가 2명인 여성 인원의 비율은 $\frac{39}{260}\times100=15\%$, 전체 남성 인원에 대한 희망 자녀수가 2명인 남성 인원의 비율은 $\frac{15}{300}\times100=5\%$로 여성이 남성의 3배이다.

07

정답 ④

신입사원의 수를 x명이라고 하면, 1인당 지급하는 국문 명함은 150장이므로 국문 명함 제작비용은 $10,000(\because 100장)+3,000(\because 추가 50장)=13,000$원이다.
$13,000x=195,000$
$\therefore\ x=15$
따라서 신입사원의 수는 15명이다.

08

정답 ④

1인당 지급하는 영문 명함은 200장이므로 1인 기준 영문 명함 제작비용(일반 종이 기준)은 $15,000(\because 100장)+10,000(\because 추가 100장)=25,000$원이다.
이때 고급 종이로 영문 명함을 제작하므로 해외영업부 사원들의 1인 기준 영문 명함 제작비용은 $25,000\left(1+\frac{1}{10}\right)=27,500$원이다.
따라서 8명의 영문 명함 제작비용은 $27,500\times8=220,000$원이다.

09

정답 ④

책의 수는 매월 25권씩 늘어난다.
따라서 2023년 5월에 보유하는 책의 수는 $500+(25\times11)=775$권이다.

10

정답 ⑤

전월에 제조되는 초콜릿의 개수와 금월에 제조되는 초콜릿의 개수의 합이 명월에 제조되는 초콜릿의 개수이다.
• 2023년 7월 초콜릿의 개수 : $80+130=210$개
• 2023년 8월 초콜릿의 개수 : $130+210=340$개
• 2023년 9월 초콜릿의 개수 : $210+340=550$개
• 2023년 10월 초콜릿의 개수 : $340+550=890$개
• 2023년 11월 초콜릿의 개수 : $550+890=1,440$개
따라서 2023년 11월에는 1,440개의 초콜릿이 제조될 것이다.

01	02	03	04	05	06	07	08	09	10
②	②	③	⑤	②	③	⑤	⑤	③	①
11	12	13	14	15	16	17	18	19	20
①	⑤	①	③	⑤	⑤	③	②	③	②

01
정답 ②

'하루에 두 끼를 먹는 어떤 사람도 뚱뚱하지 않다.'를 다르게 표현하면 '하루에 두 끼를 먹는 모든 사람은 뚱뚱하지 않다.'이다. 따라서 전제2와 연결하면 '아침을 먹는 모든 사람은 하루에 두 끼를 먹고, 하루에 두 끼를 먹는 사람은 뚱뚱하지 않다.'이므로 빈칸에 들어갈 명제는 '아침을 먹는 모든 사람은 뚱뚱하지 않다.'이다.

02
정답 ②

전제1과 전제3을 연결하면 '명랑한 사람 → 마라톤을 좋아하는 사람 → 체력이 좋고, 인내심 있는 사람'이고 전제2는 '몸무게가 무거운 사람 → 체력이 좋은 사람'이다. 따라서 '명랑한 사람은 인내심이 있다.'가 참이어서 그 대우도 참이므로 빈칸에 들어갈 명제는 '인내심이 없는 사람은 명랑하지 않다.'이다.

03
정답 ③

제시된 명제들을 순서대로 논리 기호화하면 다음과 같다.
• 전제1 : 재고
• 전제2 : ~설비투자 → ~재고
• 전제3 : 건설투자 → 설비투자('~때에만'이라는 한정 조건이 들어가면 논리 기호의 방향이 바뀐다)
전제1이 참이므로 전제2의 대우(재고 → 설비투자)에 따라 설비를 투자한다. 전제3은 건설투자를 늘릴 때에만 이라는 한정 조건이 들어갔으므로 역(설비투자 → 건설투자) 또한 참이다. 따라서 이를 토대로 공장을 짓는다는 결론을 얻기 위해서 빈칸에 들어갈 명제는 '건설투자를 늘린다면, 공장을 짓는다(건설투자 → 공장건설).'이다.

04
정답 ⑤

영래의 맞은편이 현석이고 현석이의 바로 옆자리가 수민이므로, 이를 기준으로 주어진 조건에 따라 자리를 배치해야 한다.
영래의 왼쪽·수민이의 오른쪽이 비어있을 때 또는 영래의 오른쪽·수민이의 왼쪽이 비어있을 때는 성표와 진모가 마주보면서 앉을 수 없으므로 성립하지 않는다. 그러므로 영래의 왼쪽·수민이의 왼쪽이 비어있을 때와 영래의 오른쪽·수민이의 오른쪽이 비어있을 때를 정리하면 다음과 같다.

ⅰ) 영래의 왼쪽, 수민이의 왼쪽이 비어있을 때

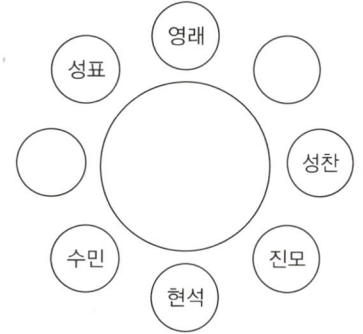

ⅱ) 영래의 오른쪽, 수민이의 오른쪽이 비어있을 때

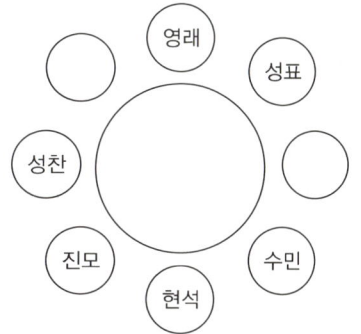

따라서 어느 상황에서든 진모와 수민이는 1명을 사이에 두고 앉는다.

05
정답 ②

먼저 첫 번째 조건에 따라 A가 출장을 간다고 하면 다음의 2가지 경우로 나뉜다.

A출장○	B출장○, C출장×
	B출장× C출장○

또한 두 번째 조건에 따라 C가 출장을 가면 D와 E 중 1명이 출장을 가지 않거나 2명 모두 가지 않는 3가지 경우가 생기고, C가 출장을 가지 않으면 D와 E의 출장 여부를 정확히 알 수 없으므로 4가지 경우가 된다. 그리고 세 번째 조건에 따라 B가 출장을 가지 않으면 F는 출장을 가므로 이를 정리하면 다음과 같다.

A출장○	B출장○, C출장×	D출장○, E출장×	F출장○ 또는 출장×
		D출장×, E출장○	
		D출장×, E출장×	
		D출장○, E출장○	
	B출장×, C출장○	D출장○, E출장×	F출장○
		D출장×, E출장○	
		D출장×, E출장×	

따라서 A가 출장을 간다면 같이 출장을 가는 최소 인원이 되는 경우는 B와 둘이서 출장을 가는 것이다.

06

정답 ③

D가 런던을 고를 경우, A는 뉴욕만 고를 수 있으므로 B는 파리를 고른다.

오답분석

① A가 뉴욕을 고를 경우, D가 런던을 고르면 E는 방콕 또는 베를린을 고른다.
② B가 베를린을 고를 경우, F는 파리를 고른다.
④ E가 뉴욕을 고를 경우, A는 런던을 고르므로 D는 방콕을 고른다.
⑤ A가 런던을 고르고 B가 파리를 고를 경우, F는 뉴욕을 고를 수 있다.

07

정답 ⑤

먼저 D의 주문 금액은 4,000원, E의 주문 금액은 2,000원임을 알 수 있다. 그리고 C의 최대 주문 금액은 3,500원이고, B의 최대 주문 금액은 이보다 적은 3,000원이므로 A의 최대 주문 금액 또한 3,000원이다. 따라서 5명이 주문한 금액은 최대 3,000+3,000+3,500+4,000+2,000=15,500원이다.

오답분석

① A와 B의 주문 가격은 같고, B는 커피류를 마실 수 없으므로 A가 주문 가능한 최소 가격은 B가 주문 가능한 음료류의 최소 가격인 2,000원이다.
② 허브티는 음료류 중 가격이 최대이므로 B가 허브티를 주문할 경우 C는 이보다 비싼 음료류를 주문할 수 없다.
③ 핫초코는 음료류 중 가격이 최소이므로 C가 핫초코를 주문할 경우 B는 이보다 저렴한 음료류를 주문할 수 없다.
④ S카페에서 가장 비싼 것은 아포카토이고, 이는 커피류이다.

08

정답 ⑤

규칙은 가로로 적용된다.
첫 번째 도형을 시계 방향으로 90° 회전한 것이 두 번째 도형이고, 두 번째 도형의 색을 반전시킨 것이 세 번째 도형이다.

09

정답 ③

규칙은 가로로 적용된다.
첫 번째 도형에서 색칠된 칸이 오른쪽으로 2칸씩 이동한 것이 두 번째 도형이고, 두 번째 도형에서 색칠된 칸이 아래쪽으로 2칸씩 이동한 것이 세 번째 도형이다.

10

정답 ①

규칙은 가로로 적용된다.
첫 번째 도형 안쪽의 선을 좌우 반전하여 합친 것이 두 번째 도형이고, 두 번째 도형을 상하 반전하여 합친 것이 세 번째 도형이다.

[11~14]

- ❶ : 각 자릿수 +1
- ❹ : 12345 → 31245
- ❻ : 12345 → 52341

11

정답 ①

ㅏㅓㅋㅛㄷ → ㅋㅏㅓㅛㄷ → ㅌㅑㅕㅜㄹ
(❹, ❶)

12

정답 ⑤

4ㅑㄴdㅛ → ㅛㅑㄴd4 → ㄴㅛㅑd4
(❻, ❹)

13

정답 ①

ㅍㅇapㅓ → aㅍㅇpㅓ → bㅎㅈqㅕ → cㄱㅊrㅗ
(❹, ❶, ❶)

14

정답 ③

Uㅜㅎㅊㅍ → ㅍㅜㅎㅊU → ㅎㅍㅜㅊU → Uㅍㅜㅊㅎ
(❻, ❹, ❻)

15

정답 ⑤

제시문은 비휘발성 메모리인 낸드플래시 메모리에 대해 먼저 소개하고, 낸드플래시 메모리에 데이터가 저장되는 과정을 설명한 후 반대로 지워지는 과정을 설명하는 글이다. 따라서 (라) 낸드플래시 메모리의 정의 – (나) 컨트롤 게이트와 기저 상태 사이에 전위차 발생 – (가) 전자 터널링 현상으로 전자가 플로팅 게이트로 이동하며 데이터 저장 – (다) 전위차를 반대로 가할 때 전자 터널링 현상으로 전자가 기저상태로 되돌아가며 데이터 삭제 순으로 나열하는 것이 적절하다.

16

정답 ⑤

제시문은 스페인의 건축가 가우디의 건축물에 대해 설명하는 글이다. 따라서 (나) 가우디 건축물의 특징인 곡선과 대표 건축물인 카사 밀라 – (라) 카사 밀라에 대한 설명 – (다) 가우디 건축의 또 다른 특징인 자연과의 조화 – (가) 이를 뒷받침하는 건축물인 구엘 공원 순으로 나열하는 것이 적절하다.

17
정답 ③

세 번째 문단에서 치료용 항체는 암세포가 스스로 사멸되도록 암세포에 항체를 직접 투여하는 항암제라고 언급되어 있다.

오답분석
① 첫 번째 문단에서 면역 세포는 T세포와 B세포가 있다고 언급되어 있다.
② 두 번째 문단에서 암세포가 면역 시스템을 피하여 성장하면서 다른 곳으로 전이되어 암이 발병할 수 있음을 알 수 있다.
④ 네 번째 문단에서 CAR−T 치료제는 환자의 T세포를 추출하여 암세포를 공격하는 기능을 강화 후 재투여한다고 언급되어 있다.
⑤ 다섯 번째 문단에서 면역 활성물질이 과도하게 분비될 때, 환자에게 치명적인 사이토카인 폭풍을 일으키는 등 신체 이상 증상을 보일 수 있다고 언급되어 있다.

18
정답 ②

레이저 절단 가공은 고밀도, 고열원의 레이저를 쏘아 절단 부위를 녹이고 증발시켜 소재를 절단하는 작업이지만, 다른 열 절단 가공에 비해 열변형의 우려가 적다고 언급되어 있다.

오답분석
① 고밀도, 고열원의 레이저를 쏘아 소재를 녹이고 증발시켜 소재를 절단한다 하였으므로 절단 작업 중에는 기체가 발생함을 알 수 있다.
③ 반도체 소자가 나날이 작아지고 정교해졌다고 언급되어 있으므로 과거 반도체 소자는 현재 반도체 소자보다 덜 정교함을 추측할 수 있다.
④ 반도체 소자는 나날이 작아지며 정교해지고 있으므로 현재 기술력으로는 레이저 절단 가공 외의 가공법으로는 반도체 소자를 다루기 쉽지 않음을 추측할 수 있다.
⑤ 레이저 절단 가공은 물리적 변형이 적어 깨지기 쉬운 소재도 다룰 수 있다고 언급되어 있다.

19
정답 ③

제시문은 윤리적 상대주의가 참이라는 결론을 내리기 위한 논증이다. 어떤 행위에 대한 문화 간의 지속적인 시비 논란(윤리적 판단)은 사람들의 윤리적 기준 차이에 의하여 한 문화 안에서 시대마다 다르기도 하고, 동일한 문화와 시대 안에서도 다를 수 있다. 따라서 올바른 윤리적 기준은 그것을 적용하는 사람에 따라 상대적이고, 이것이 윤리적 상대주의가 참이라는 논증이므로 이 논증의 반박은 '절대적 기준에 의한 보편적 윤리 판단은 존재한다.'가 되어야 한다. 그러나 제시문에서는 윤리적 판단이 '∼ 다르기도 하다.', '다른 윤리적 판단을 하는 경우를 볼 수 있다.'고 했지 '항상 다르다.'고는 하지 않았으므로 ③은 제시문의 주장을 반박하는 내용으로 적절하지 않다.

20
정답 ②

아리스토텔레스는 관객과 극중 인물의 감정 교류를 강조하지만 브레히트는 관객이 거리를 두고 극을 보는 것을 강조하고 있다. 브레히트는 관객이 극에 지나치게 몰입하게 되면 극과의 거리두기가 어려워져 사건을 객관적으로 바라볼 수 없게 된다고 보았다. 따라서 브레히트가 아리스토텔레스에게 제기할 만한 의문으로 가장 적절한 것은 ②이다.

01 수리

01	02	03	04	05	06	07	08	09	10
③	①	④	③	④	②	③	①	⑤	⑤

01 정답 ③

- 전년 대비 2022년 데스크탑 PC의 판매량 증감률
: $\dfrac{4,700-5,000}{5,000}\times100=\dfrac{-300}{5,000}\times100=-6\%$
- 전년 대비 2022년 노트북의 판매량 증감률
: $\dfrac{2,400-2,000}{2,000}\times100=\dfrac{400}{2,000}\times100=20\%$

02 정답 ①

- 8명의 선수 중 4명을 뽑는 경우의 수 : ${}_8C_4=\dfrac{8\times7\times6\times5}{4\times3\times2\times1}$
$=70$가지
- A, B, C를 포함하여 4명을 뽑는 경우의 수 : A, B, C를 제외한 5명 중 1명을 뽑으면 되므로 ${}_5C_1=5$가지

따라서 구하고자 하는 확률은 $\dfrac{5}{70}=\dfrac{1}{14}$ 이다.

03 정답 ④

2018년의 부품 수가 2017년보다 $170-120=50$개 늘었을 때, 불량품 수는 $30-10=20$개 늘었고, 2019년의 부품 수가 2018년보다 $270-170=100$개 늘었을 때, 불량품 수는 $70-30=40$개 늘었다. 그러므로 전년 대비 부품 수의 차이와 불량품 수의 차이 사이에는 $5:2$의 비례관계가 성립한다.
2022년 부품 수(A)를 x개, 2020년 불량품 수(B)를 y개라고 하면 2022년의 부품 수가 2021년보다 $(x-620)$개 늘었을 때, 불량품 수는 $310-210=100$개 늘었다.
$(x-620):100=5:2$
$\rightarrow x-620=250$
$\therefore x=870$

2020년의 부품 수가 2019년보다 $420-270=150$개 늘었을 때, 불량품 수는 $(y-70)$개 늘었다.
$150:(y-70)=5:2$
$\rightarrow y-70=60$
$\therefore y=130$
따라서 2022년 부품 수는 870개, 2020년 불량품 수는 130개이다.

04 정답 ③

남자가 소설을 대여한 횟수는 60회이고, 여자가 소설을 대여한 횟수는 80회이므로 $\dfrac{60}{80}\times100=75\%$이다.

[오답분석]
① 40세 미만의 전체 대여 횟수는 120회, 40세 이상의 전체 대여 횟수는 100회이므로 옳다.
② 소설 전체 대여 횟수는 140회, 비소설 전체 대여 횟수는 80회이므로 옳다.
④ 40세 이상의 전체 대여 횟수는 100회이고, 그중 소설 대여는 50회이므로 $\dfrac{50}{100}\times100=50\%$이다.
⑤ 40세 미만의 전체 대여 횟수는 120회이고, 그중 비소설 대여는 30회이므로 $\dfrac{30}{120}\times100=25\%$이다.

05 정답 ④

ㄱ. 자료를 통해 대도시 간 예상 최대 소요 시간은 모든 구간에서 주중이 주말보다 적게 걸림을 알 수 있다.
ㄴ. 주중 전국 교통량 중 수도권에서 지방으로 가는 교통량의 비율은 $\dfrac{4}{40}\times100=10\%$이다.
ㄹ. 서울 – 광주 구간 주중 소요 시간과 서울 – 강릉 구간 주말 소요 시간은 3시간으로 같다.

[오답분석]
ㄷ. 지방에서 수도권으로 가는 주말 예상 교통량은 주중 교통량의 $\dfrac{3}{2}=1.5$배이다.

06
정답 ②

ㄴ. 전년 대비 2021년 대형 자동차 판매량의 감소율은 $\frac{150-200}{200}\times100=-25\%$로 판매량은 전년 대비 30% 미만으로 감소하였다.

ㄷ. 2020 ~ 2022년 동안 SUV 자동차의 총판매량은 300+400+200=900천 대이고, 대형 자동차의 총판매량은 200+150+100=450천 대이다. 따라서 2020 ~ 2022년 동안 SUV 자동차의 총판매량은 대형 자동차 총판매량의 $\frac{900}{450}=2$배이다.

오답분석

ㄱ. 2020 ~ 2022년 동안 판매량이 지속적으로 감소하는 차종은 '대형' 1종류이다.

ㄹ. 2021년 대비 2022년에 판매량이 증가한 차종은 '준중형'과 '중형'이다. 따라서 두 차종의 증가율을 비교하면 준중형은 $\frac{180-150}{150}\times100=20\%$, 중형은 $\frac{250-200}{200}\times100=25\%$로 중형 자동차가 더 높은 증가율을 나타낸다.

07
정답 ③

• 2018년 대비 2019년 사고 척수의 증가율

  : $\frac{2,400-1,500}{1,500}\times100=60\%$

• 2018년 대비 2019년 사고 건수의 증가율

  : $\frac{2,100-1,400}{1,400}\times100=50\%$

08
정답 ①

연도별 사고 건수당 인명피해의 인원수를 구하면 다음과 같다.

• 2018년 : $\frac{700}{1,400}=0.5$명/건

• 2019년 : $\frac{420}{2,100}=0.2$명/건

• 2020년 : $\frac{460}{2,300}=0.2$명/건

• 2021년 : $\frac{750}{2,500}=0.3$명/건

• 2022년 : $\frac{260}{2,600}=0.1$명/건

따라서 사고 건수당 인명피해의 인원수가 가장 많은 연도는 2018년이다.

09
정답 ⑤

A제품을 n개 이어 붙일 때 필요한 시간이 a_n분일 때, 제품 $(n+1)$개를 이어 붙이는데 필요한 시간은 $(2a_n+n)$분이다. 그러므로 제품 n개를 이어 붙이는 데 필요한 시간은 다음과 같다.

• 6개 : $2\times42+5=89$분

• 7개 : $2\times89+6=184$분

• 8개 : $2\times184+7=375$분

따라서 제품 8개를 이어 붙이는 데 필요한 시간은 375분이다.

10
정답 ⑤

A규칙은 계차수열로 앞의 항에 +5를 하여 항과 항 사이에 +20, +25, +30, +35, +40, +45, …을 적용하는 수열이고, B규칙은 앞의 항에 +30을 적용하는 수열이다.

따라서 빈칸에 들어갈 a와 b의 총합이 처음으로 800억 원을 넘는 수는 a=410, b=420이다.

01	02	03	04	05	06	07	08	09	10
⑤	②	④	③	③	⑤	②	④	③	⑤
11	12	13	14	15	16	17	18	19	20
④	②	①	⑤	③	②	③	④	②	④

01 　정답 ⑤

'눈을 자주 깜빡인다.'를 A, '눈이 건조해진다.'를 B, '스마트폰을 이용할 때'를 C라 하면, 전제1과 전제2는 각각 ~A → B, C → ~A이므로 C → ~A → B가 성립한다.
따라서 빈칸에 들어갈 명제는 C → B인 '스마트폰을 이용할 때는 눈이 건조해진다.'이다.

02 　정답 ②

'밤에 잠을 잘 잔다.'를 A, '낮에 피곤하다.'를 B, 업무효율이 오른다.'를 C, '성과급을 받는다.'를 D라고 하면, 전제1은 ~A → B, 전제3은 ~C → ~D, 결론은 ~A → ~D이다.
따라서 ~A → B → ~C → ~D가 성립하기 위해서 필요한 전제2는 B → ~C이므로 빈칸에 들어갈 명제는 '낮에 피곤하면 업무효율이 떨어진다.'이다.

03 　정답 ④

'전기가 통하는 물질'을 A, '금속'을 B, '광택이 있는 물질'을 C라고 하면, 전제1에 따라 모든 금속은 전기가 통하므로 B는 A에 포함되며, 전제2에 따라 C는 B의 일부에 포함된다. 이를 벤 다이어그램으로 표현하면 다음과 같다.

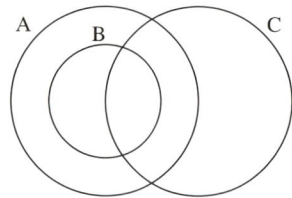

따라서 C에서 A부분을 제외한 부분이 존재하므로 빈칸에 들어갈 명제는 '전기가 통하지 않으면서 광택이 있는 물질이 있다.'이다.

04 　정답 ③

A와 D의 진술이 모순되므로, A의 진술이 참인 경우와 거짓인 경우를 구한다.
ⅰ) A의 진술이 참인 경우
A의 진술에 따라 D가 부정행위를 하였으며, 거짓을 말하고 또한, A의 진술이 참이므로 B의 진술도 참이며, B의 진술이 참이므로 C의 진술은 거짓이 되고, E의 진술은 참이 된다. 그러므로 부정행위를 한 사람은 C, D이다.
ⅱ) A의 진술이 거짓인 경우
A의 진술에 따라 D는 참을 말하고 있고, A의 진술이 거짓이므로 B의 진술도 거짓이 된다. 또한, B의 진술이 거짓이므로 C의 진술은 참이 되고, E의 진술은 거짓이 된다. 그러면 거짓을 말한 사람은 A, B, E이지만 조건에서 부정행위를 한 사람은 2명이므로 모순이 되어 옳지 않다.
따라서 A의 진술이 참인 경우에 의해 부정행위를 한 사람은 C, D이다.

05 　정답 ③

제시된 조건을 정리하면 다음과 같다.
• 첫 번째 조건 : 삼선짬뽕
• 마지막 조건의 대우 : 삼선짬뽕 → 팔보채
• 다섯 번째 조건의 대우 : 팔보채 → 양장피
세 번째, 네 번째 조건의 경우 자장면에 대한 단서가 없으므로 전건 및 후건의 참과 거짓을 판단할 수 없다. 따라서 탕수육과 만두도 주문 여부를 알 수 없으므로 반드시 주문할 메뉴는 삼선짬뽕, 팔보채, 양장피이다.

06 　정답 ⑤

두 번째 조건에 따라 B는 항상 1과 5 사이에 앉는다. 따라서 E가 4와 5 사이에 앉으면 2와 3 사이에는 A, C, D 중 누구나 앉을 수 있다.

오답분석
① A가 1과 2 사이에 앉으면, 네 번째 조건에 따라 E는 4와 5 사이에 앉는다. 그러면 C와 D는 3 옆에 앉게 되는데 이는 세 번째 조건과 모순이 된다.
② D가 4와 5 사이에 앉으면, 네 번째 조건에 따라 E는 1과 2 사이에 앉는다. 그러면 C와 D는 3 옆에 앉게 되는데 이는 세 번째 조건과 모순이 된다.
③ C가 2와 3 사이에 앉으면, 세 번째 조건에 따라 D는 1과 2 사이에 앉는다. 또한 네 번째 조건에 따라 E는 3과 4 사이에 앉을 수 없다. 따라서 A는 반드시 3과 4 사이에 앉는다.
④ E가 1과 2 사이에 앉으면, 세 번째 조건의 대우에 따라 C는 반드시 4와 5 사이에 앉는다.

07

정답 ②

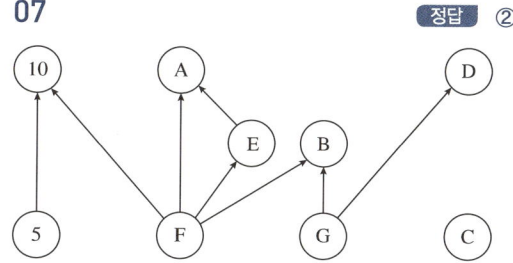

A, B, C를 제외한 빈칸에 적힌 수를 각각 D, E, F, G라고 하자.

F는 10의 약수이고 원 안에는 2에서 10까지의 자연수가 적혀 있으므로 F는 2이다.

10을 제외한 2의 배수는 4, 6, 8이고, A는 E와 F의 공배수이다. 즉, A는 8, E는 4이고, B는 6이다.

6의 약수는 1, 2, 3, 6이므로 G는 3이고 D는 3의 배수이므로 9이며, 남은 7은 C이다.

따라서 A, B, C에 해당하는 수의 합은 8+6+7=21이다.

08

정답 ④

규칙은 가로로 적용된다.

첫 번째 도형을 180° 회전시킨 도형이 두 번째 도형이고, 두 번째 도형을 색 반전시킨 도형이 세 번째 도형이다.

09

정답 ③

규칙은 가로로 적용된다.

첫 번째 도형을 반으로 나눴을 때 왼쪽이 두 번째 도형이고, 첫 번째 도형의 오른쪽을 y축 대칭하고 시계 방향으로 90° 회전한 것이 세 번째 도형이다.

10

정답 ⑤

규칙은 가로로 적용된다.

16칸 안에 있는 도형들이 모두 오른쪽으로 한 칸씩 움직인다.

[11~14]

• 문자표

1	2	3	4	5	6	7	8	9
A	B	C	D	E	F	G	H	I
10	11	12	13	14	15	16	17	18
J	K	L	M	N	O	P	Q	R
19	20	21	22	23	24	25	26	
S	T	U	V	W	X	Y	Z	

• 규칙

☆ : 각 자릿수 +4, +3, +2, +1

♡ : 1234 → 4321

□ : 1234 → 4231

△ : 각 자릿수 +1, −1, +1, −1

11

정답 ④

US24 → 4S2U → 8V4V
　　　　□　　　　☆

12

정답 ②

KB52 → OE73 → 37EO
　　　　☆　　　　♡

13

정답 ①

1839 → 2748 → 8472 → 9381
　　　△　　　♡　　　△

14

정답 ⑤

J7H8 → 87HJ → 96II
　　　　□　　　　△

15

정답 ③

제시문은 2500년 전 인간과 현대의 인간의 공통점을 언급하며 2500년 전에 쓰인 『논어』가 현대에서 지니는 가치에 대하여 설명하고 있다. 따라서 (가) 『논어』가 쓰인 2500년 전 과거와 현대의 차이점 – (마) 2500년 전의 책인 『논어』가 폐기되지 않고 현대에서도 읽히는 이유에 대한 의문 – (나) 인간이라는 공통점을 지닌 2500년 전 공자와 우리들 – (다) 2500년의 시간이 흐르는 동안 인간의 달라진 부분과 달라지지 않은 부분에 대한 설명 – (라) 시대가 흐름에 따라 폐기될 부분을 제외하더라도 여전히 오래된 미래로서의 가치를 지니는 『논어』 순으로 나열하는 것이 적절하다.

16

정답 ②

먼저 다문화정책의 두 가지 핵심을 밝히고 있는 (다)가 가장 처음에 온 뒤 (다)의 내용을 뒷받침하기 위해 프랑스를 사례로 든 (가)를 그 뒤에 배치하는 것이 자연스럽다. 그 다음으로는 이민자에 대한 지원 촉구 및 다문화정책의 개선 등에 대한 내용이 이어지는 것이 글의 흐름상 적절하므로 이민자에 대한 배려의 필요성을 주장하는 (라), 다문화정책의 패러다임 전환을 주장하는 (나) 순으로 나열하는 것이 적절하다.

17

면허를 발급하는 것은 면허 발급 방식이며, 보조금을 지급받는 것은 보조금 지급 방식으로 둘 사이의 연관성은 없다.

오답분석

① 경쟁 입찰 방식의 경우 정부가 직접 공공 서비스를 제공할 때보다 서비스의 생산 비용이 절감될 수 있고, 정부의 재정 부담도 경감될 수 있었다.
② 과거에는 공공 서비스가 경합성과 배제성이 모두 약한 사회 기반 시설 공급을 중심으로 제공되었다. 이런 경우 서비스 제공에 드는 비용은 주로 세금을 비롯한 공적 재원으로 충당을 하였다.
④ 공공 서비스의 다양화와 양적 확대가 이루어지면서 행정 업무의 전문성 및 효율성이 떨어지는 문제점이 나타나기도 하였다.
⑤ 정부는 위탁 제도를 도입함으로써 정부 조직의 규모를 확대하지 않으면서 서비스의 전문성을 강화할 수 있었다.

18

㉠의 '고속도로'는 그래핀이 사용된 선로를 의미하며, ㉢의 '코팅'은 비정질 탄소로 그래핀을 둘러싼 것을 의미한다. ㉠의 그래핀은 전자의 이동속도가 빠른 대신 저항이 높고 전하 농도가 낮다. 따라서 연구팀은 이러한 그래핀의 단점을 해결하기 위해, 그래핀에 비정질 탄소를 얇게 덮어 저항을 감소시키고 전하 농도를 증가시키는 방법을 생각해냈다.

오답분석

① ㉡의 '도로'는 기존 금속 재질의 선로를 의미한다. 연구팀은 기존의 금속 재질(㉡) 대신 그래핀(㉠)을 반도체 회로에 사용하였다.
② 반도체 내에 많은 소자가 집적되면서 금속 재질의 선로(㉡)에 저항이 기하급수적으로 증가하였다.
③ 그래핀(㉠)은 구리보다 전기 전달 능력이 뛰어나고 전자 이동속도가 100배 이상 빠르다.
⑤ ㉠의 '고속도로'는 그래핀, ㉡의 '도로'는 금속 재질, ㉢의 '코팅'은 비정질 탄소를 의미한다.

19

제시문에서 필자는 3R 원칙을 강조하며 가장 필수적이고 최저한의 동물실험이 필요악임을 주장하고 있다. 특히 '보다 안전한 결과를 도출해내기 위한 동물실험은 필요악이며, 이러한 필수적인 의약실험조차 금지하려 한다는 것은 기술 발전 속도를 늦춰 약이 필요한 누군가의 고통을 감수하자는 이기적인 주장'이라는 대목을 통해 약이 필요한 이들을 위한 의약실험에 초점을 맞추고 있음을 확인할 수 있다. 따라서 ②의 주장처럼 생명과 큰 관련이 없는 동물실험을 비판의 근거로 삼는 것은 적절하지 않다.

20

포지티브 방식은 PR 코팅, 즉 감광액이 빛에 노출되었을 때 현상액에 녹기 쉽게 화학구조가 변하며, 네거티브 방식은 반대로 감광액이 빛에 노출되면 현상액에 녹기 어렵게 변한다.

오답분석

① 포토리소그래피는 PR층이 덮이지 않은 증착 물질을 제거하는 식각 과정 이후 PR층을 마저 제거한다. 이후 일련의 과정을 다시 반복하여 증착 물질을 원하는 형태로 패터닝하는 것이다.
② PR 코팅은 노광 과정 이후 현상액에 접촉했을 때 반응하여 사라지거나 남게 된다. 따라서 식각 과정 이전에 자신의 실수를 알아차렸을 것이다.
③ 포지티브 방식의 PR 코팅을 사용한 창우의 디스플레이 회로의 PR층과 증착 물질이 모두 사라졌다면, 증착 및 코팅 불량이나 PR 제거 실수와 같은 근본적인 오류를 제외할 경우 노광 과정에서 마스크가 빛을 가리지 못해 PR층 전부가 빛에 노출되었을 가능성이 높다.
⑤ 광수가 원래 의도대로 디스플레이 회로를 완성시키기 위해서는 최소 PR 코팅 이전까지 공정을 되돌릴 필요가 있다.

01 수리

01	02	03	04	05	06	07	08	09	10
⑤	③	④	②	②	③	③	④	③	③

01
정답 ⑤

작년 사원 수에서 줄어든 인원은 올해 진급한 사원(12%)과 퇴사한 사원(20%)이므로 이를 합하면 $400 \times (0.12 + 0.2) = 128$명이며, 작년 사원에서 올해도 사원인 사람은 $400 - 128 = 272$명이다. 또한 올해 사원 수는 작년 사원 수에서 6% 증가했으므로 $400 \times 1.06 = 424$명이 된다.
따라서 올해 채용한 신입사원은 $424 - 272 = 152$명임을 알 수 있다.

02
정답 ③

• 7명의 학생이 원탁에 앉는 경우의 수 : $(7-1)! = 6!$가지
• 7명의 학생 중 여학생 3명이 원탁에 이웃해서 앉는 경우의 수 : $[(5-1)! \times 3!]$가지
따라서 7명의 학생 중 여학생 3명이 원탁에 이웃해서 앉는 확률은 $\dfrac{4! \times 3!}{6!} = \dfrac{1}{5}$이다.

03
정답 ④

ㄷ. 2020 ~ 2022년에 사망자 수는 1,850명 → 1,817명 → 1,558명으로 감소하고 있고, 부상자 수는 11,840명 → 12,956명 → 13,940명으로 증가하고 있다.
ㄹ. 각 연도의 검거율을 구하면 다음과 같다.
• 2019년 : $\dfrac{12,606}{15,280} \times 100 = 82.5\%$
• 2020년 : $\dfrac{12,728}{14,800} \times 100 = 86\%$
• 2021년 : $\dfrac{13,667}{15,800} \times 100 = 86.5\%$
• 2022년 : $\dfrac{14,350}{16,400} \times 100 = 87.5\%$
따라서 검거율은 매년 높아지고 있다.

오답분석
ㄱ. 사고 건수는 2020년까지 감소하다가 2021년부터 증가하고 있고, 검거 수는 매년 증가하고 있다.
ㄴ. 2020년과 2021년의 사망률 및 부상률은 다음과 같다.
• 2020년 사망률 : $\dfrac{1,850}{14,800} \times 100 = 12.5\%$
• 2020년 부상률 : $\dfrac{11,840}{14,800} \times 100 = 80\%$
• 2021년 사망률 : $\dfrac{1,817}{15,800} \times 100 = 11.5\%$
• 2021년 부상률 : $\dfrac{12,956}{15,800} \times 100 = 82\%$
따라서 사망률은 2020년이 더 높지만 부상률은 2021년이 더 높다.

04
정답 ②

26 ~ 30세 응답자는 총 51명이다. 그중 4회 이상 방문한 응답자는 $5+2=7$명이고, 비율은 $\dfrac{7}{51} \times 100 = 13.72\%$이므로 10% 이상이다.

오답분석
① 전체 응답자 수는 113명이다. 그중 20 ~ 25세 응답자는 53명이므로, 비율은 $\dfrac{53}{113} \times 100 = 46.90\%$가 된다.
③ 제시된 자료만으로는 31 ~ 35세 응답자의 1인당 평균 방문 횟수를 정확히 구할 수 없다. 그 이유는 방문 횟수를 '1회', '2 ~ 3회', '4 ~ 5회', '6회 이상' 등 구간으로 구분했기 때문이다. 다만 구간별 최솟값으로 평균을 냈을 때, 평균 방문 횟수가 2회 이상이라는 점을 통해 2회 미만이라는 것은 옳지 않음을 알 수 있다.
$\{1, 1, 1, 2, 2, 2, 2, 4, 4\}$ → 평균 $= \dfrac{19}{9} = 2.11$회
④ 응답자의 직업에서 학생과 공무원 응답자의 수는 51명이다. 즉, 전체 113명의 절반에 미치지 못하므로 비율은 50% 미만이다.
⑤ 제시된 자료만으로 판단할 때, 전문직 응답자 7명 모두 20 ~ 25세일 수 있으므로 비율은 $\dfrac{7}{113} \times 100 = 6.19\%$이 되어 5% 이상이 될 수 있다.

05

제시된 자료를 통해 2020년부터 세계 전문 서비스용 로봇시장의 규모가 증가함을 알 수 있지만, 2022년에 세계 전문 서비스용 로봇 시장 규모가 전체 세계 로봇 시장 규모에서 차지하는 비중을 구하면 $\frac{4,600}{17,949} \times 100 ≒ 25.63\%$이다.

따라서 2022년 전체 세계 로봇 시장 규모에서 세계 전문 서비스용 로봇 시장 규모가 차지하는 비중은 27% 미만이므로 옳지 않은 설명이다.

오답분석
① 2022년 세계 개인 서비스용 로봇 시장 규모의 전년 대비 증가율은 $\frac{2,216-2,134}{2,134} \times 100 ≒ 3.8\%$이다.

③ 2022년 세계 제조용 로봇 시장 규모의 전년 대비 증가율은 $\frac{11,133-10,193}{10,193} \times 100 ≒ 9.2\%$이고, 제시된 자료를 통해 2022년의 세계 제조용 로봇 시장의 규모가 세계 로봇 시장에서 가장 큰 규모를 차지하고 있음을 확인할 수 있다.

④ · 전년 대비 2022년의 국내 전문 서비스용 로봇 시장 생산 규모 증가율 : $\frac{2,629-1,377}{1,377} \times 100 ≒ 91.0\%$

· 2021년의 국내 전체 서비스용 로봇 시장 생산 규모 : 3,247+1,377=4,624억 원

· 2022년의 국내 전체 서비스용 로봇 시장 생산 규모 : 3,256+2,629=5,885억 원

· 전년 대비 2022년의 국내 전체 서비스용 로봇 시장 생산 규모 증가율 : $\frac{5,885-4,624}{4,624} \times 100 ≒ 27.3\%$

⑤ · 전년 대비 2022년의 국내 개인 서비스용 로봇 시장 수출 규모 감소율 : $\frac{944-726}{944} \times 100 ≒ 23.1\%$

· 2021년의 국내 전체 서비스용 로봇 시장 수출 규모 : 944+154=1,098억 원

· 2022년의 국내 전체 서비스용 로봇 시장 수출 규모 : 726+320=1,046억 원

· 전년 대비 2022년의 국내 전체 서비스용 로봇 시장 수출 규모 감소율 : $\frac{1,098-1,046}{1,098} \times 100 ≒ 4.7\%$

06

ㄱ. 한국, 독일, 영국, 미국 총 4곳이 전년 대비 2021년 연구개발비가 감소했다.

ㄷ. 전년 대비 2019년 한국, 중국, 독일의 연구개발비 증가율을 각각 구하면 다음과 같다.

· 한국 : $\frac{33,684-28,641}{28,641} \times 100 ≒ 17.6\%$

· 중국 : $\frac{48,771-37,664}{37,664} \times 100 ≒ 29.5\%$

· 독일 : $\frac{84,148-73,737}{73,737} \times 100 ≒ 14.1\%$

따라서 중국 - 한국 - 독일 순서로 증가율이 높다.

오답분석
ㄴ. 증가율을 계산해보는 방법도 있지만 연구개발비가 2배 이상 증가한 국가는 중국뿐이므로 중국의 증가율이 가장 높은 것을 알 수 있다. 따라서 증가율이 가장 높은 국가는 중국이고, 영국이 $\frac{40,291-39,421}{39,421} \times 100 ≒ 2.2\%$로 가장 낮다.

07

· 한국의 응용연구비 : 29,703×0.2=5,940.6백만 달러
· 미국의 개발연구비 : 401,576×0.6=240,945.6백만 달러

따라서 2021년 미국의 개발연구비는 한국의 응용연구비의 240,945.6÷5,940.6≒40배이다.

08

제시된 표를 통해 메모리 개발 용량은 1년마다 2배씩 증가함을 알 수 있다.

· 2004년 : 4,096×2=8,192MB
· 2005년 : 8,192×2=16,384MB
· 2006년 : 16,384×2=32,768MB
· 2007년 : 32,768×2=65,536MB

따라서 2007년에 개발한 반도체 메모리의 용량은 65,536MB이다.

09

제시된 표를 통해 석순의 길이가 10년 단위로 2cm, 1cm가 반복되면서 자라는 것을 알 수 있다.

· 2010년 : 16+2=18cm
· 2020년 : 18+1=19cm
· 2030년 : 19+2=21cm
· 2040년 : 21+1=22cm
· 2050년 : 22+2=24cm

따라서 2050년에 석순의 길이를 측정한다면 24cm일 것이다.

10

1997년부터 차례대로 3을 더하여 만든 수열은 1997, 2000, 2003, 2006, 2009, …이다.

따라서 제10회 세계 물 포럼은 제1회 세계 물 포럼으로부터 9번째 후에 개최되므로 1997+3×9=2024년에 개최된다.

01	02	03	04	05	06	07	08	09	10
②	①	④	②	⑤	②	③	③	⑤	④
11	12	13	14	15	16	17	18	19	20
①	④	③	④	②	②	②	④	③	②

01 정답 ②

'스테이크를 먹는다.'를 A, '지갑이 없다.'를 B, '쿠폰을 받는다.'를 C라 하면, 전제1과 결론은 각각 A → B, ~B → C이다. 이때, 전제1의 대우는 ~B → ~A이므로 결론이 참이 되려면 ~A → C가 필요하다. 따라서 빈칸에 들어갈 명제는 '스테이크를 먹지 않는 사람은 쿠폰을 받는다.'이다.

02 정답 ①

다이아몬드는 광물이고, 광물은 매우 규칙적인 원자 배열을 가지고 있다. 따라서 다이아몬드는 매우 규칙적인 원자 배열을 가지고 있다.

03 정답 ④

'음악을 좋아한다.'를 p, '상상력이 풍부하다.'를 q, '노란색을 좋아한다.'를 r이라고 하면, 전제1은 $p → q$, 전제2는 $~p → ~r$이다. 이때, 전제2의 대우 $r → p$에 따라 $r → p → q$가 성립한다. 따라서 $r → q$이므로 빈칸에 들어갈 명제는 '노란색을 좋아하는 사람은 상상력이 풍부하다.'이다.

04 정답 ②

i) A의 진술이 참인 경우
A가 1위, C가 2위이면 B의 진술은 참이므로 B가 3위, D가 4위이다. 그러나 D가 C보다 순위가 낮음에도 C의 진술은 거짓이므로 제시된 조건에 위배된다.
ii) A의 진술이 거짓인 경우
제시된 조건에 따라 A의 진술이 거짓이라면 C는 3위 또는 4위인데, 자신보다 높은 순위의 사람에 대한 진술은 거짓이기 때문에 C는 3위, A는 4위이다. 따라서 B의 진술은 거짓이므로 D가 1위, B가 2위이다.
따라서 A의 진술이 거짓인 경우에 따라 항상 참인 것인 ②이다.

05 정답 ⑤

B와 D는 동시에 참말 혹은 거짓말을 한다. A와 C의 장소에 대한 진술이 모순되기 때문에 B와 D는 참말을 하고 있음을 알 수 있다. 따라서 B, D와 진술 내용이 다른 E는 무조건 거짓말을 하고 있는 것이고, 거짓말을 하고 있는 사람은 2명이므로 A와 C 중 1명은 거짓말을 하고 있다. A가 거짓말을 하는 경우 A ~ C 모두 부산에 있었고, D는 참말을 하였으므로 범인은 E가 된다. C가 거짓말을 하는 경우 A ~ C는 모두 학교에 있었고, D는 참말을 하였으므로 범인은 역시 E가 된다.

06 정답 ②

제시된 조건을 정리하면 다음과 같다.

구분	A	B	C	D
꽃꽂이	×		○	
댄스	×	×	×	
축구			×	
농구		×	×	

A, B, C는 댄스 활동을 하지 않으므로 댄스 활동은 D의 취미임을 알 수 있다. 또한 B, C, D는 농구 활동을 하지 않으므로 A가 농구 활동을 취미로 한다는 것을 알 수 있다. 이를 정리하면 다음과 같다.

구분	A	B	C	D
꽃꽂이	×	×	○	×
댄스	×	×	×	○
축구	×	○	×	×
농구	○	×	×	×

따라서 항상 참인 것은 'A는 농구 활동을, D는 댄스 활동을 한다.'이다.

오답분석
① B가 축구 활동을 하는 것은 맞지만, D는 댄스 활동을 한다.
③ A는 농구 활동을, B는 축구 활동을 한다.
④ B는 축구 활동을 하며, D는 댄스 활동을 한다.
⑤ A는 농구 활동을 하며, D는 댄스 활동을 한다.

07

정답 ③

B는 오전 10시에 출근하여 오후 3시에 퇴근하였으므로 처리한 업무는 4개이다. D는 B보다 업무가 1개 더 많았으므로 D의 업무는 5개이고, 오후 3시에 퇴근했으므로 출근한 시각은 오전 9시이다. K팀에서 가장 늦게 출근한 사람은 C이고, 가장 늦게 출근한 사람을 기준으로 오전 11시에 모두 출근하였으므로 C는 오전 11시에 출근하였으며 K팀에서 가장 늦게 퇴근한 사람은 A이고, 가장 늦게 퇴근한 사람을 기준으로 오후 4시에 모두 퇴근하였다고 했으므로 A는 오후 4시에 퇴근했다. 또한 A는 C보다 업무가 3개 더 많았으므로 C의 업무는 2개이다. 이를 정리하면 다음과 같다.

구분	A	B	C	D
업무 개수	5개	4개	2개	5개
출근 시각	오전 10시	오전 10시	오전 11시	오전 9시
퇴근 시각	오후 4시	오후 3시	오후 2시	오후 3시

따라서 C는 오후 2시에 퇴근했다.

오답분석

① A는 5개의 업무를 하고 퇴근했다.
② B의 업무는 A의 업무보다 적었다.
④ K팀에서 가장 빨리 출근한 사람은 D이다.
⑤ C가 D의 업무 중 1개를 대신 했다면 D가 C보다 빨리 퇴근했을 것이다.

08

정답 ③

B는 두 번째, F는 여섯 번째로 도착하였고, A가 도착하고 바로 뒤에 C가 도착하였으므로 A는 세 번째 또는 네 번째로 도착하였다. 그런데 D는 C보다 먼저 도착하였고 E보다 늦게 도착하였으므로 A는 네 번째로 도착하였음을 알 수 있다.
따라서 도착한 순서는 E – B – D – A – C – F이고, A는 네 번째로 도착하였으므로 토너먼트 배치표에 따라 최대 3번까지 경기를 하게 된다.

09

정답 ⑤

규칙은 가로로 적용된다.
첫 번째 도형의 색칠된 부분과 두 번째 도형의 색칠된 부분을 합치면 세 번째 도형이다.

10

정답 ④

규칙은 세로로 적용된다.
첫 번째 도형과 두 번째 도형을 합쳤을 때, 색이 변하지 않고 동일한 부분만을 나타낸 도형이 세 번째 도형이다.

[11~14]

- ○ : 1234 → 2341
- □ : 각 자릿수 +2, +2, +2, +2
- ☆ : 1234 → 4321
- △ : 각 자릿수 −1, +1, −1, +1

11

정답 ①

JLMP → LMPJ → NORL
　　　　○　　　　　　□

12

정답 ④

DRFT → FTHV → VHTF
　　　　□　　　　　　☆

13

정답 ③

8TK1 → 7UJ2 → UJ27
　　　　△　　　　　　○

14

정답 ④

F752 → 257F → 479H → 388I
　　　　☆　　　　　□　　　　　△

15

정답 ②

제시문은 가격을 결정하는 요인과 이를 통해 도출할 수 있는 예상을 언급한다. 하지만 현실적인 여러 요인으로 인해 '거품 현상'이 나타나기도 하며 거품 현상이란 구체적으로 무엇인지를 설명하는 글이다. 따라서 (가) 수요와 공급에 의해 결정되는 가격 – (마) 상품의 가격에 대한 일반적인 예상 – (다) 현실적인 가격 결정 요인 – (나) 이로 인해 예상치 못하게 나타나는 거품 현상 – (라) 거품 현상에 대한 구체적인 설명 순으로 나열하는 것이 적절하다.

16

정답 ②

제시문은 조각보에 대한 설명으로 (나) 조각보의 정의, 클레와 몬드리안의 비교가 잘못된 이유 – (가) 조각보는 클레와 몬드리안보다 100여 년 이상 앞서 제작된 작품이며 독특한 예술성을 지니고 있음 – (다) 조각보가 아름답게 느껴지는 이유 순으로 나열하는 것이 적절하다.

17

정답 ②

제시문은 코젤렉의 '개념사'에 대한 정의와 특징에 대한 글이다. 따라서 (라) 개념에 대한 논란과 논쟁 속에서 등장한 코젤렉의 개념사 - (가) 코젤렉의 개념사와 개념에 대한 분석 - (나) 개념에 대한 추가적인 분석 - (마) 개념사에 대한 추가적인 분석 - (다) 개념사의 목적과 코젤렉의 주장 순으로 나열하는 것이 적절하다.

18

정답 ④

신경교 세포가 전체 뉴런을 조정하면서 기억력과 사고력을 향상시킨다는 가설하에, 인간의 신경교 세포를 갓 태어난 생쥐의 두뇌에 주입하는 실험을 하였다. 그리고 그 실험결과는 이 같은 가설을 뒷받침해주는 결과를 가져왔으므로 제시문을 추론한 내용으로 적절하다.

오답분석

① 인간의 신경교 세포를 생쥐의 두뇌에 주입하였더니 쥐가 자라면서 주입된 인간의 신경교 세포도 성장했고, 이 세포들이 주위의 뉴런들과 완벽하게 결합되어 쥐의 두뇌 전체에 걸쳐 퍼지게 되었다고 하였다. 그러나 이 과정에서 쥐의 뉴런에 어떠한 영향을 주는지에 대해서는 언급하고 있지 않으므로 추론할 수 없는 내용이다.

②·③ 제시문의 실험은 인간의 신경교 세포를 쥐의 두뇌에 주입했을 때의 변화를 살펴본 것이지 인간의 뉴런 세포를 주입한 것이 아니므로 추론할 수 없는 내용이다.

⑤ 쥐에 주입된 인간의 신경교 세포는 그 기능을 그대로 간직한다고 하였으므로 추론한 내용으로 적절하지 않다.

19

정답 ③

레일리 산란의 세기는 보랏빛이 가장 강하지만 우리 눈은 보랏빛보다 파란빛을 더 잘 감지하기 때문에 하늘이 파랗게 보이는 것이다.

오답분석

①·②는 첫 번째 문단, ⑤는 마지막 문단의 내용을 통해 추론할 수 있다.

④ 빛의 진동수는 파장과 반비례하고, 레일리 산란의 세기는 파장의 네제곱에 반비례한다. 따라서 빛의 진동수가 2배가 되면 파장은 1/2배가 되고, 레일리 산란의 세기는 $2^4 = 16$배가 된다.

20

정답 ②

르네상스의 야만인 담론은 이전과는 달리 현실적 구체성을 띠고 있지만 전통 야만인관에 의해 각색되는 것은 여전하다.

MEMO

PART 2
대표기출유형

대표기출유형 01   기출응용문제

01

정답 ④

순항 중일 때와 기상 악화일 때 날아간 거리를 구하는 식은 다음과 같다.

• 순항 중일 때 날아간 거리 : $860 \times \left(3 + \dfrac{30-15}{60}\right) = 2,795\text{km}$

• 기상 악화일 때 날아간 거리 : $(860-40) \times \dfrac{15}{60} = 205 \rightarrow 2,795 + 205 = 3,000\text{km}$

따라서 기상이 악화되었을 때 날아간 거리는 3,000km이다.

02

정답 ③

• 20분 동안 30m/min의 속력으로 간 거리 : $20 \times 30 = 600\text{m}$
• 20분 후 남은 거리 : $2,000 - 600 = 1,400\text{m}$
• 1시간 중 남은 시간 : $60 - 20 = 40$분

따라서 20분 후의 속력은 $\dfrac{1,400}{40} = 35\text{m/min}$이다.

03

정답 ②

진희의 집부터 어린이집까지의 거리를 $x$km라 하면, 어린이집부터 회사까지의 거리는 $(12-x)$km이다.
어린이집부터 회사까지 진희의 속력은 10km/h의 1.4배이므로 14km/h이다.
집부터 회사까지 1시간이 걸렸으므로 다음과 같은 식이 성립한다.

$\dfrac{x}{10} + \dfrac{(12-x)}{14} = 1$

$\rightarrow 7x + 5(12-x) = 70$

$\rightarrow 2x = 10$

$\therefore x = 5$

즉, 어린이집을 가는 데 걸린 시간은 $\dfrac{5}{10} = \dfrac{1}{2}$ 시간=30분이다.

따라서 어린이집에서 출발한 시각은 8시 30분이다.

01

더 넣어야 할 물의 양을 xg이라고 하면, 다음과 같은 식이 성립한다.

$$\frac{9}{100} \times 100 = \frac{6}{100} \times (100 + x) \rightarrow 900 = 600 + 6x$$

$$\rightarrow 300 = 6x$$

$$\therefore x = 50$$

따라서 더 넣어야 할 물의 양은 50g이다.

02

농도가 4%인 소금물 300g에 들어있는 소금의 양은 $300 \times \frac{4}{100} = 12$g이다.

따라서 소금 100g을 추가로 넣었을 때 소금물의 농도는 $\frac{12+100}{300+100} \times 100 = 28$%이다.

03

물이 증발하여도 소금물에 들어있는 소금의 양은 같으므로 증발한 물의 양을 xg이라고 하면, 다음과 같은 식이 성립한다.

$$\frac{8}{100} \times 500 = \frac{10}{100} \times (500 - x) \rightarrow 4,000 = 5,000 - 10x$$

$$\therefore x = 100$$

따라서 증발한 물의 양은 100g이다.

01

해야 할 일의 양을 1로 설정하였을 때, 둘째 날까지 일을 하고 남은 일의 비율을 구하는 식은 다음과 같다.

$$\frac{2}{3} \times \frac{3}{5} \times 100 \rightarrow \frac{2}{5} \times 100 = 40$$

따라서 셋째 날에 해야 할 일의 양은 전체의 40%이다.

02

전체 일의 양을 1이라고 하면, A사원, B사원, C사원이 각각 하루 동안 할 수 있는 일의 양은 $\frac{1}{24}$, $\frac{1}{120}$, $\frac{1}{20}$이다.

세 사람이 함께 업무를 진행하는 데 걸리는 기간을 x일이라고 하면, 다음과 같은 식이 성립한다.

$$\left(\frac{1}{24} + \frac{1}{120} + \frac{1}{20}\right) \times x = 1 \rightarrow \frac{1}{10} \times x = 1$$

$$\therefore x = 10$$

따라서 세 사람이 함께 업무를 진행할 때 걸리는 기간은 10일이다.

03

갑과 을이 1시간 동안 만들 수 있는 곰 인형의 수는 각각 $\frac{100}{4}=25$개, $\frac{50}{10}=5$개이다.

함께 곰 인형 144개를 만드는 데 걸리는 시간을 x시간이라고 하면, 다음과 같은 식이 성립한다.

$(25+5)\times0.8\times x=144$

$\rightarrow 24x=144$

$\therefore x=6$

따라서 함께 곰 인형을 만드는 데 6시간이 걸린다.

대표기출유형 04 ▶ 기출응용문제

01

S씨는 한 달에 16시간, 2개월 동안에는 32시간을 이용할 계획이다.

최소한의 비용으로 구매하는 방법은 할인권을 각각 1장씩 구매하고, 나머지 2시간은 시간당 이용료를 내는 것이다.

S씨가 할인받는 금액은 할인권에 적용된 할인율 금액과 같으므로 할인받는 금액을 구하는 식은 다음과 같다.

$(20\times6,000\times0.2)+(10\times6,000\times0.1)$

$=(4\times6,000)+(1\times6,000)$

$=30,000$

따라서 S씨가 할인받는 총 금액은 30,000원이다.

02

제품의 원가를 x원이라고 하면, 제품의 정가는 $(1+0.2)x=1.2x$원이고, 판매가는 $1.2x(1-0.15)=1.02x$원이다.

50개를 판매한 금액이 127,500원이므로, 다음과 같은 식이 성립한다.

$1.02x\times50=127,500$

$\rightarrow 1.02x=2,550$

$\therefore x=2,500$

따라서 제품의 원가는 2,500원이다.

03

A가 첫 번째로 낸 금액을 a원, B가 첫 번째로 낸 금액을 b원이라고 하면, 다음과 같은 식이 성립한다.

$(a+0.5a)+(b+1.5b)=32,000 \rightarrow 1.5a+2.5b=32,000 \cdots$ ㉠

$(a+0.5a)+5,000=(b+1.5b) \rightarrow 1.5a=2.5b-5,000 \cdots$ ㉡

㉠과 ㉡을 연립하면 다음과 같다.

$\therefore a=9,000, b=7,400$

따라서 A가 첫 번째로 낸 금액은 9,000원이다.

01

정답 ④

- 의자 6개에 5명이 앉는 경우의 수 : $_6P_5=6\times5\times4\times3\times2=720$가지
- 여사원이 이웃하여 앉는 경우의 수 : $5!\times2=(5\times4\times3\times2\times1)\times2=240$가지

따라서 여사원이 이웃하지 않게 앉는 경우의 수는 $720-240=480$가지이다.

02

정답 ⑤

토너먼트 경기는 대진표에 따라 한 번 진 사람은 탈락하고, 이긴 사람이 올라가서 우승자를 정하는 방식이다. 16명이 경기를 하면 처음에는 8번의 경기가 이루어지고, 다음은 4번, 2번, 1번의 경기가 차례로 진행된다.

따라서 총 $8+4+2+1=15$번의 경기가 진행된다.

03

정답 ⑤

- 국류, 나물류를 하나씩 선택하는 경우 $5\times4=20$가지
- 국류, 볶음류를 하나씩 선택하는 경우 $5\times3=15$가지
- 나물류, 볶음류을 하나씩 선택하는 경우 $4\times3=12$가지

따라서 서로 다른 메뉴를 2개 선택하여 각각 하나씩 고르는 경우의 수는 $20+15+12=47$가지이다.

01

정답 ④

- 부장과 과장이 같은 팀으로 배정될 확률 : 남은 4명 중 팀원으로 남자 대리와 같은 팀일 확률은 $\frac{1}{4}$이므로 부장, 과장, 남자 대리가 같은 팀일 확률은 $0.3\times0.25=0.075$이다.
- 부장과 과장이 서로 다른 팀으로 배정될 확률 : 과장을 제외한 남은 4명 중 둘을 부장과 배정하는 경우의 수는 $_4C_2=6$가지이고, 그중에서 남자 대리를 배정하는 경우의 수는 $_3C_1=3$가지이므로, 부장, 과장이 서로 다른 팀일 때 부장과 남자 대리가 같은 팀일 확률은 $0.7\times\frac{3}{6}=0.35$이다.

따라서 부장이 남자 대리와 같은 팀이 될 확률은 $0.075+0.35=0.425$, 즉 42.5%이다.

02

정답 ③

A가 문제를 풀 확률은 $\frac{1}{5}$이므로 A가 문제를 풀지 못할 확률은 $\frac{4}{5}$이고, B가 문제를 풀 확률은 $\frac{1}{4}$이므로 B가 문제를 풀지 못할 확률은 $\frac{3}{4}$이다.

- A만 문제를 풀 확률 : $\frac{1}{5}\times\frac{3}{4}=\frac{3}{20}$
- B만 문제를 풀 확률 : $\frac{4}{5}\times\frac{1}{4}=\frac{1}{5}$

따라서 한 사람만 문제를 풀 확률은 $\frac{3}{20}+\frac{1}{5}=\frac{7}{20}$이다.

03

A과목과 B과목을 선택한 학생의 비율이 각각 전체의 40%, 60%이고, A과목을 선택한 학생 중 여학생은 30%, B과목을 선택한 학생 중 여학생은 40%이므로 A과목과 B과목을 선택한 여학생의 비율은 다음과 같다.

- A과목을 선택한 여학생의 비율 : $0.4 \times 0.3 = 0.12$
- B과목을 선택한 여학생의 비율 : $0.6 \times 0.4 = 0.24$

따라서 구하고자 하는 확률은 $\dfrac{0.24}{0.12 + 0.24} = \dfrac{2}{3}$ 이다.

대표기출유형 07 　기출응용문제

01

ㄱ. 전체헌혈 중 단체헌혈이 차지하는 비율은 다음과 같다.

- 2019년 : $\dfrac{962}{962+1,951} \times 100 ≒ 33.0\%$
- 2020년 : $\dfrac{965}{965+2,088} \times 100 ≒ 31.6\%$
- 2021년 : $\dfrac{940}{940+2,143} \times 100 ≒ 30.5\%$
- 2022년 : $\dfrac{953}{953+1,913} \times 100 ≒ 33.3\%$
- 2023년 : $\dfrac{954}{954+1,975} \times 100 ≒ 32.6\%$
- 2024년 : $\dfrac{900}{900+1,983} \times 100 ≒ 31.2\%$

따라서 조사기간 동안 매년 20%를 초과한다.

ㄴ. 전년 대비 단체헌혈의 증감률은 다음과 같다.

- 2020년 : $\dfrac{965-962}{962} \times 100 ≒ 0.3\%$
- 2021년 : $\dfrac{940-965}{965} \times 100 ≒ -2.6\%$
- 2022년 : $\dfrac{953-940}{940} \times 100 ≒ 1.4\%$
- 2023년 : $\dfrac{954-953}{953} \times 100 ≒ 0.1\%$

따라서 단체헌혈의 증감률의 절댓값이 가장 큰 해는 2021년임을 알 수 있다.

[오답분석]

ㄷ. 2021년 대비 2022년 개인헌혈의 감소율은 $\dfrac{1,913-2,143}{2,143} \times 100 ≒ -10.7\%$이므로 25% 이하이다.

ㄹ. 2022년부터 2024년 동안 헌혈률의 전년 대비 증감 추이는 '감소 – 증가 – 감소'이고, 개인헌혈은 '감소 – 증가 – 증가'이므로 동일하지 않다.

02

자금 이체 서비스 이용 실적은 2024년 3/4분기에도 전 분기 대비 감소하였다.

[오답분석]

① 조회 서비스 이용 실적은 817천 건 → 849천 건 → 886천 건 → 1,081천 건 → 1,100천 건으로 매 분기 계속 증가하였다.

② 2024년 2/4분기 조회 서비스 이용 실적은 849천 건이고, 전 분기의 이용 실적은 817천 건이므로 849−817=32천 건, 즉 3만 2천 건 증가하였다.

④ 모바일 뱅킹 서비스 이용 실적의 전 분기 대비 증가율이 가장 높은 분기는 21.8%인 2024년 4/4분기이다.

⑤ 2025년 1/4분기의 조회 서비스 이용 실적은 자금 이체 서비스 이용 실적의 $\dfrac{1,100}{25} = 44$배로, 40배 이상이다.

03

정답 ⑤

2024년도 남성 공무원 비율은 70.3%, 여성 공무원 비율은 29.7%로 차이는 70.3−29.7=40.6%p이므로 40%p 이상이다.

오답분석

① 2023년 남성 공무원 수는 2,780−820=1,960백 명이다.
② 2022년 전체 공무원 수는 2,755백 명으로, 2021년 전체 공무원 수 2,750백 명에서 증가하였다.
③ 제시된 자료에 따라 2019년 이후 여성 공무원 수는 매년 증가하고 있다.
④ 2024년 여성 공무원 비율은 2019년보다 29.7−26.5=3.2%p 증가하였다.

대표기출유형 08 기출응용문제

01

정답 ②

모바일워크의 공공 부분은 (재작년 취업인구수)+(작년 취업인구수)=(올해 취업인구수)의 규칙을 보인다.
따라서 빈칸에 들어갈 수는 15+24=39이다.

02

정답 ④

각 팀의 2024년 하반기 입사자 수와 2025년 상반기 입사자 수를 표로 정리하면 다음과 같다.

(단위 : 명)

구분	2024년 하반기 입사자 수	2025년 상반기 입사자 수
마케팅	50	100
영업	a	$a+30$
상품기획	100	$100 \times (1-0.2)=80$
인사	b	$50 \times 2=100$
합계	320	$320 \times (1+0.25)=400$

• 2025년 상반기 입사자 수의 합 : $100+(a+30)+80+100=400 \rightarrow a=90$
• 2024년 하반기 입사자 수의 합 : $50+90+100+b=320 \rightarrow b=80$

따라서 2024년 하반기 대비 2025년 상반기 인사팀 입사자 수의 증감률은 $\dfrac{100-80}{80} \times 100=25\%$이다.

03

정답 ⑤

영업팀별 연간 매출액을 구하면 다음과 같다.
• A팀 : $50 \times 0.1+100 \times 0.1+100 \times 0.3+200 \times 0.15=75$억 원
• B팀 : $50 \times 0.2+100 \times 0.2+100 \times 0.2+200 \times 0.4=130$억 원
• C팀 : $50 \times 0.3+100 \times 0.2+100 \times 0.25+200 \times 0.15=90$억 원
• D팀 : $50 \times 0.4+100 \times 0.5+100 \times 0.25+200 \times 0.3=155$억 원
따라서 연간 매출액이 많은 순서로 팀을 나열하면 D−B−C−A이고, 이때 1위인 영업 D팀의 연간 매출액은 155억 원이다.

01

사망원인이 높은 순서대로 나열하면 '암, 심장질환, 뇌질환, 자살, 당뇨, 치매, 고혈압'이며, 암은 10만 명당 185명이고, 심장질환과 뇌질환은 각각 암으로 인한 사망자와 20명 미만의 차이이며, 자살은 10만 명당 50명이다. 따라서 사망원인에 따른 인원수를 나타낸 그래프로 옳은 것은 ②이다.

오답분석

① 사망원인 중 암인 사람은 185명이다.
③ 자살로 인한 사망자는 50명이다.
④ · ⑤ 뇌질환 사망자가 암 사망자와 20명 이상 차이난다.

02

자료에 따르면 2024년 3/4분기의 저축은행 총자산순이익률이 -0.9%인 반면, 그래프에서는 0%로 나타나 있다.

01

기계가 1대씩 늘어날수록 생산할 수 있는 제품 개수는 2개씩 늘어난다. 이를 첫째, 항은 $a=5$이고, 공차 $d=2$인 등차수열로 나타내면 다음과 같은 식이 성립한다.
$a_n = a + d(n-1)$
$\rightarrow a_n = 5 + 2(n-1)$
$\rightarrow a_n = 2n+3$
따라서 기계 30대를 사용하여 생산할 수 있는 제품의 개수는 $a_{30} = 2 \times 30 + 3 = 63$개이다.

02

n번째 날의 인터넷 쿠폰 수를 a_n이라 하면 a_n은 등차수열이다.
첫째 항은 $a=50$, 공차 $d=5$이며, 등차수열로 나타내면 다음과 같은 식이 성립한다.
$a_n = a + d(n-1)$
$\rightarrow a_n = 50 + 5(n-1)$
$\rightarrow a_n = 5n + 45$
40일 날 발행되는 인터넷 쿠폰 수는 $a_{40} = 5 \times 40 + 45 = 245$장이다. 등차수열의 합 공식을 이용하여 1일부터 40일까지 발행되는 쿠폰 개수를 구하면 다음과 같다.
$S_n = \dfrac{n(a+l)}{2}$ (n:항수, a:첫번째 항, l:마지막 항)
$\rightarrow S_{40} = \dfrac{40 \times (50+245)}{2} = 5,900$
따라서 40일까지 발행되는 인터넷 할인 쿠폰은 총 5,900장이다.

03

3월의 개체 수는 1월과 2월의 개체 수를 합한 것과 같고, 4월의 개체 수는 2월과 3월을 합한 것과 같다. 즉, 물고기의 개체 수는 피보나치수열로 증가하고 있다.

n을 월이라고 하고 A물고기의 개체 수를 a_n이라고 하면, $a_1=1$, $a_2=1$, $a_n=a_{n-1}+a_{n-2}(n \geq 3)$이다.

구분	1월	2월	3월	4월	5월	6월	7월	8월	9월	10월	11월	12월
개체 수	1	1	2	3	5	8	13	21	34	55	89	144

따라서 12월의 A물고기 수는 144마리이다.

04

바로 앞 항에서 4를 뺀 후 3을 곱한 수가 다음 항이다.

$a_1=9$

$a_2=(9-4) \times 3=15$

$a_3=(15-4) \times 3=33$

$a_4=(33-4) \times 3=87$

$a_5=(87-4) \times 3=249$

$a_6=(249-4) \times 3=735$

$a_7=(735-4) \times 3=2,193$

$a_8=(2,193-4) \times 3=6,567$

따라서 8시간 후 용기 안 세균의 수는 6,567마리이다.

대표기출유형 01　기출응용문제

01

정답 ②

마지막 명제의 대우는 '전기를 낭비하면 많은 사람이 피해를 입는다.'이다. 따라서 빈칸에 들어갈 명제는 '전기를 낭비하면 전기 수급에 문제가 생긴다.'이다.

02

정답 ⑤

'회계팀 팀원'을 p, '회계 관련 자격증을 가지고 있다.'를 q, '돈 계산이 빠르다.'를 r이라고 하면, 첫 번째 명제는 $p \to q$이며, 마지막 명제는 $\sim r \to \sim p$이다. 이때, 마지막 명제의 대우는 $p \to r$이므로 마지막 명제가 참이 되기 위해서는 $q \to r$이 필요하다. 따라서 빈칸에 들어갈 명제는 $q \to r$의 대우에 해당하는 ⑤이다.

03

정답 ④

'축산산업이 발전'을 a, '소득이 늘어남'을 b, '해외수입이 줄어듦'을 c라고 하면, 첫 번째 명제는 $a \to b$이고, 두 번째 명제는 $c \to a$이므로 이를 정리하면, $c \to a \to b$의 관계가 된다.
따라서 빈칸에 들어갈 명제는 $b \to c$인 '해외수입이 줄어들면 소득이 늘어난다.'이다.

대표기출유형 02　기출응용문제

01

정답 ⑤

'과일'을 A, '맛이 있다.'를 B, '가격이 비싸다.'를 C라 하면, 첫 번째 명제와 두 번째 명제는 다음과 같이 벤 다이어그램으로 나타낼 수 있다.
1) 첫 번째 명제

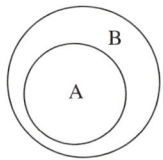

2) 두 번째 명제

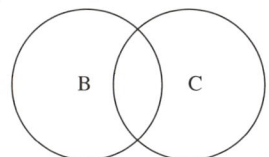

이를 정리하면 다음과 같은 두 가지 경우의 벤 다이어그램이 성립한다.
1) 경우 1

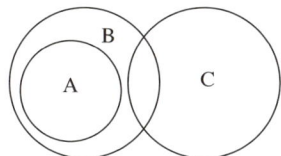

2) 경우 2

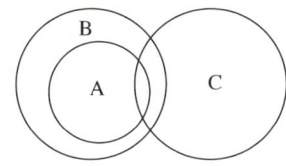

따라서 빈칸에 들어갈 명제는 '과일은 가격이 비쌀 수도 있고, 비싸지 않을 수도 있다.'이다.

02

정답 ①

'경위'를 A, '파출소장'을 B, '30대'를 C라고 하면, 첫 번째 명제와 마지막 명제는 다음과 같은 벤 다이어그램으로 나타낼 수 있다.
1) 첫 번째 명제

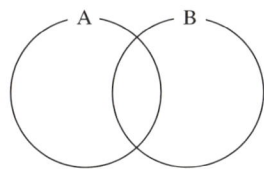

2) 마지막 명제

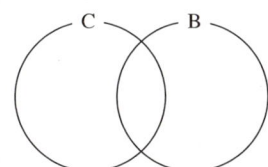

마지막 명제가 참이 되기 위해서는 B와 공통되는 부분의 A와 C가 연결되어야 하므로 A를 C에 모두 포함시켜야 한다. 즉, 다음과 같은 벤 다이어그램이 성립할 때 마지막 명제가 참이 될 수 있다.

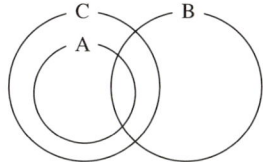

따라서 빈칸에 들어갈 명제는 '모든 경위는 30대이다.'이다.

② 다음과 같은 경우 성립하지 않는다.

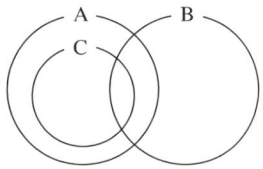

③·④ 다음과 같은 경우 성립하지 않는다.

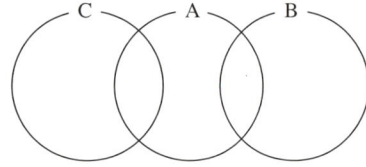

03

'인형을 좋아하는 아이'를 '인', '동물을 좋아하는 아이.'를 '동', '친구를 좋아하는 아이'를 '친'이라고 하면, 첫 번째 명제와 마지막 명제는 다음과 같은 벤 다이어그램으로 나타낼 수 있다.

1) 첫 번째 명제

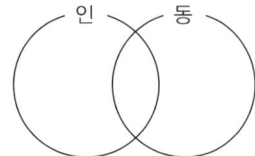

2) 마지막 명제

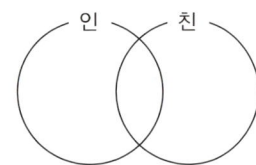

마지막 명제가 참이 되기 위해서는 '인'과 공통되는 부분의 '동'이 '친'과 반드시 연결되어야 하므로 '동'을 '친'에 모두 포함시켜야 한다. 즉, 다음과 같은 경우의 벤 다이어그램이 성립할 때 마지막 명제가 참이 될 수 있다.

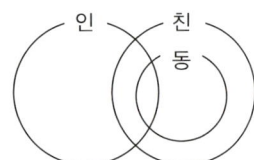

따라서 빈칸에 들어갈 명제는 '동물을 좋아하는 아이는 친구를 좋아한다.'이다.

②·⑤ 다음과 같은 경우 성립하지 않는다.

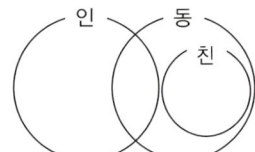

③・④ 다음과 같은 경우 성립하지 않는다.

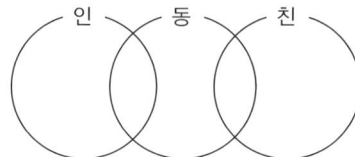

대표기출유형 03 기출응용문제

01

정답 ④

거짓을 빠르게 찾기 위해서는 모순 관계에 있는 사람들을 찾는 것이 중요하다. C와 D가 모순되는 진술을 하고 있으며 2명 중 1명이 거짓을 말하고, 나머지 1명이 참인 것을 알 수 있다. 또한 A의 말이 참이므로 C의 말도 참이 되어 D의 말이 거짓이 된다. 따라서 A는 홍보, C는 섭외, E는 예산을 담당하고, D의 말은 항상 거짓이므로 B는 구매, D는 기획을 맡게 된다.

02

정답 ③

B의 발언이 참이라면 C가 범인이고 F도 참이 된다. F는 C 또는 E가 범인이라고 했으므로 C가 범인이라면 E는 범인이 아니고, E의 발언 역시 참이 되어야 한다. 하지만 E의 발언이 참이라면 F가 범인이어야 하므로 모순이다. 따라서 B의 발언이 거짓이며, C 또는 E가 범인이라는 F 역시 범인임을 알 수 있다.

03

정답 ④

진실게임 문제의 경우 가정할 범위를 가능한 좁혀야 한다. 조건에 따라 A ~ D의 주장은 각각 1명씩을 범인으로 지목하기 때문에 그중 1명을 진실 혹은 거짓으로 가정한다고 하더라도, 다른 주장과 모순되는 경우가 발생한다. 반면, E의 주장은 2명이 범인이 아니라고 주장하므로 E의 주장을 참으로 가정하면 A, B의 주장과 일치한다. 따라서 C와 D가 범인임을 알 수 있다.

04

정답 ③

C업체가 참일 경우 나머지 미국과 서부지역 설비를 다른 업체가 맡아야 한다. 이때, 두 번째 정보에서 B업체의 설비 구축지역은 거짓이 되고, 첫 번째 정보와 같이 A업체가 맡게 되면 4개의 설비를 구축해야 하므로 A업체의 설비 구축계획은 참이 된다. 따라서 장대리의 말은 참이 됨을 알 수 있다.

오답분석
• 이사원 : A업체가 참일 경우에 A업체가 설비 3개만 맡는다고 하면, B업체 또는 C업체가 5개의 설비를 맡아야 하므로 나머지 정보는 거짓이 된다. 하지만 A업체가 B업체와 같은 곳의 설비 4개를 맡는다고 할 때, B업체는 참이 될 수 있으므로 옳지 않다.
• 김주임 : B업체가 거짓일 경우에 만약 6개의 설비를 맡는다고 하면, A업체는 나머지 2개를 맡게 되므로 거짓이 된다. 또한 B업체가 참일 경우, 똑같은 곳의 설비 하나씩 4개를 A업체가 구축해야 하므로 참이 된다.

01

정답 ③

이동 시간은 거리가 멀수록 많이 소요된다고 하였으므로 서울과의 거리가 먼 순서에 따라 D는 강릉, B는 대전, C는 세종, A는 인천에서 근무하는 것을 알 수 있다. 따라서 바르게 추론한 것은 ③이다.

오답분석

① B는 대전에 근무한다.
② C는 세종에 근무한다.
④ C는 이동 거리가 B보다 가깝고, A보다 멀기 때문에 A보다 먼저 출발해야 한다.
⑤ 이동 시간이 긴 순서대로 나열하면 D – B – C – A이다.

02

정답 ①

각 지점에는 한 번에 한 명의 신입사원만 근무할 수 있으므로 제시된 조건에 따라 지점별 순환근무표를 정리하면 다음과 같다.

구분	강남	구로	마포	잠실	종로
1	A	B	C	D	E
2	B	C	D	E	A
3(현재)	C	D	E	A	B
4	D	E	A	B	C
5	E	A	B	C	D

따라서 E는 네 번째 순환근무 기간에 구로에서 근무할 예정이므로 ①은 항상 참이 된다.

오답분석

② C는 이미 첫 번째 순환근무 기간에 마포에서 근무하였다.
③ 강남에서 가장 먼저 근무한 사람은 A이다.
④ 세 번째 순환근무 기간을 포함하여 지금까지 강남에서 근무한 사람은 A, B, C이다.
⑤ 다음 순환근무 기간인 네 번째 기간에 잠실에서 근무할 사람은 B이다.

03

정답 ②

첫 번째 조건과 두 번째 조건에 따라 물리학과 학생은 흰색만 좋아하는 것을 알 수 있으며, 세 번째 조건과 네 번째 조건에 따라 지리학과 학생은 흰색과 빨간색만 좋아하는 것을 알 수 있다. 전공별로 좋아하는 색을 정리하면 다음과 같다.

경제학과	물리학과	통계학과	지리학과
검은색, 빨간색	흰색	빨간색	흰색, 빨간색

이때 검은색을 좋아하는 학과는 경제학과뿐이므로 C가 경제학과임을 알 수 있으며, 빨간색을 좋아하지 않는 학과는 물리학과뿐이므로 B가 물리학과임을 알 수 있다. 따라서 항상 참이 되는 것은 ②이다.

04

정답 ③

6명이 앉은 테이블은 빈자리가 없고, 4명이 앉은 테이블에만 빈자리가 있으므로 첫 번째, 세 번째 조건에 따라 A, I, F는 4명이 앉은 테이블에 앉아 있음을 알 수 있다. 4명이 앉은 테이블에서 남은 자리는 1개뿐이므로, 두 번째, 다섯 번째, 여섯 번째 조건에 따라 C, D, G, H, J는 6명이 앉은 테이블에 앉아야 한다. 마주보고 앉는 H와 J를 6명이 앉은 테이블에 먼저 배치하면 G는 H의 왼쪽 또는 오른쪽 자리에 앉고, 따라서 C와 D는 J를 사이에 두고 앉아야 한다. 이때 네 번째 조건에 따라 어떤 경우에도 E는 6명이 앉은 테이블에 앉을 수 없으므로, 4명이 앉은 테이블에 앉아야 한다. 그러므로 4명이 앉은 테이블에는 A, E, F, I가, 6명이 앉은 테이블에는 B, C, D, G, H, J가 앉는다. 이를 정리하면 다음과 같다.

ⅰ) 4명이 앉은 테이블 : A와 I 사이에 빈자리가 하나 있고, F는 양 옆 중 오른쪽 자리만 비어 있으므로 다음과 같이 4가지 경우의 수가 발생한다.

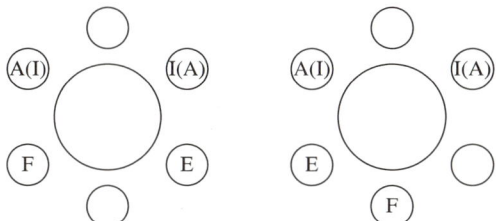

ⅱ) 6명이 앉은 테이블 : H와 J가 마주본 상태에서 G가 H의 왼쪽 또는 오른쪽 자리에 앉고, C와 D는 J를 사이에 두고 앉으므로 다음과 같이 4가지 경우의 수가 발생한다.

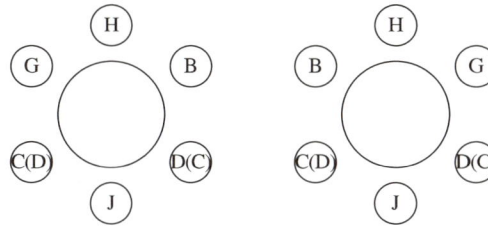

따라서 어떤 경우에도 A와 B는 다른 테이블이므로, ③은 항상 거짓이다.

대표기출유형 05 기출응용문제

01
정답 ④

규칙은 세로로 적용된다.
아래쪽으로 한 칸씩 움직였을 때 나오는 도형이 세 번째 도형이다.

02
정답 ⑤

규칙은 가로로 적용된다.
첫 번째 도형을 시계 반대 방향으로 $90°$ 회전시킨 도형이 두 번째 도형이고, 두 번째 도형을 y축 대칭시킨 도형이 세 번째 도형이다.

03
정답 ①

규칙은 가로로 적용된다.
첫 번째 도형의 화살표가 두 번째 도형의 동그라미를 만나면 $180°$ 회전하고, 네모를 만나면 시계 방향으로 $90°$ 회전한다.

04
정답 ①

규칙은 세로로 적용된다.
첫 번째 도형을 상하 반전시키면 두 번째 도형이다.
두 번째 도형을 시계 반대 방향으로 $90°$ 돌리면 세 번째 도형이다.

[1~4]

- ☆ : 맨 뒤의 문자를 맨 앞으로 보낸다.
- ♧ : 맨 뒤의 문자를 맨 뒤에 하나 더 만든다.
- ♪ : 맨 앞의 문자를 없앤다.
- ♡ : 뒤에서 첫 번째 문자와 두 번째 문자의 순서를 바꾼다.

01 정답 ③

DRT4   →   DRT44
       ♧

02 정답 ⑤

WCF7   →   CF7   →   C7F
     ♪   ♡

03 정답 ⑤

PLK6   →   6PLK   →   6PLKK
    ☆   ♧

04 정답 ③

WRGB   →   WRBG   →   GWRB   →   WRB
    ♡   ☆   ♪

01

정답 ③

제시문은 빈곤 지역의 문제 해결을 위해 도입된 적정기술에 대한 설명이다. 따라서 (나) 적정기술에 대한 정의 – (가) 현지에 보급된 적정기술의 성과에 대한 논란 – (라) 적정기술 성과 논란의 원인 – (다) 빈곤 지역의 문제 해결을 위한 방안 순으로 나열하는 것이 적절하다.

02

정답 ④

제시문은 임베디드 금융에 대한 정의와 장점 및 단점 그리고 이에 대한 개선 방안을 설명하는 글이다. 따라서 (라) 임베디드 금융의 정의 – (나) 임베디드 금융의 장점 – (다) 임베디드 금융의 단점 – (가) 단점에 대한 개선 방안 순으로 나열하는 것이 적절하다.

03

정답 ②

제시문은 E놀이공원이 음식물쓰레기로 인한 낭비의 심각성을 인식하여 환경부와 함께 음식문화 개선대책 협약을 맺었고, 이 협약으로 인해 대기업 중심의 국민적인 음식문화 개선 운동이 확산될 것이라는 내용의 글이다. 따라서 (나) 음식물쓰레기로 인한 낭비에 대한 심각성을 인식한 E놀이공원과 환경부 – (라) 음식문화 개선 대책 협약 체결 – (다) 협약에 따라 사업장별 특성에 맞는 음식물쓰레기 감량 활동 전개하는 E놀이공원 – (가) 협약을 계기로 대기업 중심의 범국민적 음식문화 개선 운동이 확산될 것을 기대하는 환경부 국장 순으로 나열하는 것이 적절하다.

04

정답 ③

제시문은 헤겔이 생각한 시민사회의 한계점과 문제 해결 방안에 대하여 설명하고 있다. 따라서 (가) 헤겔이 활동하던 19세기 초 프러시아의 시대적 과제 – (라) 공리주의를 통해 해결할 수 없는 사회문제 – (나) 문제를 해결하기 위해 헤겔이 제시한 시민사회에 대한 정의 – (다) 빈곤과 계급 갈등을 근원적으로 해결하기 위한 시민사회의 역할 순으로 나열하는 것이 적절하다.

PART 2

01

정답 ①

제시문에 따르면 수화 반응은 상온에서 일어나기 때문에 콘크리트 역시 상온에서 제작한다.

오답분석

② 로마 시기에 만들어진 판테온은 콘크리트를 이용해 만들어진 구조물이다.

③ 콘크리트는 시멘트에 모래와 자갈 등의 골재를 섞어 만든다.

④ 골재들 간의 접촉을 높여야 강도가 높아지기 때문에, 서로 다른 크기의 골재를 배합하여 콘크리트를 만든다.

⑤ 콘크리트가 철근 콘크리트로 발전함에 따라 더욱 다양하고 자유로운 표현이 가능해졌다.

02

정답 ⑤

제시문에 따르면 인간에게 체화된 무형의 지식(암묵지)을 공유하는 것은 쉬운 일이 아니라고 하였다.

오답분석

① 단순한 정보와 유용한 지식을 구분하기도 쉽지 않고, 이를 계량화하여 평가하는 것도 어렵다고 말하고 있다.

② 객관적이고 논리적으로 형식화된 지식을 명시지라 하며, 암묵지에 비해 상대적으로 지식의 공유 가능성이 높다.

③ '연결화' 과정을 통해 명시지들을 결합하여 새로운 명시지를 형성한다.

④ 암묵지에서 명시지로의 변환은 암묵적 요소 중 일부가 형식화되어 객관화되는 것으로서 '표출화'라 한다.

03

정답 ②

도구일 뿐인 기계가 인간을 판단하는 것은 정당하지 않으며, 인공지능은 인간이 만든 도구일 뿐이고, 이런 도구가 인간을 평가하면 주체와 객체가 뒤바뀌는 상황이 발생한다.

오답분석

① 미래에 인공지능이 인간을 대체할 것인지에 대해서는 제시문을 통해 추론할 수 없다.

③ 사회에서 의사소통을 통해 관계를 형성하는 것은 인공지능이 아닌 인간이다.

④ 제시문은 인공지능과 인간의 차이점을 통해 논지를 주장하고 있다.

⑤ 인공지능은 빅데이터를 바탕으로 결과를 도출해 내는 기계에 불과하므로, 통계적 분석을 할 뿐 타당한 판단을 할 수 없다.

04

정답 ③

KCNK13채널이 도파민을 촉진하는 활동을 차단할 수 있다면 폭음을 막을 수 있다고 하였으나, 약을 개발하였는지는 제시문을 통해 추론할 수 없다.

오답분석

① 뇌는 알코올이 흡수되면 도파민을 분출하고, 도파민은 보상을 담당하는 화학 물질로 뇌에 보상을 받고 있다는 신호를 보내 음주 행위를 계속하도록 만든다.

② VTA에 도파민이 도달하면 신경세포 활동이 급격히 증가하면서 활발해지고 이는 보상을 얻기 위해 알코올 섭취를 계속하게 만들 수 있다.

④ 실험 결과 KCNK13채널을 15% 축소한 쥐가 보통의 쥐보다 30%나 더 많은 양의 알코올을 폭음하였다.

⑤ 이전에는 도파민이 어떤 경로를 거쳐 VTA에 도달하는지 알 수 없었으나, 일리노이대 후성유전학 알코올 연구센터에서 이를 밝혀냈다.

01

정답 ⑤

마지막 문단에 따르면 '라이헨바흐는 자연이 일양적일 수도 있고 그렇지 않을 수도 있음을 전제'하며, '자연이 일양적인지 그렇지 않은지 알 수 없는 상황에서는 귀납을 사용하는 것이 옳은 선택'이라고 한다. 그러나 귀납이 현실적으로 옳은 추론 방법임을 밝히기 위해 자연의 일양성이 선험적 지식임을 증명하고 있는 것은 아니다.

오답분석

① 라이헨바흐는 '어떤 방법도 체계적으로 미래 예측에 계속해서 성공할 수 없다는 논리적 판단을 통해 귀납은 최소한 다른 방법보다 나쁘지 않은 추론'이라고 확언한다. 하지만 이것은 귀납의 논리적 허점을 현실적 차원에서 해소하려는 것이며, 논리적 허점을 완전히 극복한 것은 아니라는 점에서 비판의 여지가 있다.
② 라이헨바흐는 '귀납의 정당화 문제로부터 과학의 방법인 귀납을 옹호하기 위해 현실적 구제책을 제시'한다. 이것은 귀납이 과학의 방법으로 사용될 수 있음을 지지하려는 것이다.
③ 라이헨바흐는 '자연이 일양적일 경우 우리의 경험에 따라 귀납이 점성술이나 예언 등의 다른 방법보다 성공적인 방법'이라고 판단하며, '자연이 일양적이지 않다면 어떤 방법도 체계적으로 미래 예측에 계속해서 성공할 수 없다는 논리적 판단을 통해 귀납은 최소한 다른 방법보다 나쁘지 않은 추론이라고 확언'한다. 따라서 라이헨바흐가 귀납과 다른 방법을 비교하기 위해 경험적 판단과 논리적 판단을 활용했음을 알 수 있다.
④ 라이헨바흐는 '자연이 일양적인지 그렇지 않은지 알 수 없는 상황에서는 귀납을 사용하는 것이 옳은 선택'이라고 본다. 따라서 라이헨바흐는 귀납과 견주어 미래 예측에 더 성공적인 방법이 없다는 판단을 근거로 귀납의 가치를 보여 주고 있다.

02

정답 ⑤

영화가 전통적인 예술이 지니는 아우라를 상실했다며 벤야민은 영화를 진정한 예술로 간주하지 않았다. 그러나 제시문에서는 영화가 우리 시대의 대표적인 예술 장르로 인정받고 있으며, 오늘날 문화의 총아로 각광받는 영화에 벤야민이 말한 아우라를 전면적으로 적용할 수 있을지는 미지수라고 지적한다. 따라서 벤야민의 견해에 대한 비판으로 예술에 대한 기준에는 벤야민이 제시한 아우라뿐만 아니라 여러 가지가 있을 수 있으며, 예술에 대한 기준도 시대에 따라 변한다는 사실을 들 수 있다.

오답분석

①·②·③·④ 벤야민은 카메라의 개입이 있는 영화라는 장르 자체는 어떤 변화가 있어도 아우라의 체험을 얻을 수 없다고 비판한다. 따라서 ①의 영상미, ②의 영화배우의 연기, ③의 영화 규모, ④의 카메라 촬영 기법 등에서의 변화는 벤야민의 견해를 비판하는 근거가 될 수 없다.

03

정답 ③

어떤 글에 대한 논리적인 반박은 그 글의 중심 주장이 성립할 수 없다는 것을 증명하는 것이므로 글의 주장이 성립할 수 없다는 근거를 제시해야 한다. 제시문의 중심 주장은 '아마란스를 쌀 대신 대량으로 재배해야 한다.'이다. 따라서 아마란스를 쌀 대신 대량으로 재배할 수 없다는 근거가 되는 ③이 가장 논리적인 반박이라고 할 수 있다.

오답분석

① 마지막 문단에서 '백미 대신 동일한 양의 아마란스를 섭취하는 것은 ~ 체중 조절에 훨씬 유리하다.'라고 하였으므로, 아마란스를 과량으로 섭취했을 때 체중이 증가한다는 것은 논리적인 반박으로 볼 수 없다.
②·④·⑤ 제시문의 주장이 성립할 수 없다는 근거를 제시하지 않았으므로 논리적인 반박으로 볼 수 없다.

04

정답 ⑤

제시문은 대중문화가 대중을 사회 문제로부터 도피하게 하거나 사회 질서에 순응하게 하는 역기능을 수행하여 혁명을 불가능하게 만든다는 내용이다. 따라서 이 주장에 대한 반박은 대중문화가 순기능을 한다는 태도여야 한다. 따라서 ⑤는 현대 대중문화의 질적 수준에 대한 평가에 대한 내용이므로 연관성이 없으므로 적절하지 않다.

PART 2

01

정답 ③

일그러진 달항아리, 휘어진 대들보, 삐뚜름한 사발에서 나타나는 미의식은 '형'의 어눌함을 수반하는 '상'의 세련됨이다. 따라서 보기를 토대로 글을 읽은 사람의 반응으로 가장 적절한 것은 ③이다.

02

정답 ③

여성적인 사고는 분해되지 않은 전체 이미지를 통해서 의미를 이해하는 특징이 있으며, 남성적인 사고는 사고 대상 전체를 구성 요소 부분으로 분해한 후 그들 각각을 개별화하고 이를 다시 재조합하는 과정으로 진행된다고 하였다. 그러므로 글쓴이는 여성들은 그림문자를, 남성들은 표음문자를 이해하는 데 유리하므로, 표음문자 체계의 보편화는 여성의 사회적 권력을 약화하는 결과를 낳았다고 주장하고 있다. 따라서 이 결론이 나오기 위해서는 ⓒ '글을 읽고 이해하는 능력은 사회적 권력에 영향을 미친다.'는 전제가 필요하다.

[오답분석]

㉠ 그림문자를 쓰는 사회에서는 여성적인 사고를 필요로 하기 때문에 여성들의 사회적 권력이 남성보다 우월하였을 것이라고 추측할 수 있다.

ⓛ 표음문자 체계가 기능적으로 복잡한 의사소통을 가능하게 하였는지는 글에 제시되어 있지 않다.

03

정답 ①

제시된 논증의 결론은 '커피(카페인) 섭취 → 수면장애'이다. 그렇기 때문에 김사원의 의견대로 수면장애로 내원한 사람들 중에 커피를 마시지 않는 사람이 있다는 사실은 제시된 논증의 결론과 상반된 사례이기 때문에 이 논증의 결론은 약화된다.

[오답분석]

- 이대리 : 무(無)카페인과 관련된 근거는 논증에 아무런 영향을 미치지 않는다.
- 안사원 : 발작 현상이 공포감과 무관하다는 사실은 카페인으로 인해 발작이 나타날 수 있다는 논증의 결론에 아무런 영향을 미치지 않는다.

04

정답 ④

보기에 나타난 C형 간염 바이러스는 사람에 따라 증세가 나타나거나 나타나지 않기도 하고, 나중에 나타나기도 하므로 만성감염의 상태에 해당하는 것을 알 수 있다. 따라서 C형 간염 바이러스에 감염된 사람은 감염성 바이러스가 숙주로부터 계속 배출되어 증세와 상관없이 항상 다른 사람에게 옮길 수 있다.

[오답분석]

① 만성감염은 감염성 바이러스가 항상 검출되는 감염 상태이므로 적절하지 않다.

② 증상이 사라졌다가 특정 조건에서 다시 바이러스가 재활성화되는 것은 잠복감염에 대한 설명이므로 적절하지 않다.

③ 반드시 특정 질병을 유발한다는 것은 지연감염에 대한 설명이므로 적절하지 않다.

⑤ 프로바이러스는 잠복감염 상태의 바이러스를 의미하므로 적절하지 않다.

PART 3

최종점검 모의고사

01 수리

01	02	03	04	05	06	07	08	09	10	11	12	13	14	15	16	17	18	19	20
④	⑤	①	①	⑤	④	③	④	③	②	①	⑤	④	③	③	③	①	④	②	⑤

01

정답 ④

작년 A제품의 판매량을 x개, B제품의 판매량을 y개라고 하자.
작년 두 제품의 총판매량은 800개이므로
$x+y=800 \cdots \bigcirc$
올해 총판매량은 작년 대비 60%가 증가했으므로
$1.5x+(3x-70)=1,280 \rightarrow 4.5x=1,350 \cdots \bigcirc$
$\bigcirc$과 $\bigcirc$을 연립하면
$\therefore x=300, y=500$
즉, 올해 B제품의 판매량은 $3\times300-70=830$이다.

따라서 작년 대비 올해 B제품 판매량의 증가율은 $\frac{830-500}{500}\times100=66\%$이다.

02

정답 ⑤

A, G를 제외한 5명 중 C, D, E가 이웃하여 서는 경우의 수는 $3!\times3!=36$가지이고, A와 G는 자리를 바꿀 수 있다.
따라서 구하고자 하는 경우의 수는 $3!\times3!\times2=72$가지이다.

03

정답 ①

미국의 2022년 8,610백만 달러에서 2024년 11,635백만 달러로 증가했으므로 증가율은 $\frac{11,635-8,610}{8,610}\times100=35.1\%$이다.

04

정답 ①

50대 해외·국내여행 평균횟수는 매년 1.2회씩 증가한다. 따라서 빈칸에 들어갈 수는 $31.2+1.2=32.4$이다.

05

정답 ⑤

자발적 취업자의 수는 매년 증가하고 있고, 정부 지원형 취업자 수는 매년 감소하고 있으므로 독립적인 증가 추세를 보이고 있다.

[오답분석]
① 정부 지원형 취업자 수는 꾸준히 감소하고 있다.
② 전체 취업자 수는 매년 증가하고 있지만, 정부 지원형 취업자 수는 매년 감소하고 있으므로 옳지 않다.
③ 전체 노인 취업자 수와 자발적 취업자 수 모두 증가하고 있다.
④ 자발적으로 취업하는 노인의 수는 매년 증가하고 있지만, 정부 지원 취업자 수는 매년 감소하므로 옳지 않다.

06

정답 ④

㉠ 2020 ~ 2024년 동안 경기전망지수가 40점 이상인 것은 B와 C이다.
㉡ 2022년에 경기전망지수가 전년 대비 증가한 것은 A와 C이다.
㉣ 매년 경기전망지수가 가장 높은 것은 A이다.
따라서 ㉣을 통해 제조업이 A이고, ㉡에서 조선업이 C가 된다. 또한 ㉠에서 보건업은 B이며, 나머지 D는 해운업이 되어 ㉢에서 증가율을 비교할 필요 없이 정할 수 있다.

07

정답 ③

참여율이 4번째로 높은 해는 2021년이고, 참여율의 증가율을 구하는 식은 다음과 같다.

$$(\text{참여율의 증가율}) = \frac{(\text{해당연도 참여율}) - (\text{전년도 참여율})}{(\text{전년도 참여율})} \times 100$$

따라서 2021년 참여율의 증가율은 $\frac{6.9 - 5.7}{5.7} \times 100 ≒ 21\%$이다.

08

정답 ④

1월 대비 4월의 도입단가 증가율은 $\frac{55 - 40}{40} \times 100 = 37.5\%$이고, $37.5 \div 3 = 12.50$이다.

따라서 1월 대비 4월의 손해액은 $-100 \times 12.5 = -1,250$억 달러이다.

09

정답 ③

시장 내 경쟁이 가장 치열한 업체는 동일 혜택을 제공하는 카드 수가 가장 많은 E카페로, E카페의 혜택 제공 기간은 2년(24개월)이다.

[오답분석]
① 혜택 제공 기간이 가장 긴 업체는 B서점이지만, 선호도 점수가 가장 높은 업체는 C통신사이다.
② B서점의 경우 E카페보다 동일 혜택을 제공하는 카드 수가 적지만, 혜택 제공 기간은 더 길다.
④ 선호도 점수 가장 높은 혜택은 C통신사의 통신요금 할인 혜택이다.
⑤ 매월 모든 업체가 부담해야 하는 혜택 비용이 동일하다면, 혜택에 대한 총 부담 비용이 가장 큰 업체는 혜택 제공 기간이 가장 긴 B서점이다.

10

정답 ②

• 2015년 유엔 정규분담률의 전년 대비 증가율 : $\frac{2.26 - 2.173}{2.173} \times 100 ≒ 4.0\%$

• 2021년 유엔 정규분담률의 전년 대비 증가율 : $\frac{2.039 - 1.994}{1.994} \times 100 ≒ 2.3\%$

따라서 바르게 나열된 것은 ②이다.

11

정답 ①

ㄱ. 1시간 미만 운동하는 3학년 남학생 수는 87명으로, 4시간 이상 운동하는 1학년 여학생 수인 46명보다 많다.
ㄴ. 제시된 자료에서 남학생 중 1시간 미만 운동하는 남학생의 비율이 여학생 중 1시간 미만 운동하는 여학생의 비율보다 각 학년에서 모두 낮음을 확인할 수 있다.

[오답분석]
ㄷ. 남학생과 여학생 각각 학년이 높아질수록 4시간 이상 운동하는 학생의 비율이 높아진다.
ㄹ. 3학년 남학생의 경우 3시간 이상 ~ 4시간 미만 운동하는 학생의 비율은 4시간 이상 운동하는 학생의 비율보다 낮다.

12

정답 ⑤

S편의점의 2023년과 2024년 각각의 1월과 12월의 매출액 차이를 구하면 다음과 같다.

- 2023년 : $1,020-680=340$
- 2024년 : $650-480=170$

따라서 S편의점의 2023년 1월과 12월의 매출액 차이는 2024년 1월과 12월의 매출액 차이의 $\frac{340}{170}=2$배이다.

오답분석

① 제시된 자료를 통해 2024년 2 ~ 3월 A국 여행자들이 급감했음을 알 수 있다.
②·③ A국 여행자가 감소하는 2023년 7월 이후 매출이 줄어들고 있으므로 옳은 설명이다.
④ A국 여행자 수 그래프가 전체 여행자 수 그래프와 거의 평행하게 변화하므로 옳은 설명이다.

13

정답 ④

A ~ D국의 청년층 정부신뢰율을 구하면 다음과 같다.

- A : $14-6.4=7.6\%$
- B : $35-(-14.1)=49.1\%$
- C : $48.0-(-9.1)=57.1\%$
- D : $82.0-2.0=80.0\%$

ⅰ) 첫 번째 조건

$7.6\times10<80$이므로 A는 그리스, D는 스위스이다.

ⅱ) 두 번째 조건

B, C의 청년층 정부신뢰율은 전체 국민 정부 신뢰율보다 높으므로 B와 C는 영국과 미국(또는 미국과 영국)이다.

ⅲ) 세 번째 조건

$80.0-30=50.0\%$로 미국의 청년층 정부신뢰율은 50% 미만이어야 하므로, B는 미국, C는 영국이다.

따라서 A는 그리스, B는 미국, C는 영국, D는 스위스이다.

14

정답 ③

사업장가입자에서는 40대보다 50대의 가입자 수가 적고, 지역가입자의 경우에도 60세 이상 가입자 수가 가장 적다. 또한 사업장가입자와 임의가입자의 60세 이상 가입자 수를 명시하지 않았으므로 알 수 없다.

오답분석

① 전체 지역가입자 수는 전체 임의계속가입자 수의 $\frac{7,310,178}{463,143}≒15.8$배이다.

② 60세 이상을 제외한 전체 임의가입자에서 50대 가입자 수의 비율은 $\frac{185,591}{9,444+33,254+106,191+185,591}\times100≒55.5\%$이다.

④·⑤ 제시된 자료에서 확인할 수 있다.

15

정답 ③

50대 임의계속가입자 수는 $463,143\times0.25=115,785.75$이므로 약 115,786명이다.

16

정답 ③

2022년부터 2024년까지의 S사와 M사의 드라마 평균 시청률을 보면 2024년은 S사가 높지만, 2022년과 2023년은 M사가 높으므로 옳지 않은 내용이다.

오답분석

① 2021 ~ 2024년 S사의 예능 평균 시청률은 7.8%, 9.2%, 11.4%, 13.1%로 전년 대비 증가하고 있다.

② 2020 ~ 2024년 K사의 교육 프로그램 평균 시청률은 한 번도 4% 이상인 적이 없으므로 옳은 설명이다.

④ 2021 ~ 2024년 M사의 예능 평균 시청률 증감 추이는 '감소 - 감소 - 증가 - 증가'이고, 드라마 평균 시청률 증감 추이는 '증가 - 증가 - 감소 - 감소'로 서로 반대이다.

⑤ 2024년 K사, S사, M사 드라마 평균 시청률은 $15+13+12=40\%$이고, M사 드라마가 차지하는 비율은 $\dfrac{12}{40} \times 100 = 30\%$이다.

17

정답 ①

2020년부터 2022년까지 매년 예능 평균 시청률은 K사가 S사와 M사보다 높다.
- 2020년 : K사 12.4%, S사 7.4%, M사 11.8%
- 2021년 : K사 11.7%, S사 7.8%, M사 11.3%
- 2022년 : K사 11.4%, S사 9.2%, M사 9.4%

오답분석

② 2022년 S사의 평균 시청률은 예능이 9.2%이고, 드라마가 11.5%이므로 예능 평균 시청률은 드라마 평균 시청률의 $\dfrac{9.2}{11.5} \times 100 = 80\%$이다.

③ 2024년 M사의 교육 프로그램의 평균 시청률은 2.3%로 다큐멘터리 평균 시청률 2.1%보다 높다.

④ 2020년부터 2024년까지 K사의 다큐멘터리 평균 시청률과 S사 · M사의 다큐멘터리 평균 시청률을 합한 값을 비교하면 다음과 같다.
- 2020년 : K사 5.1%, S사+M사 2.4+2.4=4.8%
- 2021년 : K사 5.3%, S사+M사 2.8+2.2=5.0%
- 2022년 : K사 5.4%, S사+M사 3.1+2.3=5.4%
- 2023년 : K사 5.2%, S사+M사 2.7+2.4=5.1%
- 2024년 : K사 5.1%, S사+M사 2.6+2.1=4.7%

따라서 2022년에는 K사의 다큐멘터리 평균 시청률과 S사 M사의 다큐멘터리 평균 시청률을 합한 값과 같다.

⑤ 연도별 드라마 평균 시청률을 높은 순서대로 정리하면 다음과 같다.
- 2020년 : S사 - M사 - K사
- 2021년 : S사 - M사 - K사
- 2022년 : M사 - K사 - S사
- 2023년 : M사 - S사 - K사
- 2024년 : K사 - S사 - M사

따라서 2024년에는 K사의 드라마 시청률이 1위이다.

18

정답 ④

20대의 연도별 흡연율은 40대 흡연율로, 30대는 50대의 흡연율로 반영되었다.

19

정답 ②

- 2024년 9월 전월 대비 방문 고객 수 : $500-900=-400$만 명
- 2024년 10월 전월 대비 방문 고객 수 : $300-500=-200$만 명
- 2024년 11월 전월 대비 방문 고객 수 : $200-300=-100$만 명
- 2024년 12월 전월 대비 방문 고객 수 : $150-200=-50$만 명

전월 대비 방문 고객 수가 매월 $\frac{1}{2}$씩 감소하고 있으므로 이를 이용하여 계산하면 다음과 같다.

- 2025년 1월의 방문 고객 수 : $150-50\times\frac{1}{2}=125$만 명

- 2025년 2월의 방문 고객 수 : $125-50\times\frac{1}{4}=112.5$만 명

- 2025년 3월의 방문 고객 수 : $112.5-50\times\frac{1}{8}=106.25$만 명

따라서 2025년 3월에 방문 고객 수가 처음으로 110만 명 미만이 된다.

20

정답 ⑤

n개월이 지나면 $10\times n^2$만큼 증가한다는 규칙을 통해 계산하면 다음과 같다.
- 5개월 후 : $310+10\times5^2=560$송이
- 6개월 후 : $560+10\times6^2=920$송이
- 7개월 후 : $920+10\times7^2=1,410$송이
- 8개월 후 : $1,410+10\times8^2=2,050$송이
- 9개월 후 : $2,050+10\times9^2=2,860$송이
- 10개월 후 : $2,860+10\times10^2=3,860$송이
- 11개월 후 : $3,860+10\times11^2=5,070$송이
- 12개월 후 : $5,070+10\times12^2=6,510$송이
따라서 12개월 후 버섯의 개체 수는 6,510송이이다.

02 추리

01	02	03	04	05	06	07	08	09	10	11	12	13	14	15	16	17	18	19	20
④	④	②	①	②	③	②	⑤	④	⑤	③	④	④	⑤	③	⑤	⑤	④	②	①
21	22	23	24	25	26	27	28	29	30										
②	③	③	⑤	⑤	①	②	⑤	③	②										

01

정답 ④

'주장을 잘한다.'를 '주', '발표를 잘 한다.'를 '발', '시험을 잘 본다.'를 '시'라고 하자.

구분	명제	대우
전제1	주× → 발×	발 → 주
결론	발 → 시	시× → 발×

전제1이 결론으로 연결되려면, 전제1의 대우가 '발 → 주'이기 때문에 전제2는 '주 → 시'가 되어야 한다. 따라서 빈칸에 들어갈 명제는 '주장을 잘하는 사람은 시험을 잘 본다.'이다.

02

정답 ④

'채소를 좋아한다.'를 A, '해산물을 싫어한다.'를 B, '디저트를 싫어한다.'를 C라고 하면 전제1은 A → B로 표현할 수 있다. 다음으로 결론은 ~C → ~A로 표현할 수 있고 이의 대우 명제는 A → C이므로 결론이 참이 되려면 B → C가 필요하다. 따라서 빈칸에 들어갈 명제는 이의 대우 명제인 '디저트를 좋아하는 사람은 해산물을 좋아한다.'이다.

03

정답 ②

'용돈을 합리적으로 쓰다.'를 A, '이자가 생기다.'를 B, '저축을 하다.'를 C, '소비를 줄이다.'를 D로 놓고 보면 전제1은 ~C → ~B, 전제3은 ~D → ~C, 결론은 ~D → ~A이므로 결론이 도출되기 위해서는 ~B → ~A가 필요하다. 따라서 빈칸에 들어갈 명제는 이의 대우인 '용돈을 합리적으로 쓰면 이자가 생긴다.'이다.

04

정답 ①

세 번째 명제의 대우는 '운동을 좋아하는 사람은 고전을 좋아한다.'이다. 따라서 두 번째 명제와 연결하면 '사진을 좋아하는 사람은 고전을 좋아한다.'라는 결론을 얻을 수 있다.

05

정답 ②

먼저 3과 2에 의해 '날 수 있는 동물은 예외 없이 벌레를 먹고 산다. 벌레를 먹고 사는 동물의 장 안에는 세콘데렐라는 도저히 살 수가 없다.'는 것으로부터 '날 수 있는 동물은 장 안에 세콘데렐라가 없다.'는 명제를 쉽게 얻을 수 있다.

따라서 ②의 동고비새 역시 세콘도가 없다. 또한 1의 (다)를 보면 옴니오는 프리모와 세콘도가 둘 다 서식하는 것이므로 ②는 명백하게 거짓이다.

오답분석

① 3과 2에 따라 명백한 참이다.
③ 2와 3에 따라 벌쥐는 그것은 프리모이거나 눌로에 속하므로 반드시 거짓이라고 할 수 없다.
④ 플라나리아는 벌레를 먹지 않으므로 눌로가 아니다. 따라서 프리모, 세콘도, 옴니오 중에 하나가 될 수 있으므로 반드시 거짓은 아니다.
⑤ 벌레를 먹지 않는 동물 가운데 눌로에 속하는 것은 없다고 했으므로 프리모, 세콘도, 옴니오 중에 하나가 된다. 따라서 반드시 거짓이라고 할 수는 없다.

06

제시된 조건들을 논리 기호화하면 다음과 같다.
• 기획지원부 → ~통계개발부
• 해외기술부, 전략기획실, 인재개발부 중 두 곳 이상
• 비서실 → ~전략기획실
• 인재개발 → 통계개발부
• 대외협력부, 비서실 중 한 곳
• 비서실

마지막 조건에 따르면 비서실은 선정되며, 세 번째 조건에 따라 전략기획실은 선정되지 않는다. 그러면 두 번째 조건에 따라 해외기술부와 인재개발부는 반드시 선정되어야 한다. 또한, 인재개발부가 선정되면 네 번째 조건에 따라 통계개발부도 선정된다. 이때 첫 번째 조건의 대우가 '통계개발부 → ~기획지원부'이므로 기획지원부는 선정되지 않는다. 마지막으로 다섯 번째 조건에 따라 대외협력부는 선정되지 않는다. 따라서 국제협력사업 10주년을 맞아 행사에 참여할 부서로 선정된 곳은 비서실, 인재개발부, 해외기술부, 통계개발부이므로 옳지 않은 것은 ③이다.

07

강대리와 이사원의 진술이 서로 모순이므로, 2명 중 1명은 거짓을 말하고 있다.
ⅰ) 강대리의 말이 거짓이라면 워크숍 불참 인원이 2명이므로 조건이 성립하지 않는다.
ⅱ) 강대리의 말이 참이라면 박사원의 말도 참이 된다. 이때, 박사원의 말이 참이라면 유사원이 워크숍에 참석했다. 이사원의 말은 거짓이고, 누가 워크숍에 참석하지 않았는지 모른다는 진술에 따라 김대리의 말 역시 거짓이 된다. 강대리, 박사원, 이사원의 진술에 따라 워크숍에 참석한 사람은 강대리, 김대리, 유사원, 이사원이므로 워크숍에 참석하지 않은 사람은 박사원이 된다.
따라서 거짓말을 하는 사람은 이사원과 김대리이며, 워크숍에 참석하지 않은 사람은 박사원이다.

08

A ~ E의 진술을 차례대로 살펴보면, A는 B보다 먼저 탔으므로 서울역 또는 대전역에서 승차하였다. 이때, A는 자신이 C보다 먼저 탔는지 알지 못하므로 C와 같은 역에서 승차하였음을 알 수 있다. 다음으로 B는 A와 C보다 늦게 탔으므로 첫 번째 승차 역인 서울역에서 승차하지 않았으며, C는 가장 마지막에 타지 않았으므로 마지막 승차 역인 울산역에서 승차하지 않았다. 한편, D가 대전역에서 승차하였으므로 같은 역에서 승차하는 A와 C는 서울역에서 승차하였음을 알 수 있다. 또한 마지막 역인 울산역에서 혼자 승차하는 경우에만 자신의 정확한 탑승 순서를 알 수 있으므로 자신의 탑승 순서를 아는 E가 울산역에서 승차하였다. 이를 표로 정리하면 다음과 같다.

구분	서울역		대전역		울산역
탑승객	A	C	B	D	E

따라서 'E는 울산역에서 승차하였다.'는 항상 참이 된다.

[오답분석]
① A는 서울역에서 승차하였다.
② B는 대전역, C는 서울역에서 승차하였으므로 서로 다른 역에서 승차하였다.
③ C는 서울역, D는 대전역에서 승차하였으므로 서로 다른 역에서 승차하였다.
④ D는 대전역, E는 울산역에서 승차하였으므로, 서로 다른 역에서 승차하였다.

09

갑과 병은 둘 다 참을 말하거나 거짓을 말하고, 을과 무의 진술이 모순이므로 2명 중 1명은 무조건 거짓말을 하고 있다. 만약 갑과 병이 거짓을 말하고 있다면 을과 무의 진술로 인해 거짓말을 하는 사람이 최소 3명이 되므로 조건에 맞지 않는다. 즉 갑과 병은 모두 진실을 말하고 있으며, 정은 갑의 진술과 어긋나므로 거짓을 말하고 있다.
따라서 거짓을 말하고 있는 나머지 1명은 을 또는 무인데, 을이 거짓을 말하는 경우 무의 진술에 따라 갑·을·무는 함께 무의 집에 있었던 것이 되므로 정이 범인이고, 무가 거짓말을 하는 경우에도 갑·을·무는 함께 출장을 가 있었던 것이 되므로 역시 정이 범인이 된다.

10

정답 ⑤

제시된 조건들을 논리 기호화하면 다음과 같다.

• 첫 번째 명제 : (~연차 ∨ 출퇴근) → 주택
• 두 번째 명제 : 동호회 → 연차
• 세 번째 명제 : ~출퇴근 → 동호회
• 네 번째 명제 : (출퇴근 ∨ ~연차) → ~동호회

먼저 두 번째 명제의 경우, 동호회행사비 지원을 도입할 때에만이라는 한정 조건이 있으므로 역(연차 → 동호회) 또한 참이다. 만약 동호회행사비를 지원하지 않는다고 가정하면, 두 번째 명제의 역의 대우(~동호회 → ~연차)와 세 번째 명제의 대우(~동호회 → 출퇴근)에 따라 첫 번째 명제가 참이 되므로, 출퇴근교통비 지원과 주택마련자금 지원을 도입하게 된다. 그러나 다섯 번째 명제에 따라 주택마련자금 지원을 도입했을 때, 다른 복지제도를 도입할 수 없으므로 모순이 된다. 그러므로 동호회행사비를 지원하는 것이 참인 것을 알 수 있다.

동호회행사비를 지원한다면, 네 번째 명제의 대우[동호회 → (~출퇴근 ∧ 연차)]에 따라 출퇴근교통비 지원은 도입되지 않고, 연차 추가제공은 도입된다. 그리고 다섯 번째 명제의 대우에 따라 주택마련자금 지원은 도입되지 않는다.

따라서 S기업이 도입할 복지제도는 동호회행사비 지원과 연차 추가제공 2가지이다.

11

정답 ③

ⅰ) B가 부정행위를 했을 경우 : 두 번째와 세 번째 조건에 따라 C와 E도 함께 부정행위를 하게 되므로 첫 번째 조건에 부합하지 않는다. 그러므로 B는 부정행위를 하지 않았으며, 두 번째 조건에 따라 C도 부정행위를 하지 않았다.

ⅱ) D가 부정행위를 했을 경우 : 다섯 번째 조건의 대우인 'D가 부정행위를 했다면, E도 부정행위를 했다.'와 세 번째 조건에 따라 E와 A가 함께 부정행위를 하게 되므로 첫 번째 조건에 부합하지 않는다. 그러므로 D 역시 부정행위를 하지 않았다.

따라서 B, C, D를 제외한 A, E가 시험 도중 부정행위를 했음을 알 수 있다.

12

정답 ④

각 조건을 정리하면 다음과 같다.

• 스페인 반드시 방문
• 프랑스 → ~영국
• 오스트리아 → ~스페인
• 벨기에 → 영국
• 오스트리아, 벨기에, 독일 중 2개 이상

세 번째 명제의 대우 명제는 '스페인 → ~오스트리아'이고, 스페인을 반드시 방문해야 하므로 오스트리아는 방문하지 않을 것이다. 그러면 마지막 조건에 따라 벨기에와 독일은 방문한다. 또한 네 번째 조건에 따라 영국도 방문하고, 그러면 두 번째 조건에 따라 프랑스는 방문하지 않게 된다. 따라서 아름이가 방문할 국가는 스페인, 벨기에, 독일, 영국이며, 방문하지 않을 국가는 오스트리아와 프랑스이다.

13

정답 ④

우선 A의 아이가 아들이라고 하면 A의 진술에 따라 B, C의 아이도 아들이므로 이것은 아들이 2명밖에 없다는 조건에 모순된다. 그러므로 A의 아이는 딸이다. 다음에 C의 아이가 아들이라고 하면 C의 대답에서 D의 아이는 딸이 되므로 B의 아이는 아들이어야 한다. 그런데 이것은 B의 대답과 모순된다(아들의 아버지인 B가 거짓말을 한 것이 되므로). 따라서 C의 아이도 딸이므로 아들의 아버지는 B와 D이다.

14

정답 ⑤

세 번째, 일곱 번째 조건에 따라 자전거 동호회에 참여한 직원은 남직원 1명이다. 또한 다섯 번째 조건에 따라 과장과 부장은 자전거 동호회 또는 영화 동호회에 참여하게 된다. 그중에서 여덟 번째 조건에 따라 부장은 영화 동호회에 참여하고, 과장은 자전거 동호회에 참여하므로, 자전거 동호회에 참여한 직원의 성은 남성이고, 직급은 과장이다. 네 번째 조건에 따라 여직원 1명이 영화 동호회에 참여하므로 영화 동호회에 참여한 직원의 성은 여성이고 직급은 부장이다. 남은 동호회는 농구, 축구, 야구, 테니스 동호회이고 여섯 번째 조건에 따라 참여 인원이 없는 동호회가 2개이므로, 어떤 동호회의 참여 인원은 2명이다. 아홉 번째 조건에 따라 축구에 참여한 직원은 남성이고, 여덟 번째 조건에 따라 야구 동호회에 참여한 직원의 성은 여성이고, 직급은 주임이다. 또한, 일곱 번째 조건에 따라 야구 동호회에 참여한 직원 수는 1명이므로 남은 축구 동호회에 참여한 직원은 2명이고, 성은 남성이며, 직급은 각각 대리와 사원이다.

15

정답 ③

규칙은 가로로 적용된다.
첫 번째 도형을 x축 대칭시킨 도형이 두 번째 도형이고, 두 번째 도형을 시계 방향으로 60° 회전시킨 도형이 세 번째 도형이다.

16

정답 ⑤

규칙은 가로로 적용된다.
첫 번째 도형과 두 번째 도형의 색이 칠해진 부분을 합친 것이 세 번째 도형이다.

17

정답 ⑤

규칙은 세로로 적용된다.
첫 번째 도형을 수직으로 잘랐을 때 오른쪽 부분이 두 번째 도형이 되고, 두 번째 도형을 다시 수평 방향으로 잘랐을 때 아래쪽 부분이 세 번째 도형이 된다.

[18~21]

- ■ : 첫 번째 문자 맨 끝에 추가
- ○ : 첫 번째 문자 삭제
- Σ : 오른쪽으로 한 칸씩 이동(맨 뒤는 맨 앞으로 이동)
- ▼ : 역순으로 재배열

18

정답 ④

87CHO → OHC78 → HC78
       ▼   ○

19

정답 ②

9LEE3 → 39LEE → 39LEE3
      Σ   ■

20

정답 ①

KU01 → U01 → U01U → UU01
　　　 ○　　　 ■　　　　Σ

21

정답 ②

LIGHT → TLIGH → HGILT → GILT
　　　　 Σ　　　 ▼　　　 ○

22

정답 ③

제시문은 단어 형성법에 대한 글로, (가) 단어 형성 과정에서의 파생접사와 어미·조사와의 혼동 – (라) 파생접사와 어미·조사의 차이점 – (나) 단어 형성법 중 용언 어간과 어미의 결합 – (다) 체언과 조사와의 결합을 통한 단어 형성의 순으로 나열하는 것이 적절하다.

23

정답 ③

(다) 인권에 대한 화제 도입 및 인권 보호의 범위 – (나) 사생활 침해와 인권 보호 – (가) 사생활 침해와 인권 보호에 대한 예시 – (라) 결론의 순으로 나열하는 것이 적절하다.

24

정답 ⑤

하향식 방법에 대한 설명에 이어 상향식 방법에 대한 설명이 나와야 한다. 따라서 제시문에 바로 뒤에 이어질 내용으로 가장 적절한 것은 ⑤이다.

25

정답 ⑤

제시문에 따르면 스토리슈머는 소비자의 구매 요인이 기능에서 감성 중심으로 이동함에 따라 이야기를 소재로 하는 마케팅의 중요성이 늘어난 것을 반영한다. 따라서 스토리슈머 마케팅은 현재 소비자들의 구매 요인을 파악한 마케팅 방안이라는 것을 추론할 수 있다.

26

정답 ①

제시문에는 2개의 판이 만나고 있으며 서로 멀어지고 있다는 정보만 있을 뿐, 어느 판이 더 빠르고 느린지 절대 속도에 대한 자세한 정보는 없다.

[오답분석]
② 세 번째 문단의 '열점이 거의 움직이지 않는다는 것을 알아내고, 그것을 판의 절대 속도를 구하는 기준점으로 사용하였다. 과학자들은 지금까지 지구상에서 100여 개의 열점을 찾아냈는데, 그 중의 하나가 바로 아이슬란드에 있다.'는 내용으로 알 수 있다.
③ 두 번째 문단의 '지구에서 판의 경계가 되는 곳은 여러 곳이 있다. 그러나 아이슬란드는 육지 위에서 두 판이 확장되는 희귀한 지역이다.'라는 내용으로 알 수 있다.
④ 첫 번째 문단의 '지구의 표면은 크고 작은 10여 개의 판으로 이루어져 있다. 아이슬란드는 북아메리카판과 유라시아판의 경계선인 대서양 중앙 해령에 위치해 있다.'는 내용으로 알 수 있다.
⑤ 두 번째 문단의 '아이슬란드의 중심부를 지나는 대서양 중앙 해령의 갈라진 틈이 매년 약 15cm씩 벌어지고 있다.'는 내용으로 알 수 있다.

PART 3

27

정답 ②

제시문에서 자성 물질의 자기장이 강할수록 성능이 우수해진다는 내용은 언급되어 있지 않다.

오답분석

① 첫 번째, 두 번째 문단을 통해 확인할 수 있다.
③ 두 번째 문단을 통해 확인할 수 있다.
④·⑤ 첫 번째 문단을 통해 확인할 수 있다.

28

정답 ⑤

마지막 문단에서는 UPS 사용 시 배터리를 일정 주기에 따라 교체해 주어야 한다고 이야기하고 있을 뿐, 배터리 교체 방법에 대해서는 알 수 없다.

오답분석

① 첫 번째 문단에 따르면 일관된 전력 시스템의 필요성이 높아짐에 따라 큰 손실과 피해를 야기할 수 있는 급격한 전원 환경의 변화를 방지할 수 있는 UPS가 많은 산업 분야에서 필수적으로 요구되고 있다.
② 두 번째 문단에 따르면 UPS는 일종의 전원 저장소로, 갑작스러운 전원 환경의 변화로부터 기업의 서버를 보호한다.
③ 세 번째 문단에 따르면 UPS를 구매할 때는 용량을 고려하여 필요 용량의 1.5배 정도인 UPS를 구입하는 것이 적절하다.
④ 마지막 문단에 따르면 가정용 UPS에 사용되는 MF배터리의 수명은 1년 정도이므로 이에 맞춰 주기적인 교체가 필요하다.

29

정답 ③

오답분석

① 정상 과학의 시기에는 이미 이론의 핵심 부분들은 정립되어 있으며 이 시기에는 새로움을 좇기보다는 기존 연구의 세부 내용이 깊어진다. 따라서 다양한 학설과 이론의 등장은 적절하지 않다.
② 어떤 현상의 결과가 충분히 예측된다 할지라도 그 세세한 과정은 의문 속에 있기 마련이다. 따라서 정상 과학의 시기에 과학자들의 열정과 헌신성은 예측 결과와 실제의 현상을 일치시키기 위한 연구로 유지될 수 있다.
④ 과학적 사고방식과 관습, 기법 등이 하나의 기반으로 통일되어 있을 뿐이지 해결해야 할 과제가 없는 것은 아니다. 따라서 완성된 과학이라고 부를 수 없다.
⑤ 이론의 핵심 부분들은 정립된 상태이므로 과학자들은 심오한 작은 영역에 집중하게 되고 그에 따라 각종 실험 장치들의 다양화, 정밀화와 더불어 문제를 해결해 가는 특정 기법과 규칙들이 만들어진다. 따라서 문제를 해결해가는 과정이 주가 된다.

30

정답 ②

세 번째 문단에서 과거제 출신의 관리들이 공동체에 대한 소속감이 낮고 출세 지향적이었다는 내용을 확인할 수 있다.

오답분석

① 첫 번째 문단에서 황종희가 '벽소'와 같은 옛 제도를 되살리는 방법으로 과거제를 보완하자고 주장했다는 내용을 볼 수 있다. 따라서 벽소는 과거제를 없애고자 등장한 새로운 제도가 아니라 과거제를 보완하고자 되살린 옛 제도이므로 적절하지 않다.
③ 두 번째 문단에서 과거제는 학습 능력 이외의 인성이나 실무 능력을 평가할 수 없다는 이유로 시험의 익명성에 대한 회의도 있었다고 하였으므로 적절하지 않다.
④ 세 번째 문단에서 과거제를 통해 임용된 관리들은 승진을 위해서 빨리 성과를 낼 필요가 있었기에, 지역 사회를 위해 장기적인 정책을 추진하기보다 가시적이고 단기적인 결과만을 중시하는 부작용을 가져왔다고 하였으므로 적절하지 않다.
⑤ 첫 번째 문단에서 고염무는 관료제의 상층에는 능력주의적 제도를 유지하되, 지방관인 지현들은 그 지위를 평생 유지시켜 주고 세습의 길까지 열어 놓는 방안을 제안했다고 했으므로 적절하지 않다.

01 수리

01	02	03	04	05	06	07	08	09	10	11	12	13	14	15	16	17	18	19	20
③	①	②	①	②	①	③	③	③	④	⑤	①	①	④	③	①	②	③	④	②

01

정답 ③

각 자리에 앉아있는 구분된 사람에게 음료를 제공하는 것이므로 4명이 음료를 받는 경우의 수는 4!=24가지이나, 2명은 같은 녹차를 받으므로 음료를 받는 모든 경우의 수는 $\frac{4!}{2!}=12$가지이다. 또한, 정사각형 테이블의 자리를 위에서부터 시계 방향으로 1, 2, 3, 4로 가정할 때, 마주보는 자리는 (1, 3), (2, 4) 2가지 경우이다. 만약 1, 3번 자리에 앉은 사람이 녹차를 받았을 때, 2, 4번 자리에 앉은 사람은 커피나 홍차를 받게 되므로 경우의 수는 2!이다. 이는 2, 4번 자리에 앉은 사람이 녹차를 받았을 때도 동일하므로 마주보는 사람이 같은 음료일 녹차를 받는 경우의 수는 2!+2!=4가지이다.

따라서 마주보는 사람이 같은 종류의 음료를 받지 않는 경우의 수는 12-4=8가지이다.

02

정답 ①

상품의 원가를 x원이라 하면, 처음 판매가격은 $1.23x$원이다.

여기서 1,300원을 할인하여 판매했을 때 얻은 이익은 원가의 10%이므로, 다음과 같은 식이 성립한다.

$(1.23x-1,300)-x=0.1x$

$\rightarrow 0.13x=1,300$

$\therefore x=10,000$

따라서 상품의 원가는 10,000원이다.

03

정답 ②

2022년 대비 2024년에 눈에 띄는 증가를 보인 면세점과 편의점, 무점포 소매점의 증가율을 계산하면 다음과 같다.

• 2022년 대비 2024년 면세점 판매액의 증가율 : $\frac{14,465-9,198}{9,198}\times100\fallingdotseq57\%$

• 2022년 대비 2024년 편의점 판매액의 증가율 : $\frac{22,237-16,455}{16,455}\times100\fallingdotseq35\%$

• 2022년 대비 2024년 무점포 소매점 판매액의 증가율 : $\frac{61,240-46,788}{46,788}\times100\fallingdotseq31\%$

따라서 2022년 대비 2024년에 두 번째로 높은 비율의 판매액 증가를 보인 소매 업태는 편의점이고, 증가율은 35%이다.

04

정답 ①

- (ㄱ) : 2021년 대비 2022년 의료 폐기물의 증감률이므로 $\dfrac{48,934-49,159}{49,159}\times100\fallingdotseq-0.5\%$이다.

- (ㄴ) : 2019년 대비 2020년 사업장 배출시설계 폐기물의 증감률이므로 $\dfrac{123,604-130,777}{130,777}\times100\fallingdotseq-5.5\%$이다.

05

정답 ②

2023년 GDP 대비 국가부채 상위 3개 국가는 일본(115.9%), 영국(110.2%), 미국(108.2%)이고, 2024년에도 일본(120.2%), 미국(98.8%), 영국(97.9%)으로 동일하다.

오답분석

① 다른 국가는 모두 동일하나, 미국과 중국의 경우에는 2023년에는 중국(70.5%)이 미국(70.2%)보다 높지만, 2024년에는 중국(73.1%)이 미국(75.8%)보다 낮다.
③ 2023년의 GDP 대비 기업부채 비율이 100% 이상인 국가는 홍콩(105.3%), 중국(152.9%), 일본(101.2%)이고, 2024년의 GDP 대비 기업부채 비율이 100% 이상인 국가는 한국(106.8%), 중국(150.2%), 일본(119.8%)으로 동일하지 않다.
④ 2023년 대비 2024년에 GDP 대비 기업부채 비율이 증가한 나라는 한국, 영국, 일본, 필리핀 네 곳이고, 2023년 대비 2024년에 GDP 대비 기업부채 비율이 감소한 나라는 홍콩, 미국, 중국, 브라질, 멕시코, 인도 여섯 곳으로 같지 않다.

> **풀이 꿀팁**
>
> 총 10개국으로 2023년 대비 2024년에 GDP 대비 기업부채 비율이 동일한 국가는 없으므로 증가한 국가가 5개이면 감소한 국가도 5개가 된다. 따라서 비율이 증가한 국가만 빠르게 체크하는 것이 좋다.

⑤ 2024년 GDP 대비 국가부채 비율이 50% 미만인 국가는 한국(44.1%), 필리핀(42.2%), 멕시코(37.3%), 인도(28.8%)이다. 그러나 한국의 2024년 GDP 대비 기업부채 비율은 50% 이상이므로 옳지 않은 설명이다.

06

정답 ①

한국의 2014년 세계시장 규모는 172십억 불이며, 2024년에는 516십억 불이다. 따라서 2024년 한국의 세계시장 규모는 2014년의 $\dfrac{516}{172}=3$배이다.

오답분석

② 제시된 자료를 통해 확인할 수 있다.
③ 미국의 세계시장 점유율은 2022년까지 계속 감소하다가 2023년에는 0.4%p 늘어났고, 2024년에는 유지되었다.
④ 2014년과 2024년 세계시장 점유율의 차이는 10.4-3.9=6.5%로 가장 크다.
⑤ 한국의 세계시장 점유율이 3.1%로 7위이고, 일본이 5.1%, 독일이 8.3%이므로 그보다 높은 미국은 적어도 4위 이상이 된다.

07

정답 ③

주말 평균 공부시간이 3시간 이상 6시간 미만인 학생은 전체의 20%, 6시간 이상 8시간 미만인 학생은 전체의 10%, 8시간 이상인 학생은 전체의 5%이므로 주말 평균 3시간 이상 공부하는 학생은 전체의 20+10+5=35%로 절반 미만이다.

오답분석

① 주말 평균 공부시간이 8시간 이상인 학생의 비율은 전체의 5%로 가장 작다.
② 주말 평균 공부시간이 1시간 미만인 학생의 비율은 전체의 10%이고, 1시간 이상 2시간 미만인 학생은 전체의 30%이므로 주말 평균 공부시간이 2시간 미만인 학생의 비율은 10+30=40%로 절반 미만이다.
④ 주말 평균 공부시간이 1시간 미만인 학생의 비율은 전체의 10%이고, 6시간 이상 8시간 미만인 학생의 비율 또한 전체의 10%이므로 비율은 같다.
⑤ 주말 평균 공부시간이 2시간 이상 3시간 미만인 학생의 비율은 전체의 25%이고, 8시간 이상인 학생의 비율은 5% 이므로 $\dfrac{25}{5}=5$배이다.

08

정답 ③

ㄴ. (교원 1인당 원아 수)$=\dfrac{(\text{원아 수})}{(\text{교원 수})}$이다. 따라서 교원 1인당 원아 수가 적어지는 것은 원아 수 대비 교원 수가 늘어나기 때문이다.

ㄹ. 제시된 자료만으로는 알 수 없다.

오답분석

ㄱ. 유치원 원아 수는 감소, 증가가 뒤섞여 나타나므로 옳은 설명이다.

ㄷ. 취원율은 2018년 26.2%를 시작으로 매년 증가하고 있다.

09

정답 ③

ⓒ • 15세 이상 외국인 중 실업자의 비율 : $\dfrac{15.6+18.8}{695.7+529.6}\times100\fallingdotseq2.8\%$

  • 15세 이상 귀화허가자 중 실업자의 비율 : $\dfrac{1.8}{52.7}\times100\fallingdotseq3.4\%$

  따라서 15세 이상 외국인 중 실업자의 비율이 더 낮다.

ⓒ 외국인 취업자 수는 560.5+273.7=834.2천 명이므로, 귀화허가자 취업자 수의 834.2÷33.8≒24.68배이므로 20배 이상이다.

오답분석

㉠ 15세 이상 국내 인구 중 이민자가 차지하는 비율은 $\dfrac{695.7+529.6+52.7}{43,735}\times100\fallingdotseq2.9\%$이므로, 4% 이하이다.

㉣ 국내인 여성의 경제활동 참가율이 제시되어 있지 않으므로 알 수 없다.

10

정답 ④

• 대학교 이상인 인구 구성비의 2020년 대비 2024년 증가율 : $\dfrac{48-41}{41}\times100\fallingdotseq17.1\%$

• 중학교 이하인 인구 구성비의 2020년 대비 2023년 감소율 : $\dfrac{13-18}{18}\times100\fallingdotseq-27.8\%$

11

정답 ⑤

실용성 전체 평균점수 $\dfrac{108}{6}=18$점보다 높은 인증수단 방식은 ID/PW 방식, 이메일 및 SNS 방식, 생체인증 방식 총 3가지이다.

오답분석

① 공동인증서 방식의 선호도가 51점일 때, 보안성 점수는 51-(16+14)=21점이다.

② 유효기간이 '없음'인 인증수단 방식은 ID/PW 방식, 이메일 및 SNS 방식, 생체인증 방식이며, 세 인증수단 방식의 간편성 평균점수는 $\dfrac{16+11+18}{3}=15$점이다.

③ 유효기간이 '없음'인 인증수단 방식은 ID/PW 방식, 이메일 및 SNS 방식, 생체인증 방식이며, 실용성 점수는 모두 20점 이상이다.

④ 생체인증 방식의 선호도 점수는 20+19+18=57점이고, OTP 방식의 선호도 점수는 15+18+14=47점, I-pin 방식의 선호도 점수는 16+17+15=48점이다. 따라서 생체인증 방식의 선호도는 나머지 두 방식의 선호도 합보다 47+48-57=38점 낮다.

12

정답 ①

A사 공기청정기의 순이익률을 구하면 $\dfrac{12,660}{42,200} \times 100 = 30\%$이다.

오답분석

② A사의 전자제품의 매출액 순위는 '에어컨 − 냉장고 − 공기청정기 − 제습기 − TV' 순이지만, B사는 '에어컨 − 공기청정기 − 냉장고 − 제습기 − TV' 순이므로 동일하지 않다.

③ B사의 TV와 냉장고의 순이익률은 다음과 같다.

• TV : $\dfrac{120}{800} \times 100 = 15\%$ • 냉장고 : $\dfrac{19,000}{76,000} \times 100 = 25\%$

따라서 차이는 $25 - 15 = 10\%p$이다.

④ A사가 B사보다 매출이 높은 전자제품은 TV(1,200억 원)와 제습기(25,500억 원)이고, 순이익 역시 TV(300억 원)와 제습기(7,395억 원)가 높다.

⑤ A사와 B사가 에어컨을 각각 200만 대, 210만 대 팔았다면, 에어컨 1대의 단가는 A사가 $\dfrac{88,400억\ 원}{200만\ 대} = 442만\ 원$, B사가 $\dfrac{94,500억\ 원}{210만\ 대} = 450만\ 원$이므로 B사가 더 높다.

13

정답 ①

(가) 경제성장률이 높은 순서는 2024년 1분기, 2024년 2분기, 2023년 4분기 순으로 세 번째로 높은 분기는 2023년 4분기이다.
(나) 경제성장률이 가장 낮은 분기는 2023년 1분기이다.
(다) 전 분기 대비 경제성장률이 가장 높은 분기는 그래프의 기울기가 가장 큰 2023년 4분기이다.
(라) 국내총생산이 두 번째로 많았던 분기는 2023년 4분기이다.

14

정답 ④

2024년 쇠고기(등심)의 평균 가격은 16,400원으로, 이는 최고가와 최저가의 평균값인 $\dfrac{18,800+14,200}{2} = 16,500$원보다 낮다.

오답분석

① 연도별 계란의 최고가와 최저가의 차이를 구하면 다음과 같다.
• 2022년 : $7,800 - 3,600 = 4,200$원
• 2023년 : $8,200 - 4,000 = 4,200$원
• 2024년 : $9,200 - 4,800 = 4,400$원
따라서 계란의 최고가와 최저가의 차이가 가장 큰 연도는 2024년이다.

② 2023년 돼지고기의 전년 대비 최저가 증가율은 $\dfrac{2,100-1,600}{1,600} \times 100 = 31.25\%$이므로 30% 이상이다.

③ 닭고기와 돼지고기 각각의 1kg 최저가는 다음과 같다.
• 닭고기 1kg의 최저가 : 7,700원
• 돼지고기 1kg의 최저가 : $2,400 \times 10 = 24,000$원
따라서 닭고기 1kg의 최저가는 돼지고기 1kg의 최저가보다 낮다.

⑤ 2022년 대비 2024년에 평균 가격이 가장 많이 오른 것을 구하면 다음과 같다.
• 쇠고기(불고기용) : $5,500 - 4,500 = 1,000$원
• 쇠고기(등심) : $16,400 - 15,600 = 800$원
• 돼지고기 : $3,600 - 2,500 = 1,100$원
• 닭고기 : $10,800 - 7,800 = 3,000$원
• 계란 : $7,200 - 5,800 = 1,400$원
따라서 2022년 대비 2024년에 평균 가격이 가장 많이 오른 것은 닭고기이다.

15

정답 ③

2024년 쇠고기(불고기용)의 최저가는 4,000원, 최고가는 6,400원이다.

따라서 최저가는 최고가의 $\frac{4,000}{6,400}\times100=62.5\%$이므로 60% 이상이다.

[오답분석]

① 2022년 돼지고기의 최고가는 3,500원이고 최저가는 1,600원이므로, 최고가는 최저가의 2배인 $1,600\times2=3,200$원보다 높다.

② 2024년 계란의 최저가는 4,800원이고 2023년 계란의 최저가는 4,000원이므로 $\frac{4,800-4,000}{4,000}\times100=20\%$ 증가하였다.

④ 쇠고기(불고기용)의 2024년 항목별 전년 대비 증가액은 다음과 같다.
- 최고가 : $6,400-6,200=200$원
- 최저가 : $4,000-3,800=200$원
- 평균 : $5,500-5,200=300$원

따라서 쇠고기(불고기용)의 2024년 항목별 전년 대비 증가액은 모두 500원 미만이다.

⑤ 2022년 쇠고기(등심) 1kg의 평균 가격은 156,000원으로, 닭고기 1kg의 평균 가격의 $\frac{156,000}{7,800}=20$배이다.

16

정답 ①

월평균 소득이 가장 높은 직업군은 전문직(450만 원)이지만, 월평균 지출이 가장 높은 직업군은 자영업(346만 원)이다.

[오답분석]

② 연구직은 월평균 지출 중 자기계발에 사용하는 비율은 30.5%로 다른 직업군 대비 그 비중이 가장 높다.

③ 자영업자의 월평균 지출 중 주거와 외식・식자재가 차지하는 비율은 $25+28=53\%$로 절반 이상이다.

④ 월평균 지출에서 저축이 차지하는 비중은 기술직이 20%이고, 일반회사직이 5%이므로 기술직이 일반회사직의 4배이다.

⑤ 일반회사직과 공무직의 월평균 소득 대비 월평균 지출의 비율을 구하면 다음과 같다.
- 일반회사직 : $\frac{323}{380}\times100=85\%$
- 공무직 : $\frac{270}{360}\times100=75\%$

따라서 일반회사직이 공무직보다 $85-75=10\%$p 높다.

17

정답 ②

일반회사직은 월평균 지출 중 의류・미용이 27.5%로 가장 많은 비중을 차지하고, 전문직 역시 의류・미용이 17.5%로 가장 많은 비중을 차지한다.

[오답분석]

① 전문직의 월평균 지출액은 333만 원으로 월평균 소득액인 450만 원의 $\frac{333}{450}\times100=74\%$이다.

③ 전문직을 제외한 타 직업군의 월평균 지출액 중 교통이 차지하는 비중은 자영업(7%), 공무직(5%), 연구직(5.5%), 기술직(7.5%)의 경우 10% 미만이지만, 일반회사직은 10%이다.

④ 월평균 지출 중 문화생활이 차지하는 비율이 큰 순서대로 나열하면 일반회사직(15%), 공무직(12%), 전문직(7%), 자영업(5.5%), 연구직(5%), 기술직(2.5%) 순서이다.

⑤ 월평균 지출이 가장 높은 직업군(자영업)과 가장 낮은 직업군(공무직)의 지출액 차이는 $346-270=76$만 원이고, 월평균 소득이 가장 높은 직업군(전문직)과 가장 낮은 직업군(연구직)의 소득액 차이는 $450-350=100$만 원이다. 따라서 지출액 차이는 소득액 차이의 $\frac{76}{100}\times100=76\%$이다.

18

정답 ③

오답분석

① 조형 전공의 2019년, 2020년 취업률은 자료보다 높고, 2021년 취업률은 자료보다 낮다.

② 2019년 모든 전공의 취업률이 자료보다 낮다.

④ 2019년 연극영화 전공, 2020년 작곡 전공, 2021년 성악 전공 취업률이 자료보다 높다.

⑤ 성악 전공의 2021 ~ 2024년 취업률 총합은 자료보다 높고, 국악 전공은 자료보다 낮다.

19

정답 ④

(시간)=1일 때, (S기계의 생산량)=1이므로

$1=a\times1^2-b$ … (가)

(시간)=2일 때, (S기계의 생산량)=7이므로

$7=a\times2^2-b$ … (나)

(가)와 (나)를 연립하면 (가)−(나) → $a=2$, $b=1$

∴ (S기계의 생산량)$=2\times$(시간)$^2-1$

• (시간)=3일 때 : (S기계의 생산량)$=2\times3^2-1=17$

• (시간)=4일 때 : (S기계의 생산량)$=2\times4^2-1=31$

따라서 ㉠=17, ㉡=31이다.

20

정답 ②

장비 대수가 2대일 때, 생산량이 7이므로,

$a^2-2^b+2=7$

$a^2-2^b=5$ … ⓐ

장비 대수가 3대일 때, 생산량이 20이므로,

$a^3-3^b+2=20$

$a^3-3^b=18$ … ⓑ

장비 대수가 4대일 때, 생산량이 67이므로,

$a^4-4^b+2=67$

$a^4-4^b=65$ … ⓒ

$a^2=A$로, $2^b=B$로 각각 치환하면 식 ⓐ와 ⓒ는

$A-B=5$과 $A^2-B^2=65$이다.

여기서 $A^2-B^2=(A+B)(A-B)=65$이고, $A-B=5$이므로 $A+B=13$이 된다.

이때, $A-B=5$와 $A+B=13$을 서로 연립하면 $A=9$, $B=4$이다.

$a^2=9$이므로 a는 $+3$ 또는 -3이고, $2^b=4$이므로 b는 2인데, ⓑ에서 $a^3-3^b=18$이므로 조건에 맞는 것은 $a=3$, $b=2$가 된다.

따라서 장비 대수가 5대일 때의 생산량은 $3^5-5^2+2=220$이다.

01	02	03	04	05	06	07	08	09	10	11	12	13	14	15	16	17	18	19	20
⑤	③	①	④	①	②	⑤	①	③	⑤	③	④	④	②	④	①	①	⑤	③	②

21	22	23	24	25	26	27	28	29	30										
②	⑤	③	④	⑤	④	⑤	⑤	③	⑤										

01
정답 ⑤

모든 음악가는 베토벤을 좋아하지만, 음악가가 아닌 사람이 베토벤을 좋아하는지 좋아하지 않는지 알 수 없다. 따라서 빈칸에 들어갈 명제는 '내가 베토벤을 좋아하는지 좋아하지 않는지 알 수 없다.'이다.

오답분석
①·② 나는 음악가가 아니지만, 음악가가 아닌 사람이 베토벤을 좋아하는지 좋아하지 않는지 알 수 없다. 따라서 내가 베토벤을 좋아하는지 여부는 알 수 없다.
③ 모차르트를 좋아하는지 여부에 대한 명제는 제시되어 있지 않으므로 알 수 없다.
④ 미술가인 어머니에 대한 명제는 제시되어 있지 않으므로 알 수 없다.

02
정답 ③

철학은 학문이고, 모든 학문은 인간의 삶을 의미 있게 해준다. 따라서 빈칸에 들어갈 명제는 '철학은 인간의 삶을 의미 있게 해준다.'이다.

03
정답 ①

'문화부'를 A, '출장에 간다.'를 B, '워크숍을 간다.'를 C라 하면, 전제1과 결론은 각각 A → B, ~C → B이다. 따라서 결론이 참이 되려면 ~C → A 또는 ~A → C가 필요하므로 빈칸에 들어갈 명제는 '문화부가 아니면 워크숍을 간다.'이다.

04
정답 ④

제시된 명제와 그 대우 명제를 정리하면 다음과 같다.
• 액션영화 ○ → 팝콘 ○[팝콘 × → 액션영화 ×]
• 커피 × → 콜라 ×[콜라 ○ → 커피 ○]
• 콜라 × → 액션영화 ○[액션영화 × → 콜라 ○]
• 팝콘 ○ → 나쵸 ×[나쵸 ○ → 팝콘 ×]
• 애니메이션 ○ → 커피 ×[커피 ○ → 애니메이션 ×]
위 조건을 연결하면 '애니메이션 ○ → 커피 × → 콜라 × → 액션영화 ○ → 팝콘 ○ → 나쵸 ×'이다.
따라서 제시된 명제를 통해 얻을 수 있는 결론으로 가장 적절한 것은 '애니메이션을 보면 팝콘을 먹는다.'이다.

05
정답 ①

제시된 명제들을 순서대로 논리 기호화하면 다음과 같다.
• 두 번째 명제 : 머그컵 → ~노트
• 세 번째 명제 : 노트
• 네 번째 명제 : 태블릿PC → 머그컵
• 다섯 번째 명제 : ~태블릿PC → (가습기 ∧ ~컵받침)
세 번째 명제에 따라 노트는 반드시 선정되며, 두 번째 명제의 대우(노트 → ~머그컵)에 따라 머그컵은 선정되지 않는다. 그리고 네 번째 명제의 대우(~머그컵 → ~태블릿PC)에 따라 태블릿PC도 선정되지 않으며, 다섯 번째 명제에 따라 가습기는 선정되고 컵받침은 선정되지 않는다. 따라서 총 3개의 경품을 선정한다고 하였으므로, 노트, 가습기와 함께 펜이 경품으로 선정된다.

06

여섯 번째 조건에 따라 E는 1층에서 살고, C가 살 수 있는 층에 따른 A ~ D의 위치는 다음과 같다.

ⅰ) C가 1층에 살 경우

첫 번째 조건에 따라 C와 E가 같은 층에 살 수 있으며, 다섯 번째 조건에 따라 D는 2층에 산다. 세 번째, 네 번째 조건에 따라 A는 4층에 살고, B는 3층 또는 5층에 산다. 이 때, 빈 층은 홀수 번째 층이므로 두 번째 조건을 만족한다.

ⅱ) C가 2층에 살 경우

다섯 번째 조건에 따라 D는 3층에 살고, 세 번째, 네 번째 조건에 따라 A는 4층에 산다. B는 두 번째 조건에 따라 5층에 살 수 없고, 첫 번째 조건에 따라 B는 1층 또는 3층에 산다.

ⅲ) C가 3층에 살 경우

다섯 번째 조건에 따라 D는 4층에 살고, 세 번째, 네 번째 조건에 따라 A는 2층에 산다. B는 두 번째 조건에 따라 5층에 살 수 없고, 첫 번째 조건에 따라 B는 1층 또는 3층에 산다.

ⅳ) C가 4층에 살 경우

일곱 번째 조건에 따라 D는 5층에 살 수 없으므로 불가능하다.

따라서 B가 5층에 산다면 C는 1층에 산다.

[오답분석]

① A가 2층에 산다면 C는 3층에 살게 되므로 B와 같은 층에 살 수 있다.
③ C가 2층에 산다면 B와 E는 1층에 같이 살 수 있다.
④ D가 4층에 산다면 B와 C는 3층에 같이 살 수 있다.
⑤ E가 1층에 혼자 산다면 C가 2층에 살 경우, 3층에 B와 D가 같이 살 수 있다.

07

C주임은 출장으로 인해 참석하지 못하며, B사원과 D주임 중 1명만 참석이 가능하다. 또한 주임 이상만 참여 가능하므로 A사원과 B사원은 참석하지 못한다. 그리고 가능한 모든 인원이 참석해야 하므로 참석하지 못할 이유가 없는 팀원은 전부 참여해야 한다. 따라서 참석할 사람은 D주임, E대리, F팀장이다.

08

세 번째 조건에 따라 나머지 짝수 번호인 2번, 4번 학생은 2번 또는 4번의 의자에만 앉을 수 있다. 2번, 4번 학생이 자기의 번호가 아닌 4번, 2번 의자에 각각 앉을 경우 첫 번째 조건에 따라 홀수 번호 학생 1명만 다른 번호의 의자에 앉아야 한다. 그러나 홀수 번호의 학생 3명 중 1명만 다른 번호의 의자에 앉는 것은 불가능하므로 2번, 4번 학생은 자기의 번호와 일치하는 번호의 의자에 앉아야 한다.

따라서 1번, 3번, 5번은 모두 자기의 번호와 일치하지 않는 번호의 의자에 앉아야 하므로 1번 의자에 5번 학생이 앉는 경우와 1번 의자에 3번 학생이 앉는 경우로 나누어 볼 수 있다.

구분	1번 의자	2번 의자	3번 의자	4번 의자	5번 의자
경우 1	5번 학생	2번 학생	1번 학생	4번 학생	3번 학생
경우 2	3번 학생	2번 학생	5번 학생	4번 학생	1번 학생

이때, 두 번째 조건에 따라 2명의 학생은 자기의 번호보다 작은 번호의 의자에 앉아야 하므로 경우 1은 제외되며, 1번부터 5번까지의 학생들은 다음과 같이 의자에 앉아 있음을 알 수 있다.

1	2	3	4	5
3번 학생	2번 학생	5번 학생	4번 학생	1번 학생

따라서 옳은 것은 ①이다.

[오답분석]

② 2번 학생은 2번 의자에 앉아 있다.
③ 3번 학생은 1번 의자에 앉아 있다.
④ 4번 학생은 4번 의자에 앉아 있다.
⑤ 5번 학생은 3번 의자에 앉아 있다.

72 • 삼성 온라인 GSAT

09

정답 ③

첫 번째 조건에 따라 A, B, C, D는 모두 직업이 같거나 두 명씩 서로 다른 직업을 가져야 한다. 이때 네 번째 조건에 따라 A와 D의 직업은 서로 같아야 하므로 A, B, C, D의 직업이 모두 같은 경우와 (A, D)와 (B, C)의 직업이 서로 다른 경우로 나누어 볼 수 있다.

ⅰ) A, B, C, D의 직업이 모두 같은 경우

세 번째 조건에 따라 C가 경찰관인 경우 D와 직업이 같을 수 없으므로 C는 경찰관이 될 수 없다. 따라서 A, B, C, D는 모두 소방관이다.

ⅱ) (A, D)와 (B, C)의 직업이 서로 다른 경우

• A, D가 소방관인 경우

두 번째 조건에 의해 A가 소방관이면 B가 소방관이거나 C가 경찰관이다. 이때, A와 B의 직업이 서로 다르므로 B는 소방관이 될 수 없으며 C가 경찰관이 된다. C가 경찰관이면 세 번째 조건에 따라 D는 소방관이 된다. 따라서 A, D는 소방관이며, B, C는 경찰관이다.

• A, D가 경찰관인 경우

세 번째 조건의 대우 'D가 소방관이 아니면 C는 경찰관이 아니다.'가 성립하므로 D가 경찰관이면 C는 소방관이 된다. 따라서 A, D는 경찰관이며, B, C는 소방관이다.

위의 경우를 표로 정리하면 다음과 같다.

구분	A	B	C	D
경우 1	소방관			
경우 2	소방관	경찰관	경찰관	소방관
경우 3	경찰관	소방관	소방관	경찰관

따라서 B, C의 직업은 항상 같다.

10

정답 ⑤

다섯 번째 조건에 따라 C항공사는 제일 앞번호인 1번 부스에 위치하며, 세 번째 조건에 따라 G면세점과 H면세점은 양 끝에 위치한다. 이때 네 번째 조건에서 H면세점 반대편에는 E여행사가 위치한다고 하였으므로 5번 부스에는 H면세점이 올 수 없다. 따라서 5번 부스에는 G면세점이 위치한다. 또한 첫 번째 조건에 따라 같은 종류의 업체는 같은 라인에 위치할 수 없으므로 H면세점은 G면세점과 다른 라인인 4번 부스에 위치하고, 4번 부스 반대편인 8번 부스에는 E여행사가, 4번 부스 바로 옆인 3번 부스에는 F여행사가 위치한다. 나머지 조건에 따라 부스의 위치를 정리하면 다음과 같다.

• 경우 1

C항공사	A호텔	F여행사	H면세점
복도			
G면세점	B호텔	D항공사	E여행사

• 경우 2

C항공사	B호텔	F여행사	H면세점
복도			
G면세점	A호텔	D항공사	E여행사

따라서 항상 참이 되는 것은 ⑤이다.

11

정답 ③

인원은 9명이고, 자리는 11개이므로 빈자리는 두 개가 생긴다. 두 번째 조건에서 사원 양옆과 앞자리는 비어있을 수 없다고 했으므로 B, C, E, F, G를 제외한 A, D자리는 빈자리가 된다. 세 번째 조건에서 지점장 앞자리에 이상무 또는 최부장이 앉으며, 첫 번째 조건을 보면 같은 직급은 옆자리로 배정할 수 없다. 조건에 따라 자리 배치표를 정리하면 다음과 같다.

지점장	빈자리	B	성대리	C	빈자리
	최부장 또는 이상무	김사원	F	이사원	G

따라서 F와 G에 과장 2명이 앉으면 성대리 양옆 중 한 자리에 한대리가 앉아야 하므로 옳지 않다.

① A와 D는 빈자리이다.
② 지점장 앞자리 A는 빈자리이다.
④ B, C, F, G자리 중 한 곳을 최부장이 앉으면, E에는 이상무가 앉게 된다.
⑤ 한대리가 앉을 수 있는 자리는 F 또는 G이다.

12

2열에는 C대리와 D대리 중 1명이 앉아야 하므로, C대리가 3열에 앉으면 D대리가 2열에 앉아야 한다.

① A사원이 A2, B주임이 C1, C대리와 D대리가 A1과 B2, E과장이 C2에 앉는 경우도 가능하다.
② 통로 쪽 좌석 A2, B2, C2 중 B2에는 대리 중 1명이 앉고, A2, C2 중 한 곳에 E과장이 앉고 나머지 대리 1명이 남은 통로 좌석에 앉는다면 대리끼리 이웃하여 앉을 수 있다.
③ E과장이 A2에 앉더라도, 2열에 앉지 않은 대리 1명과 A사원이 각각 C2, A1에 앉는 경우, B주임이 C1에 앉을 수 있다.
⑤ ①에서 반례로 들었던 경우가 ⑤의 반례이기도 하다. B주임이 C1에 앉았지만 D대리가 B2에 앉을 수 있기 때문이다.

13

두 번째 조건에 따라 A와 D는 1층, 6층에 배정될 수밖에 없다. 이때, A는 B보다 아래층에 있다는 조건에 따라 A가 6층이 될 수 없으므로 A는 1층, D는 6층, 이런 상황에서 C가 4층이 되어 다음과 같이 두 가지 경우가 생긴다.

구분	1층	2층	3층	4층	5층	6층
경우 1	A	E	B	C	F	D
경우 2	A	B	E	C	F	D

따라서 F는 항상 5층이다.

14

제시된 조건에 따라 6가지 경우를 정리해 보면 다음과 같다.

구분	첫 번째	두 번째	세 번째	네 번째	다섯 번째	여섯 번째
경우 1	A	D	F	B	E	C
경우 2	A	F	D	B	E	C
경우 3	D	F	B	E	C	A
경우 4	F	D	B	E	C	A
경우 5	D	F	C	E	B	A
경우 6	F	D	C	E	B	A

따라서 A가 맨 앞에 서면 E는 다섯 번째에 설 수밖에 없다.

① A가 맨 뒤에 서 있는 경우 맨 앞에는 D가 서 있을 수도, F가 서 있을 수도 있다.
③ 경우 1과 경우 3에서 F와 B는 앞뒤로 서 있다.
④ 경우 1과 경우 2에서 C는 맨 뒤에 서 있다.
⑤ 경우 5와 경우 6에서 B는 C보다 뒤에 서 있다.

15

정답 ④

규칙은 세로로 적용된다.
첫 번째 도형을 시계 방향으로 90° 회전시킨 도형이 두 번째 도형이고, 이를 180° 회전한 것이 세 번째 도형이다.

16

정답 ①

규칙은 세로로 적용된다.
첫 번째 도형을 시계 반대 방향으로 270° 회전한 것이 두 번째 도형이고, 이를 시계 방향으로 60° 회전한 것이 세 번째 도형이다.

17

정답 ①

규칙은 가로로 적용된다.
첫 번째 도형을 시계 반대 방향으로 45° 회전한 것이 두 번째 도형이고, 이를 시계 반대 방향으로 90° 회전한 것이 세 번째 도형이다.

[18~21]
- ◐ : 각 자릿수에서 차례대로 +1, −1, −2, +2
- ▣ : 두 번째 문자와 세 번째 문자 자리 바꾸기
- ▲ : 첫 번째 문자와 마지막 문자 자리 바꾸기

18

정답 ⑤

OP ㄱㅎ → O ㄱ P ㅎ → ㅎ ㄱ P O
       ▣   ▲

19

정답 ③

2 ㅂ ㅌ ㄷ → ㄷ ㅂ ㅌ 2 → ㄹ ㅁ ㅊ 4
    ▲   ◐

20

정답 ②

ㅁ ㄹ b ㅍ → ㅍ ㄹ b ㅁ → ㅎ ㄷ z ㅅ → ㅎ z ㄷ ㅅ
      ▲   ◐   ▣

21

정답 ②

ㅈ ㅊ ㄴ ㅎ → ㅈ ㄴ ㅊ ㅎ → ㅊ ㄱ O ㄴ → ㅊ O ㄱ ㄴ
     ▣   ◐   ▣

22

정답 ⑤

먼저 귀납에 대해 설명하고 있는 (나) 문단이 오는 것이 적절하며, 다음으로 특성으로 인한 귀납의 논리적 한계가 나타난다는 (라) 문단이 오는 것이 적절하다. 이후 이러한 한계에 대한 흄의 의견인 (다) 문단과 구체적인 흄의 주장과 이에 따라 귀납의 정당화 문제에 대해 설명하는 (가) 문단 순으로 나열하는 것이 적절하다.

23

정답 ③

제시문은 최대수요입지론에 의해 업체가 입지를 선택하는 방법을 설명하는 글로, 최초로 입지를 선택하는 업체와 그다음으로 입지를 선택하는 업체가 입지를 선정하는 기준과 변인이 생기는 경우 두 업체의 입지를 선정하는 기준을 설명한다. 따라서 (나) 최대수요 입지론에서 입지를 선정할 때 고려하는 요인 – (가) 최초로 입지를 선정하는 업체의 입지 선정법 – (다) 다음으로 입지를 선정하는 업체의 입지 선정법 – (라) 다른 변인이 생기는 경우 두 경쟁자의 입지 선정법 순으로 나열하는 것이 적절하다.

24

정답 ④

충전지를 최대 용량을 넘어서 충전할 경우 발열로 인한 누액이나 폭발의 위험이 있다. 따라서 충전지를 충전하는 과정에서 충전지의 온도가 과도하게 상승한다면 최대 용량을 넘은 과충전을 의심할 수 있으므로 충전을 중지하는 것이 좋다.

오답분석

① 충전지를 크게 만들면 충전 용량과 방전 전류 세기를 증가시킬 수 있으나, 전극의 물질을 바꾸지 않는 한 공칭 전압은 변하지 않는다.
② 충전기의 전원 전압은 충전지의 공칭 전압보다 높아야 한다. 이때, 용량과 관계없이 리튬 충전지의 공칭 전압은 3.6V이므로 전원 전압이 3.6V보다 높은 충전기를 사용해야 한다.
③ 충전지를 방전 하한 전압 이하까지 방전시키면 충전지의 수명이 줄어들기 때문에 오래 사용하기 위해서는 방전 하한 전압 이하까지 방전시키지 않는 것이 좋으나, 니켈카드뮴 충전지의 경우 메모리 효과로 인해 완전히 방전되기 전 충전을 반복하면 충·방전 용량이 줄어든다.
⑤ 충전기로 리튬 충전지를 충전할 경우 만충전 전압에 이르면 정전압 회로로 전환하여 정해진 시간 동안 충전지에 공급하는 전압을 일정하게 유지한다. 그러나 공칭 전압은 변화하는 단자 전압의 평균일 뿐이므로 리튬 충전지의 만충전 전압이 3.6V인 것은 아니다.

25

정답 ⑤

스마트팩토리의 주요 기술 중 하나인 에지 컴퓨팅은 중앙 데이터 센터와 직접 소통하는 클라우드 컴퓨팅과 달리 산업 현장에서 발생하는 데이터를 에지 데이터 센터에서 사전 처리한 후 선별하여 전송하기 때문에 데이터 처리 지연 시간을 줄일 수 있다.

26

정답 ④

테아플라빈(Theaflavins)은 녹차가 아닌 홍차의 발효과정에서 생성된 것으로, 혈관 기능을 개선하며 혈당 수치를 감소시키는 역할을 한다. 녹차의 경우 카테킨에 함유된 EGCG(Epigallocatechin-3-gallate)가 혈중 콜레스테롤 수치를 낮추는 역할을 한다.

27

정답 ⑤

최저소득보장제가 저소득층의 생계를 지원하나, 성장 또한 제한할 수 있다는 점을 한계로 지적할 수 있다.

오답분석

① 실업률이 증가하면 사회적으로 경제적 취약 계층인 저소득층도 늘어나게 된다.
② 세금이 부과되는 기준 소득을 '면세점'이라 한다.
③ 최저소득보장제는 경제적 취약 계층에게 일정 생계비를 보장해 주는 제도이다.
④ 총소득이 면세점을 넘는 경우 총소득 전체에 대해 세금이 부과되어 순소득이 총소득보다 줄어들게 된다.

28

제시문에서는 대리모가 아이를 금전적인 대가를 받는 수단으로 취급하여 인간의 존엄과 가치를 침해한다는 것을 전제로 대리모의 허용을 반대한다. 이러한 주장을 반박하기 위해서는 근거로 제시하고 있는 전제를 부정하는 것이 효과적이므로 대리모는 아이가 아닌 임신 · 출산 서비스를 매매의 대상으로 삼는다는 ⑤를 통해 반박하는 것이 가장 적절하다.

오답분석
①·④ 대리모를 찬성하는 입장에 해당하나, 제시문의 주장과는 전혀 다른 관점에서 반박하고 있으므로 적절하지 않다.
②·③ 대리모를 통해 발생할 수 있는 문제에 대한 해결책에 해당하므로 제시문의 주장에 대한 반박으로 적절하지 않다.

29

랜드스케이프 건축가들은 건물의 내부와 외부를 각각의 고정된 의미로 분리하여 바라보려는 전통적인 이분법적 관점을 거부하고, 이들을 하나의 주름 잡힌 표면으로 보고자 하였으므로 건물 표면의 주름진 곡선을 통해 서로 관계를 맺고 있는 건물의 내부와 외부를 표현하고자 했음을 알 수 있다.

오답분석
① 랜드스케이프 건축에서는 대지와 건물 자체가 새로운 의미를 생성하는 능동적인 존재로 작동하므로 건물이 대지의 의미를 규정한다는 내용은 적절하지 않다. 건물 전체가 대지를 덮고 있는 DDP의 형상은 대지와 건물의 연속된 통합을 의미한다.
② 랜드스케이프 건축에서의 내부 공간은 성격이 고정되지 않고, 우연적인 상황 혹은 주변의 여러 가지 요인의 전개로 인해 재구성될 수 있는 잠재적인 특징을 지닌다.
④ 랜드스케이프 건축의 가장 큰 특징은 하나로 연결되어 통합된 공간으로 볼 수 있으며, 고객의 편의성 향상과는 거리가 멀다.
⑤ 랜드스케이프 건축에서는 내부와 외부의 구분을 모호하게 함으로써 건물 내부에서 외부를 바라보는 시선과 외부에서 내부를 바라보는 응시를 동시에 담아낼 수 있다.

30

바우마이스터에 따르면 개인은 자신이 가지고 있는 제한된 에너지를 자기 조절 과정에 사용하는데, 이때 에너지를 많이 사용한다고 하더라도 긴박한 상황을 대비하여 에너지의 일부를 남겨 두기 때문에 에너지가 완전히 고갈되는 상황은 벌어지지 않는다. 즉, A씨는 식단 조절 과정에 에너지를 효율적으로 사용하지 못하였을 뿐, 에너지가 고갈되어 식단 조절에 실패한 것은 아니다.

오답분석
① 밴두라에 따르면 인간은 자기 조절 능력을 선천적으로 가지고 있으며, 자기 조절은 세 가지의 하위 기능인 자기 검열, 자기 판단, 자기 반응의 과정을 통해 작동한다.
② 밴두라에 따르면 자기 반응은 자신이 한 행동 이후에 자신에게 부여하는 정서적 현상을 의미하는데, 자신이 지향하는 목표와 관련된 개인적 표준에 부합하지 않은 행동은 죄책감이나 수치심이라는 자기 반응을 만들어 낸다.
③ 밴두라에 따르면 선천적으로 자기 조절 능력을 가지고 있는 인간은 가치 있는 것을 획득하기 위해 행동하거나 두려워하는 것을 피하기 위해 행동한다.
④ 바우마이스터에 따르면 자기 조절은 개인적 표준, 모니터링, 동기, 에너지로 구성된다. 따라서 A씨의 건강관리는 개인의 목표 성취와 관련된 개인적 표준에 해당하며, 이를 위해 A씨는 자신의 행동을 관찰하는 모니터링 과정을 거쳤다.

01 수리

01	02	03	04	05	06	07	08	09	10	11	12	13	14	15	16	17	18	19	20
④	④	①	⑤	⑤	③	④	⑤	②	②	③	⑤	①	③	③	①	③	①	①	②

01

정답 ④

작년 신입사원 모집에 지원한 세 회사 A, B, C의 지원자 수를 각각 a, b, c라 하면 올해 신입사원 모집의 지원자 수는 각각 $1.2a$, $1.3b$, $1.4c$이다.

$1.2a + 1.3b + 1.4c = 1,820 \cdots \bigcirc$

지원자 증가수의 비가 $1 : 3 : 2$이므로

$0.2a : 0.3b : 0.4c = 1k : 3k : 2k(k \neq 0)$로 놓으면 $\dfrac{0.2a}{k} = \dfrac{0.3b}{3k} = \dfrac{0.4c}{2k}$ 이므로

$a = 5k$, $b = 10k$, $c = 5k \cdots \bigcirc$

ⓛ을 ㉠에 대입하면 다음과 같다.

$6k + 13k + 7k = 1,820$

$\therefore k = 70$, $c = 350$

따라서 올해 C회사의 지원자 수는 $1.4c = 490$명이다.

02

정답 ④

• 팀장 1명을 뽑는 경우의 수 : $_{10}C_1 = 10$가지

• 회계 담당 2명을 뽑는 경우의 수 : $_9C_2 = \dfrac{9 \times 8}{2 \times 1} = 36$가지

따라서 이 인원을 뽑는 경우의 수는 $10 \times 36 = 360$가지이다.

03

정답 ①

2022년 컴퓨터가 제외된 자리에 전자응용기기가 포함되었다.

오답분석

②·③·④ 제시된 자료를 통해 쉽게 확인할 수 있다.

⑤ 반도체 비중이 가장 큰 해는 2024년이며, 2024년에는 철강판이 전자응용기기에 이어 두 번째로 적은 비중을 차지했다.

04

2018 ~ 2024년 대출금리의 등락폭이 가장 높은 나라는 독일이지만, 포인트 차이는 3.87−0.44=3.43%p이므로 3.5%p 이하
이다.

오답분석

① 중국은 2020년에 7.47%의 가장 높은 금리를 기록했다.

② 독일의 대출금리는 2018년 대비 2020년에 85%가량 상승했다.

③ 2022년에 전년 대비 등락폭이 가장 큰 나라는 독일로 지수는 18.35%이며, 가장 작은 나라로 중국으로 전년 대비 보합세인
71.08%이다. 따라서 그 차이는 52.73%p이므로 50%p 이상이다.

④ 독일은 2018 ~ 2021년까지는 대출금리가 일본보다 높았으나 2022년과 2023년에는 일본보다 낮은 금리를 보이고 있다.

05

ㄱ. 2022년 대비 2023년 이용객 수가 증가한 항공노선은 제주행, 일본행, 싱가폴행, 독일행, 미국행으로 총 5개이며, 감소한 항공
노선 역시 중국행, 영국행, 스페인행, 캐나다행, 브라질행으로 총 5개로 동일하다.

ㄴ. 2022년부터 2024년까지의 총 이용객 수는 아시아행(제주, 중국, 일본, 싱가폴)이 416+743+342+323=1,824천 명, 유럽행
(독일, 영국, 스페인)이 244+342+860=1,446천 명, 아메리카행(미국, 캐나다, 브라질)이 400+630+61=1,091천 명으로
아시아행 − 유럽행 − 아메리카행 순서로 많다.

ㄷ. 2022년 이용객 수가 적은 하위 2개의 항공노선은 브라질행(23천 명), 독일행(75천 명)이고, 2023년도 브라질행(21천 명),
독일행(81천 명)이며, 2024년도 브라질행(17천 명), 독일행(88천 명)으로 동일하다.

06

작년 전체 실적은 45+50+48+42=185억 원이며, 1 ~ 2분기와 3 ~ 4분기 실적들의 비중을 각각 구하면 다음과 같다.

- 1 ~ 2분기 비중 : $\frac{45+50}{185} \times 100 = 51.4\%$

- 3 ~ 4분기 비중 : $\frac{48+42}{185} \times 100 = 48.6\%$

07

1980년 전체 재배면적을 A라 하면, 2020년 전체 재배면적은 1.25A이다.

- 1980년 과실류 재배면적 : 0.018A

- 2020년 과실류 재배면적 : 0.086×1.25A=0.1075A

따라서 재배면적은 $\frac{0.1075A-0.018A}{0.018A} \times 100 = 500\%$ 증가했다.

08

- 2021년 아동 10만 명당 안전사고 사망자 수의 전년 대비 감소율 : $\frac{2.93-3.86}{3.86} \times 100 = -24.1\%$

- 2023년 아동 10만 명당 안전사고 사망자 수의 전년 대비 감소율 : $\frac{2.81-3.15}{3.15} \times 100 = -10.8\%$

09

정답 ②

초·중·고등학교 수의 총합은 2022년에 6,001＋3,209＋2,353＝11,563개, 2024년에 6,064＋3,214＋2,358＝11,636개로, 2022년 대비 2024년에 증가하였다.

오답분석

ㄱ. 2024년을 보면, 고등학교 수는 전년 대비 감소하였지만, 초등학교 수는 증가하였다.

ㄴ. 2020년부터 2024년까지 초등학교 수와 중학교 수의 차이를 구하면 다음과 같다.

- 2020년 : 5,934－3,186＝2,748개
- 2021년 : 5,978－3,204＝2,774개
- 2022년 : 6,001－3,209＝2,792개
- 2023년 : 6,040－3,213＝2,827개
- 2024년 : 6,064－3,214＝2,850개

따라서 초등학교 수와 중학교 수의 차이가 가장 큰 해는 2024년이다.

10

정답 ②

승용차의 경우 1일 평균 주행거리는 부산이 34.7km/대이며, 세종은 38.1km/대로 세종이 더 길지만 전체 1일 평균 주행거리는 40.1km/대로 동일하다.

오답분석

① 차종별 1일 평균 주행거리에 따른 순위를 정리하면 다음과 같다.

구분	순위
승용차	인천 > 세종 > 부산 > 광주
승합차	울산 > 부산 > 세종 > 대구
화물차	광주 > 대전 > 부산 ＝ 서울
특수차	부산 > 울산 > 인천 > 광주

따라서 차종별 1일 평균 주행거리 상위 50%인 4위 안에 부산은 모두 포함됨을 알 수 있다.

③ 세종은 특수차의 1일 평균 주행거리는 39.9km/대로 가장 짧고, 승합차의 경우는 울산과 부산 다음으로 세 번째로 길므로 8개 지역 중 상위 40%(8×0.4＝3.2위) 안에 든다.

④ 항구도시는 부산, 인천, 울산이며, 항구도시와 세종 지역 중에서 차종별 1일 평균 주행거리가 가장 긴 지역은 모두 항구도시 중 하나이다.

⑤ 세종을 제외한 1일 평균 주행거리 최댓값을 갖는 차종은 특수차이고, 최솟값은 승용차이다. 특수차와 승용차의 1일 평균 주행거리 차이와 승합차의 1일 평균 주행거리를 비교하면 다음과 같다.

(단위 : km/대)

구분	서울	부산	대구	인천	광주	대전	울산
차이	60.6－31.7 ＝28.9	196.6－34.7 ＝161.9	92.5－33.7 ＝58.8	125.6－39.3 ＝86.3	114.2－34.5 ＝79.7	88.9－33.5 ＝55.4	138.9－32.5 ＝106.4
승합차	54.6	61.2	54.8	53.9	53.2	54.5	62.5

따라서 최댓값과 최솟값의 차이가 승합차의 1일 평균 주행거리보다 긴 지역은 '부산, 대구, 인천, 광주, 대전, 울산' 6곳으로, 5곳 이상이다.

11

정답 ③

합격자 중 남성의 비율은 $\frac{120}{120+80} \times 100 = \frac{120}{200} \times 100 = 60\%$이므로 옳지 않은 설명이다.

오답분석

① 총 입사지원자 중 합격률은 $\frac{120+80}{680+320} \times 100 = \frac{200}{1,000} \times 100 = 20\%$이다.

② 여성 입사지원자의 합격률은 $\frac{80}{320} \times 100 = 25\%$이다.

④ 남성 합격자 수는 여성 합격자 수의 $\frac{120}{80}=1.5$배이다.

⑤ 총 입사지원자 중 여성 입사지원자의 비율은 $\frac{320}{680+320}\times100=\frac{320}{1,000}\times100=32\%$이므로 30% 이상이다.

12

정답 ⑤

• 지연 중 A/C 정비가 차지하는 비율 : $\frac{150}{3,000}\times100=5\%$

• 결항 중 기상이 차지하는 비율 : $\frac{14}{70}\times100=20\%$

따라서 항공편 지연 중 A/C 정비가 차지하는 비율은 결항 중 기상이 차지하는 비율의 $\frac{5}{20}=\frac{1}{4}$이다.

오답분석

① 6월 동안 운항된 전체 비행기 수를 알 수 없으므로 구할 수 없다.

② 기상으로 지연된 항공편 수는 기상으로 결항된 항공편 수의 $\frac{98}{14}=7$배이다.

③ A/C 정비로 인해 결항된 항공편 수는 A/C 정비로 인해 지연된 항공편 수의 $\frac{12}{150}\times100=8\%$이다.

④ 기타를 제외하고 지연이 발생한 원인 중 가장 높은 비중을 차지하고 있는 것은 A/C 접속이며, 결항이 발생한 원인 중 가장 높은 비중을 차지하고 있는 것은 기상이다.

13

정답 ①

A사와 B사의 전체 직원 수를 알 수 없으므로, 비율만으로는 판단할 수 없다.

오답분석

② B, C, D사 각각 남직원보다 여직원의 비율이 높으므로 B, C, D사 각각에서 남직원 수보다 여직원 수가 많다. 따라서 B, C, D사의 여직원 수의 합은 남직원 수의 합보다 크다.

③ 여직원 대비 남직원 비율은 여직원 비율이 높을수록, 남직원 비율이 낮을수록 값이 작아진다. 따라서 여직원 비율이 가장 높으면서 남직원 비율이 가장 낮은 D사가 비율이 가장 낮고, 남직원 비율이 여직원 비율보다 높은 A사의 비율이 가장 높다.

④ A, B, C사 각각의 전체 직원 수를 a명이라 하면, 여직원의 수는 각각 $0.4a$명, $0.6a$명, $0.55a$명이다. 따라서 A, B사 여직원 수의 합은 $0.4a+0.6a=a$명으로, C사 여직원 수 $0.55a$명의 2배인 $1.1a$명 미만이다.

⑤ A사의 전체 직원 수를 a명, B사의 전체 직원 수를 b명이라 하면, A사의 남직원 수는 $0.6a$명, B사의 남직원 수는 $0.4b$명이다.
$$\frac{0.6a+0.4b}{a+b}\times100=55 \rightarrow 60a+40b=55(a+b)$$
$$\therefore\ a=3b$$
따라서 A사의 전체 직원 수는 B사의 전체 직원 수의 3배이다.

14

정답 ③

여성 모델과 여성 배우의 2000년대 대비 2020년대의 평균 데뷔 나이 증가율은 다음과 같다.

• 여성 모델 : $\frac{23-20}{20}\times100=15\%$

• 여성 배우 : $\frac{28-25}{25}\times100=12\%$

따라서 여성 모델의 2000년대 대비 2020년대의 평균 데뷔 나이 증가율은 여성 배우보다 높다.

① 남성 가수의 평균 데뷔 나이는 1990년대에 28세로 가장 높다.
② 배우의 단순평균 평균 데뷔 나이를 구하면 다음과 같다.

- 1980년대 : $\dfrac{20+18}{2}=19$

- 1990년대 : $\dfrac{23+22}{2}=22.5$

- 2000년대 : $\dfrac{24+25}{2}=24.5$

- 2010년대 : $\dfrac{26+26}{2}=26$

- 2020년대 : $\dfrac{25+28}{2}=26.5$

따라서 배우의 단순평균 평균 데뷔 나이는 매년 높아지고 있다.
④ 남성 모델의 평균 데뷔 나이는 모두 25세 이상이고, 여성 모델의 평균 데뷔 나이는 모두 25세 미만이다.
⑤ 남성 개그맨의 평균 데뷔 나이가 가장 낮은 연도는 2000년대이고, 여성 개그맨의 평균 데뷔 나이가 가장 높은 연도도 2000년대이므로 동일하다.

15 정답 ③

여성 가수의 1980년대부터 2020년대까지의 단순평균 평균 데뷔 나이를 구하면, $\dfrac{18+20+19+20+21}{5}=19.6$세로 20세 미만이다.

① 여성 배우의 평균 데뷔 나이가 남성 배우보다 높은 연도는 2000년대와 2020년대이다.
② 남성 모델과 여성 모델의 1980년대 대비 2020년대의 평균 데뷔 나이 증가율은 다음과 같다.

- 남성 모델 : $\dfrac{28-25}{25}\times100=12\%$

- 여성 모델 : $\dfrac{23-20}{20}\times100=15\%$

따라서 남성 모델의 1980년대 대비 2020년대의 평균 데뷔 나이 증가율은 여성 모델보다 낮다.
④ 2000년대 남성의 평균 데뷔 나이가 가장 높은 직업은 28세로 아나운서이고, 여성의 평균 데뷔 나이가 가장 높은 직업은 27세로 개그맨이다.
⑤ 2010년대 ~ 2020년대에 남성 평균 데뷔 나이가 30세 이상인 직업은 아나운서와 개그맨이다.

16 정답 ①

2024년에 '미달'이라고 응답한 여성은 44%, 남성은 5.5%로 비율은 여성이 남성의 8배이지만, 조사한 남성과 여성의 인원수가 제시되지 않았으므로 알 수 없다.

② 2024년에 '미달'이라고 응답한 노인의 비율은 23.2%이고, 2022년에는 14.5%이므로 2024년 노인의 응답 비율은 2022년의 $\dfrac{23.2}{14.5}=1.6$배이다.
③ 해가 지날수록 여성의 영양소 섭취 비율 중 '미달'과 '과잉'에 해당하는 비율은 증가하고, '적정'에 해당하는 비율은 감소하고 있으므로 옳은 설명이다.
④ 청소년 중 '과잉'이라고 응답한 비율은 2022년 19.8%, 2023년 21.2%, 2024년 34.6%로 증가하고 있으므로 옳은 설명이다.
⑤ 연도별로 '적정'이라고 응답한 영유아와 성인의 증감 추이는 다음과 같다.
- 영유아 : 증가 – 증가
- 성인 : 감소 – 감소
따라서 반대의 증감 추이를 보이고 있다.

17

ㄱ. 해가 지날수록 남성의 영양소 섭취 중 '미달'에 해당하는 비율은 8.5%, 7.6%, 5.5%로 감소하고 있고, 적정과 과잉에 해당하는 비율은 증가하고 있으므로 옳은 설명이다.

ㄷ. 성인의 '미달'이라고 응답한 비율과 '과잉'이라고 응답한 비율의 차는 다음과 같다.
- 2022년 : 15.5－3.5＝12%p
- 2023년 : 20.2－4.8＝15.4%p
- 2024년 : 24.5－6＝18.5%p

따라서 매년 증가하였다.

오답분석

ㄴ. 2023년 응답자 300명 중 남성이 100명이라면, 여성은 200명이다. '적정'이라고 응답한 비율은 남성이 76%, 여성이 53%이므로 각각 인원수를 구하면, 남성은 100×0.76＝76명, 여성은 200×0.53＝106명이므로 인원 차는 106－76＝30명이다.

18

오답분석

② 2021년도 최고 비율이 자료보다 낮다.
③ 2018년과 2019년의 최고 비율 수치가 자료보다 낮다.
④ 2018년과 2019년의 평균 스크린 대 바디 비율이 자료보다 낮다.
⑤ 2016년 최고 비율은 자료보다 낮고, 2018년 최고 비율은 자료보다 높다.

19

2015년	2016년	2017년	2018년	2019년	2020년
3	5	9	16	27	43

+2 +4 +7 +11 +16

+2 +3 +4 +5

앞의 항에 ＋2, ＋4, ＋7, ＋11, … 1씩 커지는 수(＋2, ＋3, ＋4 …)를 더하면서 커지는 수이다.

2020년	2021년	2022년	2023년	2024년	2025년	2026년
43	65	94	131	177	233	300

+22 +29 +37 +46 +56 +67

+7 +8 +9 +10 +11

따라서 2026년도 채용 인원은 300명이다.

20

미생물은 3일마다 10배씩 증가하고 있다. 그러므로 6월 7일에 미생물 3마리가 분열을 시작하여 30억 마리가 되려면 30억＝3×10^9이므로 $3 \times 9 = 27$일 후이다.

따라서 미생물이 30억 마리가 되는 날은 6월 7일을 기준으로 27일 후인 7월 4일이다.

01	02	03	04	05	06	07	08	09	10	11	12	13	14	15	16	17	18	19	20
③	②	④	④	⑤	④	③	④	③	③	③	⑤	④	⑤	②	⑤	①	②	⑤	③
21	22	23	24	25	26	27	28	29	30										
①	②	⑤	⑤	⑤	②	⑤	⑤	⑤	⑤										

01

정답 ③

전제1과 전제3에 따라 족구를 잘하는 사람은 펜싱을 잘하고, 펜싱을 잘하는 사람은 검도를 잘한다. 따라서 빈칸에 들어갈 명제는 '족구를 잘하는 사람은 검도를 잘한다.'이다.

02

정답 ②

명랑한 사람은 마라톤을 좋아하고, 마라톤을 좋아하는 사람은 체력이 좋고, 인내심이 있다. 그리고 몸무게가 무거운 사람은 체력이 좋다. 따라서 빈칸에 들어갈 명제는 '명랑한 사람은 인내심이 있다.'이다.

03

정답 ④

'경찰에 잡힌다.'를 '경', '도둑질을 했다.'를 '도', '감옥에 간다.'를 '감'이라고 하자.

구분	명제	대우
전제1	경× → 도×	도 → 경
결론	감× → 도×	도 → 감

전제1이 결론으로 연결되려면, 전제2는 감× → 경×가 되어야 한다. 따라서 빈칸에 들어갈 명제는 '감옥에 가지 않은 사람은 모두 경찰에 잡히지 않는다.'의 대우인 ④이다.

04

정답 ④

현명한 사람은 거짓말을 하지 않고, 거짓말을 하지 않으면 다른 사람의 신뢰를 얻는다. 따라서 현명한 사람은 다른 사람의 신뢰를 얻는다.

05

정답 ⑤

B와 C가 초콜릿 과자를 먹고 D와 E 중 1명 역시 초콜릿 과자를 먹으므로 C가 초콜릿 과자 1개를 먹었음을 알 수 있다. 남은 커피 과자 3개는 A, D, E가 나눠 먹게 된다. 이때 A가 커피 과자 1개를 먹었다면 D와 E 중 1명은 초콜릿 과자 1개와 커피 과자 1개를 먹고, 나머지 1명은 커피 과자 1개를 먹는다. 따라서 A와 D가 커피 과자를 1개씩 먹었다면, E는 초콜릿과 커피 두 종류의 과자를 하나씩 먹게 된다.

06

정답 ④

제시된 조건을 정리하면 다음과 같다.

구분	영어(3명)	중국어(2명)	일본어(1명)	프랑스어(1명)	독일어(1명)
A	○	×	×	×	○
B	○	○	×		×
C	×	○	○	×	×
D	○	×	×		×

따라서 D 또는 B가 프랑스어를 할 줄 알기 때문에 D가 어느 국가로 파견 근무를 떠나는지 알 수 없다.

오답분석

① A는 영어와 독일어 2개의 외국어를 능통하게 할 수 있다.
② B는 영어와 중국어를 능통하게 하지만, 프랑스어도 능통하게 하는지 알 수 없다.
③ C는 일본어를 능통하게 하므로 일본으로 파견 근무를 떠난다.
⑤ A는 영어와 독일어를 능통하게 하고, C는 중국어와 일본어를 능통하게 하기 때문에 동일하게 능통하게 하는 외국어는 없다.

07

정답 ③

먼저 진구가 장학생으로 선정되지 않으면 광수가 장학생으로 선정된다는 전제(~진 → 광)에 따라 광수가 장학생으로 선정될 것이라고 하였으므로 '진구가 장학생으로 선정되지 않는다(~진).'는 내용의 전제가 추가되어야 함을 알 수 있다. 따라서 보기 중 진구와 관련된 내용의 전제인 ㄴ이 반드시 추가되어야 한다. 이때, 지은이가 선정되면 진구는 선정되지 않는다고(지 → ~진) 하였으므로 지은이가 선정된다(지)는 전제 ㄷ도 함께 필요한 것을 알 수 있다. 결국 ㄴ과 ㄷ이 전제로 추가되면, '지은이가 선정됨에 따라 진구는 선정되지 않으며, 진구가 선정되지 않으므로 광수가 선정된다(지 → ~진 → 광).'가 성립한다.

08

정답 ④

먼저 세 번째 조건에 따라 3팀은 3호실에 위치하고, 네 번째 조건에 따라 8팀과 2팀은 4호실 또는 8호실에 각각 위치한다. 이때, 두 번째 조건에 따라 2팀과 5팀은 앞뒤로 나란히 위치해야 하므로 결국 2팀과 5팀이 각각 8호실과 7호실에 나란히 위치하고, 4호실에는 8팀이 위치한다. 또한 첫 번째 조건에 따라 1팀과 7팀은 1호실 또는 5호실에 각각 위치하는데, 마지막 조건에서 4팀은 1팀과 5팀 사이에 위치한다고 하였으므로 4팀이 5팀 바로 앞인 6호실에 위치하고, 1팀은 5호실에 위치한다. 따라서 1호실에는 7팀이 위치하고, 바로 뒤 2호실에는 6팀이 위치한다. 이를 종합하여 기획 1～8팀의 사무실을 배치하면 다음과 같다.

창고	입구	계단
기획 7팀		기획 1팀
기획 6팀	복도	기획 4팀
기획 3팀		기획 5팀
기획 8팀		기획 2팀

따라서 기획 4팀과 기획 6팀은 복도를 사이에 두고 마주하는 것을 알 수 있다.

오답분석

① 창고 뒤에는 기획 7팀의 사무실이 위치하며, 기획 1팀의 사무실은 계단 쪽 라인에 위치한다.
② 기획 2팀의 사무실은 8호실에 위치한다.
③ 기획 3팀과 5팀은 복도를 사이에 두고 마주한다.
⑤ 기획 7팀과 8팀은 창고 쪽의 라인에 위치한다.

09

제시된 조건에 따라 A ~ E의 이번 주 당직일을 정리하면 다음과 같다.

구분	월	화	수	목	금
경우 1	A, B, E	B	C	D	A, D
경우 2	A, B	B	C	D	A, D, E
경우 3	A, D, E	D	C	B	A, B
경우 4	A, D	D	C	B	A, B, E

따라서 C는 항상 수요일에 혼자 당직을 서므로 반드시 참이 되는 것은 ③이다.

오답분석

① 경우 3·4의 경우 B는 월요일에 당직을 서지 않는다.
② 경우 1·2의 경우 B는 금요일에 당직을 서지 않는다.
④ 경우 3·4의 경우 D는 금요일에 당직을 서지 않는다.
⑤ 경우 1·3의 경우 E는 금요일에 당직을 서지 않는다.

10

제시된 조건을 정리하면 1층에는 어린이 문헌 정보실과 가족 문헌 정보실, 5층에는 보존서고실, 4층에는 일반 열람실이 위치한다.
3층은 2층과 연결된 계단을 통해서만 이동이 가능하므로 엘리베이터로 이동할 수 없는 제2문헌 정보실이 3층에 위치하는 것을 알
수 있다. 제1문헌 정보실은 하나의 층을 모두 사용해야 하므로 결국 남은 2층에 위치하게 된다. 이를 표로 정리하면 다음과 같다.

1층	2층	3층	4층	5층
어린이 문헌 정보실과 가족 문헌 정보실	제1문헌 정보실	제2문헌 정보실	일반 열람실	보존 서고실

따라서 '빅데이터' 관련 도서는 정보통신, 웹, 네트워크 코너에서 찾을 수 있으므로 3층 제2문헌 정보실로 가야 한다.

11

용인 지점에서는 C와 D만 근무할 수 있으며, 인천 지점에서는 A와 B만 근무할 수 있다. 이때, A는 과천 지점에서 근무하므로
인천 지점에는 B가 근무하는 것을 알 수 있다. 제시된 조건에 따라 A ~ D의 근무 지점을 표로 정리하면 다음과 같다.

구분	과천	인천	용인	안양
경우 1	A	B	C	D
경우 2	A	B	D	C

따라서 항상 참이 되는 것은 ③이다.

오답분석

①·② 제시된 조건만으로 A와 B가 각각 안양과 과천에서 근무한 경험이 있는지는 알 수 없다.
④·⑤ 제시된 조건만으로는 C와 D가 어느 지점에 근무하게 되었는지 정확하게 알 수 없다.

12

제시된 조건에 따라 선반에 놓여 있는 사무용품을 정리하면 다음과 같다.

5층	보드마카, 접착 메모지
4층	스테이플러, 볼펜
3층	2공 펀치, 형광펜
2층	서류정리함, 북엔드
1층	인덱스 바인더, 지우개

따라서 보드마카와 접착 메모지는 5층 선반에 놓여 있으므로 선반의 가장 높은 층에 놓여 있음을 알 수 있다.

13

④

먼저, 네 번째 조건에 따라 마 지사장은 D지사에 근무하며 다섯 번째 조건에 따라 바 지사장은 본사와 두 번째로 가까운 B지사에 근무하는 것을 알 수 있다. 다 지사장은 D지사에 근무하는 마 지사장 바로 옆 지사에 근무하지 않는다는 두 번째 조건에 따라 C 또는 E지사에 근무할 수 없다. 이때, 다 지사장은 나 지사장과 나란히 근무해야 하므로 F지사에 다 지사장이, E지사에 나 지사장이 근무하는 것을 알 수 있다. 마지막으로 라 지사장이 가 지사장보다 본사에 가깝게 근무한다는 세 번째 조건에 따라 라 지사장이 A지사에, 가 지사장이 C지사에 근무하게 된다. 이를 표로 정리하면 다음과 같다.

본사	A	B	C	D	E	F
	라	바	가	마	나	다

따라서 A ~ F지사로 발령받은 지사장을 순서대로 나열하면 '라 – 바 – 가 – 마 – 나 – 다'이다.

14

⑤

제시된 조건에 따르면 과장은 회색 코트를 입고, 연구팀 직원은 갈색 코트를 입었으므로 가장 낮은 직급인 기획팀의 C사원은 검은색 코트를 입었음을 알 수 있다. 이때, 과장이 속한 팀은 디자인팀이며, 연구팀 직원의 직급은 대리임을 알 수 있지만, 각각 디자인팀의 과장과 연구팀의 대리가 A, B 중 누구인지는 알 수 없다. 이를 표로 정리하면 다음과 같다.

구분	A 또는 B	A 또는 B	C
직급	과장	대리	사원
코트	회색	갈색	검은색
팀	디자인팀	연구팀	기획팀

따라서 항상 옳은 것은 ⑤이다.

15

②

규칙은 가로로 적용된다.
두 번째 도형을 왼쪽으로 한 칸씩 움직였을 때 나오는 도형이 세 번째 도형이다.

16

⑤

규칙은 세로로 적용된다.
첫 번째 도형을 좌우 반전시킨 것이 두 번째 도형이고, 이를 색 반전한 것이 세 번째 도형이다.

17

①

규칙은 가로로 적용된다.
첫 번째 도형을 상하 반전시킨 것이 두 번째 도형이고, 이를 시계 방향으로 90° 회전한 것이 세 번째 도형이다.

[18~21]

- ♧ : 각 자릿수 +0, +1, +2, +3
- ♣ : 각 자릿수 +0, +1, +0, −1
- ◎ : 1234 → 1243
- ● : 1234 → 3412

18
정답 ②

S7BS　→　S7SB　→　SBS7
　　　　◎　　　　　●

19
정답 ⑤

WW4W　→　4WWW　→　4XYZ
　　　　●　　　　　♧

20
정답 ③

EDRO　→　EETR　→　TREE
　　　♧　　　　　●

21
정답 ①

CH25　→　CH52　→　52CH　→　53CG
　　　◎　　　　　●　　　　　♣

22
정답 ②

제시문은 상품 생산자와 상품의 관계에 있어서 인간이 소외되는 현상에 대해 설명하는 글이다. 따라서 (가) 상품이 시장에서 생산자의 통제를 벗어남 – (다) 그 결과 상품이 주체가 되어 인간소외 현상이 일어남 – (라) 시장 법칙으로 인해 인간관계가 사물 간 관계에 가려짐 – (나) 앞의 내용을 정리해 인간소외 현상을 규정함 순으로 나열하는 것이 적절하다.

23
정답 ⑤

제시문은 사회 윤리의 중요성과 특징, 향후 발전 방법에 대하여 설명하고 있다. 이때 글의 구조를 파악해 보면, (가)는 대전제, (다)는 소전제, (나)는 결론의 구조를 취하고 있으며, (마)는 (다)에 대한 보충 설명, (라)는 (마)에 대한 보충 설명을 하고 있다. 따라서 (가) 현대 사회에서 대두되는 사회 윤리의 중요성 – (다) 개인의 윤리와 다른 사회 윤리의 특징 – (마) 개인 윤리와 사회 윤리의 차이점 – (라) 개인과 사회의 차이와 특성 – (나) 현대 사회의 특성에 맞는 사회 윤리의 정의의 순으로 나열하는 것이 적절하다.

24

정답 ⑤

ㄴ. 시장적 의사 결정 과정은 항상 모든 당사자의 완전 합의에 의해서 거래가 이루어지므로 적절한 내용이다.

ㄷ. 정치적 의사 결정 과정에서는 다수결에 따라 의사가 결정되며, 반대의 의견을 가진 소수도 결정이 이루어진 뒤에는 그 결정에 따라야 한다. 따라서 소수의 의견이 무시될 수 있다는 문제점이 있다.

오답분석

ㄱ. 시장적 의사 결정에서는 경제력과 비례하여 차별적인 결정권을 가지지만, 정치적 의사 결정에서는 경제력과 관계없이 똑같은 정도의 결정권을 가지므로 적절하지 않다.

25

정답 ⑤

공유경제는 소유권(Ownership)보다는 접근권(Accessibility)에 기반을 둔 경제모델로, 개인이나 기업들이 소유한 물적·금전적·지적 자산에 대한 접근권을 온라인 플랫폼을 통해 거래하는 것이다. 따라서 자신이 타던 자동차를 판매하는 것은 제품에 대한 접근권이 아닌 소유권을 거래하는 것이므로 이를 공유경제의 일환으로 볼 수 없다.

26

정답 ②

마지막 문단의 '칸트의 생각들은 독일 철학의 흐름 속에 이어지다가 후일 아인슈타인에게도 결정적 힌트가 되었다.'라는 내용에서 칸트의 견해가 아인슈타인에게 영향을 끼친 것은 알 수 있지만, 두 사람의 견해가 같다는 것은 알 수 없다.

오답분석

① 세 번째 문단에서 '칸트가 건설한 철학적 관념론은 … 객관적이고 물질적인 것에서 근본을 찾는 유물론과는 분명한 대척점에 있는 관점이다.'라는 내용을 통해 객관적이기보다는 주관적인 것에 가깝다는 것을 유추할 수 있다.

③ '경험에 앞서는 범주를 제시했다는 점에서 혁명적 개념이었고, 경험을 강조한 베이컨 주의에 대한 강력한 반동인 셈이다.'라는 내용을 통해 낭만주의와 베이컨 주의가 상반된 내용을 다룬다는 것을 짐작할 수 있다.

④ '현상으로서 공간과 시간은 그 자체로서 존재할 수 없고 단지 우리 안에서만 존재할 수 있다.'는 내용을 통해 알 수 있다.

⑤ '우리는 이 개념들을 배워서 아는 것이 아니다. 즉, 경험에 앞서 이미 아는 것이다.'에서 공간, 시간 등의 개념은 태어날 때부터 가진 것임을 알 수 있다.

27

정답 ⑤

제시문은 자연법의 권위를 중요하게 생각하는 주장들을 담고 있다. 자연법은 인간의 경험에 근거하기 때문에 구체적으로 정의하기 어렵다는 문제점을 가지고 있다. 따라서 글에 대한 반박으로 가장 적절한 주장은 ⑤이다.

오답분석

① 제시문은 때와 장소에 관계없이 누구에게나 보편적으로 받아들여질 수 있는 정의롭고 도덕적인 법을 자연법이라 정의한다.

② 제시문은 특히 인간의 본성에 깃든 이성, 다시 말해 참과 거짓, 선과 악을 분별할 수 있는 인간만의 자질은 자연법을 발견해 낼 수 있는 수단이 된다고 밝히고 있다.

③ 제시문은 그로티우스는 이성의 올바른 인도를 통해 다다르게 되는 자연법은 국가와 실정법을 초월하는 규범이라고 보았다.

④ 제시문은 근대의 자연법 사상에서는 신학의 의존으로부터 독립하여 자연법을 오직 이성으로써 확인할 수 있다고 보았다.

28

정답 ⑤

제시문에서는 청소년들의 과도한 불안이 집중을 방해하여 학업 수행에 부정적으로 작용한다고 주장한다. 따라서 이러한 주장에 대한 반박으로 오히려 불안이 긍정적으로 작용할 수 있다는 내용의 ⑤가 가장 적절하다.

29

정답 ⑤

김씨에게 탁구를 가르쳐 준 사람에 대한 정보는 말로 표현할 수 있는 서술 정보에 해당하며, 이는 뇌의 내측두엽에 있는 해마에 저장된다.

오답분석
① 탁구 기술은 비서술 정보이므로 대뇌의 선도체나 소뇌에 저장되었을 것이다.
② 운동 기술은 대뇌의 선조체나 소뇌에 저장되는데, 김씨는 수술 후 탁구 기술을 배우는 데 문제가 없으므로 대뇌의 선조체는 손상되지 않았음을 알 수 있다.
③ 김씨는 내측두엽의 해마가 손상된 것일 뿐 감정이나 공포와 관련된 기억이 저장되는 편도체의 손상 여부는 알 수 없다.
④ 대뇌피질에 저장된 수술 전의 기존 휴대폰 번호는 말로 표현할 수 있는 서술 정보에 해당한다.

30

정답 ⑤

배심원들이 의견을 바꾸어 나간 것은 다른 배심원들의 동조에 영향을 미쳤던 만장일치 여부에 따른 결정에서 끝까지 손을 들지 않은 한 명의 배심원으로 인해 동조의 정도가 급격히 약화되었기 때문이다. 특정 정보를 제공하는 사람의 권위와 그에 대한 신뢰도가 높을 때 동조 현상이 강하게 나타날 수 있지만, 처음에 유죄라고 생각했던 배심원들은 반대한 배심원의 권위에 따라 동조한 것이 아니라 타당한 증거에 따라 의견을 바꾼 것으로 볼 수 있다.

오답분석
① 자신의 판단에 대한 확신이 들지 않을수록 동조 현상이 강하게 나타난다고 하였으므로 배심원들은 소년이 살인범이라는 확신이 없었을 것이다.
② 사람들은 집단으로부터 소외되지 않기 위해 동조를 하게 된다고 하였으므로 배심원들은 집단으로부터 소외되지 않기 위해 손을 들었을 것이다.
③ 지지자 집단의 규모가 클수록 지지를 이끌어내는 데에 효과적으로 작용한다고 하였으므로 대다수의 배심원이 손을 들었기 때문에 나머지 배심원들도 뒤늦게 손을 들 수 있었을 것이다.
④ 집단 구성원들의 만장일치 여부가 동조에 큰 영향을 미치는데, 이때 단 한 명이라도 이탈자가 생기면 동조의 정도가 급격히 약화된다. 따라서 유일하게 반대한 단 한 명의 배심원으로 인해 동조가 급격히 약화되었을 것이다.

제4회 최종점검 모의고사

01 수리

01	02	03	04	05	06	07	08	09	10	11	12	13	14	15	16	17	18	19	20
③	④	⑤	③	⑤	④	①	③	②	④	②	④	②	③	①	④	⑤	⑤	①	③

01

정답 ③

S기업의 작년 전체 직원 수는 $284-4=280$명이다.

작년 남자 직원 수를 x명이라고 하면, 작년 여자 직원 수는 $(280-x)$명이다.

$-0.05x+0.1(280-x)=4$

$\rightarrow -5x+10(280-x)=400$

$\rightarrow 15x=2,400$

$\therefore x=160$

따라서 올해 남자 직원 수는 $160\times(1-0.05)=152$명이다.

02

정답 ④

(적어도 1개는 흰색 공을 꺼낼 확률)$=1-$(2개 모두 빨간색 공을 꺼낼 확률)

• 전체 공의 개수 : $4+6=10$

• 2개 모두 빨간색 공을 꺼낼 확률 : $\dfrac{_4\mathrm{C}_2}{_{10}\mathrm{C}_2}=\dfrac{4\times3}{10\times9}=\dfrac{2}{15}$

따라서 적어도 1개는 흰색 공을 꺼낼 확률은 $1-\dfrac{2}{15}=\dfrac{13}{15}$이다.

03

정답 ⑤

연도별 국가공무원 중 여성의 비율과 지방자치단체공무원 중 여성의 비율의 차는 각각 다음과 같다.

• 2020년 : $47-30=17\%\mathrm{p}$

• 2021년 : $48.1-30.7=17.4\%\mathrm{p}$

• 2022년 : $48.1-31.3=16.8\%\mathrm{p}$

• 2023년 : $49-32.6=16.4\%\mathrm{p}$

• 2024년 : $49.4-33.7=15.7\%\mathrm{p}$

따라서 비율의 차는 2021년에 증가했다가 이후에는 계속 감소한다.

04

정답 ③

ㄴ. 2024년 1분기의 영업이익률은 $\frac{-278}{9,332} \times 100 ≒ -2.98\%$이며, 4분기의 영업이익률은 $\frac{-998}{9,192} \times 100 ≒ -10.86\%$이다.

따라서 2024년 4분기의 영업이익률은 1분기보다 감소하였음을 알 수 있다.

ㄹ. 2024년 3분기의 당기순손실은 직전 분기 대비 $\frac{1,079-515}{515} \times 100 ≒ 109.51\%$ 증가하였으므로 100% 이상 증가하였음을 알 수 있다.

오답분석

ㄱ. 영업손실이 가장 적은 1분기의 영업이익이 가장 크다.

ㄷ. 2024년 2분기와 4분기의 매출액은 직전 분기보다 증가하였으나, 3분기의 매출액은 2분기보다 감소하였다.

05

정답 ⑤

• 2019년과 2020년에 일본을 방문한 중국인 관광객 총수 : 83+45=128만 명
• 2019년과 2020년에 한국을 방문한 중국인 관광객 총수 : 101+131=232만 명
따라서 2019년과 2020년에 일본을 방문한 중국인 관광객 총수와 한국을 방문한 중국인 관광객 총수는 같지 않다.

오답분석

① 제시된 자료에 따르면 2019년부터 2023년까지 한국을 방문한 중국인 관광객 수는 101만 명 → 131만 명 → 203만 명 → 314만 명 → 477만 명으로 꾸준히 증가하였다.

② 한국을 방문한 일본인 관광객 수는 2021년에 342만 명으로 가장 많다.

③ 2022년부터 2024년까지 한국을 방문한 중국인 관광객 수는 314만 명, 477만 명, 471만 명으로 매년 300만 명 이상이다.

④ 2020년부터 2023년까지 일본을 방문한 중국인 관광객 수는 전년 대비 '감소 - 증가 - 감소 - 증가'의 증감 추이를 보인다.

06

정답 ④

첫 번째 조건에서 A는 경부선 전체 졸음쉼터 개수의 12.5%를 차지한다고 했으므로 (12+12)×0.125=3이다.

두 번째 조건에서는 다섯 노선의 주차면수가 10개 이상 20개 미만인 졸음쉼터 총개수를 알 수 없으므로 먼저 D를 구하면, 네 번째 조건에서 D는 서해안선에 있는 주차면수가 10개 미만인 졸음쉼터 개수의 6.25%이므로 16×0.0625=1임을 알 수 있다. 또한 C는 D보다 2만큼 크므로 1+2=3이 되고, C는 B보다 5만큼 작으므로 B는 3+5=8이 된다.

따라서 A, B, C, D에 들어갈 알맞은 수는 차례대로 '3, 8, 3, 1'이다.

07

정답 ①

2024년 대구에 거주하는 외국인 수는 1,100×0.12=132만 명, 경상에 거주하는 외국인 수는 880×0.05=44만 명이다.

따라서 대구에 거주하는 외국인 수는 경상에 거주하는 외국인 수의 $\frac{132}{44}=3$배이다.

오답분석

② 수도권을 제외한 대부분의 지역에서 2022년 대비 2023년 거주자 수는 감소하는 추세를 보였지만, 경상의 경우에는 2022년 820만 명에서 2023년 884만 명으로 증가하였다.

③ 2023년 경기의 외국인 비율은 14.4%로, 2022년 14.6%에서 감소하였다.

④ 2022년부터 2024년까지 전체 거주자 수는 9,405만 명, 9,611만 명, 9,632만 명으로 증가하였고, 평균 외국인 비율도 8.1%, 8.9%, 9.8%로 증가하였다.

⑤ 2024년과 2022년의 외국인 비율이 가장 높은 곳과 가장 낮은 곳의 비율 차이는 다음과 같다.
   • 2024년 : 제주(22.4%)-충청(0.7%)=21.7%p
   • 2022년 : 제주(21.5%)-충청(1.2%)=20.3%p
   따라서 2024년이 2022년보다 21.7-20.3=1.4%p 더 높다.

08

정답 ③

2020 ~ 2024년 동안 전체 이혼 건수는 계속적으로 증가했으며, 이와 같은 증감 추이를 보이는 지역은 경기 한 곳이다.

오답분석

① 2020 ~ 2024년 동안 전체 이혼 건수가 가장 적은 해는 2020년이고, 2024년은 전체 이혼 건수가 가장 많은 해이다.
② 연도별 수도권(서울, 인천, 경기)의 이혼 건수는 다음과 같다.

(단위 : 천 건)

구분	2020년	2021년	2022년	2023년	2024년
서울	26	29	34	33	35
인천	21	24	35	32	37
경기	18	21	22	28	33
합계	65	74	91	93	105

따라서 수도권의 이혼 건수가 가장 많은 해는 2024년이다.
④ 2022년부터 2024년까지 인천의 총 이혼 건수는 35+32+37=104천 건, 서울의 총 이혼 건수는 34+33+35=102천 건으로 인천이 더 많다.
⑤ 전체 이혼 건수 중 수도권의 이혼 건수가 차지하는 비중은 2020년에 $\frac{65}{130} \times 100 = 50\%$, 2024년에 $\frac{105}{175} \times 100 = 60\%$이다.

09

정답 ②

2024년 소포우편 분야의 2020년 대비 매출액 증가율은 $\frac{42-30}{30} \times 100 = 40\%$이므로 옳지 않은 설명이다.

오답분석

① 매년 매출액이 가장 높은 분야는 일반통상 분야인 것을 확인할 수 있다.
③ 2023년에는 일반통상 분야의 매출액이 전체의 $\frac{104}{200} \times 100 = 52\%$이므로 옳은 설명이다.
④ 일반통상 분야의 매출액은 2021년, 2022년, 2024년에, 특수통상 분야의 매출액은 2023년, 2024년에 감소했고, 소포우편 분야는 매년 매출액이 증가했다.
⑤ 2024년 1분기 매출액에서 특수통상 분야의 매출액이 차지하는 비중은 $\frac{12}{50} \times 100 = 24\%$이므로 20% 이상이다.

10

정답 ④

• 2022년 전년 대비 감소율 : $\frac{20-15}{20} \times 100 = 25\%$

• 2023년 전년 대비 감소율 : $\frac{15-12}{15} \times 100 = 20\%$

따라서 2022년과 2023년의 경제 분야 투자규모의 전년 대비 감소율의 차이는 5%p이다.

오답분석

① 2024년 총지출을 a억 원이라고 하면, $a \times 0.05 = 16$억 원 → $a = \frac{16}{0.05} = 320$, 즉 총지출은 320억 원이므로 300억 원 이상이다.
② 2021년 경제 분야 투자규모의 전년 대비 증가율은 $\frac{20-16}{16} \times 100 = 25\%$이다.
③ 2020 ~ 2024년 동안 경제 분야에 투자한 금액은 16+20+15+12+16=79억 원이다.
⑤ 2021 ~ 2024년 동안 경제 분야 투자규모의 전년 대비 증감 추이는 '증가 – 감소 – 감소 – 증가'이고, 총지출 대비 경제 분야 투자규모 비중의 경우 '증가 – 증가 – 감소 – 감소'이다.

11

정답 ②

ㄱ. 주화 공급량이 주화 종류별로 각각 20십만 개씩 증가한다면, 이 지역의 평균 주화 공급량은 $\dfrac{1,000+20\times4}{4}=\dfrac{1,080}{4}=270$ 십만 개이다.

ㄷ. • 평균 주화 공급량 : $\dfrac{1,000}{4}=250$십만 개

　• 주화 공급량 증가량 : $340\times0.1+215\times0.2+265\times0.2+180\times0.1=148$십만 개

　• 증가한 평균 주화 공급량 : $\dfrac{1,000+148}{4}=287$십만 개

　따라서 $250\times1.15>287$이므로, 증가율은 15% 미만이다.

오답분석

ㄴ. • 10원 주화의 공급기관당 공급량 : $\dfrac{340}{170}=2$십만 개

　• 500원 주화의 공급기관당 공급량 : $\dfrac{180}{120}=1.5$십만 개

　따라서 주화 종류별 공급기관당 공급량은 10원 주화가 500원 주화보다 많다.

ㄹ. 총 주화 공급액이 변하면 주화 종류별 공급량 비율도 당연히 변한다.

12

정답 ④

현재 유지관리하는 도로의 총거리는 4,113km이고, 1990년대는 $367.5+1,322.6+194.5+175.7=2,060.3$km이다.
따라서 1990년대보다 현재 도로는 $4,113-2,060.3=2,052.7$km 더 길어졌다.

오답분석

① 현재 유지관리하는 도로 한 노선의 평균거리는 $\dfrac{4,113}{29}≒141.8$km로 120km 이상이다.

② 차선이 만들어진 순서는 4차로(1960년대) − 2차로(1970년대) − 6차로(1980년대) − 8차로(1990년대) − 10차로(현재)이다.

③ 2000년대 4차로 도로의 거리는 $3,426-(155+450+342)=2,479$km이므로 1960년대부터 유지관리하는 4차로 도로의 거리는 현재까지 계속 증가했다.

⑤ 1970년대 전체 도로 거리에서 2차로의 비중은 $\dfrac{761}{1,232.8}\times100≒61.7$%이고, 1980년대 전체 도로 거리의 6차로 비중은

$\dfrac{21.7}{1,558.9}\times100≒1.4$%이다. 따라서 $\dfrac{61.7}{1.4}≒44$배이다.

13

정답 ②

2022년과 2023년 외래 의료급여비용의 전년 대비 증가율은 각각 다음과 같다.

• 2022년 외래 의료급여비용의 전년 대비 증가율 : $\dfrac{31,334-27,534}{27,534}\times100≒14$%,

• 2023년 외래 의료급여비용의 전년 대비 증가율 : $\dfrac{33,003-31,334}{31,334}\times100≒5$%

따라서 2022년부터 2024년까지 전년 대비 평균 증가율은 $\dfrac{14+5+5}{3}=8$%이므로, 2025년 외래 의료급여 예상비용은 $33,003\times1.05\times1.08≒37,425$억 원이다.

14

2024년 방송산업 종사자 수는 모두 32,443명이다. '2024년 추세'에서는 지상파 방송사(지상파DMB 포함)만 언급하고 있으므로 다른 분야의 인원은 고정되어 있다. 따라서 지상파 방송사(지상파DMB 포함) 종사자 수는 전년보다 301명이 늘어났으므로 2023년 방송산업 종사자 수는 32,443－301＝32,142명이다.

15

남성의 60대 조사자 수는 210명, 50대 조사자 수는 280명이므로 60대 조사자 수는 50대 조사자 수의 $\frac{210}{280} \times 100 = 75\%$이다.

오답분석

② 조사자 수가 가장 많은 연령대와 가장 적은 연령대를 순서대로 나열하면 남성은 30대와 10대, 여성은 30대와 60대이다. 따라서 조사자 수가 가장 많은 연령대는 동일하지만, 가장 적은 연령대는 동일하지 않다.
③ 육아 또는 요리 관련 도서는 여성 20대부터 40대뿐만 아니라 여성 10대에도 포함되며, 남성 30대에도 육아가 포함되어 있다.
④ 20대 남성의 관심도서 1위는 수험서이고, 2위는 여행도서이다. 따라서 20대 남성 중 여행도서에 관심이 있는 사람이 450×0.2 ＝90명이라면, 수험서에 관심 있는 남성은 90명보다 많아야 한다.
⑤ 10대부터 30대까지의 남성 관심도서 순위 내에 수험서 관련 도서가 포함되지만, 여성의 경우 관심도서 순위 내에 수험서 관련 도서는 10대와 20대에만 포함되어 있다.

16

여성의 20·30대 조사자 수는 480＋840＝1,320명으로 여성 총 조사자 수인 2,400명의 절반을 넘지만, 남성의 20·30대 조사자 수는 450＋540＝990명으로 남성 총 조사자 수인 2,000명의 절반이 되지 않는다.

오답분석

① 전체 조사자는 2,000＋2,400＝4,400명이고, 이 중 60대 조사자는 210＋120＝330명이다. 따라서 전체 조사자 중 60대는 $\frac{330}{4,400} \times 100 = 7.5\%$이다.
② 20대 이상 남성의 관심도서 중 경제 관련 도서의 순위 20대 3위, 30대 1위, 40대 2위, 50대 1위, 60대 2위로 모두 3위 내에 포함되어 있다.
③ 남성의 관심도서 중 만화는 10대 2위, 20대 5위, 30·40·50대 4위, 60대 5위로 전 연령대에서 순위에 있고, 여성의 관심도서 중 여행도 10대 2위, 20대 4위, 30·40대 5위, 50·60대 4위로 전 연령대에서 순위에 포함되어 있다.
⑤ 50대 여성의 관심도서 1·2위는 잡지와 소설·시이다. 해당 도서에는 50대 여성의 65%가 관심이 있다고 했으므로 240×0.65 ＝156명이다. 그중 25%가 소설·시에 관심이 있으므로 소설·시에 관심 있는 50대 여성 수는 156×0.25＝39명이고, 잡지에 관심 있는 50대 여성 수는 156－39＝117명이다.

17

먼저 마케팅부서와 영업부서의 등급별 배정인원을 구하면 다음과 같다.

(단위 : 명)

구분	S등급	A등급	B등급	C등급
마케팅부서	2	6	8	4
영업부서	1	3	4	2

이에 따라 영업부서에 지급되는 S등급과 A등급의 상여금의 합은 (500×1)＋(420×3)＝1,760만 원이고, B등급과 C등급의 상여금의 합은 (300×4)＋(200×2)＝1,600만 원이다. 따라서 S등급과 A등급의 상여금의 합은 B등급과 C등급의 상여금의 합보다 많다.

① 마케팅부서 20명에게 지급되는 총 상여금은 $(500 \times 2) + (420 \times 6) + (300 \times 8) + (200 \times 2) = 6{,}320$만 원이다.

② A등급 1인당 상여금은 B등급 1인당 상여금보다 $\dfrac{420 - 300}{300} \times 100 = 40\%$ 많다.

③ 영업부서 A등급의 인원은 3명이고, 마케팅부서 B등급의 인원은 8명이므로, 영업부서 A등급 인원이 마케팅부서 B등급의 인원보다 5명 적다.

④ 마케팅부서의 S등급 상여금을 받는 인원수는 2명이고, 영업부서의 C등급 상여금을 받는 인원수는 2명이므로 인원수가 서로 같다.

18

정답 ⑤

두 번째 표는 2024년 각국의 가계 금융자산 구성비를 나타낸 것이다. 따라서 2024년 각국의 가계 총자산 대비 예금 구성비와는 일치하지 않는다.

19

정답 ①

항균 강도가 1일 때 항균 효과는 $1 = a - b$이고 정리하면 $b = a - 1$이 된다.
항균 강도가 2일 때 항균 효과는 $5 = a^2 - 2b$가 되고 b에 위에서 정리한 $a - 1$을 대입하면, 다음과 같은 식이 성립한다.
$a^2 - 2a + 2 = 5$, $a^2 - 2a - 3 = 0 (a > 0)$
$\therefore a = 3$, $b = 2$
다시 식을 정리하면, (항균 효과)$= 3^{(\text{항균 강도})} - 2 \times (\text{항균 강도})$이다.
따라서 항균 강도가 3일 때 항균 효과는 21(㉠)이고, 5일 때 항균 효과는 233(㉡)이 된다.

20

정답 ③

S초등학교 입학생 수는 매년 14명씩 감소하고 있다. 2020년으로부터 n년 후 입학생 수를 a_n 명이라 하면, $a_n = (196 - 14n)$명이다.
따라서 2030년은 2020년으로부터 10년 후이므로, 2030년의 S초등학교 입학생 수는 $196 - (14 \times 10) = 56$명이다.

01	02	03	04	05	06	07	08	09	10	11	12	13	14	15	16	17	18	19	20
④	④	④	⑤	④	②	②	④	⑤	③	②	①	⑤	④	②	⑤	④	⑤	④	②
21	22	23	24	25	26	27	28	29	30										
②	④	③	②	⑤	⑤	③	⑤	③	③										

01

정답 ④

'땅이 산성이다.'를 A, '빨간 꽃이 핀다.'를 B, '하얀 꽃이 핀다.'를 C라고 하면 ~C → A → B가 성립한다. 따라서 빈칸에 들어갈 명제는 ~C → B인 '하얀 꽃이 피지 않으면 빨간 꽃이 핀다.'이다.

02

정답 ④

탄수화물은 영양소이고, 영양소는 체내에서 에너지원 역할을 한다. 따라서 빈칸에 들어갈 명제는 '탄수화물은 체내에서 에너지원 역할을 한다.'이다.

03

정답 ④

'비가 옴'을 p, '한강 물이 불어남'을 q, '보트를 탐'을 r, '자전거를 탐'을 s라고 하면, 각 명제는 순서대로 $p \rightarrow q$, $\sim p \rightarrow \sim r$, $\sim s \rightarrow q$이다. 전제1과 전제2를 연결하면 $r \rightarrow p \rightarrow q$이고, 결론이 $\sim s \rightarrow q$가 되기 위해서는 $\sim s \rightarrow r$이라는 명제가 추가로 필요하다.
따라서 빈칸에 들어갈 명제는 ④이다.

04

정답 ⑤

제시된 명제들을 기호로 간단히 정리하면 다음과 같다.
• A : 연차를 쓸 수 있다.
• B : 제주도 여행을 한다.
• C : 회를 좋아한다.
• D : 배낚시를 한다.
• E : 다른 계획이 있다.
이를 연립하면 A → B, D → C, E → ~D, ~E → A이고, 두 번째 명제를 제외한 후 연립하면 D → ~E → A → B가 되므로 D → B가 성립한다. 따라서 반드시 참인 명제는 그 대우 명제인 '제주도 여행을 하지 않으면 배낚시를 하지 않는다.'이다.

05

정답 ④

네 번째를 제외한 모든 조건과 그 대우를 논리 기호화하면 다음과 같다.
• ~(D∨G) → F / ~F → (D∧G)
• F → ~E / E → ~F
• ~(B∨E) → ~A / A → (B∧E)
네 번째 조건에 따라 A가 투표를 하였으므로, 세 번째 조건의 대우에 따라 B와 E 모두 투표를 하였다. 또한 E가 투표를 하였으므로, 두 번째 조건의 대우에 따라 F는 투표하지 않았으며, F가 투표하지 않았으므로 첫 번째 조건의 대우에 따라 D와 G는 모두 투표하였다. 결국 A, B, D, E, G 5명이 모두 투표하였으므로 네 번째 조건에 따라 C는 투표하지 않았다. 따라서 투표를 하지 않은 사람은 C와 F이다.

06

정답 ②

A대리와 E대리의 진술이 서로 모순이므로, 둘 중 한 사람은 거짓을 말하고 있다.

ⅰ) A대리의 진술이 거짓인 경우

　A대리의 말이 거짓이라면 B사원의 말도 거짓이 되고, D사원의 말도 거짓이 되므로 모순이다.

ⅱ) A대리의 진술이 진실인 경우

　A대리, B사원, D사원의 말이 진실이 되고, C사원과 E대리의 말이 거짓이 된다.

〈진실〉

• A대리 : A대리·E대리 출근, 결근 사유 모름
• B사원 : C사원 출근, A대리 진술은 진실
• D사원 : B사원 진술은 진실

〈거짓〉

• C사원 : D사원 결근 거짓 → D사원 출근
• E대리 : D사원 결근, D사원이 A대리한테 결근 사유 전함 거짓 → D사원 출근, A대리는 결근 사유 듣지 못함

따라서 B사원이 출근하지 않았다.

07

정답 ②

만약 민정이가 진실을 말한다면 영재가 거짓, 세희가 진실, 준수가 거짓, 성은이의 '민정이와 영재 중 1명만 진실만을 말한다.'가 진실이 되면서 모든 조건이 성립한다.

반면, 만약 민정이가 거짓을 말한다면 영재가 진실, 세희가 거짓, 준수가 진실, 성은이의 '민정이와 영재 중 1명만 진실만을 말한다.'가 거짓이 되면서 모순이 생긴다.

따라서 거짓을 말한 사람은 준수와 영재이다.

08

정답 ④

먼저 첫 번째 조건에 따라 A위원이 발언하면 B위원도 발언하므로 A위원 또는 B위원은 발언하지 않는다는 두 번째 조건이 성립하지 않는다. 따라서 A위원은 발언자에서 제외되는 것을 알 수 있다. 두 번째 조건에 따라 B위원이 발언하는 경우와 발언하지 않는 경우를 나누어 볼 수 있다.

ⅰ) B위원이 발언하는 경우

　세 번째 조건에 따라 C위원이 발언하며, 네 번째 조건에 따라 D위원과 E위원이 발언한다. D위원이 발언하면 세 번째 조건에 따라 F위원도 발언한다. 결국 A위원을 제외한 나머지 위원 모두가 발언하는 것을 알 수 있다.

ⅱ) B위원이 발언하지 않는 경우

　네 번째 조건에 따라 D위원과 E위원이 발언하고, 세 번째 조건에 따라 F위원도 발언한다. 그러나 제시된 조건만으로는 C위원의 발언 여부를 알 수 없다.

따라서 항상 참이 되는 것은 ④이다.

오답분석

① A위원은 항상 발언하지 않는다.
② B위원은 발언하거나 발언하지 않는다.
③ C위원은 ⅰ)의 경우 발언하지만, ⅱ)의 경우 발언 여부를 알 수 없다.
⑤ A위원은 항상 발언하지 않는다.

09

정답 ⑤

첫 번째 명제에서 A는 B보다 먼저 먹거나 A와 B는 같이 먹는 두 가지 경우가 가능하다.

ⅰ) A가 B보다 먼저 먹는 경우

　C와 D는 세 번째 명제에 따라 각각 12시, 1시 팀이 되고, 마지막 명제에서 E는 F보다 먼저 먹으므로 E와 F도 각각 12시, 1시 팀이 될 것이다. 따라서 12시 팀은 A, C, E이고, 1시 팀은 B, D, F이다.

ii) A와 B가 같이 먹는 경우
   • A와 B가 12시에 먹는 경우
     C와 D는 각각 12시, 1시 팀이 되고, E와 F도 각각 12시, 1시 팀이 된다. 따라서 12시 팀은 A, B, C, E이고, 1시 팀은
     D, F이다.
   • A와 B가 1시에 먹는 경우
     두 번째 명제에서 C는 A와 같이 먹으므로 C는 1시 팀, D는 12시 팀이 되고, E와 F는 각각 12시, 1시 팀이 된다. 따라서
     12시 팀은 D, E이고, 1시 팀은 A, B, C, F이다.

[오답분석]
① A와 B는 같이 먹을 수도 있다.
② ⅰ)의 경우, B와 C는 따로 먹는다.
③ ⅱ)의 경우, A와 B가 12시에 먹는 경우 D와 F는 따로 먹는다.
④ ⅰ)의 경우, 12시 팀과 1시 팀의 인원수는 같다.

10 정답 ③

B는 8장의 응모권을 받은 A보다 2장 적게 받으므로 6장의 응모권을 받는다. 이때, C는 응모권을 A의 8장보다는 적게, B의 6장보다
는 많이 받으므로 7장의 응모권을 받은 것을 알 수 있다.

11 정답 ②

두 대의 적외선 카메라 중 하나는 수도권본부에 설치하였고, 나머지 하나는 경북본부와 금강본부 중 한 곳에 설치하였으므로 강원본
부에는 적외선 카메라를 설치할 수 없다. 또한 강원본부에는 열선감지기를 설치하지 않았으므로 반드시 하나 이상의 기기를 설치해
야 한다는 첫 번째 조건에 따라 강원본부에는 화재경보기를 설치하였을 것이다.

[오답분석]
① · ③ · ⑤ 제시된 조건만으로는 어느 본부에 열선감지기를 설치하는지 정확히 알 수 없다.
④ 화재경보기는 경북본부와 강원본부에 설치하였다.

12 정답 ①

제시된 조건에 따르면 1층에는 남성인 주임을 배정해야 하므로 C주임이 배정된다. 따라서 3층에 배정 가능한 직원은 남성인 B사원
또는 E대리이다.
먼저 3층에 B사원을 배정하는 경우, 5층에는 A사원이 배정된다. 그리고 D주임은 2층에, E대리는 이보다 위층인 4층에 배정된다.
다음으로 3층에 E대리를 배정하는 경우, 5층에 A사원이 배정되면 4층에 B사원이 배정되고, 5층에 B사원이 배정되면 4층에 A사원
이 배정된다. 그리고 D주임은 항상 E대리보다 아래층인 2층에 배정된다. 이를 정리하면 다음과 같다.

경우 1		경우 2		경우 3	
층수	직원	층수	직원	층수	직원
5층	A	5층	A	5층	B
4층	E	4층	B	4층	A
3층	B	3층	E	3층	E
2층	D	2층	D	2층	D
1층	C	1층	C	1층	C

따라서 5층에 A사원이 배정되더라도, 4층에는 B사원이 아닌 E대리가 배정될 수도 있다.

[오답분석]
② D주임은 항상 2층에 배정된다.
③ · ⑤ 5층에 B사원이 배정되면 3층에는 E대리, 4층에는 A사원이 배정된다.
④ C주임은 항상 1층에 배정된다.

13

- A<C<F
- E<□<D
- D<B
- □<A
- D<F<□
- E<□<C, C<□<A(불가능 ∵ A<C)

제시된 조건에 따라 학생들의 키 순서를 정리하면 다음과 같다.

앞	6	5	4	3	2	1	뒤
	E	A	C	D	F	B	

따라서 C는 6명 중 네 번째로 키가 큰 것을 알 수 있다.

14

- (나), (바) 조건에 따라 지원은 화요일과 목요일에는 근무할 수 없다. 또한 기태는 월요일에 근무할 수 없다. 그러므로 기태는 목요일에 근무하게 된다.
- (다), (라), (사) 조건에 따라 다래, 고은은 월요일에는 근무할 수 없고, 리화는 월요일과 화요일에 근무할 수 없다. 그러므로 월요일에는 여자 사원 중 나영이 반드시 근무해야 한다.
- (마) 조건에 따라 남호는 월요일에 근무할 수 없다. 그러므로 월요일에 근무할 수 있는 남자 사원은 동수와 지원이다.

따라서 고은이 화요일에 근무하게 될 경우 다래는 수요일 혹은 목요일에 근무할 수 있고, 다래가 수요일에 근무할 경우, 목요일에는 리화가 근무하게 되며, (다) 조건에 따라 동수가 화요일에 근무하게 되므로 남호는 수요일에, 지원은 월요일에 근무하게 된다.

[오답분석]

① 고은이 수요일에 근무한다면, (사) 조건에 따라 리화는 목요일에 근무하게 된다. 따라서 기태와 리화는 함께 근무하게 된다.
③ 리화가 수요일에 근무하게 되면 고은은 화요일에 근무하게 되고 다래는 목요일에 근무하게 된다. 따라서 동수는 수요일에 근무하게 된다. 이때 (바) 조건에 따라 지원은 월요일에 근무하게 되므로 남호는 화요일에 근무하게 된다.
⑤ 지원이 수요일에 근무하게 되면 (마) 조건에 따라 남호는 화요일, 동수는 월요일에 근무하게 된다. 그러면 (다) 조건에 따라 다래는 화요일, (사) 조건에 따라 고은이는 수요일, 리화는 목요일에 근무하게 된다.

15

규칙은 가로로 적용된다.
첫 번째 도형을 시계 반대 방향으로 90° 회전한 것이 두 번째 도형이고, 이를 색 반전한 것이 세 번째 도형이다.

16

규칙은 가로로 적용된다.
첫 번째 도형을 시계 방향으로 45° 회전한 것이 두 번째 도형이고, 이를 좌우 반전시킨 것이 세 번째 도형이다.

17

규칙은 세로로 적용된다.
첫 번째 도형을 시계 반대 방향으로 90° 회전한 것이 두 번째 도형이고, 이를 좌우 반전시킨 것이 세 번째 도형이다.

[18~21]

- ○ : +0, +1, +2, +3
- ◑ : 1234 → 4231
- ◐ : 1234 → 1324
- ● : −3, −2, −1, −0

18

정답 ⑤

BE13 → 3E1B → 0C0B
　　　　◑　　　　　　●

19

정답 ④

RABI → RBAI → RCCL
　　　　◐　　　　　　○

20

정답 ②

BITE → BJVH → BVJH
　　　　○　　　　　　◑

21

정답 ②

LIFE → LFIE → IDHE
　　　　◑　　　　　　●

22

정답 ④

제시문은 신채호의 소아와 대아 구별에 대한 설명이다. 먼저 소아와 대아의 차이점으로 자성, 상속성, 보편성을 제시하는 (가) 문단이 오는 것이 적절하며, 다음으로 상속성과 보편성의 의미를 설명하는 (라) 문단이 오는 것이 적절하다. 이후 항성과 변성의 조화를 통한 상속성·보편성 실현방법을 설명하는 (나) 문단과 항성과 변성이 조화를 이루지 못할 경우 나타나는 결과인 (다) 문단 순으로 나열하는 것이 적절하다.

23

정답 ③

제시문은 풀기 어려운 문제에 둘러싸인 기업적·개인적 상황을 제시하고, 위기의 시대임을 언급하고 있다. 그리고 그 위기를 이겨내는 자가 성공하는 자가 될 수 있음을 말하며, 위기를 이겨내기 위해서 지혜가 필요하다는 것에 대해 설명하고 있는 글이다. 따라서 (나) 풀기 어려운 문제에 둘러싸인 현재의 상황 – (라) 위험과 기회라는 이중의미를 가지는 '위기' – (다) 위기를 이겨내는 것이 필요 – (가) 위기를 이겨내기 위한 지혜와 성공이라는 결과 순으로 나열하는 것이 적절하다.

24

정답 ②

사단은 법인(法人)으로 등기되어야 법인격이 생긴다. 따라서 법인으로 등기하지 않은 사단은 '법인이 아닌 사단'이라 한다.

오답분석

① 사람의 권리 능력과 법인격은 엄격히 구별되기 때문에 사원 개인에게까지 책임이 미치지 않는다.
③ 사람은 생존하는 내내 권리 능력을 갖게 되며, 그리하여 재산에 대한 소유권의 주체가 된다.
④ 단체도 일정한 요건을 갖추면 법으로써 부여되는 권리 능력인 법인격을 취득할 수 있다.
⑤ 일인 주식회사에서는 일인 주주가 회사의 대표 이사가 되는 사례가 많다.

25

정답 ⑤

낮은 수준으로 가격을 책정할 시 수입이 줄어들고, 너무 높은 수준으로 매기면 소비자들이 이용을 포기해 수입이 줄어들 수 있다.

오답분석

① 소비자가 어떤 상품을 구매하기 위하여 지불할 용의가 있는 금액보다 실제 지불한 가격이 낮아 얻는 이득이 소비자 잉여이다.
② 소비자 잉여와 생산자 잉여의 합을 총잉여라 한다.
③ 독점적 지위를 가진 생산자는 시장 가격을 임의의 수준으로 설정할 수 있다.
④ 독점적 지위를 가진 생산자는 이부가격을 설정할 수 있으며, 놀이공원은 이부가격설정의 예 중 하나이다.

26

정답 ⑤

마지막 문단에 따르면 사람들은 자신은 대중 매체의 전달 내용에 쉽게 영향 받지 않는다고 생각하면서도 다른 사람들이 영향을 받을 것을 고려하여, 자신의 의견을 포기하고 다수의 의견을 따라가는 경향이 있다고 하였다.

오답분석

① 첫 번째 문단에 따르면 태평양 전쟁 당시 백인 장교들에게 제3자 효과가 나타나, 일본군의 선전에 흑인 병사들이 현혹되리라고 생각하여 부대를 철수시켰다.
②·③ 제3자 효과의 원인은 자신보다 타인들이 대중매체의 영향을 크게 받는다고 믿기 때문이며, 제3자 효과가 크게 나타나는 사람일수록 대중매체에 대한 법적·제도적 조치에 찬성하는 경향이 있다.
④ 세 번째 문단에 따르면 사람들은 대중 매체가 바람직한 내용보다는 유해한 내용을 전달할 때, 다른 사람들에게 미치는 영향이 크다고 생각한다.

27

정답 ③

고대 중국인들은 하늘을 인간의 개별적 또는 공통적 운명을 지배하는 신비하고 절대적인 존재로 보았다. 따라서 이러한 고대 중국인들의 주장에 대한 반박으로 사람이 받게 되는 재앙과 복의 원인은 모두 자신에게 있다는 내용의 ②가 가장 적절하다.

28

정답 ⑤

제시문은 토끼와 거북이의 경주에서 거북이는 토끼의 실수를 이용하여 승리하였기 때문에 거북이의 승리가 정의롭지 않다고 주장한다. 따라서 이러한 주장에 대한 반박으로 공정한 절차에 따라 도출된 결과라면 그 결과는 공정하다는 내용의 ⑤가 가장 적절하다.

오답분석

③ 토끼와 거북이는 모두 동일한 조건에서 경주를 진행하였다.
④ 거북이가 자신에게 유리한 방법으로 경쟁하였다고 볼 수 없다.

29

제시문에 따르면 일반적으로 사람들은 콘텐츠를 선택하기에 앞서 미디어를 결정한다. 보기의 「태극기 휘날리며」는 동일한 콘텐츠를 바탕으로 책과 연극, 영화라는 다양한 미디어로 표현되었지만, 흥행에 성공한 것은 영화였다. 즉, 대중들은 동일한 콘텐츠임에도 불구하고 영화라는 미디어로 표현된 「태극기 휘날리며」를 선택한 것이다. 따라서 동일한 콘텐츠더라도 어떤 미디어를 선택하느냐에 따라 대중의 선호가 달라질 수 있음을 알 수 있다.

[오답분석]
① 시대적으로 콘텐츠의 중요성이 강조되고는 있으나, 제시문과 보기에서는 콘텐츠보다 미디어의 중요성을 더 강조하고 있음을 알 수 있다.
② 아무리 우수한 콘텐츠를 가지고 있더라도 미디어의 발전이 없다면 콘텐츠는 표현의 한계를 가질 수밖에 없다.
④ 콘텐츠가 아무리 좋아도 미디어 기술이 없으면 콘텐츠는 대중적인 반향을 불러일으킬 수 없고 부가 가치를 창출할 수도 없다. 따라서 콘텐츠 개발에 못지않게 미디어의 발전이 부각되어야 한다.
⑤ 미디어의 차이가 콘텐츠를 수용하는 대중의 태도 차이로 나타난다.

30

앵포르멜 화가들은 의식적이고 인위적인 표현 행위를 최소화하고자 하였으며, 알베르토 부리 역시 버려진 재료를 되는 대로 오려 붙이는 방식으로 「자루」를 완성하였다.

[오답분석]
① 앵포르멜 화가들은 작품을 통해 우발적이고 즉흥적인 감정의 동요를 직접적으로 드러내고자 하였다.
② 앵포르멜 화가들은 일체의 형식적인 것들을 거부하고 그저 원재료를 상기시키는 제목을 자신의 작품에 붙였다.
④ 앵포르멜 화가들을 포함한 20세기 예술가들은 기존의 틀에서 벗어나 재료들의 무한한 가능성을 탐색하기 시작했다.
⑤ 앵포르멜 화가들은 형식적인 것들을 거부하고 재료의 비정형성에 의미를 부여하고자 했다.

MEMO

MEMO

2026 최신판 시대에듀 All-New
삼성 온라인 GSAT 통합기본서

개정35판1쇄 발행	2025년 12월 15일 (인쇄 2025년 11월 28일)
초 판 발 행	2005년 04월 10일 (인쇄 2005년 03월 11일)
발 행 인	박영일
책 임 편 집	이해욱
편 저	SDC(Sidae Data Center)
편 집 진 행	안희선 · 신주희
표지디자인	박종우
편집디자인	유가영 · 장성복
발 행 처	(주)시대고시기획
출 판 등 록	제10-1521호
주 소	서울시 마포구 큰우물로 75 [도화동 538 성지 B/D] 9F
전 화	1600-3600
팩 스	02-701-8823
홈 페 이 지	www.sdedu.co.kr
I S B N	979-11-434-0558-6 (13320)
정 가	24,000원

GSAT

온라인 삼성직무적성검사

통합기본서

최신 출제경향 전면 반영